Coordenação Científica da Colecção Ciências e Culturas
João Rui Pita e Ana Leonor Pereira

Os originais enviados são sujeitos a apreciação científica por *referees*

**Coordenação Editorial**
Maria João Padez Ferreira de Castro

**Edição**
Imprensa da Universidade de Coimbra
Email: imprensa@uc.pt
URL: http://www.uc.pt/imprensa_uc

**Design**
António Barros

**Pré-Impressão**
Tipografia Lousanense, Lda.

**Capa**
Gil Maia
*Childhood's spaces I*, 2008
Acrílico s/tela
Cortesia Maria João Padez de Castro

**Print By**
CreateSpace

**ISBN**
978-972-8704-99-5

**ISBN Digital**
978-989-26-0318-6

**DOI**
https://doi.org/10.14195/978-989-26-0318-6

**Depósito Legal**
281968/08

Os volumes desta coleção encontram-se indexados e catalogados na Basedados da Web of Science.

© Outubro 2008, Imprensa da Universidade de Coimbra

Ana Isabel Silva

# A Arte de Enfermeiro:
# Escola de Enfermagem
# Ângelo da Fonseca

• COIMBRA 2008

# ÍNDICE

Prefácio .................................................................................................... 7

Introdução .............................................................................................. 11

I – As origens da Escola Superior de Enfermagem Dr. Ângelo da Fonseca ..................................................................................................... 15

   1. Introdução: enfermagem e ensino de enfermagem no século XIX e até à I Guerra Mundial ......................................................... 15
      1.1. Contextualização internacional: o caso britânico ....................... 15
      1.2. Contextualização internacional: o caso francês .......................... 17
      1.3. Contextualização nacional ............................................................ 22
          1.3.1. «Servir a Deus à paisana»: enfermagem religiosa e enfermagem secular ............................................................................. 22
          1.3.2. Condições de trabalho e de vida dos enfermeiros ............... 31
          1.3.3. O novo contexto científico e médico .................................. 38
          1.3.4. As primeiras escolas de enfermagem portuguesas ............... 39
          1.3.5. A concepção médica do enfermeiro .................................... 45

   2. A escola antes da escola ................................................................. 50
      2.1. A criação de uma escola de enfermagem em Coimbra e o papel de Costa Simões ............................................................................ 50
      2.2. «Da arte de enfermeiro»: o currículo da escola e o papel de Costa Duarte ........................................................................................... 60
      2.3. A inauguração e o funcionamento da escola .............................. 62
      2.4. Uma iniciativa de curta duração ................................................ 65

II – A Escola de Enfermagem dos Hospitais da Universidade de Coimbra .......................................................................................................... 69

   1. Introdução: enfermagem e ensino de enfermagem na I Guerra Mundial e na década de 1920 ......................................................... 69
      1.1. Contextualização internacional: o caso francês .......................... 69
      1.2. Contextualização internacional: os casos britânico e norte-americano ................................................................................................. 70
      1.3. Contextualização nacional ............................................................ 72
          1.3.1. As enfermeiras portuguesas na I Guerra Mundial ............... 72
          1.3.2. Enfermagem masculina e enfermagem feminina ................. 80
          1.3.3. A enfermagem nos hospitais civis e o caso de Lisboa ....... 86
          1.3.4. A profissionalização da enfermagem ................................... 92

2. A CRIAÇÃO DA ESCOLA DE ENFERMAGEM DOS HOSPITAIS DA UNI-
VERSIDADE DE COIMBRA ........................................................................ 109
3. O REGULAMENTO DE 1920 ................................................................... 111
   3.1. O pessoal e a administração ........................................................... 111
   3.2. O currículo ...................................................................................... 112
   3.3. O funcionamento dos cursos e a avaliação .................................... 114
   3.4. Os alunos: condições de admissão e de frequência ...................... 115
4. ECOS DA PROFISSIONALIZAÇÃO EM COIMBRA E SEUS REFLEXOS NO
ENSINO ...................................................................................................... 117

III – A ESCOLA DE ENFERMAGEM DO DR. ÂNGELO DA FONSECA ....................... 123

1. INTRODUÇÃO: ENFERMAGEM E ENSINO DE ENFERMAGEM NAS DÉCADAS
DE 1930 E 1940 ......................................................................................... 123
   1.1. Contextualização internacional: o caso francês ........................... 123
   1.2. Contextualização nacional ............................................................. 126
      1.2.1. A enfermeira ideal – qualidades morais ............................... 126
      1.2.2. A enfermeira ideal – qualidades físicas e intelectuais .......... 138
      1.2.3. Condições de vida e de trabalho dos enfermeiros ............... 140
      1.2.4. O ensino de enfermagem ...................................................... 143
         1.2.4.1. As escolas ...................................................................... 143
         1.2.4.2. Pedagogia e manuais escolares ................................... 145
         1.2.4.3. O Decreto de 1942 ....................................................... 148
         1.2.4.4. Perspectivas e sugestões .............................................. 152
         1.2.4.5. O Decreto-lei de 1947 .................................................. 154
2. A ATRIBUIÇÃO DO NOME DE ÂNGELO DA FONSECA E O PAPEL DO
MÉDICO ..................................................................................................... 160
3. AS CONDIÇÕES DE FUNCIONAMENTO DA ESCOLA E A SUA FINALIDADE:
ANOS TRINTA E QUARENTA ..................................................................... 166
4. A CERIMÓNIA DE ENCERRAMENTO DO ANO LECTIVO DE 1947/48 ........ 170

IV – A ESCOLA DURANTE A DÉCADA DE 1950 .................................................... 173

1. CONTEXTUALIZAÇÃO NACIONAL ........................................................... 173
   1.1. A enfermagem em Portugal nos anos cinquenta: traços gerais .... 173
   1.2. O ensino de enfermagem ............................................................... 175
      1.2.1. O Decreto-lei de 1952 ........................................................... 175
      1.2.2. O Regulamento das Escolas de Enfermagem ....................... 176
      1.2.3. O problema da falta de enfermeiros ..................................... 178
2. DEZ ANOS SOB A ADMINISTRAÇÃO DE JOÃO PORTO: PONTO DA SITUAÇÃO
EM 1953 .................................................................................................... 185
3. AS INSTALAÇÕES ..................................................................................... 197
4. O REGULAMENTO DE 1953 .................................................................... 199
   4.1. A Escola, a direcção e a administração ......................................... 199
   4.2. Os serviços auxiliares da Escola .................................................... 201
   4.3. Os cursos ........................................................................................ 203
   4.4. A admissão na Escola ..................................................................... 204
   4.5. As actividades circum-escolares e o funcionamento dos cursos .. 211
   4.6. Os exames ....................................................................................... 214
   4.7. O pessoal ........................................................................................ 217

  4.8. Bolsas de estudo e prémios escolares .................................................. 227
 5. A GESTÃO FINANCEIRA DA ESCOLA: RECEITAS E DESPESAS ..................... 229
 6. O FUNCIONAMENTO DAS AULAS .............................................................. 233
 7. AS OCASIÕES FESTIVAS ............................................................................ 237
 8. OS CONTACTOS INTERNACIONAIS E A LIGAÇÃO AO *SINDICATO* .............. 246

V – A ESCOLA DURANTE A DÉCADA DE 1960 ..................................................... 251
 1. INTRODUÇÃO: ENFERMAGEM E ENSINO DE ENFERMAGEM NA DÉCADA DE
  1960 ......................................................................................................... 251
  1.1. Contextualização internacional: o caso francês ............................. 251
  1.2. Contextualização nacional .............................................................. 252
   1.2.1. A enfermagem em Portugal nos anos sessenta: traços gerais .. 252
   1.2.2. O ensino da enfermagem ...................................................... 255
    1.2.2.1. A situação no início da década e projectos de mu-
     dança ............................................................................. 255
    1.2.2.2. A remodelação em 1965 ............................................. 260
 2. A NOVA ADMINISTRAÇÃO DA ESCOLA ..................................................... 265
 3. O VELHO PROBLEMA DA FALTA DE INSTALAÇÕES .................................... 267
 4. O PESSOAL ............................................................................................... 269
 5. A GESTÃO FINANCEIRA DA ESCOLA: RECEITAS E DESPESAS ..................... 273
 6. O INVESTIMENTO NA MELHORIA DAS CONDIÇÕES PEDAGÓGICAS .......... 276
 7. AS VISITAS DE ESTUDO ............................................................................ 284
 8. A PROPAGANDA À ESCOLA ....................................................................... 300
 9. O ENVOLVIMENTO SOCIAL E POLÍTICO DAS ALUNAS DA ESCOLA ........... 306

VI – A ESCOLA DURANTE A DÉCADA DE 1970 .................................................... 311
 1. CONTEXTUALIZAÇÃO NACIONAL ............................................................. 311
  1.1. Velhos problemas e tentativas de solução ...................................... 311
  1.2. O 25 de Abril de 1974 e a segunda metade da década .................. 313
 2. A PERSISTÊNCIA DO PROBLEMA DA FALTA DE INSTALAÇÕES ..................... 320
 3. A MUDANÇA PARA O NOVO EDIFÍCIO ..................................................... 324
 4. O REGULAMENTO DE 1970 E A SUA APLICAÇÃO ATÉ AO 25 DE ABRIL DE
  1974 ......................................................................................................... 326
  4.1. Objectivos e aspectos gerais ........................................................... 328
  4.2. Os órgãos de administração e direcção .......................................... 329
  4.3. Os serviços de apoio e o funcionamento das escolas .................... 334
  4.4. O pessoal ......................................................................................... 337
 5. OUTROS ASPECTOS DA VIDA DA ESCOLA NO INÍCIO DA DÉCADA DE 1970 ... 342
 6. O IMPACTO DA REVOLUÇÃO DE 25 DE ABRIL DE 1974 ........................... 344
  6.1. A acção dos alunos e a Comissão Paritária de Gestão ..................... 345
  6.2. Os Plenários de Trabalhadores da Escola ....................................... 349
 7. A SEGUNDA METADE DA DÉCADA DE 1970 ............................................. 353
 8. RETRATO DA VIDA ESCOLAR NOS ANOS DE 1978 E 1979 ....................... 355

VII – A Enfermagem e o Ensino de Enfermagem em Portugal nas Décadas de 1980 e 1990 e a Escola Superior de Enfermagem Dr. Ângelo da Fonseca .................. 363
   1. Aspectos profissionais .................. 363
   2. Aspectos formativos .................. 368

VIII – O Lar das Alunas-Enfermeiras de Coimbra (LAEC) .................. 373
   1. Criação e instalações .................. 373
   2. Os Estatutos do LAEC (1949) .................. 383
   3. O Regulamento Geral do LAEC e a sua aplicação .................. 387
   4. O Regulamento da Biblioteca do LAEC .................. 402
   5. As alunas do Lar: esboço de uma caracterização social .................. 402
   6. Do LAEC ao novo Bloco Residencial .................. 419
   7. O Regulamento e as normas de funcionamento do Bloco Residencial (1978) .................. 421

IX – Os Alunos da Escola ao Longo do Tempo .................. 425
   1. Frequências e aproveitamento .................. 425
   2. Traços sociais .................. 433
   3. Os alunos da *Legião Portuguesa* e em cumprimento do serviço militar .................. 445
   4. A identificação dos alunos e exemplos da sua actividade .................. 446
   5. O uniforme .................. 447

X – Os Currículos dos Cursos Ministrados na Escola da Década de 1920 à de 1960 .................. 453
   1. Os currículos do Curso Geral .................. 453
   2. Os currículos do Curso Complementar .................. 466
   3. Os currículos do Curso de Auxiliares de Enfermagem .................. 474
   4. Os currículos do Curso de Pré-Enfermagem .................. 476
   5. A disciplina de Educação Física .................. 479
   6. A disciplina de Moral e Religião .................. 480

Conclusão .................. 483

Anexo 1 .................. 487
Anexo 2 .................. 490
Anexo 3 .................. 491
Anexo 4 .................. 492

Fontes e Bibliografia .................. 495
   1. Fontes Manuscritas .................. 495
   2. Fontes Impressas e Bibliografia .................. 497
   3. Publicações periódicas .................. 501
   4. Legislação .................. 510
   5. Documentos electrónicos .................. 511

Lista de siglas .................. 512

PREFÁCIO

A decisão governamental de fundir numa única instituição os duas escolas públicas de ensino superior da enfermagem de Coimbra está na origem deste livro. Momento de passagem carregado de forte simbolismo, a ocasião foi aproveitada pela última direcção da *Escola Superior de Enfermagem Dr. Ângelo da Fonseca*, representada pelo Professor Doutor António de Jesus Couto e pela Dra. Ana Paula Camarneiro, para, em nome da preservação da memória futura, aprofundar o conhecimento histórico do estabelecimento de ensino. Se bem se pensou, assim se fez e, de imediato, se avançou para a organização do arquivo da instituição, tarefa que foi levada a cabo, com dedicação, entusiasmo e competência, pelo arquivista Dr. Rui Lopes, com o apoio do Arquivo da Universidade de Coimbra e sob orientação do Dr. Júlio Ramos.

Sem documentos não se faz história. A inventariação do material compulsado abriu horizontes e campos de análise inesperados que constituíram o ponto de partida para uma apurada investigação de que resultou a monografia agora publicada pela Imprensa da Universidade. A sua elaboração foi entregue a Ana Isabel Coelho Pires da Silva, jovem licenciada em História pela Faculdade de Letras da Universidade de Coimbra, de brilhante trajectória académica, a qual conta já no seu currículo com algumas publicações em revistas de reconhecido prestígio. Com desenvoltura e determinação meteu mãos à obra que se afigurava espinhosa e prolongada, não receando nem o carácter massivo da documentação, nem o esforço de leitura que o domínio metodológico do tema exigia. Tomando como cerne da pesquisa o núcleo documental da *Escola Superior de Enfermagem Dr. Ângelo da Fonseca*, tornado acessível pelo adequado tratamento arquivístico, a investigadora recorreu complementarmente a muitas outras fontes de informação, desde revistas médicas e de enfermagem a textos legislativos e administrativos, passando por correspondência particular e fontes estatísticas, entre outras, meticulosamente analisados ao pormenor e que permitem ao leitor um contacto directo com os documentos. O resultado final foi um excelente estudo científico que traça a evolução histórica da *Escola Superior de Enfermagem Dr. Ângelo da Fonseca* desde as suas origens à actualidade. Como pano de fundo, reconstitui as grandes linhas do ensino da enfermagem em Portugal desde a criação das primeiras escolas, de iniciativa privada, nos finais do século XIX, à sua integração na rede pública do ensino superior, processo moroso e complexo pelas resistências encontradas. Seguindo as pistas da imprensa especializada e das intervenções feitas no hemiciclo parlamentar, Ana Isabel

Coelho Pires da Silva recupera os momentos fortes dos debates ideológicos em torno da polémica questão da construção da identidade profissional, ajudando a compreender a passagem da "enfermagem como missão" à "enfermagem como profissão", no quadro da progressiva laicização da sociedade, da consolidação do poder médico, do desenvolvimento das preocupações higienistas e da implantação da saúde pública como objectivo político.

Na origem longíqua da escola esteve o médico e docente da Faculdade de Medicina, António Augusto da Costa Simões. No quadro das suas funções de administrador dos Hospitais da Universidade de Coimbra, criaria, em 1881, a primeira escola de enfermagem de que há conhecimento no nosso país. Na era do cientismo, em que se reconhecia a eficácia da higiene no combate epidemiológico, o ensino destinava-se a preparar, com maior eficiência, o pessoal de enfermagem e as criadas que trabalhavam naquele organismo hospitalar. Sem apoios públicos, contando tão-só com o seu empenhamento e a colaboração do médico Costa Duarte, a escola estava condenada a sossobrar, subsistindo apenas alguns meses. A semente estava, porém, lançada. Germinaria anos mais tarde, já no contexto da I República. Em 1919, no âmbito da reestruturação dos Hospitais da Universidade, seria organizada uma Escola de Enfermagem que, em 1931, adoptaria o nome do médico Ângelo da Fonseca, designação que manteve até à actualidade. Em termos de público-alvo, as diferenças não eram significativas: os seus destinatários continuavam a ser os elementos do quadro de pessoal de enfermagem que trabalhava nos Hospitais da Universidade de Coimbra. Só a partir de meados da década de 1940, a situação se altera, tendo a escola dado início à preparação técnica de profissionais para todo o país. As mudanças registadas na política assistencial do regime estado-novista, e muito particularmente, o lançamento de uma rede de hospitais regionais e sub-regionais, bem como de campanhas profilácticas e sanitárias, induziram a necessidade de aumentar o número de técnicos de saúde no nosso país, entre os quais enfermeiros e auxiliares de enfermagem, objectivo a que a instituição estava à altura de poder satisfazer. A *Escola de Enfermagem Dr. Ângelo da Fonseca* estava definitivamente lançada...

A autora evoca, neste aspecto, todos aqueles que, directa ou indirectamente, tiveram um papel activo na formalização do processo educativo da instituição e que contribuíram para a impor no contexto nacional: os directores e os administradores, os professores, os monitores, os funcionários, os alunos. Mas analisa também os planos curriculares, os métodos de ensino, as matérias leccionadas, os programas das visitas de estudo, entre tantas outras matérias... E surpreende-nos com os pormenores que regista, sempre vivos e concretos. No momento em que a palavra enfermeiro se declina fundamentalmente no feminino, o que ocorre sobretudo nas décadas de 1930 e 1940, introduz-nos no "Lar das Alunas-Enfermeiras". Com sensibilidade, analisa o seu quotidiano que acompanha até à década de 1970, recreando a atmosfera que marcou várias gerações de jovens: as regras institucionais, os regulamentos, o regime de saídas, os namoros escondidos, as solidariedades cúmplices, mas também as ilusões de uma juventude inquieta nos "gloriosos" anos sessenta e setenta, retratando-nos o despertar de uma consciência política e social. Enfim, nenhum aspecto da história da *Escola de Enfermagem Dr. Ângelo da Fonseca* lhe escapou.

Um livro como este não pode ser ignorado. Constitui uma preciosa síntese que combina fontes inéditas, a grande maioria em primeira mão, com uma bibliografia actualizada e que será um guia para muitos outros estudos.

Finalmente, uma palavra de agradecimento à actual direcção da *Escola Superior de Enfermagem de Coimbra,* na pessoa da sua Directora a Dra. Conceição Bento, por ter providenciado a sua publicação e à *Imprensa da Universidade de Coimbra* por o ter acolhido na sua Colecção Ciências e Culturas, na qual esta obra se integra de pleno direito.

Irene Vaquinhas
Faculdade de Letras da Universidade de Coimbra

# INTRODUÇÃO

O presente trabalho consiste num estudo monográfico sobre a Escola de Enfermagem Ângelo da Fonseca, desde as suas origens, no último quartel do século XIX, até à actualidade. Trata-se da primeira escola de enfermagem criada no país, apesar de, na sua versão inicial, ter durado apenas alguns meses. A expressão usada no título, «Da arte de enfermeiro», corresponde à designação atribuída na revista *Coimbra Médica* a uma das quatro primeiras disciplinas leccionadas, em 1881, na então Escola de Enfermeiros dos Hospitais da Universidade, pelo professor Costa Duarte.

A história da enfermagem, e em particular a das escolas de enfermagem, é um tema ainda muito pouco tratado em Portugal, tendo sido necessário, para reconstituir o contexto em que a Escola Ângelo da Fonseca nasceu e evoluiu, recorrer a bibliografia estrangeira e, sobretudo, a investigação própria. No que respeita à Escola propriamente dita, existem algumas publicações, com destaque para a obra *Dez anos de História dos Hospitais da Universidade de Coimbra sob a direcção do Prof. João Porto* e os artigos da autoria da enfermeira Nídia Salgueiro, publicados na revista *Referência*. Trata-se, no entanto, de contributos que se reportam essencialmente aos anos cinquenta e sessenta do século XX, existindo um vazio bibliográfico para os períodos anteriores e posteriores.

Recorremos essencialmente a dois tipos de fontes, as impressas, em particular legislação e variadíssimos jornais e revistas de carácter generalista ou científico (médicas ou de enfermagem), sobretudo para os períodos iniciais e até à década de 1950, e a documentação conservada no Arquivo da Escola Superior de Enfermagem Dr. Ângelo da Fonseca, a qual se encontrava ainda em fase de tratamento arquivístico quando tivemos a oportunidade de a consultar. Procedemos a uma análise exaustiva do inventário dessa documentação e consultámos a maioria das séries existentes, tendo-se revelado particularmente ricos em informação pertinente os livros de actas de diversos órgãos e a correspondência expedida e recebida. Porém, estas séries só têm início no final da década de 1940, como, de resto, acontece com a restante documentação, à excepção dos processos de alunos, alguns dos quais datados da década de 1930. Na verdade, o âmbito cronológico do Arquivo é de 1933 a 2005, mas a esmagadora maioria dos documentos é posterior a 1950, com grande incidência nos últimos trinta anos.

O documento mais antigo produzido directamente pela Escola e a que tivemos acesso encontra-se arquivado na Secretaria daquela instituição e data de 1927. Trata-se de um

*Livro de termos de exames do Curso Complementar*, o que parece confirmar a existência de um arquivo da Escola maior e mais antigo, que, infelizmente, se perdeu. Procurámo-lo no Arquivo da Universidade de Coimbra, onde deveria estar toda a documentação produzida nos Hospitais da Universidade, de que a Escola fazia parte, mas desconhece-se o paradeiro dos arquivos gerados por aquela instituição desde os finais do século XIX. Nada se encontra, igualmente, no Centro de Documentação dos HUC, sendo possível que a dispersão dos Hospitais por vários edifícios na Alta de Coimbra, primeiro, e a mudança para o novo edifício, depois, já nos anos oitenta do século XX, tenha implicado a fragmentação e a perda de arquivos. O mesmo é válido para o caso específico da Escola, cujas instalações sempre foram precárias e instáveis, até à transferência para o edifício actual, em 1979.

Procurando colmatar a lacuna de fontes directas para grande parte do período estudado, recorremos também a outras fontes manuscritas, conservadas no Arquivo da Universidade, com destaque para os *Livros de Actas da Faculdade de Medicina*. Porém, não nos foi possível consultar os livros posteriores a 1910, pois encontravam-se em processo de transferência arquivística da Faculdade de Medicina para o Arquivo da Universidade. Utilizámos ainda os diários das sessões parlamentares, da Câmara dos Senhores Deputados (1922-1910) à Assembleia Nacional (1935-1974), disponíveis *on-line*. No que respeita aos documentos iconográficos, empregámos, para além de reproduções digitais de livros da colecção da Biblioteca Geral da Universidade de Coimbra, fotografias pertencentes ao espólio fotográfico da Escola, o qual merecia um tratamento arquivístico adequado.

Por fim, se para a análise dos processos das alunas do Lar das Alunas-Enfermeiras de Coimbra lidámos directamente com a documentação, construindo uma base de dados, no caso dos processos dos alunos da Escola em geral, recorremos aos dados constantes de uma base já existente, da própria instituição.

O objectivo deste trabalho é compreender a origem e a evolução históricas da Escola Ângelo da Fonseca, no contexto internacional e nacional da enfermagem e do ensino da enfermagem, contemplando os principais aspectos da vida da instituição, em particular relativos às instalações, administrativos, financeiros, pedagógicos, humanos, com destaque para o corpo discente, ou simbólicos. No fundo, trata-se de compreender as razões que estiveram na origem da Escola, assim como as finalidades que esta pretendeu alcançar ao longo do tempo, tendo em conta a acção desenvolvida por três personalidades de reconhecido mérito na vida académica e institucional de Coimbra e que são associadas a momentos determinantes da história da instituição: Costa Simões, Ângelo da Fonseca e João Porto.

De acordo com o objectivo visado, estruturamos o trabalho em dez capítulos, obedecendo os sete primeiros a um critério cronológico e os três últimos, a um critério temático. Considerámos que a perspectiva cronológica, correspondendo cada capítulo a um período de cerca de uma década, era a mais indicada para evidenciar a evolução da instituição ao longo do tempo, nas suas várias dimensões e analisando as permanências e as mudanças. Salientamos que o último capítulo, relativo às décadas de 1980 e 1990, consiste mais num trabalho de síntese do que de investigação, visto tratar-se de um período muito recente, difícil de perspectivar em termos históricos. Por outro lado, a abundância e a especificidade da informação relativa ao Lar das Alunas-Enfermeiras de Coimbra, aos alunos da Escola e aos currículos nela ministrados levaram-nos a tratar estas matérias em capítulos à parte, o que não significa que as tenhamos eliminado da análise cronológica geral, onde são referidas em termos lineares.

As principais limitações deste trabalho decorrem, como acima ficou expresso, da escassez de fontes directas para o período de finais do século XIX e três primeiras décadas do século XX, o que dificulta a compreensão do momento em que a Escola foi criada e, principalmente, a da época em que voltou a funcionar, nos anos de 1920, após uma longa interrupção. Mesmo as fontes indirectas, nomeadamente a imprensa médica, são escassas em informação sobre a Escola de Enfermagem de Coimbra nessa época.

Para terminar, é fundamental enaltecer a iniciativa da última Direcção da Escola Superior de Enfermagem Dr. Ângelo da Fonseca (de Julho de 2004 a Agosto de 2006), no sentido de promover o tratamento do Arquivo da Escola, indispensável para a investigação histórica, e a realização deste estudo, com vista a conhecer e a divulgar o passado da instituição[1]. Cabe-nos ainda deixar um agradecimento especial à docente responsável pela orientação científica do estudo, Doutora Irene Vaquinhas, quer pela disponibilidade e pela compreensão, quer pelos ensinamentos e pela grande ajuda que nos dispensou.

Janeiro de 2007

---

[1] Este Conselho Directivo, o único eleito de acordo com os Estatutos da Escola promulgados em 2004 (Despacho Normativo n.º 3/2004 de 10 de Janeiro), era composto pelos professores Prof. Doutor António de Jesus Couto (presidente), Prof. Doutor Jorge Manuel Amado Apóstolo e Dr.ª Ana Paula Forte Camarneiro (vice-presidentes), pelo Dr. João Nuno Cruz Costa de Oliveira (representante do pessoal não docente) e pelo estudante Rui Miguel Lopes Martins (representante dos estudantes).

# I – AS ORIGENS DA ESCOLA SUPERIOR DE ENFERMAGEM DR. ÂNGELO DA FONSECA

## 1. Introdução: enfermagem e ensino de enfermagem no século XIX e até à I Guerra Mundial

### 1.1. Contextualização internacional: o caso britânico

Florence Nightingale é uma das personagens mais carismáticas da história da enfermagem, tendo sido a impulsionadora de um movimento que, a partir de 1860, se desenvolveu em Inglaterra e passou depois aos Estados Unidos e ao Canadá, para a criação de escolas de enfermeiras[2]. No entanto, segundo Anne Summers, os sucessos da célebre enfermeira basearam-se no trabalho de predecessoras menos conhecidas[3].

Na Grã-Bretanha de meados do século XIX não havia uma definição clara da função de enfermagem, sendo que a *nurse* ou *nursemaid* era ainda frequentemente uma empregada doméstica que tomava conta de bebés. Sobretudo no caso da enfermagem privada, mas também no da hospitalar, a fronteira entre o trabalho médico e o trabalho doméstico era muito estreita. Na maioria dos hospitais, todo o pessoal de enfermagem era feminino, estando dividido em dois graus: o inferior, da *nurse* ou *ward-maid*, que tinha a cargo as tarefas domésticas e a vigilância dos doentes; e o superior, da *head nurse* ou *sister*, que supervisionava as enfermeiras e tratava dos casos mais sérios. A autora citada detecta a existência de um paralelismo entre o sector hospitalar e o sector doméstico na contratação de empregadas, sendo as criadas com posição superior em casas de família consideradas as candidatas mais adequadas para os lugares de *sisters*[4].

O movimento de redefinição da função de enfermagem, separando-a mais claramente do trabalho doméstico, teve origem nos hospitais voluntários estabelecidos em Londres e nos principais centros da província britânica nos séculos XVIII e XIX, em ligação com a evolução da medicina. Todavia, os primeiros métodos sistemáticos de

---

[2] Maria Isabel Soares, *Da blusa de brim à touca branca. Contributo para a história do ensino da enfermagem em Portugal 1880-1950*, Lisboa, Faculdade de Psicologia e Ciências da Educação da Universidade de Lisboa, 1993, Tese de Mestrado, p. 3.

[3] Anne Summers, *Angels and Citizens. British women as military nurses 1854-1914*, Londres e Nova York, Routledge & Kogan Paul, 1988, p. 13.

[4] Anne Summers, *op. cit.*, p. 15.

ensino de enfermagem foram desenvolvidos por congregações religiosas femininas, num contexto de valorização da caridade, ao nível da saúde, como meio de conciliação das classes sociais e como via de missionação. Destacou-se a *St. John's House Training Institution for Nurses* (1848), vocacionada para serviços domiciliários de enfermagem, mas também encarada como via para a reforma da enfermagem hospitalar.

Nas instituições assistenciais de carácter religioso confundiam-se as noções de superioridade social, espiritual e profissional, sendo as mulheres abastadas consideradas mais capacitadas em termos espirituais e melhor qualificadas para instruir na função de enfermagem do que as mulheres das classes trabalhadoras. Anne Summers salienta o papel especial então atribuído à mulher da classe média, capaz de estender a influência desta na sociedade através da sua relação com as criadas, e verifica que o paradigma da relação senhora-criada se aplicava facilmente à enfermagem hospitalar, dada a sua forte componente doméstica[5]. A *sister* não era remunerada no hospital tal como o não seria na sua própria casa e isso indica o carácter desinteressado e espiritual do seu trabalho, bem como a sua disposição para exercer autoridade.

É neste quadro que a contribuição de Nightingale tem de ser avaliada. Embora proviesse de uma classe social elevada e trabalhasse gratuitamente, considerava que a pertença a uma família abastada ou a vontade de oferecer consolo espiritual não eram qualificações suficientes para a enfermagem. Na sua opinião, esta não era um meio de salvar almas, mas uma forma de auxiliar na prevenção e na cura da doença.

Florence Nightingale foi encarregue de organizar o primeiro contingente de enfermeiras destinado a servir na Guerra da Crimeia (1854-1856), na sequência de um movimento de entusiasmo da classe média e apesar de os hospitais militares não serem favoráveis à "feminização" de uma ocupação masculina. Porém, o segundo contingente foi enviado sem o seu conhecimento, incluindo *ladies*, senhoras não profissionais que a enfermeira inglesa considerava não terem lugar no hospital. A maior parte do trabalho de enfermagem na Crimeia foi, assim, realizado fora da jurisdição de Nightingale e sem qualquer referência ao que aquela considerava uma prática profissional correcta.

O desempenho de funções de gestão doméstica, para as quais as *ladies* estavam habilitadas, fez mais pela aceitação das mulheres no hospital militar do que a insistência de Nightingale na formação em enfermagem. No entanto, a fronteira entre a função doméstica e a função médica era indefinida, como prova o facto de os oficiais terem confiado nas enfermeiras para administrar medicamentos e supervisionar casos graves.

De qualquer forma, Florence Nightingale traçou um modelo de formação de enfermeiras que exerceria influência em vários países. Em 1860 fundou a *Nightingale Training School*, destinada ao treino, apoio e protecção das enfermeiras e empregadas dos hospitais. Visava dar forma às críticas da fundadora aos padrões da enfermagem vigente e formar discípulas que, por sua vez, iriam transformar outras instituições. Durante um ano, as alunas frequentariam aulas especiais leccionadas por médicos e receberiam formação da *matron* na observação e no cuidado dos doentes, bem como na gestão de uma enfermaria. Ficariam preparadas para trabalhar, superintender e treinar em todas as áreas da enfermagem médica e cirúrgica.

A referida escola foi criada numa altura em que se registava um crescimento da enfermagem religiosa. Apesar de Florence Nightingale lutar pelo aperfeiçoamento da

---

[5] Anne Summers, *op. cit.*, p. 21.

profissão através de treino, salários e estatuto superiores e as irmandades defenderem, pelo contrário, padrões morais e espirituais mais elevados, a par do trabalho gratuito, o sistema hierárquico adoptado nos primeiros serviços de enfermagem militar feminina, influenciados pela enfermeira inglesa, era idêntico ao empregue na mesma altura pelas irmandades nos hospitais civis de Londres.

A partir de 1880, ao mesmo tempo que a qualidade dos oficiais enfermeiros começou a declinar, o serviço de enfermagem militar passou a dispor de enfermeiras treinadas e recrutadas em hospitais civis. Enquanto os oficiais não podiam limitar-se a cuidar dos doentes, cabendo-lhes também as tarefas domésticas, as enfermeiras tinham sido formadas de acordo com uma estrita hierarquia entre o trabalho de enfermagem e o trabalho doméstico, realizado por pessoal servente.

Os hospitais civis davam então dois tipos de formação, uma dirigida a *ladies* e outra a alunas vulgares. Só as alunas que pagassem uma comissão especial podiam vir a tornar-se *sisters*. Assim, a carreira na enfermagem militar pode ter funcionado como alternativa para mulheres da classe média que pretendiam aquele lugar, mas não tinham como pagar a comissão. De qualquer forma, uma das características mais valorizadas da enfermeira militar era o facto de pertencer a uma categoria social superior à do pessoal masculino e à dos doentes, visto que tal lhe conferia autoridade e era considerado garantia de decoro nas enfermarias.

### 1.2. Contextualização internacional: o caso francês

Associadas não só à maternidade, à família e aos trabalhos domésticos, mas também aos cuidados do corpo, as mulheres sempre trabalharam no campo assistencial. Foram sobretudo religiosas ou voluntárias, dada a incompatibilidade entre a ideia do dever feminino de assistência ao outro e a remuneração[6].

Em França, na segunda metade do século XIX, era evidente a soberania das religiosas na prestação de todo o tipo de cuidados, com destaque para a acção das Irmãs da Caridade, que estabeleciam convenções com as administrações locais e dispunham de grande autonomia[7]. As suas prerrogativas repousavam em tradições antigas e sólidas, sobretudo em meio rural[8]. As religiosas associavam a escola e o dispensário, abrindo casas onde coexistiam professoras, enfermeiras e farmacêuticas. Apesar dos protestos dos médicos e com a conivência das autoridades, no final da década de 1860, os postos de assistência médica aos pobres instalados pelas religiosas eram mais numerosos do que as farmácias diplomadas. O sucesso das irmãs estava relacionado com a procura de meios de cura religiosos para os males do corpo e com a cumplicidade feminina entre as mulheres e as religiosas, reforçada pelo carácter muitas vezes gratuito da assistência.

Entretanto, o último quartel do século XIX foi marcado pelo surgimento de novas necessidades no domínio da saúde, em ligação, por um lado, com a revolução de

---

[6] Sylvie Schweitzer, *Les femmes ont toujours travaillé. Une histoire du travail des femmes aux XIX<sup>e</sup> et XX<sup>e</sup> siècles*, Paris, Éditions Odile Jacob, 2002, p. 167.

[7] Yvonne Knibiehler (dir.), *Cornettes et blouses blanches: les infirmières dans la société française 1880-1980*, s.l., Hachette, 1984, pp. 41-43.

[8] Sobre a reinstalação das congregações religiosas após a Revolução Francesa e o seu crescimento ao longo do século XIX, ver Jacques Léonard, *Médecins, malades et société dans la France du XIX<sup>e</sup> siècle*, Paris, Sciences en Situation, 1992, pp. 35-42.

Pasteur e, por outro, com o advento da 3.ª República[9]. O trabalho de Pasteur (1822--1895), que resultou em descobertas com a antissepsia, a assepsia ou a teoria dos germes, transformou a medicina a vários níveis, desde aspectos concretos, como a diminuição das infecções resultantes de cirurgias, à alteração da relação com o corpo[10]. Descobriu-se não só que as doenças se devem a microrganismos específicos, mas também que o seu desenvolvimento é propiciado por certas condições sanitárias, havendo a necessidade de tomar medidas preventivas de carácter político[11]. A revolução pasteuriana projectou-se, pois, igualmente no campo da higiene pública, manifestando-se, por exemplo, na criação de redes de esgotos e de fornecimento de água às populações. A par dessas preocupações, que evidenciavam uma articulação entre medicina, sociedade e política[12], o pasteurismo teve como consequência social o reforço do poder médico, numa época marcada pela crença no poder e na verdade das ciências[13].

As novas ideias republicanas, de cunho positivista e anticlerical, punham em causa o domínio assistencial das Irmãs da Caridade, que eram acusadas pelos médicos de preferirem as orações e a resignação ao emprego de técnicas eficazes e de resistirem aos avanços científicos, como os cuidados assépticos ou a vacinação[14]. Para além disto, a 3.ª República pretendeu substituir a acção assistencial religiosa pela civil e estatal laica. De acordo com médicos, ministros, cientistas e republicanos, a nova "tratadora" devia ser conhecedora dos princípios higiénicos, obediente ao médico, laica, republicana e proveniente de uma família modesta.

No entanto, o fracasso das ofensivas contra os abusos das religiosas dá conta dos limites do poder médico no século XIX. A República acabou por tolerar as irmãs farmacêuticas e enfermeiras, que não podiam ser substituídas de repente, e ter-se-á mesmo estabelecido um compromisso entre médicos e religiosas, que acabaram por se render à ciência[15]. Assim, se em Paris, nos hospitais dependentes da *Assistance Publique*, a laicização da enfermagem foi relativamente bem conseguida, na província, excepto em algumas grandes cidades, aquela foi um fracasso.

---

[9] Yvonne Knibiehler (dir.), *op. cit.*, pp. 43-46.

[10] Sobre o trabalho de Pasteur, o seu reconhecimento por parte dos médicos e a «pasteurização da medicina», ver Jacques Léonard, *La médecine entre les savoirs et les pouvoirs: histoire intellectuelle et politique de la médecine française au XIX<sup>e</sup> siècle*, Paris, Aubier Montaigne, 1981, pp. 243-252 e Claire Salomon-Bayet, *Pasteur et la Révolution Pastorienne*, Paris, Payot, 1986, pp. 17-22.

[11] Ana Leonor Pereira e João Rui Pita, *Ciência e Medicina: a revolução pasteuriana*, separata de *Actas do Congresso Comemorativo do V Centenário da Fundação do Hospital do Espírito Santo de Évora*, Évora, s.n., 1996, pp. 246-249; Georges Vigarello, *História das práticas de saúde. A saúde e a doença desde a Idade Média*, Lisboa, Editorial Notícias, 2001, pp. 217-219.

[12] Ver Georges Vigarello, *op. cit.*, pp. 229-230 e Ana Leonor Pereira e João Rui Pita, *Liturgia higienista no século XIX. Pistas para um estudo*, separata de *Revista de História das Ideias*, vol. 15, Coimbra, Faculdade de Letras da Universidade de Coimbra, 1993, pp. 518-520.

[13] Sobre o sucesso dos médicos no último quartel do século XIX, ver Jacques Léonard, *La médecine entre les savoirs et les pouvoirs...*, pp. 241, 259-263, 271-273. Acerca da «civilização higiénica» e da transformação da ciência em religião, sendo os médicos os seus santos, ver Ana Leonor Pereira e João Rui Pita, *Liturgia higienista no século XIX...*, pp. 522-525.

[14] Sobre o «contencioso» entre os médicos e o clero a propósito da actividade assistencial das religiosas, tanto nos hospitais como em meio rural, ver Jacques Léonard, *Médecins, malades et société...*, pp. 42-52.

[15] Jacques Léonard, *Médecins, malades et société...*, pp. 52-61.

Seja como for, em França, o nascimento da profissão de enfermeira esteve ligado à laicização dos cuidados de saúde, que por sua vez implicou a criação de escolas de enfermagem. Fundadas em 1878 pelo médico republicano Bourneville, as escolas municipais de Paris destinavam-se à preparação de enfermeiras competentes, capazes de secundar os médicos no novo contexto científico. Os cursos compreendiam dois programas, um prévio de instrução primária, para as candidatas sem qualquer formação, e outro de instrução secundária ou normal[16]. Este último dividia-se em oito disciplinas: "administração hospitalar", "anatomia", "fisiologia", "pensos", "pequena cirurgia", "higiene", "cuidados às parturientes e aos recém-nascidos" e "pequena farmácia". Na distribuição do total de lições ministradas, era dada prioridade aos "pensos", à "higiene" e à "pequena farmácia"; a "administração hospitalar" reunia mais lições do que a "anatomia" ou a "fisiologia", matérias cujo ensino era sumário. As lições eram completadas por exercícios práticos de "medicina" e de "cirurgia", que consistiam na apresentação de vários instrumentos ou medicamentos. A formação era dispensada a pessoas que já trabalhavam, sendo as aulas nocturnas; incluía um exame final, que contribuía para a subida na carreira hospitalar.

Os cursos municipais foram criticados pelos defensores das religiosas e pelas próprias alunas. Os responsáveis não terão definido claramente o público a que queriam dirigir-se, visto que, para o conjunto do pessoal assistente, o programa era demasiado completo, mas para o pessoal que tratava dos doentes, era insuficiente[17]. Então, a par das iniciativas públicas, surgiram escolas de enfermeiras ligadas a sociedades de socorro e vocacionadas para a assistência em situações de catástrofe, com destaque para as da *Cruz Vermelha*[18].

A laicização terá engendrado duas figuras de "tratadoras", situadas em pólos opostos da escala social: a mulher pobre dos hospitais e a mulher rica das sociedades da *Cruz Vermelha*. Assim, depois do debate a propósito das enfermeiras religiosas e laicas, surgiu outro sobre o recrutamento social da enfermeira laica[19]. Enquanto Bourneville defendia que toda a mulher provida de educação primária e profissional sólida podia dar uma excelente enfermeira, vendo na enfermagem um meio de promoção social para as raparigas do povo, a médica Anna Hamilton propunha o modelo burguês e anglo-saxónico de *nurse*, considerando que só a «mulher de educação», proveniente de um meio eventualmente médico e instruída numa escola paga, (dirigida por uma mulher e sob uma disciplina rigorosa), possuiria as aptidões morais e intelectuais necessárias.

Ambas as partes deste debate estavam, todavia, de acordo quanto à imagem da enfermeira ideal, que era, antes de mais, uma mulher. A preferência pelo sexo feminino justificava-se pelas qualidades inatas atribuídas às mulheres e ligadas à maternidade. O trabalho da enfermeira devia, assim, exprimir os caracteres naturais da feminilidade, relacionados com as tarefas domésticas e com as ideias de devoção e abnegação[20]. Esta imagem foi em grande medida forjada pelos médicos, os quais defendiam que a mulher

---

[16] Yvonne Knibiehler (dir.), *op. cit.*, pp. 48-49.
[17] Yvonne Knibiehler (dir.), *op. cit.*, pp. 49-50 e Véronique Leroux-Hugon, *Des saintes laïques: les infirmières à l'aube de la troisième republique*, Paris, Sciences en Situation, 1992, pp. 52-53.
[18] Yvonne Knibiehler (dir.), *op. cit.*, pp. 51-54.
[19] *Idem*, pp. 54-56.
[20] *Idem*, pp. 57-60.

fora feita para cuidar, mas apenas em função de prescrições masculinas. Negando, pois, àquela a possibilidade de ser médica, invocavam a necessidade de ser enfermeira[21].

De acordo com essa concepção, o pessoal de enfermagem francês era quase exclusivamente feminino, sendo os cursos municipais de Paris frequentados sobretudo por mulheres e as escolas privadas fundadas no início do século XX destinadas apenas ao sexo feminino. Os enfermeiros tentaram defender os seus postos junto aos doentes do sexo masculino, mas, na perspectiva dos médicos, as mulheres, para além de mais humildes e dóceis, seriam dotadas de qualidades afectivas miraculosas[22].

No estereótipo médico da enfermeira ideal, o clínico seria o chefe de família e a enfermeira a dona de casa de um lar modelo, sendo adaptadas ao contexto hospitalar as três qualidades fundamentais da dona de casa: a competência manual doméstica, a submissão e a devoção. A primeira torna-se evidente na inclusão, nos primeiros cursos de enfermagem, de aulas de administração e de cozinha e serviço doméstico. Quanto à submissão, era particularmente valorizada, contra as reivindicações de independência por parte das enfermeiras e a sua intromissão no campo da medicina[23]. A enfermeira era apenas uma auxiliar do médico, uma executante ou serviçal, e devia limitar-se a essa função. O medo da possível concorrência por parte das enfermeiras poderá explicar a abertura tardia das escolas de enfermagem e as limitações do ensino técnico que nelas se ministrava. O ensino informava, mas não dava uma visão de conjunto; veiculava um saber utilitário, submetido à ciência do médico. Este procurava encontrar um equilíbrio entre a necessidade de formar a enfermeira, dados os novos métodos científicos, e o cuidado de não a instruir demasiado.

A valorização da devoção tem a ver, por um lado, com o facto de ser considerada uma qualidade eminentemente feminina, em relação com a maternidade e, por outro, com os limites da laicização e com o conceito de "religiosa-laica", celibatária interiormente consagrada à profissão. A enfermagem era ainda uma questão de vocação e de missão, sendo de carácter essencialmente moral as qualidades consideradas indispensáveis a uma boa profissional, como sinceridade, bondade, paciência e obediência[24].

Era esse o ideal de enfermeira da Escola da Salpêtrière (Paris), inaugurada em 1907, uma entre as várias escolas públicas abertas em hospitais franceses entre 1900 e 1914[25]. A Escola destinava-se a raparigas dos 18 aos 25 anos, com garantias de saúde e de moralidade. Dadas as características do público-alvo, constituído por pessoal serviçal do hospital, mas também por raparigas vindas do exterior, as candidatas só eram admitidas depois de realizarem um exame e um estágio probatório de dois meses.

---

[21] Sobre a evolução da visão médica acerca das mulheres, ver Jean-Pierre Peter, «Les médecins et les femmes» *in Misérable et Glorieuse. La femme du XIX<sup>e</sup> siècle*, apres. Jean-Paul Aron, Bruxelas, Éditions Complexe, 1984, pp. 79-96. Acerca da eventual propensão da mulher para a enfermagem, defendida pelos médicos, ver Véronique Leroux-Hugon, *Des saintes laïques...*, pp. 49-50.

[22] Ver Yvonne Knibiehler e Catherine Fouquet, *La femme et les médecins*, s.l., Hachette, 1983, p. 192.

[23] Sobre as críticas feitas já pelos médicos iluministas às tentativas de intromissão na medicina por parte das enfermeiras, ver Yvonne Knibiehler e Catherine Fouquet, *La femme et les médecins*, pp. 184-185.

[24] Véronique Leroux-Hugon, *Des saintes laïques...*, pp. 53-54.

[25] Yvonne Knibiehler (dir.), *op. cit.*, pp. 63-68.

A existência de formação e recrutamento específicos é um dos aspectos que permite considerar a função de enfermeira como uma profissão bem definida desde o início do século XX[26]. Entre 1880 e 1914 registou-se uma evolução na qualificação das actividades da enfermeira, que eram essencialmente de três tipos: domésticas, incluindo cuidados com a mobília, a ventilação, o aquecimento, a luz e os regimes alimentares dos doentes; administrativas, como o registo de doentes ou a manutenção de inventários; e terapêuticas, que reflectiam a evolução dos cuidados, em ligação com a das práticas médicas. Por um lado, fazer o penso e dar injecções, tarefas até então reservadas aos médicos, tornaram-se correntes, a par da manipulação de aparelhagem cada vez mais complicada; por outro, os cuidados passaram a estar adaptados a cada tipo de doente[27].

Para além da formação específica e da evolução das tarefas, outros elementos contribuíram para construir a profissão de enfermeira, designadamente o surgimento de uma imprensa profissional, o aparecimento dos primeiros sindicatos e a emergência de novas missões, como a assistência ao domicílio ou o trabalho nas escolas[28].

No entanto, no período em análise, a profissionalização da enfermagem conheceu diversas limitações, decorrentes sobretudo dos limites da laicização. Estes eram evidentes na defesa do celibato das enfermeiras, no regime de internato a que estavam sujeitas, no uniforme que usavam e no debate a propósito da remuneração. Para Anna Hamilton, o celibato era condição do exercício de enfermagem, visto que a responsabilidade familiar seria incompatível com a consagração aos doentes. Embora não ousasse exigir-lhes o celibato, a *Assistance Publique* parisiense continuava a encarar as suas enfermeiras como eternas jovens, às quais oferecia alimentação, alojamento e apoio moral no seio da família hospitalar. O regime de internato, que pode considerar-se um vestígio do modo de vida conventual, manteve-se exclusivo até às vésperas da I Guerra Mundial, quando a *Assistance* aceitou o externato parcial do pessoal. De qualquer forma, os subsídios de alojamento foram dados maioritariamente aos homens e, entre as mulheres, às casadas. A enfermeira era vista ainda como uma mulher só e jovem cuja vida se pretendia continuar a controlar, de modo a assegurar uma docilidade total[29].

Embora possa ser considerado um elemento de profissionalização, na medida em que distingue um novo corpo profissional, o uniforme pode também ser encarado como uma sobrevivência do modelo religioso[30]. É certo que o uniforme adoptado pela *Assistance Publique* era diferente do vestuário pouco higiénico das religiosas e que o véu foi substituído pela coifa; porém, as cores branca e preta tanto remetiam para a assepsia e para a respeitabilidade da função, como para as ideias de virgindade e de austeridade associadas ao hábito monacal.

---

[26] Véronique Leroux-Hugon, «L'infirmière au début du XX<sup>e</sup> siècle: nouveau métier et tâches traditionnelles», *Le Movement Social*, Paris, Les Éditions Ouvrières, n.º 140, juillet-septembre 1897, p. 49.

[27] Yvonne Knibiehler (dir.), *op. cit.*, pp. 69-70 e Véronique Leroux-Hugon, «L'infirmière au début du XX<sup>e</sup> siècle...», pp. 55-56.

[28] Sobre todos estes assuntos, ver Yvonne Knibiehler (dir.), *op. cit.*, pp. 71-76 e Véronique Leroux--Hugon, «L'infirmière au début du XX<sup>e</sup> siècle...», p. 58.

[29] Véronique Leroux-Hugon, «L'infirmière au début du XX<sup>e</sup> siècle...», p. 56 e *Des saintes laïques...*, pp. 133-144.

[30] Véronique Leroux-Hugon, *Des saintes laïques...*, pp. 145-147.

Influenciada pelo conceito de missão e pelo facto de a enfermagem misturar saberes técnicos e específicos com serviços domésticos, a sociedade tinha dificuldade em reconhecer às enfermeiras um carácter profissional[31]. No final de Oitocentos, a sua remuneração era, pois, ínfima. No início do século XX, sob a pressão sindical, subiu até níveis razoáveis, mas, tendo em conta que a presença das religiosas nos hospitais continuou a ser significativa até aos anos de 1950, as profissionais laicas eram ainda vistas como "mercenárias" em vez de "assalariadas"[32]. Para além disso, de acordo com um regulamento de 1910, todo o pessoal hospitalar feminino passaria a receber menos do que o masculino, independentemente da formação superior das enfermeiras e mesmo das diferenças entre elas e as serviçais. Portanto, o discurso sobre a maior aptidão das mulheres para a profissão e sobre a sua indispensável formação não se fazia acompanhar da concessão de benefícios materiais às profissionais[33]. Era evidente a dificuldade da enfermeira em deixar a condição de servidora, estando submetida às autoridades administrativas e médicas, masculinas.

Os limites da laicização da função de enfermeira traduzem-se na fórmula paradoxal de "religiosa-laica", usada tanto no modelo de formação francês, da *Assistance Publique*, como no inglês, de Florence Nightingale. Esta defendia a profissionalização da enfermagem, com base na formação técnica, na remuneração do trabalho, mas também em valores como disciplina e moralidade, considerando que as enfermeiras deviam conciliar qualidades de carácter religioso com a competência profissional. Em França, a expressão «des saintes laïques», aplicada às enfermeiras do final do século XIX, assinala claramente a valorização das qualidades religiosas da profissão[34].

A evolução da função de enfermeira ao longo do período em análise encontra paralelo na de outras funções também consideradas naturalmente femininas e ligadas ao domínio dos cuidados do corpo e do outro, sejam doentes ou crianças. Tal é o caso das parteiras e das educadoras de infância, embora estas últimas tenham conquistado a sua autonomia profissional mais cedo e de modo mais definitivo do que as enfermeiras[35]. Essas actividades foram caracterizadas com base nas virtudes ditas inatas às mulheres (docilidade, paciência, simpatia pelo sofrimento ou pela doença do outro) e, durante muito tempo, entregues a religiosas ou a senhoras benfeitoras e isentas de remuneração. Uma vez profissionalizadas, foram severamente regulamentadas e sujeitas às profissões masculinas, em particular à de médico[36].

### 1.3. Contextualização nacional

#### 1.3.1. «Servir a Deus à paisana»: enfermagem religiosa e enfermagem secular

Em meados do século XX, Costa Sacadura, médico e director da Escola Profissional de Enfermagem de Lisboa durante mais de vinte anos, afirmaria que «a enfermagem

---

[31] Sylvie Schweitzer, *Les femmes ont toujours travaillé...*, p. 173.
[32] Yvonne Knibiehler (dir.), *op. cit.*, pp. 77-78.
[33] Véronique Leroux-Hugon, «L'infirmière au début du XX$^e$ siècle...», p. 57.
[34] A expressão é usada por Véronique Leroux-Hugon.
[35] Para o caso das parteiras, ver Yvonne Knibieher e Catherine Fouquet, *La femme et les médecins*, pp. 177-184 e Sylvie Schweitzer, *Les femmes ont toujours travaillé*, pp. 184-188. Sobre as educadoras de infância, ver Frédéric Dajez, *Les origines de l'école maternelle*, Paris, Presses Universitaires de France, 1994, pp. 131-136.
[36] Sylvie Schweitzer, *Les femmes ont toujours travaillé...*, pp. 193-194.

nasceu na Igreja», considerando S. Vicente de Paulo «a figura que mais avulta na história» daquela profissão, por ter fundado em Paris, no século XVII, a primeira escola de enfermeiras, criando a Companhia das Irmãs de Caridade[37].

"Irmãs da Caridade" é uma designação atribuída a várias congregações cristãs de religiosas que se dedicavam ao cuidado dos pobres e dos enfermos. Entre estas, destacava-se a Companhia das Filhas da Caridade ou Congregação de S. Vicente de Paulo, dedicada a actividades assistenciais e escolares junto das classes desfavorecidas[38]. Como se disse atrás, em França, na segunda metade do século XIX, era evidente o peso das religiosas em todo o tipo de cuidados ministrados. Em Portugal, já em 1851, através do decreto de 26 de Novembro, que reformava o Conselho Geral de Beneficência, o Ministério do Reino determinou que aquele órgão fizesse apelo à corporação das Irmãs da Caridade e a outras semelhantes para tomar parte no cuidado dos hospitais, das rodas, das casas de educação, dos asilos e dos socorros domiciliários. Contudo, pelo menos no que respeita aos hospitais, o decreto parece não ter sido aplicado[39].

Mais tarde, as epidemias de cólera e de febre-amarela do ano de 1857 levaram o governo português a aceder a um pedido feito por dois organismos caritativos de Lisboa e Porto, autorizando a vinda de um grupo de religiosas francesas pertencentes à Congregação de S. Vicente de Paulo. As Irmãs da Caridade começaram por se dedicar a tarefas assistenciais, mas em breve se viraram para o ensino de crianças órfãs em dois asilos lisboetas. Esse facto foi «interpretado por alguns sectores progressistas como uma afronta à soberania nacional e fazendo parte de um plano de recuperação do poder por parte das forças reaccionárias. Uma violenta campanha jornalística contra as Irmãs da Caridade exaltou a opinião pública, e a questão foi discutida no Parlamento e na rua»[40], acabando as freiras por ser repatriadas, em 1862.

O tema concreto da acção hospitalar das Irmãs da Caridade foi alvo de debate na Câmara dos Deputados. Salientamos a longa comunicação do Ministro da Marinha,

---

[37] S. C. da Costa Sacadura, *Subsídios para a história da enfermagem em Portugal (Conferência realizada na Faculdade de Medicina de Lisboa, na noite de 29 de Julho de 1950)*, separata de *Acção Médica*, n.º 57, Julho/Setembro 1950, pp. 2-3. Ao incluir, numa outra obra, uma cronologia de «Efemérides de Enfermagem» cujas primeiras datas respeitavam à vida e à acção de S. João de Deus, fundador da Ordem Hospitaleira, o autor demonstrava, mais uma vez, o papel fundamental que atribuía à Igreja na história da enfermagem. Ver Costa Sacadura, *Subsídios para a bibliografia portuguesa sobre enfermagem. Algumas efemérides*, Lisboa, s.n., 1950, pp. 11-12.

[38] «Irmãs da Caridade» in *Lexicoteca. Moderna Enciclopédia Universal*, s.l., Lexicoteca, s.d., vol. X.

[39] Segundo Augusto Lobo Alves, «[...] pela primeira vez, em 1851 (decreto de 26 de Novembro) oficialmente se trata da enfermagem, ao reformar a Beneficência Publica, mandando chamar para os serviços de hospitalização a corporação das Irmãs da Caridade. Tal decreto, porém, não teve execução no Hospital, nem vestígios sérios existem de tentativas de melhoria de enfermagem» («O ensino de enfermagem nos Hospitais de Lisboa», *A Medicina Contemporânea*, n.º 9, 2 Março 1919, p. 66).

[40] Maria Cândida Proença e António Pedro Manique, «Da reconciliação à queda da monarquia» *in Portugal Contemporâneo*, citados por Lucília Rosa Mateus Nunes, *Um olhar sobre o ombro: enfermagem em Portugal (1881-1998)*, Loures, Lusociência, 2003, pp. 20-21. Para mais pormenores sobre a chamada «questão das Irmãs da Caridade» (1858-1862), ver Vítor Neto, *O Estado, a Igreja e a Sociedade em Portugal (1832-1911)*, s.l., Imprensa Nacional – Casa da Moeda, 1995 (imp.), pp. 298-310.

dirigida à assembleia em Maio de 1862, na qual lançou duras críticas às religiosas[41]. O orador começou por citar um jornal francês segundo o qual os serviços hospitalares das Irmãs eram muito mal vistos em Viena, tendo aquelas sido despedidas e substituídas por enfermeiras seculares. Com o objectivo de condenar a forma de actuação das religiosas, o referido Ministro apresentou também excertos do relatório elaborado por um enviado do governo português a França, encarregue de observar os hospitais militares daquele país. Segundo esse relatório, a presença das Irmãs nas enfermarias era rara e, quando aí se encontravam, limitavam-se a dirigir os enfermeiros, que executavam o trabalho propriamente dito. As suas ocupações seriam quase na totalidade estranhas ao serviço dos doentes, já que, para além do tempo ocupado com orações, realizariam trabalhos manuais, como a costura ou o fabrico de flores, com fins lucrativos. A crítica do Ministro da Marinha acabou por se estender ao próprio Instituto de S. Vicente de Paulo, que teria degenerado por ter sido convertido em instrumento político. Apesar de, nas horas difíceis, como as de epidemias, as religiosas não estarem presentes, o valor da sua acção seria empolgado pelos meios conservadores para mostrar a importância do espírito religioso e promover a influência da Igreja sobre a sociedade.

Segundo Vítor Neto, a presença das Irmãs no nosso país foi apenas o primeiro ensaio para a restauração das restantes ordens religiosas, apoiada por alguns membros da família real, pela nunciatura, pelo alto clero e por certos estratos da aristocracia e da burguesia[42]. Embora fossem proibidas pela legislação de 1833 e 1834, o poder político acabou por tolerar a presença das ordens religiosas. Assim, nos inícios da década de 1890, já estavam no país 200 Doroteias, que se dedicavam sobretudo ao ensino, e 400 Irmãs Hospitaleiras. Recrutadas nos meios rurais e entre as classes mais pobres, estas serviam em 32 hospitais de província, 13 colégios e 8 asilos de crianças. Controlavam inúmeros hospitais, sanatórios, asilos, dispensários, orfanatos, internatos, recolhimentos e dirigiam várias escolas do ensino primário e secundário.

A chamada questão congreganista foi central no debate entre os adeptos da secularização e da laicização das instituições e da cultura e os apologistas do regresso a um modelo de sociedade clericalizado e dominado pela Igreja. Assistiu-se a uma evolução do anticlericalismo, que foi inicialmente, no período liberal, sobretudo anticongreganismo, representando uma reacção da nova classe política contra o peso excessivo das ordens religiosas na sociedade. A partir das décadas de 1860 e 1870, liberais e republicanos protestaram contra a reintrodução das ordens religiosas e o crescimento da sua influência. O anticongreganismo manifestado na questão das Irmãs da Caridade foi uma das expressões da «guerra de religião» que percorreu todo o século XIX e se manifestou em momentos diversos.

---

[41] Sessão da Câmara dos Deputados de 10 de Maio de 1862, http://debates.parlamento.pt (25/10/05). Alguns dias depois, na sessão de 26 de Maio, outro orador manifestaria a sua opinião contra a existência da comunidade das Irmãs da Caridade em Portugal, encontrando motivos de crítica na própria regra de S. Vicente de Paulo, que impunha uma submissão total ao prelado maior da ordem e implicava a anulação da «inteligência e do coração da mulher», fazendo dela um mero «instrumento». Ver o site acima citado.

[42] Vítor Neto, *op. cit.*, pp. 310-311 e 322.

É neste contexto que Vítor Neto insere a posição de Costa Simões, médico, professor na Universidade de Coimbra e fundador da primeira escola de enfermagem portuguesa, contra a penetração das freiras nos estabelecimentos de saúde. Dotado de uma ampla visão sobre o funcionamento dos serviços hospitalares, nacionais e estrangeiros, Costa Simões contestou em vários textos a actividade das ordens religiosas na assistência pública. Criticou o domínio do clero secular e regular nos hospitais espanhóis e italianos e elogiou os esforços desenvolvidos em França, Inglaterra, Prússia e Estados Unidos da América no sentido da laicização. Quanto a Portugal, acusava as Irmãs Hospitaleiras de serem um disfarce das Irmãs da Caridade e denunciava a sua introdução progressiva em hospitais secundários do Norte, considerando-a um aviso à eventual entrada em Lisboa, Porto e Coimbra. A defesa da secularização dos hospitais não era feita apenas por razões ideológicas, na medida em que, para o médico, a eficácia dos serviços seria maior sem as religiosas[43].

Como vimos, nessa altura, em França, o domínio assistencial das Irmãs da Caridade era posto em causa devido à conjugação de uma série de factores. Na sua obra *A minha administração dos Hospitais da Universidade*, Costa Simões fazia eco das críticas lançadas à acção hospitalar das religiosas. Referia que já no relatório da viagem científica realizada a hospitais de vários países europeus, em 1865, alertara os hospitais portugueses para as desvantagens do modelo de serviço hospitalar religioso em vigor no estrangeiro, protagonizado por Irmãs da Caridade católicas em Espanha, Itália e França e protestantes na Alemanha e na Inglaterra. No relatório da reforma do Hospital de Santo António da Santa Casa da Misericórdia do Porto, de 1883, tinha especificado aquelas desvantagens, as quais, em seu entender, eram de ordem técnica, relativas à autoridade dos médicos ou dos directores dos hospitais e ainda de carácter económico. A propósito da actividade das Irmãs da Caridade, esclarecia que «na maior parte dos hospitais constituem um estorvo permanente á regularidade do serviço recomendada pelos clínicos. Dando pouca importância aos preceitos técnicos, dedicam-se principalmente ás práticas religiosas [...]. Não se apresentam como empregadas, que devam subordinação aos directores do serviço técnico [...] não reconhecendo por seus superiores, senão os padres que dirigem o seu serviço religioso. [...] é mais numeroso o pessoal subalterno das enfermarias, porque esse pessoal, juntamente com o serviço privativo dos doentes, tem de mais a seu cargo o serviço que há de prestar ás religiosas; as quais também por outro lado se tornam pesadas, pela sua dispendiosa sustentação, e pelo seu alojamento, quase sempre na parte mais importante do edifício hospitalar»[44].

Costa Simões referia-se ainda à criação de escolas para a instrução prática de enfermeiras seculares no estrangeiro (França, Inglaterra, Rússia e Estados Unidos da América) e concluía lamentando que, enquanto os outros países lutavam e resistiam contra o serviço hospitalar prestado pelas Irmãs da Caridade, Portugal procurasse importar essa modalidade para os seus hospitais. «Aqui estão-se apresentando com o disfarce de *irmãs hospitaleiras*, receando talvez que a sua antiga denominação de *irmãs da caridade* já não tenha entre nós o prestígio necessário para uma importação de novidade». Segundo Costa Simões, era através de uma «insinuante propaganda», lançada pelos Jesuítas e

---

[43] Vítor Neto, *op. cit.*, pp. 333-334.
[44] A. A. Costa Simões, *A minha administração dos Hospitais da Universidade. Uma gerência de 15 anos sob a reforma de 1870*, Coimbra, Imprensa da Universidade, 1888, pp. 304-305.

com o apoio «de muitas senhoras da alta aristocracia», que as Irmãs Hospitaleiras se tinham conseguido estabelecer em vários hospitais secundários, sobretudo no Norte do país. Os bons serviços que prestavam nos primeiros anos, evitando qualquer tipo de conflito com as administrações hospitalares, faziam parte da estratégia de implantação; os inconvenientes só se revelariam mais tarde, quando já não era possível contrariar a instituição religiosa.

Costa Simões reiterou estes pontos de vista num artigo publicado na revista *Coimbra Médica*, em 1888[45]. Mais uma vez, o autor citado apresentava a situação no estrangeiro, onde, segundo referia, a influência das Irmãs da Caridade ia sendo reduzida com a introdução de escolas laicas, e criticava a presença e o prestígio crescentes das religiosas em Portugal. Punha-se, inclusive, a hipótese da sua instalação no Hospital da Universidade, o que Costa Simões encarava como mera propaganda[46].

Aliás, a década de 1880 foi marcada, no nosso país, por uma vasta campanha anticlerical[47]. Esta foi sustentada, em parte, pelos republicanos, animados com o progresso do laicismo em França, sobretudo ao nível do ensino e da assistência. Nesse contexto, a introdução de um grupo de Irmãs da Caridade no hospital de Aveiro, em 1888, desencadeou o protesto dos activistas políticos da cidade e da imprensa liberal e republicana, acabando as religiosas por ser expulsas. O assunto chegaria à Câmara dos Deputados e, em sessão de 25 de Junho de 1888, o deputado Dias Ferreira insurgia-se contra a introdução das Irmãs Hospitaleiras num estabelecimento público e falava na «grande reacção da opinião pública» da cidade, associada às suas «tradições liberais»[48]. De um modo geral, as tentativas de incluir religiosas em alguns hospitais da província conduziram a violentos ataques ao clericalismo, sendo que os republicanos, em particular, consideravam a presença das Irmãs nos hospitais ideologicamente nefasta. Os jornais anticongreganistas criticavam também a reintrodução dos clérigos regulares nas colónias africanas, considerando que a legalização das actividades de missionação seria o primeiro passo para a plena restauração das congregações no continente[49].

---

[45] Costa Simões, *Coimbra Médica*, n.º 12, 15 Junho 1888, pp. 193-197; n.º 14, 1 Julho 1888, pp. 224-228; n.º 15, 1 Agosto 1888, pp. 245-249.

[46] Segundo Vítor Neto, nesta altura, o jornal *O Primeiro de Janeiro* acusou o bispo de Coimbra de pretender ceder o convento de Celas às Irmãs Hospitaleiras, interessadas em entrarem, como enfermeiras, nos Hospitais da Universidade. Ver Vítor Neto, *op. cit.*, p. 334.

[47] *Idem, ibidem*.

[48] Sessão da Câmara dos Deputados de 25 de Junho de 1888, http://debates.parlamento.pt (25/10/05). Nas palavras do deputado, a presença das Irmãs num hospital situado exactamente defronte da estátua de José Estêvão, que iria ser inaugurada, era vista por todos como uma «afronta para a memória do primeiro orador do nosso período constitucional».

[49] Na Sessão da Câmara dos Deputados de 18 de Abril de 1896, foi apresentado um projecto de lei sobre o serviço de saúde nas colónias que previa a possibilidade de contratação de Irmãs Hospitaleiras para a prestação de serviço em hospitais coloniais (http://debates.parlamento.pt, 25/10/05, Capítulo XXVII – «Das irmãs hospitaleiras», art.º 186.º a 194.º). Ficava definida a cadeia hierárquica no interior do hospital: as Irmãs estariam sob a direcção de uma superiora, que distribuiria o serviço e fiscalizaria a sua execução, e deveriam obediência ao director do hospital; por outro lado, teriam autoridade sobre os enfermeiros e pessoal menor para a execução dos serviços que lhes incumbissem. O legislador destacava o

A década de 1890 caracterizou-se por um refluxo da luta anticlerical[50]. Face à crise do Partido Republicano, que lutava agora apenas através da imprensa, coube aos socialistas liderar a batalha contra o clero até aos inícios do século XX. Entretanto, a Igreja reorganizou-se e procurou responder. É nesse contexto que podemos inserir a reacção de determinados sectores contra as críticas lançadas à acção hospitalar das Irmãs da Caridade. Vejam-se, por exemplo, dois artigos de Lopes Vieira, publicados na revista *Coimbra Médica*, em 1891. Num deles, criticava os enfermeiros seculares, que não teriam «ciência» nem «espírito»[51]. Quanto ao primeiro aspecto, «quiséramos que para isso houvesse uma escola de enfermeiros, como a que chegou a inaugurar-se nos Hospitais da Universidade em 1881 e que não pode subsistir; embora advirtamos que não valem escolas nem se podem exigir habilitações suficientes enquanto os lugares de enfermeiros não forem melhor remunerados». De qualquer forma, a «ciência» não bastaria, seria necessário o «espírito», que, «nas classes menos ilustradas, só a educação religiosa pode conseguir»[52].

Num outro artigo, Lopes Vieira defendia que só as Irmãs da Caridade podiam desempenhar convenientemente a função de enfermeiras, referindo-se aos exemplos que vinham do estrangeiro e ao caso português de Braga[53]. Estava consciente de que era um assunto controverso e referia-se à posição crítica de Costa Simões, que se «declara abertamente pela conservação das enfermeiras seculares e contra a introdução das irmãs de caridade nos novos hospitais». Defendia que as práticas religiosas não se opunham ao bom serviço das enfermeiras e que, como as Irmãs estavam no país há pouco tempo, não se corria o risco de aquelas serem mais obedientes aos seus superiores espirituais do que aos administradores dos hospitais.

A reacção a favor das Irmãs Hospitaleiras tornou-se visível também nos elogios tecidos à sua acção nas colónias. Em 1893, o Visconde de Pindela apresentou à Câmara dos Deputados um projecto de lei que, segundo ele, visava satisfazer as «numerosas

---

carácter voluntário do trabalho das Irmãs («uma obra toda de dedicação e abnegação») para justificar a «deferência e respeito» que lhes eram devidos por enfermeiros e doentes. Quanto às funções das religiosas, eram estipuladas as seguintes: auxiliar e substituir os enfermeiros nas diferentes tarefas de enfermagem; desempenhar todo o serviço de enfermagem nas enfermarias femininas; superintender o serviço das cozinhas, das lavandarias e das casas de costura; vigiar as enfermarias, acompanhando o médico nas visitas aos doentes, dando-lhe conta da situação e velando pelo cumprimento das suas prescrições. As Irmãs seriam ainda encarregues de «empregar toda a sua influência sobre o espírito dos doentes para evitar as imprudências e desvios de regímen», ou seja, de manter a ordem nas enfermarias, dando o exemplo pela sua própria obediência ao médico.

[50] Vítor Neto, *op. cit.*, p. 340.

[51] Lopes Vieira, «Os enfermeiros seculares nos hospitais portugueses e as irmãs hospitaleiras», *Coimbra Médica*, n.º 10, 15 Maio 1891, pp. 167-169.

[52] Seria algo como o «espírito» a que se refere Lopes Vieira que tornaria as Irmãs Dominicanas as «mais carinhosas e hábeis enfermeiras que pode imaginar-se». Estas são palavras do Conde Paço Vieira, proferidas na sessão da Câmara dos Deputados de 26 de Maio de 1899, referindo-se às religiosas que prestavam serviço no Hospício do Bom Pastor, no Porto, destinado a crianças. As Irmãs estavam encarregues de administrar remédios e fazer curativos («tantas vezes perigosos e repugnantes») e, segundo o deputado, «n'uma admirável abnegação de santas, fazem-no com tanto amor e tanto desvelo como se fossem mães extremosíssimas de todas aquelas pobres criancinhas». Ver http://debates.parlamento.pt (25/10/05).

[53] Lopes Vieira, «As irmãs da caridade como enfermeiras», *Coimbra Médica*, n.º 12, 15 Junho 1891, pp. 180-183.

representações que ao parlamento têm chegado pedindo a organização das ordens religiosas para o ultramar». O deputado salientava os «serviços de caridade, de ensino, de asseio e ordem prestados pelas irmãs hospitaleiras nas casas ou hospitais das colónias», como prova das vantagens que adviriam do estabelecimento de centros de civilização ultramarinos com missionários regulares[54].

Apesar do enfraquecimento da luta na década de 1890, alguns sectores continuaram a defender a secularização da assistência pública, contra a clericalização das instituições. A questão da enfermagem religiosa era então uma clara preocupação de certos médicos, com destaque para Miguel Bombarda, que publicou uma série de artigos na revista *A Medicina Contemporânea*, a qual dirigia, criticando vivamente a acção das Irmãs nos hospitais[55]. Num desses artigos, datado de 1898, o médico destacava a concessão da Legião de Honra a uma enfermeira laica do Hospital da Salpêtrière, em França, quando em Portugal, onde nunca fora concedida uma distinção do género, se procurava substituir nos hospitais a enfermagem secular pela religiosa[56]. Para Bombarda, nenhuma corporação poderia ter «maior zelo e maior amor pelos serviços, como maior dedicação pelos doentes» do que os enfermeiros dos Hospitais Civis de Lisboa. E, continuava, não se trata de um «amor» interesseiro, visto não haver no pessoal menor das enfermarias veleidades de mando, que era, pelo contrário, o grande objectivo das corporações religiosas. Para além disso, a remuneração dos enfermeiros era baixíssima, por oposição à das Irmãs da Caridade. Bombarda concluía o artigo desejando «que não voltem mais a incomodar-nos os ouvidos com a pretendida gratuitidade dos serviços das ordens religiosas que se consagram ao tratamento dos doentes».

Miguel Bombarda desenvolveu os seus argumentos contra as enfermeiras religiosas num longo artigo, publicado no editorial da referida revista médica, em 1900[57]. Partindo da constatação de que, depois de alguns anos a «insinuar-se na vida da sociedade portuguesa», as congregações não temiam já a publicidade de se substituírem à

---

[54] Sessão da Câmara dos Deputados de 12 de Junho de 1893, http://debates.parlamento.pt (25/10/05). O Visconde de Pindela considerava a concessão do convento das Trinas do Mocambo, em Lisboa, às Irmãs Hospitaleiras (1883) «um dos melhores e mais sensatos actos de administração colonial que nos últimos anos temos praticado», dado «fornecer pessoal feminino para todos os serviços de caridade no ultramar», e propunha a entrega de outro convento «a um instituto de missionários regulares que se organize com o fim de estabelecer missões ultramarinas».

[55] Nessa mesma revista, ainda antes dos artigos assinados por Miguel Bombarda, foi publicado um texto cujo autor não é identificado, mas no qual podemos reconhecer alguns dos argumentos depois apresentados pelo psiquiatra. Segundo o seu autor, ia a pouco e pouco recuperando forças a doutrina de confiar a enfermagem hospitalar a religiosos e religiosas, sem que se tivesse ainda provado quais os melhores enfermeiros, aqueles ou os seculares. Na sua opinião, «talvez ande a verdade fora de todos os exclusivismos»: «não se pode exigir caridade e abnegação a seculares, só pelo salário ou ordenado; nem também esperá-las do religioso, só pelo facto de vestir o hábito». No entanto, o autor mostrava preferir os enfermeiros seculares, assinalando os «bastos exemplares de inteligência, dedicação e aptidões profissionais» entre eles e defendendo-os contra a acusação de que «não pode ter caridade o mercenário»: por um lado, o baixo ordenado que recebem não seria por si só um attractivo; por outro, se assim fosse, os próprios médicos também teriam de ser religiosos. No fim, o autor afirmava claramente que «servir a Deus á paisana» é mesmo «a melhor e até mais ortodoxa doutrina». Ver «Religiosos – Enfermeiros», *A Medicina Contemporânea*, n.º 16, 21 Abril 1895, p. 127.

[56] Miguel Bombarda, «Editorial», *A Medicina Contemporânea*, n.º 5, 30 Janeiro 1898, p. 34.

[57] Miguel Bombarda, «Enfermeiras religiosas I», II e III, *A Medicina Contemporânea*, n.º 21, 27 Maio 1900, pp. 169-170; n.º 22, 3 Junho 1900, pp. 177-178; n.º 24, 17 Junho 1900, pp. 193-195.

enfermagem secular nos hospitais públicos do país, o médico propunha-se comparar os serviços das religiosas com os das enfermeiras seculares. Antes de mais, estabelecia que «a dedicação e a coragem não são privativas do zelo religioso», havendo uma moral e um dever profissional acima de qualquer religião. Se as congregações se dedicavam ao cuidado dos doentes, continuava, era porque «a enfermagem se tornou [...] em bem comum», que todos podiam praticar desde que possuíssem «dotes de coração». Ora, para o autor, tal equivalia a reduzir a enfermagem a «uma situação sentimental», quando aquela era «um produto de séria aprendizagem, de largo e ilustrado tirocínio, de técnica especial, de saber». Na sua opinião, a possibilidade de ministrar ensino profissional às religiosas acabaria por levá-las a abandonar o hábito; porém, mesmo que assim não fosse, havia outros «motivos de inferioridade» daquelas em relação às seculares, derivados do próprio espírito religioso. Bombarda destacava a questão do proselitismo, que implicava com a liberdade de consciência e com o sossego de espírito dos doentes[58], e a da falta de higiene do hábito, que as congregações se recusavam a substituir por uniformes mais práticos para exteriorizar a distinção das religiosas[59]. No entanto, referia-se também a muitos outros prejuízos resultantes do espírito religioso levado ao excesso, como as desigualdades de tratamento dos doentes, dependendo do seu grau de religiosidade, a perturbação do sossego das enfermarias com as práticas religiosas, os escrúpulos no tratamento de certas doenças e de certos doentes. Em suma, para o médico, havia que reconhecer a «incompatibilidade entre os deveres da enfermagem e outros deveres que com ela nada têm».

Miguel Bombarda apontava ainda outros inconvenientes da enfermagem religiosa, como o enfraquecimento da autoridade do médico[60], a impossibilidade de selecção das

---

[58] O médico referia-se ao «desassossego de espírito dos doentes rebeldes a práticas alheias às suas crenças» e mesmo às «tentativas de conversão forçada que a muito doente têm obrigado a sair do hospital antes de alcançada a cura» (*A Medicina Contemporânea*, n.º 22, p. 178). Tratava-se de uma crítica não exclusiva de Miguel Bombarda, como demonstram os dois casos seguintes. Um jornal de Setúbal publicaria, em 1901, um artigo pedindo a substituição das enfermeiras religiosas da Misericórdia por seculares, não só para reduzir os custos financeiros, mas também para bem dos doentes: as religiosas eram descritas como «enfermeiras fanáticas que enchem de pavor e afligem com desumana crueldade os agonizantes que não querem morrer com rosários ao pescoço, velas acesas na mão e uma cruz colada aos lábios» («Actualidades», *A Medicina Contemporânea*, n.º 33, 18 Agosto 1901, p. 76). Da mesma forma, no Hospital de Luanda, em 1904, seria nomeado um enfermeiro para ficar de sentinela à porta do quarto de um doente, o qual, em estado muito grave, se queixara aos médicos de que «algumas irmãs e o capelão, um fanáticos, lhe falavam na confissão, o que muito o incomodava»; e enfermeiro de guarda deveria fazer ver ao capelão e às Irmãs Hospitaleiras que os médicos não gostavam que eles «apoquentassem o doente para que se confessasse» (Sessão da Câmara dos Pares do Reino de 10 de Janeiro de 1904, http://debates.parlamento.pt, 25/10/05).

[59] Para o médico, «a garantia única da inocuidade da intervenção dos assistentes está no uso de roupas de fácil lavagem e de que um rápido olhar baste para assegurar o estado de limpeza», ou seja, «batas de brim ou cotim branco». Porém, «qual é a congregação que consinta em ocultar o negrume das suas roupagens sob uma vestimenta que é a extinção da exterioridade religiosa?» (*A Medicina Contemporânea*, n.º 22, p. 178).

[60] Para o autor, o facto de as Irmãs Hospitaleiras estarem subordinadas a dois superiores, o clínico e o superior religioso, conduziria ao enfraquecimento da autoridade do médico e seria prejudicial para o doente. Por outro lado, considerava que a qualidade da relação entre o médico e a enfermeira religiosa dependia das crenças daquele ou da sua prática religiosa. E os médicos reconheciam as vantagens de uma boa relação com as Irmãs: segundo Bombarda, podia ouvir-se pelo Hospital Provincial de Madrid «que é mil vezes preferível estar de bem com as irmãs do que com a própria direcção hospitalar» (*A Medicina Contemporânea*, n.º 24, p. 193).

enfermeiras e a falta de estabilidade destas num serviço[61], a ausência de «humildade técnica» e a «inconsciente jactância pela grandeza da missão»[62]. O médico concluía desmontando os dois argumentos que mais frequentemente eram usados em defesa das religiosas, nomeadamente, o amor e a caridade para com os doentes e a gratuitidade do serviço. Quanto ao primeiro, Bombarda afirmava que os doentes não se tratam «com arrancos d'alma», mas com «ciência». Por outro lado, mesmo que assim fosse, «não há mais caridade nem mais humildade em congreganistas do que a que nós encontramos em enfermeiras leigas». Desde logo, o papel das religiosas não consistia em cuidar dos doentes, mas em vigiar o trabalho desempenhado pelos enfermeiros[63]. Para além disso, segundo o autor, «a religião não dá caridade a quem primeiro não a tenha no coração». No que respeita à gratuitidade do serviço, Bombarda afirmava ser «a enfermagem religiosa realmente mais dispendiosa do que a outra»[64]. O autor terminava contrastando a situação privilegiada das Irmãs com as dificuldades em que viviam as enfermeiras seculares. Considerava, portanto, injusta a propaganda que se faria na imprensa a favor das religiosas e contra as seculares, chamadas de «mercenárias».

Depois de, em 1900, o caso Rosa Calmon ter vindo agitar novamente a opinião pública e relançar a questão anticongrenista[65], o decreto de Hintze Ribeiro de 18 de Abril de 1901 veio permitir a legalização das ordens regulares, embora subordinadas às leis do país e à superintendência do Estado[66]. Em consequência do referido decreto, aumentou o número de casas pertencentes a ordens religiosas e, com ele, a sua influência na sociedade e nas instituições.

A enfermagem religiosa continuaria, todavia, a ser criticada pelos médicos. É possível verificar essa situação num artigo publicado na revista *A Medicina Contemporânea*, em 1905, no qual se transcrevem excertos de umas folhas soltas divulgadas em Angra do Heroísmo, com acusações dirigidas às religiosas encarregues do serviço de enfermagem do Hospital do Santo Espírito: absoluta ignorância em matéria de desinfecção; falta de vigilância dos pacientes; negligência na administração de dietas e

---

[61] O voto impedia o despedimento ou a substituição das Irmãs inaptas para a enfermagem e as frequentes transferências das religiosas de um serviço para outro impossibilitavam o estabelecimento de uma relação estreita entre o médico e a enfermeira, o que prejudicava os doentes (*A Medicina Contemporânea*, n.º 24, p. 193).

[62] Bombarda referia-se à «facilidade com que se manipulam remédios, com que se chegam a administrar à socapa do clínico, e o abuso e a ilegalidade com que se exerce uma profissão, que pelas leis vigentes exige um título de capacidade. N'um hospital do F. vi eu uma farmácia entregue por inteiro aos cuidados d'uma irmã [...] que todos os dias estava praticando um crime previsto no Código Penal» (*A Medicina Contemporânea*, n.º 24, p. 194). Estava portanto em causa a actividade das Irmãs como farmacêuticas, que também já merecera as críticas dos médicos em França.

[63] «A religiosa é a vigilante geral: faz a repartição das dietas que os enfermeiros distribuem, dirige as relações com a rouparia, vigia pela ordem e pela disciplina da sala» (*A Medicina Contemporânea*, n.º 24, p. 194).

[64] As Irmãs que foram para o Sanatório do Outão ganhavam 3.000 réis por mês, exactamente o mesmo do que a grande maioria das enfermeiras do Hospital de Rilhafoles, cujas condições de trabalho eram muito mais difíceis: maior número de doentes por enfermeira; obrigação de passar várias noites de vela; risco de vida (*A Medicina Contemporânea*, n.º 24, p. 194).

[65] Sobre o caso, veja-se Rita Garnel, «Rosa Maria Calmon da Gama» in *Dicionário no Feminino (séculos XIX-XX)*, dir. Zélia Osório de Castro e João Esteves, Lisboa, Livros Horizonte, pp. 838-842.

[66] Vítor Neto, *op. cit.*, pp. 350-354.

medicamentos; tentativa de dominar o hospital, não respeitando qualquer autoridade; falta de higiene; custo elevado dos serviços[67]. Na mesma linha, e de acordo com o que escrevera até então, vinha uma intervenção de Miguel Bombarda na Câmara dos Deputados, em 1908, contra as congregações e contra a enfermagem religiosa em particular; o médico afirmava que se a «caridade congreganista é uma falsidade», «a enfermagem religiosa é uma enfermagem falsa que importa perigos ao doente»[68].

O combate ao clericalismo acentuar-se-ia após a implantação da República, sendo que, logo em 8 de Outubro de 1910, o governo provisório decretou a reposição das leis anticongreganistas, revogou o decreto de 18 de Abril de 1901 e voltou a expulsar os jesuítas do território nacional[69].

Apesar de tudo, a acção das congregações ao nível da assistência continuou a ser defendida, ou pelo menos elogiada, por alguns autores, incluindo médicos[70]. Entre estes, encontramos por exemplo Sabino Coelho, que, no relatório da visita que fizera ao Hospital Clínico de Barcelona, de 1917, afirmava o seguinte: «o carácter religioso dos hospitais de Barcelona proporcionou-me o ensejo de observar que as irmãs da caridade são favoráveis ao seu bom funcionamento»[71]. Cinco anos depois, numa comunicação à Câmara dos Deputados, Dinis da Fonseca reportar-se-ia aos resultados de um inquérito às instituições de beneficência portuguesas, nomeadamente às elevadas despesas com o pessoal de enfermagem secular, para fazer o elogio das Irmãs enfermeiras[72]. Para além da questão prática da sua maior economia, destacava a sua superioridade moral, vendo nas religiosas «mulheres sublimes, que, abandonando o conforto do lar ou as facilidades da vida mundana, gastam a sua vida heroicamente à cabeceira dos enfermos»; isto por oposição às enfermeiras laicas, «mercenárias, que, ganhando centenas de escudos por mês, acumulam ainda por cima [...] o ofício de enfermeiras com o de comborças dos próprios médicos».

## 1.3.2. Condições de trabalho e de vida dos enfermeiros

Apesar de toda a polémica em torno da acção assistencial das Irmãs da Caridade, não existia pessoal de enfermagem religioso em nenhum dos principais hospitais portugueses dos finais do século XIX e inícios do século XX, mais especificamente, os Hospitais da Universidade de Coimbra, o Hospital Real de São José e o Hospital Geral de Santo António, da Santa Casa da Misericórdia do Porto.

Os Hospitais da Universidade de Coimbra e o Hospital Real de São José contavam-se entre os poucos estabelecimentos assistenciais subsidiados pelo governo, uma vez que os serviços de assistência dependiam sobretudo da acção privada, com destaque

---

[67] «Variedades», *A Medicina Contemporânea*, n.º 43, 22 Outubro 1905, p. 338.
[68] Sessão da Câmara dos Deputados de 25 de Agosto de 1908, http://debates.parlamento.pt (25/10/05).
[69] Vítor Neto, *op. cit.*, pp. 354-361.
[70] Ainda em 1906, António Rodrigues Braga, autor do livro *Fomento colonial português em África*, num capítulo dedicado às «Hospitaleiras e educadoras», se considerava na obrigação de «fazer justiça aos excelentes serviços prestados pelas irmãs hospitaleiras no ultramar». Ver «Bibliografia», *A Medicina Contemporânea*, n.º 44, 4 Novembro 1906, pp. 350-351.
[71] Sabino Coelho, «Hospital Clínico de Barcelona. Relatório de 1917», *A Medicina Contemporânea*, n.º 23, 9 Junho 1918, pp. 261-262.
[72] Sessão da Câmara dos Deputados de 17 de Março de 1922, http://debates.parlamento.pt (26/10/05).

para o papel das Misericórdias. Enfrentavam, no entanto, sérias dificuldades financeiras: as dotações do erário público eram escassas e era necessário recorrer aos rendimentos dos bens doados e às receitas cobradas às Misericórdias e às Câmaras Municipais pelo tratamento dos doentes pobres. De resto, o hospital continuava a ser um lugar destinado a pessoas com dificuldades financeiras; quem tinha possibilidades, tratava-se em casa.

Em finais de Oitocentos, e para além das questões financeiras, os hospitais portugueses debatiam-se com problemas de espaço e de qualidade das instalações, bem como técnicos e relativos ao pessoal. Estavam instalados em edifícios desadequados e deteriorados; encontravam-se sobrelotados, apresentando deficientes condições de higiene e salubridade; eram servidos por um pessoal médico desprovido de meios modernos e cujo trabalho era afectado pela descoordenação entre directores de serviço e assistentes.

Relativamente ao pessoal de enfermagem, era de assinalar a falta de formação, uma vez que não lhe eram exigidos conhecimentos técnicos na admissão nem prestados quaisquer ensinamentos teóricos ou uma aprendizagem sistematizada. Segundo Augusto Lobo Alves, do regulamento do Hospital Real de São José de 1863 «apenas consta exigir-se aos candidatos a lugares de enfermagem que soubessem ler, escrever e contar, assim ingressando com tão pouca bagagem [...] provavelmente por tudo se subentender adquiririam na pratica hospitalar»[73]. À falta de formação acrescia o número insuficiente de serviçais face ao volume crescente de trabalho e ao excesso de doentes nas enfermarias[74]. Ambos os problemas estavam em relação com a fraca remuneração dos enfermeiros. Em 1889, dizia-se o seguinte a propósito do Hospital Real de São José: «o pessoal subalterno das enfermarias, vilmente pago, mal escolhido, sem educação profissional nem garantias de vida, é cada vez mais escasso para assistir a todos os leitos, com a solicitude paciente, a regularidade e o interesse que deviam convergir numa ocupação de tanto empenho. Não há uma irmã que administre um remédio ou diga a um enfermo alguma boa palavra de conforto. Nas enfermarias de homens, o serviço é quase todo feito por galegos, que além de poucos, são os menos adaptáveis possível à missão de carinho que são chamados a preencher»[75]. Quanto ao emprego de galegos,

---

[73] Augusto Lobo Alves, «O ensino de enfermagem nos Hospitais de Lisboa», *A Medicina Contemporânea*, n.º 9, 2 Março 1919, p. 66. Da mesma forma, num projecto de lei sobre a organização da instrução superior, apresentado à Câmara dos Deputados em 1886 por Alfredo da Rocha Peixoto, estipulava-se que os concorrentes aos lugares de serventes e enfermeiros nos estabelecimentos das faculdades de medicina tinham de apresentar um documento comprovativo de que sabiam ler, escrever e as quatro operações aritméticas. Em contrapartida, aos ajudantes de preparadores, chefes de trabalhos práticos e guardas dos museus, já era exigida certidão de aprovação em exames nas línguas portuguesa, latina e francesa. Ver sessão da Câmara dos Deputados de 8 de Abril de 1886, http://debates.parlamento.pt, 25/10/05, Título X – «Pessoal dos estabelecimentos de ensino prático nas faculdades de medicina, matemática, ciências físico-químicas e história natural», art.º 410 a 418.

[74] Tal era o caso do Hospital psiquiátrico de Rilhafoles, onde, para além baixa proporção de médicos (1 para 300 ou 500 doentes, enquanto no Hospital do Conde Ferreira, no Porto, era de 1 para 80 ou 100 doentes), a enfermagem era «deficientíssima», motivo pelo qual se dava um grande número de evasões, então propagandeadas na imprensa lisboeta. Ver sessão da Câmara dos Deputados de 6 de Setembro de 1909, http://debates.parlamento.pt (25/10/05).

[75] *Os Gatos. Publicação mensal de inquérito à vida portuguesa*. Lisboa, Livraria Clássica Editora, 1913, vol. 1.º, p. 197 (citado por Maria Isabel Soares, *op. cit.*, p. 19).

que ainda seria referido na primeira década do século XX[76], importa esclarecer que aqueles efectuaram no nosso país os serviços mais pesados e sórdidos, como os de carregador, moço de fretes, cozinheiro, criado e sobretudo aguadeiro[77]. Portanto, o facto de os galegos serem incluídos no pessoal hospitalar dava conta da natureza do trabalho de enfermagem e do pouco valor que se lhe atribuía.

A falta de pessoal habilitado para servir nas enfermarias e a sua baixa remuneração foram dois dos grandes problemas com que Costa Simões se debateu enquanto administrador dos Hospitais da Universidade de Coimbra. O médico considerava que a reforma daqueles Hospitais iniciada em 1870 não produzira os devidos efeitos quanto à admissão de enfermeiros e restante pessoal subalterno das enfermarias[78]. «De nada valeu o maior escrúpulo na escolha d'aquela ordem de empregados, porque não havia por onde escolher». Embora a situação tivesse melhorado com a importação do sistema de serviço então adoptado no Hospital de S. José, em Lisboa, através da vinda para Coimbra de alguns enfermeiros e enfermeiras desse hospital e da deslocação de um enfermeiro e de uma enfermeira de Coimbra para praticarem em Lisboa durante algum tempo, no ano de 1888 o serviço deixava ainda muito a desejar. Para Costa Simões, as causas desse atraso eram de ordem material e sobretudo financeira: por um lado, «a irregularidade na distribuição das enfermarias, que não deixa fiscalizar convenientemente os serviços», devendo-se, em seu entender, intervencionar o edifício e adaptá-lo à sua função de instituição de saúde; por outro lado, a instabilidade dos enfermeiros e dos criados, devida à «mesquinhez da sua remuneração».

Tendo em vista solucionar esse problema e evitar crises de falta de pessoal como a que se vivera em 1872, o administrador dos Hospitais da Universidade enviou várias propostas para o Ministério do Reino solicitando que fosse aumentado o número de empregados da instituição e, sobretudo, o seu vencimento. Face ao indeferimento dos seus pedidos, Costa Simões voltou a insistir, justificando-os. Defendia-se da acusação de que os Hospitais da Universidade já tinham um pessoal numeroso, mostrando que se passava exactamente o contrário, tanto em relação ao Hospital de S. José, em Lisboa[79], como em relação a hospitais estrangeiros[80]. Quanto aos vencimentos, «ninguém dirá que um enfermeiro com 400 réis diários e uma enfermeira com 300 réis

---

[76] Dirigindo-se à Câmara dos Deputados em 26 de Fevereiro de 1907, António José de Almeida defendia a necessidade de reformar o serviço de cirurgia do Hospital de S. José, tendo em conta que «muitas vezes o cirurgião está ocupado e, quando o não está, tem apenas como auxiliares o galego que ajuda à operação e o enfermeiro que cloroformiza». Ver http://debates.parlamento.pt (25/10/05).

[77] Para mais pormenores, ver «Galegos em Portugal» in *Dicionário de História de Portugal*, dir. Joel Serrão, s.l., Iniciativas Editoriais, 1965, vol. II, pp. 320-321.

[78] Sobre o assunto, ver A. A. Costa Simões, *op. cit.*, pp. 275-301.

[79] A relação entre o número de empregados e o número diário de doentes em tratamento era de 1 para 7,850 em Coimbra e de 1 para 5,035 em Lisboa. Para além disso, o serviço era feito com maior economia nos Hospitais da Universidade: a cada dia de tratamento de cada doente correspondia uma despesa anual com o pessoal de enfermaria de 25,176 réis em Coimbra e de 51,547 réis em Lisboa. Mesmo com o aumento dos vencimentos proposto, os gastos seriam inferiores em Coimbra (subiriam para 30,304 réis). Ver A. A. Costa Simões, *op. cit.*, pp. 288-289.

[80] O número de enfermeiros e enfermeiras, bem como o de serventes ou criados dos hospitais franceses e belgas era inferior ao dos hospitais portugueses. Porém, os hospitais estrangeiros contavam também com o trabalho das Irmãs da Caridade e dos alunos internos, pelo que o seu pessoal acabava por ser mais numeroso. Ver A. A. Costa Simões, *op. cit.*, pp. 290-291.

tenham remuneração correspondente aos seus encargos e responsabilidade»[81]; e estes eram os valores propostos por Costa Simões, sendo os da época de 350 e 280 réis, respectivamente. O Quadro 1 apresenta os vencimentos do pessoal menor dos HUC em 1872-1873, os quais ainda estavam em vigor em 1888, e os aumentos propostos pela administração no orçamento para o ano económico de 1873-1874.

| Categoria | Vencimento (réis/dia) | Aumento (réis/dia) |
|---|---|---|
| Enfermeiro | 350 | 400 |
| Enfermeira | 280 | 300 |
| Ajudante (homem) | 280 | 300 |
| Ajudante (mulher) | 200 | 250 |
| Praticante e criado | 200 | 240 |
| Praticante e criada | 160 | 200 |

Quadro 1 – Vencimentos do pessoal menor dos HUC em 1872-1873 e aumentos propostos por Costa Simões para o ano de 1873-1874.
Fonte: A. A. da Costa Simões, *A minha administração...*, p. 277.

Para compreendermos o significado destes valores, há que compará-los com os relativos aos vencimentos de outros trabalhadores. Para a segunda metade do século XIX e primeira década do século XX em Portugal, Conceição Andrade Martins detectou fortes oscilações salariais não só a nível local, mas também a nível regional e para as mesmas tarefas. Por exemplo, em 1890, os salários dos tecelões das fábricas de fiação e tecelagem de lã da Covilhã oscilavam entre 280 e 800 réis/dia; os da monda de arroz na Herdade de Palma, entre 120 e 440 réis/dia[82]. De qualquer forma, em ambos os casos, integrados respectivamente nos sectores secundário e primário de actividade, os vencimentos podiam alcançar níveis bem superiores aos dos enfermeiros. No sector secundário, entre as várias indústrias, os salários podiam variar bastante[83], mas, de uma forma geral, os salários masculinos situavam-se entre os 250 e os 400 réis/dia e os femininos entre os 180 e os 300 réis/dia. Quer isto dizer que, com os aumentos que propunha, Costa Simões estaria a procurar equiparar o vencimento dos enfermeiros aos salários médios mais elevados da indústria[84]. Quanto ao sector primário, no caso dos homens, actividades como a monda e a tiragem da cortiça eram mais bem pagas do que a de enfermeiro; da mesma forma, tarefas como ceifar, debulhar ou gadanhar eram melhor remuneradas do que a de ajudante de enfermeiro e quase todas as outras actividades agrícolas (cavar, lavrar, limpar montados, semear ou varejar oliveiras) permitiam receber diárias mais elevadas do que as de praticante e criado[85].

---

[81] *Idem*, p. 280.

[82] Conceição Andrade Martins, «Trabalho e condições de vida em Portugal (1850-1913)», *Análise Social*, vol. XXXII, n.º 42, 1997, pp. 486-487.

[83] No Alentejo, entre os 240 réis/dia para os homens e os 160 para as mulheres na indústria de pentes e os 800 réis/dia na indústria dos tabacos (os mais frequentes entre os 500 e os 360 réis/dia para os homens e os 220 e os 160 para as mulheres). No Algarve, entre os 448 réis/dia na indústria moageira e os 323 na conserveira. Ver Conceição Andrade Martins, *op. cit.*, pp. 506-508.

[84] Conceição Andrade Martins, *op. cit.*, Anexo 3, quadro 4.3, «Salários industriais masculinos. Salários médios diários (em réis)», ano de 1888, p. 534.

[85] *Idem*, quadro 4.1, «Salários agrícolas masculinos. Salários médios diários (em réis)», ano de 1888, pp. 530-531.

No caso das mulheres, embora em nenhuma das actividades mencionadas pela autora para o ano de 1888 se ganhasse mais do que como enfermeira, a monda permitia auferir um salário mais elevado do que a tarefa de ajudante de enfermeira; do mesmo modo, trabalhos como ceifar ou enxofrar eram melhor pagos do que os de praticante e criada[86].

O administrador dos Hospitais da Universidade queixava-se de que, com os vencimentos auferidos, não conseguia completar o quadro de enfermeiras, ajudantes e praticantes, nem manter um pessoal permanente para as mesmas funções no que respeitava ao sexo masculino. Esclarecia ainda que esses lugares eram sobretudo procurados por barbeiros das freguesias rurais, que vinham para os hospitais aprender e depois regressavam às suas terras onde se estabeleciam como cirurgiões. Só com o aumento da remuneração se tornaria possível garantir o carácter permanente daqueles funcionários, bem como a existência de um quadro de enfermeiros devidamente habilitados. Apesar de todas as razões, as propostas de Costa Simões ao governo foram rejeitadas, com «as consequências desagradáveis, que devia esperar-se d'um pessoal incompetente, desempenhando serviços de tanta responsabilidade»[87].

A baixa remuneração do pessoal de enfermagem associava-se a um trabalho duro, exercido em condições difíceis. Sujeitos a pesados horários e a uma disciplina rigorosa, os praticantes de enfermaria, por exemplo, estavam encarregues de tarefas relacionadas com a higiene dos doentes (lavá-los e fazer as camas), terapêuticas (fazer curativos), administrativas (tratar da roupa dos doentes que tinham alta ou ir buscar os géneros alimentícios à despensa) e até mesmo de assistência religiosa (acompanhar o sagrado viático aos doentes que reclamavam a comunhão)[88].

Por outro lado, a classe dos enfermeiros não teve direito a protecção social nos casos de doença, invalidez e velhice até aos finais do século XIX e, quando adquiriu esse direito, foi em condições diferentes das do restante pessoal hospitalar. Contra tal situação e em defesa dos enfermeiros, manifestaram-se alguns deputados na respectiva Câmara. Em 1885 Santos Viegas pedia aos «poderes públicos que se compadeçam da sorte dos infelizes enfermeiros do Hospital de S. José e da Estrela, que prestam relevantíssimos serviços, de dia e de noite, expondo-se ao contágio das enfermidades, e trabalhando com zelo e dedicação»[89]. O deputado associava-se às súplicas dirigidas

---

[86] *Idem*, quadro 4.2, «Salários agrícolas femininos. Salários médios diários (em réis)», ano de 1888, p. 532.

[87] *Idem*, p. 282. É interessante verificar que em casos de urgência e de maior risco para a saúde do pessoal menor, como o de uma epidemia de cólera, os vencimentos diários eram consideravelmente mais elevados do que os praticados em circunstâncias normais nos Hospitais da Universidade. Os Hospitais dos Coléricos organizados em Coimbra em 1856 empregavam dois enfermeiros, dois criados, um cozinheiro e um porteiro. O enfermeiro recebia 480 réis e a enfermeira 400; o criado, 300 réis e a criada, 240. Estes valores representam um aumento de cerca de 140% em relação ao vencimento dos enfermeiros em 1888 e de 150% em relação ao vencimento dos criados na mesma data. AUC, *Hospitais da Universidade de Coimbra. Apontamentos históricos 2*, «Registro dos apontamentos extrahidos das actas da Faculdade de Medicina, relativos á historia da administração dos hospitaes da Universidade desde 1844 até 1878», acta da sessão de 17 de Janeiro de 1856, «Instrucções sobre a organisação e direcção dos hospitaes dos Cholericos da Cidade de Coimbra», art. 14.º, fls. 38 v. a 40.

[88] Ver a descrição feita por um praticante de enfermaria em *A Lanterna Hospitalar*, 10 de Dezembro de 1895, ano I, n.º 5 (citado por Maria Isabel Soares, *op. cit.*, p. 22).

[89] Sessão da Câmara dos Deputados de 4 de Julho de 1885, http://debates.parlamento.pt (25/10/05).

pelos enfermeiros ao governo no sentido de receberem remuneração em caso de doença; até então, viam-se obrigados a «mendigar a caridade pública». Santos Viegas realçava o estatuto dos enfermeiros como «dedicados e importantíssimos funcionários», o qual deveria justificar a intervenção do governo a seu favor.

Em 1887, a revista *A Medicina Contemporânea* publicou uma notícia sobre a extensão da lei de reformas e aposentações aos empregados dos hospitais[90]. O autor do artigo lamentava que antes dessa medida não se tivessem reformado os vencimentos, «vergonhosíssimos por diminutos» para todos os empregados hospitalares e em especial para os menores.

Três anos depois, o deputado Alfredo César Brandão renovaria a iniciativa de um projecto de lei de 1875, sobre a reforma dos empregados do Hospital de S. José[91]. O deputado propunha a aplicação das disposições do artigo 114.º do Regulamento do Hospital de 1863, relativo às condições de aposentação dos directores de enfermaria, a todos os empregados dos quadros da instituição. O objectivo de Alfredo Brandão era pôr termo à desigualdade entre as diferentes classes de trabalhadores: enquanto os directores de enfermaria podiam ser aposentados ao fim de trinta anos de serviço, com o ordenado por inteiro, aos vinte anos com dois terços do ordenado e aos dez com um terço, os enfermeiros só podiam aposentar-se quando a administração o propusesse ao governo, se estivessem impossibilitados de trabalhar, após terem completado vinte e cinco anos de serviço e apenas com metade do seu vencimento. Para o deputado, essa desigualdade não tinha qualquer justificação, até porque o director de enfermaria se limitava a fazer visitas ao hospital e podia ter outra ocupação fora dele, enquanto o enfermeiro só podia empregar-se no hospital e recebia muito pouco. Segundo Brandão, «nada pode comparar-se à dureza, especialidade e responsabilidade da missão dos enfermeiros». Eles «desempenham um serviço tão activo, tanto de noite como de dia, tão arriscado pelo contacto em que estão com os doentes, a sua liberdade é tão cativa [...], que não podem deixar de ser considerados em circunstâncias excepcionais com relação a todas as outras classes do funcionalismo público»[92]. Na opinião do deputado, a sociedade tinha uma dívida para com os enfermeiros, que arriscavam a vida para a servir, e não se podia furtar a saldá-la.

No entanto, o governo parecia não responder às petições dos enfermeiros. Em 1893, os enfermeiros do Hospital de S. José dirigiram uma nova representação à Câmara dos Deputados a propósito da questão da reforma. O par do reino e médico Oliveira Feijão[93] advogava essa pretensão, considerando ser a classe dos enfermeiros

---

[90] «Variedades», *A Medicina Contemporânea*, n.º 6, 6 Fevereiro 1887, p. 48.

[91] Sessão da Câmara dos Deputados de 23 de Julho de 1890, http://debates.parlamento.pt (25/10/05).

[92] De forma retórica, o deputado insistia nas dificuldades que os enfermeiros enfrentavam, falando no perigo das doenças contagiosas e usando expressões como «fadiga», «escravidão», «riscos e trabalhos». Pintava também o negro quadro de um enfermeiro impossibilitado de alimentar a sua mulher e os seus filhos e obrigado a pedir esmola.

[93] Oliveira Feijão (1850-1918), lente na Escola Médico-Cirúrgica de Lisboa, médico efectivo e consultor da Real Câmara, foi o primeiro cirurgião português a realizar a ovariotomia e a tiroidectomia. Foi presidente da *Associação dos Médicos Portugueses* e par do reino electivo. Querendo descansar da vida científica, fez-se lavrador numa quinta perto de Santarém, tendo acompanhado os agricultores nas suas reclamações e sido presidente da *Real Associação Central de Agricultura Portuguesa*. Ver «Oliveira Feijão (Francisco Augusto de)» in *Grande Enciclopédia Portuguesa e Brasileira*, Lisboa e Rio de Janeiro, Editorial Enciclopédia, s.d., vol. XIX.

das poucas que, após longos anos de trabalho e «ao cabo de uma vida inteira de abnegação e de serviços valiosos», tinha por futuro único a miséria[94].

Na ausência do reconhecimento do valor da profissão de enfermagem por parte do governo, a Misericórdia do Porto, à qual pertencia o Hospital de S. António, parece ter-se destacado quanto à atenção dispensada ao pessoal das enfermarias. Apreciando o relatório anual daquela instituição de 1899-1900, o autor de um artigo publicado n'*A Medicina Contemporânea* aplaudia as condições proporcionadas pela Misericórdia do Porto aos seus enfermeiros: «adestrados na escola de enfermagem [...], tendo as suas refeições dentro do hospital – o que lhes permite uma alimentação sadia e económica e evita as contínuas saídas – possuindo uma caixa de reformas e de pensões, recebem aqueles que mais se distinguem no seu árduo serviço prémios pecuniários e honoríficos como recompensa da sua dedicação ao trabalho»[95]. Na verdade, a referida revista publicou várias notícias relativas à concessão de distinções e gratificações a enfermeiros dos dois sexos[96] e ao apoio prestado aos familiares dos empregados vítimas de doenças contraídas no trabalho[97]. Os autores dessas notícias louvavam as iniciativas da Misericórdia do Porto e consideravam os enfermeiros «heróis do dever», salientando o seu intenso trabalho, o zelo profissional, a paciência, a dedicação e a «grandeza d'alma», contrastantes com as suas baixas remunerações.

Para além da falta de habilitação, dos salários reduzidos e da quase ausência de apoios sociais, o trabalho do pessoal auxiliar dos hospitais seria ainda marcado pela descoordenação dos serviços e pela rigidez das hierarquias, que dificultavam a prestação de cuidados eficazes. Estes aspectos tornam-se patentes num pedido publicado na revista *A Medicina Contemporânea* e dirigido ao enfermeiro-mor do Hospital de S. José, no sentido de que alterasse rapidamente o serviço de enfermagem na enfermaria de partos[98]. Para o autor do artigo, era «indispensável» que naquela «se encontrem as peças de penso de aplicação mais frequente e urgente, que se acabe com os atritos contínuos entre enfermeiras e parteiras pondo à frente da enfermaria uma parteira que acumule esta qualidade e a de enfermeira, que se facilitem [...] as relações da sala de partos com o Banco, cortando de vez com os intermediários ás dúzias». O autor descrevia de modo quase caricato a situação em que, pedindo o médico um instrumento à parteira, esta dizia que não lhe cabia tal responsabilidade, sendo necessário solicitar à enfermeira que escrevesse um bilhete para o requisitar ao Banco e o enviasse através de um moço[99].

Para terminar este capítulo relativo às condições de trabalho e de vida dos enfermeiros em Portugal, citamos um artigo de Miguel Bombarda, datado de 1901,

---

[94] Sessão da Câmara dos Pares de 23 de Junho de 1893, http://debates.parlamento.pt (25/10/05).
[95] «A Misericórdia do Porto», *A Medicina Contemporânea*, n.º 34, 26 Agosto 1900, p. 276.
[96] Ver os artigos: «Variedades», n.º 35, 28 Agosto 1898, p. 288; «Variedades», n.º 6, 11 Fevereiro 1900, p. 52; «Variedades», n.º 5, 1 Fevereiro 1903, p. 44; «Variedades», n.º 5, 4 Fevereiro 1906, p. 40; «Actualidades», n.º 44, 31 Outubro 1909, pp. 355-356.
[97] Ver os seguintes artigos: «Actualidades profissionais e interesses públicos», n.º 6, 11 Fevereiro 1900, p. 42; «Variedades», n.º 5, 4 Fevereiro 1906, p. 40; «Variedades», n.º 21, 22 Maio 1910, p. 168.
[98] «Um pedido», *A Medicina Contemporânea*, n.º 39, 22 Setembro 1887, p. 309.
[99] No ano seguinte, o autor deste artigo lamentaria que os inquéritos e os projectos de reforma realizados após a publicação do seu pedido tivessem sido infrutíferos («Variedades», *A Medicina Contemporânea*, n.º 16, 15 Abril 1888, p. 132).

no qual o médico se reportava às condições materiais do pessoal de enfermagem dos hospitais de Paris, que seriam semelhantes às nacionais[100]. A realidade francesa também se caracterizava por salários reduzidos, deficiente alimentação, péssimas condições de alojamento e montantes baixos das reformas[101]. Além disso, eram claras as dificuldades económicas da associação de classe dos enfermeiros franceses, destinada a auxiliar os que estavam impossibilitados de exercer; o mesmo aconteceria em Lisboa.

### 1.3.3. O novo contexto científico e médico

Os efeitos da chamada revolução pasteuriana fizeram-se sentir também em Portugal, entre o final do século XIX e os inícios do século XX. Os progressos médicos iam sendo acompanhados por alguns clínicos no país, através de revistas científicas francesas e das sociedades científicas e, apesar das dificuldades, novos métodos iam sendo introduzidos nos hospitais[102].

Ana Leonor Pereira e João Rui Pita estudaram o eco das novidades científicas e das novas preocupações higienistas nas revistas *A Ilustração* e *Coimbra Médica*, funcionando esta em particular como órgão difusor das doutrinas microbianas em Portugal e defensor da higiene social científica[103]. A inovação da obra de Pasteur não foi posta em causa pela revista, mas a aceitação da sua validade não foi pacífica: a par de artigos e notícias de carácter técnico sobre as virtudes da vacina contra a raiva e de traduções de textos do próprio Pasteur, surgiram na *Coimbra Médica* artigos algo cépticos e outros que remetiam para a inadaptação das autoridades oficiais à inovação científica. De qualquer forma, a revista estava em sintonia com a nova mentalidade científica e com a valorização do trabalho laboratorial orientado para servir o interesse público do bem--estar e da saúde.

Também a revista *A Medicina Contemporânea*, coeva da *Coimbra Médica*, mas publicada em Lisboa, dava conta em praticamente todos os seus números de notícias relativas a Pasteur, aos seus trabalhos e à forma como os poderes públicos portugueses reagiam às novidades científicas vindas do exterior. A revista não deixava de fazer eco das dúvidas e hesitações que surgiam a nível internacional a propósito dos métodos pasteurianos, mas fazia também referência às reacções positivas de diversos países ao trabalho de Pasteur. Um dos aspectos em que se tornava mais evidente a adesão dos redactores da revista às inovações de Pasteur era a sua atitude crítica face à actuação do governo português nessa matéria.

---

[100] Miguel Bombarda, «Questões de enfermagem», *A Medicina Contemporânea*, n.º 24, 16 Junho 1901, p. 198. O autor reportava-se a um artigo publicado em França pelo médico Letulle.

[101] Quanto aos salários, em França, aumentavam nos primeiros tempos e depois aos 3, 5 e 10 anos de serviço, mas eram sempre baixos. O médico português considerava que o alojamento no próprio edifício do hospital era essencial para garantir a regularidade do serviço, mas em Lisboa existia apenas para as enfermeiras. No que respeita às reformas, em França, eram concedidas ao fim de 20 anos de serviço para os homens e de 30 para as mulheres; em Portugal, onde só há pouco tempo aquelas se haviam tornado legais, a pensão anual seria um pouco mais elevada, segundo Bombarda.

[102] Maria Isabel Soares, *op. cit.*, pp. 22-23.

[103] Ana Leonor Pereira e João Rui Pita, *Ciência e Medicina: a revolução pasteuriana*, separata de *Actas do Congresso Comemorativo do V Centenário da Fundação do Hospital do Espírito Santo de Évora*, Évora, s.n., 1996, pp. 245-271. Os autores dão conta da atenção prestada, em vários artigos da *Coimbra Médica*, ao estado sanitário das cidades, em especial Coimbra, bem como das críticas ou observações feitas à política

Da análise das referidas revistas, *Coimbra Médica* e *Medicina Contemporânea*, fica-nos, portanto, a ideia de que a classe médica portuguesa estaria a par das novidades científicas do final do século XIX. Teria também consciência das mudanças que era necessário realizar na prática hospitalar, de modo a concretizar os novos conhecimentos. A comprová-lo, esteve por exemplo o facto de Ferraz de Macedo, nomeado enfermeiro-mor do Hospital de S. José, em 1889, ter considerado desde logo a desinfecção um melhoramento necessário[104]. O antigo professor de clínica da Escola Médico-Cirúrgica de Lisboa defendia que a desinfecção devia começar pela admissão dos doentes, que na altura se fazia negando a assepsia (numa casa escura, os doentes eram mal e rapidamente observados pelo cirurgião de serviço); seria pois necessário criar uma casa de desinfecção à entrada do hospital, onde os doentes fossem lavados e vestidos com roupas do Hospital. Precisava-se depois de uma outra casa destinada exclusivamente aos pensos assépticos, servida por empregados que não deviam estar em contacto com os das enfermarias. Era necessária também uma enfermaria de descanso, para albergar os doentes enquanto se desinfectassem as outras. A par de tudo isso, Ferraz de Macedo salientava a necessidade de pessoal educado e desinfectado. Haveria que fazer compreender aos empregados menores (enfermeiros, ajudantes e praticantes) a importância de pequenos gestos de higiene e dispensar-lhes uma educação técnica, que poderia ser ministrada pelos directores de enfermaria durante a visita e cujo cumprimento poderia ser vigiado pelos internos. O pessoal deveria usar um uniforme próprio, adequado a repetidas lavagens e desinfecções, guardado numa casa especial para troca de roupas. O arsenal cirúrgico deveria ser confiado a um indivíduo competente e consciente, que soubesse desinfectar todos os instrumentos, dispensando o cirurgião do trabalho de vigilância que na altura se via obrigado a exercer. Por fim, seria preciso ainda regular a entrada de visitas no hospital.

### 1.3.4. As primeiras escolas de enfermagem portuguesas

As primeiras escolas de enfermagem portuguesas datam do final do século XIX. Resultaram da iniciativa das administrações dos principais hospitais do país, mais especificamente, dos Hospitais da Universidade de Coimbra, do Hospital Real de S. José e do Hospital Geral de S. António, da Santa Casa da Misericórdia do Porto. Tratava-se de hospitais com fortes ligações aos centros de aprendizagem da medicina, nomeadamente, à Faculdade de Medicina da Universidade de Coimbra e às Escolas Médico-Cirúrgicas de Lisboa e do Porto[105].

Em outros países, as primeiras escolas de enfermagem nasceram da vontade de formar um pessoal laico, que substituísse com vantagem as religiosas nos hospitais. Em Portugal, se a necessidade de substituir as religiosas não se verificou, a de um pessoal de enfermagem competente e com formação era evidente. Lucília Rosa Mateus

---

sanitária. Defendia-se a articulação do poder político com o saber médico e a tomada de medidas preventivas como a análise de águas e leites, a sensibilização das populações e o desenvolvimento de laboratórios de análises. Foram também publicados na revista em causa vários artigos e notícias sobre a problemática da tuberculose.

[104] Ferraz de Macedo, «Hospital de S. José», *A Medicina Contemporânea*, n.º 2, 13 Janeiro 1889, pp. 13-15.

[105] Maria Isabel Soares, *op. cit.*, pp. 16-23.

| | |
|---|---|
| 1881 | Escola de enfermagem dos Hospitais da Universidade de Coimbra |
| 1887 | Escola de enfermagem do Hospital Real de S. José (Lisboa) |
| 1888 | Curso de enfermeiros do Hospital da Marinha (Lisboa) |
| 1897 | Escola de enfermeiros do Hospital Geral de S. António, da Santa Casa da Misericórdia do Porto |
| 1909 | Escola de enfermeiros do Hospital Militar do Porto |
| 1912 | Escola de enfermeiros do Hospital de S. Marcos, da Santa Casa da Misericórdia de Braga |

Quadro 2 – Escolas e cursos de enfermagem criados em Portugal até à I Guerra Mundial.

Nunes enquadra a fundação das primeiras escolas de enfermeiros no «contexto técnico e organizacional que então se começou a viver, isto é, a institucionalização da medicina e as respectivas consequências, como a crescente complexidade dos cuidados de saúde, e a valorização da vertente administrativa e organizacional do sistema hospitalar»[106]. Quer dizer, o novo contexto científico e médico, a par da complexificação do trabalho administrativo hospitalar, exigia a formação dos enfermeiros.

O interesse e a preocupação dos médicos com aquela questão eram visíveis em vários artigos publicados na revista *A Medicina Contemporânea* entre os finais do século XIX e os inícios do século XX. Em 1884 dava-se conta da criação de escolas de enfermeiras nos Estados Unidos da América[107] e, em 1886, dos progressos da secularização da enfermagem em França, através da formação de enfermeiras laicas[108]. Em Janeiro de 1887 noticiava-se a inauguração de um curso de enfermeiros no Hospital de S. José, em Lisboa[109]. Tratava-se do «primeiro curso organizado oficialmente em Portugal»[110], tendo resultado de uma proposta dirigida ao Ministério do Reino por Tomás de Carvalho, enfermeiro-mor do Hospital. Aquela tinha como fundamento a previsão de vantagens técnicoprofissionais e económicas. O curso, destinado exclusivamente aos empregados em serviço nas enfermarias, teve uma duração efémera, encerrando em Novembro de 1889. Tal facto pode explicar-se pelo baixo nível de instrução dos alunos e pela sua dificuldade em conjugar a frequência das aulas com o trabalho no Hospital[111].

---

[106] Lucília Rosa Mateus Nunes, *op. cit.*, p. 26.
[107] «Variedades», *A Medicina Contemporânea*, n.º 9, 2 Março 1884, p. 72.
[108] «Variedades», *A Medicina Contemporânea*, n.º 3, 27 Janeiro 1886, p. 24.
[109] A lição inaugural foi proferida pelo Prof. Ravara no dia 26 e versou sobre os deveres do enfermeiro e a construção e a organização dos hospitais. Ver «Variedades», *A Medicina Contemporânea*, n.º 5, 30 Janeiro 1887, p. 40.
[110] Costa Sacadura, *Subsídios para a bibliografia portuguesa...*, p. 12. O curso de enfermagem de Coimbra surgiu primeiro que o de Lisboa, em 1881, pelo que Costa Sacadura não foi rigoroso ao dizer que «a primeira escola para o ensino da enfermagem em Portugal» foi a do Hospital de S. José (*Subsídios para a história da enfermagem...*, p. 5). No entanto, é verdade que, ao contrário da de Lisboa, a escola de Coimbra não teve um carácter oficial, partindo da iniciativa privada do seu fundador.
[111] Maria Isabel Soares, *op. cit.*, pp. 25-26 e Lucília Rosa Mateus Nunes, *op. cit.*, pp. 24-28.

Em 1888 dava-se conta da inauguração de um curso de enfermeiros no Hospital da Marinha, dirigido a enfermeiros e ajudantes de enfermeiros navais[112]. O autor da notícia elogiava «o modesto mas sensato programa» e destacava o facto de os professores, médicos do Hospital, ensinarem gratuitamente. Mais tarde, em 1910, seria apresentada à Câmara dos Deputados uma proposta de lei relativa à organização dos serviços da Marinha de Guerra, na qual se previam as condições de funcionamento de uma escola prática de enfermeiros, no Hospital da Marinha[113]. A escola incluiria dois cursos, um de cabos enfermeiros, frequentado por serventes, e outro de sargentos enfermeiros, dirigido a cabos enfermeiros e com a duração de dois anos[114].

O primeiro curso ou escola de enfermeiros criado por uma instituição particular abriu em 1897, no Hospital Geral de S. António, da Misericórdia do Porto. Pretendia ministrar instrução teórica e prática ao pessoal de enfermagem do Hospital. Em 1900 a escola dispensava formação quer nos assuntos «de natureza profissional», sendo o curso regido por um médico, quer nos «de ordem administrativa», a cargo de um empregado da secretaria; a parte profissional podia ser também frequentada por pessoas que não fizessem parte do pessoal do Hospital[115]. Na mesma linha, em 1912, seria instituída a Escola de Enfermeiros do Hospital de S. Marcos, da Misericórdia de Braga, destinada não só ao pessoal do Hospital, mas também a indivíduos de fora[116].

Entretanto, a necessidade de um curso de enfermeiros em Lisboa continuava a fazer-se sentir. Num artigo de Março de 1900, Miguel Bombarda chamava a atenção para a necessidade de bons executores das prescrições médicas, sem os quais o sucesso das intervenções cirúrgicas ficaria comprometido[117]. Para o médico, estando ultrapassado «o tempo em que se fazia enfermagem sob a exclusiva inspiração de uma alma recheada de caridade cristã», exigia-se dos enfermeiros «uma inteligência clara e bem educada

---

[112] «Melhoramentos no Hospital da Marinha», *A Medicina Contemporânea*, n.º 25, 17 Junho 1888, pp. 197-198. O programa a seguir seria composto por três partes, incluindo a primeira o estudo do Regulamento de Saúde Naval no que respeitava à enfermagem, noções gerais de higiene e leitura, escrita e aritmética. A segunda parte incluía utensílios e operações farmacêuticas comuns, estudo de algumas substâncias e prática de farmácia. A terceira, princípios de anatomia, aparelhos e instrumentos de cirurgia, pensos, cuidados especiais com certos doentes e «conduta do enfermeiro quando não houver medico ou enquanto este não chega».

[113] Sessão da Câmara dos Deputados de 8 de Junho de 1910, http://debates.parlamento.pt, (25/10/05), Título V – «Escola prática de enfermeiros», art.º 425.º a 435.º.

[114] *Idem*. A admissão na escola seria, portanto, feita na classe de serventes, que incluía marinheiros e civis com determinados requisitos (robustez, idade entre os 20 e os 30 anos, bom comportamento, saber ler, escrever e contar). Após seis meses de serviço hospitalar e pelo menos um ano e meio de embarque como serventes de botica, aqueles poderiam concorrer por exame à frequência do curso de cabos enfermeiros. Os cabos enfermeiros com bom comportamento e com um ano de serviço hospitalar e outro de embarque poderiam frequentar o curso de sargentos enfermeiros. No primeiro ano desse curso eram ministradas noções sobre anatomia e fisiologia, pensos e ligaduras, instrumentos cirúrgicos, socorros urgentes, assepsia e antissepsia. No segundo ano tratava-se de medicamentos e manipulações farmacêuticas, sintomatologia das doenças mais frequentes, balneoterapia, termometria, massagens e análises clínicas. O curso seria acompanhado de prática hospitalar em enfermarias de cirurgia, medicina e especiais.

[115] «Números dos estudantes (2.ª parte). As outras profissões médicas», *A Medicina Contemporânea*, n.º 40, 7 Outubro 1900, p. 339.

[116] Maria Isabel Soares, *op. cit.*, pp. 35-37 e Lucília Rosa Mateus Nunes, *op. cit.*, p. 26.

[117] Miguel Bombarda, «Escolas de enfermeiros», *A Medicina Contemporânea*, n.º 9, 4 Março 1900, pp. 69-70.

para que se compreenda aquilo que se faz e se tem de fazer». Fora com esse objectivo que se tinham criado escolas de enfermagem noutros países, como a Alemanha, a Inglaterra, os Estados Unidos e a França, especialmente em Paris. Em Portugal, em particular em Lisboa, depois da tentativa falhada do curso de 1887, os enfermeiros continuavam privados de instrução; «o pouco que sabem, apenas o devem ao zelo e dedicação dos médicos dos hospitais»[118].

Em Março de 1901 *A Medicina Contemporânea* dava conta de que a *Associação dos Médicos Portugueses* discutira uma proposta da direcção para a criação de uma escola de enfermeiros, acerca de cuja necessidade havia portanto um largo consenso entre os médicos[119]. Segundo o autor da notícia, esse consenso assentava no facto de estarem já suficientemente provados os inconvenientes da enfermagem religiosa, bem como na consciência de que os enfermeiros seculares não tinham a instrução necessária. A questão estava em saber se a criação da escola devia ser de iniciativa oficial ou mais autónoma, da *Associação*, como defendia Bombarda. Num outro artigo, este insistiria ainda nas ideias referidas, defendendo também que não bastava ensinar a prática aos enfermeiros, era preciso uma educação inteligente, um certo grau de ilustração que estava ao acesso de todos, dada a racionalidade e a compreensibilidade da ciência moderna[120]. Faltava, portanto, concretizar aquelas ideias e criar em Lisboa o curso de enfermeiros, à semelhança do que já acontecia no Hospital da Marinha, nos hospitais militares e no Hospital do Porto. De resto, o autor considerava necessário reformar todo o serviço de enfermagem, nomeadamente, aumentar os vencimentos, garantir condições de residência e de alimentação no hospital, atribuir benesses (prémios, licenças de férias, etc.), de modo a poder também exigir mais disciplina.

Em Outubro de 1901 começou, finalmente, a funcionar a Escola Profissional de Enfermeiros do Hospital Real de S. José, em Lisboa. Resultou de uma proposta dirigida ao Ministério do Reino por Curry Cabral, enfermeiro-mor do Hospital, sendo portanto de iniciativa oficial. Estava integrada num conjunto de reformas hospitalares, entre as quais a melhoria da situação dos empregados menores, com a criação de uma classe de praticantes extraordinários (chamados quando houvesse excesso de trabalho), o aumento dos vencimentos e a concessão de licenças para descanso[121]. O curso destinava-se a indivíduos de ambos os sexos, tinha a duração de dois anos e era composto de duas partes, uma doutrinária e outra prática. Da primeira constavam as seguintes matérias: noções gerais de anatomia, fisiologia e microbiologia; aplicação de medicamentos; pensos; clínica de pobres e de ricos; economia hospitalar e doméstica; noções de higiene. Na segunda parte, os alunos eram iniciados na prática de todos os serviços, recebendo ainda ensinamentos de "pequena higiene" e "pequena cozinha". A parte doutrinária conferia, depois de um exame, o diploma de curso ordinário de enfermeiro e a parte prática, o diploma de curso completo. Os diplomas davam

---

[118] Em Outubro de 1900, fazendo o ponto da situação, dir-se-ia: «O ensino de enfermagem está muito longe de ter alcançado em Portugal a extensão a que chegou em outros países, podendo mesmo dizer-se que, a não ser no pessoal dos serviços de saúde do exército, da marinha e do Ultramar, não existe a instrução profissional, visto ela ser ministrada unicamente n'uma escola do hospital de Santo António, do Porto». Ver «Números dos estudantes (2.ª parte). As outras profissões médicas», art. cit., pp. 338-339.
[119] «Actualidades», *A Medicina Contemporânea*, n.º 13, 31 Março 1901, p. 101.
[120] Miguel Bombarda, «Editorial», *A Medicina Contemporânea*, n.º 23, 9 Junho 1901, pp. 189-190.
[121] «Reformas hospitalares», *A Medicina Contemporânea*, n.º 37, 15 Setembro 1901, p. 302.

preferência para as vagas no quadro, criando-se condições para que os empregados pudessem assistir às lições, três vezes por semana. De qualquer forma, a Escola de Lisboa era a primeira que não se destinava preferencialmente ao pessoal da instituição, mas a indivíduos de fora, que pudessem depois ser admitidos no Hospital[122]. A docência estava a cargo de dois professores dos hospitais civis, um efectivo e outro substituto.

A revista *A Medicina Contemporânea* noticiaria, nos meses de Novembro de 1901 e de 1902, a abertura do curso nos já então chamados Hospitais Civis de Lisboa, dando indicações sobre o número de alunos e o seu aproveitamento. No primeiro ano, o curso foi frequentado por 70 alunos, 50 assistindo às aulas no Hospital de S. José e 20, no da Estefânia[123]. No segundo ano, quando já funcionavam em simultâneo a parte doutrinária e a parte prática, aquela era frequentada por 42 alunos, sendo apenas dois de fora dos Hospitais Civis, e esta, somente por 16 alunos, todos empregados nos Hospitais[124]. Na verdade, a Escola acabou por não conseguir a pretendida regeneração profissional do Hospital, visto que a frequência de alunos exteriores não era significativa; além disso, as exigências de serviço não se coadunavam com a frequência obrigatória das aulas por parte dos enfermeiros que trabalhavam na instituição[125].

O periódico que temos vindo a citar continuaria a acompanhar, sobretudo na rubrica destinada às notícias, uma série de acontecimentos relativos à enfermagem, ocorridos no estrangeiro e em Portugal, demonstrando que a classe médica estava definitivamente interessada na questão. A nível internacional, vejam-se, por exemplo, as referências ao Congresso Internacional de Enfermeiras realizado nos Estados Unidos em 1901[126], às qualidades particulares das enfermeiras inglesas[127], à inauguração de uma nova escola de enfermeiros da Assistência Pública parisiense em 1906[128], à criação do diploma oficial de enfermagem no estado norte-americano do Illinois[129] ou à morte de Florence Nightingale[130]. Neste caso, elogiava-se a «criadora da moderna enfermagem, a enfermagem científica», cujo grande contributo teria consistido em perceber que os doentes «não se salvam com boas intenções, com milagres de caridade, com devoções do coração, com carinhos e pieguices», mas «com ciência».

No que respeita ao panorama nacional, destacamos a referência a dois outros cursos de enfermagem que surgiram ou foram planeados na primeira década do século XX: o da *Cruz Vermelha Portuguesa* e o do Hospital Militar do Porto. Este último foi mandado estabelecer em 1909[131]. Quanto à *Cruz Vermelha*, em 1908 recebeu da Câmara Municipal de Lisboa um terreno para a construção de um posto hospitalar,

---

[122] Maria Isabel Soares, *op. cit.*, pp. 27-28.
[123] «Variedades», *A Medicina Contemporânea*, n.º 44, 3 Novembro 1901, p. 365.
[124] «Actualidades», *A Medicina Contemporânea*, n.º 45, 9 Novembro 1902, p. 363.
[125] Maria Isabel Soares, *op. cit.*, p. 28.
[126] «Variedades», *A Medicina Contemporânea*, n.º 44, 3 Novembro 1901, p. 365.
[127] «Variedades», *A Medicina Contemporânea*, n.º 51, 22 Dezembro 1901, pp. 416-417.
[128] «Variedades», *A Medicina Contemporânea*, n.º 42, 21 Outubro 1906, p. 335.
[129] «Variedades», *A Medicina Contemporânea*, n.º 42, 20 Outubro 1907, p. 340.
[130] «Actualidades», *A Medicina Contemporânea*, n.º 35, 28 Agosto 1910, p. 279.
[131] «Variedades», *A Medicina Contemporânea*, n.º 4, 24 Janeiro 1909, p. 29. O curso de enfermeiros do Hospital Militar do Porto teria a duração de dois anos. O primeiro ano daria acesso ao posto de 1.º cabo e o segundo, ao de sargento da companhia de saúde.

Foto 1 – Florence Nightingale. No manual *Enfermagem*, cuja primeira edição data de 1940, Alberto Costa escreveria ainda: «Foi esta Mulher admirável que lançou os princípios basilares da Enfermagem moderna. Para cada Enfermeira, ela é um exemplo e um estímulo!». Fonte: Alberto Costa, *Enfermagem*, 5.ª ed., vol. I, p. 28.

onde se estabeleceria o ensino de enfermagem[132]. Segundo os projectos então apresentados, o novo edifício teria instalações que permitissem o internato, semelhantes às das escolas britânicas (quartos isolados com casas de banho privativas, sala de jantar, sala comum). Reportando-se às planificações, que não previam salas de aulas, o autor de um artigo publicado n'*A Medicina Contemporânea* considerava um erro que o ensino fosse apenas prático, como parecia, e questionava-se sobre o futuro das diplomadas por essa escola: se fossem ensinadas a exercer enfermagem apenas em certas condições, poderiam não encontrar emprego; deviam, por isso, adquirir conhecimentos que lhes permitissem integrar-se em diversas obras de assistência[133]. O autor levantava também o problema do recrutamento social das alunas: pretender-se-ia admitir somente pessoas de «certa educação»? Segundo ele, enquanto não se elevasse o nível moral da enfermagem entre nós, dificilmente a *Cruz Vermelha* encontraria raparigas que se quisessem matricular e que satisfizessem o principal requisito, o de uma «boa educação moral», que se obtinha sendo «educada honesta e moralmente num meio honesto»[134].

De acordo com Lucília Rosa Mateus Nunes, em 1911, depois de alguns cursos de psiquiatria para enfermeiros, foi oficialmente criado um curso para enfermeiros e ajudantes no Manicómio Bombarda, em Lisboa[135]. Embora não fizesse uma referência específica a este facto, *A Medicina Contemporânea* não deixou totalmente de parte a questão específica da enfermagem psiquiátrica, dando conta, por exemplo, de manuais publicados em França sobre a matéria. A propósito de uma dessas obras, apresentada por Caetano Beirão, dir-se-ia ser uma pena que a Escola de Lisboa não tivesse «um

---

[132] Costa Sacadura, *Subsídios para a bibliografia portuguesa...*, p. 14. Ver também «Variedades», *A Medicina Contemporânea*, n.º 48, 29 Novembro 1908, p. 384. Em Janeiro de 1909 sairia o *Boletim da Sociedade Portuguesa da Cruz Vermelha*, com informações a respeito da enfermaria modelo e da escola de enfermagem a criar (Costa Sacadura, *op. cit.*, p. 14 e «Variedades», *A Medicina Contemporânea*, n.º 5, 31 Janeiro 1909, p. 40).

[133] «Actualidades», *A Medicina Contemporânea*, n.º 36, 5 Setembro 1909, pp. 293-294.

[134] De qualquer forma, segundo Costa Sacadura, não foi aprovado nenhum dos três projectos apresentados para a construção da enfermaria modelo e escola de enfermagem da *Cruz Vermelha*, que se situaria no Campo Pequeno. A condessa de Burnay terá então oferecido à organização a Vila de S. António, na Junqueira, para a construção do estabelecimento hospitalar e escola de enfermagem. Ver Costa Sacadura, *Subsídios para a bibliografia portuguesa...*, p. 15.

[135] Lucília Rosa Mateus Nunes, *op. cit.*, p. 39.

capítulo especial para esta espécie de enfermeiros à maneira do que se usa lá fora»[136]. Segundo o autor do manual, os enfermeiros que trabalhavam em hospitais psiquiátricos deviam ser «homens inteligentes, instruídos e dotados de moralidade para merecerem a confiança das famílias dos doentes e dos médicos».

No nosso país, tal como em França, o surgimento das primeiras escolas pode considerar-se um passo no sentido da profissionalização da enfermagem. O «processo escolarizado de formação profissional tanto qualificava para dar resposta às responsabilidades e competências do trabalho como servia de demarcação entre os enfermeiros e os outros profissionais»[137]. Embora em Portugal, para o período em análise, não possamos falar apenas de enfermeiras, visto que as funções de enfermagem eram desempenhadas por homens e por mulheres (o pessoal hospitalar subalterno era constituído pelo mesmo número de empregados de cada sexo), os dados parecem sugerir que a profissionalização coincidiu com uma certa emancipação do carácter doméstico da actividade. Os aspectos domésticos mantiveram-se, mas eram então acompanhados de tarefas técnicas e administrativas. Assim o provam as obrigações dos enfermeiros e enfermeiras estabelecidas no Regulamento Geral dos Serviços Clínicos do Hospital Real de São José e Anexos, de 1901, que podem considerar-se de três tipos: domésticas, relacionadas com a higiene e asseio dos doentes, enfermarias e anexos; administrativas, como registos de doentes, expediente, manutenção do inventário e cumprir e fazer cumprir os horários; e terapêuticas, como o cuidado com a medicação dos doentes[138]. Mais do que alguém que ficava junto do doente para o consolar e servir, o enfermeiro era, pois, auxiliar do médico, precisando de dominar determinadas técnicas.

### 1.3.5. A concepção médica do enfermeiro

De acordo com os clínicos portugueses do tempo, uma das características do enfermeiro ideal era a formação profissional e o domínio de técnicas específicas. Só devidamente instruído e a par dos novos cuidados a ter, nomeadamente no domínio da assepsia, o enfermeiro poderia desempenhar com sucesso a sua função de auxiliar do médico. Essa função era valorizada, sendo considerada indispensável para o resultado final do trabalho do clínico[139].

No entanto, a condição de auxiliar do médico estava directamente associada ao estatuto de subalterno. No senso comum, essa ideia era naturalmente ligada ao

---

[136] Caetano Beirão, «Bibliografia», *A Medicina Contemporânea*, n.º 46, 17 Novembro 1907, p. 369. A obra, da autoria de Jules Morel, intitulava-se *Manuel des gardes-malades dans les hôpitaux pour maladies mentales*. Caetano Beirão felicitava o autor pelo «belo livro». Em 1911, seria também apresentada uma obra intitulada *L'aliéné, l'asile, l'infirmier*, de Th. Simon, que, segundo José de Magalhães, vinha preencher uma lacuna («Bibliografia», *A Medicina Contemporânea*, n.º 9, 26 Fevereiro 1911, pp. 67-68).

[137] Lucília Rosa Mateus Nunes, *op. cit.*, p. 27.

[138] Lucília Rosa Mateus Nunes, *op. cit.*, pp. 37-38.

[139] Já vimos que, segundo Miguel Bombarda, «Bons executores e o sucesso é garantido em toda a intervenção cirúrgica; executores maus e será o que Deus quiser» («Escolas de enfermeiros», *A Medicina Contemporânea*, n.º 9, 4 Março 1900, p. 69). No caso da enfermagem militar, por exemplo, o deputado Cunha Belém alertava em 1885 para as consequências da falta de enfermeiros nos hospitais militares: «grave detrimento do serviço, que só pode ser bem feito, tendo, além do bom serviço da classe médica, o que diz respeito aos empregados menores, que é por assim dizer o seu complemento» (sessão da Câmara dos Deputados de 21 de Março de 1885, http://debates.parlamento.pt, 25/10/05).

conceito de enfermeiro, como o demonstram, por exemplo, duas metáforas usadas em discussões na Câmara dos Deputados: «a missão do deputado fica limitada *ipso facto* a chamar a atenção do governo para um ou outro assunto, e o deputado fica reduzido a ser um *enfermeiro*, informador, e o governo um médico, para receitar remédio para o mal»; «a nossa missão de deputados está única e exclusivamente reduzida a sermos [...] uma espécie de *enfermeiros*, dirigindo-nos aos ministros, pedindo a aplicação dos remédios, como um indivíduo pode fazer em relação ao médico»[140].

O enfermeiro deveria portanto limitar-se ao seu papel secundário, embora na prática, devido ao mau funcionamento dos hospitais e à falta de pessoal clínico, nem sempre assim fosse. Numa sessão da Câmara dos Deputados de 1907, António José de Almeida lamentava a situação do Hospital de S. José, onde «os pensos são [...] feitos por praticantes de enfermeiro e é a eles que ficam entregues os operados, que de um momento para o outro podem necessitar socorros»[141]. O deputado considerava que, «se houvesse internos ou externos melhor correriam as coisas. Seriam eles a fazer a maior parte dos pensos e a vigiar, de noite, os doentes graves». Dois anos depois, Ascensão Guimarães faria uma crítica mais concreta ao facto de os enfermeiros do Hospital de S. José desempenharem tarefas que não lhes competiam: «Se têm doença cirúrgica, são entregues aos cuidados dos enfermeiros que, pela sua longa prática, sabem mais que os médicos, no dizer de muita gente; ali vão por conseguinte ao Banco sofrer cateterismos e operações de pequena cirurgia ou receber pensos cuja execução e assepsia ninguém fiscaliza, até alcançarem a cura, ou até se tornarem hospitalizáveis pelo agravamento das suas lesões»[142]. Embora o objectivo do deputado fosse condenar a política hospitalar de redução dos internamentos, baseada da ideia de que «o doente é um hóspede que não paga», tocava num aspecto importante, que ainda preocuparia Reinaldo dos Santos, por exemplo, em 1916: o problema do *«enfermeiro-clínico»,* ou *enfermeiro sub-médico»,* que, em caso de necessidade, se substitui a ele e pelo público chega a ser considerado, às vezes, como *mais prático* e *melhor»*[143].

Segundo Reinaldo dos Santos, a ideia popular da superioridade do enfermeiro em relação ao médico, «ideia lastimável, errónea e prejudicial», era então corrente no domínio da cirurgia. «Aí, o enfermeiro chega a operar ou, pelo menos, a ajudar e anestesiar; nada o distingue do cirurgião: põe aparelhos de fractura, faz pensos, coloca gessos, faz dilatações, reduz luxações, dá injecções intravenosas, faz o que muitos médicos nunca fizeram e tinham obrigação de saber fazer». Para o autor, que delimitava claramente o campo de acção do enfermeiro («não trata da doença, *cuida do doente»*), os responsáveis por aquela situação eram, todavia, os médicos: «fomos nós que assim os educámos», por comodidade própria, admitia, mas sobretudo porque a organização

---

[140] Sessões da Câmara dos Deputados de 15 de Janeiro e de 18 de Março de 1884, respectivamente, http://debates.parlamento.pt (25/10/05).

[141] Sessão da Câmara dos Deputados de 26 de Fevereiro de 1907, http://debates.parlamento.pt (26/10/05).

[142] Sessão da Câmara dos Deputados de 6 de Setembro de 1909, http://debates.parlamento.pt (25/10/05).

[143] Reinaldo dos Santos, «A reforma dos Hospitais Civis», *A Medicina Contemporânea*, n.º 2, 9 Janeiro 1916, pp. 10-11. Já em 1889 Artur Ravara acusara o pessoal menor do Hospital de S. José de ultrapassar os limites das suas competências, afirmando que «a ousadia dos enfermeiros feitos curandeiros era assombrosa» (Costa Sacadura, *Subsídios para a história da enfermagem...*, p. 5).

hospitalar a isso os obrigara. Quanto a esse aspecto, Reinaldo Santos considerava que a deficiência dos serviços auxiliares do Hospital de S. José deixara o médico isolado e levara-o «a entregar, nas mãos do enfermeiro, uma parte da tarefa que lhe competia». Segundo o autor, a ideia do *enfermeiro clínico* estava de tal modo enraizada nos hábitos dos médicos, que se argumentava contra a enfermagem feminina no Banco pela impossibilidade de entregar a mulheres os trabalhos normalmente executados pelos enfermeiros. Ora esses trabalhos, como reduzir as luxações ou pôr um aparelho de fractura, não lhes cabiam. Em contrapartida, os enfermeiros não sabiam desempenhar correctamente as suas funções: «não têm a competência técnica que deviam ter [...]; preparados mais depressa para maus médicos do que para bons enfermeiros». Reinaldo dos Santos concluía então pela necessidade de criar «uma escola de enfermagem com uma orientação radicalmente diferente»[144].

Se alguns médicos, de acordo com a acusação do autor acima citado, se aproveitavam do trabalho dos enfermeiros, deixando que estes os substituíssem, outros sentir-se-iam ameaçados pela eventual concorrência que aqueles poderiam representar, sobretudo no caso dos cuidados prestados ao domicílio. É neste contexto que podemos integrar, por exemplo, um artigo publicado em 1906 na revista *A Medicina Contemporânea* sobre «os progressos do charlatanismo» em Inglaterra[145]. A par dos charlatães que se anunciavam na imprensa e dos farmacêuticos e oculistas, que davam consultas e prescreviam tratamentos, os médicos ingleses queixavam-se da concorrência que lhes faziam as *nurses*. Estas eram consideradas excelentes enfermeiras quando trabalhavam num hospital sob as ordens de um chefe, mas perigosas para os médicos quando se estabeleciam por conta própria, pondo em prática os conhecimentos adquiridos na escola de enfermagem, que eram bastante desenvolvidos.

Voltamos então à questão da formação dos enfermeiros, que devia ser planeada pelos médicos tendo em conta não só a necessidade de auxiliares adestrados em determinadas técnicas, mas também o cuidado de delimitar claramente a sua esfera de acção, não lhes ensinando matérias que a extrapolassem. Esse cuidado era visível, por exemplo, no programa do curso de enfermeiros do Hospital da Marinha, criado em 1888, o qual incluía um ponto sobre a «conduta do enfermeiro quando não houver médico ou enquanto este não chega» e sobre as «circunstâncias em que pode substituir o médico»[146]. Poder-se-á mesmo pensar que, à semelhança do que aconteceu em França, o receio dos médicos relativamente à aquisição de conhecimentos por parte dos enfermeiros tenha atrasado a abertura das primeiras escolas de enfermagem no nosso país. Miguel Bombarda parecia sugeri-lo num artigo de 1900 sobre a necessidade de criar uma escola de enfermeiros em Lisboa, quando lamentava o idealismo das suas

---

[144] Augusto Lobo Alves, na abertura da Escola Profissional de Enfermagem de Lisboa, em 1919, apelaria para os princípios da competência, da idoneidade moral e da aptidão para a profissão, «pontos cardeais a orientar as direcções hospitalares, se quiserem ter e criar para todo o país serviço de enfermagem e não um nateiro de curandeiros ou enfermeiros clínicos, como os hospitais têm produzido por quase exclusiva culpa dos seus clínicos» («O ensino de enfermagem nos Hospitais de Lisboa», *A Medicina Contemporânea*, n.º 9, 2 Março 1919, p. 67).

[145] «Variedades», *A Medicina Contemporânea*, n.º 4, 28 Janeiro 1906, p. 32.

[146] «Melhoramentos no Hospital da Marinha», *A Medicina Contemporânea*, n.º 25, 17 Junho 1888, pp. 197-198.

palavras, ironizando: «os hospitais civis de Lisboa continuarão a viver sem esta perigosa inovação de enfermeiros capazes»[147].

No entanto, misturado com o receio, havia da parte dos médicos um certo preconceito relativamente às capacidades intelectuais dos enfermeiros. Veja-se, por exemplo, a preocupação de Miguel Bombarda com a escolha dos professores que ensinariam no curso de enfermeiros criado em Lisboa em 1901[148]. Para o médico, havia que evitar o erro do passado, que levara ao fracasso do curso de 1887, e exigir dos professores a adaptação do ensino a um tipo especial de público. «Não se trata de fazer prelecções mais ou menos sábias a pessoas já providas de largas bases científicas [...] mas sim de entranhar em espíritos rudes e sem sombra de educação geral factos da ciência [...]. O que é preciso é fazer desses factos lição de coisas, mostrá-los em toda a sua limpidez e pureza, ensiná-los à maneira de um ensino paternal e individualizado». Para o autor, a ciência era na altura suficientemente clara, mesmo para «a mais comezinha inteligência»; era só uma questão de os professores não quererem «arvorar em ensino de cátedra um ensino que apenas é e deve ser *de mestre*».

Aquela expressão voltaria a ser usada na apresentação de uma obra relativa à enfermagem psiquiátrica, de 1911[149]. Segundo o autor da recensão, «para um enfermeiro, mesmo instruído, a obra é, talvez, científica demais, mas como *livro de mestre*, para quem tiver que educar os enfermeiros dos manicómios, não há duvida que será um precioso auxiliar». Portanto, as capacidades intelectuais dos enfermeiros não estariam à altura, nem era desejável que o estivessem, de um ensino teórico elaborado. A sua educação deveria ser orientada para a prática, para os factos concretos, em suma, para a execução técnica. O facto de aquela ser uma escolha e uma responsabilidade dos médicos colocava-os mesmo numa posição paternalista face aos enfermeiros[150].

Apesar de tudo, como vimos, o trabalho dos enfermeiros era valorizado pelos clínicos, e não só o trabalho realizado em contexto hospitalar. Na verdade, começavam nos inícios do século XX a perspectivar-se novas esferas de acção para a enfermagem. Desde logo, a enfermagem particular, incluindo a chamada enfermagem nas famílias e a ligada a associações privadas. Quanto à primeira, era já referida em 1900 por Miguel Bombarda como uma área em que a formação era necessária[151]. Para o médico, seria desejável a criação em Portugal de uma escola profissional semelhante à Escola francesa das enfermeiras nas famílias, inaugurada nesse ano em Paris. Em relação à enfermagem ao serviço de entidades privadas, damos como exemplo a organização em Lisboa, em

---

[147] Miguel Bombarda, «Escolas de enfermeiros», *A Medicina Contemporânea*, n.º 9, 4 Março 1900, p. 70.

[148] Miguel Bombarda, «Progressos», *A Medicina Contemporânea*, n.º 38, 22 Setembro 1901, p. 309.

[149] José de Magalhães, «Bibliografia», *A Medicina Contemporânea*, n.º 9, 26 Fevereiro 1911, pp. 67-68. A obra em causa, a que já fizemos referência, intitulava-se *L'aliéné, l'asile, l'infirmier* e era da autoria de Th. Simon.

[150] A propósito desse paternalismo, que se misturava com um complexo de superioridade, voltamos a referir o artigo publicado aquando a morte de Florence Nightingale. Embora reconhecendo a importância da sua concepção da enfermagem como uma actividade científica, o autor não resistia a afirmar que «as *nurses* inglesas, a grande criação da *Lady with the lamp*, são o prodígio da medicina britânica» (art. cit.), como se nada no campo da enfermagem pudesse desenvolver-se de modo autónomo, independente da medicina.

[151] Miguel Bombarda, «Escolas de enfermeiros», *A Medicina Contemporânea*, n.º 9, 4 Março 1900, p. 70.

1905, de uma associação de senhoras das colónias inglesa e americana em Portugal para subsidiar uma enfermeira que, caso necessário, assistisse as pessoas das referidas colónias[152]. Eram também requeridos serviços de enfermagem nos dispensários clínicos instalados por associações mutualistas para tratamento dos seus membros. De resto, aconselhavam-se essas *Associações*, como a dos *Empregados de Lisboa* ou a dos *Empregados do Comércio e Indústria*, a alargar o serviço de enfermagem ao domicílio dos associados doentes[153].

A enfermagem ao domicílio era encarada também em termos públicos. Por exemplo, numa proposta de lei sobre a assistência pública apresentada à Câmara dos Deputados em 1903, via-se na prestação de serviços de enfermagem ao domicílio uma forma de evitar a hospitalização dos doentes[154]. Mas ir-se-ia mais longe, pretendendo a especialização desses serviços, destinados à assistência de parturientes ou à intervenção em situações como as de epidemias[155]. No início do ano económico de 1907/1908, a Mesa da Misericórdia do Porto chamava a atenção dos novos responsáveis para a organização da assistência domiciliária às parturientes[156]. Em vez do recurso ao trabalho de voluntárias, seria preferível instalar um serviço de enfermagem domiciliária idêntico ao da *Metropolitan nursing association*, em Inglaterra, cujas *nurses* visitavam os doentes em suas casas, faziam tratamentos e limpezas, ajudavam a cuidar das crianças, davam conselhos à família sobre os doentes e lições de higiene. A Misericórdia do Porto teria boas condições para isso, sobretudo por dispor de um corpo profissional relativamente numeroso e de uma escola de enfermagem, podendo recrutar pessoal e adestrá-lo convenientemente para prestar assistência não só a parturientes, mas também a doentes e idosos. De facto, no referido ano, aquela instituição aprovaria a criação de um corpo de enfermeiros de ambos os sexos com as seguintes finalidades: o sector masculino constituiria uma reserva para o exército, mantida em activo no Hospital de S. António, e um recurso para a enfermagem particular; o sector feminino dedicar-se-ia à assistência domiciliária às parturientes, incluindo a prestação dos cuidados competentes, a ajuda na constituição de um enxoval próprio e o auxílio no governo da casa[157].

De certa forma, estava já aqui em previsão a figura da enfermeira visitadora, que, como vimos, seria legalmente reconhecida em França após a I Guerra Mundial. Era nesse sentido que apontava um artigo sobre a assistência às crianças publicado em

---

[152] «Variedades», *A Medicina Contemporânea*, n.º 53, 31 Dezembro 1905, p. 424. O mesmo acontecera no Porto no ano anterior.

[153] «Variedades», *A Medicina Contemporânea*, n.º 35, 29 Agosto 1909, p. 20.

[154] Sessão da Câmara dos Deputados de 9 de Maio de 1903, http://debates.parlamento.pt, (25/10/05), art.º 112.º. De qualquer forma, o recurso a enfermeiros pagos só se faria em último caso e mediante uma parca remuneração. Antes disso, haveria que «industriar os parentes sobre o modo de cuidar dos doentes, aproveitar o oferecimento de pessoas amigas ou vizinhos do doente [...], utilizar a caridade de pessoas que tomam [...] como missão benevolente auxiliar o tratamento dos pobres».

[155] Num artigo de 1910 sobre a varíola em Lisboa, defendia-se que, para conseguir um isolamento domiciliário, era necessário organizar um corpo de enfermeiros, dependentes das autoridades de saúde pública, destinados a prestar serviço em casa dos doentes pobres, em especial dos que exigissem cuidados especiais. Ver «Actualidades», *A Medicina Contemporânea*, n.º 31, 31 Julho 1910, p. 241-244.

[156] «Misericórdia do Porto», *A Medicina Contemporânea*, n.º 37, 15 Setembro 1907, pp. 293-294; «As Misericórdias de Lisboa e Porto e assistência domiciliária», *idem*, n.º 39, 29 Setembro 1907, pp. 311-312.

[157] «Misericórdia do Porto», *A Medicina Contemporânea*, n.º 38, 20 Setembro 1908, p. 298.

1909[158]. O seu autor defendia as vantagens da criação de associações beneficentes de iniciativa privada e a conjugação dos seus esforços, considerando que «os resultados seriam ainda mais proveitosos se a colaboração feminina se tornasse mais activa e principalmente se as senhoras compreendessem o largo papel que podem desempenhar nos dispensários e hospitais para crianças». Salientava a colaboração activa que, no estrangeiro, nomeadamente em França, os clínicos encontravam nas «senhoras *educadas*» e lamentava que, embora houvesse casos frequentes de senhoras na organização e na administração de instituições de beneficência em Portugal, raras fossem aquelas que prestavam serviços de enfermagem. Como se vê, o conceito emergente de enfermeira visitadora, que depois evoluiria para o de assistente social, estava muito ligado à ideia da colaboração entre médico e enfermeira, sendo esta auxiliar daquele e desempenhando a tarefa a título beneficente (o elemento médico, necessariamente masculino, e o elemento feminino, benevolente).

Seja como for, no que respeita à enfermagem hospitalar, e ao contrário do que aconteceu em França devido à grande influência das Irmãs da Caridade, a questão do exercício da profissão em moldes de voluntariado nunca se pôs. Como vimos, houve sérios problemas relativos ao baixo nível dos vencimentos, mas a remuneração dos enfermeiros não parece ter sido posta em causa. Mesmo a ideia de «mercenárias», aplicada às enfermeiras seculares, parece ter sido lançada apenas pelos sectores mais conservadores nas alturas de maior polémica anticongreganista, como meio de exaltação das Irmãs Hospitaleiras. Os médicos que mais vivamente se lhes opuseram, como Miguel Bombarda, consideravam que o voluntariado e a devoção que lhes estavam associados não eram suficientes para o desempenho da função de enfermeiro e lutaram pela criação de escolas que dessem aos enfermeiros a formação técnica adequada. Tal não impedia, no entanto, que uma das características mais louvadas no enfermeiro fosse a dedicação ao trabalho. Essa ideia estava presente nos discursos dos deputados que, no parlamento, defenderam a melhoria das condições de trabalho dos enfermeiros, como vimos, e também na concessão de prémios e gratificações aos enfermeiros do Hospital de S. António, pela Misericórdia do Porto. Louvava-se e premiava-se a dedicação, que no caso português não estava necessariamente associada às enfermeiras, mas tanto a elas como aos seus colegas do sexo masculino[159].

## 2. A ESCOLA ANTES DA ESCOLA

### 2.1. A criação de uma escola de enfermagem em Coimbra e o papel de Costa Simões

As origens da Escola Superior de Enfermagem Ângelo da Fonseca remontam à criação da primeira escola de enfermeiros em Portugal, em 1881, por iniciativa de Costa Simões, então administrador dos Hospitais da Universidade de Coimbra.

---

[158] «O Hospital de Santo António e a assistência infantil em Lisboa», *A Medicina Contemporânea*, n.º 6, 7 Fevereiro 1909, pp. 42-43.

[159] Veja-se, por exemplo, a proposta apresentada ao parlamento pelo deputado Cunha Belém, sobre a reorganização do serviço dos enfermeiros militares, em que se refere ao «homem que pela sua piedosa dedicação se entrega ao árduo e doloroso mister de enfermeiro». Ver sessão da Câmara dos Deputados de 21 de Março de 1885, http://debates.parlamento.pt (25/10/05).

António Augusto da Costa Simões[160] nasceu em 23 de Agosto de 1819, na freguesia de Vacariça, conselho de Mealhada, filho do alferes Francisco José Simões e de Teresa Justina de Jesus[161]. Em 1835 matriculou-se no curso de Matemática e Filosofia da Universidade de Coimbra, tendo ingressado em 1838 na Faculdade de Medicina e obtido o grau de bacharel em 1843. Entre esse ano e o de 1847 serviu os partidos de medicina nos municípios de Cinco Vilas e de Figueiró dos Vinhos. Voltou a Coimbra em 1847 para frequentar o 6.º ano do curso de Medicina, recebendo o grau de doutor no ano seguinte. Em 1852 iniciou a sua carreira docente, sendo nomeado demonstrador da cadeira de «Matéria Médica e Farmácia» da Faculdade de Medicina da Universidade de Coimbra. Dois anos depois, foi nomeado lente substituto da referida Faculdade.

Fotos 2 e 3 – Costa Simões. Sua residência na Quinta do Murtal (Mealhada), estando o Professor à janela. Fonte: Arquivo Fotográfico da Escola Superior de Enfermagem Ângelo da Fonseca (AFESEAF).

Nos anos de 1855-1856, no momento em que a cidade de Coimbra sofreu a investida da cólera-morbus, Costa Simões dirigiu, por um breve período, o hospital de coléricos. Pouco tempo depois, foi eleito presidente da Câmara Municipal de Coimbra, cargo que desempenhou no biénio de 1856-1857. A sua gerência ter-se-á distinguido «por importantes melhoramentos locais e rasgadas reformas económicas, sendo de sua iniciativa a criação de cemitérios, a prática de cuidadosas prescrições higiénicas e importantes providências concernentes à boa arrecadação das receitas

---

[160] Os dados que constam desta pequena biografia são, em grande parte, extraídos dos seguintes artigos: «Simões (António Augusto da Costa)» *in Grande Enciclopédia Portuguesa e Brasileira*, Lisboa e Rio de Janeiro, Editorial Enciclopédia, s.d., vol. XXIX; «O Dr. António Augusto da Costa Simões», de Augusto Rocha, escrito por ocasião do termo da carreira docente de Costa Simões, no final do ano lectivo de 1881-1882, e publicado na revista *Coimbra Médica* ao longo de vários números (n.º 12, 15 Junho 1882, pp. 192-194; n.º 13, 1 Julho 1882, pp. 208-210; n.º 14, 15 Julho 1882, pp. 224-225; n.º 18, 15 Setembro 1882, pp. 285-287). Para mais pormenores, ver também Nuno Salgado, *O Prof. Doutor Costa Simões: o passado como exemplo no futuro*, Coimbra, Imprensa da Universidade, 2003.

[161] Através da certidão de idade exigida para a matrícula na Universidade de Coimbra, tivemos acesso ao registo de baptismo de Costa Simões. A certidão atesta que António Augusto da Costa Simões foi baptizado em 5 de Setembro de 1819. Era neto paterno de Joaquim José Simões e Joana Maria da Silva, de Almofala de S. Pedro (freguesia de Águeda), e neto materno de Sebastião Ferreira da Costa e de Mariana de Jesus, de Mealhada. Foram seus padrinhos João José Ferreira da Costa e Margarida Fortunata de Freitas. AUC, IV-1.ªD-5-2-48, *Universidade de Coimbra, Certidões de Idade*, vol. 48, 1834-1900 (António A. – António Curado), fls. 164 e 164 v.

municipais»[162]. No entanto, o trabalho realizado na Câmara Municipal gerou viva contestação, tendo o médico respondido com uma série de artigos publicados no jornal *O Conimbricense*, em 1857 e 1858, nos quais «se justificou plenamente das infundadas acusações»[163].

Em 1860 foi nomeado lente catedrático da Faculdade de Medicina, passando a leccionar a cadeira de «Anatomia Descritiva». Três anos depois, a docência desta cadeira foi trocada pela de «Histologia e Fisiologia Geral», criada em Maio de 1863 com o objectivo de preencher uma importante lacuna no ensino da Faculdade. Nessa altura, já o médico se dedicava à prática experimental em Histologia e Fisiologia, pelo que a criação oficial da cadeira constituiu uma oportunidade para desenvolver os seus estudos na área. De qualquer forma, «a sua entrada definitiva e franca no campo técnico da histologia e fisiologia data da missão científica, de que foi incumbido pelo governo em Portaria de 18 de Agosto de 1864»[164]. O objectivo dessa comissão era a realização de «averiguações científicas no estrangeiro» acerca daquelas disciplinas[165]. Tratou-se de uma viagem de dois anos, de 1864 a 1866, em que Costa Simões percorreu os principais centros de ensino médico da Europa, franceses, belgas, holandeses, suíços, alemães e austríacos. Acompanhou o trabalho dos mais destacados professores das referidas especialidades, estudou os diferentes regulamentos das escolas e os seus métodos de ensino. O impacto dessa viagem científica no ensino da Histologia e da Fisiologia em Coimbra parece ter sido altamente positivo. Nos cerca de dezasseis anos em que foi responsável por essa área científica, Costa Simões promoveu a realização de inúmeros trabalhos práticos, formou os alunos na manipulação de instrumentos como o microscópio, organizou a aula de «Histologia e Fisiologia Geral» e os laboratórios anexos, instalando todo o material necessário, e criou um departamento de estudos especializados, no campo da histo-fisiologia muscular[166].

Ainda no final de 1866, em resposta a uma portaria do Ministério do Reino solicitando aos conselhos das escolas superiores que se manifestassem sobre as reformas científicas e disciplinares consideradas necessárias, Costa Simões publicou um parecer autónomo do que fora aprovado pela Faculdade de Medicina da Universidade de Coimbra. Nesse parecer avultavam três ideias, nomeadamente, a da autonomia da

---

[162] «Simões (António Augusto da Costa)» in *Grande Enciclopédia Portuguesa e Brasileira*.

[163] Augusto Rocha, «O Dr. António Augusto...», *Coimbra Médica*, n.º 13, 1 Julho 1882, p. 209. Augusto Rocha (1849-1901), lente da Faculdade de Medicina da Universidade de Coimbra, foi o fundador dos Gabinetes de Microbiologia e Análises Clínicas. Tendo visitado escolas médicas e hospitais estrangeiros, foi o primeiro a ensinar em Portugal as modernas teorias microbiológicas. Fundou a revista *Coimbra Médica* e dirigiu-a até 1900. Filiado no Partido Republicano, de que era elemento activo, colaborou igualmente em periódicos de carácter político. Foi Secretário e Fiscal da Faculdade de Medicina, bem como membro da Comissão para a sua Reforma. Era sócio efectivo do *Instituto* de Coimbra e correspondente da *Academia Real das Ciências*. Ver «Rocha, António Augusto da» in *Memoria Professorum Universitatis Conimbrigensis 1772-1937*, Coimbra, AUC, 1992, vol. II, pp. 228-229 (inclui lista de artigos e obras) e «Rocha (António Augusto)» in *Grande Enciclopédia Portuguesa e Brasileira*, Lisboa e Rio de Janeiro, Editorial Enciclopédia, s.d., vol.

[164] Augusto Rocha, «O Dr. António Augusto...», *Coimbra Médica*, n.º 14, 15 Julho 1882, p. 225.

[165] «Dr. Costa Simões», *O Conimbricense*, n.º 5.844, 28 Novembro 1903.

[166] Augusto Rocha, «O Dr. António Augusto...», *Coimbra Médica*, n.º 14, 15 Julho 1882, p. 225.

Faculdade, a do internato hospitalar e a da policlínica. O documento continha igualmente um projecto para a criação de escolas de facultativos menores e outro para a reforma do ensino da Farmácia, bem como referências à reforma dos Hospitais da Universidade, de que então se ocupava a Faculdade de Medicina. De resto, o próprio Costa Simões era parte activa nessa reforma: a Faculdade aceitou pôr em prática a sua proposta, apresentada ao Conselho no dia 7 de Maio de 1866, para que se adoptasse «a disposição em corpos isolados para cada um dos quatro lados do pátio central, de modo que resultem pequenas enfermarias com luz e ventilação por todas as suas quatro faces, ou por três pelo menos»[167].

Em 1870 iniciou a sua comissão como administrador dos Hospitais da Universidade, cargo que exerceu durante quinze anos. Em 1878 fez uma segunda viagem científica ao estrangeiro, mas dessa vez por sua própria iniciativa e a expensas suas, sem qualquer comissão ou subvenção do governo. A viagem destinava-se a «completar os trabalhos iniciados na sua 1.ª digressão, e averiguar nos laboratórios estrangeiros e nas colecções da Exposição Universal de Paris, se existiam novos aparelhos ou modificações importantes aos que já se encontravam no gabinete da Faculdade de Medicina»[168]. Visitou os hospitais e os laboratórios médicos de Madrid, Barcelona, Montpellier, Marselha, Génova, Roma, Florença, Veneza, Turim, Genebra, Lyon, Paris e Londres, tendo sido nomeado pelo governo francês membro do júri da Exposição Universal de Paris em assuntos de Anatomia.

Em Dezembro de 1882 Costa Simões foi encarregado da reforma do Hospital de S. António da Misericórdia do Porto, «concluindo-a com aplausos da Escola Médica e da corporação clínica do estabelecimento, no breve espaço de 13 meses»[169]. No final do ano do ano lectivo de 1881/1882, teve lugar a sua jubilação, pondo fim a uma carreira de trinta anos de docência na Faculdade de Medicina da Universidade de Coimbra. A revista *Coimbra Médica* noticiou uma homenagem que lhe foi prestada pelos alunos da Faculdade de Medicina, por ocasião da sua aposentação. A cerimónia decorreu na Sala Grande dos Actos da Universidade, no dia 21 de Fevereiro de 1883[170]. A mesma revista mencionou também a publicação de *Solenidade Académica em honra do professor Costa Simões. Liber memorialis*, redigido por Eduardo Abreu, aluno do 5.º ano de Medicina[171], bem como a inauguração do retrato de Costa Simões no Gabinete de Histologia e Fisiologia Geral, no dia 27 de Julho, por deliberação do Conselho da Faculdade de Medicina, em mais uma homenagem ao fundador do Gabinete e «iniciador dos Estudos histológicos em Portugal»[172].

A comissão como administrador dos Hospitais da Universidade terminou no dia 31 de Dezembro de 1885[173]. Porém, já em 1884 havia sinais de perturbação no desempenho do cargo. Num artigo publicado na revista *Coimbra Médica*, Augusto

---

[167] Augusto Rocha, «O Dr. António Augusto...», *Coimbra Médica*, n.º 18, 15 Setembro 1882, p. 286.
[168] «Dr. Costa Simões», *O Conimbricense*, n.º 5.844, 28 Novembro 1903.
[169] «Simões (António Augusto da Costa)» in *Grande Enciclopédia Portuguesa e Brasileira*.
[170] *Coimbra Médica*, n.º 5, 1 Março 1883, pp. 77-79.
[171] *Coimbra Médica*, n.º 9, 1 Maio 1883, pp. 133-134.
[172] *Coimbra Médica*, n.º 15, 1 Agosto 1883, p. 233.
[173] A. A. Costa Simões, *A minha administração...*, p. 340.

Rocha citava uma notícia publicada no jornal *O Conimbricence* de 2 de Setembro de 1884, a qual informava da «mudança da mobília e livros da residência do Sr. Dr. Costa Simões no Hospital para a sua casa na Mealhada» e da explicação dada pelo médico: «"É o meu colega Dr. Lourenço que me está correndo a pontapés para fora do Hospital."»[174]. Segundo o autor do artigo, a notícia confirmava os boatos de que Lourenço de Almeida e Azevedo pretendia excluir Costa Simões da administração dos Hospitais, usando da sua influência sobre o Ministro do Reino.

Augusto Rocha lamentava aquelas ocorrências e declarava não compreender as suas causas. Usando de um tom irónico e posicionando-se do lado de Costa Simões, afirmava não acreditar que a atitude de Lourenço de Almeida e Azevedo se pudesse explicar por motivos políticos, por vaidade pessoal, por «ciúme da glória científica», pela posição social, por desordens regulamentares ou mesmo para colocar no cargo «algum afilhado». O autor considerava, portanto, imperioso que viessem a público as razões de ordem científica, teórica e técnica capazes de revelar a incapacidade administrativa de Costa Simões, que ainda no ano anterior tinha sido encarregue da reforma da administração do Hospital de S. António do Porto. Para ele, afastar Costa Simões do governo dos Hospitais da Universidade era uma «grave responsabilidade», tendo em conta os serviços que aquele já prestara à instituição e o reconhecimento que o seu trabalho científico merecia. Inclusive, pouco tempo antes, a 13 de Setembro de 1884, Costa Simões fora «escolhido pelo concurso das escolas portuguesas para representar a classe no seio do parlamento»[175]. Augusto Rocha deixava, assim, um último aviso a Lourenço de Almeida e Azevedo: «por trás d'esta humilde voz que lhe fala [...], está uma corporação inteira que o condena».

Em resposta aos ataques de que era alvo, Costa Simões publicou um folheto intitulado *A justa defesa de uma agressão injusta*, apresentado por Augusto Rocha na revista *Coimbra Médica*[176]. Entretanto, o artigo que este redigira em defesa de Costa Simões gerou uma troca de correspondência com Lourenço de Almeida e Azevedo, publicada em três números da revista citada[177]. Apesar de toda a polémica, Costa Simões acabou por pedir a exoneração do cargo de administrador dos Hospitais da Universidade, que exercera durante mais de quinze anos[178].

Em Dezembro de 1885 Costa Simões foi um dos cinco representantes eleitos pelo Colégio Especial dos delegados dos corpos científicos, reunido na *Academia das Ciências*

---

[174] «Os hospitais da Universidade e a demissão do Sr. Dr. Costa Simões», *Coimbra Médica*, n.º 18, 15 Setembro 1884, p. 296. O autor do artigo não está identificado, mas sabemos que se trata de Augusto Rocha porque é este quem responde à reacção de Lourenço de Almeida e Azevedo às suas palavras, no número seguinte da revista.

[175] *Idem*, p. 298.

[176] Augusto Rocha, «Bibliografia», *Coimbra Médica*, n.º 19, 1 Outubro 1884, pp. 310-314; n.º 20, 15 Outubro 1884, pp. 324-329.

[177] Augusto Rocha, «Miscelânea», *Coimbra Médica*, n.º 19, 1 Outubro 1884, pp. 310-314; n.º 20, 15 Outubro 1884, pp. 330-331; n.º 21, 1 Novembro 1884, pp. 344-347.

[178] Apesar de Costa Simões ter afirmado que «terminou finalmente no ultimo de Dezembro de 1885 o meu serviço de administrador dos hospitais da universidade» (*A minha administração...*, p. 340), o decreto que oficializou a sua exoneração do cargo, a seu próprio pedido, foi publicado apenas em 6 de Maio de 1886 (ver notícia na revista *Coimbra Médica* n.º 10, 15 Maio 1886, pp. 158-159).

*de Lisboa*, para a Câmara dos Pares[179]. Em Agosto de 1890, oito anos depois de se ter jubilado, mas continuando a dedicar-se ao trabalho científico, foi incumbido pelo governo de uma nova missão científica ao estrangeiro. Esta terceira viagem teria como objectivos a presença no Congresso Médico Internacional de Berlim e, sobretudo, a visita aos novos hospitais de França e da Bélgica, entre outros países. Por motivo de doença, a viagem foi adiada para 1891, tendo sido noticiada em Setembro pela revista *Coimbra Médica*[180]. O autor dessa notícia manifestava-se um pouco reticente quanto à iniciativa, afirmando esperar que esta tivesse resultados práticos; isto porque «desde 1865 que o Sr. Costa Simões começou os seus estudos hospitalares. Passados vinte e cinco anos, o Hospital da Universidade acha-se quase na mesma». A visita aos hospitais estrangeiros permitiu ao médico reunir, «com vantajosos resultados», uma série de elementos que incluiria nas suas publicações sobre matéria hospitalar[181]. Dada a sua autoridade na matéria, no início de 1892, Costa Simões seria convidado pela Faculdade de Medicina da Universidade de Coimbra para fazer parte da Comissão dos Hospitais, criada para promover a construção de um novo edifício[182]. A decisão fora tomada em Congregação, em Dezembro, tendo-se reconhecido que, «para traçar um projecto de construção de um novo Hospital, era indispensável a colaboração activa de quem houvesse estudado especialmente o assunto».

De Setembro de 1892 a Fevereiro de 1898, Costa Simões exerceu o cargo de Reitor da Universidade de Coimbra. Logo no início do seu mandato, em Outubro de 1892, Augusto Rocha manifestou as suas reservas face à nomeação do médico para Reitor da Universidade[183]. Embora não negasse o valor da pessoa, o autor tinha dúvidas quanto à sua capacidade para administrar a instituição, uma vez que Costa Simões era especializado numa área concreta e que a idade (contava então 73 anos) não lhe permitia já alargar a sua formação. A preocupação de Augusto Rocha era também relativa à gestão da Faculdade de Medicina em particular, visto que Costa Simões se manifestara contra o projecto de construção de um novo hospital. O autor chegava mesmo a acusá-lo de entrar para a Comissão dos Hospitais «com o oculto pensamento, não de auxiliá-la nas deliberações assentes, mas de contrariá-las e empece-las».

Três anos mais tarde, um artigo publicado na *Coimbra Médica* dava conta de críticas objectivas à acção de Costa Simões enquanto Reitor da Universidade[184]. Em particular, constatava-se o facto de aquele ter constituído uma comissão para dar um parecer sobre a criação de uma «casa de operações» nos Hospitais, quando, na opinião do articulista, se deveria ouvir em primeiro lugar a Faculdade de Medicina. O autor referia que já se acusava o Reitor de ter evitado o começo da construção de um novo hospital, aconselhando-o a reunir com alguns membros da Faculdade, de modo a regularizar a

---

[179] *Coimbra Médica*, n.º 24, 15 Dezembro 1885, pp. 387-388. Costa Simões já tinha exercido funções parlamentares na Câmara dos Deputados: fora eleito deputado por Figueiró dos Vinhos em três legislaturas, de 1868 a 1870, tendo numa delas exercido o cargo de vice-presidente da Câmara dos Deputados.
[180] *Coimbra Médica*, n.º 18, 15 Setembro 1891, p. 284.
[181] «Simões (António Augusto da Costa)» *in Grande Enciclopédia Portuguesa e Brasileira*.
[182] «Miscelânea», *Coimbra Médica*, n.º 2, 15 Janeiro 1892, pp. 31-32.
[183] Augusto Rocha, «O Novo Reitor», *Coimbra Médica*, n.º 19, 1 Outubro 1892, pp. 289-292.
[184] «Uma notícia de sensação», *Coimbra Médica*, n.º 24, 20 Agosto 1895, p. 396. Mais uma vez, o autor do artigo não está identificado. Porém, tratar-se-á certamente de Augusto Rocha, dada a semelhança das críticas nele lançadas com as que encontramos em vários artigos assinados por esse autor.

situação. Apesar destas críticas, pouco tempo depois, noticiava-se a decisão do Conselho da Faculdade de Medicina de lançar em acta, por proposta de Costa Alemão, um voto de congratulação ao Reitor da Universidade, Costa Simões, pela sua recente recondução no cargo[185].

Em Junho de 1896 Augusto Rocha referia-se ao livro recentemente publicado de Costa Simões, *Reconstruções e novas construções dos hospitais da Universidade*[186]. Nessa obra, o autor respondia às críticas que desde 1890 iam sendo feitas ao velho Hospital, a funcionar no Colégio das Artes, embora omitindo os nomes dos seus autores. Augusto Rocha assumia-se como um deles e reconhecia que alguns dos ataques lançados no livro lhe eram dirigidos. Defendia que, depois de jubilado e retirado da administração dos Hospitais, Costa Simões «coroava dignamente a sua obra» se apoiasse a comissão hospitalar no plano de construção de um novo edifício. Porém, «a esta atitude preferiu a demolição do belo plano que se tinha sonhado, e ei-lo aí [...] vai em seis anos, a estorvar o seguimento de uma ideia grande, traindo a comissão que o acolheu».

Face a essas acusações, lançadas pelo proprietário, editor e director da *Coimbra Médica*, Costa Simões abandonou a colaboração na revista em Março de 1897. Nos números seguintes do referido periódico, Augusto Rocha continuou a tecer duras críticas à acção do Reitor, acusando-o de desprezar os problemas dos Hospitais da Universidade e de não promover melhorias no ensino[187]. Em Março de 1898, a propósito da substituição de Costa Simões por um novo Reitor, e em jeito de balanço, Augusto Rocha considerava que não se tinha fomentado o ensino da medicina e o progresso da Faculdade de Medicina: tinham faltado as iniciativas, a capacidade de decisão e o Reitor ainda «estorvou a solução verdadeira do problema hospitalar»[188]. Cerca de um ano depois sairia ainda na revista *Coimbra Médica* uma notícia carregada de ironia e sarcasmo acerca da publicação de um folheto por Costa Simões, intitulado *A justa defesa de uma demissão injusta* e relativo à sua demissão do cargo de Reitor da Universidade de Coimbra[189].

Costa Simões morreu a 26 de Novembro de 1903, com 84 anos, na Mealhada. No dia seguinte, o Conselho da Faculdade de Medicina da Universidade de Coimbra reuniu-se em sessão extraordinária para determinar as manifestações de pesar a adoptar[190]. Deliberou-se que toda Faculdade acompanharia o funeral, a realizar no dia

---

[185] «Miscelânea», *Coimbra Médica*, n.º 30, 20 Outubro 1895, p. 491. A referida decisão do Conselho datava de 16 de Outubro de 1895.

[186] Augusto Rocha, «Crónica», *Coimbra Médica*, n.º 16, 1 Junho 1896, pp. 242-244.

[187] Em Abril de 1897, era certamente Augusto Rocha quem dava conta da redução do número de doentes admitidos nos Hospitais da Universidade por falta de meios para os sustentar; ora «acontece isto sob a reitoria do célebre Sr. Costa Simões – o dos hospitais – cujo desprezo pelas questões hospitalares apenas é igualado pelos atropelos da lei e pelas miseráveis vinganças particulares que aproveita todas as ocasiões de exercer» («Penúria hospitalar», *Coimbra Médica*, n.º 11, 20 Abril 1897, pp. 191-192). Em Outubro de 1897, no início de um novo ano lectivo, o mesmo autor criticaria o Reitor por não propor nenhum melhoramento para o ensino na Universidade («Perspectivas», *Coimbra Médica*, n.º 29, 10 Outubro 1897, pp. 463-464).

[188] Augusto Rocha, «Crónica», *Coimbra Médica*, n.º 7, 1 Março 1898, pp. 97-99.

[189] «Publicação curiosa», *Coimbra Médica*, n.º 18, 20 Junho 1899, p. 287.

[190] AUC, AUC-IV-1.ªD-3-1-93, *Actas da Faculdade de Medicina*, vol. 12, 1897-1910, Sessão extraordinária de 27 de Novembro de 1903, fl. 75.

28, na Mealhada, acordando-se também no interesse em que o Conselho de Decanos da Universidade se lhe associasse. Na mesma sessão foi ainda lido um telegrama de condolências enviado pela Escola Médico-Cirúrgica de Lisboa, e, no encerramento, o Conselho manifestou «viva mágoa pela perda sofrida com o falecimento do professor». O jornal *O Conimbricense* do dia 28 de Novembro incluiria um artigo biográfico acerca de Costa Simões, dando notícia do seu funeral[191].

Na sessão seguinte do Conselho da Faculdade de Medicina, dar-se-ia conta da recepção de mais três telegramas relativos à morte do médico[192] e o professor Sousa Refoios proporia a aquisição de um busto de Costa Simões, a colocar num pátio situado em frente ao Gabinete de Histologia Geral. Na sessão de 2 de Março de 1904, o professor Costa Alemão comunicou ao Conselho a decisão dos herdeiros de Costa Simões de oferecer à Faculdade de Medicina «alguns livros, manuscritos e outros documentos encontrados no modesto espólio do Ilustre Extinto, afim de serem colocados na biblioteca privativa da mesma faculdade»[193]. Os médicos António Augusto da Costa Simões Caneva, sobrinho e afilhado do falecido[194], e Eduardo de Abreu haviam reunido «tudo o que existia na biblioteca e arquivo do Ilustre Professor relativamente a assuntos hospitalares» e enviado o espólio para Coimbra (Quadro 3).

---

– 58 volumes publicados por Costa Simões;
– 126 volumes sobre questões hospitalares, publicados por autores estrangeiros;
– 1047 esboços, projectos e desenhos relativos a construções e 118 gravuras respeitantes aos seus últimos trabalhos;
– 359 dissertações manuscritas correspondentes aos cursos de 1859 a 1881;
– 1 álbum com 69 fotografias de médicos estrangeiros com os quais Costa Simões se correspondeu depois da sua 1.ª viagem científica (1866);
– 1 caixa com a luneta e vários utensílios de escrita e desenho de que Costa Simões se serviu nos seus últimos tempos.

---

Quadro 3 – Relação do espólio pertencente a Costa Simões e doado pela sua família à Faculdade de Medicina da Universidade de Coimbra (1904).
Fonte: AUC, IV-1.ªD-3-1-93, *Actas da Faculdade de Medicina*, vol. 12, 1897--1910, Sessão de 2 de Março de 1904, fl. 78 v.

---

[191] «Dr. Costa Simões», *O Conimbricense*, n.º 5.844, 28 Novembro 1903.

[192] Um deles provinha da Escola Médico-Cirúrgica do Porto; os outros dois foram enviados ao professor Daniel de Matos pela Escola Médico-Cirúrgica de Lisboa e pela revista *Medicina Contemporânea*, editada na capital, solicitando-lhe que as representasse no funeral. *Idem*, Sessão de 2 de Dezembro de 1903, fl. 75 v.

[193] *Idem*, Sessão de 2 de Março de 1904, fl. 78. O próprio Costa Simões tinha sido encarregado de organizar a biblioteca especial da Faculdade de Medicina da Universidade de Coimbra.

[194] A certidão de idade de António Augusto da Costa Simões Caneva, exigida para a matrícula na Universidade de Coimbra, atesta que este, natural da freguesia de Mealhada, foi baptizado em 29 de Julho de 1844 (nasceu a 20 do mesmo mês). Era filho de João Baptista Caneva e Teresa Simões, de Mealhada, neto paterno de João Baptista Caneva e Teresa Leonor Caneva, de Coimbra, e neto materno de Francisco José Simões, de Almofala de S. Pedro, e Teresa Justina de Jesus, de Mealhada. Foram seus padrinhos o então bacharel António Augusto da Costa Simões, tio, e Maria de Vasconcelos Ferreira Lebre, de Mealhada. AUC, IV-1.ªD-5-2-48, *Universidade de Coimbra, Certidões de Idade*, vol. 48, 1834-1900 (António A. – António Curado), fls. 165 e 165 v.

Tudo isto foi entregue ao professor Lopes Vieira, director da biblioteca da Faculdade de Medicina, que ficou encarregue da instalação e da ordenação do material. Cerca de quatro meses depois, aquele comunicava ao Conselho já estarem organizadas a colecção de 58 volumes publicados por Costa Simões e a de projectos hospitalares, bem como os esboços e desenhos do professor[195].

Ainda na reunião do Conselho de 2 de Março de 1904, dava-se conhecimento da existência de uma dotação anual de 500.000 réis, concedida pelo governo para a impressão dos trabalhos de Costa Simões[196]. Segundo Costa Alemão, «se algum membro da Faculdade queira continuar a obra d'este professor facilmente se consegue que o governo torne persistente a aludida dotação». Daniel de Matos propunha que, logo que algum professor desse conhecimento dos seus primeiros trabalhos na senda dos de Costa Simões, «a corporação médica da Universidade represente ao governo no sentido de o enviar ao estrangeiro fazer estudos sobre este assunto».

Ao longo da sua vida, Costa Simões recebeu várias distinções. Em 1857 foi nomeado Associado Provincial da *Academia Real das Ciências de Lisboa* e, cerca de dez anos depois, elevado à categoria de Sócio Correspondente. Em 1860 recebeu o diploma de Sócio Honorário do *Retiro Literário Português do Rio de Janeiro* e, em 1862, o de Sócio Correspondente da *Academia de Medicina de Turim*. Em 1866 foi nomeado Sócio Correspondente da *Sociedade de Antropologia de Paris* e agraciado com a comenda da Ordem de Santiago, do mérito científico, literário e artístico[197].

O médico deixou uma extensa e diversificada obra escrita, dando prova da intensa actividade que desenvolveu em vários campos e praticamente até ao fim da vida[198]. Aquela obra inclui manuscritos, na maior parte referentes a assuntos hospitalares, e uma série de trabalhos impressos, quer de carácter monográfico[199] quer sob a forma de artigos publicados em diversos periódicos. Costa Simões colaborou em jornais como

---

[195] *Idem*, Sessão de 30 de Julho de 1904, fl. 81. O director da biblioteca ficou encarregue de «elaborar o orçamento das despesas necessárias para a instalação condigna dos livros», tendo o Reitor da Universidade solicitado ao governo uma verba especial para acorrer a tais despesas.

[196] *Idem*, Sessão de 2 de Março de 1904, fls. 78 v. e 79. Na altura, estava em publicação na Imprensa da Universidade de Coimbra o livro *Hospitais Franceses e Húngaros*.

[197] Costa Simões renunciou a esta distinção «com o fundamento de falta de meios para os respectivos direitos ao tesouro» (Augusto Rocha, «O Dr. António Augusto...» *Coimbra Médica*, n.º 18, 15 Setembro 1882, p. 286). Para além destas distinções, o médico era também sócio correspondente da *Sociedade Antropológica Espanhola*, de Madrid; sócio honorário do *Instituto Pernambucano*; presidente honorário da *Sociedade União Médica do Porto*; membro benemérito da *Sociedade Farmacêutica Lusitana* e comendador da *Ordem da Rosa do Brasil* («Simões (António Augusto da Costa)» in *Grande Enciclopédia Portuguesa e Brasileira*).

[198] À data da sua morte, Costa Simões ainda «era vogal supranumerário do conselho de melhoramentos sanitários, e presidente das comissões encarregadas de elaborar os projectos de construções dos novos hospitais e d'um sanatório para tuberculosos curáveis, nas proximidades de Coimbra» («Dr. Costa Simões», *O Conimbricense*, n.º 5.844, 28 Novembro 1903).

[199] As monografias publicadas por Costa Simões e às quais encontrámos referência nos vários artigos que consultámos estão elencadas em apêndice. A grande maioria encontra-se disponível na Biblioteca da Faculdade de Medicina da Universidade de Coimbra, devendo pertencer à colecção pessoal de Costa Simões, doada àquela instituição aquando a morte do médico.

*O Tribuno Popular* ou *O Conimbricense*[200] e em revistas como *O Instituto*[201], *Coimbra Médica*[202] ou *Movimento Médico*[203].

Entre as publicações de Costa Simões, destacam-se aquelas em que dava conta das funções administrativas que exerceu em diversos organismos, nomeadamente, a Reitoria e os Hospitais da Universidade de Coimbra, o Hospital dos Coléricos e a Câmara Municipal de Coimbra e ainda o Hospital de S. António da Misericórdia do Porto. Sobressaem igualmente os trabalhos de carácter científico, que incidem nas áreas da Histologia e da Fisiologia, bem como os relativos a questões hospitalares. Entre estes merecem particular destaque os relatórios das viagens científicas realizadas ao estrangeiro e as várias publicações sobre os Hospitais da Universidade de Coimbra, em particular sobre os respectivos edifícios.

Para além das obras já referidas, Costa Simões deixou-nos também trabalhos sobre matérias como os enterramentos em cemitérios, o abastecimento de água à cidade de Coimbra e a sua rede de esgotos ou os banhos do Luso. Estas obras reflectem o seu interesse pela questão do higienismo, área da medicina. De resto, esse interesse teve consequências práticas: Coimbra deve a Costa Simões a criação de cemitérios e o primeiro projecto de abastecimento e canalização de água, medidas que pôs em prática enquanto presidente da Câmara Municipal[204]. Foi também de sua iniciativa a fundação de um estabelecimento balnear no Luso, tirando-se partido da nascente cujas propriedades terapêuticas já há muito eram reconhecidas mas que se encontrava desaproveitada[205].

---

[200] Neste jornal, o médico publicou sobretudo artigos relativos à gestão da Câmara Municipal de Coimbra e à administração dos Hospitais da Universidade. Colaborou também nos periódicos *Liberal do Mondego*, *Íris*, *Popular* e *Revista Médica de Lisboa*, publicando artigos sobre assuntos diversos, com destaque para a estatística médica dos Hospitais da Universidade e observações sobre vários casos de clínica. Ver «Dr. Costa Simões», *O Conimbricense*, n.º 5.844, 28 Novembro 1903.

[201] *O Instituto. Jornal Científico e Literário* (depois passa a *Revista Científica e Literária*) foi um órgão do Instituto de Coimbra, do qual Costa Simões foi sócio efectivo desde 1852. De resto, o médico ajudou a fundar a revista, cujo primeiro volume foi publicado em 1853, contendo um artigo de sua autoria sobre «Enterramentos em Coimbra». Nos anos seguintes, Costa Simões publicou n'*O Instituto* diversos artigos, elencados em apêndice. A morte do médico foi assinalada pela revista com uma «Alocução fúnebre», da autoria de Bernardino Machado (vol. 50.º, 1903).

[202] Costa Simões colaborou na revista *Coimbra Médica* desde a sua fundação, em 1881, até ao número de 1 de Março de 1897, quando desinteligências com Augusto Rocha, proprietário, editor e director da revista, o levaram a cessar a sua participação no quinzenário. Ali publicou numerosos artigos de carácter científico e relativos a questões hospitalares.

[203] Costa Simões foi colaborador de *Movimento Médico: Revista Quinzenal de Medicina e Cirurgia* nos anos de 1901 a 1903, até morrer. Entre os artigos assinados, encontrámos apenas um de sua autoria, nomeadamente, «Breve notícia de alguns hospitais estrangeiros de recente construção», publicado nos fascículos 12, 15-X-1901, pp. 217-223; 13, 1-XI-1901, pp. 237-240; e 14, 15-XI-1901, pp. 257-261. A revista publicou alguns artigos acerca do médico e do seu trabalho, sobretudo por ocasião da sua morte, os quais estão elencados em apêndice. Ver José António Matos Godinho, *"Movimento Médico: Revista Quinzenal de Medicina e Cirurgia". História, catálogo e índice*, Coimbra, Biblioteca Central da Faculdade de Medicina de Coimbra, 1991.

[204] O jornal *O Conimbricense* publicou um artigo em duas partes sobre a relação entre «O Dr. Costa Simões e a salubridade de Coimbra». A parte I é relativa a «Aguas» (*O Conimbricense*, n.º 5.671, 1 Abril 1902) e a parte II é relativa a «Esgotos» (*O Conimbricense*, n.º 5.672, 5 Abril 1902).

[205] Augusto Rocha, «O Dr. António Augusto...», *Coimbra Médica*, n.º 13, 1 Julho 1882, p. 209.

Em suma, o fundador da primeira escola de enfermagem em Portugal foi um homem empenhado e interveniente, que aliou uma sólida carreira científica e académica ao desempenho de importantes cargos administrativos nas esferas municipal, universitária e sobretudo hospitalar. De resto, é o seu interesse pelos assuntos hospitalares que torna compreensível a preocupação com a questão da enfermagem.

### 2.2. «Da arte de enfermeiro»: o currículo da escola e o papel de Costa Duarte

Segundo Costa Simões, a criação da escola de enfermagem em Coimbra não visava a preparação de pessoal para a substituição das Irmãs da Caridade nos serviços hospitalares, ao contrário do que acontecia com as escolas de enfermeiros e principalmente de enfermeiras criadas em Paris e noutras cidades estrangeiras desde 1870. Na verdade, os Hospitais da Universidade de Coimbra nunca tinham sido servidos por religiosas. «A minha iniciativa na criação d'esta escola, nos hospitais da universidade, teve por fim dar melhor instrução aos enfermeiros e enfermeiras, e habilitar as criadas do estabelecimento a poderem concorrer ás vagas, que se estavam dando, no quadro das enfermeiras, á falta de pessoal habilitado na localidade com as simples noções de instrução primária»[206]. Este esclarecimento de Costa Simões levanta duas questões já abordadas: quer a da acção das Irmãs da Caridade nos hospitais, quer a da falta de pessoal laico habilitado para servir nas enfermarias, que estava relacionada com a sua baixa remuneração.

A inauguração da escola foi registada pela imprensa local, na revista *Coimbra Médica*[207] e nos jornais *Correspondência de Coimbra*[208] e *O Tribuno Popular*[209]. Segundo o próprio Costa Simões, a escola era de «proporções limitadíssimas», possuindo apenas uma cadeira de serviços de enfermaria e três cadeiras preparatórias, a saber, de instrução primária, de português e de tradução de francês[210]. Esta última visava «habilitar os enfermeiros e enfermeiras a poderem ler os manuais que já então havia publicados em França, e os mais que fossem aparecendo». Era regida por Joaquim da Fonseca, clínico interno dos Hospitais, que para tal se oferecera espontaneamente. A cadeira de português destinava-se a fornecer aos alunos noções de gramática necessárias para a aprendizagem da língua francesa, sendo regida pelo professor Anastácio Franco da Silva. Já a cadeira de instrução primária tinha em vista «habilitar

---

[206] A. A. Costa Simões, *A minha administração...*, p. 333.
[207] «Escola de enfermeiros», *Coimbra Médica*, n.º 22, 15 Novembro 1881, pp. 350-351. «Por iniciativa do ilustre director dos Hospitais da Universidade, o nosso colaborador, Costa Simões, foi iniciada este ano ali uma escola de enfermeiros, que por ora só habilita o pessoal d'aqueles estabelecimentos».
[208] *Correspondência de Coimbra*, n.º 87, 8 Novembro 1881. «O Sr. Dr. António Augusto da Costa Simões, sábio professor da faculdade de medicina e administrador dos hospitais da universidade, acaba de fazer um serviço importante para a boa administração d'este estabelecimento criando uma escola pratica de enfermeiros. [...] para educar e instruir os enfermeiros no serviço especial dos hospitais, onde se torna muito sensível a falta de habilitações peculiares para este mister».
[209] *O Tribuno Popular*, n.º 2.687, 9 Novembro 1881. «Por iniciativa do ilustre director dos hospitais da Universidade, o Sr. Dr. Costa Simões, foi criada nos mesmos uma escola pratica de enfermeiras. Foi uma boa ideia».
[210] Costa Simões, *op. cit.*, pp. 333-340.

as criadas analfabetas a poderem concorrer aos lugares de praticantes, ajudantes e enfermeiras, habilitando-se ao mesmo tempo para poderem frequentar a [...] cadeira dos serviços de enfermaria», e era regida pelo professor Cândido António Leite.

A cadeira de serviços de enfermaria, «da arte de enfermeiro», segundo a notícia da *Coimbra Médica*, ou «a parte técnica ou prática de enfermar doentes», de acordo com o jornal *Correspondência de Coimbra*, era da responsabilidade de Inácio Rodrigues da Costa Duarte, clínico externo dos Hospitais e amigo de Costa Simões. Consistia na única cadeira realmente destinada ao ensino da enfermagem, o que contrastava com o currículo das escolas parisienses, já analisado[211]. De qualquer forma, foi nos manuais publicados em França e destinados às escolas de Paris que Costa Simões e Costa Duarte se apoiaram para traçar o programa da cadeira leccionada na escola de Coimbra. Concordavam «que teriam de ser por enquanto muitíssimo mais limitadas as noções teóricas da nossa escola, esforçando-se o professor por dar toda a amplitude que pudesse á instrução prática d'aqueles serviços, junto do leito dos próprios doentes»[212]. O artigo do jornal *Correspondência de Coimbra* valorizava esse carácter prático do ensino, fazendo eco da ideia da submissão do enfermeiro ao médico e da distinção entre o trabalho teórico (do médico) e o trabalho técnico (do enfermeiro): «o modo prático de lidar com os doentes é da mais alta importância; pois não basta instituir o médico um tratamento bem indicado, é necessário que um hábil enfermeiro o saiba executar; não basta bem mandar, é necessário saber bem obedecer».

Costa Duarte tratava, «por exemplo, dos processos de pôr em limpo um paralítico, de vestir a camisa a um reumático, de transportar a braços um inválido, de levar os caquécticos para camas ao ar livre, de ministrar o banho geral a um entrevado, etc., etc., tudo isso o professor ensinava praticamente, com os exemplares que ia escolhendo em todas as enfermarias»[213]. Costa Simões salientava o cuidado especial no ensino prático dos processos de aplicações externas e de curativos aos doentes de medicina e cirurgia, bem como do trabalho com as parturientes e os recém-nascidos, reconhecendo o «zelo inexcedível» e a «aptidão excepcional» de Costa Duarte no desempenho da sua função de professor.

Inácio Rodrigues da Costa Duarte nasceu em Coimbra em 26 de Abril de 1824 e formou-se em Medicina, na Universidade daquela cidade, em 1848[214]. Em 1844, porém, já havia sido nomeado ajudante preparador do Teatro Anatómico da Universidade, lugar que ocupou até 1865. Acompanhou Costa Simões na primeira viagem científica ao estrangeiro, tendo sido encarregado pela portaria do Ministério do Reino de 18 de Agosto de 1864 do «estudo prático dos últimos aperfeiçoamentos da medicina

---

[211] Segundo Costa Simões, em 1886, eram sete as cadeiras ministradas na Escola da Salpêtrière (*op. cit.*, p. 334). De acordo com Yvonne Knibiehler, como vimos, tratava-se de oito disciplinas (Yvonne Knibiehler (dir.), *Cornettes et blouses blanches...*, pp. 48-49).

[212] A. A. Costa Simões, *A minha administração...*, p. 334.

[213] *Idem, ibidem*, p. 335.

[214] Grande parte dos dados aqui apresentados foi colhida em três artigos, nomeadamente: «Duarte (Inácio Rodrigues da Costa)» *in Grande Enciclopédia Portuguesa e Brasileira*, Lisboa e Rio de Janeiro, Editorial Enciclopédia, s.d., vol. IX; «Duarte, Inácio» *in Lexicoteca. Moderna Enciclopédia Universal*, s.l., Lexicultural, s.d., vol. VII; «Duarte, Inácio Rodrigues da Costa» *in Grande Enciclopédia Universal*, s.l., Durclub, S.A., s.d., vol. 7.

operatória»[215]. No cumprimento dessa missão, Costa Duarte teve ocasião de apreciar os cursos de Microscopia, Fisiologia Geral e Clínica Cirúrgica de médicos conceituados, em vários hospitais de Paris; assistiu igualmente a aulas de clínica cirúrgica «de moléstias de crianças», de clínica «de calculosos»[216] e de clínica de oftalmologia. Essa experiência permitiu-lhe reunir valiosos elementos para a monografia que publicou em Paris, em 1865, intitulada *Des fistules génito-urinaires chez la femme*. Durante a referida viagem, esteve também em Berlim, onde seguiu diversos cursos. Em Bruxelas, doutorou-se em Medicina, Cirurgia e Partos.

Costa Duarte «foi um dos primeiros operadores portugueses»[217] e um dos mais importantes colaboradores de Costa Simões na instalação do Gabinete de Histologia e Fisiologia Geral da Faculdade de Medicina da Universidade de Coimbra. Aperfeiçoou e inventou diversos instrumentos cirúrgicos de dissecação. Notabilizou-se pela actividade cirúrgica, sendo vulgarmente conhecido por "o Cirurgião Inácio". Para além de clínico dos Hospitais da Universidade[218], exerceu o cargo de cirurgião da Misericórdia de Coimbra e da *Companhia dos Caminhos-de-ferro do Norte*. Foi sócio efectivo do Instituto de Coimbra e correspondente da *Sociedade Real de Ciências Médicas de Bruxelas*. Publicou alguns trabalhos, a par de vários artigos científicos nas revistas *O Instituto* e *Coimbra Médica*[219]. Costa Duarte morreu a 19 de Abril de 1886.

## 2.3. A inauguração e o funcionamento da Escola

Costa Duarte deu início aos seus trabalhos na Escola no dia 17 de Outubro de 1881[220]. Reunindo todos os enfermeiros e enfermeiras que se propunha instruir, expôs-lhes as vantagens de uma instrução apropriada, embora também reconhecesse as dificuldades inerentes à profissão. Em relação às vantagens, o médico destacava «a utilidade prática que de futuro lhes podia advir d'esta aprendizagem»[221]. Para além

---

[215] «Médicos Portugueses em França», *Coimbra Médica*, n.º 19, 1 Outubro 1882, p. 302. O relatório dirigido à Faculdade de Medicina da Universidade de Coimbra por Costa Simões, por ocasião dessa primeira viagem, publicado em 1866 n'*O Instituto* (vol. 13.º), inclui não só informação relativa à histologia e à fisiologia experimental, mas também à medicina operatória, a parte do trabalho que cabia a Costa Duarte.

[216] Esta expressão deriva da palavra "cálculo", concreção dura que se forma na bexiga, rins, fígado e outros órgãos (*Lexicoteca. Moderno Dicionário da Língua Portuguesa*, s.l., Lexicultural, s.d., vol. I).

[217] «Duarte (Inácio Rodrigues da Costa)» *in Grande Enciclopédia Portuguesa e Brasileira*.

[218] Na sessão do Conselho da Faculdade de Medicina de 30 de Maio de 1866, Costa Simões propunha que se «solicite a nomeação do Sr. Dr. Costa Duarte para clínico das enfermarias de Cirurgia dos Hospitais da Universidade logo que ele consiga a habilitação respectiva». AUC, *Hospitais da Universidade de Coimbra. Apontamentos Históricos 2*, «Registro dos apontamentos extrahidos das actas da Faculdade de Medicina, relativos á historia da administração dos hospitaes da Universidade desde 1844 até 1878», fl. 69.

[219] O artigo citado da *Grande Enciclopédia Portuguesa e Brasileira* apresenta uma listagem dos artigos escritos pelo médico para as revistas referidas, a qual está reproduzida em apêndice. Para além da sua actividade científica, Costa Duarte «era um grande amante da música, possuindo uma vasta biblioteca musical, sendo também executante e compositor, neste campo destacando-se os seus trabalhos de música sacra» («Duarte, Inácio Rodrigues da Costa» *in Grande Enciclopédia Universal*, s.l., Durclub, S.A., s.d., vol. 7).

[220] A cadeira de instrução primária só começou a funcionar no dia 25 de Outubro de 1881 e a de português, apenas em Dezembro do mesmo ano.

[221] *Correspondência de Coimbra*, n.º 87, 8 Novembro 1881.

disso, esclarecia, «podiam pela instrução que iam adquirir colocar a pedra angular d'um grande monumento, por ventura a instituição d'um hospital-asilo para os que se impossibilitassem e necessitassem d'este abrigo; que o mesmo acontecera em Paris». Costa Duarte admitia que o serviço de enfermaria era trabalhoso e muito difícil, para além de mal de remunerado, «mas isto também dependia porventura das poucas habilitações que em geral tem a classe de enfermeiros». Por outro lado, «o serviço de quem trata de doentes está bem longe de poder ser dignamente recompensado quando se cumpre religiosamente o nosso dever; porque não há recompensa que pague os bons serviços de um zeloso enfermeiro». A verdadeira recompensa era, em seu entender, o «prazer íntimo da consciência em poder e saber aliviar os sofrimentos de nossos semelhantes; praticando a primeira das virtudes cristãs – a caridade – sem a qual nunca o serviço de enfermaria podia ser bem desempenhado».

Estas palavras reflectiam uma certa idealização da profissão de enfermeiro/a. A invocação de uma recompensa moral talvez fosse necessária para contrabalançar a insuficiência da recompensa material, embora Costa Duarte fizesse questão de referir que o administrador dos Hospitais por várias vezes propusera ao governo o aumento dos vencimentos e que, com as habilitações que iriam adquirir, os enfermeiros não deviam perder a esperança de o conseguir. Por outro lado, a referência à caridade enquanto virtude cristã e condição do bom desempenho do serviço de enfermaria não deixava de parecer estranha face à posição de Costa Simões no que respeita às Irmãs da Caridade e à ligação entre a religião e o serviço hospitalar. É certo que Costa Duarte ia preparar enfermeiros e enfermeiras seculares, mas falava num objectivo cristão, enquanto Costa Simões fazia questão de citar o médico prussiano Virchow, que, em 1884, «opinava pela secularização de todos os hospitais, fundando-se em que os princípios de caridade, inerentes ao coração humano, não eram apanágio exclusivo do catolicismo, do protestantismo ou de qualquer outra religião»[222].

As palavras de Costa Duarte pareciam reflectir a influência do já referido estereótipo médico da "enfermeira ideal", no qual a devoção ocupava um lugar central. Na verdade, o peso do passado era enorme: em países como a França, onde a acção das Irmãs da Caridade estava enraizada, era difícil criar uma imagem de enfermeira que se descolasse completamente da religiosa; em Portugal, onde a assistência aos doentes estava há muito ligada aos princípios do catolicismo, era difícil encontrar para a enfermagem um propósito e uma recompensa moral que não fizesse eco desses princípios.

Antes de concluir o seu discurso de inauguração da escola de enfermeiros, Costa Duarte apelou aos poderes públicos para que fizessem justiça à classe dos enfermeiros, estabelecendo uma «casa abrigo» para os que dele precisassem, à semelhança do que já fora criado para inválidos militares. Segundo o clínico, a «classe» a que se dirigia não era «menos benemérita da sociedade».

O funcionamento do curso levantou desde logo duas dificuldades, decorrentes da adaptação em solo nacional do programa ministrado nas escolas de Paris. Por um lado, a quase impossibilidade de inscrever numa só disciplina o que no currículo francês se distribuía por várias e, por outro lado, a insuficiência de conhecimentos de língua francesa, necessários para traduzir os manuais. Para resolver estes problemas, Costa Duarte fez litografar as suas lições, que foram sendo coleccionadas em brochura com

---

[222] A. A. Costa Simões, *op. cit.*, p. 324.

o título de *Guia do Enfermeiro*[223]. A publicação, que não chegou a passar da página 96 e da qual se editaram apenas 50 exemplares (o professor contava fazer alterações nos anos seguintes), continha uma introdução e quatro secções. A introdução, que já tinha sido distribuída aos enfermeiros no dia 8 de Novembro, quando o jornal *Correspondência de Coimbra* noticiou a inauguração da escola, compreendia «o modo prático de cuidar dos doentes; dotes do enfermeiro para bem desempenhar as suas funções; deveres a cumprir para com o doente, para com os colegas ou subalternos, para com os médicos ou seus superiores»[224]. Quanto às secções, «Na 1.ª trata das noções gerais de anatomia humana. Na 2.ª trata das noções gerais da Fisiologia. Na 3.ª trata de curativos, aparelhos de apósitos, ligaduras e algumas operações de pequena cirurgia. Na 4.ª trata de noções gerais de matéria médica e farmácia»[225]. Costa Duarte seguia, no geral, o programa das escolas de Paris, procurando transmitir «conhecimentos elementares e de fácil compreensão»[226], de acordo com as limitações do curso e dos destinatários.

Não dispomos de informações quanto ao número de alunos que frequentaram as aulas, mas certamente seria reduzido, uma vez que a formação se destinava ao pessoal que já trabalhava nos Hospitais da Universidade e este, segundo Costa Simões, era relativamente pouco numeroso.

| Categorias | HUC | S. José |
|---|---|---|
| Enfermeiros e enfermeiras | 8 | 22 |
| Ajudantes de enfermaria | 8 | 20 |
| Praticantes de enfermaria | 8 | 60 |
| Criados e criadas | 16 | 42 |
| Barbeiros | | 2 |
| Parteiras | | 2 |
| Ajudante de enfermeiro | | 1 |
| Total | 40 | 149 |

Quadro 4 – Comparação entre o número de empregados dos Hospitais da Universidade de Coimbra (1870-1893) e o do Hospital de S. José (1869-1872). Fonte: A. A. da Costa Simões, *A minha administração...*, mapa n.º 1, pp. 294--295.

O Quadro 4 mostra que, em termos de pessoal, a maior desproporção entre os dois hospitais se dava ao nível dos praticantes de enfermaria. Esta seria uma das categorias a que se destinava a formação disponibilizada pela escola de enfermeiros. Daí que talvez possamos relacionar o começo das aulas com um anúncio publicado pela Administração

---

[223] A revista *Coimbra Médica* de 1 de Janeiro de 1882 (n.º 1, p. 8) noticiava o seguinte: «Recebemos do nosso colaborador, o Sr. Dr. Costa Duarte, o primeiro fascículo litografado do seu excelente *Guia do Enfermeiro*, que é destinado á escola especial de enfermeiros fundada em Outubro do ano pretérito nos Hospitais da Universidade». Não foi possível encontrar qualquer exemplar dessa brochura, apesar das pesquisas efectuadas.
[224] *Correspondência de Coimbra*, n.º 87, 8 Novembro 1881.
[225] *Idem*.
[226] A. A. Costa Simões, *op. cit.*, p. 336.

dos Hospitais da Universidade n'*O Conimbricense* de 15 de Outubro de 1881[227], informando que «Na Secretaria d'estes hospitais recebem-se propostas para os lugares vagos de praticantes de enfermaria do sexo masculino até ao dia 9 do próximo mes de Novembro. No dia 10, pelas 11 horas da manhã, deverão ali apresentar-se os pretendentes, para se tomar conhecimento da sua aptidão em leitura, escrita e contas. Recebem-se igualmente requerimentos para os lugares vagos de praticantes d'enfermaria do sexo feminino».

Segundo o jornal *Correspondência de Coimbra*, nos começos de Novembro, «os enfermeiros já têm feito exercícios práticos figurando com um manequim a mudança de um leito para outro, do leito para um banho e do banho para o leito, mudança de roupas, etc., tudo sem incomodar o doente, ou o menos possível». As aulas «são nocturnas e distribuídas pelos dias da semana, de forma que o serviço hospitalar não seja de modo algum prejudicado»[228], de resto à semelhança do que acontecia com os cursos municipais de enfermeiras em Paris. Afigura-se possível concluir que as aulas funcionariam no edifício dos Hospitais da Universidade. Quanto às aulas práticas de serviço de enfermaria, as mais importantes, seriam dadas «junto do leito dos próprios doentes», isto é, nas enfermarias. Para as aulas teóricas, tanto as leccionadas por Costa Duarte, como as de tradução de francês, português e instrução primária, talvez se dispusesse de uma sala. É provável que as instalações não fossem as melhores. Aliás, a propósito dos factos que impediram a posterior reabertura da escola, Costa Simões diria que ela «estava exigindo uma nova instalação, com mais algum desenvolvimento»[229].

## 2.4. Uma iniciativa de curta duração

A escola de enfermagem foi efectivamente fruto da iniciativa particular de Costa Simões. Quer isto dizer que não foi solicitada ao governo autorização para a sua instalação e que o seu financiamento foi inteiramente assegurado pelo médico. A despesa foi pelo próprio considerada «insignificante» visto que a docência das cadeiras de serviço de enfermaria e de tradução da língua francesa foi gratuita. Costa Simões apenas teve de pagar «os vencimentos dos dois professores de instrução primária e de português, os livros e mais precisos para os frequentadores d'estas cadeiras, e a litografia do *Guia do enfermeiro*»[230].

A escola teve uma vida curta, durando apenas alguns meses. Costa Simões apontou três «factos sucessivos que iam forçando o adiamento da reabertura d'esta escola»: a sua jubilação, a comissão de serviço para a qual foi nomeado no Hospital do Porto e a doença do professor Costa Duarte[231]. A sua jubilação ocorreu no fim do ano lectivo de 1881/82. A comissão no Hospital de S. António da Misericórdia do Porto, que Costa Simões foi encarregue de reformar, decorreu de Dezembro de 1882 ao final de 1883. Em relação a Costa Duarte, aquele fala na «doença que logo depois quase o

---

[227] *O Conimbricense*, n.º 3.566, 15 Outubro 1881. Ver a rubrica «Anúncios», n.º 26.
[228] *Correspondência de Coimbra*, n.º 87, 8 Novembro 1881.
[229] A. A. Costa Simões, *op. cit.*, p. 340.
[230] *Idem, ibidem*, p. 339.
[231] *Idem, ibidem*, pp. 339-340.

inutilizou». Através de uma notícia publicada na revista *Coimbra Médica*, sabemos que em 2 de Outubro de 1882, por despacho da Direcção Geral de Instrução Pública, o cirurgião recebeu «licença de três meses por motivo de doença»[232]. Como vimos, Costa Duarte viria a falecer em Abril de 1886. Pelos motivos apontados, a escola deve ter fechado nos primeiros meses de 1882[233], não voltando a abrir.

Coriolano Ferreira atribuiu o fracasso da escola ao facto de esta ter resultado de uma intervenção privada. Segundo o referido autor, «a iniciativa de Costa Simões [...] trazia consigo um vício de origem: precisamente o excesso de generosidade em que se baseava. Sustentada exclusivamente pela sua bolsa e pela dedicação dos seus amigos, tinha fatalmente de sucumbir logo que lhe faltassem esses apoios»[234].

O insucesso da escola não significou que a necessidade de formar o pessoal de enfermagem não fosse sentida em Coimbra por outros responsáveis para além de Costa Simões. Em cumprimento de uma portaria do Ministério do Reino de 20 de Dezembro de 1880, a Faculdade de Medicina da Universidade de Coimbra criou uma comissão destinada a elaborar um plano de reorganização de acordo com as necessidades científicas da época. O relatório final, que fazia o ponto da situação, foi publicado na revista *Coimbra Médica*, ao longo de vários números, a partir de Outubro de 1883[235]. Num dos vários itens abordados, relativo «Aos estabelecimentos e material de ensino prático» falava-se da «criação de uma escola especial de enfermeiros»[236]. Era referido o curso criado por iniciativa de Costa Simões: «iniciou-se em 1881 [...] mas não consta que progredisse». O facto de apenas «constar», e não haver certeza, que o curso já terminara reforça a ideia de que se tratou realmente de uma iniciativa particular do administrador, sem carácter oficial. No entanto, os membros da comissão reconheciam a utilidade de uma escola de enfermeiros: «são óbvias as vantagens que d'aí adviriam; nem se pode compreender um serviço hospitalar bem organizado sem enfermeiros instruídos no mester»[237]. Entre as propostas que apresentavam no final, contava-se pois a da «criação de uma escola de enfermeiros».

Costa Simões deixou o cargo de administrador dos Hospitais da Universidade, no final de 1885, sem que «tivesse realizado o meu desejo do restabelecimento e da reforma d'esta modesta escola»[238]. Os problemas decorrentes da falta de instrução e de remuneração adequada do pessoal de enfermagem acompanharam-no até ao fim da sua gerência. Em Dezembro de 1885 recebeu uma reclamação de todos os enfermeiros,

---

[232] *Coimbra Médica*, n.º 20, 15 Outubro 1882, p. 324.

[233] Ainda existia em Janeiro, quando a revista *Coimbra Médica* atrás citada noticiou a recepção do primeiro fascículo do *Guia do enfermeiro*.

[234] Coriolano Ferreira, «Escola de Enfermagem do "Doutor Ângelo da Fonseca"» *in Dez anos de história dos Hospitais da Universidade de Coimbra sob a direcção do Prof. João Porto. 1942-1952*, Coimbra, Casa de Pessoal dos Hospitais da Universidade de Coimbra, 1953, p. 141.

[235] Ver introdução em «As reformas da Faculdade de Medicina», *Coimbra Médica*, n.º 20, 15 Outubro 1883, pp. 301-304.

[236] «As reformas da Faculdade de Medicina, *Coimbra Médica*, n.º 23, 1 Dezembro 1883, pp. 353-354.

[237] A par do curso de enfermeiros, considerava-se necessário organizar um curso de parteiras. «Actualmente praticam durante alguns anos na enfermaria de puerperas e mais tarde submetem-se a um exame final. Porém, não é razoável satisfazermo-nos com a instrução ministrada por este processo. Com tão superficial educação quase sempre ficam desconhecendo quais os deveres que exactamente lhes incumbem, e têm uma natural tendência a alargar as suas atribuições» (*idem*).

[238] A. A. Costa Simões, *op. cit.*, p. 340.

ajudantes e praticantes, que aproveitaram o facto de a Administração «lhes recomendar mais limpeza e mais regularidade nos seus uniformes» para se queixarem da «mesquinhez dos seus vencimentos» e pedir a melhoria da sua situação[239]. O administrador limitou-se a dar-lhes conhecimento dos esforços realizados junto do Ministério do Reino para conseguir o aumento dos vencimentos.

Costa Simões atribuiu à escola o mérito de «ter sido a iniciadora das outras escolas de enfermeiros, que já temos no país, e d'outra que terá de substituir aquela nos hospitais da universidade, n'um futuro que não se deixará esperar por muito tempo»[240]. Na verdade, essa crença era excessivamente optimista e não se verificaria. Nas palavras de Coriolano Ferreira, «seguiu-se um período longo de carência absoluta de ensino organizado de enfermagem nos Hospitais da Universidade. Apenas algumas aulas de Bissaia Barreto por volta de 1917 – e não sabemos se algumas anteriores de outros médicos – tentavam facultar aos enfermeiros os mais rudimentares princípios de técnica»[241]. No mesmo sentido, o enfermeiro José Pinto Teles afirma que, anteriormente a 1919, o ensino da enfermagem em Coimbra não estava organizado, sendo que «a aprendizagem dos enfermeiros era feita através do contacto diário com os clínicos e com os doentes»[242]. De acordo com Maria Isabel Soares, «exigia-se unicamente àqueles que pretendiam exercer enfermagem nos Hospitais da Universidade que soubessem ler, escrever e fazer operações de aritmética, comprovado por um exame escrito, constituído por um ditado e por uma das quatro operações»[243].

Não dispomos de mais informações relativas ao ensino da enfermagem em Coimbra durante o longo período que vai do encerramento da escola criada por Costa Simões a 1919. Procurámos obter fontes documentais directas, mas, nos casos em que a consulta da documentação foi possível, nada encontrámos[244]. Consultámos uma série de publicações periódicas da época sobre ciência, medicina e hospitais, de Coimbra e

---

[239] *Idem, ibidem*, pp. 284-285.
[240] *Idem, ibidem*, p. 340.
[241] Coriolano Ferreira, art. cit., p. 141.
[242] José Pinto Teles, «Subsídio para o estudo da evolução da enfermagem nos Hospitais da Universidade de Coimbra» in *Dez anos de história dos HUC...*, p. 120. O autor considerava dever homenagear os enfermeiros do período em causa, «pois que não possuindo a mais ligeira parcela de conhecimentos teóricos, conseguiram apreender todas as técnicas da época, dominando as mais delicadas exigências da sua profissão».
[243] Maria Isabel Soares, *op. cit.*, p. 25.
[244] No Arquivo da Universidade de Coimbra, consultámos os livros de *Actas da Faculdade de Medicina*, entre 1878 e 1910, bem como os únicos documentos relativos à administração dos Hospitais da Universidade ali existentes, nomeadamente, um *Livro do Cofre*, de 1878-1879, e dois livros de *Apontamentos históricos*. A nossa intenção era obter informações sobre a escola ou o ensino de enfermagem em documentos de carácter administrativo produzidos pelos Hospitais da Universidade, eventualmente actas da comissão administrativa ou registos de receitas e despesas. No entanto, essa documentação parece ter-se perdido. Não se encontra no Arquivo da Universidade, nem está a cargo do Serviço de Documentação dos Hospitais da Universidade de Coimbra, onde, com interesse para o assunto, apenas se encontram sete volumes do *Boletim dos Hospitais da Universidade de Coimbra*, de 1934 a 1940, e fotocópias de algumas páginas da *Notícia Histórica dos Hospitais da Universidade de Coimbra*, de Costa Simões. No Arquivo da Universidade, consultámos ainda o fundo do Governo Civil de Coimbra, nomeadamente toda a série da correspondência recebida de diversas entidades relativamente a instrução pública, de 1836 a 1918.

de outras cidades[245], bem como algumas monografias[246], porém nenhuma referência nelas foi feita ao assunto em causa. Certamente, não terá havido mais do que algumas aulas leccionadas por médicos dos Hospitais da Universidade, ao sentirem as falhas na formação do pessoal de enfermagem com o qual trabalhavam.

---

[245] Foram consultadas as seguintes revistas, para as datas indicadas entre parênteses: *O Instituto. Jornal Científico e Literário* (1853-1925); *Gazeta médica de Lisboa* (1875-1880); *O Médico Ilustrado* (1880); *Coimbra Médica* (1881-1900); *A Medicina Contemporânea* (1883-1922); *A Medicina Moderna* (1896-1901); *Estudos Médicos* (1877-1881); *Gazeta médica do Porto* (1897-1902); *Gazeta dos Hospitais do Porto* (1907--1913); *Boletim da Associação dos Médicos Portugueses* (1907-1919); *Jornal dos Médicos e Farmacêuticos Portugueses* (1916-1919). Através da obra *"Movimento Médico: Revista Quinzenal de Medicina e Cirurgia". História, catálogo e índice*, de José António Matos Godinho, tivemos também acesso aos sumários da referida revista, publicada entre 1901 e 1913. Consultámos ainda quatro volumes dos *Anais do Município de Coimbra* (anos de 1879-1889, 1890-1903, 1904-1919, 1920-1939).

[246] Consultámos a obra *Memória histórica e comemorativa da Faculdade de Medicina nos cem anos decorridos desde a Reforma da Universidade em 1772 até ao presente*, de Bernardo António Serra de Mirabeau, editada pela Imprensa da Universidade em 1872, e o *Aditamento à memória histórica e comemorativa: 1872 a 1892*, editado em 1892. Vimos também o *Catálogo das teses de licenciatura e doutoramento existentes na Biblioteca Central da Faculdade de Medicina da Universidade de Coimbra*, de 1991, verificando não existir, para o período em causa, nenhuma tese relativa à enfermagem ou ao ensino de enfermagem. Por fim, consultámos a *Colecção Oficial de Legislação Portuguesa, ano de 1911, primeiro semestre* (Lisboa, Imprensa Nacional, 1915), para analisar o Decreto de 27 de Abril de 1911, que estipulava uma reforma dos Hospitais da Universidade. Em matéria de enfermagem, as únicas informações existentes são relativas à nomeação do respectivo pessoal, feita por proposta do Administrador dos Hospitais ao Conselho Fiscal (art. 6.º, 2.º e art. 7.º, 2.º), e ao seu estatuto como pessoal auxiliar, incluindo as categorias de chefe de enfermeiros, enfermeiros, ajudantes e praticantes (art. 12.º).

## II – A ESCOLA DE ENFERMAGEM DOS HOSPITAIS DA UNIVERSIDADE DE COIMBRA

### 1. Introdução: enfermagem e ensino de enfermagem na I Guerra Mundial e na década de 1920

#### 1.1. Contextualização internacional: o caso francês

Desde o início da I Guerra Mundial, tornou-se evidente no serviço de saúde a insuficiência do pessoal masculino, pelo que o contributo das mulheres seria precioso e consensual[247]. Yvonne Knibiehler analisa a participação das enfermeiras francesas na Guerra em três fases, a correspondente aos primeiros meses do conflito, os anos de 1915 a 1917 e o ano de 1918[248]. A fase inicial foi marcada pela mobilização espontânea das mulheres, que se inscreviam nas sociedades da *Cruz Vermelha* e se ofereciam para substituir nos hospitais os homens mobilizados, recebendo uma formação rudimentar.

Nos anos de 1915 a 1917, com o agravamento do conflito, o trabalho das enfermeiras aumentou e as suas condições agravaram-se, tanto na frente francesa, junto à qual foram montados hospitais de campanha, como na retaguarda, por todo o país, onde era necessário prestar assistência aos feridos e doentes e servir em enfermarias e cantinas improvisadas ao longo dos corredores sanitários. No último ano da Guerra, assistiu-se ainda a uma intensificação do trabalho do pessoal dos serviços de saúde, sendo já evidente o reconhecimento público pelo esforço das enfermeiras.

Alistaram-se para o serviço na Guerra cerca de 500.000 mulheres, enquadradas por cerca de 6.000 profissionais, tendo origem social, estatuto e projectos de vida muito diferentes[249]. A par das enfermeiras militares, das da *Assistance Publique* e das inscritas nas sociedades de socorro, surgiu, em 1916, o corpo de enfermeiras temporárias, que eram remuneradas. Voltou a colocar-se a questão da oposição entre enfermeiras benévolas e mercenárias, reforçada pelo facto de as sociedades de socorro incluírem religiosas.

---

[247] Yvonne Knibiehler (dir.), *Cornettes et blouses blanches...*, pp. 83-84.
[248] *Idem*, pp. 84-95.
[249] Ver Yvonne Knibiehler (dir.), *op. cit.*, pp. 96-105.

A imagem que ficou da enfermeira da I Guerra Mundial foi a da "dama de branco", numa alusão ao uniforme alvo e ao véu, símbolos de pureza e de devoção laica. Se para Véronique Leroux-Hugon, o apelo às "verdadeiras" qualidades femininas em detrimento da valorização da competência profissional não permite afirmar que as mulheres saíram vencedoras do conflito[250], para Yvonne Knibiehler foi positivo o balanço da participação das enfermeiras na Guerra[251]. Por um lado, trouxe-lhes maior autonomia e capacidade de decisão; por outro, garantiu-lhes o reconhecimento público que teria importantes consequências nos anos seguintes.

Na sequência de um relatório sobre o estado da profissão de enfermeira e os meios para a melhorar, encomendado pelo Conselho Superior da Assistência Pública e apresentado em 1921, o decreto de 27 de Junho de 1922 veio reconhecer oficialmente a profissão. Instituiu três diplomas, de enfermeira hospitalar, visitadora da tuberculose e visitadora da infância, para a obtenção dos quais era necessário frequentar uma escola cujo regulamento tivesse sido visado pelo Estado, bem como a aprovação nos exames realizados segundo um mesmo programa para escolas públicas e privadas. A formação da enfermeira hospitalar duraria dois anos, incluindo aulas dadas por médicos e pelas monitoras das escolas.

O trabalho realizado nos primeiros anos da década de 1920, inclusivamente por associações autónomas de carácter profissional então criadas, não alterou, contudo, a imagem da enfermeira como alguém devotado, humilde e obediente ao médico. Por outro lado, consolidou-se a ideia da enfermagem como uma profissão feminina, sendo que os homens nunca representaram mais do que 10 a 12% do pessoal de enfermagem e estavam limitados a serviços específicos, como psiquiatria, urgências ou reanimação, que exigiam maior força física[252].

A própria intervenção estatal no domínio da formação e do recrutamento em enfermagem terá limitado o efeito dos progressos registados. Só em 1938 o diploma passaria a ser exigido para o exercício da enfermagem em todos os estabelecimentos públicos e privados agregados; até aí, as enfermeiras diplomadas eram preteridas pelas administrações hospitalares em função de outras, mais dóceis e menos dispendiosas. Ao mesmo tempo, eternizavam-se as equivalências, que dispensavam as enfermeiras mais velhas da formação uniforme e da realização de exames finais.

### 1.2. Contextualização internacional: os casos britânico e norte-americano

O movimento a que se assistiu em França após a I Guerra Mundial, no sentido da profissionalização da enfermagem, partira de Inglaterra e passara depois aos Estados Unidos[253]. Ainda em 1888, a *British Nurses Association* iniciara uma campanha visando obter o reconhecimento oficial da profissão, que devia ser controlada pelas próprias enfermeiras. A associação enfrentava a oposição dos hospitais, de organizações médicas e mesmo de certas enfermeiras, como Florence Nightingale, visto desafiar as relações de poder existentes entre as administrações hospitalares e as enfermeiras, a medicina e a enfermagem, os profissionais do sexo masculino e as do sexo feminino.

---

[250] Véronique Leroux-Hugon, «L'infirmière au début du XXᵉ siècle...», p. 62.
[251] Yvonne Knibiehler (dir.), *op. cit.*, p. 108.
[252] Sylvie Schweitzer, *Les femmes ont toujours travaillé...*, pp. 176-177.
[253] Maria Isabel Soares, *op. cit.*, pp. 123-128.

Nesse contexto, o apoio do Estado foi decisivo, tendo-se manifestado na aprovação do *Nurses Registration Act* (1919), que estabelecia o registo obrigatório das enfermeiras e instituía a licença de prática. Esta dependia da frequência de um curso de três anos, com um currículo comum a todas as escolas, e da realização de um exame final a nível nacional. O objectivo era uniformizar o ensino de enfermagem, sujeito aos particularismos dos hospitais a que as escolas estavam ligadas[254].

Apesar de tudo, o projecto da associação britânica teria em parte falhado. O *General Council of Nurses*, órgão central e autónomo criado também após a Guerra, não tinha qualquer poder no que respeitava aos salários e às condições de trabalho e as suas regulamentações estavam dependentes da aprovação do governo e do parlamento.

Nos Estados Unidos, no final do século XIX, a enfermagem era vista como um trabalho subalterno na hierarquia dos serviços de saúde e os seus praticantes formavam um grupo bastante heterogéneo quanto à origem social, à formação e às experiências de trabalho. Não obstante a complexidade crescente inerente à função, mantinha-se a ideia de que o aprendizado era a melhor forma de ensinar a enfermeira. Essa prática resultava, contudo, numa formação deficiente, ao mesmo tempo que lançava um grande número de enfermeiras no mercado de trabalho, promovendo grande competição e a exploração daquelas.

Assistiu-se, então, ao surgimento de diversas associações profissionais, com destaque para a *National League of Nursing Education* (1893) e a *American Nurses Association* (1896), as quais conseguiram fazer aprovar legislação que melhorou a qualidade do ensino e instituiu, com variações entre os diversos estados, o registo das enfermeiras. No entanto, não foram capazes de fazer legitimar o seu direito a regular a enfermagem, nem de promover a unidade entre os praticantes daquela.

Após a Guerra, realizou-se nos Estados Unidos um estudo sobre a situação do ensino de enfermagem, consubstanciado no *Goldmark Report* (1923)[255]. Este relatório continha várias propostas de melhoria, entre as quais o estabelecimento de um período preliminar de aprendizagem, constituído por algumas semanas de aulas teóricas. O currículo do curso propriamente dito incluiria as chamadas ciências básicas (anatomia, fisiologia, microbiologia, química), para além de disciplinas que versavam sobre ramos específicos da enfermagem (médica, cirúrgica, obstétrica, pediátrica, psiquiátrica) ou que estavam directamente relacionadas com a profissão (Saúde pública, Psicologia, Aspectos sociais da doença, História da Enfermagem, Ética). De qualquer forma, o essencial da formação corresponderia ao ensino dos procedimentos de enfermagem, que deveria caber a enfermeiras livres de qualquer outra responsabilidade no hospital. O relatório sugeria um método de ensino faseado, com quatro etapas bem definidas, nomeadamente: descrição, demonstração, retorno das alunas sob supervisão e prática nas enfermarias, também sob supervisão. As aulas teóricas alternariam assim com as aulas práticas, as quais permitiriam às alunas tomar contacto com o trabalho nas enfermarias, pondo à prova a sua capacidade de adaptação à profissão de enfermeira.

Apesar das diferenças, é possível encontrar pontos de contacto entre os vários casos nacionais quanto ao processo de profissionalização da enfermagem. Por um lado, as vicissitudes que este sofreu e que se prendem com a resistência à autonomização de

---

[254] *Idem*, pp. 61-62.
[255] Maria Isabel Soares, *op. cit.*, pp. 62-63.

uma tarefa durante tanto tempo subalterna. Por outro lado, a importância central da formação: nas palavras de Maria Isabel Soares, «a competência técnica e científica adquirida pelo domínio de um corpo de conhecimentos e técnicas é um dos principais argumentos para a profissionalização e para a melhoria do estatuto socio-económico»[256].

## 1.3. Contextualização nacional

### 1.3.1. As enfermeiras portuguesas na I Guerra Mundial

O Decreto n.º 3.307 de 21 de Agosto de 1917 autorizava o Ministério da Guerra a recrutar as enfermeiras que fossem necessárias para o serviço de saúde do exército[257]. O recrutamento seria feito por meio de concurso, com as seguintes condições de admissão: idade compreendida entre 21 e 30 anos; «robustez suficiente para o serviço de enfermagem em campanha e não sofrer de moléstia contagiosa»; «diploma do curso [...] da Comissão de Enfermagem da *Cruzada das Mulheres Portuguesas* ou qualquer outro diploma equivalente dum curso de enfermagem nacional ou estrangeiro» (art. 2.º). Neste último caso, seria necessário ter praticado «com aproveitamento e boas informações», pelo menos durante um mês, num hospital militar.

A *Cruzada das Mulheres Portuguesas* foi uma associação de assistência fundada em 1916, aquando a entrada de Portugal na I Guerra Mundial, «instituição patriótica e humanitária destinada a prestar assistência material e moral aos que dela necessitam por motivo do estado de guerra com a Alemanha», segundo os seus primeiros estatutos[258]. Terminado o conflito, a associação reformaria os seus estatutos, continuando a exercer a sua acção até 1933, quando se integrou na *Liga dos Combatentes da Grande Guerra*. A sua principal missão consistiu na assistência aos soldados que fizeram parte do *Corpo Expedicionário Português* (CEP) em França. No entanto, para além disso, a *Cruzada* protegeu as mulheres e filhos desses combatentes, cuidou da reeducação dos mutilados, tomou à sua protecção alguns órfãos, promoveu a instrução e desenvolveu uma intensa campanha patriótica.

O Decreto n.º 2.493 de 3 de Julho de 1916 reconhecia como sociedades de socorros voluntários as Comissões de hospitalização e enfermagem da *Cruzada das Mulheres Portuguesas*, de cujo programa constava a criação de um hospital permanente em Lisboa, com cerca de quatrocentas camas, onde se instruísse o pessoal das referidas comissões, bem como a formação de uma ambulância para cerca de quatrocentos feridos, destinada a prestar serviço nos campos de batalha onde combatessem soldados portugueses[259]. As referidas Comissões de hospitalização e enfermagem eram auto-

---

[256] Maria Isabel Soares, *op. cit.*, p. 130.
[257] «Autorizando o Ministério da Guerra a recrutar as enfermeiras que forem necessárias para o serviço de saúde do Exército», *Boletim da Associação de Médicos Portugueses*, n.º 1, 1.º e 2.º trimestre 1917, pp. 122-123.
[258] «Cruzada das Mulheres Portuguesas» *in Grande Enciclopédia Portuguesa e Brasileira*, Lisboa e Rio de Janeiro, Editorial Enciclopédia, s.d., vol. VIII.
[259] «São reconhecidas como sociedades de socorros voluntários [...] as comissões de hospitalização e enfermagem da *Cruzada das Mulheres Portuguesas*», *Boletim da Associação de Médicos Portugueses*, n.º 2, 3.º e 4.º trimestre 1916, pp. 187-188.

rizadas a «proceder ao levantamento, transporte e tratamento de feridos e doentes, quer em tempo de guerra quer em tempo de paz, bem como á organização e á administração de formações e estabelecimentos sanitários» (art. 1.º). O respectivo pessoal ficava sujeito às leis e regulamentos militares e não poderia desempenhar quaisquer serviços de saúde sem autorização do Ministério da Guerra. Para todos os efeitos, este reconhecia como auxiliares dos serviços de saúde do exército e como constituindo os serviços da *Cruz Vermelha Portuguesa* apenas duas entidades: a *Sociedade Portuguesa da Cruz Vermelha* e a *Cruzada das Mulheres Portuguesas* (art. 3.º).

O Decreto n.º 3.306 de 21 de Agosto de 1917 autorizava a *Cruzada das Mulheres Portuguesas* a criar um curso preparatório de enfermeiras para os hospitais militares do país e dos corpos expedicionários[260]. Só poderiam frequentar esse curso mulheres com idades compreendidas entre os 21 e os 30 anos (embora, durante a guerra, o limite máximo fosse alargado para os 40 anos), dotadas de robustez física suficiente, com o exame de instrução primária do 2.º grau ou uma educação literária equivalente, de «bom comportamento civil e perfeita dignidade moral» e de nacionalidade portuguesa ou estrangeira de país aliado (art. 2.º). Eram condições de preferência para a admissão à frequência do curso ter praticado enfermagem em hospitais militares ou civis, ter frequentado quaisquer cadeiras dos cursos das Faculdades de Medicina e ter conhecimento das línguas francesa ou inglesa (art. 3.º). Estas duas últimas condições sugerem que algumas das candidatas teriam um nível de instrução elevado, pertencendo provavelmente a estratos sociais superiores.

A obtenção do diploma de enfermeira da *Cruzada das Mulheres Portuguesas* implicava a aprovação num exame de enfermagem e a prática durante pelo menos um mês num estabelecimento destinado a hospitalização militar (art. 4.º). O curso estaria sob o controlo do Ministério da Guerra, que interviria em diversos aspectos: o exame de enfermagem seria feito perante um júri de que fizesse parte um médico nomeado pelo referido Ministério e este teria de visar os diplomas passados pela Comissão de Enfermagem da *Cruzada*; o ensino teórico e prático seria fiscalizado por delegados do Ministério da Guerra, ao qual cabia também a aprovação dos regulamentos e programas do curso, elaborados pela Comissão de Enfermagem (art. 5.º a 7.º). Em contrapartida, o Ministério cederia à Comissão o material sanitário necessário para o ensino (art. 8.º).

O programa da parte teórica do curso de enfermeiras da *Cruzada das Mulheres Portuguesas*, publicado na Portaria n.º 1.124 de 27 de Outubro de 1917[261], constava de vinte e sete pontos, distribuídos por nove partes. A primeira parte incluía matérias como anatomia, fisiologia, higiene geral, profilaxia e assepsia e antissepsia. Na segunda parte, tratava-se dos cuidados a dar aos doentes, como a mudança de roupa, a higiene ou a alimentação, e da vigilância do seu estado (temperatura, respiração, pulso), bem como de questões administrativas (escrituração da enfermaria, formulário de medicamentos e de alimentos, regimes e dietas, boletins). A terceira parte era dedicada à execução das prescrições médicas (medicação externa e interna e injecções) e aos

---

[260] «Autorizando a *Cruzada das Mulheres Portuguesas* a criar um curso preparatório de enfermeiras para os hospitais militares do país e dos corpos expedicionários», *Boletim da Associação de Médicos Portugueses*, n.º 1, 1.º e 2.º trimestre 1917, pp. 115-116.

[261] «Programa dos cursos de enfermagem da *Cruzada das Mulheres Portuguesas*», *Boletim da Associação de Médicos Portugueses*, n.º 1, 1.º e 2.º trimestre 1917, pp. 116-120.

cuidados especiais de profilaxia das doenças contagiosas. Na quarta parte, tratava-se dos procedimentos em casos de feridas e fracturas, bem como do papel da enfermeira no campo da cirurgia. A quinta parte era relativa a socorros urgentes; a sexta, à massagem e a sétima, à hidroterapia. Na parte oitava tratava-se de questões deontológicas e disciplinares. A última parte seria desenvolvida em programa especial e estudada pelas enfermeiras que se destinassem aos Institutos de Reeducação dos Mutilados da Guerra. Incluía matérias específicas como o conhecimento dos agentes naturais como meio de terapêutica (ar, água, sol, luz, calor, electricidade), a ginástica e a psicologia do doente e do mutilado.

Destacamos uma observação feita no final do programa, ressalvando que determinadas práticas «nunca deverão ser confiadas exclusivamente às enfermeiras que nesses casos se limitam a ser auxiliares do clínico»[262]. Entre essas contavam-se, por exemplo, a sangria, a administração de determinadas injecções, a aplicação de aparelhos gessados e a anestesia. Estava em causa a já referida preocupação da parte dos médicos em evitar que os enfermeiros se imiscuíssem no campo da medicina. De qualquer forma, não deixava de ser sintomático que se instruíssem as enfermeiras nessas práticas e, sobretudo, que se sugerisse a possibilidade de, noutros casos, aquelas não se limitarem ao papel de auxiliares do clínico.

A parte prática do curso, ou seja, o período de estágio, foi regulamentada pela Portaria n.º 1.180 de 15 de Dezembro de 1917[263]. Segundo este documento, o estágio tinha três objectivos, nomeadamente, fornecer às enfermeiras treino hospitalar, dar-lhes a oportunidade de aplicarem os seus conhecimentos e aperfeiçoarem a sua prática, bem como a de provarem a sua competência profissional (art. 1.º). O director do hospital em que decorresse o estágio ficaria encarregue de distribuir as enfermeiras pelas diversas enfermarias, fazendo-as passar pelos vários serviços (art. 2.º). Em termos de hierarquia, as estagiárias ficariam em pé de igualdade com os enfermeiros militares, alternando com eles a responsabilidade pelas enfermarias (art. 7.º). Receberiam ordens de serviço do director do hospital e dos médicos e teriam por subordinados os soldados serventes das enfermarias (art. 5.º e 8.º). O regulamento acentuava que as enfermeiras militares ocupavam um lugar imediatamente a seguir ao dos médicos, tendo direito à obediência e ao respeito devidos à sua posição (art. 11.º).

O comportamento moral das estagiárias seria vigiado por uma ou mais de entre elas, escolhidas pelo director e encarregues da função de chefes das estagiárias (art. 9.º). Essa função consistia em informar a direcção de qualquer irregularidade cometida e fornecer informações sobre cada estagiária no final do período de estágio. A escolha das estagiárias que poderiam trabalhar como enfermeiras militares seria feita pela direcção com base naquelas informações e nas obtidas junto dos clínicos das enfermarias. Qualquer incorrecção no procedimento moral das estagiárias determinaria a sua imediata expulsão dos serviços hospitalares; as faltas cometidas no serviço de enfermagem seriam apreciadas pelo director do hospital, que decidiria do castigo a aplicar. Depreende-se destas estipulações a importância atribuída às qualidades morais

---

[262] Art. cit., p. 119.
[263] «Regulamento de estágio das enfermeiras habilitadas com o curso de enfermagem da *Cruzada das Mulheres Portuguesas*», *Boletim da Associação de Médicos Portugueses*, n.º 1, 1.º e 2.º trimestre 1917, pp. 120-121.

da enfermeira, consideradas tão ou mais determinantes do que as qualidades científicas.

Poucos meses antes do curso da Comissão de Enfermagem da *Cruzada das Mulheres Portuguesas*, em Março de 1916, fora inaugurado no Hospital Militar do Porto um curso para enfermeiras militares, organizado pelo corpo clínico do mesmo hospital. O *Jornal dos Médicos e Farmacêuticos Portugueses* publicou a primeira lição, dada pelo coronel médico Júlio Cardoso[264]. A primeira questão então levantada era a do recrutamento social das alunas do curso, «seleccionadas em uma classe social onde deve existir, a par de uma fina educação, uma certa cultura intelectual». À semelhança dos cursos ministrados pelas várias associações da *Cruz Vermelha* em França, como vimos, este destinava-se a *senhoras*, de estratos sociais elevados, que «por um louvável sentimento de filantropia [...] sacrificam a tranquilidade da vida da família ou os prazeres da vida social á nobilíssima missão de socorrer os que sofrem». Segundo Júlio Cardoso, as alunas já possuiriam, pois, algumas das qualidades morais mais importantes numa enfermeira, «caridade, humanidade e sacrifício». Só precisariam de adquirir as noções técnicas necessárias a torná-las na «auxiliar inteligente e diligente do médico».

O professor alertava, no entanto, para as exigências da tarefa da enfermeira, que teria de estar consciente da «responsabilidade moral» inerente à sua profissão. Tal significava limitar-se ao seu papel, ou seja, não tomar iniciativas perigosas para o doente apenas com base nos seus conhecimentos, mas sim executar «fiel e escrupulosamente as prescrições do médico», «falar pouco, actuar rapidamente e sem barulho, seguir com a maior atenção o que [aquele] faz». Para além de auxiliar do clínico, a enfermeira deveria ser a «companheira carinhosa e benéfica do doente», o que implicava prevenir as suas necessidades, para rapidamente as satisfazer, e «sofrer com paciência as suas queixas e impertinências». Júlio Cardoso salientava o poder calmante do «sorriso amigo, da doçura e da suavidade das palavras» da enfermeira, que seria a intermediária entre o doente e o médico, tomando nota dos sintomas apresentados para transmitir depois a informação. Reforçando a importância que atribuía ao papel da enfermeira, o professor citava um provérbio segundo o qual «o médico trata, uma boa enfermeira cura».

De qualquer forma, na opinião de Júlio Cardoso, a enfermeira, actuando como colaboradora do médico, não deveria limitar-se a ser uma «automática distribuidora de remédios ou uma passiva espectadora do sofrimento dos doentes». Ela deveria «pôr todo o seu coração e toda a sua alma na tarefa». A possibilidade dessa entrega decorria do facto de a enfermeira ser mulher, visto que «o coração da mulher abre-se naturalmente e comovidamente ao sofrimento alheio». Portanto, para o professor e médico, a «delicada sensibilidade» feminina, que permitiria a partilha do sofrimento do outro, seria condição do bom desempenho da função de enfermagem.

O programa do curso de enfermeiras militares do Porto seria condicionado pelo pouco tempo de que os formadores dispunham, dada a urgência em formar profissionais que pudessem intervir no palco da Guerra. O texto que temos vindo a citar, relativo à primeira lição, foi publicado em Março de 1916, no mesmo mês em que a Alemanha declarou guerra a Portugal. Segundo Júlio Cardoso, «n'um curso regular de

---

[264] Júlio Cardoso, «Enfermeiras Militares», *Jornal dos Médicos e Farmacêuticos Portugueses*, vol. XXI, n.º 3, Março 1916, pp. 33-38.

enfermeiras deveria principiar-se por umas noções, embora sumárias, da anatomia e fisiologia do corpo humano». No entanto, dadas as circunstâncias, parecia-lhe «mais proveitoso iniciarmos o nosso curso dando-lhes conhecimentos de aplicação prática imediata». Nessa primeira lição, o professor limitava-se pois a definir anatomia, fisiologia, patologia, bacteriologia e terapêutica, apresentando a perspectiva sob a qual cada uma dessas ciências interessava às enfermeiras.

No que respeita à anatomia, o médico concordava com a ideia de que à enfermeira bastaria conhecê-la «muito superficialmente de modo a poder saber quais são as diferentes regiões do corpo humano para que o cirurgião lhes chama a atenção». Porém, acrescentava que esse conhecimento era também necessário para «remediar certos acidentes (uma hemorragia, por exemplo), esperando a intervenção mais útil do cirurgião». Portanto, no curso que então começava, de carácter «absolutamente prático», seriam dadas às enfermeiras indicações de anatomia que lhes permitissem intervir em casos de urgência, enquanto o cirurgião não chegasse.

Quanto à patologia, Júlio Cardoso considerava que a enfermeira precisava de conhecer a doença que estava a tratar, os seus sintomas principais e, até certo ponto, como os poderia remediar ou atenuar. Contudo, esse conhecimento teria de ser muito superficial. O ensino da bacteriologia estaria orientado para os cuidados a ter contra a acção dos micróbios, que «por curiosidade» seriam observados ao microscópio pelas alunas. Por fim, a definição de terapêutica levava o professor a enunciar desde logo dois grandes princípios dos quais derivaria o tratamento eficaz das doenças cirúrgicas: a limpeza e o repouso. Caberia à enfermeira garantir o cumprimento dessas condições.

O princípio da limpeza era apresentado em simultâneo com noções bacteriológicas. O professor começava por definir micróbio e bactéria, identificando os mais importantes tipos, e enunciar as vias pelas quais podiam chegar ao doente e atacá-lo. Era o conhecimento dessas vias e o das medidas a tomar para impedir a acção dos micróbios que interessava à enfermeira. Júlio Cardoso distinguia cinco fontes potenciais de agentes patogénicos, nomeadamente, o ar, as mãos do operador ou da enfermeira, os artigos de penso, os instrumentos cirúrgicos e a água. Para evitar a infecção pelo ar, a enfermeira teria de conservar as enfermarias limpas de poeiras e iluminadas pelo sol. Quanto às suas mãos, impunha-se uma série de cuidados: «unhas cortadas bem rentes; ausência de anéis; usar sempre escova e muito sabão para as lavar». A exigência era ainda maior quando se tratava de fazer curativos. Também o manuseamento dos artigos de penso exigia cuidados especiais, pelo que o médico fazia uma demonstração de como abrir as respectivas caixas, salientando a necessidade de ter as mãos desinfectadas. As alunas tomavam já contacto nessa primeira aula com diversos artigos de penso e iriam mais tarde aprender a desinfectá-los na auto-clave. Da mesma forma, iriam aprender a desinfectar os instrumentos cirúrgicos passando-os pela chama do álcool.

O segundo princípio do tratamento dos feridos, o do repouso, teria a ver, por um lado, com a redução ao mínimo das funções normais do órgão ferido, pela aplicação de talas, goteiras e ligaduras e, por outro lado, com o acompanhamento psicológico do doente. Quanto ao primeiro aspecto, caberia à enfermeira «vigiar que o aparelho se conserve na situação em que o cirurgião o deixou», bem como, nos casos de curativos simples, aplicar ligaduras ou fazer pensos. Em relação ao aspecto psicológico, Júlio Cardoso reiterava a ideia da importância do papel da enfermeira junto do doente: para além de o ajudar a posicionar-se na cama e de controlar as suas exigências alimentares, a enfermeira «consolava-o com as palavras meigas que a alma enternecida de uma mulher tão facilmente sabe encontrar», dando-lhe confiança na cura.

O médico referia-se ainda a uma série de «pequenas operações», como a aplicação de injecções, e de métodos de medição e registo de elementos de informação clínica, como a temperatura e as pulsações, que seriam ensinados às enfermeiras em termos práticos. O objectivo era sempre o de transformá-las em «auxiliares preciosas» dos médicos. De resto, o professor terminava a primeira lição do curso recomendando às alunas, para além da paciência e da simpatia para com o doente e do cuidado exemplar com o seu próprio comportamento e com a limpeza do seu vestuário, que fossem «absolutamente e incondicionalmente obedientes ao médico».

Com toda a probabilidade, era ao curso do Hospital Militar do Porto que se referia José Pontes numa comunicação feita ao Senado da República em 1922, dizendo que fora convidado para professor de um curso de enfermeiras «quando Portugal resolveu a sua intervenção no conflito europeu»[265]. O Ministro da Guerra da altura, Norton de Matos, «desejando dar um claro exemplo de patriotismo e de autoridade moral», inscreveu no curso a própria filha, facto que confirma a origem social elevada das alunas. José Pontes garantia que, das senhoras que frequentaram o curso, «algumas se transformaram em habilíssimas enfermeiras que honraram o exército. Três ou quatro ainda prestam, actualmente, serviços hospitalares. Cumprem com inteligência a sua missão, como cumpriram na guerra o seu dever, com aplauso e louvores de todos. Para os mutilados foram d'um carinho inexcedível [...]».

O elogio à acção das enfermeiras portuguesas durante a guerra fora também evidente num projecto de lei apresentado por Júlio Ribeiro e F. M. Dias Pereira ao Senado da República em 1921[266]. Os senadores começavam por celebrar «a Mulher de todas as nações em luta», que «praticou actos de valor, abnegação, piedade e ternura». O seu discurso baseava-se ainda numa concepção da mulher, bastante comum no século XIX, segundo a qual aquela era dominada pela emoção, enquanto o homem era movido pela razão: os «actos de valor» referidos eram explicados como uma «elevação pelo sentimento – quantas vezes superior ao raciocínio». Para os senadores, as mulheres portuguesas acompanharam o movimento europeu, com destaque para as «enfermeiras que nos hospitais de sangue suavizaram as febres, as dores e as saudades aos que se bateram a centenas de léguas da Pátria»; «as suas mãos patrícias e as suas doces palavras de consolação foram os únicos alívios morais para os sofrimentos dos filhos da nossa terra». A perspectiva de Júlio Ribeiro e Dias Pereira aliava o patriotismo, a visão da mulher como uma mãe que presta cuidados e a concepção da enfermeira como alguém que, para além de tratar o doente em termos físicos, lhe dá apoio moral.

Os dois senadores destacavam a acção da actriz e escritora Mercedes Blasco, que se encontrava na Bélgica quando esta foi invadida pela Alemanha, quer «pela firme decisão de não querer trabalhar como actriz para recrear o inimigo», quer «pelos seus relevantes serviços prestados como enfermeira». Impedida de sair da Bélgica para servir nas ambulâncias da frente, como terá pretendido ao saber da participação de soldados portugueses no conflito, acabou por prestar assistência, enquanto enfermeira da *Cruz*

---

[265] Sessão do Senado da República de 15 de Junho de 1922, http://debates.parlamento.pt (26/10/05).
[266] Sessão do Senado da República de 13 de Janeiro de 1921, http://debates.parlamento.pt (26/10/05).

*Vermelha*, aos seus compatriotas feitos prisioneiros e hospitalizados em Liège. O seu «interesse» e o seu «caridoso serviço» mereceram o reconhecimento de vários militares e inclusivamente o do General Comandante do CEP. No entanto, lamentavam Júlio Ribeiro e Dias Pereira, ao regressar a Portugal, Mercedes Blasco «não teve a menor manifestação de justiça e de gratidão», enfrentando sérias dificuldades financeiras por não encontrar empresa que a contratasse como actriz. Os senadores propunham então que Mercedes Blasco fosse imediatamente admitida como sócia do Teatro Nacional.

O contributo das enfermeiras militares durante a Grande Guerra foi uma questão debatida tanto na Câmara dos Deputados como no Senado da República, em 1922, a propósito da discussão sobre a permanência das enfermeiras no exército em tempo de paz. Em 1920 o Ministro da Guerra apresentara à Câmara dos Deputados uma proposta de lei mandando cessar a admissão do pessoal feminino de enfermagem no exército, mas mantendo às actuais enfermeiras militares determinados direitos e deveres[267]. A proposta estava de acordo com o Decreto de 1915, que criara a classe de enfermeiras militares, devido à situação de guerra, e determinara que os seus serviços seriam dispensados logo que terminasse o conflito[268]. Os direitos a que se reportava a proposta do Ministro da Guerra tinham sido estipulados no já citado Decreto n.º 3.307 de 21 de Agosto de 1917 e consistiam no estabelecimento de equivalências entre as benesses das enfermeiras militares e as dos oficiais do exército[269].

De acordo com aquele Decreto, as enfermeiras em serviço nos hospitais de campanha teriam direito aos transportes, alojamento e alimentação que correspondiam aos oficiais do exército, bem como a vencimentos, subsídios, subvenções, pensões e reformas iguais aos dos alferes em situação de campanha (art. 4.º). As enfermeiras em serviço nos hospitais militares do país teriam direitos equivalentes aos dos alferes em tempo de paz (art. 5.º) e as enfermeiras-chefes, aos dos tenentes. Todas as enfermeiras com dez anos de serviço efectivo ficariam também equiparadas aos tenentes e as enfermeiras-chefes com o mesmo tempo de serviço, aos capitães.

Para alguns deputados, o problema da manutenção das enfermeiras militares após terminada a guerra parecia residir exactamente nos direitos que lhes haviam sido atribuídos pelo Decreto de 1917. Na opinião de Dinis de Carvalho, «o facto de essas enfermeiras ainda se encontrarem ao serviço resulta não do amor que tenham à sua profissão, mas do interesse material que daí lhes advém», visto que ao fim de dez anos de trabalho poderiam ser reformadas no posto de tenente com o ordenado por inteiro[270]. O deputado defendia, pois, que se acabasse com a classe, considerando mesmo que teria sido melhor se as enfermeiras não tivessem ido para o exército: «têm indisciplinado todos os serviços e até como enfermeiras não têm demonstrado aquele cuidado e carinho que são sempre necessários». O deputado Dinis da Fonseca concordava com o colega, considerando «inconveniente» para os serviços militares de saúde a manutenção das enfermeiras, embora introduzisse um elemento explicativo dos maus serviços prestados: o recrutamento das enfermeiras, que fora «péssimo».

---

[267] Sessão da Câmara dos Deputados de 28 de Abril de 1920, http://debates.parlamento.pt (26/10/05).
[268] Sessão da Câmara dos Deputados de 19 de Maio de 1922, http://debates.parlamento.pt (26/10/05).
[269] «Autorizando o Ministério da Guerra...», *Boletim da Associação de Médicos Portugueses*, n.º 1, 1.º e 2.º trimestre 1917, pp. 122-123.
[270] Sessão da Câmara dos Deputados de 19 de Maio de 1922, http://debates.parlamento.pt (26/10/05).

Outros deputados, pelo contrário, eram a favor da manutenção da classe de enfermeiras militares. Pires Monteiro afirmava perante a Câmara dos Deputados: «Não posso dar o meu voto à eliminação de enfermeiras, visto que as julgo mais próprias para a enfermagem do que os homens»[271]. Respondendo às acusações de indisciplina lançadas por Dinis de Carvalho, considerava, pelo contrário, que eram as enfermeiras quem mantinha a disciplina nas enfermarias; e mesmo que assim não fosse, haveria sempre o regulamento disciplinar, que também lhes era aplicável. Reforçando a ideia já expressa da superioridade das mulheres relativamente aos homens no desempenho da função de enfermagem, concluía: «as enfermeiras podem prestar serviços de enfermagem com maior competência e carinho do que os homens, e da sua manutenção nos hospitais [...] só resultariam vantagens para aqueles que [a eles] têm de recorrer».

A discussão chegou também ao Senado. Numa longa comunicação em defesa das enfermeiras militares, José Pontes felicitava a comissão do Senado por manter a verba destinada àquelas[272]. Respondendo a uma interpelação de Ribeiro de Melo, para quem seria melhor «reformá-las e mandá-las para casa», o senador afirmava que «ninguém terá o direito de querer que se lancem à margem essas mulheres», que «deram o melhor do seu afecto e do seu tempo», havendo algumas que nada receberam durante dois anos para tratar dos mutilados de guerra. Dirigindo-se ao presidente do Senado, José Pontes lembrava o dever de gratidão para com as enfermeiras, não só as portuguesas, mas também as francesas e inglesas, que trataram dos nossos soldados enquanto aquelas ainda não haviam chegado. Destacando valores como o espírito de sacrifício, a abnegação e a dedicação, o senador associava o bom desempenho da função de enfermagem às qualidades atribuídas à mulher[273]. Apesar de tudo, José Pontes não era incondicionalmente contra o desaparecimento das mulheres dos serviços militares: se houvesse uma escola de medicina militar capaz de formar bons enfermeiros e bons farmacêuticos, aquelas seriam dispensáveis. A questão era que, na altura, havia no exército muitos serviços em que era necessária a colaboração das mulheres, nomeadamente na área da reeducação dos mutilados.

O senador Ribeiro de Melo concordava com José Pontes quanto ao valor dos serviços prestados pelas mulheres durante a guerra e quanto ao facto de a mulher «ser mais adaptável ao delicado tratamento dos doentes». Todavia, na sua opinião, tal não justificava a permanência das enfermeiras no exército em tempo de paz, visto que a existência de mulheres com graduações de oficial «não é própria do seu sexo». O senador era contra a existência de «oficiais de saias», considerando que isso provocaria «a hilariedade e o desrespeito» da instituição militar. Propunha, em alternativa, que as vinte e oito enfermeiras herdadas da Grande Guerra fossem transferidas para o serviço civil. Quando muito, admitia, poder-se-ia elaborar um projecto de lei que lhes desse a preferência no provimento das vagas que ocorressem nos hospitais civis.

---

[271] *Idem*.
[272] Sessão do Senado da República de 15 de Junho de 1922, http://debates.parlamento.pt (26/10/05).
[273] De acordo com o senador, «a mulher não deve invadir terrenos que pertencem exclusivamente ao homem, porém, quando o homem deixa a mulher tratar daquilo em que existe bondade e o coração manda, ninguém melhor do que a mulher o faz».

### 1.3.2. Enfermagem masculina e enfermagem feminina

A discussão sobre a manutenção das enfermeiras militares em tempo de paz levantava a questão da enfermagem feminina e das vantagens que esta apresentava em relação à enfermagem masculina. Na verdade, parece ter sido a guerra a despertar em Portugal um movimento de valorização do trabalho das enfermeiras e de defesa da sua superioridade relativamente ao trabalho dos enfermeiros[274].

Até então, falava-se sempre de enfermeiros, para designar uma actividade que era desempenhada simultaneamente por homens e por mulheres. No campo da enfermagem militar, o serviço fora mesmo exclusivamente masculino até à I Guerra Mundial, ao contrário do que acontecia em países como a Inglaterra, onde a presença de mulheres enfermeiras no exército era uma realidade desde meados do século XIX. Da mesma forma, nas colónias portuguesas, apesar do papel desempenhado pelas Irmãs Hospitaleiras pelo menos até à primeira década do século XX, as funções de enfermagem, integradas no serviço de saúde ultramarino, eram asseguradas sobretudo por indivíduos do sexo masculino. Veja-se, por exemplo, um projecto de lei apresentado à Câmara dos Deputados em 1896, que regulamentava a instrução dos maqueiros a trabalhar nas colónias[275] e previa a criação de uma classe de praticantes de enfermeiros do ultramar, destinados a servir nos hospitais, enfermarias militares e ambulâncias do estado nas províncias ultramarinas de África[276]. Depois de nomeados, mediante concurso, os praticantes de enfermeiros fariam tirocínio durante um ano no Hospital da Marinha, passando pelos diversos serviços e recebendo aulas teóricas e práticas dadas por um médico naval[277]. Findo esse período, seriam submetidos a um exame e, se aprovados, seriam nomeados enfermeiros de 2.ª classe para servirem por seis anos nas referidas províncias[278].

---

[274] Tal não significa que não houvesse já no país defensores dessa superioridade. Era o caso de Artur Ravara, que em 1889 lamentava o fracasso da escola de enfermeiros do Hospital de S. José, considerando ser «indispensável um pessoal educado que devia ser do sexo frágil» (Costa Sacadura, *Subsídios para a história da enfermagem...*, p. 5).

[275] Sessão da Câmara dos Deputados de 18 de Abril de 1896, http://debates.parlamento.pt (25/10/05), Capítulo XXVI – «Dos maqueiros», art. 184.º e 185.º. Os maqueiros seriam escolhidos entre os músicos e artífices e a sua instrução caberia aos médicos que fizessem serviço nos diversos corpos militares. Aquela compreenderia matérias de carácter técnico, como o «modo de levantar um ferido, segundo a natureza da lesão», o «modo de o deitar, de o transportar, de o despir e vestir», o «transporte a braços» ou a «marcha com o ferido na maca», mas também noções que remetiam para a prestação de primeiros socorros, como a forma de estancar hemorragias ou a aplicação de talas e pensos.

[276] *Idem*, Capítulo XXXI – «Dos praticantes de enfermeiros», art. 205.º a 223.º.

[277] As condições para a admissão ao concurso eram as seguintes: nacionalidade portuguesa; exame de instrução primária ou saber ler, escrever e contar; atestado de bom comportamento e certificado do registo criminal; saúde e robustez. Eram motivos de preferência para a nomeação dos praticantes: a prática da enfermagem; as melhores habilitações literárias; ter completado o serviço militar obrigatório; a maior robustez relativa e a menor idade. No Hospital Militar, um dos médicos navais em serviço faria prelecções três vezes por semana, durante pelo menos uma hora, dando matéria que depois seria avaliada no exame final. Ver nota anterior.

[278] Já para os anos de 1920, encontrámos duas referências à enfermagem ultramarina na revista *A Medicina Contemporânea*: «Sobre a última campanha de Moçambique», n.º 9, 29 Fevereiro 1920, pp. 68-69; «Serviços sanitários de Angola», n.º 2, 8 Janeiro 1922, pp. 12-14.

Por fim, no que respeita aos hospitais civis, as funções de enfermagem eram desempenhadas por enfermeiras e por enfermeiros, em número igual[279]. De acordo com isso, e até aos anos de 1930, as escolas de enfermagem existentes em Portugal admitiam alunos de ambos os sexos, no que se distinguiam de outros países europeus, entre os quais a França, como referimos.

Foto 4 – Enfermeiros dos HUC acompanhados por dois alunos da Escola de Enfermagem (os que têm a cabeça descoberta). Fotografia tirada em 1930 e oferecida à ESEAF pelo enfermeiro Artur Pinto Júnior, o aluno no último plano, em 1972. Fonte: AFESEAF..

Esta particularidade da enfermagem em Portugal tem certamente uma explicação histórica. Talvez se prenda com o facto de, ao contrário do que aconteceu em França, a enfermagem religiosa, feminina, não ter tido impacto nos hospitais portugueses. Como já foi analisado, quer os hospitais pertencentes às Misericórdias, quer o Hospital de S. José e os Hospitais da Universidade de Coimbra, eram servidos por pessoal laico, tanto do sexo feminino como do masculino. Era natural que, nos países em que a laicização implicou a substituição do pessoal religioso, se continuasse a pensar sobretudo no feminino, por um lado, devido ao peso da tradição e, por outro, como forma de impor mais facilmente uma alternativa (criar o ideal de enfermeira laica que apresentava vantagens face à religiosa). Ora esse problema não se pôs em Portugal. Daí que, embora possam ter ocorrido mudanças na forma de encarar a enfermagem, não tenha havido necessidade de insistir no ideal feminino.

De qualquer forma, como ficou dito, o contributo das enfermeiras durante a I Guerra Mundial teria tornado o panorama nacional mais permeável à ideia, dominante noutros países, da superioridade da enfermagem feminina. Um dos seus defen-

---

[279] Mesmo nos países onde a enfermagem estava maioritariamente a cargo de mulheres, como a França, as enfermarias psiquiátricas eram frequentemente atribuídas a homens, devido à sua maior força física, necessária para controlar os doentes violentos. Em Portugal, onde o número de enfermeiros era mais significativo, aquela atribuição seria reforçada. Talvez fosse por isso que um dos artigos de um projecto de lei sobre assistência a alienados, apresentado em 1909, proibisse expressamente o emprego de homens na enfermagem das alienadas. Estipulava-se que «em casos de urgência em que seja necessário aplicar a força para conter uma doente, pode-se apelar para o auxílio dos enfermeiros, mas só de um modo excepcional e pelo tempo indispensável». Ver sessão da Câmara dos Deputados de 20 de Abril de 1909, http://debates.parlamento.pt (25/10/05), Capítulo III – «Assistência e tratamento», art. 54.º.

sores foi Reinaldo dos Santos, professor na Faculdade de Medicina de Lisboa, que considerava a mulher «mais facilmente educável, paciente, disciplinada, ordeira e económica», porque «o fundo de resignação e de compaixão da mulher é mais adaptável a uma profissão a que o carácter insubmisso e egoísta dos homens dificilmente se amolda»[280]. Estas palavras parecem configurar o estereótipo médico a que já aludimos: a enfermeira como dona de casa de um lar modelo, reunindo as qualidades fundamentais de competência doméstica, submissão e devoção. Para além disso, o recurso à mão-de-obra feminina afigurava-se mais económico do que à masculina, devido à diferença significativa entre as remunerações de ambos os sexos antes das reformas hospitalares de 1918 e 1919[281].

Por outro lado, Mota Cabral, numa conferência proferida na Escola Profissional de Enfermagem, de Lisboa, em 1921, relacionava o «princípio da enfermagem» e a sua «verdadeira criação» com as mulheres[282]. Segundo o conferencista, «a enfermagem foi durante séculos uma função da mulher no lar»; era «confiada por intuição á mulher que pela abnegação inata, pela maior propensão ao sacrifício torna-se á cabeceira dos doentes um anjo de protecção». Mas uma série de circunstâncias, como a situação dos que não tinham família, impedia que a enfermagem se mantivesse restrita ao meio familiar e levou à criação de hospitais, contexto em que surgiu «o enfermeiro de profissão». Mota Cabral parecia associar o nascimento da profissão à substituição do sexo feminino pelo masculino no desempenho da tarefa de cuidar dos doentes. No entanto, afirmava ainda que «a verdadeira enfermagem teve origem em 1850 e tal, pela guerra da Crimeia, sob o gigantesco impulso duma mulher: Miss Nightingale». O autor elogiava o trabalho de Florence Nightingale, citando inclusivamente algumas passagens da sua obra, *O que é uma enfermeira?*.

É certo que, na sua comunicação, Mota Cabral mencionava exclusivamente «enfermeiros» ou «enfermeiro», nunca se referindo a enfermeiras. Adaptava assim o seu discurso à realidade portuguesa, onde a profissão era desempenhada por indivíduos de ambos os sexos, fixando-se numa suposta missão, a do «amor ao próximo», susceptível

---

[280] Reinaldo dos Santos, «A reforma dos Hospitais Civis», *A Medicina Contemporânea*, n.º 2, 9 Janeiro 1916, p. 11.

[281] Relativamente aos vencimentos do pessoal menor dos Hospitais da Universidade de Coimbra, ainda em vigor nos finais do século XIX, ver Quadro 1. Numa proposta de lei apresentada à Câmara dos Deputados pelo Ministro do Interior em 1915, relativa ao pessoal auxiliar dos Hospitais da Universidade e aos seus vencimentos, as diferenças entre os dois sexos mantinham-se: os enfermeiros receberiam 60 réis diários e as enfermeiras, 46; os ajudantes de enfermaria, 48 réis e as ajudantes, 38; os praticantes, 40 réis e as praticantes, 34; os criados, 28 réis e as criadas, 22 (sessão da Câmara dos Deputados de 19 de Agosto de 1915, http://debates.parlamento.pt, 26/10/05). Em contrapartida, na proposta de aumento dos vencimentos do pessoal de enfermagem dos Hospitais Civis de Lisboa, dirigida ao Ministro do Interior também em 1915, não havia distinção quanto ao sexo. Por fim, os Decretos de 9 de Julho de 1918 e de 10 de Maio de 1919, que reorganizaram os serviços dos Hospitais Civis de Lisboa e dos HUC, respectivamente, já não faziam qualquer distinção entre os sexos no que respeitava aos vencimentos do pessoal de enfermagem, com excepção da categoria de enfermeiro massagista-duchista, em Coimbra, recebendo o enfermeiro 432$00 anuais e a enfermeira, apenas 252$00. De qualquer forma, a distinção mantinha-se ao nível do pessoal auxiliar, sendo que os serventes recebiam 216$00 anuais e as criadas, apenas 144$00.

[282] Mota Cabral, «A missão espiritual da enfermagem», *A Medicina Contemporânea*, n.º 51, 18 Dezembro 1921, pp. 403-407.

de ser cumprida por homens e por mulheres. Contudo, o autor não deixou de associar a enfermagem às qualidades consideradas "inatas" ao sexo feminino, nomeadamente, o instinto maternal, a aptidão para as tarefas domésticas e o espírito de sacrifício.

Para compreendermos em que medida a enfermagem se podia afirmar no nosso país como tarefa feminina, há que ter em conta a situação das mulheres na sociedade portuguesa desde os finais de Oitocentos. Segundo Irene Vaquinhas, ao longo do século XIX, determinadas profissões, no prolongamento das funções maternas e domésticas, assumiram o estatuto de trabalho feminino, nomeadamente, a enfermagem, o magistério primário e, já nos primeiros anos do século XX, a assistência social[283]. Pensava-se que, pelas suas condições biológicas e psicológicas, as mulheres disporiam das melhores qualidades para o exercício dessas profissões, como paciência, docilidade, habilidade de mãos. A entrada das mulheres no magistério primário terá coincidido com a formalização de uma nova "ortodoxia" sobre o trabalho feminino, defendendo alguns autores que as mulheres, solteiras, viúvas ou mesmo casadas, mas cujos cônjuges fossem incapazes de prover ao sustento familiar, poderiam trabalhar[284]. Apesar disso, o trabalho social, «ao qual não faltava um certo sentido messiânico e espírito de cruzada, implicava o celibato (ou a viuvez), não apenas porque a moral do tempo confinava a mulher casada ao lar, mas também porque exigia a mais completa disponibilidade»[285]. A partir do final do século XIX, as mulheres começaram também a marcar presença no sector terciário, sobretudo na administração pública (ajudantes no serviço telegráfico e telefonistas), mas igualmente como empregadas de comércio, seguros e bancos. De qualquer forma, de acordo com Helena Costa Araújo, durante a I República e a Ditadura Militar, a maioria das mulheres portuguesas não trabalhava fora de casa e, entre as que o faziam, as que não tinham um trabalho manual (fábricas e serviço doméstico) estavam limitadas a um número restrito de empregos[286].

Passando da situação profissional para a formação, segundo Irene Vaquinhas, «não era aconselhada uma instrução aprofundada para as mulheres, uma vez que se considerava que o "estudo em demasia" reduzia a energia disponível para os órgãos femininos mais importantes, os reprodutores»[287]. As raparigas eram, pois, desencorajadas a prosseguir para além da escolaridade básica e o avanço da instrução feminina, que apesar de tudo se registou nas duas primeiras décadas do século XX, acompanhou a valorização das funções tradicionais da mulher, sobretudo no seu papel de mãe. De

---

[283] Irene Vaquinhas, «As mulheres na sociedade portuguesa oitocentista. Algumas questões económicas e sociais (1850-1900)» in *Nem gatas borralheiras, nem bonecas de luxo. As mulheres portuguesas sob o olhar da história (séculos XIX-XX)*, Lisboa, Livros Horizonte, 2005, pp. 23-28.

[284] Dentro desses limites para o trabalho feminino encontrava-se, por exemplo, a enfermeira empregada no Hospital de S. António de Penamacor nos inícios do século XX, cuja difícil situação era denunciada na Câmara dos Deputados pelo Conde de Penha Garcia: «trata-se de uma pobre viúva, sem meios, rodeada de seis filhos», cujo vencimento, já insignificante, fora reduzido e que corria o risco de ser despedida, dependendo da apreciação feita pela comissão administrativa das suas capacidades de leitura. Ver sessão da Câmara dos Deputados de 5 de Abril de 1902, http://debates.parlamento.pt (25/10/05).

[285] Irene Vaquinhas, art. cit., p. 25.

[286] Helena Costa Araújo, *Pioneiras na educação: as professoras primárias na viragem do século. Contextos, percursos e experiências. 1870-1933*, Lisboa, Instituto da Inovação Educacional, 2000, pp. 164-167.

[287] Irene Vaquinhas, «Os caminhos da instrução feminina nos séculos XIX e XX. Breve relance» in *op. cit.*, pp. 73-81.

acordo com Helena Costa Araújo, apesar de, no período republicano e no da Ditadura Militar, a necessidade da educação feminina ser já consensual, aquela foi perspectivada sobretudo em termos instrumentais[288].

Relativamente a outros direitos sociais, a posição das mulheres sofreu mudanças durante a República, tendo a lei do divórcio significado o reconhecimento de um estatuto jurídico igual ao do homem[289]. Porém, estava ainda legalmente consagrada a divisão sexual de trabalho discriminatória, cabendo à mulher o governo doméstico e a assistência familiar, e manteve-se o poder masculino sobre as mulheres casadas, em especial nas questões económicas. Quanto aos direitos políticos, nos anos de 1920, o direito de voto continuava vedado às mulheres, o que, segundo Helena Costa Araújo, se poderá explicar parcialmente pela ideologia patriarcal e pela estratégia política para manter o poder nas mãos republicanas.

O quadro traçado insere-se num contexto ideológico específico. Analisando a forma como diferentes correntes políticas e sectores sociais encararam a mulher durante o período em causa, a autora citada conclui pela existência de um consenso em torno dos principais deveres das mulheres como esposas, mães e donas de casa, desde os anos republicanos, passando pela Ditadura Militar e prosseguindo no Estado Novo[290]. Nesse aspecto, este regime não operou uma ruptura com a República, apesar daquela imagem se ter tornado mais central dentro do Estado autoritário. É certo que, a par da referida concepção da mulher, emergiu a concepção de cidadã, dando origem a acesos debates. No entanto, mesmo no seio dos partidos de esquerda, o acesso das mulheres ao espaço do trabalho e ao da cidadania não foi consensual e ouviram-se perspectivas conservadoras[291].

A comunidade médica portuguesa parecia acompanhar, desde os finais do século XIX, as conquistas das mulheres no mundo do trabalho, em particular no que respeitava à própria medicina[292]. No entanto, não deixaria de aceitar e de veicular na sua imprensa especializada teorias científicas que sustentavam a inferioridade da mulher em relação ao homem. Por exemplo, em 1900, a revista *A Medicina Contemporânea* dava a conhecer o «interessantíssimo trabalho» de um célebre psiquiatra sobre a inferioridade mental da mulher em relação ao homem, tanto a nível fisiológico, verificando-se uma «desigualdade de desenvolvimento das partes mais nobres do cérebro em detrimento do sexo feminino» como, e sobretudo, a nível psíquico[293]. A mulher era vista como uma «criatura de instinto e não de inteligência», desprovida de espírito crítico, sugestionável e conservadora. Seria essencialmente sentimental, mas egoísta, mentirosa e susceptível de grande crueldade. A sua inteligência limitada não lhe permitiria ter noções abstractas, como a do dever, nem ser criativa. Portanto, sob o ponto de vista legal, a mentalidade feminina não mereceria o mesmo valor nem a

---

[288] Helena Costa Araújo, *op. cit.*, pp. 247-249.
[289] *Idem*, pp. 167-169.
[290] Helena Costa Araújo, *op. cit.* pp. 218-247.
[291] Essas tensões eram evidentes nos discursos acerca das mulheres professoras. *Idem*, pp. 259-266.
[292] Vejam-se, por exemplo, os ecos da polémica sobre o internato das mulheres nos hospitais parisienses, em dois artigos publicados na revista *A Medicina Contemporânea*: «Variedades», n.º 36, 7 Setembro 1884, pp. 363-364; «Variedades», n.º 7, 15 Fevereiro 1885, p. 56.
[293] «Curiosidades Médicas. A inferioridade da mulher», *A Medicina Contemporânea*, n.º 30, 29 Julho 1900, pp. 247-248.

mesma responsabilidade do que a masculina. O psiquiatra em causa concluía que «o único e exclusivo papel da mulher na humanidade é a maternidade. A maternidade explica todas as suas fraquezas e todos os seus defeitos. É a sua função biológica e social». Ora, como «a inteligência está na razão inversa da fertilidade», a fraqueza mental da mulher transformar-se-ia numa vantagem, dizendo-se que «não se devia pedir à mulher mais nada além de ser "sadia e parva"».

Durante a I República, como foi referido, a necessidade da educação feminina já era todavia consensual. Entre as sugestões dadas por representantes de várias correntes políticas e ideológicas sobre as matérias em que as mulheres deviam ser instruídas encontrava-se frequentemente a enfermagem. E, de facto, esta constaria dos programas das escolas vocacionadas para o ensino das mulheres que então foram criadas. Veja-se, por exemplo, um projecto-lei de 1914 para a criação de um Instituto de Ensino Profissional e Doméstico, para o sexo feminino, em cada sede de distrito[294]. Um dos quinze temas a leccionar, a par de "A casa de habitação", "Economia doméstica", "Contabilidade e escrituração", "Educação moral e cívica" e outros ligados à cozinha, ao cuidado da roupa, às artes decorativas, à jardinagem ou à puericultura, seria "Higiene e medicina prática e Enfermagem". Este último ponto incluía as seguintes matérias: «Modo de tratar dos doentes. Preceitos para uma boa enfermeira. A habitação do enfermo e a desinfecção dos objectos. Desinfectantes e antissépticos. Como se evitar muitas doenças. Doenças infecciosas. Farmácia doméstica. Remédios mais usados». Neste caso, os conhecimentos de enfermagem seriam úteis às mulheres enquanto donas de casa, inscrevendo-se numa série de competências que eram atribuídas às esposas e mães de família: a par da gestão da casa, os cuidados com o bem-estar e a saúde dos seus habitantes. Seria nesse sentido que, em 1918, numa sessão da *Sociedade de Ciências Médicas de Lisboa*, um dos médicos presentes insistiria na «necessidade de vulgarizar entre a mulher portuguesa o ensino elementar do tratamento dos doentes [...] cabendo à Sociedade tomar tal iniciativa»[295]. Teriam morrido muitas vítimas da recente epidemia de gripe, "a pneumónica", «pelo facto da maior parte das famílias ignorarem os mais simples cuidados de enfermagem».

Por outro lado, no projecto-lei apresentado à Câmara dos Deputados em 1916 para a criação da Escola Central de Reforma do Porto, «destinada a receber, educar e regenerar menores de ambos os sexos [9 a 16 anos] que forem julgados desamparados ou delinquentes», a enfermagem surgia como uma das matérias do ensino profissional ministrado na divisão feminina[296]. Eram também leccionadas matérias como «costura-lavores», «lavandaria e engomadaria», «confecção de vestidos e chapéus», todas ligadas às tarefas domésticas tradicionalmente atribuídas às mulheres. Ou seja, mesmo quando assumia uma dimensão mais profissional, a enfermagem continuava a ser associada ao trabalho doméstico, o que revelava os limites da sua verdadeira profissionalização.

Apesar disso, após a I Guerra Mundial e à semelhança do que aconteceu em países como a França e os Estados Unidos, o carácter profissional das enfermeiras portuguesas parece ter-se reforçado e diversificado com o surgimento de novas funções, nomea-

---

[294] Sessão da Câmara dos Deputados de 26 de Março de 1914, http://debates.parlamento.pt (26/10/05).
[295] «Sociedades científicas portuguesas», *A Medicina Contemporânea*, n.º 51, 22 Dezembro 1918, p. 406.
[296] Sessão da Câmara dos Deputados de 8 de Fevereiro de 1916, http://debates.parlamento.pt (26/10/05), «Escola Central de Reforma do Porto», art. 14.º a 20.º.

damente, a de enfermeira visitadora. Pelo menos, assim o defendiam alguns médicos e deputados. Num artigo sobre a protecção à infância nos centros urbanos, António de Azevedo advogava a federação das associações de beneficência, a qual permitiria às de menores recursos participar em «serviços de incontestável valia», como o «de informação e de assistência domiciliária, exercido pelas enfermeiras domiciliárias e pelos visitadores voluntários, destinando-se não só a conhecer as condições materiais [d]os indivíduos a socorrer, mas ainda à propaganda da higiene»[297]. O autor destacava também o «serviço de assistência clínica, incluindo a assistência domiciliária prestada pelas enfermeiras, que se ocuparão, quando necessário, de trabalhos domésticos»[298]. Já no final da década de 1920, a direcção da Escola Profissional de Enfermagem, de Lisboa, proporia a criação de cursos de enfermeiras puericultoras, enfermeiras visitadoras, enfermeiras massagistas e outras especialidades[299]. Pela mesma época, no Dispensário do Porto destinado a crianças pobres, as alunas da escola de enfermagem da Misericórdia receberiam lições sobre «enfermagem de crianças»[300].

Por outro lado, na Câmara dos Deputados, reportando-se à sua viagem aos Estados Unidos como delegado do governo, João Camoesas elogiava o funcionamento da medicina escolar norte-americana, que envolvia o médico, a enfermeira, e o próprio professor, e constatava o atraso de Portugal nessa matéria[301]. Segundo o deputado, no nosso país, a medicina escolar limitava-se ao médico, quando «hoje é absolutamente impossível exercer proficuamente a medicina escolar sem enfermagem». Destacava o «papel importantíssimo» da enfermeira escolar, quer como agente de ligação entre a escola e o lar, quer como auxiliar do médico. Na opinião de João Camoesas, a criação de clínicas escolares e a instituição da enfermagem escolar no nosso país eram possíveis sem um sensível aumento de despesa, podendo recrutar-se as enfermeiras entre as funcionárias públicas excedentárias, com a frequência de um curso adequado.

### 1.3.3. A enfermagem nos hospitais civis e o caso de Lisboa

Na opinião de Arruda Furtado, em 1913 o pessoal menor dos Hospitais Civis de Lisboa (designação entretanto atribuída ao Hospital de S. José) «não corresponde em larga parte ao que seria lícito esperar [...] nem em capacidade de trabalho, nem em conhecimentos»[302]. Para o médico, o problema residia na «organização dos serviços», nomeadamente no facto de o progresso na carreira se fazer por escala e não apenas por competência, e na falta de incentivos salariais. Desde logo, era impossível restringir as condições de recrutamento para o lugar de praticante, que dava entrada na carreira

---

[297] António de Azevedo, «A protecção à pequena infância nos grandes centros», *A Medicina Contemporânea*, n.º 31, 31 Julho 1921, pp. 242-245.

[298] Um outro campo de acção para as enfermeiras visitadoras era o da profilaxia das doenças públicas. Sobre o assunto, ver «Higiene Pública», *A Medicina Contemporânea*, n.º 17, 23 Abril 1922, pp. 135-136.

[299] Costa Sacadura, *Subsídios para uma bibliografia portuguesa...*, p. «21. A proposta data de 1929.

[300] Em 1930 foi publicada no Porto a obra *Enfermagem de Crianças. Lições feitas no Dispensário do Porto para crianças pobres às alunas do curso de 1929-1930*, da autoria do médico Júlio Cardoso (Costa Sacadura, *Subsídios para uma bibliografia portuguesa...*, p. 8).

[301] Sessão da Câmara dos Deputados de 31 de Maio de 1922, http://depates.parlamento.pt (26/10/05). Também Costa Sacadura dedicou uma obra às *Enfermeiras Escolares*, publicada em 1921 (Costa Sacadura, *Subsídios para uma bibliografia portuguesa...*, p. 8).

[302] Arruda Furtado, «Hospitais», *A Medicina Contemporânea*, n.º 2, 12 Janeiro 1913, pp. 15-16.

de enfermagem, porque aquele não constituía para o candidato «uma verdadeira profissão, em que veja vantagem em ocupar a sua actividade, certo de com ela poder viver». Para além disso, a necessidade constante de pessoal dificultava uma selecção apurada.

Segundo Arruda Furtado, os salários dos enfermeiros eram tão insignificantes que nenhuma classe de operários os receberia. Ora, «quando se paga a um homem aquilo que inteiramente se sabe não lhe chegar para viver, deve ficar-se certo de ter de o aceitar como ele for, nunca o podendo esperar bom». Tal não significava que não houvesse nos hospitais «óptimos empregados». Todavia, «só a conversão da actual situação de miséria n'uma situação honesta para todos, poderá permitir uma escolha mais segura». O médico sugeria a admissão condicional por um certo tempo, com a obrigação de uma determinada aprendizagem, embora estivesse consciente de que tal só seria possível se a profissão fosse atractiva. Por outro lado, na sua opinião, a mudança de categoria devia fazer-se apenas por competência, de modo a impedir o progresso de quem não o merecesse e funcionaria como um estímulo para a dedicação ao trabalho. No entanto, Arruda Furtado lamentava a dificuldade de concretizar as mudanças propostas, visto que exigiriam um avultado investimento financeiro.

A reorganização dos serviços de enfermagem seria um dos objectivos da reforma dos Hospitais Civis de Lisboa elaborada pela sua Comissão Administrativa, em 1914, e discutida no Parlamento. Na introdução do projecto de lei enviado ao Ministro do Interior, a Comissão afirmava pretender «conseguir para os hospitais de Lisboa um bom pessoal de enfermagem», o que implicava modificar as condições de recrutamento e de ensino dos enfermeiros e enfermeiras e oferecer-lhes salários justos e atractivos[303]. Para os autores da proposta, o «mal estar» da classe dos enfermeiros, «que passa vida de constante dedicação e recebe miserável recompensa», era «inteiramente justo» e estava na origem, quer da impossibilidade de vingar qualquer reorganização hospitalar, quer do abandono dos hospitais por parte dos seus melhores empregados. Consideravam, pois, «urgente» o aumento dos vencimentos do pessoal auxiliar.

Reportando-se ao referido projecto de lei, Arruda Furtado elogiava as medidas previstas quanto à admissão do pessoal de enfermagem e aos respectivos vencimentos, embora considerasse excessivos os limites dentro dos quais ocorreria a promoção na carreira, visto que um empregado só poderia atingir a categoria de enfermeiro-chefe ao fim de vinte e cinco, trinta anos e com idade superior a 35 anos[304].

Também a propósito da reforma dos Hospitais Civis de Lisboa, mas em especial no que respeitava ao ensino da enfermagem, Reinaldo dos Santos manifestaria uma opinião bastante crítica[305]. Considerava que a questão da enfermagem era «a mais grave e a mais urgente de resolver», defendendo uma transformação ao mesmo tempo «radical» e «progressiva». Radical quanto à concepção do papel do enfermeiro, que se devia limitar ao exercício das suas funções e não imiscuir-se nas do médico, como vimos. Para dotar os enfermeiros das competências técnicas necessárias, seria preciso

---

[303] Francisco Gentil, «Hospitais Civis de Lisboa. IV», *A Medicina Contemporânea*, n.º 23, 6 Junho 1915, pp. 182-183.

[304] Arruda Furtado, «Hospitais Civis de Lisboa», *A Medicina Contemporânea*, n.º 25, 21 Junho 1914, p. 199.

[305] Reinaldo dos Santos, «A reforma dos Hospitais Civis», art. cit., pp. 10-11.

criar uma escola e «concentrá-la n'um hospital onde não possam ser contagiados pelos antigos hábitos». Ao mesmo tempo, seria vantajosa a deslocação anual de alguns enfermeiros ao estrangeiro, à semelhança do que se fazia noutros países[306]. Quanto à mudança progressiva, o médico referia-se à «extensão cada vez maior da enfermagem feminina», que, como foi analisado, considerava de qualidade superior à masculina.

A Escola Profissional de Enfermeiros foi reorganizada em 1918, passando a chamar-se Escola Profissional de Enfermagem[307]. Segundo Augusto Lobo Alves, então director dos Hospitais, num relatório incluído no preâmbulo ao Decreto n.º 4.563 de 9 de Junho de 1918, «deixam muito a desejar os serviços de enfermagem e é mau o recrutamento do seu pessoal, porque é menos de miseravelmente retribuído, apesar de ser pesado o encargo e esgotante a missão desta prestante classe»[308]. Essa preocupação articulava-se com outra, a «da completa remodelação dos serviços de enfermagem, da Escola Profissional de Enfermeiros e a fixação do critério da competência, idoneidade moral e aptidão para tal modo de vida, no recrutamento do pessoal».

No discurso proferido na cerimónia de abertura da Escola, em Fevereiro de 1919, Lobo Alves afirmava que «a parte material [...] está remediada», referindo-se ao aumento dos vencimentos dos enfermeiros[309]. Havia então condições para tratar da segunda questão, a da formação do pessoal de enfermagem.

Na sua opinião, cabia aos Hospitais Civis de Lisboa em particular, como «o primeiro e mais importante organismo da Assistência Pública em Portugal», criar e educar enfermeiros habilitados que depois exercessem as suas funções nas instituições de todo o país. O discurso de abertura terminava com a evocação da figura de Florence Nightingale, que Lobo Alves considerava «símbolo da profissão». O médico estava consciente de que não seria possível Portugal passar a ter uma enfermagem igual ou capaz de rivalizar com a inglesa, a escandinava ou a suíça, não só pelo nosso atraso e pelas diferenças culturais, mas também pela «grande diferença das camadas sociais em que tal recrutamento se faz cá e lá». O que estava aqui em causa era o facto de a enfermagem inglesa, como vimos, ser em grande medida desempenhada por senhoras das classes burguesas, com um nível de educação elevado. Pelo contrário, em Portugal, os enfermeiros e as enfermeiras seriam provenientes de classes sociais mais baixas, com um grau de instrução apenas elementar.

Na Escola Profissional de Enfermagem, cujo regulamento só seria publicado em 1922[310], funcionariam dois cursos: o curso geral, com duração de dois anos, que seria

---

[306] Ao defender o contacto de enfermeiros portugueses com realidades de países mais avançados, como meio de aprendizagem e de aperfeiçoamento do desempenho profissional, Reinaldo dos Santos estava em sintonia com alguns programas internacionais de concessão de bolsas a profissionais da enfermagem. A propósito, ver os seguintes artigos: «Liga das Sociedades da Cruz Vermelha», *A Medicina Contemporânea*, n.º 5, 30 Janeiro 1921, pp. 37-39; «Fundação Rockefeller», *A Medicina Contemporânea*, n.º 36, 4 Novembro 1921, pp. 287-288.

[307] Para Lucília Rosa Mateus Nunes, a mudança na denominação, passando de Escola Profissional de *Enfermeiros* para Escola Profissional de *Enfermagem*, significa que a enfermagem é oficialmente tida como uma profissão; «a Enfermagem assume, perante esta terminologia oficial, a designação de profissão» (*op. cit.*, p. 48).

[308] Decreto n.º 4.563, *Diário do Governo*, I Série, n.º 155, 12 de Julho de 1918.

[309] Augusto Lobo Alves, «O ensino de enfermagem nos Hospitais de Lisboa», art. cit., pp. 65-68.

[310] Decreto n.º 8.505, de 25 de Novembro, *Diário do Governo*, I Série, n.º 245, 27 de Novembro de 1922.

condição para integrar o quadro de pessoal dos Hospitais, e o curso complementar, com duração de um ano e habilitando para os lugares de chefia de enfermagem. Para o director da nova Escola, Costa Sacadura, o objectivo do ensino ali ministrado era a formação de auxiliares dos médicos. O responsável dava assim continuidade à ideia da enfermagem como uma profissão subalterna e dependente, vendo «nos enfermeiros os melhores auxiliares, os indispensáveis colaboradores dos médicos»[311]. Na sua opinião, a acção do médico seria prejudicada se não fosse secundada por um enfermeiro culto, hábil, dedicado, fiel, leal». Sendo assim, havia uma série de qualidades que o director considerava necessárias para o exercício da profissão. Em primeiro lugar, a vocação, visto que se trata de «um cargo que é todo de abnegação e sacrifício constante e desinteressado pelo amor do nosso semelhante»[312]. Ao enfermeiro seria preciso «abdicar de si próprio», bem como possuir e desenvolver «dotes de coração e educação» para ser bem sucedido no convívio com pessoas de todas as categorias sociais. Para além dessas qualidades de carácter moral, Costa Sacadura destacava a «alta responsabilidade» inerente ao exercício da enfermagem, relacionada com a constante evolução da ciência e da técnica, e a exigência de cada vez «maior e mais sólida preparação».

A importância atribuída às qualidades morais dos enfermeiros tornava-se particularmente evidente numa conferência proferida por Mota Cabral na Escola Profissional de Enfermagem, em Junho de 1921. O autor atribuía à enfermagem uma missão espiritual, filiada no amor do próximo[313]. Dirigindo-se aos alunos da Escola, começava por afirmar que preferia falar da «missão» em vez da «profissão». Em seu entender, «para que o enfermeiro [...] cumpra as virtudes cristianíssimas da sua profissão, é evangelicamente necessário que tenha bem compreendido a sua alta missão». Como se vê, embora afirmasse que em matéria de religião o papel da enfermagem «é absolutamente neutral», Cabral estabelecia uma relação íntima entre aquela e a moral cristã, fazendo equivaler o hospital a um templo e o enfermeiro a «um sacerdote do bem». Segundo o autor citado, «a enfermagem é um sacerdócio» e quem escolhe essa via está consciente das dificuldades que encontrará; porém, é movido por «uma força instintiva, uma espécie de religiosidade inata, um impulso [...] da caridade cristã». Estas palavras não significavam que o autor tivesse uma posição exclusivista face ao debate enfermagem laica *versus* enfermagem religiosa, dado afirmar «que uma e outra podem, dada a nítida compreensão do seu dever, ser igualmente boas». Para Mota Cabral, o amor ao próximo devia ser o lema da enfermagem, estabelecido por Florence Nightingale com base na «cultura moral» e nas «virtudes sublimemente cristãs».

---

[311] Costa Sacadura, *Subsídios para a história da enfermagem...*, p. 7. O conceito médico da enfermagem, marcado ainda pela ideia da superioridade da medicina, era evidente, por exemplo, nas apresentações de dois manuais de enfermagem feitas no *Jornal dos Médicos e Farmacêuticos Portugueses*, na década de 1910: vol. XXII, n.º 6, Junho 1917, p. 96; vol. XXIV, Abril 1919, n.º 9, p. 160. A utilização do diminutivo «obrazinha» sugere a ideia de que os manuais veiculavam um conhecimento menor ou, pelo menos, a adaptação de um nível de conhecimento elevado, o do médico, para um nível inferior, o do enfermeiro. Assim se justificam os elogios aos autores das obras, médicos que se esforçavam por simplificar matérias complexas e torná-las compreensíveis aos enfermeiros, que de outra forma não lhes conseguiriam aceder.
[312] *Idem*, p. 8.
[313] Mota Cabral, «A missão espiritual da enfermagem», art. cit., pp. 403-407.

Como concretizar essa missão nos hospitais? De uma maneira geral, tratava-se de substituir, na medida do possível, a família dos doentes, proporcionando-lhes o máximo de conforto e de bem-estar. O autor apontava vários aspectos concretos que o enfermeiro devia ter em consideração: o asseio das roupas, das camas e das enfermarias; a presença de flores nas enfermarias; o carinho para com os doentes e a garantia da sua comodidade, o que implicava satisfazer os seus pedidos mas também dissuadi-los das suas exigências quando essas eram prejudiciais; o combate às «crendices», como a do «caldo da meia noite»[314] ou a de que «o hospital faz dores de cabeça», combate que só se poderia vencer fazendo o doente sentir-se em casa e melhorando as condições de higiene e de ruído das instalações. Salientava ainda o respeito pelas crenças religiosas ou anti-religiosas do doente. No fundo, tudo se resumia à necessidade de saber lidar com os doentes, que eram, de certo modo, infantilizados e vistos como seres diminuídos, aos quais tudo tinha de se desculpar[315]. Ora, porque aquela «é uma tarefa delicada em que a intuição do enfermeiro é posta à prova», Mota Cabral defendia que só devia ser enfermeiro «quem possua um certo número de qualidades cristãs, guiadas por uma grande bondade, posta em acordo com uma inteligência clara». Não podia ser mais expressiva a valorização da moral, e em particular da moral cristã, como condição para o exercício da enfermagem.

Para terminar, Cabral apresentava uma fórmula a seguir para fazer desaparecer a ideia corrente de que «o enfermeiro é apenas um mercenário»: «Os enfermeiros que forem religiosos, que amem a Deus sobre todas as coisas e ao próximo como a si mesmos. Os que o não sejam, que amem a sua profissão acima de todas as coisas e ao próximo como a si mesmos». Nesta passagem, parecia distinguir entre a profissão e a religião, mas o fundamento moral da enfermagem nunca estava em causa. De resto, acabava por associar o desempenho da profissão ao sentido da vida, afirmando que o que cumpre a missão «poderá convencer-se na hora derradeira, de que a sua passagem por este mundo não foi uma inutilidade».

A Escola Profissional de Enfermagem enfrentou inicialmente algumas dificuldades, destacando-se, por um lado, a relutância do pessoal que trabalhava nos Hospitais Civis em frequentar a escola, como era obrigatório, e, por outro lado, a falta de condições materiais e de instalações[316]. No entanto, esses problemas foram sendo ultrapassados. Quanto à resistência dos enfermeiros, Costa Sacadura procurou vencê-la «tornando a escola atraente, acolhedora, alegre», escolhendo os professores adequados, organizando visitas de estudo e conferências e até instalando às suas próprias custas um cinema onde passava filmes didácticos[317].

---

[314] Os enfermeiros administrariam aos doentes de que não gostavam uma poção venenosa misturada naquele caldo.

[315] «Os doentes são muitas vezes como as crianças e, quando sofrem têm exigências, teimosias, caprichos. É pois necessário satisfazê-los». «Irritar um doente é profissional e cristãmente criminoso. [...] Os doentes têm por vezes irritabilidades próprias das doenças e nem sempre são responsáveis pelos actos que praticam». «[...] o doente é um desgraçado e a vossa missão tem origem no *amor do próximo*». Ver art. cit., pp. 404-405.

[316] Costa Sacadura, *Subsídios para a história da enfermagem...*, pp. 8-13.

[317] Sobre as visitas de estudo, as conferências e as sessões de cinema, ver Costa Sacadura, *op. cit.*, pp. 15-17.

Em relação às deficientes condições materiais, a situação melhorou no ano lectivo de 1921/1922, dado o lugar de director dos Hospitais ter sido ocupado por um professor da Escola. Por outro lado, em 1923, aquela foi finalmente transferida das instalações provisórias em que se encontrava desde 1919 para o edifício do antigo Hospital de S. Lázaro, devidamente remodelado. Respondia-se desta forma a uma das reivindicações feitas por Costa Sacadura, segundo o qual, para cumprir o objectivo de preparar enfermeiros destinados a diversas instituições de saúde e assistência, a Escola precisaria de «uma autonomia absoluta, com edifício onde possa instalar-se [...] em regime de internato e com uma dotação capaz de lhe permitir uma vida desafogada»[318].

Abria-se então, segundo o director da Escola Profissional de Enfermagem, uma nova fase na vida da instituição. Depois do investimento na instrução dos profissionais que já trabalhavam nos Hospitais, «era preciso formar novas gerações de enfermeiros e enfermeiras». Costa Sacadura apostou no estabelecimento de condições de admissão e, para compensar o facto de o ensino não poder funcionar em regime de internato, na organização dos estágios.

Quanto aos requisitos exigidos para a matrícula na Escola, destacam-se, mais uma vez, as qualidades morais, tendo em conta «o gosto natural nato ou despertado [...] pelos árduos labores e sacrifícios da profissão». Seriam condições de preferência as aptidões intelectuais e o elevado nível de cultura geral, bem como o maior grau de resistência física.

No que respeita aos estágios, passaram a ser exigidos como meio de combater o acesso ao ensino da profissão de enfermeiro por parte de pessoas que já exerciam outras actividades e que não preenchiam os requisitos morais e intelectuais referidos. Na verdade, Costa Sacadura afirmou que, ao retomar a direcção da Escola em 1928, após um período de interrupção, ali encontrou «mais de 300 candidatos a enfermeiros, de todas as classes – dactilógrafos, caixeiros e caixeiras, empregados da Câmara Municipal, alfaiates, vendedores ambulantes, etc.»[319]. Portanto, a profissão de enfermeiro exerceria uma certa atracção sobre diversos grupos sociais, embora muitos desses candidatos encarassem a formação ministrada na escola apenas como uma mais-valia, uma porta para uma eventual alternativa de trabalho.

Assim se compreende que a exigência do estágio tenha «levantado celeuma e protestos dos concorrentes que não podiam abandonar os seus empregos e as suas ocupações habituais»[320]. A organização dos estágios foi, portanto, «muito difícil». Até porque, apesar dos esforços para aproximar os alunos dos futuros colegas, a reacção do pessoal hospitalar também não foi a melhor: «o pessoal de enfermagem, enfermeiros chefes e até médicos, longe de colaborarem e compreenderem a elevada missão educativa que lhes era confiada, menosprezavam os estagiários».

---

[318] Costa Sacadura, *op. cit.*, p. 13.
[319] Costa Sacadura, *op. cit.*, p. 14.
[320] Até então, tinham conseguido conjugar os seus empregos com a frequência das aulas, que eram apenas teóricas e só se realizavam duas vezes por semana: «entre outros, os vendedores ambulantes ouviam essa prelecção bi-semanal, punham à porta a mercadoria e continuavam depois a sua faina pelas ruas da cidade». A partir de agora, com estágios obrigatórios em serviços hospitalares, todos os dias das 8 às 20 horas, tal não era mais possível (*idem, ibidem*).

### 1.3.4. A profissionalização da enfermagem

As primeiras associações de classe e os primeiros periódicos profissionais no domínio da enfermagem datam de meados da década de 1920[321]. Existiam a *Associação de Classe dos Enfermeiros e Enfermeiras da Região Sul*, a *Associação de Classe dos Enfermeiros de Ambos os Sexos do Porto* e a *Associação de Classe dos Hospitais Civis Portugueses*[322], bem como a revista *Arquivo do Enfermeiro*, cuja primeira série se publicou entre 1925 e 1927. Foi sob a pressão desses novos organismos que, em 1925, se realizou o 1.º Congresso Nacional dos Serviços de Saúde[323] e se apresentou no Senado o primeiro projecto de regulamentação do exercício profissional da enfermagem, que só deveria ser permitido a indivíduos diplomados por escolas devidamente reconhecidas[324]. De acordo com um artigo publicado no primeiro número da revista citada, essa regulamentação era indispensável, uma vez que a sua falta «dá origem a muitos mal entendidos, a muitos conflitos mesmo, que não se dariam se os enfermeiros soubessem quais os limites em que deveriam exercer a sua acção»[325]. Embora tenha tido parecer favorável, o projecto não chegou, contudo, a ser agendado para discussão.

As associações profissionais reclamavam a definição clara dos limites do campo de actuação dos enfermeiros como forma de obter alguma autonomia e de contrariar as acusações de charlatanismo e de curandeirismo por parte dos médicos. Por outro lado, estes eram acusados de consentir no trabalho de indivíduos sem diploma, pelo que o reconhecimento legal do exercício da profissão era uma forma de protecção contra tais abusos. Para além dessas, outras questões de ordem socio-económica preocupavam as associações de enfermeiros, nomeadamente, as condições e os direitos laborais, com destaque para os horários e a segurança no trabalho, e a concorrência da enfermagem religiosa, muitas vezes mais valorizada do que a profissional.

É nas páginas do *Arquivo do Enfermeiro* e, mais tarde, nas d'*O Enfermeiro Português* e nas d'*A Voz do Enfermeiro* que encontramos a expressão de todos aqueles problemas. O surgimento de imprensa especializada, de classe, é um forte indício de profissionalização da enfermagem. Nas palavras de Lucília Nunes, aquela «representa a existência de um grupo consciente dos seus interesses, que recorre a essa forma de comunicação e difusão de informação no intento de estreitar as relações entre os seus membros, proporcionar reflexão sobre os problemas comuns e garantir informações actualizadas»[326].

---

[321] Antes dessa altura, parece ter existido apenas uma organização de profissionais de enfermagem, a *Associação de Enfermeiras de Nossa Senhora da Saúde*, com sede no Porto e cujos estatutos foram publicados no *Diário do Governo* de 4 de Novembro de 1902 (Lucília Rosa Mateus Nunes, *op. cit.*, p. 56). Sobre essa *Associação*, ver «Actualidades», *A Medicina Contemporânea*, n.º 45, 9 Novembro 1902, p. 366.

[322] Maria Isabel Soares, *op. cit.*, pp. 130-133, e Lucília Rosa Mateus Nunes, *op. cit.*, pp. 55-56.

[323] Sobre as entidades promotoras e os objectivos do Congresso, ver «Regulamento do 1.º Congresso Nacional dos Serviços de Saúde», *Arquivo do Enfermeiro*, n.º 2, Setembro 1925, pp. 22-23.

[324] O projecto foi elaborado por Domingos Pereira Bento, secretário-geral da *Associação de Classe dos Enfermeiros e Enfermeiras da Região Sul* e director e editor da revista *Arquivo do Enfermeiro*, e apresentado no Senado pelo médico Costa Júnior.

[325] *Arquivo do Enfermeiro*, n.º 1, Agosto 1925, p. 1.

[326] Lucília Rosa Mateus Nunes, *op. cit.*, p. 203.

O *Arquivo do Enfermeiro* estava ligado à *Associação de Classe dos Enfermeiros e Enfermeiras da Região Sul*. De acordo com o enfermeiro Manuel dos Santos Tavares, o periódico tinha uma dupla função, de guia, apontando à classe «os perigos e precipícios» que se lhe deparavam, e pedagógica, «ministrando-lhe os conhecimentos indispensáveis na prática da sua [...] profissão»[327]. Também António Augusto da Silva considerava «instrutiva» a leitura do *Arquivo*, para além de «animar o leitor ao cumprimento do seu dever profissional»[328]. Adriano Gonçalves, por sua vez, destacava o papel do periódico na defesa dos interesses profissionais dos enfermeiros: «ele é a sentinela vigilante das nossas aspirações; [...] a melhor forma de que podemos lançar mão sempre que nos seja necessário defender nossas regalias ameaçadas»[329].

Todavia, a revista parece não ter tido a repercussão desejada junto da maioria dos enfermeiros. O sargento enfermeiro Custódio Rodrigues Silva elogiava a acção de Pereira Bento, director do *Arquivo*, «no qual está indicado o futuro da classe», e criticava a maior parte dos seus colegas, que «ainda hoje dormitam»[330]. Consciente de que «a união faz a força», afirmava ser «preciso que todos assinem o *Arquivo do Enfermeiro*, pois que a todos interessa». Da mesma forma, António Augusto da Silva lamentava que a classe não soubesse «corresponder aos grandes sacrifícios do seu director, pois o jornal [...] devia ser lido por todos aqueles que trabalham nos serviços de enfermagem».

A *Associação de Classe dos Enfermeiros e Enfermeiras da Região Sul* e o *Arquivo do Enfermeiro* terminaram em 1927, sem que as suas reivindicações tivessem sido satisfeitas. No caso do periódico, Manuel dos Santos Tavares esclareceria mais tarde que a iniciativa fora abandonada devido ao desinteresse por parte dos enfermeiros: «era útil à classe, e esta desprezou-o»[331].

Em 1928 foi fundado o *Grémio dos Enfermeiros de Terra e Mar do Norte de Portugal* e, no ano seguinte, começou a ser publicado o seu órgão de propaganda, *O Enfermeiro Português*. De acordo com o artigo de apresentação, aquele jornal vinha preencher uma lacuna existente no contexto nacional e tinha como objectivo principal a defesa das prerrogativas e dos interesses da classe de enfermagem[332]. Saudava, pois, as associações de classe já existentes no país e todos os enfermeiros portugueses. Embora estivesse associado ao *Grémio* e prestasse assistência a esta instituição, o jornal declarava-se aberto às críticas e às sugestões de todos os que nele quisessem colaborar. Por outro lado, saudava a classe médica e todas as associações clínicas, contando com a colaboração dos médicos na redacção de secções dedicadas à Higiene, à Profilaxia e à Medicina. Fazia, desde logo, um apelo aos enfermeiros portugueses, para que despertassem do marasmo em que tinham caído.

*O Enfermeiro Português* retomava algumas das questões presentes no *Arquivo do Enfermeiro*, insistindo particularmente nos aspectos seguintes: a necessidade de união

---

[327] Manuel dos Santos Tavares, «Um aniversário», *Arquivo do Enfermeiro*, n.º 9, Agosto 1926, p. 131.
[328] António Augusto da Silva, «Caminhando», *Arquivo do Enfermeiro*, n.º 9, Agosto 1926, p. 138.
[329] Adriano Gonçalves, «No primeiro aniversário», *Arquivo do Enfermeiro*, n.º 9, Agosto 1926, p. 134.
[330] Custódio Rodrigues Silva, «Saudação», *Arquivo do Enfermeiro*, n.º 9, Agosto 1926, p. 132.
[331] Manuel dos Santos Tavares, «Enfermeiros de Portugal», *O Enfermeiro Português*, n.º 3, 30 Novembro 1929, p. 5.
[332] «Apresentando», *O Enfermeiro Português*, n.º 1, 31 Outubro 1929, p. 1.

por parte dos enfermeiros; a luta contra o exercício da enfermagem por indivíduos não habilitados; a importância do reconhecimento legal dos diplomas e da reforma e uniformização do ensino profissional, sendo esta última uma questão nova. Contra as divisões no seio da classe, entre os enfermeiros do Norte e os do Sul do país, por exemplo, e contra a falta de organização profissional, apelava-se à união de todos os profissionais, civis, militares e marinheiros, em torno do *Grémio*[333]. No mesmo sentido, incitava-se à mobilização dos cerca de quatro mil enfermeiros portugueses, entre civis e militares, exercendo em Portugal Continental, nas Ilhas ou nas colónias, para a realização do 2.º Congresso de Enfermagem[334]. O 1.º dera origem a uma série de trabalhos e projectos, mas, desde então, pouco ou nada se concretizara. Impunha-se agora o renovar da iniciativa, para a qual deveriam concorrer as diversas associações profissionais existentes no país, sob a organização d'*O Enfermeiro Português*, que se considerava o único porta-voz da classe no momento.

De resto, na qualidade de «único defensor da classe na imprensa», o referido periódico reservava-se o direito de aconselhar e orientar os enfermeiros a propósito de diversas questões, como a da falta de capacidade de resposta da Caixa de Aposentações da Misericórdia do Porto[335]. Nesse caso, alertava inclusivamente a *Associação de Classe dos Enfermeiros de Ambos os Sexos do Porto*, para que averiguasse a situação, devendo acompanhar os movimentos da Caixa e analisar as suas contas. A importância atribuída ao periódico enquanto órgão representante dos interesses da classe e pólo aglutinador de vontades, isto é, como meio para a união dos enfermeiros, tornava-se evidente, por exemplo, na dureza e mesmo no radicalismo da seguinte sentença: «Todo o enfermeiro que não assina a nossa revista presta um péssimo serviço à causa da classe. Não tem aspirações. Não deve continuar no nosso seio. É um inútil, um inconsciente»[336].

Em Fevereiro de 1931 foi legalmente instituído o *Sindicato Profissional dos Enfermeiros da Região Sul* e, em Agosto do mesmo ano, começou a ser publicado o respectivo periódico, *A Voz do Enfermeiro*. Segundo Maria Isabel Soares, «o "Programa de Realizações" [do Sindicato] é o espelho das dificuldades e problemas resultantes da crise económica que o país atravessava. Baixíssimas remunerações, abaixo do nível de subsistência, falta de emprego, acrescida da ameaça constante da competição dos não diplomados, conflitos internos motivados pelo reconhecimento desigual dos diplomas, impedindo que os enfermeiros circulassem livremente entre os serviços de saúde»[337].

---

[333] «A necessidade de organização profissional», *O Enfermeiro Português*, n.º 2, 15 Novembro 1929, pp. 1 e 13. «A necessidade de união profissional na classe de enfermagem», *O Enfermeiro Português*, n.º 5, 15 Setembro 1930, pp. 3-4.

[334] «O 2.º Congresso de Enfermagem», *O Enfermeiro Português*, n.º 2, 15 Novembro 1929, p. 2. «Tocando a reunir. O 2.º Congresso dos Enfermeiros Portugueses», *O Enfermeiro Português*, n.º 4, 31 Dezembro 1929, p. 15.

[335] «A Caixa de Aposentações da Misericórdia do Porto. Para que serve?», *O Enfermeiro Português*, n.º 6, 15 Novembro 1930, pp. 1-2.

[336] Publicada n'*O Enfermeiro Português*, n.º 6, 15 Novembro 1930, p. 3.

[337] Maria Isabel Soares, *op. cit.*, pp. 133-134. Quanto ao último aspecto, a autora explica que «os diplomas das escolas militares não eram aceites nos estabelecimentos de saúde civis» e vice-versa. Ao mesmo tempo, os diplomados pelas escolas de Coimbra e do Porto não eram aceites nos Hospitais Civis de Lisboa, nem os de Lisboa nos hospitais daquelas duas cidades.

Procurando responder a esta situação, logo em Março de 1931, o referido *Sindicato* apresentou ao Ministro do Interior uma série de reivindicações relacionadas com o exercício profissional, a formação e as condições de trabalho dos enfermeiros. Justificava-as com base nos direitos dos indivíduos diplomados e, por outro lado, na função social da enfermagem, considerada indispensável e de grande responsabilidade. Desta forma, colocava o interesse da saúde pública a par dos da classe. De acordo com a autora citada, o Sindicato reclamava a proibição, por lei, do exercício da enfermagem a quem não fosse diplomado pelas escolas oficiais, estipulando-se um prazo para os que já estavam empregados realizarem um exame especial; a repressão do curandeirismo e a criação de um código profissional que definisse as funções e o grau de responsabilidade do enfermeiro. Exigia também a fusão das escolas de enfermagem civis e militares existentes em Lisboa, Porto e Coimbra numa só escola em cada cidade, bem como a uniformização do curso e do programa de ensino das três escolas; a autonomia das escolas relativamente às administrações hospitalares, ficando directamente subordinadas a uma direcção geral de ensino; a criação de cursos de especialização; a constituição de partidos de enfermagem na província; o estabelecimento de um salário mínimo e do horário máximo de 48 horas semanais; o reconhecimento da tuberculose como doença profissional e a concessão da reforma ao fim de vinte e cinco anos de serviço[338].

A criação do *Sindicato* viria na sequência de «um movimento renovador de energia» e «no sentido da união de toda a classe»[339]. Os enfermeiros portugueses teriam compreendido que «só de uma inteira união da classe de enfermagem profissional poderá resultar a força colectiva e moral necessária à reivindicação dos [seus] interesses, direitos e regalias». Considerou-se «factor indispensável à acção sindical futura a publicação de "A Voz do Enfermeiro", órgão do Sindicato na imprensa». O jornal seria «um baluarte do qual se pugnará pela conquista dos direitos naturais e humanos» e, ao mesmo tempo, «um agente valioso de cultura geral e de elevação moral e espiritual dos enfermeiros diplomados de ambos os sexos».

Ao longo de dois anos e meio, entre Agosto de 1931 e Dezembro de 1933, *A Voz do Enfermeiro* publicou múltiplos artigos sobre questões essenciais para a classe, com destaque para a defesa do reconhecimento legal dos diplomas conferidos pelas escolas de enfermagem, de modo a que esta só pudesse ser exercida por profissionais, devidamente habilitados.

Na verdade, analisando os três periódicos referidos, é patente a importância por todos atribuída à questão do exercício profissional da enfermagem. A este propósito, o *Arquivo do Enfermeiro* relatava a exposição feita por Pereira Bento numa assembleia magna da *Associação dos Enfermeiros e Enfermeiras da Região Sul*, realizada na sua nova sede, em Lisboa, em Março de 1926[340]. O secretário-geral da Associação constatava «a falta de uma lei de exercício profissional de enfermagem, para que o enfermeiro possa não só exercer livremente a sua profissão, mas que saiba quais os seus deveres profissionais». Por outro lado, dizia, era «necessário reprimir imensos abusos e atropelos», como a apresentação de certificados e diplomas de enfermagem falsos por

---

[338] Maria Isabel Soares, *op. cit.*, pp. 135-136.
[339] «Abrindo», *A Voz do Enfermeiro*, n.º 1, 23 Agosto 1931, pp. 1-2.
[340] «Reunião importante», *Arquivo do Enfermeiro*, n.º 5, Fevereiro/Março 1926, pp. 69-70.

parte de indivíduos empregues no serviço de assistência aos emigrantes da Marinha Mercante Estrangeira.

Para fazer face a situações como essa, Pereira Bento propunha que a classe dos enfermeiros se unisse e fosse ao Parlamento pedir a publicação da lei do exercício profissional de enfermagem, o que foi aprovado, apelando ainda para as vantagens de «uma boa organização» da sua *Associação*. O secretário-geral distinguia entre esta e a *Associação de Classe dos Hospitais Civis Portugueses*, considerando «diferentes» «os interesses e direitos que as duas defendem». Esta última preocupar-se-ia essencialmente com as questões materiais e, na perspectiva do autor, a atenção do enfermeiro dever-se-ia centrar na «Dignidade Profissional e [n]os vários e complexos problemas profissionais de assistência e de humanidade». A atenção a essas questões, que têm a ver com a deontologia e o brio profissional, por um lado, e com o benefício dos que são assistidos, por outro, era reflexo de «uma forte e complexa educação profissional». O movimento de «emancipação do enfermeiro», que implicava a união de todos, significava, pois, a conquista de direitos materiais e, ao mesmo tempo, de uma educação e de uma consciência profissionais mais alargadas.

Ainda a respeito da questão do exercício profissional e em particular da acção dos curandeiros, o *Arquivo do Enfermeiro* dava conta da «necessidade absoluta de combater com mais energia os intrusos nos serviços de saúde», conclusão apresentada por uma comissão especial em reunião da *Associação de Classe dos Enfermeiros de Ambos os Sexos do Porto*[341]. Seria particularmente importante salvaguardar os direitos dos enfermeiros profissionais no embarque do pessoal de enfermagem a bordo dos paquetes que deixavam Portugal, dado ser esta uma das situações em que, como vimos, mais se insinuariam falsos enfermeiros.

Nas páginas d'*O Enfermeiro Português*, a questão do curandeirismo deu origem a artigos inflamados contra a acção de todo o tipo de «ignorantes», entre os quais os chamados «pseudo-farmacêuticos», que se aproveitavam da ingenuidade das pessoas e lhes causavam sérios danos, sem que qualquer lei os castigasse[342]. Mário Afonso, director do jornal, considerava que «os terrenos de cultura destes micróbios são essas escolas e escolinhas de enfermagem de trazer por casa», referindo-se particularmente aos cursos ministrados em asilos, demasiado reduzidos e destinados a indivíduos sem grandes capacidades intelectuais[343]. Na sua opinião, até então, os enfermeiros diplomados tinham tolerado apaticamente a usurpação dos seus lugares por oportunistas. No entanto, estava na hora de despertarem e de se apoderarem do que lhes era devido.

Ao mesmo tempo que se procuravam afirmar perante charlatães e curandeiros, os enfermeiros eram alvo das críticas de alguns médicos, que os acusavam de intromissão

---

[341] «Associação dos Enfermeiros. A questão dos curandeiros. O 2.º Congresso Nacional dos Serviços de Saúde a realizar no Porto», *Arquivo do Enfermeiro*, n.º 9, Agosto 1926, pp. 135-136. Um exemplo da luta levada a cabo pelas associações de enfermeiros contra a concorrência desleal de indivíduos não diplomados foi o julgamento, em 1926, de «um amador de enfermeiro», que tinha o consultório montado numa barbearia em Lisboa e foi acusado pela *Associação dos Enfermeiros e Enfermeiras da Região Sul*. Ver Costa Sacadura, *Subsídios para a bibliografia portuguesa...*, p. 20.

[342] «Curandeirismo. 1.ª investida – A ignorância produz sempre maus efeitos», *O Enfermeiro Português*, n.º 3, 30 Novembro 1929, p. 8.

[343] Mário Afonso, «Prosa rude. Os "parasitas" da nossa profissão"», *O Enfermeiro Português*, n.º 5, 15 Setembro 1930, pp. 6-7.

no campo profissional da medicina. N'*O Enfermeiro Português* foi publicado um artigo de reacção contra as afirmações de um professor da Universidade de Coimbra, que incluíra os enfermeiros entre os curandeiros a quem se deveria proibir o exercício ilegal da medicina[344]. Tal significaria «uma completa ignorância do valor do enfermeiro e do papel que ele representa, como único auxiliar directo do clínico». Segundo o articulista, a formação adquirida pelo enfermeiro diplomado impedia que fosse igualado a um mero charlatão. Por outro lado, continuava, aquele distinguia-se por ser o único capaz de auxiliar devidamente o médico, como «intérprete fiel [...] das suas determinações» e «responsável pela enfermaria durante a sua ausência». Defendia-se, pois, a necessidade de os médicos respeitarem os enfermeiros, reconhecendo neles os seus colaboradores e substitutos. Pela primeira vez, falava-se abertamente da relação entre médicos e enfermeiros em termos de interdependência e não de superioridade e submissão: «São dois elementos que se unem e se completam intimamente».

De qualquer forma, havia médicos que persistiam em acusar os enfermeiros de curandeirismo, criticando os anúncios feitos na imprensa por profissionais diplomados. Em resposta, indignados perante as acusações médicas, os enfermeiros defendiam o direito a publicitar os seus serviços[345], e acusavam os clínicos de serem «o principal factor do desenvolvimento do curandeirismo», na medida em que passavam atestados de competência a indivíduos sem formação e os ensinavam depois, de modo algo caricato e usando como modelos os seus pacientes, a realizar tarefas de enfermagem, como dar injecções[346]. A resposta dos enfermeiros à «maneira sistemática como [os médicos] nos guerreiam» teria de ser colectiva e passaria pela exigência de «uma lei que prescreva terminantemente os limites do enfermeiro [e] parteira». Uma vez definidas com clareza as suas funções, não poderiam continuar a ser acusados de curandeirismo.

A "cruzada" contra o curandeirismo teria expressão ainda no jornal *A Voz do Enfermeiro*, que apelava à criação de partidos de enfermagem rural, semelhantes aos de medicina, de modo a que assistência profissional chegasse aos locais mais afastados, particularmente sujeitos à acção de charlatães. Pedia-se aos enfermeiros mais velhos, com vastos conhecimentos práticos, mas não teóricos, que frequentassem um curso e adquirissem o diploma, como forma de os profissionais se imporem aos curandeiros. No caso específico da marinha mercante, onde mais se insinuavam os impostores, defendia-se o estabelecimento de prazos para a aquisição de diplomas. Publicava-se mesmo uma «Carta aberta à classe médica», exigindo a colocação para enfermeiros diplomados de ambos os sexos, que eram substituídos por «pseudo-enfermeiros», numa situação de «curandeirismo autorizado»[347]. Os autores da carta não compreendiam que inclusivamente alguns professores das escolas de enfermagem não requisitassem para seus auxiliares os alunos que eles próprios aprovavam e a quem conferiam o diploma.

---

[344] «O exercício ilegal da medicina», *O Enfermeiro Português*, n.º 1, 31 Outubro 1929, p. 6. O artigo que originara a polémica fora publicado na revista *A Medicina Contemporânea* e era da autoria do professor Almeida Ribeiro.

[345] «Curandeirismo? Refutando afirmações», *O Enfermeiro Português*, n.º 5, 15 Setembro 1930, pp. 1-2.

[346] «Curandeiros? Apreciação às entrevistas publicadas em "A Republica"», *O Enfermeiro Português*, n.º 6, 15 Novembro 1930, pp. 3-4. «Não será curandeirismo o facto de alguns clínicos ensinarem as empregadas dos consultórios a fazer injecções, praticando o mesmo com clientes seus, marcando com pontos e círculos as nádegas do padecente assinalando-lhe o sítio onde deve ser aplicada a injecção?».

[347] «Carta aberta à classe médica», *A Voz do Enfermeiro*, n.º 27, 1 Dezembro 1933, p. 4.

Assim, tendo em conta que na Assistência Pública «é mínima a percentagem dos enfermeiros admitidos que sejam diplomados», lançava-se um apelo aos clínicos, no sentido de exigirem para seus auxiliares enfermeiros com o diploma. Tal contribuiria não só para a «dignificação dos serviços de saúde», mas também para a da própria classe médica, visto aqueles terem a «consciência exacta [...] do papel que lhes cabe na arte de tratar».

Outra vertente da luta pela exclusividade do exercício profissional para os diplomados era a oposição à admissão de voluntários nos hospitais. Nas páginas d'*A Voz do Enfermeiro*, criticava-se o facto de qualquer pessoa ser aceite como voluntária, sem ser sujeita a uma selecção. Por outro lado, denunciava-se o aproveitamento que os Hospitais Civis de Lisboa faziam da difícil situação financeira de muitas pessoas, obrigando-as a servir como voluntárias antes de ingressarem na Escola de Enfermagem. Admitia-se mesmo a especial vulnerabilidade das mulheres, que receberiam «propostas vexatórias». Os enfermeiros manifestavam-se, pois, contra o trabalho não remunerado, pouco dignificante, e defendiam a extinção da categoria de praticantes voluntários. Para si, a aquisição da prática deveria fazer-se sob o estatuto de estagiário. De resto, o problema afectava também os enfermeiros diplomados, havendo muitos que não eram admitidos como funcionários dos Hospitais Civis de Lisboa, apesar de haver vagas no quadro, continuando a trabalhar como voluntários.

Protestava-se igualmente contra o facto de alguns enfermeiros continuarem a exercer após a reforma, a troco de remunerações inferiores às dos enfermeiros mais novos, rebaixando-se e rebaixando toda a classe.

A defesa do exclusivo profissional para os enfermeiros diplomados era ainda patente na oposição à enfermagem religiosa. No *Arquivo do Enfermeiro*, a questão do contraste entre a enfermagem religiosa e a laica foi abordada por Francisco Gentil, a propósito da eventual superioridade da enfermagem dos países anglo-saxónicos face à nacional[348]. Aquela seria «quase exclusivamente feminina e exercida por senhoras ligadas entre si e aos hospitais em verdadeiras congregações; umas, sem exclusivismo religioso, protestantes outras e algumas católicas». O médico verificava que, enquanto nesse caso as enfermeiras «gozam da mais alta consideração», nos países mediterrânicos, entre os quais Portugal, havia «a mais absoluta falta de respeito, a menor das considerações pela enfermagem». Na sua opinião, porém, as enfermeiras do Sul da Europa, agora maioritariamente laicas, não seriam inferiores às inglesas por motivos religiosos. O que estava em causa era «uma questão de organização e, dependendo dela, um problema de educação». O autor explicava que as difíceis condições de trabalho «afugentavam as mulheres de condição e meio social menos humilde do que aquele em que somos obrigados a recrutar o nosso pessoal». Este pertenceria então a uma «classe de insuficiente cultura». De qualquer forma, Francisco Gentil considerava admirável que, mesmo oriundas desse meio e trabalhando em condições tão adversas, houvesse entre nós «uma forte percentagem de enfermeiras dignas do maior apreço pela inteligência, saber profissional e dedicação».

De acordo com certos artigos publicados no *Arquivo do Enfermeiro*, no nosso país, à falta de consideração pela enfermagem profissional, de que falava Francisco Gentil,

---

[348] Francisco Gentil, «Palavras dos Mestres. Hospitais e Enfermagem», *Arquivo do Enfermeiro*, n.º 8, Julho 1926, pp. 113-116.

correspondia a valorização da enfermagem religiosa. Lembrando as «imensas» queixas contra as Irmãs da Caridade quanto ao tratamento de doentes e atribuindo uma origem política à propaganda a favor das religiosas, o autor de um desses artigos dava conta da atribuição de um louvor a um enfermeiro dos Hospitais Civis de Lisboa, por se ter sujeitado a várias transfusões de sangue para doentes da sua enfermaria[349]. Afirmava não ser esse um caso único e felicitava todos os enfermeiros que o fizessem, visto que, «com actos assim [...], desmentem em absoluto os nossos detractores».

A questão da oposição à enfermagem religiosa colocar-se-ia ainda em finais da década de 1920, inícios da de 1930, como demonstram dois artigos publicados n'*O Enfermeiro Português* e n'*A Voz do Enfermeiro*. Um deles consistia na reprodução de uma conversa entre um médico e uma enfermeira, que o convencia da superioridade das enfermeiras laicas relativamente às religiosas, a qual residiria na respectiva educação e preparação profissional[350]. Noutro artigo afirmava-se claramente: «A enfermagem não é católica, protestante ou israelita; é simples e unicamente enfermagem»[351]. A enfermagem praticada por religiosas seria «atentatória da dignidade humana e da liberdade», uma vez que ocultaria sempre o interesse da propaganda e da conversão, que não pertenceriam à enfermagem. Defendia-se que o conforto espiritual podia ser prestado ao doente sem a influência da religião.

Apesar de tudo, nos três periódicos referidos, havia ainda uma aproximação clara entre a enfermagem e uma série de valores espirituais e mesmo religiosos. Num dos artigos publicados no *Arquivo*, o enfermeiro Manuel dos Santos Tavares traçava um retrato da profissão marcado pelas ideias de sacrifício, sofrimento e espírito de missão, como se, apesar das críticas à acção das Irmãs Hospitaleiras, a enfermagem laica não pudesse dispensar o valor espiritual e sagrado que era atribuído à enfermagem religiosa[352]. Assim, para o autor, «a vida do enfermeiro é cheia de perigos e de responsabilidades», é uma «vida de renúncia e até de martírio». O seu comportamento exemplar em situações extremas, como as de epidemia, em que era o único a não fugir, conferia à sua figura contornos celestiais: «o empestado [...] vê em sonhos um anjo de alvas vestes, velando à sua cabeceira pestilenta! [...] Lá está, paciente e impávido, o abnegado enfermeiro». Enquanto toda a gente fugia da dor e recuava perante a doença, o enfermeiro lutava contra elas e nunca abandonava quem sofria: «só o enfermeiro enxuga cuidadosamente as lágrimas»; «fitando e envolvendo as suas purulentas chagas, lá está o irmão abnegado, o devotado enfermeiro». Nesta última frase é particularmente evidente a proximidade entre o enfermeiro laico e a religiosa. O mesmo acontece quando Manuel dos Santos Tavares compara o *Arquivo do Enfermeiro* ao Evangelho: tal como este «alenta e anima os missionários em regiões inóspitas», aquele «exorta e anima o enfermeiro no cumprimento do dever, na prática do bem». O articulista atribuía, assim, à enfermagem uma finalidade religiosa, ou pelo menos moral.

---

[349] «Enfermagem laica», *Arquivo do Enfermeiro*, n.º 4, Janeiro 1926, pp. 49-50.
[350] «Enfermagem laica e enfermagem religiosa», *O Enfermeiro Português*, n.º 4, 31 Dezembro 1929, pp. 11-12.
[351] *A Voz do Enfermeiro*, n.º 11, Novembro 1932.
[352] Manuel dos Santos Tavares, «Um aniversário», *Arquivo do Enfermeiro*, n.º 9, Agosto 1926, p. 131.

Da mesma forma, a enfermeira que, no citado artigo d'*O Enfermeiro Português*, defendia a superioridade da enfermagem laica fazia questão de destacar que as qualidades religiosas eram de certa forma compensadas pelas qualidades morais, dando prova de que a enfermagem não podia abdicar de um importante capital espiritual. E essa espiritualidade era ainda concebida como ligada à religião. É isso que se depreende das palavras do enfermeiro F. F. Carvalho, defendendo a substituição das «Irmãs da Caridade» pelas «Irmãs da Simpatia», as quais trabalhariam «não pelo amor de Deus, mas pelo da Humanidade»[353]. Para esse autor, «grandiosa e cheia de abnegação tem sido a missão da enfermeira laica». Também Maria da Conceição Lopes, enfermeira-chefe dos serviços de Estomatologia do Hospital de S. José, falava nas recompensas morais da profissão «mais nobre e altruísta de todas, sobretudo quando dela fazemos um sacerdócio»[354].

A importância das qualidades morais no desempenho da profissão não estava, entenda-se, confinada às mulheres, embora, por analogia com as religiosas, fosse mais compreensível atribuir à mulher a possibilidade de «ser sempre irmã dos desgraçados»[355]. Referindo-se ao trabalho do enfermeiro, Mário Afonso, por exemplo, fazia o elogio do que considerava ser uma «missão nobre, generosa, formidável de estoicismo, mas linda, atraente»[356]. Falava mesmo em «heróica missão», o que imprimia uma dimensão quase sobre-humana à tarefa que se pretendia, acima de tudo, profissionalizar.

Por fim, também *A Voz do Enfermeiro* continuava a atribuir à enfermagem contornos espirituais muito fortes, valorizando as qualidades morais dos enfermeiros e particularmente das enfermeiras. Num artigo publicado logo no primeiro número, José Paula afirmava o total desinteresse com que os enfermeiros exercem a profissão: «É uma classe que não vive para viver; vive para fazer viver o seu semelhante»[357]. Perante a frequente ingratidão dos doentes, a classe seguiria mesmo o exemplo de Cristo, pelo que «os olha com tristeza, lhes sorri e lhes perdoa!». O autor falava na «alma da enfermagem», que, lutando contra a dor e o perigo, «não se definha, cresce». Apelava, porém, aos enfermeiros para que criassem «uma alma ainda maior», para que se aperfeiçoassem mais, de modo a que no futuro os homens reconhecessem o seu valor.

A sociedade portuguesa seria especialmente ingrata para com as enfermeiras, que eram vítimas de má fama. Júlio A. Martinho considerava que certas acusações, como a de que as enfermeiras eram mulheres sem os mais elementares princípios de moral, constituíam «um crime de lesa dignidade que deve ser fortemente combatido»[358]. Segundo o autor, «as enfermeiras [...] fazem parte de uma classe de mulheres onde a honra e a moral são obrigadas a manter-se, vivendo quase exclusivamente para o trabalho, numa vida de luta e sacrifícios [...] que não dá tempo para ociosidades ou

---

[353] F. F. Carvalho, «Carta de Lisboa», *O Enfermeiro Português*, n.º 2, 15 Novembro 1929, pp. 8-9.

[354] Maria da Conceição Lopes, «A necessidade de união profissional na classe de enfermagem», *O Enfermeiro Português*, n.º 5, 15 Setembro 1930, pp. 3-4.

[355] F. F. Carvalho, «Carta de Lisboa», art. cit., pp. 8-9.

[356] Mário Afonso, «A missão do enfermeiro», *O Enfermeiro Português*, n.º 4, 31 Dezembro 1929, pp. 1-2.

[357] José Paula, «Enfermagem», *A Voz do Enfermeiro*, n.º 1, 23 Agosto 1931, p. 2.

[358] Júlio A. Martinho, «Má fama», *A Voz do Enfermeiro*, n.º 16, 1 Abril 1933, p. 2.

vícios». Ao caracterizar o que considerava «a verdadeira enfermeira», Júlio Martinho traçou um retrato que em muitos aspectos se assemelhava ao da religiosa, marcado por uma forte conotação moral: «uma mulher sacrificada [...] que sofre resignadamente as canseiras dum trabalho extenuante» e que possui «uma alma cheia de abnegação, paciência e bondade»; as críticas que lhe movem são tanto mais injustas quanto «a sua liberdade é limitada» e «a sua conduta é fiscalizada». O autor terminava admitindo que nem todas as enfermeiras correspondiam a esse ideal, mas que a maioria delas eram «raparigas bem honestas».

A par da exclusividade do exercício profissional para os enfermeiros laicos e diplomados pelas escolas oficiais, as difíceis condições de trabalho dos enfermeiros portugueses foram objecto de vários artigos na imprensa de classe. Desde logo, no caso o *Arquivo do Enfermeiro*, dava-se conta das preocupações de Pereira Bento quanto ao horário de trabalho, expressas em assembleia magna da *Associação dos Enfermeiros e Enfermeiras da Região Sul*[359]. Em França já vigorava a lei das 8 horas diárias, mas em Portugal, mesmo com a boa vontade do director dos Hospitais Civis de Lisboa, que se disponibilizara para pôr em prática um sistema de turnos, não havia pessoal suficiente para implementar aquela norma. Pereira Bento estava também preocupado com os atropelos à justiça no sistema de promoções nos Hospitais Civis de Lisboa, propondo a nomeação de uma comissão que protestasse junto do director da instituição.

As doenças profissionais eram outro tópico de reivindicação dos enfermeiros, que exigiam segurança e compensações pelos danos causados[360]. O problema atingiria graves proporções, pelo menos a julgar por um artigo do enfermeiro João H. Manaças, significativamente intitulado «Pela vida!» e relativo à incidência da tuberculose entre o pessoal de enfermagem[361]. O autor começava por identificar uma série de factores que transformavam os enfermeiros em vítimas potenciais daquela doença: «o ar confinado das enfermarias [...] o trabalho exaustivo diário e dos serões, das noites de vela e das noites mal dormidas, as esfalfantes caminhadas das nossas longínquas casas de aluguer módico, ora sob o frio intenso das invernias, ora pelos aniquilantes calores estivais [...], as deficiências da alimentação, que tem de ser pouca e de má qualidade, em virtude da exiguidade dos nossos ordenados». Acrescia a todas estas condições desfavoráveis o facto de os enfermeiros viverem em permanente contacto com a tuberculose, agravado por um ritmo de trabalho que podia ir além de 16 horas diárias.

---

[359] «Reunião importante», *Arquivo do Enfermeiro*, n.º 5, Fevereiro/Março 1926, pp. 69-70.

[360] No *Arquivo do Enfermeiro* transcrevia-se a sentença proferida pelo Tribunal de Acidentes de Trabalho de Lisboa, em 1925, contra a direcção dos Hospitais Civis de Lisboa, condenada a pagar uma pensão à família de um enfermeiro que falecera devido a um tumor maligno, de origem contagiosa, adquirido no exercício da profissão («Doenças Profissionais. Tumor maligno», *Arquivo do Enfermeiro*, n.º 4, Janeiro 1926, pp. 55-56). O primeiro caso deste género em Portugal teria ocorrido em 1921, quando a morte do serventes das autópsias do Hospital do Rego, contagiado de peste por uma picada sofrida em trabalho, levou a *Associação de Classe do Pessoal dos Hospitais Civis Portugueses* a apresentar queixa no Tribunal dos Acidentes do Trabalho, que condenou a Direcção dos Hospitais à concessão de uma pensão à família. Ver Costa Sacadura, *Subsídios para a bibliografia portuguesa...*, p. 18.

[361] João H. Manaças, «Pela vida! A tuberculose e o pessoal de enfermagem», *Arquivo do Enfermeiro*, n.º 9, Agosto 1926, pp. 137-138.

Para João H. Manaças, a solução do problema passaria, acima de tudo, pela melhoria das condições de trabalho dos enfermeiros, devendo exigir-se «imediatamente e energicamente» o cumprimento do horário de 8 horas de trabalho, o pagamento, a dobrar, de horas extraordinárias e «que os quartos do pessoal que descansa sejam fora das enfermarias». Para o autor, enquanto não fossem garantidos aos enfermeiros os seus direitos, estes não passariam de uns «miseráveis». Por outro lado, sem as devidas condições, ninguém lhes poderia exigir a responsabilidade de um bom trabalho.

A situação ter-se-á mantido inalterada até ao início da década de 1930, tendo em atenção o conteúdo de vários artigos d'*A Voz do Enfermeiro*. De acordo com um deles, eram diversos os aspectos em que se evidenciava o «sacrifício profissional», nomeadamente, a dedicação constante ao trabalho e o total desinteresse, o risco das doenças profissionais, com destaque ainda para a tuberculose[362]. Este último aspecto estava associado à inexistência de apoios estatais na doença, como a hospitalização dos enfermeiros. Por outro lado, estes eram obrigados a trabalhar trinta e seis anos até poderem obter a reforma. Durante esse período, auferiam parcos vencimentos e estavam sujeitos a horários pesadíssimos e a um sistema de trabalho nocturno ou de «velas» extremamente violento[363].

A propósito dessa questão, Augusto Janeiro reclamava «justiça» num editorial d'*A Voz do Enfermeiro*[364]. A lei previa um período máximo de trabalho de 8 horas diárias e 48 horas semanais, mas o pessoal de enfermagem dos Hospitais Civis de Lisboa, dos Hospitais da Misericórdia do Porto e dos Hospitais da Universidade de Coimbra chegava a trabalhar 67 horas por semana. Para além disso, e apesar da violência do serviço nocturno, obrigava-se cada enfermeiro a velar dez noites por cada mês. O autor atribuía, pois, toda a razão aos enfermeiros, que reclamavam o cumprimento do horário de trabalho. Na sua opinião, tal era «um dever que ao Estado compete mandar fazer cumprir, porque é justo, porque é humano», ou seja, não só «porque está de harmonia com a lei», mas também «porque está de harmonia com a moral».

O autor citado apontava ainda um outro problema, que aliás poderia estar na origem das anomalias ao nível do horário de trabalho, designadamente, «a grande falta de enfermeiros» que se fazia sentir nos hospitais civis. Na sua opinião, «o quadro do pessoal de enfermagem não está de harmonia com o desenvolvimento hospitalar», o que estava relacionado com a já referida questão dos voluntários: «há naqueles hospitais dezenas de enfermeiros diplomados trabalhando alguns já há anos, sem auferirem qualquer vencimento»; muitos desses enfermeiros possuíam inclusivamente cursos de especialidade. Para Augusto Janeiro, bastava que esses indivíduos fossem admitidos nos

---

[362] «Onde se afirma o sacrifício profissional», *A Voz do Enfermeiro*, n.º 1, Agosto 1931.

[363] Diversos artigos davam conta do descontentamento dos enfermeiros relativamente às questões referidas: quanto ao vencimento, por parte do pessoal de enfermagem do Hospital da Misericórdia do Porto e pelo dos Hospitais Civis de Lisboa; em defesa da possibilidade de hospitalização dos enfermeiros doentes e da reforma aos vinte e cinco anos de serviço, pelos enfermeiros de Lisboa; contra o regime das «90 velas» (trinta noites consecutivas de vela), instituído à experiência num dos Hospitais de Lisboa, e contra o sistema de folgas dos mesmos Hospitais (de três em três ou de quatro em quatro dias, mas trabalhando mais 12 a 14 horas na véspera, de modo que se passava a folga a descansar). De resto, os enfermeiros dos Hospitais Civis daquela cidade dirigiram uma representação ao Ministro das Finanças e ao do Interior, em que davam conta da sua difícil situação (ver *A Voz do Enfermeiro*, n.º 6, Junho 1932).

[364] Augusto Janeiro, «Faça-se justiça», *A Voz do Enfermeiro*, n.º 26, 16 Novembro 1933, p. 1.

quadros de enfermagem para que o problema da falta de enfermeiros ficasse resolvido. Todavia, as direcções hospitalares pareciam não escutar esses apelos.

É certo que alguns médicos reconheciam as más condições de trabalho dos enfermeiros portugueses. Tal era o caso de Francisco Gentil, que descrevia «a vida miserável que os hospitais de Lisboa proporcionam às nossas enfermeiras: mal alimentadas, em quartos de insuficiente cubagem, sem condições de boa higiene, sobrecarregadas de trabalho pela sua insuficiência numérica, sem repouso bastante [...] sem condições nem estímulo de cultura ou de boa e sã distracção, quase sem férias»[365].

No entanto, vários foram os artigos publicados no *Arquivo do Enfermeiro* sobre o esquecimento de que era alvo a enfermagem portuguesa, quer por parte de alguns clínicos[366], quer por parte do governo, ao qual se atribuía a «responsabilidade da falta de uma enfermagem bem organizada e de serviços de saúde bem montados»[367]. Segundo Álvaro Condinho, a classe de enfermagem portuguesa tinha vindo a estudar as medidas necessárias para desempenhar um trabalho de qualidade e ser respeitada por isso, estando consciente dos motivos pelos quais o serviço nacional não se encontrava ao nível do de outros países[368]. O problema residia na ausência de resposta por parte do poder político e, eventualmente, na falta de colaboração por parte dos médicos, cuja *Associação* não se fizera representar no 1.º Congresso Nacional de Saúde, convocado pela classe de enfermagem. Álvaro Condinho parecia querer reforçar a legitimidade das reivindicações dos enfermeiros frisando que aquele Congresso «não teve só a ambição das conquistas morais e materiais para uma classe; teve também o desejo de contribuir [...] para o bem-estar dum povo que é digno de melhor sorte».

A preocupação da classe de enfermagem com a saúde e com o bem-estar dos portugueses remete para o retrato do enfermeiro ideal traçado em alguns artigos da revista citada e marcado pela combinação de qualidades profissionais e morais. Numa rubrica significativamente intitulada «Palavras dos Mestres», em que são citados textos de médicos, sobressaía a definição de enfermeiro como «o auxiliar indispensável do médico e do cirurgião»[369]. Mais especificamente, «o enfermeiro é o *ajudante* do médico e não o seu substituto, não lhe compete prescrever os medicamentos, deve apenas administrá-los. A sua obediência ao médico deve ser absoluta». Lamentava-se a falta de respeito por este princípio, havendo enfermeiros que não se abstinham de criticar os médicos e de alterar os cuidados por eles prescritos[370]. Admitia-se a possibilidade de «sobrevir algum incidente que incite o enfermeiro no direito de sua própria autoridade», afirmando-se mesmo que «a obediência não exclui a inteligência».

Estas palavras representam já um progresso relativamente à ideia da total submissão ao médico por parte do enfermeiro, o qual passava a poder tomar a iniciativa em casos

---

[365] Francisco Gentil, «Hospitais e Enfermagem», art. cit., pp. 113-116.

[366] R.B.M., «Os amigos da enfermagem portuguesa», *Arquivo do Enfermeiro*, n.º 9, Agosto 1926, p. 133.

[367] Álvaro Condinho, «Hospitalização», *Arquivo do Enfermeiro*, n.º 9, Agosto 1926, p. 136.

[368] Álvaro Condinho, «A enfermagem portuguesa», *Arquivo do Enfermeiro*, n.º 10, Setembro/Outubro 1926, p. 158.

[369] «Palavras dos Mestres», *Arquivo do Enfermeiro*, n.º 4, Janeiro 1926, p. 51.

[370] «Palavras dos Mestres. Os nossos deveres», *Arquivo do Enfermeiro*, n.º 6, Abril/Maio 1926, pp. 81-82.

graves e urgentes. No entanto, não só se determinava que, nesses casos, o médico fosse «prevenido o mais rápido possível da modificação operada [no tratamento] e das razões da sua realização», como se afirmava que essas eram situações «muito excepcionais», pelo que «a regra é a obediência passiva».

Para além de se limitar à sua função de auxiliar, um bom enfermeiro tinha de saber lidar com o doente, o que significava ganhar-lhe a confiança e tomar sobre ele «um verdadeiro ascendente moral, uma legítima autoridade». Curiosamente, o mesmo artigo apresentava duas vias aparentemente contraditórias para alcançar esse objectivo: ao mesmo tempo que recomendava um «tom autoritário e decisivo», falava em «paciência, doçura, [...] amabilidade, e mesmo se possível, alegria»[371].

De acordo com esta última perspectiva, «o enfermeiro deve saber conter-se diante das censuras imerecidas, das insolências ou mesmo das injúrias» do doente, não lhe fazendo sentir «a repugnância ou o desgosto», mas apresentando sempre «um ar tranquilo e agradável», «um olhar amável e alegre». Por detrás destas considerações, estava a ideia da importância do factor psicológico no tratamento da doença. Tal consciência levaria inclusivamente, num outro artigo, à defesa da introdução de alguns elementos de biocultura ou de psicoterapia nos princípios de deontologia profissional ministrados no curso da Escola Profissional de Enfermagem[372]. Tratava-se de ensinar ao enfermeiro o «poder da vontade», para este depois o transmitir ao doente. Enquanto a alegria, a boa vontade e as palavras encorajadoras do enfermeiro constituem uma «força benéfica» que permite ao doente «melhorar o seu estado geral», a falta de atenção, o aborrecimento, e os juízos pouco esperançosos daquele conduzem ao desalento do doente, transformando-se em «forças maléficas que redundam em seu prejuízo».

Martins do Rego alertava para os limites da intervenção do enfermeiro àquele nível, afirmando não querer «o enfermeiro psicólogo, dando à palavra maior valor que o medicamento». No entanto, considerava fazer parte da missão do enfermeiro dar «à palavra aquele tom de persuasão que todo o doente gosta de ouvir» e despertar nele a alegria, provocando o «riso franco e são». Apresentava, pois, o riso como «agente terapêutico de primeira ordem», do qual nem todos se sabiam servir, mas que se podia ensinar a usar. O autor concluía afirmando que o ensino destas noções contribuiria para «espiritualizar um pouco a missão do enfermeiro».

De qualquer forma, para além de exigir qualidades morais e uma personalidade forte, com «uma grande firmeza» e «uma grande força de vontade», a profissão de enfermagem implicava imensos cuidados de ordem prática, começando pela saúde do próprio enfermeiro, que implicava uma boa alimentação e descanso. Depois, vinham os cuidados com o vestuário e a higiene: uniforme composto por «uma blusa de pano de cabeleira bem disposta, mas sem coqueteria, sapatos de sola ligeira para evitar ruído»; mãos desinfectadas e unhas cortadas e asseadas; lavagem frequente das mãos e da cara quando em contacto com doenças infecto-contagiosas; utilização de luvas, «a toilete de assepsia». Por fim, o enfermeiro tinha de ter em atenção a forma como trabalhava,

---

[371] «Palavras dos Mestres», *Arquivo do Enfermeiro*, n.º 4, Janeiro 1926, p. 51.

[372] Martins do Rego, «Deontologia profissional. Elementos de biocultura na educação profissional do enfermeiro», *Arquivo do Enfermeiro*, n.º 9, Agosto 1926, pp. 129-130.

sendo-lhe exigidos movimentos naturais e silenciosos, uma voz muito perceptível e gestos dóceis, precisos e atentos, de modo a nunca incomodar o doente e a não o fazer esperar muito tempo.

A questão do enfermeiro ou enfermeira ideal foi também abordada n'*A Voz do Enfermeiro*. Apesar de, como vimos, num dos artigos ter sido traçado um retrato que em vários aspectos se assemelhava ao da religiosa, o peso da moralidade parece não ser tão significativo neste jornal como no *Arquivo do Enfermeiro*. Trata-se de um órgão mais combativo, directamente comprometido com os interesses dos enfermeiros, e, no seguimento do que já acontecera com *O Enfermeiro Português*, mais independente em relação aos médicos. Enquanto o *Arquivo* ainda citava as «Palavras dos Mestres», *A Voz do Enfermeiro* falava pela primeira vez em «preconceito» da parte dos clínicos e defendia um estreitamento das relações entre eles e os enfermeiros[373].

O retrato do enfermeiro ideal traçado na imprensa em causa aplicava-se a indivíduos de ambos os sexos, dado que, como vimos, em Portugal, e ao contrário do que acontecia noutros países, a enfermagem tanto era praticada por mulheres como por homens. Segundo a enfermeira Maria da Conceição Lopes, nem a população portuguesa nem as próprias enfermeiras estavam preparadas para uma enfermagem exclusivamente feminina[374]. Se tal acontecesse então, seria «um descalabro», visto que o país «ainda não atingiu o cúmulo da independência feminina, nem o respeito mútuo existe».

Por sua vez, Francisco Gentil afirmava que «no nosso meio hospitalar nós não podemos nem poderemos nunca prescindir da enfermagem mista»[375]. Opondo-se à ideia de que o problema dos hospitais portugueses residia no facto de a enfermagem não ser apenas feminina, o médico declarava-se «absolutamente contra a supressão da enfermagem masculina em determinados serviços», lançando a seguinte questão: «como entregar só às mulheres uma sala de cirurgia de doentes do sexo masculino num país do sul com as características do nosso?!». O autor parecia sugerir uma forte possibilidade de desvios morais por parte das enfermeiras portuguesas, nomeadamente nas suas relações com os doentes do sexo masculino. O receio desses desvios poderia assim justificar a existência de um artigo especificamente dedicado à «Educação moral da enfermeira». Talvez mais do que o enfermeiro, aquela precisava de reunir uma série de qualidades entre as quais se destacavam as de carácter moral[376].

---

[373] Num artigo escrito em Coimbra, lamentava-se a difusão entre o povo e entre os próprios médicos da ideia de que o enfermeiro «pretende rivalizar com o médico» e defendia-se a necessidade de que «os médicos saiam da sua "Torre de Marfim", pondo preconceitos de lado, e venham até aos nossos sindicatos espalhar os seus conhecimentos», através de conferências ou aulas livres (Heho-Hanan, «Fogos Fátuos. Não somos médicos!...», *A Voz do Enfermeiro*, n.º 19, 1 Julho 1933, p. 8). Num outro artigo, defendia-se ainda a necessidade de uma classe de enfermagem lutar pela consideração da classe médica e «repelir a humilhação» de que seria alvo. Essa consideração devia ser mútua, visto que enfermeiros e médicos dependem uns dos outros. Ver «A classe de enfermagem e a sociedade», *A Voz do Enfermeiro*, n.º 3, Fevereiro 1932.

[374] Maria da Conceição Lopes, «Enfermagem laica e enfermagem religiosa», art. cit., pp. 11-12.

[375] Francisco Gentil, «Palavras dos Mestres. Hospitais e Enfermagem», art. cit., p. 115.

[376] A valorização das qualidades morais dos enfermeiros em geral e das enfermeiras em particular torna-se evidente numa notícia sobre um ofício dirigido ao Ministro do Interior e ao Governador Civil de Lisboa pelas *Associações de Classe dos Hospitais Civis Portugueses* e *de Enfermeiros e Enfermeiras da Região Sul*, no sentido de que não fosse permitido o uso de trajes hospitalares nos festejos carnavalescos. Ver «Pela moral. Ao Sr. Ministro do Interior», *Arquivo do Enfermeiro*, n.º 4, Janeiro 1926, p. 50.

Segundo o artigo referido, a mulher teria uma disposição natural para a tarefa da enfermagem[377]. Para o bom desempenho da profissão, que era considerada uma «nobre missão» da mulher, não bastava pois ter um diploma, era necessário combiná-lo com os «dotes morais» femininos. A consciência dos seus deveres e do papel que tinha a desempenhar, bem como a competência moral, trariam à enfermeira e, através dela, à sua profissão, o respeito merecido. Assim, considerava-se «imperioso que a enfermeira portuguesa levante a sua profissão ao nível da enfermeira inglesa». Tal implicava, desde logo, uma selecção rigorosa no recrutamento das enfermeiras, sendo necessário que «se investigue quais as suas condições morais, a convivência, a educação recebida no lar, o seu passado». O mesmo era dizer, «nem a todas as camadas sociais se pode ir escolher a enfermeira», o que estava de acordo com as ideias defendidas por Florence Nightingale e com a prática britânica.

Para além dos cuidados com o recrutamento, que garantiriam a educação moral das enfermeiras, era necessário que estas se impusessem pelas suas qualidades morais, como a proficiência, a dedicação, o desinteresse e, acima de tudo, a obediência aos seus superiores. Fazia-se um apelo no sentido de que as enfermeiras aprendessem a obedecer e a respeitar os outros, de modo a serem também obedecidas e respeitadas; somente assim poderiam «triunfar do servilismo em que a falta de educação moral as colocou». Seriam então para os clínicos, os seus «mestres», «os melhores auxiliares, em que possam depositar toda a confiança». O «engrandecimento da enfermeira» exigiria a coesão da classe, mas só a sua educação moral e profissional permitiria mais tarde dizer que «a mulher em Portugal, reagindo contra a dissolução da hora actual, soube emancipar-se». Assim concebida, a emancipação feminina, e neste caso da enfermeira, passava pela afirmação das suas qualidades morais, ou melhor, das que lhe eram tradicionalmente atribuídas, o que, no fundo, significava conformar-se ao papel que o homem lhe atribuía.

A questão da formação em enfermagem só começou a ser abordada de modo específico na imprensa de classe nas páginas d'*O Enfermeiro Português*. Como vimos, os enfermeiros portugueses defendiam o reconhecimento legal dos diplomas obtidos nas escolas de enfermagem, como meio de se afirmarem perante os falsos profissionais. Naquele jornal, essa reivindicação aparecia associada a uma outra, a da uniformização do ensino profissional, o que implicaria a adopção de um programa único e de métodos pedagógicos iguais pelas várias escolas de enfermagem, como forma de acabar com as desigualdades na formação dos enfermeiros[378].

Mário Furtado, em cuja opinião não se justificava a existência de diferenças significativas na formação oferecida pelas várias escolas de enfermagem, dado a missão do enfermeiro ser apenas uma, apresentava propostas concretas, ao nível do programa curricular e do funcionamento das escolas[379]. Estruturava as diversas matérias num curso elementar de três anos e em cursos de especialização, prevendo a alternância de aulas teóricas e aulas práticas. Considerava necessário aumentar a exigência nos critérios de admissão de candidatos, nomeadamente no respeitante às habilitações literárias:

---

[377] «Educação moral da enfermeira», *Arquivo do Enfermeiro*, n.º 7, Junho 1926, pp. 97-98.
[378] «Pela classe de enfermagem. A questão dos diplomas», *O Enfermeiro Português*, n.º 1, 31 Outubro 1929, p. 11.
[379] Mário Furtado, «O ensino profissional», *O Enfermeiro Português*, n.º 3, 30 Novembro 1929, pp. 1-2.

todos deveriam ter o 3.º ano dos liceus ou, pelo menos, um conhecimento profundo da língua francesa. As escolas deveriam funcionar em edifícios próprios, construídos de raiz ou adaptados, mas sempre independentes, possuindo como anexos um laboratório e um hospital escolar, para as aulas práticas. A direcção das escolas e a função docente estariam a cargo de professores universitários.

A enfermeira Maria da Conceição Lopes, que atribuía a «crise moral» vivida pela classe de enfermagem à falta de preparação educativa, estava também preocupada com a selecção dos alunos, a qual deveria ser mais rigorosa e apoiada numa boa educação[380]. Nesse domínio, considerava grande a responsabilidade dos enfermeiros chefes, a quem caberia velar pelo ensino prático e pela orientação dos futuros colegas. O acompanhamento dos enfermeiros em formação por parte dos diplomados seria uma das formas de solidariedade e união profissional, consideradas tão necessárias à classe.

Num outro artigo, Mário Furtado ia para além da exigência da educação profissional de base, levantando já o problema da formação contínua dos enfermeiros[381]. Na sua opinião, aqueles eram os culpados da estagnação e da apatia em que a classe vivia, uma vez que, após terminarem o curso, não se procuravam actualizar. O autor considerava que um bom desempenho profissional exigia o acompanhamento da rápida evolução científica e técnica ao nível dos cuidados de saúde, havendo que apostar na formação contínua dos enfermeiros. Esta contaria com a colaboração dos clínicos e seria uma mais valia na luta contra os concorrentes do enfermeiro profissional.

Os artigos publicados n'*A Voz do Enfermeiro* sobre a formação dos enfermeiros reflectem essencialmente as mesmas preocupações que os anteriores. A reivindicação principal era a da «Escola Única», ou seja, da uniformização dos programas curriculares de todas as escolas civis e militares do país. O objectivo seria garantir uma formação homogénea aos alunos e conferir-lhes o direito exclusivo ao exercício profissional. Todas as escolas deveriam ser tuteladas pelo Ministério da Instrução e não pelo Ministério do Interior, através das administrações hospitalares, como acontecia até então. Nesse caso, pretendia-se a independência relativamente aos hospitais, os quais condicionavam o funcionamento das escolas e o ensino nelas ministrado.

É neste contexto que devemos integrar dois artigos contra a criação de novas escolas ou cursos de enfermagem. Um deles opunha-se à intenção dos médicos de Portalegre de criar uma escola no hospital da cidade, defendendo, em contrapartida, o estabelecimento de um único programa para as escolas de Lisboa, Porto e Coimbra[382]. Outro criticava a criação de um curso pela *Assistência Nacional aos Tuberculosos*, sem condições para habilitar tecnicamente ao exercício profissional da enfermagem[383]. No fundo, rejeitava-se a criação de cursos fora das três escolas oficiais já existentes.

Outro aspecto que merecia algum destaque era o da selecção dos candidatos às escolas de enfermagem. Dado o objectivo de dignificar a classe, formando bons profissionais, havia todo o interesse em garantir que os futuros enfermeiros reunissem as qualidades específicas consideradas necessárias ao desempenho da profissão. Um dos

---

[380] Maria da Conceição Lopes, «A necessidade de união profissional...», art. cit., pp. 3-4.
[381] Mário Furtado, «A missão do enfermeiro», *O Enfermeiro Português*, n.º 4, 31 Dezembro 1929, pp. 1-2.
[382] *A Voz do Enfermeiro*, n.º 14, Fevereiro 1933.
[383] *A Voz do Enfermeiro*, n.º 25, Novembro 1933.

artigos sugeria que as apetências dos candidatos aos cursos de enfermagem fossem avaliadas em instituições como o já existente *Instituto de Orientação Profissional*[384].

Para terminar este capítulo dedicado à profissionalização da enfermagem, nos anos de 1920 e inícios de 1930, importa salientar uma ideia que é transversal a todas as matérias tratadas no mais recente dos periódicos analisados, *A Voz do Enfermeiro*: a dignificação da classe e a conquista de direitos laborais e sociais dependem da união dos enfermeiros profissionais e passam por uma acção concreta, de carácter associativo e sindical. Após a constituição do *Sindicato Profissional dos Enfermeiros da Região Sul* e do *da Região Centro*, sedeado em Coimbra, foram frequentes os apelos aos enfermeiros diplomados da região Norte para que fosse criada uma organização equivalente.

Em 1933, dois anos após a fundação do *Sindicato da Região Sul*, fazia-se o ponto da situação e constatava-se que nenhuma das reivindicações feitas fora ainda atendida. Por esse motivo, mantinham-se as críticas injustas aos nossos enfermeiros, que se encontravam numa situação de inferioridade profissional e social relativamente aos de outros países. No entanto, a classe não desistia e falava-se já na criação de uma federação nacional dos sindicatos profissionais dos enfermeiros[385]. Ao mesmo tempo, estudava-se a possibilidade de organizar uma caixa de previdência no Sindicato, para a concessão de subsídios de doença e invalidez, que, na ausência de ajudas estatais, seriam para os enfermeiros necessitados uma ajuda preciosa.

Ainda em 1933, noticiava-se a constituição da comissão organizadora do 1.º Congresso Nacional da Classe de Enfermagem[386]. Um dos principais assuntos a tratar no encontro era, na sequência do referido, a criação de uma instituição mutualista de previdência dos enfermeiros diplomados dos dois sexos, sindicalizados num dos três sindicatos existentes ou noutro por fundar. Seriam também debatidas no Congresso questões fundamentais como a legalização e o código profissionais, a «Escola Única», a criação de partidos de enfermagem, o horário de trabalho, a reforma aos vinte e cinco anos de serviço e a classificação da tuberculose como doença profissional.

O último número do jornal *A Voz do Enfermeiro* saiu em Dezembro de 1933, em ligação com a dissolução do próprio *Sindicato*. Maria Isabel Soares informa que a publicação do periódico já havia sido interrompida, durante quatro meses, logo em 1931, na sequência do encerramento da sede do *Sindicato*, devido a um conflito nos Hospitais Civis de Lisboa[387]. Motivado pelo horário de trabalho, esse conflito levara à suspensão de alguns dos dirigentes sindicais que ali trabalhavam. A mesma autora atribui a dissolução do *Sindicato* à discordância com a legislação de 1933, que impunha uma nova organização sindical.

A curta duração dos sindicatos referidos e dos respectivos periódicos levanta a questão dos limites da capacidade de intervenção da classe de enfermagem durante o período em análise. No que respeita à formação, que se assumia como a única via de legitimação de todas as reivindicações, continuava nas mãos dos médicos, que eram

---

[384] *A Voz do Enfermeiro*, n.º 9, Setembro 1932. A Escola de Lisboa seria a primeira a pôr em prática a sugestão, pedindo o seu director ao referido *Instituto* que examinasse os alunos do primeiro ano do curso de 1933 (ver Costa Sacadura, *Subsídios para a bibliografia portuguesa...*, p. 23).

[385] *A Voz do Enfermeiro*, n.º 15, Fevereiro 1933.

[386] *A Voz do Enfermeiro*, n.º 18, Junho 1933.

[387] Maria Isabel Soares, *op. cit.*, p. 136.

responsáveis pela docência e pela elaboração dos programas de ensino. De resto, apesar de reclamarem o domínio de conhecimentos teóricos e práticos que lhes garantiriam um trabalho autónomo, na prática, os enfermeiros ocupavam ainda uma posição subalterna em relação aos médicos. Foi por estar consciente dessa realidade que o *Sindicato Profissional dos Enfermeiros da Região Sul* seguiu uma estratégia de não hostilização e de colaboração com a classe médica, propondo que esta participasse na comissão de elaboração do código profissional e nas comissões de controlo do curandeirismo.

A partir dos anos de 1930, ter-se-á registado um «abrandamento da acção dos sindicatos», justificado, na opinião de Maria Isabel Soares, pela crescente feminização da enfermagem e pela situação política[388]. A criação do *Sindicato Nacional Feminino das Enfermeiras do Distrito de Lisboa*, na segunda metade da década de 1930, por exemplo, parece contrariar a importância do primeiro factor. Julgamos que a situação política do país terá sido mais determinante: como a própria autora afirma, «embora continuassem a existir, [os sindicatos] não tinham espaço para reivindicações».

## 2. A CRIAÇÃO DA ESCOLA DE ENFERMAGEM DOS HOSPITAIS DA UNIVERSIDADE DE COIMBRA

Em Coimbra, cerca de quarenta anos após Costa Simões ter criado a escola de enfermeiros, foi organizada uma escola de enfermagem, por ocasião da reorganização dos serviços dos Hospitais da Universidade, regulamentada pelo Decreto n.º 5.736 de 10 de Maio de 1919[389]. Essa reorganização, que vinha na esteira da referida reforma dos Hospitais Civis de Lisboa[390], abarcava todos os serviços da instituição, entre os quais os de enfermagem.

O Decreto n.º 5.736 estipulava que o pessoal de enfermagem dos HUC, composto por indivíduos de ambos os sexos, se dividia em pessoal definitivo e pessoal temporário (art. 56.º). O pessoal definitivo era constituído por enfermeiros chefes, enfermeiros sub-chefes e enfermeiros de 1.ª e 2.ª classe (art. 57.º). «Os enfermeiros de 2.ª classe, serão recrutados entre os praticantes aprovados na escola de enfermagem que melhores serviços tenham prestado e melhores provas tenham dado no seu curso» (art. 58.º). A partir daqui, a promoção na carreira era feita tendo em conta o tempo de serviço, o resultado de provas práticas, o trabalho desenvolvido e as qualidades do funcionário (art. 59.º). Tal como acontecia em Lisboa, a obtenção do diploma da Escola era condição de acesso ao quadro do pessoal definitivo dos Hospitais.

Quanto ao pessoal temporário, era constituído por praticantes do período escolar e «post-escolar», classes anteriores à promoção a enfermeiros de 2.ª classe (art. 61.º). Se a posse do diploma era condição de acesso ao quadro do pessoal definitivo, a frequência da Escola era exigida para se integrar o quadro do pessoal temporário. Isto não queria dizer que todo o pessoal de enfermagem dos Hospitais da Universidade de Coimbra ficasse de imediato ligado à Escola de Enfermagem, dado existir um regime

---

[388] Maria Isabel Soares, *op. cit.*, p. 137.
[389] Decreto n.º 5.736, *Diário do Governo*, I Série, n.º 98, 10 de Maio de 1919 (11.º suplemento).
[390] Os dois decretos têm muitos pontos em comum e, em certos artigos, até a mesma redacção.

de transição para os que já ali trabalhavam. Em relação ao pessoal efectivo, os actuais enfermeiros, ajudantes e praticantes «serão equiparados, respectivamente, a enfermeiros sub-chefes e a enfermeiros de 1.ª e 2.ª classes» (art. 92.º), sendo os enfermeiros chefes escolhidos entre os primeiros (art. 93.º). «Os actuais tirocinantes ficarão, para os efeitos de vencimentos, como praticantes no período post-escolar» (art. 95.º). No entanto, nenhum dos actuais funcionários podia subir na carreira sem estar habilitado com o curso da Escola de Enfermagem (art. 94.º e 95.º), o que mostrava o interesse em dotar os Hospitais de um pessoal devidamente credenciado[391].

Nenhum dos artigos fazia referência às categorias de enfermeiro e enfermeira «massagista-duchista», que apareciam incluídas na «Tabela dos vencimentos» anuais relativa aos serviços de enfermagem. Todavia, a julgar pelo vencimento, que no caso do enfermeiro era igual ao do enfermeiro chefe (432$00), a sua função devia ser considerada importante e certamente exigiria aptidões e conhecimentos específicos. Já em 1911 a *Associação dos Médicos Portugueses* incluía os massagistas no grupo dos auxiliares dos clínicos, a par dos ortopedistas, dos oculistas e dos enfermeiros, e referia que, embora não existissem em Portugal cursos de massagem, podiam exercer no nosso país massagistas diplomados em cursos especiais de massagem ou mesmo em medicina geral por universidades estrangeiras[392]. Por outro lado, a função de parteira, referida num dos artigos, não estava contemplada na «Tabela dos vencimentos». Provavelmente, tal devia-se ao facto de ser desempenhada por uma funcionária que, antes de mais, era enfermeira, embora habilitada com o curso de parteira, e que «tem a categoria e vencimentos de enfermeira chefe» (art. 61.º). Já o Decreto n.º 4.563, relativo aos Hospitais Civis de Lisboa, estipulava a existência de uma parteira chefe e de parteiras assistentes (art. 111.º), profissionais com categorias próprias, contempladas na «Tabela dos vencimentos»: a categoria de parteira chefe era também equiparada à de enfermeira chefe, enquanto as parteiras assistentes recebiam por cada dia de serviço.

No que respeita à Escola de Enfermagem de Coimbra propriamente dita, o Decreto n.º 5.736 apresentava apenas quatro artigos, relativos ao objectivo da instituição, ao plano geral dos cursos e ao pessoal docente. De acordo com o texto legislativo, a Escola «destina-se à habilitação do pessoal de enfermagem, sendo os seus diplomas exigidos para a nomeação definitiva dos quadros do pessoal dos Hospitais da Universidade de Coimbra» (art. 65.º). Tal como na Escola Profissional de Enfermagem, de Lisboa, o curso estava dividido em curso geral, com a duração de dois anos e habilitando para a entrada no quadro de enfermagem, e curso complementar, com a duração de um ano e habilitando para o cargo de enfermeiro chefe (art. 66.º). A docência era exercida por clínicos dos Hospitais, nomeados pelo director da instituição. Para o ensino prático, os clínicos contariam com o auxílio dos enfermeiros chefes necessários (art. 67.º).

---

[391] Lucília Rosa Mateus Nunes considera que o facto de se legislar sobre a enfermagem fazia deste período um «momento fundamental» da sua profissionalização, visto que uma das etapas deste processo consiste na criação de suportes legais. Os decretos aprovados para os hospitais de Lisboa e Coimbra contribuíram para a «definição socio-política» da enfermagem e prepararam a «pretensão do monopólio da profissão por parte dos que detenham o diploma profissional» (Lucília Rosa Mateus Nunes, *op. cit.*, p. 48).

[392] «Parecer elaborado pela Comissão de Interesses Gerais sobre o exercício profissional dos massagistas», *Boletim da Associação dos Médicos Portugueses (Associação de Classe)*, n.º 2, 3.º e 4.º trimestre 1911, pp. 443-448.

Numa reflexão sobre a evolução da enfermagem nos HUC, o enfermeiro José Pinto Teles atribuiria grande importância ao diploma em causa, afirmando que só a partir de então «passou a existir em Coimbra o ensino organizado e a enfermagem adquiriu verdadeira personalidade profissional»[393]. Na sua opinião, o Decreto n.º 5.736 teve «efeitos verdadeiramente revolucionários» para a enfermagem do centro do país, «criando as condições indispensáveis à sua elevação mental e preparação técnica».

### 3. O REGULAMENTO DE 1920

As normas de funcionamento da Escola de Enfermagem seriam aprovadas posteriormente, em 16 de Setembro de 1920, pelo Decreto n.º 6.943 (Foto 5)[394]. O Regulamento era constituído por trinta e um artigos, relativos à escola (objectivo e organização), ao pessoal docente e ao órgão de administração (definição e competências), aos cursos (organização, currículo, avaliação e funcionamento das aulas) e aos alunos (condições de admissão e frequência).

Foto 5 – *Hospitais da Universidade de Coimbra – Regulamento da Escola de Enfermagem. Aprovado pelo decreto n.º 6.943 de 16 de Setembro de 1920*, Coimbra, Tipografia Alberto Vianna e Dias, Lda., 1920.

#### 3.1. O pessoal e a administração

Já vimos qual o objectivo da Escola[395] e os cursos que facultava[396]. Previa-se que o ano escolar tivesse a duração de nove meses, de Novembro a Julho, dividindo-se em dois períodos, de Novembro a Fevereiro e de Março a Julho (art. 3.º). O pessoal

---

[393] José Pinto Teles, «Subsídio para o estudo da evolução da enfermagem nos Hospitais da Universidade de Coimbra» in *Dez anos de história dos HUC...*, p. 120.
[394] Decreto n.º 6.943, *Diário do Governo*, I série, n.º 183, 16 de Setembro de 1920. O regulamento foi publicado nesse mesmo ano, como se reproduz na Foto 5.
[395] A redacção do art. 1.º do Regulamento é praticamente igual à do art. 65.º do Decreto n.º 5.736: a Escola destinava-se «à habilitação do pessoal de enfermagem e em especial à dos indivíduos que desejem ingressar nos quadros do pessoal de enfermagem dos Hospitais da Universidade de Coimbra, para os quais o diploma do seu curso será condição expressa do provimento».
[396] Ao contrário do que acontecia com o Regulamento da Escola Profissional de Enfermagem de 1922 (art. 3.º, § único do Decreto n.º 8.505), o da Escola de Coimbra não previa a possibilidade de se organizarem cursos de enfermagem de especialidades, para além do curso geral e do curso complementar.

docente seria constituído por dois clínicos dos Hospitais da Universidade (ou mais, sempre que a frequência da Escola e as necessidades do ensino o exigissem), auxiliados no ensino prático, técnico e profissional pelo pessoal de enfermagem dos serviços clínicos, em especial pelos enfermeiros chefes, homens ou mulheres, escolhidos por proposta dos professores (art. 9.º, 10.º e 14.º)[397]. Tratava-se de um grupo de funcionários mais reduzido do que o da Escola Profissional de Enfermagem, em Lisboa, cujo Regulamento de 1922 estipulava um quadro docente «de três ou mais professores» (art. 10.º) e atribuía o estatuto de auxiliares do ensino aos internos e aos enfermeiros dos serviços clínicos anexos à Escola, prevendo ainda a possibilidade de contratação de uma enfermeira estrangeira «para coadjuvar a educação profissional e moral dos alunos» (art. 124.º do Decreto n.º 4.563). Seja como for, em ambos os casos, apenas os professores recebiam um vencimento específico pelas funções desempenhadas nas escolas; tratava-se de uma gratificação anual de 300$00 que, pelo menos no caso de Lisboa, era independente de qualquer outro vencimento a que o funcionário tivesse direito como facultativo dos Hospitais[398].

Era criado um órgão administrativo, o Conselho Escolar, constituído pelos professores da Escola e presidido pelo director dos Hospitais. Reunia no princípio e no termo dos períodos escolares e, extraordinariamente, por convocação do director ou pedido dos professores (art. 12.º). As suas funções eram «a revisão anual dos programas do curso da Escola, a organização dos trabalhos e a distribuição de todos os serviços e trabalhos escolares e dos exames» (art. 12.º, § 2.º).

### 3.2. O currículo

A Escola organizava oito cadeiras ou cursos, identificados no quadro seguinte. Integravam o curso geral as cadeiras 1.ª a 5.ª e 7.ª e o curso complementar, as 3.ª a 8.ª, com especial incidência nas três últimas.

| |
|---|
| 1.º Anatomia e Fisiologia (noções gerais) |
| 2.º Higiene (noções gerais) |
| 3.º Enfermagem Médica e seus Socorros Urgentes |
| 4.º Enfermagem Cirúrgica e seus Socorros Urgentes |
| 5.º Farmácia (noções gerais) |
| 6.º Serviços Operatórios |
| 7.º Organização dos Serviços Hospitalares; Legislação |
| 8.º Deontologia Profissional |

Quadro 5 – Cadeiras ou cursos ministrados na Escola de Enfermagem de Coimbra segundo o Regulamento de 1920, aprovado pelo Decreto n.º 6.493 (art. 13.º).

---

[397] Estava também prevista a contratação de uma enfermeira ou um enfermeiro como auxiliar de ensino.
[398] Decreto n.º 4.563, *Tabela dos vencimentos anuais do pessoal a que se refere a presente organização*. A tabela equivalente no Decreto n.º 5.736, relativo a Coimbra, especificava apenas que o «Professor da Escola Profissional de Enfermagem» (esta era a única passagem em que a Escola era designada desta forma) tinha a gratificação de 3$00 diários, o que pode significar que, dos aproximadamente 270 dias que teria o ano lectivo, o professor só trabalharia 100 (multiplicando 3$00 por 100, obtemos a gratificação anual de 300$00).

Era clara a evolução relativamente ao programa simples e limitado traçado por Costa Simões e pelo professor Costa Duarte para o primeiro curso de enfermeiros em Coimbra. Embora continuassem a ser tratadas na base de noções gerais, a "Anatomia", a "Fisiologia" e a "Farmácia" consolidavam-se como disciplinas independentes, ao mesmo tempo que a "Higiene" obtinha esse estatuto[399]. Na superação de uma secção dedicada a «curativos, aparelhos de apósitos, ligaduras e algumas operações de pequena cirurgia», a enfermagem aparecia individualizada e com conteúdo próprio[400], dividida em "Enfermagem Médica" e "Enfermagem Cirúrgica".

Segundo Maria Isabel Soares, a primeira incluía noções de patologia que depois se ampliaram e se constituíram numa disciplina autónoma e a segunda compreendia meios de observação do doente e cuidados de higiene e conforto[401]. Se a criação de uma cadeira de "Serviços Operatórios" apontava para a necessidade cada vez maior da participação dos enfermeiros nos serviços de cirurgia, o conteúdo da cadeira de "Enfermagem Cirúrgica" sugeria uma crescente delegação de tarefas, até então desempenhadas pelo médico. «A extensão dos saberes que se vão buscar ao campo da medicina torna as enfermeiras mais capazes de cumprir com maior rigor o tratamento instituído pelo médico, mas também provoca uma maior intervenção em áreas do diagnóstico e da terapêutica que em princípio lhes estavam vedadas»[402].

A cadeira de "Deontologia Profissional" parecia corresponder a uma evolução do conceito dos «deveres a cumprir para com os doentes», já presente na introdução do *Guia do enfermeiro*. A cadeira de "Organização dos Serviços Hospitalares e Legislação", reservada, tal como a anterior, aos alunos do curso complementar, reflectia a necessidade de preparação do pessoal de enfermagem no que respeitava à crescente burocratização dos serviços hospitalares.

Como vimos, nem todos os médicos estavam preparados para o alargamento dos conhecimentos teóricos ensinados aos enfermeiros. A Escola Profissional de Enfermagem, de Lisboa, cujo Regulamento de 1922 era semelhante ao da Escola de Coimbra, inclusive no que respeitava ao currículo, chegou a ser acusada de favorecer o curandeirismo e a preparação do "enfermeiro clínico", veiculando conhecimentos inúteis e nocivos[403]. Carlos d'Arruda Furtado, professor da Escola de Lisboa, respondeu a essas críticas «afirmando que o enfermeiro não é, exclusivamente, o rigoroso cumpridor das prescrições médicas porque a organização dos serviços hospitalares e a falta de médicos em muitos outros locais não consentem uma nula iniciativa» da sua

---

[399] Os cuidados de higiene incluíam-se entre os primeiros exercícios práticos realizados pelos alunos em 1881, mas no *Guia do enfermeiro* não havia nenhuma secção dedicada especificamente à matéria.

[400] A individualização da disciplina de enfermagem já se verificara no programa de 1901 da Escola Profissional de Enfermeiros, em Lisboa. Apesar disso, a disciplina tinha ali «uma parte separada, relativa à execução de procedimentos técnicos necessários ao cumprimento de prescrições médicas, que representa aquilo que vai sendo transferido da esfera médica para a de enfermagem e a partir do qual se vai inventando a disciplina de enfermagem» (Maria Isabel Soares, *op. cit.*, pp. 56-57).

[401] Maria Isabel Soares, *op. cit.*, p. 59.

[402] *Idem, ibidem*.

[403] Às cadeiras ministradas na Escola de Coimbra, o currículo da Escola de Lisboa acrescentava, para o curso geral, a de "Enfermagem Geral" (com noções de dietética e farmácia) e a de "História da Enfermagem" (art. 4.º). Para além disso, incluía estágio nos serviços de especialidades para os alunos do curso complementar.

parte⁴⁰⁴. Para dar resposta conveniente às funções que desempenhava, o enfermeiro devia ter uma formação científica adequada, sobretudo nos domínios da assepsia e antissepsia, anatomia e fisiologia, microbiologia e transmissão de doenças contagiosas.

### 3.3. O funcionamento dos cursos e a avaliação

O Regulamento não distinguia claramente aulas teóricas e aulas práticas, embora se perceba que essa distinção existia, sendo o ensino prático feito nos serviços clínicos dos Hospitais da Universidade; também não estipulava a duração das lições⁴⁰⁵. Mas determinava que «os cursos [...] e os trabalhos práticos serão organizados pelo Conselho Escolar, de forma que aos alunos da Escola seja garantido o ensino em todos os dias úteis, atendendo-se na elaboração dos horários [...] às conveniências da organização das escalas de serviço» (art. 15.º). Isto significava que as aulas não tinham um horário fixo, estando o ensino de certo modo condicionado ao serviço hospitalar e às suas exigências. Na organização das escalas de serviço deviam ter-se em conta os alunos, de modo a que «todos entrem nelas com a maior frequência possível, e sendo para esse efeito considerados como auxiliares do pessoal de enfermagem» (art. 16.º). Na verdade, o Regulamento previa a possibilidade de a direcção dos Hospitais aproveitar os serviços dos alunos da Escola de Enfermagem, que adquiriam enquanto auxiliares o estatuto de praticantes do período escolar (art. 20.º). A nomeação desses praticantes era feita anualmente, em número fixo entre os indivíduos do primeiro ano do curso geral, e sempre que as necessidades do serviço o exigissem, entre indivíduos de qualquer ano de qualquer curso. Essa era uma forma de a direcção dos Hospitais responder à falta de pessoal de enfermagem e a troco de uma baixa remuneração⁴⁰⁶, mas era também uma via aberta para a carreira hospitalar. Na verdade, após a conclusão do curso geral, os alunos que mostrassem bom desempenho eram promovidos a praticantes do período pós-escolar, podendo depois esperar por uma vaga e ingressar no quadro de enfermagem dos Hospitais.

O Regulamento da Escola de Lisboa também permitia esse aproveitamento dos serviços dos alunos (art. 33.º). No entanto, os dados parecem indicar que naquela instituição o ensino não estaria tão condicionado às exigências do serviço hospitalar como em Coimbra. Isto porque, como referimos, à Escola de Lisboa foi atribuído um edifício próprio, o do antigo Hospital de S. Lázaro, onde as aulas (teóricas e práticas)

---

⁴⁰⁴ Maria Isabel Soares, *op. cit.*, p. 60.

⁴⁰⁵ Enquanto em Coimbra e em Lisboa o ensino teórico e o prático se alternavam ao longo dos dois anos do curso geral e do ano único do curso complementar, no Curso de Enfermagem do Hospital Geral de S. António, no Porto, havia uma separação clara entre os dois: segundo o Regulamento de 1918 (*Hospital Geral de Santo António. Regulamento do Curso de Enfermagem*, Porto, Santa Casa da Misericórdia do Porto, 1918), a parte teórica era tratada no primeiro ano do curso e a parte prática, no segundo ano (art. 1.º). A teoria era dada em duas lições semanais, com a duração de pelo menos uma hora (art. 6.º); os exercícios práticos tinham lugar nas diversas secções dos serviços de clínica externa e nas enfermarias, ao longo de determinados dias, com a duração de pelo menos uma hora e meia, das 9h00 às 10h30 (art. 10.º, § 1.º).

⁴⁰⁶ Segundo a *Tabela dos vencimentos anuais do pessoal a que se refere a presente organização*, incluída no Decreto n.º 5.736, de 10 de Maio de 1919, o praticante do período escolar recebia apenas 150$00; o praticante do período pós-escolar já recebia 216$00 e o enfermeiro de 2.ª classe, 252$00.

decorreriam, sem a interferência dos restantes serviços hospitalares. A propósito da organização das escalas de trabalho, o Regulamento da Escola de Lisboa não se referia a «escalas de serviço», como o da Escola de Coimbra (art. 16.º), mas a «escalas dos estágios» (art. 30.º). Essa distinção sugere a diferença entre um serviço hospitalar geral, onde os alunos eram inseridos para efeitos de aprendizagem mas também de prestação de trabalho necessário (Coimbra), e um serviço especificamente orientado para o ensino prático da enfermagem (Lisboa)[407].

Relativamente à avaliação, o Regulamento da Escola de Coimbra estipulava que seria feita através de exames finais, teóricos e práticos, tanto para o curso geral como para o complementar (art. 4.º); os exames consistiriam num interrogatório de vinte a trinta minutos feito por dois vogais, com possibilidade de intervenção do presidente (art. 5.º). Nada se dizia acerca das condições de admissão aos exames, ao contrário do que acontecia no Regulamento da Escola Profissional de Enfermagem de 1922, onde se estipulava que aquela dependia de «valores que os professores atribuirão aos alunos, tendo em conta a sua assiduidade, o seu saber, as provas dadas nos estágios e ainda as qualidades reveladas e indispensáveis à profissão de enfermagem» (art. 23.º). Todavia, o desempenho dos alunos nas aulas era também avaliado na Escola de Coimbra, sendo que «no fim de cada aula o professor marcará num livro próprio os valores que entender dever dar ao aluno ou alunos interrogados, valorizando igualmente os exercícios feitos» (art. 28.º).

### 3.4. Os alunos: condições de admissão e de frequência

Quanto às condições de admissão dos alunos, em Coimbra, aceitavam-se indivíduos de ambos os sexos, com idades compreendidas entre os 17 e os 25 anos, habilitados com o exame de instrução primária do 2.º grau e portadores de um atestado de bom comportamento moral e civil, passado pela autoridade policial da localidade de residência, bem como do certificado do registo criminal (art. 17.º). Para além disso, os candidatos eram submetidos a uma junta médica, de modo a que se confirmasse não serem portadores de doenças contagiosas, terem a robustez e a saúde necessárias para o serviço de enfermagem e terem a vacinação em dia. Eram condições de preferência para a matrícula na Escola: «o maior número de habilitações, ter já prestado serviços de enfermagem, com boas informações, em estabelecimentos do Estado, e maior idade»[408] (art. 19.º); «em igualdade de circunstâncias, terão preferência os antigos empregados da Universidade de Coimbra, com boas informações no seu registo». Podemos ainda acrescentar que o Regulamento não previa o pagamento de qualquer tipo de propina, ao contrário do que acontecia na Escola Profissional de Enfermagem,

---

[407] De resto, a entrada dos alunos da Escola de Lisboa nas escalas de outros serviços clínicos hospitalares só estava prevista no caso de o da Escola não ser suficiente. O carácter mais autónomo e específico do ensino prático da enfermagem em Lisboa era também evidenciado na possibilidade já mencionada de os alunos da Escola Profissional realizarem «visitas e excursões de estudo», financiadas pelos Hospitais Civis (art. 32.º), facto não previsto no Regulamento de Coimbra.

[408] Curiosamente o artigo equivalente a esse no Regulamento da Escola de Lisboa, de redacção semelhante, falava em «menor idade» (art. 18.º). Seriam critérios diferentes, preferindo Coimbra alunos mais velhos e Lisboa mais novos, ou apenas um erro de redacção?

cujos alunos teriam de satisfazer 10$00 no acto da matrícula, «a título de indemnização do material para os trabalhos práticos» (art. 20.º).

A possibilidade de admissão de alunos de ambos os sexos já foi analisada a propósito da enfermagem feminina e masculina em Portugal. No que respeita ao critério da idade, estava de acordo com o que se praticava nas várias escolas de enfermagem francesas. Segundo Maria Isabel Soares, os limites apontados «coincidiam com os que eram exigidos para ingresso nos hospitais nos quais as escolas estavam integradas». «Mas nem sempre a legislação era cumprida», sendo admitidos alunos com idades inferiores ou superiores aos limites fixados[409].

Quanto às habilitações literárias exigidas, o exame de instrução primária, era clara a diferença em relação ao curso criado por Costa Simões, onde o analfabetismo e o fraco conhecimento da língua por parte de alguns alunos obrigaram à criação de uma cadeira de instrução primária e de outra de português. Havia também um progresso relativamente ao período posterior ao encerramento daquele curso, em que só se exigia que os alunos soubessem ler, escrever e contar. A valorização da instrução dos alunos a partir de 1920 era igualmente evidente no facto de o maior número de habilitações ser a primeira condição de preferência para a matrícula na Escola.

A exigência de um atestado de bom comportamento moral e civil estava de acordo com a importância atribuída às qualidades morais dos enfermeiros e ao seu dever de obediência aos superiores hierárquicos. Por sua vez, a questão da obediência relacionava-se com as condições de frequência da Escola impostas aos alunos. A expulsão podia ocorrer como forma de penalização decidida pelo Conselho Escolar ou pela perda injustificada da frequência de um dos anos do curso geral pela terceira vez ou do ano único do curso complementar pela segunda vez (art. 24.º)[410].

A frequência das aulas era obrigatória e as normas de comportamento, claras, exigindo-se pontualidade, «silêncio, atenção e respeito durante o tempo da lição dentro da aula» (art. 27.º). Estava prevista a penalização dos alunos que não satisfizessem essas condições, em especial a admoestação pelo professor, e «no caso de reincidirem poderão pelo mesmo ser mandados retirar da aula, contando-se essa ausência como uma falta não justificada» (art. 27.º). Na opinião de Maria Isabel Soares, essas regras de comportamento devem entender-se como «o prolongamento da obediência hierárquica praticada nos serviços hospitalares», sendo este um dos aspectos que permite identificar as escolas de enfermagem do período em análise como um «serviço do hospital»[411].

De qualquer forma, a exigência em termos disciplinares era contrabalançada pela valorização e pela recompensa do bom desempenho escolar: o Regulamento previa a possibilidade da entrega anual de três prémios, de carácter não especificado[412], dois para os alunos que obtivessem a classificação distinta (de 15 a 18 valores) no exame

---

[409] Maria Isabel Soares, *op. cit.*, pp. 86-87.

[410] Para além disso, considerava-se perdida a frequência dos alunos que, num período escolar, dessem mais de oito faltas injustificadas ou de trinta faltas justificadas ou que obtivessem resultado negativo nas provas finais (art. 25.º).

[411] Maria Isabel Soares, *op. cit.*, p. 31.

[412] O Regulamento de Lisboa, pelo contrário, especificava que «os prémios constarão de diplomas especiais, aos quais estão respectivamente inerentes as quantias de 30$ aos primeiros e de 20$ ao segundo» (art. 26.º).

final do segundo ano e outro para o que concluísse o terceiro ano com maior distinção (art. 22.º). Esse reconhecimento tinha consequências positivas na carreira dos premiados, que adquiriam preferência face aos restantes na nomeação de enfermeiros de 2.ª classe «e o avanço de um terço da respectiva escala, para a promoção futura a enfermeiros de 1.ª classe» (art. 22.º, § 1.º).

Em jeito de conclusão sobre o Regulamento de 1920, parece-nos importante salientar a ideia de que o ensino na Escola de Enfermagem de Coimbra estaria mais sujeito às exigências do serviço hospitalar do que o ensino na Escola Profissional de Enfermagem de Lisboa. A maior autonomia desta Escola em relação ao hospital a que pertencia estava directamente relacionada, como vimos, com o facto de possuir um edifício próprio. Mas devia-se também à existência de um director, nomeado pela Direcção Geral dos Hospitais Civis de Lisboa entre os directores clínicos que ali trabalhavam e ao qual eram atribuídas vastas competências[413]. Essa figura hierárquica não existia na Escola de Coimbra, estando esta directamente dependente do director dos Hospitais da Universidade, o qual presidia ao Conselho Escolar e aos júris dos exames (art. 11.º), bem como à junta médica destinada a inspeccionar os candidatos à Escola (art. 17.º, § único). Associada à inexistência de um director próprio, estava a de um secretário para o Conselho Escolar, cujas funções eram desempenhadas pelo chefe da secretaria dos Hospitais (art. 12.º, § 1.º), e mesmo a de um contínuo encarregue da marcação das faltas dos alunos, ocupando esse lugar um dos porteiros dos hospitais (art. 29.º)[414]. Portanto, nessa altura, a Escola de Enfermagem integrava-se no quadro de serviços prestados pelos Hospitais da Universidade de Coimbra.

## 4. Ecos da profissionalização em Coimbra e seus reflexos no ensino

Publicados em Lisboa e no Porto, os primeiros periódicos destinados à classe de enfermagem incluem escassas notícias sobre a situação dos enfermeiros de Coimbra e, em particular, sobre a sua escola de enfermagem. De qualquer forma, permitem-nos compreender que o movimento de profissionalização da classe também chegou àquela cidade, despertando reivindicações quanto à exclusividade de trabalho por enfermeiros diplomados e mesmo críticas e sugestões em relação à formação adquirida no curso dos Hospitais da Universidade.

A primeira notícia que nos chega foi publicada no *Arquivo do Enfermeiro* e dava conta da inauguração da bandeira da delegacia em Coimbra da *Associação de Classe do*

---

[413] Ver art. 7.º do Decreto n.º 8.505.

[414] Em Lisboa, estava prevista desde logo a possibilidade de o director da Escola ser «coadjuvado em todos os serviços pelos professores e pessoal de enfermagem e auxiliar que lhe esteja directamente subordinado» (art. 8.º). Para as funções de secretário do Conselho Escolar era eleito anualmente um dos professores (art. 14.º, § 2.º), ao qual se atribuía uma série de competências (art. 15.º). Além disso, «o secretário e a direcção serão auxiliados por uma empregada com a categoria de enfermeira de 1.ª ou 2.ª classe, que tenha conhecimentos de dactilografia» (art. 15.º, § 2.º). Recordamos, todavia, que, exceptuando os professores, nenhum desses funcionários recebia um vencimento próprio pelo exercício das suas funções na Escola, as quais acumulavam com o trabalho decorrente da sua categoria profissional.

*Pessoal dos Hospitais Civis Portugueses*, no final de 1925[415]. Idealizada pelo professor de medicina Feliciano Guimarães e produzida pelo pintor Saul d'Almeida, a bandeira era «toda em seda branca tendo ao centro o título em circunferência da *Associação de Classe* e uma cruz vermelha iluminada por uma lucerna com a divisa *Vigiles Dulces*». Tal modelo ter-se-á mantido durante décadas, visto que aquela descrição corresponde à da bandeira do *Sindicato Nacional de Enfermagem*, Delegação Distrital de Coimbra, que podemos observar numa fotografia de 1958, publicada na revista *O Enfermeiro Português*.

Foto 6 – Descerrar da fotografia do enfermeiro e dirigente sindical Manuel Roque dos Reis, numa homenagem póstuma realizada por uma comissão de profissionais (entre os quais os monitores da Escola Ângelo da Fonseca) e apadrinhada pela Secção de Coimbra do *Sindicato Nacional dos Profissionais de Enfermagem*. Repare-se no pormenor da bandeira.
Fonte: *O Enfermeiro Português*, n.º 4, Julho/Agosto 1958, p. 40.

Por sua vez, em 1929, *O Enfermeiro Português* publicava uma lista com os nomes dos enfermeiros de Coimbra que já haviam aderido ao *Grémio dos Enfermeiros de Terra e Mar do Norte de Portugal* (Quadro 6). Como vimos, este procurava estender a sua acção a todo o país e estes eram apenas os primeiros aderentes em Coimbra; de acordo o artigo citado, «o número aumenta, porém, com satisfação de todos»[416].

No Centro, destacava-se o trabalho de Aires Barata, delegado do *Grémio* na cidade de Coimbra, bem como o de José Pinto Teles. Foi este o autor de um artigo em que, após dar conta do sucesso que os primeiros números d'*O Enfermeiro Português* estavam a fazer entre os enfermeiros de Coimbra, elogiava a defesa da enfermagem laica feita por F. F. Carvalho, já citado[417]. Este criticara as afirmações feitas por Nuno de Montemor contra as enfermeiras laicas e a favor das religiosas. Segundo José Pinto Teles, o próprio Nuno de Montemor já se arrependera do que escrevera, tendo em conta as dedicatórias carinhosas que incluíra nos livros oferecidos à

---

[415] «Em Coimbra», *Arquivo do Enfermeiro*, n.º 4, Janeiro 1926, p. 56. Consultámos o registo de alvarás e diplomas expedidos pelas 1.ª e 2.ª repartições do Governo Civil de Coimbra, mas não encontrámos qualquer referência à inauguração da bandeira (AUC/GCC/COR/E15/T1/35 e 52, *Livros de registo de alvarás e diplomas expedidos pelo Governo Civil de Coimbra, 1923-1926* e *1922-1927*).

[416] Alguns meses depois, o referido periódico publicaria uma «Carta de Coimbra», da autoria de Aires Barata, incitando os enfermeiros da cidade a unir-se e a juntar-se ao Grémio (*O Enfermeiro Português*, n.º 5, Setembro 1930, p. 5).

[417] José Pinto Teles, «Carta de Coimbra», *O Enfermeiro Português*, n.º 4, Dezembro 1929, pp. 6-7.

Álvaro Lopes
José Maria Pereira dos Santos
Fausto Pinto Magalhães
José António Agostinho
José Pinto Teles
Francisco dos Santos Apóstolo
Manuel Dias de Santo António
João Ferreira da Costa
António Fernandes Ferraz
Eduardo Carvalho
Armando Costa

Quadro 6 – Lista dos primeiros enfermeiros de Coimbra que se filiaram no *Grémio dos Enfermeiros de Terra e Mar do Norte de Portugal* (1929).
Fonte: «Adesões», *O Enfermeiro Português*, n.º 2, Novembro 1929, p. 9.

enfermeira dos Hospitais da Universidade de Coimbra que dele tratara durante dez meses[418].

Apesar da aparente mobilização dos enfermeiros de Coimbra no sentido da união profissional, o cenário pintado pelo enfermeiro dos HUC Manuel Marta, em 1930, era algo negro[419]. Segundo ele, «em Coimbra não podemos contar com todos». Enquanto em Lisboa e no Porto a classe se mantivera sempre unida, «Coimbra deixou morrer a defesa da classe que era a nossa associação, deixando-nos por memória a Bandeira». Manuel Marta referia-se certamente à dissolução da delegacia coimbrã da *Associação de Classe do Pessoal dos Hospitais Civis Portugueses*, atrás referida. Nas suas palavras, reinava entre a classe a ideia do «salve-se quem puder» e o melhor sucedido era o que usasse o «auto-lubrificador da melhor marca». Com esta expressão, o enfermeiro referia-se ao comportamento de alguns «canalhas, que só pensam no seu interesse envergando uma máscara nojenta, curvando-se como qualquer lacaio, o que não é próprio para um enfermeiro». O que estava em causa era pois a atitude subserviente e mesmo untuosa de certos enfermeiros, provavelmente em relação aos médicos e à administração hospitalar, visando a obtenção de vantagens pessoais, mas tendo como consequência o prejuízo da classe. Com procedimentos desses aquela não se poderia impor nem fazer valer os seus direitos enquanto colectividade; pior, seria desprestigiada.

Manuel Marta apontava como causa do problema a origem social de certos indivíduos e a sua falta de instrução: «Há na nossa classe enfermeiros, principalmente nos Hospitais de Coimbra, que antes de o serem viviam na vida rude das aldeias, não tendo por infelicidade habilitações nem educação para a ela pertencerem». Apesar de tudo, o autor terminava com uma mensagem de ânimo e coragem dirigida aos enfermeiros que pensavam como ele, incitando-os a associar-se ao *Grémio* e a valorizar o papel d'*O Enfermeiro Português*, «órgão defensor principal da classe».

---

[418] Nuno de Montemor ficara internado durante esse período num quarto particular dos HUC, sendo servido por uma enfermeira laica. As «calúnias» que teria dirigido às enfermeiras laicas e o seu suposto arrependimento foram ainda objecto de um outro artigo, da autoria de José Maria Pereira Araújo, Sargento Enfermeiro («Justiçando caluniadores», *O Enfermeiro Português*, n.º 6, Novembro 1930, pp. 2-3).
[419] Manuel Marta, «Carta de Coimbra», *O Enfermeiro Português*, n.º 5, Setembro 1930, p. 7.

Dois anos depois, Coimbra era já a sede de uma organização sindical activa, o *Sindicato Profissional dos Enfermeiros da Região Centro*. Desde logo, destacou-se a sua acção no combate ao curandeirismo, no que contou com a colaboração do jornal *Diário de Coimbra*. Num artigo publicado em Março de 1932 e por duas vezes citado n'*A Voz do Enfermeiro*, o periódico local defendia a criação de postos e de partidos de enfermagem rural, como forma de evitar a acção prejudicial de curandeiros e charlatães[420]. O artigo foi também enviado, a expensas do *Sindicato*, a uma série de entidades responsáveis, designadamente, «Câmaras Municipais, Juntas de Freguesia, médicos municipais e locais, colectividades regionais, delegados e sub-delegados de saúde da área do centro», com o objectivo de as levar a intervir.

Considerava-se que a satisfação das reivindicações da classe beneficiaria, «mais ainda do que a ela, ao povo sofredor e crédulo que pela falta de melhor assistência se entrega ainda hoje nas mãos dos "curandeiros" e "charlatães" que enxameiam o país». Na verdade, o sucesso dos impostores justificava-se não só pela ignorância e pela credulidade do povo, mas também pela falta de alternativas: isoladas em aldeias ou lugares isolados, «recorrem a eles [...] pessoas que não têm "à mão" quem assista de momento a seus males»; muitas vezes, os próprios médicos «são obrigados a entregar os doentes nas mãos do "barbeiro" da terra, porque não têm o dom da ubiquidade». A criação de postos de enfermagem rural, com pessoal habilitado e competente, seria uma forma de resolver o problema, disponibilizando aos médicos «preciosos auxiliares que prestariam serviços debaixo da sua orientação, indo aos pontos mais afastados da área de qualquer clínico». Sugeria-se que nesses postos de enfermagem fossem empregados os diplomados que iam saindo das três escolas oficiais então existentes no país.

A preocupação com a situação dos enfermeiros diplomados foi objecto de um outro artigo publicado no *Diário de Coimbra*, relativo aos serviços de enfermagem em Portugal e naquela cidade em particular[421]. Verificava-se que «a frequência dos cursos de enfermagem é muito diminuta (com referência a Coimbra), mais ainda, tende a extinguir-se», ou seja, que «o curso de enfermagem, não podendo seduzir ninguém, acabará por falta de alunos». Isto devia-se ao facto de os diplomados serem preteridos por «indivíduos alheios ao *métier*, por simples curiosos que tomam todos os lugares e que, sem ciência nem consciência, não só prejudicam os diplomados, como também [...] os enfermos». Por todo o país, na maioria dos hospitais, postos de socorros e casas de saúde, eram preferidos os curiosos, não só por questões económicas («por serem mais baratos»), mas também por questões administrativas («por se acomodarem melhor aos interesses dos dirigentes»). Essa era também a situação em Coimbra, apesar de ali existir uma escola de enfermagem.

O articulista considerava que esse estado de coisas não se podia manter, visto que «o serviço de enfermagem não pode nem deve ser exercido por quem não tenha habilitação legal». Fazia, assim, apelo às «necessidades imperiosas duma enfermagem séria, honesta, que merecendo a confiança dos clínicos, imponha a confiança aos

---

[420] «Curandeirismo», *A Voz do Enfermeiro*, n.º 5, 1 Abril 1932, p. 2 e «Uma transcrição. Como exterminar os curandeiros e charlatães», *A Voz do Enfermeiro*, n.º 25, 1 Novembro 1933, p. 2.

[421] «Uma transcrição. Serviços de enfermagem», *A Voz do Enfermeiro*, n.º 24, 16 Outubro 1933, p. 2. O artigo mereceu aos enfermeiros o seguinte comentário: «não estamos sós na luta que empreendemos pela valorização do Diploma Profissional».

doentes, a nós todos». A solução do problema residia, antes de mais, na criação de uma lei que reservasse o exclusivo do exercício profissional aos enfermeiros diplomados. Implicava, também, a intervenção da polícia e dos tribunais, na captura e r:na condenação dos que infringissem essa lei, bem como o encerramento dos postos que não possuíssem enfermeiros legalmente habilitados.

Como vimos, a valorização do diploma e a defesa do exclusivo profissional passavam também pela oposição à enfermagem religiosa. Segundo um artigo publicado n'*A Voz do Enfermeiro*, a «infiltração religiosa nos serviços de saúde» continuava a verificar-se por todo o país, tendo ocorrido em Coimbra o mais recente caso: o serviço de enfermagem da Casa de Saúde anexa ao Asilo de Mendicidade da cidade foi entregue «não a enfermeiros de ambos os sexos tecnicamente habilitados [...] e diplomados por escolas oficiais, mas sim às "beneméritas irmãs hospitaleiras e franciscanas"»[422]. E tal acontecia «depois de tantos péssimos efeitos se terem produzido com a enfermagem religiosa». Face a essa situação, a união da classe era o único caminho a seguir, com o objectivo de conquistar um dia «a laicização absoluta da enfermagem».

Também em Coimbra as condições de vida e de trabalho dos enfermeiros se revelavam difíceis. Num artigo a propósito do possível aumento do quadro do pessoal de enfermagem dos Hospitais da Universidade, falava-se no «trabalho exaustivo» de um número insuficiente de enfermeiros e na falta de protecção contra a doença e a miséria que muitas vezes os atingiam[423]. A necessidade de contratar mais enfermeiros era urgente tendo em conta a ampliação que se vinha a registar nos serviços hospitalares, com «as mais variadas transformações de higiene e progresso»[424] e «a importantíssima amplitude dos seus serviços médico-cirúrgicos».

O autor do artigo citado retratava os enfermeiros dos HUC com base nas ideias de sacrifício e rigor profissional, destacando «o seu esforço titânico, a sua isenção, a mais completa observância duma moral sã e despida de preconceitos político-religiosos». Eram «obreiros activos e inteligentes», que sacrificavam tudo, inclusive a própria vida, para acorrer aos que deles precisavam, proporcionando exemplos de «verdadeiro altruísmo e dedicação». Essas qualidades tornavam-nos «credores do respeito e do carinho da colectividade». A acção do enfermeiro seria também merecedora de atenções e cuidados especiais por parte de quem o dirigia, na medida em

---

[422] «Infiltração religiosa», *A Voz do Enfermeiro*, n.º 5, 1 Abril 1932, p. 2.

[423] C., «De Coimbra», *A Voz do Enfermeiro*, n.º 16, 1 Abril 1933, p. 8. As doenças de trabalho e a falta de apoio em situações de invalidez ou morte eram um dos problemas denunciados pelo *Sindicato Profissional dos Enfermeiros*. *A Voz do Enfermeiro* dava conta de uma homenagem prestada na sede do Sindicato da Região Centro, em Coimbra, a dois enfermeiros falecidos em serviço (n.º 28, Dezembro 1933). O médico que presidiu à cerimónia aconselhou a classe a trabalhar para a obtenção de «um código de acidentes de trabalho mais humanitário e consentâneo com os seus interesses».

[424] Um dos progressos em termos de higiene registados por esta altura nos HUC terá sido a introdução de um completo e eficaz sistema de lavagem e desinfecção da loiça, que impressionou o enfermeiro Flávio Delmonte, de Lisboa, numa visita a Coimbra em 1933. Tratava-se de um assunto que já motivara uma representação do *Sindicato Profissional dos Enfermeiros da Região Sul* ao enfermeiro-mor dos Hospitais Civis de Lisboa. Segundo o enfermeiro, da loiça de Coimbra «pode ter-se a certeza que fica devidamente esterilizada. Da loiça dos Hospitais Civis de Lisboa, nem por brincadeira se pode ter ideia semelhante». Ver Flávio Delmonte, «Coimbra, terra de encantos. Impressões de uma rápida digressão», *A Voz do Enfermeiro*, n.º 24, 16 Outubro 1933, p. 5.

que aquele desempenhava um papel central: «é ele o fulcro de toda a actividade, e em volta de quem se circunscreve todo o movimento médico-cirúrgico».

Todavia, de acordo com um artigo publicado n'*A Voz do Enfermeiro* em 1933, a propósito dos resultados dos exames finais do curso de enfermagem dos Hospitais da Universidade, era evidente a «fraca preparação dos candidatos a enfermeiros», facto que se teria registado já em anos anteriores[425]. Para o autor, não identificado, era «cada vez mais necessária uma reforma da Escola de Enfermagem que assente em bases mais sólidas e consentâneas com o fim a que se destina». Defendia que a Escola não fora criada «única e exclusivamente para habilitar indivíduos destinados só a desenvolver a sua actividade nos Hospitais do Estado», mas tinha «atribuições mais latas e objectivos mais amplos». Desta forma, considerava que a instituição não cumpria a sua missão, ministrando um «curso há muito considerado insuficiente», incapaz de preparar os alunos para os desafios da vida prática e desadequado às exigências de outras instituições de saúde.

O articulista condenava assim o «fim utilitarista» a que a Escola se conduzira nos últimos anos, acrescentando que o desrespeito pelos princípios pedagógicos e as deficiências da didáctica usada acabavam por desprestigiá-la, devido à «péssima conta que dão de si todos ou quase todos aqueles que [...] se têm de sujeitar a novos exames, em concursos, fora do círculo restrito da escola onde adquiriram o seu Diploma».

De acordo com as ideias defendidas, o autor do artigo elogiava a determinação da Direcção dos Hospitais da Universidade para que entrasse em execução o artigo do Regulamento da Escola de 1920 segundo o qual os enfermeiros-chefes coadjuvariam os professores na educação prática, técnica e profissional dos alunos. A medida, que se concretizava já em aulas práticas de 60 minutos, de apoio às lições teóricas dos professores da Escola, era considerada «já alguma coisa em favor da cultura profissional dos enfermeiros de amanhã». No entanto, para o autor, outras medidas se impunham, como a de o Conselho Escolar proceder realmente à revisão anual dos programas do curso, «no sentido do ensino se fazer com maior eficiência e mais consentâneo com o grau de cultura da maior parte daqueles que se destinam à frequência da Escola».

Em conclusão, verificamos que a preocupação deste autor com as falhas que identificava na instrução dispensada aos alunos da Escola de Coimbra encontrava a sua justificação na importância atribuída a uma boa formação profissional. As sugestões que lançava iam no sentido de um ensino mais flexível, adaptável às mudanças de contexto e capaz de preparar enfermeiros também eles versáteis, prontos para exercer a sua função em condições e instituições diversas. Neste sentido, o autor estava em sintonia com o director da Escola Profissional de Enfermagem de Lisboa, segundo o qual aquela «não deve "criar" enfermeiras e enfermeiros só para os hospitais, nem formá-los de acordo com as exigências ou inclinações de alguns dos seus clínicos»[426]. O campo de acção do enfermeiro não estava já restrito ao hospital, alargando-se «à creche, à escola, ao preventório, à aldeia e mesmo ao sertão», e aquele tinha de saber prestar o seu auxílio a qualquer médico ou cirurgião. Era, pois, necessário que a escola lhe proporcionasse uma formação vasta e firme.

---

[425] C., «De Coimbra. Curso de enfermagem», *A Voz do Enfermeiro*, n.º 26, 16 Novembro 1933, p. 7. Houve 17 aprovações, 10 reprovações e 4 desistências.

[426] Discurso na sessão de abertura do ano lectivo de 1927, cit. por Maria Isabel Soares, *op. cit.*, p. 53.

# III – A ESCOLA DE ENFERMAGEM
# DO DR. ÂNGELO DA FONSECA

## 1. Introdução: enfermagem e ensino de enfermagem nas décadas de 1930 e 1940

### 1.1. Contextualização internacional: o caso francês

De acordo com Yvonne Knibiehler, uma das várias possibilidades de trabalho oferecidas às enfermeiras francesas entre as décadas de 1920 e 1960 foi a de enfermeira visitadora[427]. Esta era um agente da higiene social, recebendo uma formação especializada e trabalhando em serviços públicos ou privados. No final dos anos de 1930, porém, a sua actividade fundiu-se na da assistente social, visto que a dimensão médica do seu trabalho foi suplantada pela dimensão social. Por um lado, a crise que então se vivia evidenciou a importância dos factores económicos na saúde da população. Por outro, a descoberta dos antibióticos tornou menos urgentes a prevenção e a educação do povo, pondo fim à tendência higienista dominante desde o século XIX.

Outra actividade que se afirmou após a I Guerra Mundial foi a de enfermeira escolar, que era um elemento do controlo sanitário na escola, mais uma das facetas da higiene social. No entanto, o papel educativo da enfermeira nunca ganhou verdadeira consistência, devido a deficiências na sua formação e ao duplo controlo a que estava sujeita, por parte do médico-inspector e do director da escola.

A enfermeira francesa passou também a intervir na assistência no trabalho, área de emprego que se consolidou com as leis sobre a medicina do trabalho (1942) e com a imposição a todos os estabelecimentos industriais da contratação de enfermeiras diplomadas pelo Estado (1952).

Duas outras áreas de intervenção das enfermeiras no período em causa foram o exército e a prestação de cuidados ao domicílio. As enfermeiras militares eram vistas sob duas perspectivas, como heroínas ou como personagens caricatas, vítimas neste caso do preconceito masculino. Embora, durante a II Guerra Mundial, os médicos tivessem sido obrigados a fazer-lhes concessões, alguns majores resistiam a promovê-las profissionalmente. Por outro lado, a expansão da enfermagem liberal na década de 1950

---

[427] Sobre essas várias possibilidades, ver Yvonne Knibiehler (dir.), *Cornettes et blouses blanches...*, pp. 137-198.

esteve associada à medicalização dos cuidados ao domicílio, a qual se verificou tanto no trabalho das enfermeiras que assistiam doentes pobres, voluntárias da *Cruz Vermelha* ou assalariadas em dispensários, como no das que assistiam doentes ricos.

Apesar dos casos de sucesso, conclui Yvonne Knibiehler, de 1920 a 1960, a profissão de enfermeira não soube impor a sua autonomia e a sua especificidade, para o que contribuíram não só a resistência das instituições e das mentalidades, mas também a própria diversidade das funções de enfermagem.

De qualquer forma, no período em análise, a maioria das enfermeiras francesas trabalhava em meio hospitalar[428]. As más condições de vida e de trabalho, com destaque para a exigência de disponibilidade total, o trabalho em excesso e a baixa remuneração, conduziram à falta de profissionais, sem que, mesmo assim, melhorasse a situação das existentes. No entanto, o período do pós-guerra ficou também marcado pelo progresso das técnicas médicas, de significativas consequências ao nível da enfermagem: por um lado, a concepção maternal do tratamento do doente deu lugar à técnica; por outro, o saber técnico e a responsabilidade associados a novas tarefas permitiram o aumento da auto-estima profissional.

Quanto às relações de trabalho no campo da enfermagem, a autora citada conclui que evoluíam de um nível hierárquico mais afectivo para um nível profissional fundado na rentabilidade e na competência, não obstante o surgimento de alguns conflitos com os médicos e os frequentes problemas entre o pessoal de enfermagem. Também a relação com os doentes, muitas vezes descrita em termos idílicos, estava a ser alterada pela divisão das tarefas e pelo seu carácter cada vez mais técnico.

Quanto à sua origem social e ao seu percurso de vida, as enfermeiras francesas do período em causa podem repartir-se em três grupos principais, nomeadamente, as religiosas, as alunas da Cruz Vermelha e das escolas privadas e as alunas da *Assistance Publique*[429]. As primeiras, provenientes maioritariamente de meios rurais e conservadores, adaptaram-se à exigência do diploma estatal para o exercício da profissão e passaram a administrar escolas privadas que mereciam a preferência das famílias ricas. De resto, as religiosas ainda dominavam em hospitais da província, podendo concluir-se que a laicização dos locais de cura se deveu sobretudo ao declínio das vocações.

As alunas da *Cruz Vermelha* e de outras escolas privadas provinham de meios abastados e a maioria entrava na profissão por uma questão de conveniência social. No entanto, a I Guerra Mundial e as subsequentes dificuldades económicas pressionaram-nas para um envolvimento mais activo e foram substituindo as religiosas como quadros da profissão. Em contrapartida, as alunas das escolas públicas tinham origem em meios modestos e eram obrigadas a trabalhar para ganhar a vida. Formadas nos hospitais, sob duras condições, muitas exerciam sem o diploma estatal, embora nas décadas de 1950 e 1960, por pressão sindical, a situação tenha melhorado, apostando-se na formação do pessoal não qualificado.

No respeitante ao ensino da enfermagem nas décadas de vinte a sessenta[430], a autora que temos vindo a citar constata uma evolução em termos morais. Desde logo, o apelo à consciência individual da enfermeira ultrapassava já as ideias de submissão e devoção;

---

[428] Sobre a enfermeira «hospitalière», ver Yvonne Knibiehler (dir.), *op. cit.*, pp. 263-318.
[429] Ver Yvonne Knibiehler (dir.), *op. cit.*, pp. 200-234.
[430] *Idem*, pp. 235-261.

por outro lado, na relação da enfermeira com o doente, introduzia-se a consideração de factores de ordem psicológica e social; em geral, a formação passava a ter como objectivos não só a competência no domínio técnico, mas também o desenvolvimento das qualidades intelectuais e morais da enfermeira.

Os manuais empregues pelas monitoras e directoras das escolas evidenciavam igualmente mudanças consideráveis. Se *Au chevet de la souffrance* (1936), da autoria de uma religiosa, era ainda um livro de moral, com referência à bondade, à devoção e à paciência como qualidades fundamentais da enfermeira, a versão actualizada do *Manuel des hospitalières et des gardes-malades* (1939), escrito por um abade nos inícios do século XX, mostrava como o elemento médico suplantara o religioso, mesmo nos livros dirigidos às Irmãs da Caridade e às suas alunas. O *Manuel pratique de l'infirmière soignante* (1937), da autoria de uma monitora, descrevia minuciosamente sucessões de gestos que visavam tranquilizar o paciente e reduzir o seu sofrimento, valorizando o conceito de «cuidados de enfermagem». Esse era também o objectivo de *L'infirmière hospitalière, guide théorique et pratique* (1938), escrito pela responsável de uma escola de Florence Nightingale, embora neste caso se defendesse também a necessidade de aliar a teoria à prática. Apresentando as doenças até então conhecidas e as operações cirúrgicas praticadas, o livro antecipava a evolução dos programas oficiais, que nos anos de 1950 e 1960 tenderiam a aproximar a formação da enfermeira da do médico.

Nas escolas de enfermagem, a directora era responsável pela formação no seu conjunto, os médicos, pelas aulas teóricas e as monitoras, pela vigilância do progresso das alunas, explicando ou completando as lições dadas pelos médicos e acompanhando-as durante o estágio. Os médicos eram acusados de absentismo, de indiferença e de não adaptarem o seu discurso a uma audiência específica. As monitoras, que eram poucas e não tinham formação específica, trabalhavam em colaboração com as supervisoras dos hospitais que recebiam as estagiárias, o que nem sempre era fácil.

Obrigatórios desde o primeiro ano de formação nas escolas, os estágios eram uma provação para as alunas. A teoria era reduzida ao mínimo (uma ou duas horas de aulas três ou quatro vezes por semana) e poucas escolas dispunham de instalações e do material necessários a uma primeira aprendizagem. Portanto, aprendia-se ao vivo, sob o controlo de uma supervisora. Os laços afectivos que se estabeleciam com os doentes e as emoções vividas compensavam as limitações da formação ou permitiam aceitá-las.

A partir de 1946 o título de enfermeira passou a estar reservado às diplomadas do Estado, mas a falta crescente de pessoal obrigava as instituições a aceitar as que possuíam outros diplomas. No início dos anos de 1960 foram criadas novas escolas em todos os grandes e médios hospitais, com o objectivo de preparar as enfermeiras para a obtenção do diploma estatal. Seguindo o programa ministerial, essas escolas abriram caminho à uniformização do ensino e à melhoria do seu nível.

Só a partir de 1958, quando foram instituídos certificados de aptidão para as funções de enfermeira monitora e de enfermeira supervisora, as escolas de enfermagem passaram a dispor de quadros com uma formação específica. Os certificados eram atribuídos às enfermeiras titulares do diploma estatal e que tivessem frequentado com sucesso uma das várias escolas de aperfeiçoamento criadas no segundo pós-guerra.

Yvonne Knibiehler conclui que todos os esforços no sentido de aperfeiçoar o ensino da enfermagem deram os seus frutos. No entanto, a carência de enfermeiras e de quadros manteve-se e, até ao final da década de 1960, continuariam a faltar ao ensino da profissão princípios sólidos e meios adequados, sendo aquele eminentemente prático.

## 1.2. Contextualização nacional

### 1.2.1. A enfermeira ideal – qualidades morais

A utilização da palavra "enfermeira" no feminino está de acordo com os textos da época em causa acerca das qualidades exigidas ao profissional de enfermagem. Ao contrário do que acontecia nos períodos anteriores, em que o retrato do enfermeiro ideal era traçado usando sobretudo a palavra no masculino, nos anos de 1930 e 1940 a preferência ia para a expressão "enfermeira". Tal facto reflectia a afirmação das mulheres na profissão de enfermagem, evidente na superioridade numérica do pessoal feminino face ao masculino nos hospitais. Por exemplo, os serviços de enfermagem dos Hospitais Civis de Lisboa estavam a cargo de 523 funcionários, dos quais 61,8% eram do sexo feminino e apenas 38,2%, do sexo masculino[431].

| Categorias | Homens | Mulheres |
|---|---|---|
| Enfermeiros chefes | 26 | 36 |
| Enfermeiros sub-chefes | 30 | 35 |
| Enfermeiros de 1.ª classe | 30 | 37 |
| Enfermeiros de 2.ª classe | 93 | 147 |
| Praticantes de enfermagem | 21 | 68 |
| Total | 200 | 323 |

Quadro 7 – Distribuição por sexos do pessoal de enfermagem dos Hospitais Civis de Lisboa (1938).
Fonte: Decreto n.º 28.794, Mapa I, *Diário do Governo*, I série, n.º 150, 1 de Julho de 1938.

Um outro aspecto que patenteou a afirmação das mulheres na enfermagem foi a criação de um sindicato profissional exclusivamente feminino. Tratou-se do *Sindicato Nacional Feminino das Enfermeiras do Distrito de Lisboa*, que surgiu em 1936, claramente comprometido em termos ideológicos e organizativos com o regime do Estado Novo. Segundo o respectivo Relatório de actividades, no ano de 1936/1937 o *Sindicato* actuou em três planos, nomeadamente, «Afirmação do seu Ideal Nacionalista dentro do Estado Novo», «Aperfeiçoamento dos seus membros» e «Regalias e Benefícios para as suas associadas»[432]. Quanto ao primeiro ponto, a Direcção do *Sindicato* manifestou o seu apoio aos comícios anti-comunistas realizados em Lisboa e no Porto, enviando à organização uma mensagem assinada por duzentas enfermeiras

---

[431] Todavia, a superioridade numérica das mulheres era mais significativa ao nível dos escalões inferiores, nomeadamente, enfermeiras de 2.ª classe (mais 54 do que os enfermeiros) e praticantes de enfermagem (mais 47 do que os praticantes do sexo masculino). Nos escalões superiores, de enfermeiras chefes, sub-chefes e de 1.ª classe, havia apenas mais 5 a 10 elementos do que nos sectores masculinos correspondentes.
[432] «Resumo do Relatório de 1936», *A Enfermeira*, n.º 1, 1937, pp. 3-4.

e fazendo-se representar por duas das suas associadas. Em relação ao segundo objectivo, aquela promoveu um curso de aperfeiçoamento profissional e outro de língua francesa, frequentados pelas associadas a par dos cursos da *Federação Nacional para a Alegria no Trabalho* (FNAT), e organizou uma biblioteca própria[433]. Em conclusão, ainda de acordo com o Relatório citado, a Direcção do *Sindicato* pretendeu, «dentro da doutrina do Estado Novo, alcançar sempre mais e melhor das suas associadas e por elas poder actuar e auxiliar a Revolução Nacional para o engrandecimento da Pátria e o bem de todos nós».

Entre 1937 e 1943, o referido *Sindicato* publicou um boletim anual intitulado *A Enfermeira*, que não se destinaria apenas às suas sócias, mas «a todas as enfermeiras portuguesas que estão em união com o nosso pensamento e o nosso ideal», quer dizer, a todas as que «desejando ganhar honradamente o seu pão de cada dia aspiram também a cumprir [...] a alta missão que à enfermeira foi confiada»[434]. O facto de se falar em «missão» remete, desde logo, para uma concepção da profissão ainda bastante marcada pelas ideias de entrega total e de valor moral. As qualidades morais eram apresentadas em vários artigos do boletim como determinantes para o perfil de uma enfermeira ideal.

Naquele aspecto, são exemplares as palavras da médica e deputada Maria Luísa van Zeller, proferidas numa conferência realizada na Escola de Enfermagem de Lisboa, sobre «A formação moral da enfermeira»[435]. A conferencista[436] começava por justificar a importância da moral no contexto de «crise de civilização» que então se vivia; seria preciso «fortalecer o ambiente moral contemporâneo», mostrando a cada um como «deve viver e cumprir as obrigações inerentes ao seu estado». Tal seria válido quer a nível pessoal, quer a nível profissional, em especial no caso dos profissionais de saúde, que lidam com a vida de outros. Para a médica, o estudo da moral não obstaculizava

---

[433] No respeitante às regalias e benefícios, a Direcção conseguiu satisfazer alguns pedidos de colocações, obteve de vários estabelecimentos comerciais descontos para as suas associadas em todas as compras e providenciou para que algumas delas pudessem frequentar diariamente o restaurante da FNAT, de preços reduzidos.

[434] «A todas», *A Enfermeira*, n.º 1, 1937, p. 1.

[435] Maria Luísa van Zeller, «A formação moral da enfermeira», *A Enfermeira*, n.º 3, 1939, pp. 3-16. O *Sindicato* publicou no seu boletim as três conferências realizadas na Escola de Enfermagem em Maio de 1939, num «espírito de colaboração estreita» com a instituição, que o seu director, Costa Sacadura, elogiou e agradeceu.

[436] Maria Luísa Van Zeller (1906-1983), licenciada em Medicina pela Universidade de Lisboa, foi interna dos Hospitais Civis de Lisboa, assistente do *Instituto Português de Oncologia*, assistente estrangeira da Faculdade de Medicina de Paris, Directora do *Instituto Maternal e da Maternidade Alfredo da Costa*, Subdirectora e depois Directora Geral de Saúde, tendo integrado o Conselho Superior de Acção Social. Foi também Directora Técnica da *Obra das Mães pela Educação Nacional* e Comissária Adjunta da *Mocidade Portuguesa Feminina*. Desempenhou os cargos de Dirigente Nacional da *Liga de Acção Católica Feminina* e de Presidente Geral da *Liga Universitária Católica Feminina* e da *Comissão para a Acção Assistencial da Cruz Vermelha*. Foi deputada às II, III e IV Legislaturas da Assembleia Nacional. Agraciada com o oficialato da Ordem da Instrução Pública, recebeu o grau de Comendadora da Ordem da Benemerência e foi Membro do seu Conselho. Participou em diversos congressos nacionais e internacionais sobre assuntos médicos, sociais e políticos e publicou artigos de carácter profissional em revistas médicas portuguesas e estrangeiras, bem como outros de índole social e cultural. Ver «Maria Luísa Saldanha da Gama Van Zeller» *in Dicionário no Feminino (séculos XIX-XX)*, Zélia Osório de Castro e João Esteves, Lisboa, Livros Horizonte, 2005, pp. 724-727.

a aquisição do saber profissional, pelo contrário, aumentava o desejo de compreender, para agir em conformidade. Na sua opinião, a formação moral de uma pessoa deveria começar sempre pelas obrigações que tem para consigo mesma e só depois passar para os deveres da vida de relação. Este raciocínio aplicava-se com particular significado às enfermeiras, para as quais «o dom é tudo; é um pouco de vós próprias, do vosso ser, da vossa personalidade, e será aquilo que for a pessoa que dá». Van Zeller referia-se à entrega total das enfermeiras aos doentes, julgando não ser suficiente tratar do corpo: «é preciso dar-lhe um bocadinho da vossa alma para que a deles fique mais satisfeita».

A concepção do doente como um todo subjacente às palavras da médica citada era evidente num outro artigo publicado n'*A Enfermeira*, para cujo autor «existe uma interdependência constante entre a base física e o substrato moral do homem», muito especialmente nos períodos de doença[437]. A enfermeira tinha, pois, de saber lidar com o doente enquanto corpo e alma, de tratar as feridas, mas também de compreender o seu sofrimento, dando-lhe «todo o carinho e dedicação», e ao mesmo tempo inspirar-lhe calma, confiança e optimismo. Nesse sentido, atribuía-se «a mais transcendente importância» ao papel moral da enfermeira.

Maria Luísa van Zeller destacava entre os deveres morais da enfermeira para consigo própria o da formação da consciência, que se impunha educar através da inteligência, da vontade e dos bons hábitos. Para resolver os conflitos de consciência levantados pela prática profissional, a enfermeira precisava de recordar os deveres que lhe haviam sido ensinados. A médica referia-se, em particular, aos problemas éticos levantados pelas práticas que visavam o controlo e o limite dos nascimentos, atribuindo-as a «um período de desorientação, aproveitado e explorado pelo vício, pelo egoísmo e pelos apóstolos do amor livre». A esterilização feita para evitar a procriação, os meios contraceptivos e o aborto, condenados pelo «direito» e pela «moral natural», eram vistos como «actos maus». Portanto, cooperar neles seria «sempre ilícito» e a enfermeira não poderia ser obrigada a fazê-lo. Aquela «nunca venderá a alma nem a consciência».

Este apelo à liberdade de consciência da enfermeira, que vinha limitar a ideia de uma executante passiva, tornava-se ainda mais explícito num outro artigo publicado no boletim do *Sindicato Feminino*[438]. Não bastaria à enfermeira aplicar com perfeição a técnica profissional, ela teria de «reflectir mais profundamente no alcance dos seus actos», visto que, «ante um acto médico repreensível, a sua responsabilidade de auxiliar [...] não fica de forma alguma abolida». Não poderia continuar a esconder-se por detrás da «execução passiva e cega [...] de métodos que a moral pode aprovar ou condenar». Em particular, era necessário que, possuindo um «senso crítico bem formado» e «com competências cristãs», reflectisse sobre e combatesse uma série de práticas opostas à concepção cristã do respeito pelo indivíduo e pela família, as quais se integravam na «nova religião eugénica» e equivaliam aos «actos maus» enunciados por van Zeller.

A preocupação com os meios de controlo da natalidade e com o papel que as enfermeiras poderiam desempenhar na sua aplicação parecia ser transversal a uma série

---

[437] Carlos Santos, «A enfermagem do espírito e o espírito da enfermagem», *A Enfermeira*, n.º 1, 1937, pp. 5-7.

[438] Instituto de Serviço Social, «A atitude moral de enfermeira em face de certas teorias modernas», *A Enfermeira*, n.º 2, 1938, pp. 6-10.

de autores que, nas décadas de 1930 e 1940, escreviam sobre os deveres morais e profissionais daquelas. Citamos Costa Sacadura, director da Escola de Enfermagem de Lisboa, que, numa palestra sobre a função social da parteira, lhe atribuía «um importantíssimo papel no revigoramento moral e físico da população, particularmente no que diz respeito à natalidade»[439]. Entre os deveres profissionais da enfermeira parteira, o autor incluía a luta contra a mentalidade da época, oposta aos filhos numerosos e mesmo ao filho único, e o domínio de noções de Eugénica e de Eugenética. A primeira consistiria na «ciência que procura melhorar a espécie humana por casamentos seleccionados», um dos métodos contra os quais, curiosamente, o artigo anteriormente citado se manifestava. A Eugenética incluiria as «regras da melhor procriação possível», de cuja aplicação o autor considerava mesmo depender o «futuro da raça», e seria uma espécie de «puericultura antes da procriação». Na opinião de Costa Sacadura, cabia, portanto, às parteiras difundir aqueles conceitos, bem como informar sobre os perigos do aborto para a saúde e para a vida da mãe[440].

Para responder a todas estas novas exigências, a enfermeira teria de saber conjugar «ciência» e «consciência», as suas «duas principais qualidades», na opinião de Maria Luísa van Zeller. Por um lado, a «lucidez da razão» seria indispensável para que «a consciência formule o seu juízo prático», determinando quando e como agir. Por outro, a «têmpera moral» da enfermeira condicionava a influência social que aquela exercia no meio em que trabalhava. O facto de a sua conduta servir de exemplo a outros era uma grande responsabilidade para a enfermeira, pelo que esta devia procurar viver de acordo com as regras da moral. A este nível, a médica alertava para os «perigos» da profissão, aconselhando as enfermeiras a não se deixarem levar por «leituras licenciosas», «conversas menos honestas» ou o «gosto de chamar a atenção» e a ter especial cuidado com «a ternura exagerada dos doentes» e as promessas que estes lhes pudessem fazer.

Estas preocupações de van Zeller remetem-nos para um artigo publicado no jornal *O Século* e citado no *Arquivo do Enfermeiro*, dando conta de que «a opinião pública é muito exigente sob as relações morais para as enfermeiras»[441]. O articulista descrevia, criticando-a vivamente, a aparência de duas alunas de uma escola de enfermagem que vira entrar num «estabelecimento elegante» de Lisboa, usando o uniforme. O carácter moralmente elevado que atribuía à profissão de enfermeira, «uma espécie de apostolado», chocaria com a maquilhagem, os enfeites e os penteados usados pelas alunas: «tudo quanto de frívolo, de agressivamente "coquette", de pretensioso e de provocante a moda inventou, elas colocaram sobre si». Segundo o autor, as raparigas estariam a seguir o exemplo errado de «certas vedetas de filmes americanos, que fazem papéis de enfermeira». Não defendia que a mulher com uma profissão de respeito, como a enfermeira e a professora, abdicasse «do seu cuidado feminino de "toilette" e de retoque», mas acreditava que este deveria primar pela discrição. No caso da enfermeira, «a bata

---

[439] Costa Sacadura, *O papel social da parteira, palestra realizada na Maternidade Dr. Alfredo da Costa em Novembro de 1933*, Lisboa, s.n., 1935, pp. 8-15.

[440] O autor apresentava os resultados negativos e pretensamente exemplares da legalização do aborto na Rússia, bem como alguns dados relativos ao crescimento da prática ilegal noutros países, incluindo Portugal. Insistia no perigo do aborto para a saúde das mulheres e associava a sua prática generalizada à diminuição da população. Ver Costa Sacadura, *op. cit.*, pp. 10-15.

[441] «Batas Brancas», *Arquivo do Enfermeiro*, n.º 1, Janeiro 1943, p. 12. O artigo citado, com o referido título, fora publicado n'*O Século* de 24 de Dezembro de 1942.

branca cai bem sobre uma gentileza fresca, lavada, simples». Na sua opinião, «as enfermeiras cheias de "coquetterie" não estão certas com a missão que escolheram» e, em Portugal, «esse exagero [...] excede tudo». Terminava sugerindo mesmo a ligação entre aquele comportamento e a existência de relações imorais, ou pelo menos de atitudes provocatórias, entre enfermeiras e doentes[442].

No caso de serem casadas, continuava van Zeller, as enfermeiras deveriam dar «o exemplo das virtudes domésticas e do perfeito entendimento que deve reinar num lar». Para além disso, deveriam receber a maternidade de braços abertos, visto aquela ser considerada «a mais bela [coroa] a que pode aspirar uma mulher e a que mais a dignifica», e reflectir sobre a educação dos filhos. Apesar da progressiva valorização das profissões femininas, e em especial da enfermagem, que implicava a dedicação ao outro e era por muitos vista como uma missão sagrada, mantinha-se a ideia de que a plena realização da mulher dependia da maternidade[443]. E é particularmente significativo ser uma mulher médica e deputada a dizê-lo, visto que aquela atribuiria certamente grande importância à sua carreira, construída num mundo de homens.

Seja como for, no momento em que a médica se dirigia às enfermeiras casadas, havia já sido publicado um decreto que restringia a admissão aos lugares femininos dos serviços de enfermagem e domésticos dos Hospitais Civis de Lisboa a mulheres solteiras e viúvas sem filhos, as quais deveriam ser substituídas assim que deixassem de verificar-se essas condições[444]. Em 1942 a restrição passaria a abarcar, para além da enfermagem hospitalar feminina, o seu tirocínio[445]. É possível que estas proibições se devessem à ideia de que a vida familiar impediria a enfermeira de se dedicar aos seus doentes de forma absoluta, considerando a dedicação total que lhe era exigida. Porém, tendo em conta o contexto político e ideológico conservador em que foram publicadas, reflectiriam sobretudo as preocupações do regime com o valor central da família. Estariam, pois, de acordo com a perspectiva católica e tradicional do papel da mulher, que, como vimos, assinalava as consequências ruinosas do trabalho feminino fora de casa, para a família, a sociedade e a própria mulher. Aquele só se justificaria em casos muito especiais, como os de mulheres solteiras, viúvas e com dificuldades económicas.

De resto, a questão que agora se levantava para a enfermagem motivara já um debate, nos inícios da década de 1930, em relação a uma outra profissão que se assumia cada vez mais como feminina, a de professora[446]. Nesse caso, como no da enfermagem, parece ter-se procurado um compromisso entre o direito da mulher a trabalhar fora de casa e a sua especial aptidão para determinadas tarefas, por um lado, e o interesse da família, por outro. Até ao casamento e à maternidade, que como vimos deviam ser o principal objectivo da mulher, esta poderia ocupar-se de profissões adequadas à sua natureza, como a enfermagem. Depois, os deveres familiares falariam mais alto.

---

[442] «Dir-se-á que é mais agradável para os doentes terem à cabeceira da cama uma mulher provocante pelos seus extremos de "toilette". Isso depende da doença...» (art. cit.).

[443] Na referida palestra sobre o papel social da parteira, Costa Sacadura afirmava: «Nasceu a mulher para ser mãe, e sob o ponto de vista moral nenhuma missão mais nobre do que essa» (op. cit., p. 1).

[444] Decreto n.º 28.794, art. 60.º, Diário do Governo, I série, n.º 150, 1 de Julho de 1938.

[445] Decreto-lei n.º 31.913, art. 3.º, § 4.º, Diário do Governo, I série, n.º 58, 12 de Março de 1942.

[446] Sobre o assunto, ver Helena Costa Araújo, op. cit., pp. 268-269.

De qualquer forma, aquela não foi uma questão pacífica. Desde logo, para as próprias enfermeiras, que contestavam a proibição de continuar a trabalhar após o casamento, fazendo-se ouvir, por exemplo, na Assembleia Nacional, através de Melo e Castro[447]. Segundo este deputado, a oposição às disposições legais de 1938 e 1942 era partilhada pelo *Sindicato Nacional dos Profissionais de Enfermagem*, pelos médicos e pela Igreja, que defendia os valores da família[448]. Melo e Castro considerava que a lei vigente «interfere com o exercício das essenciais liberdades de escolha do estado e da profissão», questionando mesmo a sua constitucionalidade.

O deputado citado compreendia os objectivos que o legislador tivera em vista, designadamente, «defender a família, forçando as enfermeiras que sejam esposas ou mães a não sacrificar aos penosos horários do serviço hospitalar o bom governo do seu lar, e zelar pela eficiência da enfermagem hospitalar, reclamando das enfermeiras uma tal dedicação [...] que não julga compatível com os deveres da esposa e da mãe». No entanto, condenava a rigidez das disposições, que não permitiam qualquer tipo de compromisso entre os deveres do lar e o exercício da enfermagem. Na sua opinião, era injusto impedir raparigas vocacionadas de continuar a trabalhar após o casamento, mesmo que não tivessem filhos. Pensava também nas mulheres cujos rendimentos eram necessários para equilibrar o reduzido orçamento familiar, sobretudo viúvas com filhos. Por outro lado, aquela proibição estaria na origem de situações consideradas imorais, como uniões ilegítimas e abortos. Para além de tudo isso, tendo em conta a falta de pessoal de enfermagem, o Estado não estaria em condições de dispensar os serviços de enfermeiras que haviam sido formadas, ou pelo menos treinadas, à custa do seu orçamento. Por fim, Melo e Castro afirmava o isolamento internacional de Portugal no que respeitava à proibição e sugeria a importação do sistema inglês, cuja flexibilidade permitia às enfermeiras continuar a trabalhar após o casamento, em regime de *part-time*, com condições adequadas aos seus deveres domésticos.

Para o deputado Melo e Castro, a enfermagem era «a profissão a que melhor se adapta a mulher», «a mais feminina entre todas». De igual modo, afirmava-se num artigo publicado n'*A Enfermeira* que aquela profissão «é uma das que melhor condiz com as qualidades femininas. A mulher é naturalmente compassiva, paciente, dedicada e carinhosa»[449]. A autora estabelecia uma clara associação entre a suposta aptidão natural das mulheres para cuidar dos outros e a maternidade, apresentando a enfermeira como mãe dos doentes: da mesma forma que «uma criança não pode passar sem a mãe, assim os doentes precisam dos cuidados naturais da enfermeira».

Numa perspectiva mais profissional, a médica Cesina Bermudes[450] afirmava que, «pela complexidade das qualidades requeridas», incluindo atributos morais, físicos e

---

[447] Sessão da Assembleia Nacional de 30 de Abril de 1951, http://debates.parlamento.pt (11/02/06).

[448] A Igreja já se manifestara, através da sua mais alta hierarquia (pareceres do Cardeal Patriarca e do restante Episcopado), contra uma disposição regulamentar da Companhia dos Telefones que proibia o casamento às suas telefonistas. Melo e Castro dizia-se informado de que «aquela posição da Igreja é reforçada neste outro problema [o da proibição do casamento às enfermeiras], que interessa uma classe mais numerosa e um serviço de maior importância».

[449] Maria Joana Mendes Leal, «A enfermeira ideal», *A Enfermeira*, n.º 7, 1943, pp. 1-4.

[450] Cesina Bermudes (1908-2001), licenciada em Medicina pela Universidade de Lisboa em 1932, trabalhou primeiro como Interna Geral e Assistente de Anatomia nos Hospitais Civis de Lisboa, passando depois para o serviço Complementar de Cirurgia e para a Especialidade de Obstetrícia. Doutorou-se em

intelectuais e «cuidados que estão [...] dentro das atribuições femininas», como os de higiene, «a profissão de enfermeira é considerada agora universalmente como correspondendo essencialmente à natureza feminina»[451]. Dotada de «grande intuição» e «altruísmo natural», esta adequar-se-ia ao trabalho em «obras humanitárias», isto é, no plano assistencial. No mesmo sentido, dirigindo-se à Assembleia Nacional, Maria Luísa van Zeller defendia ser «facto mundialmente assente [...] que, salvo em casos especiais, os serviços de enfermagem devem ser confiados a mulheres», tendo em conta a sua «sensibilidade afectiva» e o «entusiasmo e espírito de sacrifício» com se dedicam aos doentes[452]. Subjacente a este argumento, continuava a ideia de que o sexo feminino teria uma aptidão natural para tratar do outro. Portanto, as suas características enquanto mulher determinavam as relações que a enfermeira tinha com os doentes, sendo também decisivas no que respeitava à interacção com as colegas e com os médicos.

Chegamos assim ao segundo grupo de qualidades morais que, na perspectiva da médica van Zeller, se deviam exigir a uma enfermeira, as relativas ao comportamento perante os outros. Começando pelas relações entre colegas, a autora aconselhava que se cultivassem a solidariedade e a amizade, contra a intriga, a calúnia, a inveja e a vaidade, «defeitos que dizem ser pertença exclusiva do sexo feminino – o que não creio – mas que nele se desenvolvem e frutificam em larga escala». Já as relações com os médicos deviam ser mediadas pela obediência da enfermeira, considerada «a primeira virtude profissional». Segundo a médica, aquela «cumprirá rigorosa e fielmente tudo quanto lhe é prescrito», com a ressalva de que, «se as ordens que receber forem para praticar actos contrários à sua consciência e que a sua moral reprove», como vimos atrás, a enfermeira deveria recusar-se a cumpri-las. Maria Luísa van Zeller admitia ainda a possibilidade de a enfermeira tomar «grandes e pequenas iniciativas», independentemente do médico. Contudo, aquelas teriam lugar apenas em casos muito urgentes e na ausência do clínico.

Cesina Bermudes encarava a enfermeira como «uma auxiliar poderosa do médico», «capaz de apreender as variações no estado do doente e de as interpretar, prolongando junto dele a acção do médico». No entanto, salientava também os «justos limites» dentro dos quais aquela deve exercer a sua actividade: a enfermeira «não tem o direito de diagnosticar e receitar porque não está preparada para isso». A capacidade para

---

1947 com uma dissertação sobre *Os Músculos Radiais Externos estudados nos Portugueses de Condição Humilde* e só não tomou posse do lugar de Professora por questões de ordem política (a verificar-se, teria sido a primeira mulher Professora da Faculdade de Medicina). Leccionou a disciplina de Puericultura em várias escolas industriais. Fora da área da medicina, onde está associada à introdução do Parto sem Dor, destacou--se no desporto, na intervenção política antisalazarista e foi a primeira Secretária-Geral da Sociedade Teosófica em Portugal (membro desde 1927). Ver «Cesina Borges Adães Bermudes» in *Dicionário no Feminino (séculos XIX-XX)*, p. 218.

[451] Cesina Bermudes, «Formação profissional das enfermeiras», *A Enfermeira*, n.º 3, 1939, p. 27. No final da exposição, em que fizera algumas sugestões para a melhoria do ensino de enfermagem, a autora congratulava-se por, como mulher, poder contribuir para a dignificação de «uma classe de mulheres» (*idem*, p. 32).

[452] Sessão da Assembleia Nacional de 24 de Março de 1947, http://debates.parlamento.pt (11/02/06). Para a médica, «Ninguém como a mulher sabe debruçar-se delicadamente sobre a dor e no momento oportuno dizer a palavra que consola, encontrar o gesto e a atitude que aliviam e, na sua sensibilidade afectiva, dedicar-se aos doentes com um entusiasmo e espírito de sacrifício que, por vezes, atingem o heroísmo».

reconhecer esses limites era mesmo apontada como uma qualidade: «quanto mais culta for a enfermeira, mais despretensiosa será».

A necessidade de a enfermeira se limitar ao seu papel e não interferir no trabalho médico era também defendida num artigo publicado no *Arquivo do Enfermeiro* em 1943[453]. O autor opunha a concepção tradicional e popular da enfermeira, vista como uma mulher idosa e experiente cujo papel era autónomo e se sobrepunha ao do médico, à concepção moderna, para a qual aquela «não é mais que um instrumento encarregado de executar as instruções do médico e que não pode [...] ocupar uma posição independente no tratamento de um doente». Portanto, «só ao médico compete instituir o tratamento», era ele o responsável pelo doente, limitando-se a enfermeira a cumprir rigorosamente todas as instruções dele recebidas[454].

O articulista ia contudo mais longe, defendendo que «a enfermeira não deve nunca ter nem opinião nem princípios». Neste aspecto, afastava-se dos autores atrás citados, entre os quais a médica Maria Luísa van Zeller, que acentuavam a importância da consciência e dos princípios morais da enfermeira, considerando mesmo que era seu dever pô-los em prática. Não deixa de ser curioso que seja exactamente um periódico destinado a defender os direitos e os interesses dos enfermeiros a apresentar esta posição tão restritiva quanto à autonomia, neste caso moral, da enfermeira. O autor justificava as suas palavras com o interesse do doente, que seria prejudicado se aquela emitisse opiniões ou comentários sobre o tratamento, comparando-o com outros. Tal constituiria «um abuso de confiança» e levaria muitas vezes a enfermeira a alterar os métodos prescritos pelo médico, entravando a cura do paciente. Segundo o artigo, a enfermeira devia então limitar-se ao seu campo de acção, que estava bem definido e consistia em permanecer junto do doente, observando o seu estado e registando todas as alterações verificadas, para o relatório diário a entregar ao médico na hora da visita[455].

A posição expressa num artigo do *Boletim de Informação das Enfermeiras da Cruz Vermelha* face à relação entre enfermeiras e médicos é a que parece conferir maior autonomia e significado ao trabalho daquelas, associando-o intimamente à condição feminina[456]. Falava-se, desde logo, em «trabalho de equipe», encarando a enfermeira como «um agente de ligação» entre o médico e o doente: «o médico dá-lhe os meios de curar o seu doente, e ela dá ao médico os meios de agir eficazmente». Esta «acção com duplo sentido» implicava, porém, o cumprimento de determinados deveres por parte da enfermeira, com destaque para a obediência, a lealdade e a discrição. De um

---

[453] «A enfermeira», *Arquivo do Enfermeiro*, n.º 3, Maio 1943, pp. 41, 42 e 48.

[454] Também para o caso particular da enfermeira-parteira Costa Sacadura afirmava: «A presença do médico descarrega a parteira de toda a responsabilidade, sem prejudicar em nada a sua dignidade ou a sua reputação» (Costa Sacadura, *op. cit.*, p. 17).

[455] O autor salientava «a importância deste documento quando cuidadosamente redigido» e indicava de modo esquemático os cinco pontos que uma enfermeira devia ter em consideração na elaboração do relatório, nomeadamente: a hora, a quantidade e a natureza dos alimentos e bebidas ingeridos; a hora e a quantidade dos medicamentos absorvidos; a duração e a qualidade do sono; a hora, a quantidade e o aspecto da urina e das fezes; hora, duração e intensidade de quaisquer alterações verificadas. Ver art. cit., pp. 42 e 48.

[456] Doutora Dalloni, «Enfermeiras e médicos», *Arquivo do Enfermeiro*, n.º 11, Março 1944, pp. 21-24. O artigo, citado na íntegra, foi publicado no referido *Boletim*, n.º 2, 1943.

modo algo paradoxal, a obediência por parte da enfermeira era vista como condição indispensável da colaboração com o médico. Apesar de tudo, aquela continuava a ser «executante de um desígnio terapêutico», aparecendo como «um prolongamento do cérebro e da mão do médico». Devia-lhe, por isso, uma obediência «absoluta», mas também «inteligente»: «para bem obedecer é preciso ser bem instruída, ter a noção da sua responsabilidade, a inteligência das coisas humildes, o sentido dos deveres elevados».

A ligação entre a obediência, por um lado, e a inteligência e o valor moral, por outro, conferia àquela o carácter de virtude e tornava-a mesmo compensatória: para além de não dispensar a enfermeira de «iniciativas claras e de soluções sensatas», «longe de vos rebaixar, faz de vós personalidades superiores». O dever da lealdade, por sua vez, tinha a ver com a necessidade de não haver quaisquer segredos entre a enfermeira e o médico, de modo a manter-se a confiança. Pelo mesmo motivo, a enfermeira devia cultivar a discrição em relação ao que o médico lhe confiava.

A autora do artigo, Doutora Dalloni, atribuía um valor profissional aos três deveres referidos, considerando, porém, que cumpri-los não era suficiente para garantir uma colaboração eficaz entre o médico e a enfermeira. Aquela exigia também uma certa «atitude exterior e interior» da enfermeira, que seria «o coração» da equipa, enquanto o médico seria «o cérebro». Na opinião da autora, a harmonia dessa relação, baseada nas ideias tradicionais sobre o pretenso sentimentalismo feminino e o suposto racionalismo masculino, era posta em causa pela maior sensibilidade da enfermeira. Por um lado, «a mulher [...], mais fácil de comover sobre o plano sensível que sobre o plano intelectual, periga de nem sempre pôr [...] sobre os acontecimentos um olhar imparcial e sereno»; por outro, «a hipersensibilidade pode-se transformar em susceptibilidade, em espírito crítico, em desconfiança». O grande problema residiria então na «tentação» por parte da enfermeira de rivalizar com o médico: o seu «coração de mãe» e o facto de passar mais tempo com o doente permitiam-lhe conquistar a sua confiança, «tornando-o *seu* doente», adoptando-o com o «instinto maternal tão natural a toda a mulher»; atrever-se-ia, então, a criticar as decisões do médico, julgando-se capaz de prescindir dele.

No entanto, se a condição feminina da enfermeira se poderia constituir como um obstáculo à boa relação com o médico, também lhe permitiria «melhor realizar o que o médico espera dela». Neste ponto, a autora fazia apelo ao papel da mulher como «inspiradora», uma figura silenciosa e discreta que se encontrava ao lado do homem e cuja função era «provocar e tornar possível a eclosão de pensamentos e actos», «criar o clima favorável à obra que ela ajuda». Neste sentido, a enfermeira exerceria «uma grande influência sobre o médico com quem trabalha», reconhecendo este «o valor de uma inteligência activa que vem secundar a sua». Por «inteligência activa», a autora entendia o «sorriso afável», o «acolhimento», o «fundo de segurança, de bem-estar interior», o «calor da simpatia» e a «caridade compreensiva» da enfermeira em relação ao médico, isto é, a «adesão completa».

Quer dizer, na prática, o papel da enfermeira era ainda secundário. Contudo, o objectivo da autora era identificá-lo com clareza, distinguindo-o do papel do médico, assumi-lo e valorizá-lo por si mesmo: por um lado, a enfermeira não era «um médico de segunda ordem» e o «essencial da sua missão não está nas coisas que o médico pode fazer»; por outro, essa missão não era inferior à da profissão médica, mas «desenvolve-

-se sobre uma escala paralela, e que pode mesmo atingir a mesma altura». Portanto, a enfermeira devia cingir-se ao seu papel, executando um trabalho que era a única em condições de realizar, tendo em conta a sua natureza feminina. Esse trabalho consistia em complementar o tratamento decidido pelo médico com o «incomparável apoio do conforto material e dos cuidados íntimos [...], de uma ternura clara, tão maternal».

A valorização da obediência da enfermeira e da sua capacidade para se cingir a um papel específico, de acordo com as suas aptidões naturais, estava também presente, como vimos, no discurso de Maria Luísa van Zeller. No caso de trabalhar num hospital, a enfermeira devia obediência não só ao médico, mas também a todos os superiores e ao próprio regulamento. Porque só o cumprimento rigoroso das suas tarefas permitiria às enfermeiras afirmarem-se e alcançarem o respeito dos outros, van Zeller defendia que as ordens por elas recebidas deviam ser executadas «alegremente, com delicadeza, com bondade». Paralelamente, a médica apelava à necessidade de um rigoroso sentido da hierarquia: no hospital, «todos devem saber ocupar o respectivo lugar e manter as distâncias que a hierarquia impõe», o que implicava, em particular, cuidados na forma de lidar com os colegas e, sobretudo, com os superiores. Mais uma vez, para além do interesse em manter o respeito pela hierarquia, era clara a preocupação com a conduta moral da enfermeira, cuja condição feminina a tornaria vulnerável ao envolvimento amoroso com os doentes do sexo masculino e, neste caso, com os médicos. Outros autores manifestariam a mesma preocupação, apontando também a responsabilidade do corpo médico em garantir uma relação de cordialidade com as enfermeiras, mas com o devido distanciamento[457].

No que respeita às relações das enfermeiras com os doentes, a médica que temos vindo a citar destacava a capacidade de influência daquelas e a responsabilidade a ela inerente. Para além de poderem impressionar positivamente os doentes pelo seu aspecto exterior, «com o seu ar de dignidade e aprumo», as enfermeiras tinham o poder de, através da delicadeza e da bondade, «exercer sobre eles uma importantíssima acção como factor de cura». Tal devia-se ao facto de uma atitude bondosa para com o doente o tornar mais dócil, prestando-se a todas as provas e tratamentos, mas também ao peso determinante do factor psicológico na cura.

Aquela era a ideia central de um artigo sobre o valor do sorriso, publicado n'*A Enfermeira*[458]. A autora, Isabel Mello Costa, considerava que «entre todas as profissões a de enfermeira é aquela que mais precisa ter a escola do sorriso», enquanto reflexo

---

[457] Um dos aspectos que Fernando Correia da Silva considerava modelar na acção hospitalar provinciana do país era o facto de os médicos «se manterem sempre no seu lugar em relação aos enfermeiros e demais pessoal [...] de modo que nenhum doente possa, por exemplo, imaginar sequer que uma enfermeira é, para o médico, mais do que isso, tratada embora com toda urbanidade e até amizade, mas nunca com liberdades suspeitas, quanto mais justificadas» (Fernando Correia da Silva, *Portugal Sanitário (subsídios para o seu estudo)*, s.l., Ministério do Interior, Direcção Geral de Saúde Pública, 1938, p. 334). Já Costa Sacadura lembraria, numa conferência proferida em 1950, «aos senhores médicos, chefes e sub-chefes que lhes compete melhorar o ambiente moral nas enfermarias. Se todos contribuíssem para prestigiar a profissão, se entre superiores e inferiores – em serviço, pelo menos – acabasse esse inqualificável tratamento por *tu*, demasiadamente familiar e desprestigioso, veríamos como enfermeiros e enfermeiras ainda melhor se compenetravam do elevado papel que lhes incumbe» (Costa Sacadura, *Subsídios para a história...*, pp. 15-16).

[458] Isabel Mello Costa, «O que vale um sorriso?», *A Enfermeira*, n.º 6, 1942, pp. 13-17.

das suas qualidades interiores, nomeadamente, caridade, abnegação, paciência e auto--domínio. Se o doente «o é quase sempre de corpo e de alma» e se, ao procurar tratar--lhe a alma, a enfermeira dá o primeiro passo para lhe tratar o corpo, então aquela «tem obrigação de saber sorrir sempre, qualquer que seja o seu estado de espírito». O sorriso seria a expressão da doçura, uma qualidade considerada «bem feminina» e que devia ser posta ao serviço dos outros. A enfermeira devia «substituir o "coitadinho" por um sorriso que [...] acalme» o doente, lhe dê ânimo e esperança. Em suma, Isabel Mello Costa recomendava às enfermeiras que nunca fizessem «o curativo do corpo sem fazer o da alma», tendo em conta que «a chave para entrardes nele é um sorriso».

No mesmo sentido, para Maria Luísa van Zeller, a enfermeira devia aparentar boa disposição e alegria, não devendo faltar-lhe também a coragem e o sangue frio, para as situações difíceis, o espírito de disciplina, a economia e a prudência[459]. O seu trabalho devia ser executado «com simplicidade, sem pressa, com método, com atenção», exigindo «espírito de observação e vigilância». O doente estava a seu cargo e por ele teria de «responder a Deus, ao médico e à família». Este «tríplice dever» estava de acordo com a ideia segundo a qual, «para a enfermeira, a primeira pessoa é *o doente*», independentemente de ser uma pessoa de posses, instalada em sua casa ou num quarto particular, ou um pobre, hospitalizado numa enfermaria[460].

À enfermeira exigia-se ainda discrição, base do segredo profissional, que era obrigatório. Segundo van Zeller, não se tratava apenas de guardar segredo quanto à doença, mas também em relação a tudo o que o doente confiasse à enfermeira[461]. Os deveres para com o doente estendiam-se também à sua família, nos casos em que a enfermeira exercesse a sua actividade ao domicílio. Aquela teria então de pôr em prática com especial cuidado todas as suas «virtudes morais», contribuindo para o «sossego temporal e espiritual» da família, aconselhando-a e animando-a.

Maria Luísa van Zeller terminava o seu discurso sobre as qualidades morais das enfermeiras salientando a importância de «princípios superiores» que orientem a vida, de acordo com a própria ideologia salazarista[462], e apelando àquelas profissionais para mobilizarem «todas as riquezas do vosso coração de mulher» no cumprimento do dever. A valorização da moral profissional e da apetência feminina para a enfermagem, que subjaz à conferência da médica e a outros textos publicados na mesma altura, remete ainda para a ligação entre aquela tarefa e a religião. Tratar-se-ia de uma profissão «grande "humanamente"», que só por isso «exige um alto valor moral». Todavia, era sob o

---

[459] Costa Sacadura considerava o sangue frio, a prudência e a abnegação deveres profissionais da parteira, os quais esta devia cultivar a par dos deveres pessoais (boa saúde, linguagem simples e reservada). Ver Costa Sacadura, *O papel social da parteira*, pp. 7-8.

[460] «É bom lembrar...», *A Enfermeira*, n.º 5, 1941, p. 15. «A conveniência do doente deve ser atendida antes de mais nada, e todos num serviço hospitalar, desde o mais modesto empregado até aos médicos dirigentes, estão ali unicamente para *servir o doente*».

[461] A questão do segredo profissional era frequentemente abordada a propósito dos deveres da enfermeira. Vejam-se os artigos «É bom lembrar...», *A Enfermeira*, n.º 5, 1941, p. 15 e, de Braz Nogueira, «Qualidades necessárias para ser uma boa enfermeira e em especial uma boa enfermeira-parteira», *Arquivo do Enfermeiro*, n.º 1, Janeiro 1943, pp. 11-12, bem como a posição de Costa Sacadura, em *O papel social da parteira*, pp. 17-18.

[462] «Fazei vossa aquela frase de Salazar: "sei muito bem o que quero e para onde vou". Como ele, insatisfeitas, "à procura de mais e melhor", orientai os vossos passos no caminho rude do Dever» (Maria Luísa van Zeller, «A formação moral da enfermeira», *A Enfermeira*, n.º 3, 1939, p. 16).

ponto de vista cristão que van Zeller a qualificava de «infinitamente valiosa», visto pôr em prática «a primeira e a melhor das virtudes – a caridade». O carácter sagrado que a médica atribuía à enfermagem é evidente na comparação que estabelecia entre o hospital e um templo, à porta do qual as enfermeiras deviam despir-se do que as ligava ao mundo exterior, purificando-se e entrando nele como sacerdotisas, «apenas com a brancura das vossas vestes, cuja cor deve ser o símbolo da lisura das vossas almas». O comportamento das enfermeiras teria de reger-se por normas morais estritas, de modo a não «ofender a dignidade» daquele «local sagrado». No desempenho da sua função junto dos doentes, elas seriam como «o anjo da Caridade».

A importância desta dimensão moral e espiritual da enfermagem conduzia ainda ao elogio da enfermagem religiosa, por oposição à laica. Sintomaticamente, pode ler-se num artigo sobre as qualidades da enfermeira publicado no *Arquivo do Enfermeiro*, revista de profissionais de enfermagem, que «a razão de preferência da enfermagem religiosa sobre a civil está na preponderância, na primeira, da caridade no trato, da esperança no falar e da fé na cura que infiltra ao doente desiludido».[463] Em contrapartida, a enfermagem civil, na grande maioria dos casos, teria sobreposto o «mercantilismo» a qualquer qualidade. Para o autor, o médico Braz Nogueira, a enfermagem devia guiar-se por «um ideal mais próximo do céu que da terra» e o enfermeiro devia ser piedoso e desinteressado, visto que «nenhuma das qualidades que necessita empregar é negócio de compra e venda». Estava em causa a questão da remuneração da classe, que, como vimos, fora objecto de um forte preconceito durante muito tempo. O autor defendia que a remuneração monetária do enfermeiro «não pode nunca representar paga, mas sim gratificação». No entanto, não a punha em causa, considerando mesmo que «será tanto mais elevada quanto maiores forem as qualidades de dedicação do enfermeiro».

Num outro registo, já claramente confessional, Maria Joana Mendes Leal afirmava que «a dedicação de uma enfermeira não deve ser apenas uma questão de ordenado e gratificações [...] deve nascer da sua bondade e do seu espírito de sacrifício [...] inspirado pelo amor de Deus».[464] Em relação aos doentes, que são apresentados como crianças, exigentes, rabugentos e egoístas, «a paciência da enfermeira terá de ser verdadeira caridade: caridade sobrenatural que vê Deus escondido nos doentes». Aquela devia ter «a bondade de um Sacerdote», podendo substituí-lo, caso necessário, na assistência espiritual aos moribundos. A autora chegava mesmo a atribuir uma «missão religiosa» à enfermeira, a qual consistiria em revelar o amor de Cristo aos doentes e ensiná-los «a sofrer com merecimento», isto é, com resignação. Nesta perspectiva, aquela trabalhava com o objectivo de «ser agradável a Deus»; a sua preocupação com o doente era alimentada pelo amor de Deus. Mais, se a enfermeira estivesse imbuída deste espírito ao realizar as suas tarefas simples e concretas, estas seriam «meios da sua própria santificação». Portanto, a autora deslocava a finalidade e a justificação da enfermagem para o plano sobrenatural, lançando significativamente a questão: «O dever profissional, porque não o sobrenaturalizar, valorizando-o, assim, para o céu?».

---

[463] Braz Nogueira, «Qualidades necessárias para ser uma boa enfermeira...», art. cit., p. 10.
[464] Maria Joana Mendes Leal, «A enfermeira ideal», *A Enfermeira*, n.º 7, 1943, pp. 1-4.

### 1.2.2 A enfermeira ideal – qualidades físicas e intelectuais

Na perspectiva de Cesina Bermudes, outra das conferencistas que em 1939 se dirigiram aos alunos da Escola de Enfermagem de Lisboa, a vocação era uma condição indispensável para o bom exercício da profissão e devia ser a primeira qualidade exigida para a admissão ao curso[465]. Tal como a medicina, a enfermagem seria uma «profissão de sacrifício», um «verdadeiro sacerdócio», exigindo uma atitude de renúncia de si mesmo e um espírito generoso, aberto e desinteressado. No entanto, a vocação só por si seria insuficiente para um desempenho eficaz, devendo ser acompanhada de certas qualidades morais, a que já nos referimos, físicas e intelectuais.

No que respeita às qualidades físicas, eram destacadas a robustez e o ser-se saudável, de modo a poder-se responder ao ritmo exigente do trabalho, defender-se dos perigos de contágio e dispor de agilidade e bom humor. A enfermeira teria, pois, o dever de pugnar pela sua saúde, cuidando da higiene e da alimentação. As horas de folga deviam ser aproveitadas para o retemperamento físico, moral e intelectual, através de distracções consideradas próprias, nomeadamente, o desporto, as tarefas domésticas e a leitura. Quanto aos trabalhos domésticos, «representarão não uma sobrecarga de trabalho a efectuar depois de um dia de fadiga, mas uma ocupação útil que se faz com gosto». Isto, esclarecia a conferencista, «para uma mulher de gostos verdadeiramente femininos, e só essas serão susceptíveis de vocação sincera para a enfermagem». Esta profissão exigiria, portanto, a «sublimação das virtudes femininas», incluindo a apetência para as tarefas domésticas. Em relação à leitura, devia orientar-se para «livros optimistas», por oposição à literatura neo-realista, e obras de carácter científico, «que além de distrair instruem», permitindo a actualização científica.

Entrando no domínio das qualidades intelectuais, Cesina Bermudes começava por destacar a importância da formação de base, criticando a baixa escolaridade exigida em Portugal para a admissão às escolas de enfermagem. A aluna deveria, pois, procurar instruir-se e desenvolver a inteligência, o raciocínio e o discernimento, visto que só assim teria um «espírito compreensivo e tolerante para a mentalidade dos outros», em particular, dos doentes. Deste modo, a cultura da enfermeira seria determinante no sucesso da relação com o doente, sobre o qual aquela teria um duplo ascendente: para além da competência profissional, a «correcção irrepreensível». A questão da instrução e do polimento da enfermeira estava intimamente ligada à da origem social. De acordo com a literatura estrangeira, afirmava a conferencista, a enfermeira devia pertencer à mesma classe social do que o médico, opinião dominante nos países anglo-saxónicos, onde seria frequente o casamento entre ambos, e que se teria imposto já também nos países latinos. Apesar disso, lamentava a médica, em Portugal, «é uma triste verdade que muitas enfermeiras são recrutadas em camadas pouco cultas da nossa sociedade», quer dizer, em estratos sociais inferiores aos dos médicos.

Cesina Bermudes considerava importante o conhecimento de, pelo menos, uma língua estrangeira, de modo a acompanhar-se o desenvolvimento da profissão a nível internacional. No nosso país, com pouquíssima literatura médica e sem manuais de enfermagem, aquela seria uma «condição indispensável para progredir» na profissão. A médica destacava ainda outras qualidades intelectuais: a capacidade de observação,

---

[465] Cesina Bermudes, «Formação profissional das enfermeiras», *A Enfermeira*, n.º 3, 1939, pp. 17-33.

a disciplina interior, o espírito de iniciativa e o espírito inventivo, controlado pelo recurso ao bom senso e ao «discernimento».

Complementarmente, a conferencista aludia aos cuidados de limpeza e de higiene. A enfermeira teria de ser naturalmente arrumada e ordenada e executar com perfeição tarefas como limpar a casa do seu doente, fazer-lhe comida e dar-lha. Mais uma vez, tais capacidades dependeriam da educação recebida e da origem social: segundo a médica, «são as pessoas recrutadas nas camadas sociais mais incultas que em geral consideram indignos delas os trabalhos humildes; as enfermeiras que receberam uma boa educação executam disciplinadamente os serviços inferiores e desagradáveis». Esta afirmação reflecte também a importância do respeito pelo dever, pela hierarquia e pela obediência, entendida esta última como distintiva da profissão de enfermagem.

A propósito da higiene, a médica sustentava ainda que a aparência da enfermeira se devia caracterizar pelo «extremo asseio e simplicidade», considerando a falta de cuidado com o uniforme uma «negligência indigna» e condenando o uso de figurinos indiscretos ou complicados: «no trajo profissional a moda não tem nada que ver e a bata deve tapar completamente o vestido, o peito e os joelhos. Também o lenço deve tapar completamente os cabelos». Enfim, a enfermeira devia vestir-se de forma sóbria e confortável, por razões morais e práticas[466].

Cesina Bermudes encarava a formação profissional como uma via para a dignificação da enfermagem, dando sugestões para a melhoria do seu ensino no nosso país. Em seu entender, a formação profissional não se poderia separar da formação moral, sendo ambas complementares e indispensáveis. A médica referia-se ainda à profissão de enfermeira como símbolo da «piedade» e da «caridade», mas reportava-se concretamente a «manifestações inteligentes da caridade moderna». Quer dizer, considerava que, naquela carreira, o impulso interior e a emoção teriam de aliar-se ao «esforço reflectido exercido sistematicamente», sublinhando a importância dos factores intelectuais e profissionais e, consequentemente, da instrução.

Na conclusão deste capítulo sobre a enfermeira ideal, retomamos a justificação já apresentada para a utilização da palavra "enfermeira" no feminino: a enfermagem era crescentemente uma profissão de mulheres. A opção preferencial pelas enfermeiras foi consagrada legalmente em 1947, tendo o Decreto-lei n.º 36.219 estipulado que o ensino de enfermagem devia ser orientado no sentido da preferência do pessoal feminino, excepto nos serviços de algumas especialidades, como a psiquiatria e a urologia (art. 5.º)[467]. Tal não significava, contudo, que a profissão se tornara exclusivamente feminina ou que as escolas de enfermagem deixaram de admitir alunos do sexo masculino. De resto, pode até verificar-se que os artigos sobre questões profissionais publicados na revista *Arquivo do Enfermeiro*, para além desta mesma designação, continuavam a usar preferentemente o masculino[468]. Portanto, em Portugal, a enfermagem permanecia uma profissão desempenhada por indivíduos de ambos os sexos.

---

[466] Assim, não devia usar jóias em serviço porque aquelas prejudicavam o trabalho, impedindo uma desinfecção cuidadosa das mãos, por exemplo. A única excepção seria o relógio, necessário para respeitar a obrigação de pontualidade.

[467] Decreto-lei n.º 36.219, *Diário do Governo*, I série, n.º 81, 10 de Abril de 1947.

[468] Neste caso particular, o recurso a géneros diferentes consoante o assunto, o feminino em textos sobre as qualidades morais do profissional e o masculino em artigos de carácter reivindicativo, parece inclusivamente remeter para uma distinção tradicional entre os sexos quanto às suas características morais e intelectuais.

### 1.2.3. Condições de vida e de trabalho dos enfermeiros

Durante o período em análise, as condições de vida e de trabalho do pessoal de enfermagem dos hospitais portugueses foram objecto de algumas intervenções na Assembleia Nacional, protagonizadas por deputados médicos. Formosinho Sanches referia-se à «situação deveras angustiosa» dos enfermeiros, que eram poucos e mal remunerados, estavam sujeitos a horários pesadíssimos e a uma sobrecarga de trabalho[469]. Para além disso, só podiam reformar-se após trinta e seis anos de serviço, em igualdade de circunstâncias com os outros funcionários públicos, embora trabalhassem por dia quase o dobro de horas e sofressem um desgaste físico e psíquico muito maior[470]. Na opinião do deputado, as deficiências que frequentemente se apontavam ao trabalho dos enfermeiros encontravam justificação nas dificuldades que estes enfrentavam: «como pode uma pessoa acudir pronta e pacientemente sempre que é solicitada, quando constantemente tem de acorrer a vários e muitos casos, prestar auxílio a vários médicos [...], sem que tenha tido o necessário repouso, nem se lhe tenha proporcionado um relativo bem estar?»[471].

Também a médica Maria Luísa van Zeller justificava as faltas das enfermeiras com os argumentos de que não eram convenientemente seleccionadas e preparadas, trabalhavam demais, ganhavam pouco e, sobretudo, estavam mal alojadas, «dentro dos hospitais [em instalações] tão destituídas do mais sumário conforto que até em raros momentos e horas de folga mais convidam a fugir do hospital que a procurar aí um repouso»[472]. Aliás, para esta médica, as más condições de ordem material conduziam, em alguns casos, à «vida desregrada e [...] baixa moralidade».

As difíceis condições de vida e de trabalho dos enfermeiros reflectiam-se na escassez de pessoal técnico, não obstante a oferta de emprego estável e os incentivos concedidos pelo Estado à frequência de cursos[473]. As candidatas a enfermeiras estavam certas de que, «por falta de pessoal e com os horários e remunerações [...] em vigor, há-de [...] ser-lhes exigido um trabalho extenuante e sem a devida compensação». Seriam ainda desencorajadas pelo facto de terem de abandonar os serviços hospitalares se contraíssem matrimónio, preferindo fazer um curso que lhes garantisse o exercício de uma profissão independentemente do seu estado. Perdiam-se, por conseguinte, «as melhores vocações», que se desviavam para outros serviços.

---

[469] Sessão da Assembleia Nacional de 18 de Janeiro de 1946, http://debates.parlamento.pt (11/02/06).

[470] «Quando uns trabalham, só nos dias úteis, seis a oito horas, os outros mourejam quase que consecutivamente doze e mais horas em serviço bastante mais esgotante, o que, ao fim de algum tempo, põe em inferioridade as suas funções físicas e psíquicas, colocando portanto em inferioridade também o rendimento do seu trabalho». Ver nota de rodapé anterior.

[471] Para Formosinho Sanches, «à beira da cama de quem sofre não deverá nunca chegar o mal disposto ou o revoltado», mas tal só se conseguiria garantindo uma boa preparação ao pessoal de enfermagem, atribuindo-lhe uma remuneração suficiente e antecipando a sua idade de reforma.

[472] Sessão da Assembleia Nacional de 23 de Janeiro de 1946, http://debates.parlamento.pt (11/02/06). Van Zeller perguntava: «[...] com instalações onde, começando por faltar a cama e o quarto individual e as respectivas instalações sanitárias, e onde também não há pelo menos uma sala de estar e uma biblioteca, poderemos ter a pretensão de estabelecer paralelos entre as condições de vida, meio social, mentalidade, nível intelectual e moral das nossas enfermeiras e as dos países onde a cada passo vamos buscar o padrão que nos serve para aferir e criticar o nosso corpo de enfermagem?».

[473] Sessão da Assembleia Nacional de 18 de Março de 1948, http://debates.parlamento.pt (11/02/06).

Na perspectiva de Maria Luísa van Zeller, o problema da falta de pessoal envolvia essencialmente dois aspectos, o técnico e o da remuneração, estando os vencimentos dos funcionários da saúde e da assistência muito aquém dos que então já pagavam outras entidades oficiais, como os Correios. Gerava-se, assim, uma fuga de pessoal dos quadros hospitalares e nos serviços ficavam apenas os funcionários mais idosos e com menores habilitações. O problema era de tal modo grave que, caso não se tomassem medidas no sentido de melhorar as condições de trabalho dos enfermeiros, certas instituições de saúde e assistência teriam de encerrar por falta de pessoal[474].

O problema da falta de pessoal não era, porém, exclusivo do nosso país, o que se devia, na opinião da médica citada, a uma causa de natureza cultural, que ultrapassava fronteiras: «as raparigas de hoje – em tudo equiparadas aos rapazes – preferem ter como eles uma vida mais livre e desertam das profissões que obrigam [...] ao dom total de si próprias». Em Portugal, para além das condições pouco atraentes que os hospitais ofereciam ao seu pessoal, a escassez de enfermeiras teria a ver com o facto de ainda não se ter desenvolvido no «espírito das nossas raparigas» «o gosto e o entusiasmo pela enfermagem» e a consciência do valor atribuído à profissão no «mundo moderno»[475].

A profissão de enfermeiro parecia realmente ser reconhecida por todos como de primeira necessidade. No entanto, não estava ainda devidamente regulamentada, o que dava origem a alguns abusos e a mal entendidos e conflitos com os médicos[476]. A defesa da promulgação de um regulamento profissional articulava-se com a da criação de partidos municipais de enfermagem, feminina e masculina, que garantiriam um auxílio precioso aos médicos na assistência às populações rurais e permitiriam combater a acção de curandeiros[477]. Este sistema funcionaria já nas colónias portuguesas em África, onde a assistência aos indígenas e aos europeus dependia quase exclusivamente dos enfermeiros destacados nos Postos Administrativos[478]. Na verdade, neste caso, devido ao isolamento e ao reduzido número de médicos, os enfermeiros eram obrigados a assumir responsabilidades que, em circunstâncias normais, não lhes cabiam e viam-se obrigados a agir por si e com poucos recursos[479].

---

[474] Maria Luísa van Zeller apresentava o exemplo da enfermagem obstétrica, especialidade a que a ideologia nacionalista do Estado Novo seria particularmente sensível («aquela enfermagem que nas melhores condições fisiológicas dum povo deverá sempre existir, no interesse da vida da Nação»): o número de alunas que em 1949 concluiriam os primeiros cursos de enfermeiras puericultoras do *Instituto Maternal*, com escolas em Lisboa e Porto, não excederia 25; em 1948 já não havia enfermeiras-parteiras em condições legais de ocupar os lugares em aberto nos quadros das maternidades e em 1949 o número de vagas seria ainda maior.

[475] Sessão da Assembleia Nacional de 23 de Março de 1947, http://debates.parlamento.pt (11/02/06).

[476] «Regulamentação e exercício da profissão», *Arquivo do Enfermeiro*, n.º 1, Janeiro 1943, pp. 8-9.

[477] J. M. Caldeira, «Enfermagem rural», *Arquivo do Enfermeiro*, n.º 10, Janeiro 1944, pp. 2-3. O enfermeiro municipal devia visitar semanalmente toda a área do seu partido e tinha uma série de atribuições, desde a assistência aos doentes segundo as ordens do médico até à prática da «enfermagem visitadora em todos os seus ramos, higiene industrial, escolar, social, puericultura, etc.».

[478] J.C., «Enfermagem nos Trópicos», *Arquivo do Enfermeiro*, n.º 8, Novembro 1943, p. 116.

[479] O enfermeiro «nos Trópicos» via-se forçado a realizar tarefas da competência do médico, como exames directos a feridos, autópsias ou relatórios para efeitos judiciais, devendo ser ao mesmo tempo «competente e cauteloso», de modo a, por um lado, resolver por si só os casos que a sua competência lhe permitisse e, por outro, saber reconhecer a tempo que tinha de chamar o médico (art. cit.).

A falta de regulamentação da profissão de enfermagem seria uma das causas da «invasão de profissões» entre médicos, farmacêuticos e enfermeiros[480]: o médico fornecia e injectava aos doentes as ampolas que lhes receitava; o enfermeiro imprimia anúncios com o seu nome e com as especialidades que tratava; o farmacêutico dava injecções aos clientes que lhe compravam as ampolas. Para os enfermeiros, o principal problema residia na concorrência dos farmacêuticos e dos ajudantes de farmácia, que frequentemente prestariam serviços de enfermagem, como administrar injecções ou aplicar pensos. São vários os artigos publicados na revista *Arquivo do Enfermeiro* sobre essa questão, insurgindo-se os representantes da classe contra a acção dos «pseudo-enfermeiros», que não tinham quaisquer habilitações no campo da enfermagem[481]. A situação seria de tal modo flagrante que, em 1943, as farmácias do país foram obrigadas a afixar cartazes do *Sindicato Nacional dos Farmacêuticos*, chamando a atenção do público para a proibição de ali serem prestados quaisquer serviços de enfermagem[482]. Porém, acusavam os enfermeiros, devido ao carácter bastante rentável daqueles serviços, os cartazes eram deixados em locais de pouca visibilidade e os farmacêuticos continuavam a praticar enfermagem, mesmo que clandestinamente[483].

O reconhecimento das dificuldades e dos problemas inerentes ao exercício da sua profissão por parte dos enfermeiros revelava uma consciência profissional que se manifestaria também no desejo de criação de um *Sindicato Nacional dos Enfermeiros*. Após a dissolução das organizações constituídas nos anos de 1920, apenas se criaram, em Lisboa, o *Sindicato Feminino das Enfermeiras* e, no Porto, o *Sindicato Distrital*. Nos inícios dos anos de 1940, quando as demais classes profissionais ligadas à saúde estavam já devidamente organizadas, a dos enfermeiros encontrava-se ainda dispersa por vários sindicatos, segundo o ramo em que aqueles exercem a sua actividade[484]. Depois de um processo algo moroso, nasceu em 1946 o *Sindicato Nacional de Profissionais de Enfermagem*[485], que viria a ter como órgão difusor a *Revista de Enfermagem*[486]. Publicada pela primeira vez em 1953, esta revista pretendia servir a «difusão de mais e

---

[480] Pereira Bento, «Haja "ordem"», *Arquivo do Enfermeiro*, n.º 6, Agosto 1943, p. 81. Nas palavras do autor, «toda a gente tem a mania de diagnosticar e receitar, de preparar mesinhas, de injectar, acumulando, assim, uma tríplice função de médico, farmacêutico e enfermeiro».

[481] Para além do artigo citado na nota de rodapé anterior, veja-se um outro da autoria de Francisco M. Roxo, sobre o antagonismo existente entre a prática da farmácia e a enfermagem («Profissões antagónicas...», *Arquivo do Enfermeiro*, n.º 4, Junho 1943, pp. 49-50). A par dos farmacêuticos e dos seus ajudantes, os enfermeiros enfrentavam ainda a concorrência de «indivíduos absolutamente inconscientes, sem possuírem a mais rudimentar noção da arte de tratar doentes, ignorando as leis da assepsia e a razão porque a esterilização é indispensável»; a situação era agravada pelo facto de esses indivíduos gozarem da protecção de muitos médicos (J. M. Caldeira, «O seu a seu dono», *Arquivo do Enfermeiro*, n.º 7, Setembro 1943, p. 1).

[482] F.N.R., «Uma circular da Ordem dos Médicos de acordo com o *Sindicato Nacional dos Farmacêuticos*», *Arquivo do Enfermeiro*, n.º 8, Novembro 1943, p. 1.

[483] Francisco M. Roxo, «Os cartazes do *Sindicato Nacional dos Farmacêuticos* e as Farmácias», *Arquivo do Enfermeiro*, n.º 11, Março 1944, p. 18. O autor comentava, com amargura: «Até aqui, os srs. faziam nas farmácias tudo quanto lhes apetecia, e daqui em diante, fá-lo-ão da mesma forma a ocultas [...] em qualquer cubículo ao lado, ou por cima da farmácia...».

[484] Pereira Bento, «Organização sindical», *Arquivo do Enfermeiro*, n.º 2, Abril 1943, pp. 18-19.

[485] Ver «Vida Nova», *Arquivo do Enfermeiro*, n.º 10, Janeiro 1944, p. 1.

[486] Lucília Rosa Mateus Nunes, *op. cit.*, pp. 65, 209-210.

melhores conceitos técnicos e éticos»[487] e tinha como objectivo apoiar a classe de enfermagem no seu esforço para sair da «crise» que atravessava, dentro do respeito pelo lema «Fazer bem sem olhar a quem» e pelos princípios nacionalistas do Estado Novo[488].

### 1.2.4. O ensino de enfermagem

#### 1.2.4.1. As escolas

Nos anos de 1930 e 1940, Portugal continuou a dispor apenas de duas escolas de enfermagem públicas oficiais, nomeadamente, a de Coimbra e a de Lisboa. A Escola Profissional de Enfermagem de Lisboa foi reorganizada em 1930, passando a designar--se Escola de Enfermagem Artur Ravara e a funcionar no Hospital de S. António dos Capuchos; a partir de 1938, disporia de um edifício próprio, construído na cerca do Hospital[489]. A Escola ministraria três tipos de cursos, a saber, o curso geral, cursos de especialidades, como o de enfermeira visitadora, e o curso de aperfeiçoamento, exigido para os lugares de enfermeiros chefes. Poderia ser frequentada por indivíduos de ambos os sexos habilitados com o exame de instrução primária do 2.º grau ou equivalente. O director da instituição seria nomeado pela Direcção dos Hospitais Civis de Lisboa e o pessoal docente seria recrutado entre os clínicos desses Hospitais.

Para além das escolas de enfermagem oficiais, existiam as privadas, entre elas as que estavam ligadas ao Hospital Geral de S. António, da Misericórdia do Porto, e ao Hospital de S. Marcos, da Misericórdia de Braga. A escola do Porto recebeu um novo regulamento em 1935, muito semelhante aos que haviam sido aprovados para as escolas de Coimbra e Lisboa em 1920 e 1922[490]. A escola de Braga, fundada em 1912, terá funcionado de forma irregular até 1948. A par destas, foram também criadas, nos anos trinta e quarenta, escolas de enfermagem privadas pertencentes a ordens religiosas. Na verdade, «a partir de 1930, existiam condições para a recuperação e o desenvolvimento das ordens religiosas já existentes e para a instalação de outras até aí sem expressão em Portugal»[491]. As congregações estavam presentes em vários hospitais e outras instituições de saúde e assistência, devido às vantagens atribuídas ao trabalho das religiosas em relação ao dos profissionais seculares[492]. Face à necessidade de preparação

---

[487] *Revista de Enfermagem*, n.º 1, 1953, p. 1, citado por Lucília Rosa Mateus Nunes, *op. cit.*, p. 210.

[488] O referido lema estava inscrito na capa do periódico. O objectivo final da revista era o «bem da Nação»: «convictos estamos de que com o auxílio do Governo, até agora nunca recusado, da classe médica e de todos, a crise passará e dela sairemos [...], elevando-nos e erguendo tão alto quanto possível o sagrado nome de Portugal» (*Revista de Enfermagem, idem*).

[489] Sobre a reorganização da Escola de Lisboa, ver Decreto n.º 19.060, *Diário do Governo*, I série, n.º 274, 24 de Novembro de 1930 e Costa Sacadura, *Subsídios para a bibliografia...*, pp. 22-24.

[490] Maria Isabel Soares, *op. cit.*, pp. 36-37. A principal diferença residiria no facto de o curso do Porto passar a ter a duração de três anos, enquanto os das outras escolas tinham a duração de dois.

[491] M. Inácia Rezola, «Breve panorama da situação da Igreja e da religião católica em Portugal (1930--1960)» *in Portugal e o Estado Novo,* coord. Fernando Rosas, Lisboa, Editorial Presença, 1992, citado por Maria Isabel Soares, *op. cit.*, p. 37.

[492] Segundo Fernando Correia Silva, «em muitos hospitais encontra-se pessoal de enfermagem religioso, em geral pertencente à Ordem franciscana. Dois motivos levaram em geral a escolher o pessoal religioso: o carinho de que usa para com os doentes e a pouca despesa que dá aos hospitais» (Fernando Correia Silva, *op. cit.*, p. 334).

profissional, algumas congregações começaram a realizar cursos de enfermagem destinados aos seus membros[493]. Cedo procuraram obter o reconhecimento desses cursos por parte do Ministério da Educação Nacional, que lhes concederia um alvará de licença e se faria representar nos exames finais através de um delegado.

| Ano | Nome | Ordem Religiosa |
|---|---|---|
| 1935 | Escola de Enfermagem da Casa de Saúde da Boavista | Irmãs Franciscanas Hospitaleiras da Imaculada Conceição |
| 1937 | Escola de Enfermagem de S. Vicente de Paulo | Irmãs da Caridade de S. Vicente de Paulo |
| 1938 | Escola de Enfermagem da Casa de Saúde do Telhal | Irmãos Hospitaleiros de S. João de Deus |
| 1940 | Curso de Enfermagem do Sanatório Dr. João de Almada | Irmãs de S. José de Cluny |
| 1947 | Curso de Enfermagem | Irmãs Franciscanas de Calé |

Quadro 8 – Cursos ou escolas de enfermagem criados por congregações religiosas nas décadas de 1930 e 1940.
Fonte: Maria Isabel Soares, *op. cit.*, p. 38 e Lucília Rosa Mateus Nunes, *op. cit.*, pp. 69-70.

Em 1947 começou também a funcionar a Escola de Enfermagem da Rainha Santa Isabel, em Coimbra, pertencente a uma organização laica, a *União Noelista de Coimbra*. De todas as escolas referidas, apenas três obtiveram o reconhecimento do Ministério da Educação Nacional, mais especificamente, a das Irmãs Franciscanas Hospitaleiras, a dos Irmãos de S. João de Deus e a de S. Vicente de Paulo. Esta última distinguia-se por estar aberta a todas as candidatas, religiosas ou laicas, enquanto as outras reservavam a entrada aos membros das respectivas congregações. Tornou-se na primeira escola nacional de cariz religioso a preparar enfermeiras laicas, tendo alcançado prestígio e notoriedade, em parte devido ao empenhamento da sua directora, Irmã Eugénia, figura bem conhecida e conceituada da época[494].

Em 1940 foi criada no *Instituto Português de Oncologia* a Escola Técnica de Enfermeiras, «destinada à preparação profissional e [...] moral do pessoal de enfermagem do sexo feminino do mesmo Instituto»[495]. Partiu da iniciativa de Francisco Gentil e teve o apoio material e técnico da *Fundação Rockefeller*. Gozava de autonomia pedagógica e ministrava um curso de três anos, a cuja frequência só podiam ser admitidas raparigas «de conhecida idoneidade moral» e habilitadas com o exame do 2.º ciclo do curso liceal. Vinha responder à necessidade de enfermeiras especializadas na assistência aos doentes cancerosos, as quais precisavam de ter «uma cultura superior, não apenas no que diz respeito às ciências naturais e à saúde pública em geral, mas sobretudo no

---

[493] «Não havendo a princípio senhoras em número suficiente para acudirem a tantas solicitações que lhes eram feitas, sucedeu por vezes que não tinham algumas a preparação profissional suficiente, ao que actualmente tem sido dado remédio, não sendo enviadas enfermeiras religiosas sem prévio curso de enfermagem, tirado no Porto» (Fernando Correia Silva, *op. cit.*, p. 334).
[494] Maria Isabel Soares, *op. cit.*, p. 38.
[495] Decreto n.º 30.447, *Diário do Governo*, I série, n.º 115, 18 de Maio de 1940.

Fotos 7 a 10 – Enfermeiras religiosas, pertencentes a diferentes congregações. Da esquerda para a direita: «Instituto das Irmãs de S. José de Cluny», «Congregação de S. Vicente de Paulo», «Congregação das Irmãs Franciscanas Hospitaleiras Portuguesas», «Instituto das Irmãs Franciscanas Missionárias de Maria». Fonte: Alberto Costa, *Enfermagem*, 3.ª edição, vol. II.

Foto 11 – Irmã Eugénia, directora da Escola de Enfermagem de S. Vicente de Paulo. O objectivo da Congregação era fornecer alguns conhecimentos de enfermagem a raparigas vocacionadas para a prática da caridade junto dos pobres. As primeiras lições foram dadas na sede da Congregação, tendo mais tarde começado a funcionar um dispensário, como campo de estágio. O projecto da Irmã Eugénia, que incluía a construção de um pavilhão cirúrgico para o ensino prático das alunas, não foi concretizado. Fonte: AFESEAE..

campo da física das radiações, que não cabe no âmbito necessariamente limitado dos cursos de enfermagem actualmente existentes em Portugal». A Escola inaugurou, pois, um novo modelo na formação de enfermeiras, inspirado no sistema americano, e conquistou prestígio no panorama nacional. De resto, veio a influenciar o exercício e o ensino da enfermagem em Portugal através das suas diplomadas, que tinham o título profissional de enfermeiras e podiam ser admitidas como tal em todos os estabelecimentos hospitalares e de saúde pública.

Em 1948 foi ainda criada a Escola de Enfermeiras da *Cruz Vermelha*, filiada na *Sociedade Nacional da Cruz Vermelha* e, por esta via, na *Cruz Vermelha internacional*. Inseridas na estrutura militar em tempo de guerra, aquelas enfermeiras regiam-se por princípios específicos e tinham normas próprias[496].

### 1.2.4.2. Pedagogia e manuais escolares

Em termos pedagógicos, nas palavras de Lucília Nunes, «as escolas oficiais comungavam de directrizes semelhantes e as de carácter religioso tinham uma base similar no espírito que as enformava»[497]. No panorama nacional destacavam-se, porém, duas escolas, as já referidas Escola Técnica de Enfermeiras e Escola de Enfermagem de S. Vicente de Paulo. No primeiro caso, a ligação à *Fundação Rockefeller* garantiu a introdução dos novos conceitos internacionais em matéria de ensino de enfer-

---

[496] Lucília Rosa Mateus Nunes, *op. cit.*, p. 184. Os direitos e os deveres das enfermeiras da *Cruz Vermelha* foram definidos na Convenção de Genebra de 1949, ratificada pelo Governo português em 1960. Um dos rituais próprios da organização consistia no facto de «as recém-formadas fazerem juramento de bandeira quando recebiam o diploma profissional, enquanto nas escolas religiosas e civis se procedia à cerimónia de encerramento do ano lectivo com missa, sendo o voto profissional realizado de vela na mão».

[497] Lucília Rosa Mateus Nunes, *op. cit.*, p. 183.

magem[498], com destaque para a ideia de uma formação polivalente, quer dizer, que preparasse a enfermeira para exercer as suas funções no hospital ou na comunidade[499]. O currículo do curso ministrado na Escola Técnica incluía muitas das propostas do citado *Goldmark Report*, distinguindo-se dos das outras escolas então existentes[500]. Estava organizado em aulas teóricas e práticas, correspondendo os primeiros seis meses a uma fase probatória, destinada a avaliar a aptidão das alunas. Com a introdução de novas matérias, facilitada por instalações e material pedagógico modernos, a enfermagem desenvolvia-se enquanto ciência, «acompanhando o modelo médico em todas as suas especialidades»[501]. Também a Escola de S. Vicente de Paulo se destacou pelo seu currículo inovador, que incluía disciplinas sobre matérias médicas específicas, para além da "Psicologia", da "Sociologia", e da "Deontologia e Moral".

Por outro lado, aquelas escolas atribuíram grande importância à componente prática do ensino, distinguindo-se no contexto nacional. Enquanto na maior parte das escolas os estagiários eram entregues aos hospitais, sem qualquer preocupação com a sua supervisão, os estágios da Escola Técnica e os da Escola de S. Vicente de Paulo eram devidamente organizados, coordenados com a parte teórica do ensino, realizados em serviços seleccionados de acordo com as necessidades de aprendizagem das alunas e orientados por enfermeiras professoras, que faziam parte do corpo docente da escola[502].

Os manuais escolares usados nas escolas de enfermagem portuguesas durante o período em análise podem dar-nos uma ideia do conceito de enfermagem que, em termos gerais, presidia ao ensino. Durante as duas primeiras décadas do século XX, predominaram os manuais franceses. No decorrer das décadas seguintes, surgiram alguns manuais portugueses e aumentou o volume das obras em língua espanhola e inglesa, neste caso sobretudo em ligação com a Escola Técnica de Enfermeiras, por intermédio da *Fundação Rockefeller*.

Destaca-se, pelo sucesso que teve, o manual português da autoria de Alberto Costa, editado pela primeira vez em 1940 e intitulado *Enfermagem: auxiliar do médico prático, guia do enfermeiro profissional e da enfermeira doméstica* ou simplesmente *Enfermagem (Manual de Estudo)* (Foto 12)[503]. Propunha-se, como o título indica, ser não só um compêndio para os enfermeiros profissionais, mas também servir de auxiliar aos médicos e fornecer informações às mulheres que, em casa, prestavam assistência aos familiares doentes. Todavia, afirmou-se essencialmente como livro didáctico, de habi-

---

[498] A Escola respeitava as recomendações feitas em matéria de ensino pela *National League of Nursing*, dos E.U.A., e pelo *Conselho Internacional de Enfermagem* (Lucília Rosa Mateus Nunes, *op. cit.*).

[499] «Para a Escola Técnica de Enfermeiras as funções da enfermeira ultrapassam os muros do hospital e não se esgotam no coadjuvar do médico. O curso desta Escola tinha como objectivo [...] permitir-lhes a aquisição de competência técnica que as habilitasse para o trabalho em hospitais, em saúde pública e para funções de chefia e ensino.» (Maria Isabel Soares, *op. cit.*, p. 53).

[500] Maria Isabel Soares, *op. cit.*, p. 63.

[501] O currículo da Escola Técnica incluía também disciplinas específicas como "Enfermagem de Saúde Pública", "Medicina Preventiva", "Ensino e Administração", "Orientação Profissional", "Cancro", "Técnica de Sala de Operações" (Maria Isabel Soares, *idem*).

[502] Maria Isabel Soares, *op. cit.*, p. 70. Na Escola Técnica, durante o período de estágio, para além da prestação de cuidados aos doentes, as alunas deviam fazer palestras sobre assuntos diversos. Eram mantidos registos sobre o trabalho que realizavam e os progressos na aprendizagem.

[503] Lucília Rosa Mateus Nunes, *op. cit.*, pp. 190-191.

litação profissional, tendo sido elogiado por Ângelo da Fonseca e Costa Sacadura, que o consideraram um guia do ensino de enfermagem.

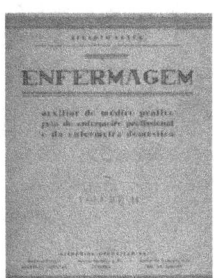

Foto 12 – *Enfermagem: auxiliar do médico prático, guia do enfermeiro profissional e da enfermeira doméstica*. Capa do vol. II da 3.ª edição do manual de Alberto Costa, obra de grande sucesso, publicada ao longo de décadas e utilizada nas escolas de enfermagem.

Para Alberto Costa, «cuidar de doentes é espinhosa tarefa que devia [...] ser tida mais à conta de sacerdócio do que de modo de vida». Lucília Nunes salienta o contraste entre a linguagem tradicional («espinhosa tarefa» e «sacerdócio») e a inovadora expressão «cuidar». A actividade de "cuidar" ou "tomar conta" está associada às tarefas de auxílio, de consolo, de apoio habitual ou em momentos difíceis e remete para uma concepção do doente enquanto ser humano, enquanto um todo, corpo e mente, com necessidades especiais. Na verdade, os deveres do enfermeiro para com o doente identificados por Alberto Costa, entre os quais a paciência, a caridade, a abnegação e a autoridade, tinham uma fundamentação antropológica. O autor defendia a igualdade formal dos doentes e chamava a atenção para a necessidade que estes têm de comunicar e para os seus receios naturais em relação à cirurgia e à morte. A enfermeira teria de estar disponível para ouvir o doente e ser capaz de o preparar psicologicamente para enfrentar os tratamentos, assumindo uma atitude maternal[504].

A caracterização do perfil da enfermeira, bem como da conduta profissional a ter, era comum a todos os manuais. A maior parte deles enfatizava os valores femininos e religiosos da profissão, desde logo a partir do historial da enfermagem[505]. Aliás, estes valores tinham já sido tratados num manual português dos anos vinte (*Assistência moral e religiosa aos doentes*), sendo evidentes em duas obras publicadas nos anos trinta, mais especificamente, *À cabeceira dos que sofrem. Preceitos e conselhos de moral hospitalar*, tradução de uma obra francesa escrita por uma religiosa, e *Moral profissional da enfermeira: adaptação de várias obras congéneres europeias*, da autoria de Isabel d'Orey.

---

[504] «Qual a enfermeira – que deve conservar, como todas as mulheres, o sentimento ou instinto da maternidade – que não encontra um carinho, uma frase de conforto, para a pobre doente que lhe conta quantos filhinhos deixou em casa [...]? O enfermeiro ou a enfermeira fazem parte da família dos doentes; recebem as suas queixas e procuram confortá-los e acarinhá-los; entram nas suas confidências e, até, tanta vez, necessitam aconselhá-los» (Alberto Costa, *Enfermagem*, p. 14, citado por Lucília Rosa Mateus Nunes, *op. cit.*, p. 192).

[505] Segundo Lucília Nunes, na maior parte dos manuais, a síntese histórica da enfermagem «começa por aludir aos tempos primitivos e ao instinto maternal das mulheres, citando depois os primeiros séculos do Cristianismo, a Idade Média, a precária influência do Renascimento e da Reforma para culminar, no século XIX, com a acção de Florence Nightingale» (Lucília Rosa Mateus Nunes, *op. cit.*, p. 96).

No plano ético, uma das características mais frequentemente atribuídas ao enfermeiro consistia na capacidade para manter o segredo profissional. Vários manuais referiam-se também à importância de aquele encarar as novas técnicas científicas, como a esterilização eugénica ou o aborto terapêutico, sob uma perspectiva deontológica. Na verdade, segundo Lucília Nunes, a partir da década de 1940, «parece haver uma certa mudança na descrição das exigências e competências da enfermeira, integrando-se na necessidade de vocação e de caridade para com os doentes a componente técnica e de cultura geral». Apesar de se continuar a definir a enfermeira como «colaboradora eficiente» do médico, punham-se em evidência os seus conhecimentos técnicos e profissionais, bem como a necessidade de uma «forte consciência moral e social», o que implicava, por exemplo, tratar os doentes de um modo uniforme, independentemente da sua situação económica.

Para o período em análise, eram ainda poucos os manuais que abordavam a temática do doente sob uma perspectiva humana e total. Da mesma forma, antes dos anos 1950, são escassas as obras com noções de antropologia, psicologia e sociologia. De qualquer forma, a presença destas e de quaisquer outras obras nas bibliotecas das escolas de enfermagem não significa que tivessem sido adquiridas aquando a publicação ou mesmo que tivessem sido lidas pelos alunos. Lucília Nunes levanta este problema, afirmando existirem, por vezes, «diferenças evidentes entre a data de publicação da obra e a sua aquisição ou oferta à escola, como surgem hiatos de tempo entre a chegada dos livros à biblioteca e a sua consulta documentada»[506]. Portanto, uma obra poderia ter impacto sobre os alunos somente décadas após a sua publicação e apenas através dos professores. Não obstante, as temáticas dos manuais usados reflectiriam, em princípio, o conteúdo e a filosofia do ensino de enfermagem.

### 1.2.4.3. O Decreto de 1942

Segundo Maria Isabel Soares, o Decreto n.º 32.612 de 31 de Dezembro de 1942 foi o primeiro instrumento da intervenção estatal no ensino da enfermagem, na perspectiva da uniformização, da centralização e do controle das escolas e do ensino[507]. Tal intervenção ocorreu através da Subsecretaria de Estado da Assistência Social, criada no Ministério do Interior em 1940, para dirigir a política de assistência social e tutelar e inspeccionar os organismos destinados a prestá-la. Embora não fossem instituições de assistência, as escolas de enfermagem passaram a ser tuteladas pela Inspecção de Assistência Social por estarem integradas em hospitais. De resto, o Governo português terá entendido ser necessário legislar sobre o ensino de enfermagem por considerar que os problemas verificados ao nível do recrutamento e da preparação dos enfermeiros eram uma das mais graves deficiências da organização hospitalar do país.

De acordo com o preâmbulo do citado Decreto, «verificam-se [...] no ensino e prática de enfermagem [...] graves deficiências»[508], designadamente: a aprendizagem era «confiada ao simples tirocínio prático ou à improvisação das boas vontades» dos médicos, que apenas ensinavam os enfermeiros «por generosa dedicação ou por

---

[506] Lucília Rosa Mateus Nunes, *op. cit.*, p. 202.
[507] Maria Isabel Soares, *op. cit.*, pp. 39-40.
[508] Decreto n.º 32.612, *Diário do Governo*, I série, n.º 302, 31 de Dezembro de 1942.

necessidade profissional»; o ensino ministrado nas escolas existentes, particulares e oficiais, não era eficiente, visto não ser da responsabilidade de enfermeiros devidamente preparados («pessoal de escol» que, «ou não existe, ou não se encontra seleccionado e posto ao serviço do ensino»); não havia «qualquer espécie de coordenação» entre as referidas escolas. Perante este cenário, tornava-se necessário, por um lado, «introduzir no que actualmente existe as possíveis melhorias» e, por outro, «assentar para o futuro as bases de uma mais cuidada selecção e preparação do pessoal auxiliar».

De acordo com Maria Isabel Soares, os problemas atrás indicados legitimavam a apropriação estatal da tomada de decisão em certos níveis até então pertencentes aos hospitais, o que não significa que estes tenham perdido o poder de influenciar o ensino da enfermagem, nomeadamente através dos médicos e das próprias administrações hospitalares. No entanto, enquanto «defensor e zelador do bem comum», o Estado assumia o poder de aferir a competência do pessoal de enfermagem, reservando-se o direito de fiscalizar a categoria do pessoal docente, o valor dos programas e os resultados obtidos, de modo a assegurar a idoneidade moral dos candidatos e a sua proficiência técnica. Considerava-se que a eficiência da função de enfermeiro dependia de uma série de factores: para além da competência técnica, «o valor pessoal e moral, a cultura geral, a educação, o sentido de observação e a capacidade de referência exacta dos dados recolhidos». A «extensão progressiva dos domínios atribuídos aos auxiliares da medicina» impunha, por um lado, «uma especialização cuidada» e, por outro, «um sentido social mais perfeito no exercício da profissão». Neste aspecto, o preâmbulo do Decreto n.º 32.612 chamava a atenção para a importância da cooperação com a família e para o valor dos dados recolhidos no ambiente familiar, dos quais dependeria uma boa organização da assistência médico-social.

Face às deficiências existentes no ensino de enfermagem, o Decreto de 1942 determinava, então, a transformação da Escola de Enfermagem Artur Ravara e das demais escolas a funcionar em estabelecimentos dependentes do Ministério do Interior. Para «estudar, propor e dar execução» às modificações e melhorias consideradas indispensáveis, era constituída uma comissão composta pelo director geral de saúde, pelo enfermeiro-mor dos Hospitais Civis de Lisboa e pelo director da escola Artur Ravara. Poderiam ainda juntar-se à comissão representantes das outras escolas ou pessoas com conhecimentos especializados na matéria. O facto de a comissão não contar com enfermeiros leva Maria Isabel Soares a afirmar que «é o ponto de vista da autoridade médica que prevalece e influencia para onde caminha e como se desenvolve o ensino de enfermagem».

O Decreto estabelecia normas relativas à duração dos cursos, à constituição dos júris dos exames finais, às condições de admissão dos candidatos e aos locais de estágio. O curso geral teria a duração mínima de quatro semestres e as especializações, de três meses a um ano. Os júris das provas finais, teóricas e práticas, seriam formados por três examinadores, dois propostos pela respectiva escola e um terceiro, presidente, escolhido pelo Ministro do Interior. Os candidatos deviam ter pelo menos 18 anos de idade, robustez física e bom comportamento moral; quanto às habilitações literárias, o mínimo exigido era o exame de instrução primária, mas dava-se preferência aos que tivessem estudos mais avançados. Para o ensino prático e os estágios, seriam reservadas enfermarias dos dois sexos nos serviços hospitalares.

De acordo com estas normas, as escolas oficiais e as privadas reconhecidas pelo Estado deviam organizar novos regulamentos. Estes seriam da responsabilidade dos respectivos directores, mas «os preceitos fundamentais de admissão, ensino e técnica geral serão comuns a todas as escolas e sujeitos à aprovação superior» (art.º 8.º). Era a comissão então criada que ficava encarregue de organizar e propor as normas comuns e os programas de ensino.

Por último, o Decreto n.º 32.612 incluía uma importante determinação relativa ao exercício profissional da enfermagem. Considerando «urgente definir as condições em que poderá ser concedido diploma ou permissão de exercer a enfermagem ao pessoal que [...] a vem prestando há muitos anos sem diploma legalizado», proibia, a partir de 1 de Janeiro de 1944, o exercício público da profissão a quem não estivesse munido de diploma, nos termos do decreto (art.º 10.º). Abriam-se duas excepções, uma para os enfermeiros que reunissem mais de cinco anos de prática profissional e outra para os que, reunindo entre dois e cinco anos de prática, prestassem provas de aptidão profissional perante júris propostos pela Direcção-Geral de Saúde.

Esta medida vinha responder aos frequentes e antigos apelos dos enfermeiros profissionais, no sentido de combater a concorrência de curandeiros, indivíduos sem qualquer formação no domínio da saúde, e mesmo de outros profissionais, como os farmacêuticos e ajudantes de farmácia. Na verdade, nos inícios dos anos quarenta, seriam ainda relativamente poucos os enfermeiros diplomados a trabalhar nos hospitais do país, sobretudo nos do interior. Fernando Correia Silva afirmava que em quase todos os hospitais civis «o pessoal de enfermagem é improvisado, não tendo curso da especialidade, sendo ensinado pelos médicos locais»[509]. Por outro lado, ao defender a criação de um sindicato nacional dos enfermeiros, Pereira Bento tinha em conta «não só a dispersão dos elementos que constituem a classe, mas ainda o número restrito que existe em alguns distritos e na maioria dos concelhos que não vai além de um»[510].

Compreende-se, portanto, que a reacção da classe de enfermagem ao Decreto de 1942 se tenha centrado na estipulação normativa relativa ao exercício da profissão, tendo sido, de acordo com os artigos publicados no *Arquivo do Enfermeiro*, altamente positiva. Pereira Bento considerava inclusivamente que, com a legislação de 1942, uma nova época despontava para os enfermeiros, após um longo período de apatia, indiferença e esquecimento[511]. O projecto de lei regulamentando a profissão apresentado ao Senado em 1925 não fora aprovado e o novo diploma era, pois, o primeiro que «acautelava e salvaguardava os interesses legítimos e os direitos» dos enfermeiros, ao mesmo tempo que defendia a população da acção de intrusos[512]. Todavia, para Pereira Bento, as determinações fixadas não eram suficientes; era ainda necessário regulamentar a profissão, estabelecendo com clareza os limites da acção do enfermeiro, bem como promover a unificação do ensino e a criação de «escolas hospitais-modelos». O autor esperava que a comissão então criada ajudasse a resolver estes problemas e

---

[509] Fernando Correia Silva, *op. cit.*, p. 334.
[510] Pereira Bento, «Organização sindical», *Arquivo do Enfermeiro*, n.º 2, Abril 1943, pp. 18-19.
[511] Pereira Bento, «Duas datas: 1925-1942», *Arquivo do Enfermeiro*, n.º 1, Janeiro 1943, p. 1.
[512] Pereira Bento, «O ensino e o exercício profissional. A sua reforma e regulamentação», *Arquivo do Enfermeiro*, n.º 1, Janeiro 1943, pp. 2-5.

que os enfermeiros colaborassem no processo de reforma da profissão, cumprindo os seus deveres de modo a prestigiá-la.

Segundo os profissionais de enfermagem, para além da sua insuficiência no que respeitava, por exemplo, à regulamentação da profissão, o Decreto n.º 32.612 levantava alguns problemas de interpretação e não estava a ser devidamente aplicado. Desde logo, as excepções previstas à proibição do exercício da enfermagem aos que não tivessem um diploma nos termos do Decreto pareciam não contemplar a situação específica dos enfermeiros que, tendo mais de dois anos de prática e menos de cinco, tinham frequentado e concluído com êxito os cursos das escolas de enfermagem existentes. Para estes profissionais, o facto de já terem sido considerados aptos para o exercício da profissão nas respectivas escolas devia dispensá-los de prestar novamente provas de aptidão, mesmo que trabalhassem há menos de cinco anos. Assim se justifica o pedido dirigido por Pereira Bento ao Director-Geral de Saúde, no sentido de que fossem salvaguardados os direitos dos enfermeiros diplomados, incluindo-os entre as excepções à referida proibição, sem necessidade de prestarem provas[513].

De acordo com uma exposição entregue meses depois àquele Director pelo *Sindicato Nacional dos Enfermeiros do Distrito do Porto*, os interesses dos enfermeiros diplomados acabaram por ser assegurados pela Direcção-Geral de Saúde[514]. Este era um dos motivos pelos quais o citado Director, o Sub-Secretário de Estado da Assistência Social e o Governo em geral mereciam «o aplauso unânime» da classe de enfermagem[515]. Contudo, esta considerava necessário alertar para o facto de a prova de exercício profissional, que dispensava os indivíduos com mais de cinco anos de prática de prestar provas de aptidão, estar a ser passada por médicos que não exerciam funções públicas ou cargos na Assistência, conforme era exigido no novo Decreto. Daí «resultou terem requerido a sua inscrição indivíduos das mais variadas profissões e mesteres, de uma maneira geral toda a espécie de curandeiros e charlatães», muitos dos quais, em especial empregados dos consultórios particulares, terão mesmo conseguido a habilitação para o exercício da enfermagem; eram os «novos intrusos». Dadas as consequências negativas de tal prática, não só para os interesses profissionais da enfermagem, como também para a saúde pública, o *Sindicato* apelava, pois, ao Director-Geral de Saúde para que limitasse a capacidade de passar atestados e o direito do exercício da enfermagem aos indivíduos abrangidos pela Caixa de Previdência dos Empregados na Assistência.

---

[513] Pereira Bento, «Decreto n.º 32.612», *Arquivo do Enfermeiro*, n.º 2, Abril 1943, p. 17. O autor dirigia-se ao Director Geral de Saúde a pedido de «vários enfermeiros habilitados pelas escolas citadas» e do *Sindicato Nacional dos Enfermeiros do Distrito do Porto*.

[514] «A regulamentação da profissão e o decreto 32.612», *Arquivo do Enfermeiro*, n.º 6, Agosto 1943, pp. 82-84.

[515] O Decreto de 1942 fora recebido com «alvoroço e entusiasmo» pelos enfermeiros do Norte do país, por ser «mais uma manifestação do interesse do Estado Novo pela dignificação dos trabalhadores portugueses e, no caso particular dos enfermeiros, vinca o propósito de acautelar e defender os legítimos interesses da saúde pública». Tinham sido também motivo de admiração a «remodelação e ampliação das escolas de enfermagem» previstas no Decreto, dado indicarem que se procurava corrigir as deficiências daquele ensino, um dos aspectos do nosso vasto problema de assistência, «em profundidade, com rasgada visão». Ver nota anterior.

### 1.2.4.4. Perspectivas e sugestões

Já em 1939, dirigindo-se às alunas da Escola Artur Ravara, a médica Cesina Bermudes defendera a necessidade de preparar enfermeiras para servir nas obras de assistência que se previa criar no país[516]. Se o curso de aperfeiçoamento lançado por Costa Sacadura era «uma solução feliz para remediar as insuficiências que tem havido até aqui», «não se justifica que a escola de enfermagem continue a formar pessoal insuficientemente preparado para a sua missão». Desta forma, segundo a médica, «deve remodelar-se o funcionamento da escola de forma que as enfermeiras admitidas daqui em diante sejam profissionalmente perfeitas». Cesina Bermudes apresentava então «uma espécie de anteprojecto de remodelação do ensino de enfermagem», que procurava adaptar ao meio português a prática de alguns países estrangeiros. A ideia central desse projecto era a de que «o ensino deve fazer-se em regímen de internato». As escolas oficiais estrangeiras exigiam dois anos de internato para as enfermeiras hospitalares e mais um ano de estágio para as assistentes sociais; as aulas eram teóricas e práticas, decorrendo estas últimas nos hospitais anexos às escolas. Ora, na opinião da médica, para que a Escola Artur Ravara se tornasse modelar, bastava que construísse um edifício adequado ao internato. Como vimos, Costa Sacadura sempre defendera essa opção, embora em vão. Em 1950 o antigo director da Escola de Lisboa continuaria a afirmar: «Não nos sobejam, antes pelo contrário, meios hospitalares para estágios. [...] Deve, a meu ver, o Governo prever os inconvenientes de se criarem vários núcleos. Crie-se, de preferência, uma Escola com internato.»[517]

Cesina Bermudes salientava também a necessidade de se criarem cursos de especialização em assistência social, puericultura e obstetrícia, bem como formações acessórias, de curta duração, em enfermagem de doenças infecciosas, sobretudo tuberculose, e de casas particulares. Na base de todos esses cursos, complementares e facultativos, estaria a formação em enfermagem, o curso geral de dois anos. Segundo a médica, «é indispensável uma selecção rigorosa» das candidatas a enfermeiras, de modo a elevar o nível social da classe e a promover a sua dignificação. A simpatia e o respeito da opinião pública, tão crítica para com as enfermeiras, dependiam do comportamento individual de cada uma. As escolas de enfermagem deveriam, portanto, impor condições estritas à admissão de alunas, nomeadamente, «atestados de incontestável veracidade garantindo a moralidade da candidata», robustez física e uma instrução correspondente pelo menos ao curso geral dos liceus. Cesina Bermudes propunha, para além disso, uma segunda selecção das candidatas: «a admissão deveria ser condicional e só tornada definitiva depois dos primeiros dois meses de internato se não fossem reconhecidos [...] defeitos importantes»[518].

---

[516] Cesina Bermudes, «Formação profissional das enfermeiras», *A Enfermeira*, 1939, n.º 3, pp. 28-32.

[517] Costa Sacadura, *Subsídios para a história da enfermagem...*, p. 16. O autor repetia o que dissera em 1934: «há na cerca do Hospital Estefânia terreno livre e adequado à construção dum bom edifício para uma dessas escolas de enfermagem, com a grande vantagem de ter, ao lado, um bom Hospital para estagiários.».

[518] A propósito da selecção dos candidatos a enfermeiros, Manuel Luiz Fraga Júnior enfatizava, em 1944, a aptidão especial requerida pela profissão, destacando a importância da vocação e das qualidades morais. Assim, julgava «absolutamente imprescindível, de futuro, um exame de selecção psicológica aos candidatos a enfermeiros». Ver Manuel Luiz de Fraga Júnior, «Posso ser enfermeiro? Considerações sobre a orientação na escolha da profissão», *Arquivo do Enfermeiro*, n.º 11, Março 1944, pp. 19-20.

A médica citada defendia ainda a obrigatoriedade dos estágios em serviços de carácter doméstico, como os «de rouparia, cozinha, economato, arsenal cirúrgico, etc.», uma vez que permitiam à aluna ter «uma ideia geral da complexidade dos serviços hospitalares», ao mesmo tempo que a habilitavam para o exercício de funções que, em hospitais de reduzida dimensão, também lhes caberiam.

Por fim, a autora mencionada considerava igualmente indispensável criar para cada escola um corpo de monitoras, encarregues de dirigir, instruir e vigiar as alunas durante o trabalho prático. De acordo com a médica Ariette Dumailand, num artigo publicado mais tarde na revista *Arquivo do Enfermeiro*, muitas escolas prefeririam contratar como monitoras as suas antigas alunas, de modo a evitar as diferenças existentes entre as instituições ao nível da prática, das técnicas aplicadas[519]. No entanto, defendia a articulista, seria vantajoso contratar monitoras diplomadas por outras escolas, dado que «a rotina é um grande perigo». Por outro lado, haveria todo o interesse em que aquelas possuíssem formação noutras áreas para além da enfermagem, visto que uma monitora com vastos conhecimentos poderia inspirar nos alunos o gosto de se cultivarem. A autora enunciava uma diversidade de saberes que tinham utilidade para uma monitora: para além das ciências médicas (anatomia, fisiologia, bacteriologia, higiene, puericultura, dietética), mais directamente ligadas à profissão, a pedagogia, o direito, as línguas estrangeiras, a literatura, a música, o desenho, a pintura, a filosofia e a história. Previa-se inclusivamente a possibilidade de a monitora completar a sua cultura geral depois de já estar a trabalhar, tendo em conta a influência positiva que exerceria sobre os alunos.

Um dos membros da comissão criada pelo Decreto de 1942 para estudar e propor medidas necessárias à melhoria do ensino da enfermagem, Adão Luiz, director da Escola Artur Ravara, realizou, em 1945, uma viagem a Espanha para visitar algumas escolas de enfermagem[520]. No relatório dessa viagem, para além de apresentar os planos de curso e os programas das escolas visitadas, Adão Luiz sugeria a introdução de certas alterações nas escolas portuguesas, nomeadamente: a admissão exclusiva de alunas e a obrigatoriedade do regime de internato; a proibição do exercício da enfermagem ao pessoal religioso não diplomado pelas escolas oficiais; o aumento da duração do curso geral para três anos; a contratação de pessoal docente estrangeiro e o envio das alunas melhor classificadas a outros países para ali praticarem[521]. Este último aspecto mereceu também a atenção do deputado Froilano de Melo, o qual propôs à Assembleia Nacional a criação de uma bolsa que permitisse às estudantes portuguesas fazerem o seu curso de enfermagem na América, regressando depois em condições de «trabalhar nas nossas organizações hospitalares com perfeita eficiência e dirigir as escolas de enfermagem para educar as suas compatriotas»[522]. De qualquer forma, nessa altura,

---

[519] Ariette Dumailand, «Diploma de enfermeiro», *Arquivo do Enfermeiro*, n.º 2, Abril 1943, pp. 20-21.
[520] Ver Maria Isabel Soares, *op. cit.*, p. 64 e Lucília Rosa Mateus Nunes, *op. cit.*, pp. 185-186.
[521] Adão Luiz sugeria também que o Estado investisse mais no ensino da enfermagem: «Eu bem vi e bem ouvi o que tudo isto custou ao erário da Espanha; mas é necessário que alguma coisa se faça entre nós. [...] os hospitais não podem continuar na pobreza franciscana de pessoal que têm vivido até agora.» (*Relatório da Viagem a Espanha para Estudo das Escolas de Enfermagem desse País*, p. 95, citado por Maria Isabel Soares, *idem*).
[522] Sessão da Assembleia Nacional de 18 de Janeiro de 1946, http://debates.parlamento.pt (11/02/06). O deputado chamava a atenção para o nível elevado das habilitações das *nurses* americanas, que tinham «um curso secundário e o curso da bioquímica».

com o apoio do Governo, já teriam seguido para a América algumas enfermeiras, visando aperfeiçoar-se na sua especialidade. Por outro lado, tanto o *Instituto Português de Oncologia*, como os hospitais psiquiátricos Sobral Cid e Júlio de Matos, tinham contado com pessoal de enfermagem estrangeiro na orientação e preparação dos enfermeiros portugueses.

Numa das suas intervenções enquanto deputada, Maria Luísa van Zeller insistia na importância do ensino em regime de internato, o qual, no nosso país, apenas funcionava na Escola Técnica de Enfermeiras[523]. Segundo a médica, não havia escassez de escolas, planos de cursos ou diplomas de enfermagem; faltavam sim as «instalações adequadas para desenvolver os núcleos de ensino que já existem». Sem essas condições seria utopia falar-se em organização hospitalar e sem cursos em regime de internato seria impossível seleccionar, preparar e disciplinar convenientemente o pessoal técnico. Nessa medida, van Zeller defendia a construção de novos edifícios destinados a escolas de enfermagem, «com todos os requisitos que a técnica moderna exige e com lotação suficiente para fazer face às necessidades do país»[524]. Por outro lado, chamava a atenção para uma ideia apresentada pela Câmara Corporativa e que já não seria nova no nosso país, a de que «as enfermeiras devem ser ensinadas por enfermeiras». Quer dizer, apelava à autonomização da docência da enfermagem relativamente aos médicos, os quais, no entanto, continuavam a exercer grande influência nesse domínio. Na Escola Técnica de Enfermeiras, o ensino era ministrado por «enfermeiras competentes», mas apenas «na parte que se reconhece que só enfermeiras o podem fazer».

### 1.2.4.5. O Decreto-lei de 1947

O Decreto-lei n.º 36.219 de 10 de Abril de 1947 veio tentar responder a uma situação marcada pela escassez de pessoal de enfermagem e pelo seu baixo nível de preparação técnica[525]. Segundo o respectivo preâmbulo, não só o número de doentes internados nos hospitais, sanatórios e casas de saúde já existentes duplicara nos últimos dez anos, como tinham surgido novas instituições de saúde e assistência, contribuindo para aumentar o défice de enfermeiros. O problema tenderia ainda a agravar-se com a construção de novos hospitais e a ampliação de outros, já previstas. Não era possível contar apenas com as escolas de enfermagem oficiais existentes, a de Lisboa e a de Coimbra, visto estas não bastarem sequer para preparar o pessoal necessário aos hospitais em que estavam integradas. Por outro lado, no que respeitava à enfermagem especializada, em particular a enfermagem oncológica, a psiquiátrica e a materno-infantil, apesar dos esforços já realizados para diminuir a falta de pessoal, o problema estava ainda longe de ser resolvido. Desde modo, como se reconhecia no diploma, havia «necessidade de remodelar profundamente o ensino da enfermagem», «com vista a assegurar a melhor preparação do pessoal e a sua mais rigorosa selecção técnica e moral, dando-se [...] preferência na admissão ao sexo feminino».

---

[523] Sessão da Assembleia Nacional de 23 de Janeiro de 1946, http://debates.parlamento.pt (11/02/06).

[524] A deputada lançava uma proposta legislativa concreta: «Em todos os planos de construção ou remodelação de hospitais serão previstas instalações suficientes e acomodações para o pessoal de enfermagem. Serão considerados de carácter urgente, dentro do plano de construções a executar, a melhoria das instalações destinadas ao pessoal de enfermagem nos grandes hospitais já existentes, e bem assim a construção de internamentos adequados ao funcionamento de escolas de enfermagem.» Ver nota anterior.

[525] Decreto-lei n.º 36.219, *Diário do Governo*, I série, n.º 81, 10 de Abril de 1947.

Com essa finalidade, o Decreto-lei de 1947 introduziu alterações importantes no ensino da enfermagem em Portugal, a vários níveis. Desde logo, foi mais um passo no sentido da centralização das decisões e do controle do ensino e das escolas por parte do Estado. O reforço desse controle passava pelo direito de conceder autorizações para a abertura e o funcionamento de todas as escolas, oficiais e particulares, bem como pela aprovação dos planos de estudo e dos programas. Em concreto, passava a exigir-se, entre outras medidas, a realização dos exames finais perante júris nomeados pelo Ministro do Interior e presididos por um inspector de saúde ou da assistência (art.º 34.º) ou a obrigatoriedade de os directores das escolas submeterem à aprovação daquele responsável os respectivos regulamentos, programas e instruções (art.º 42.º).

Às escolas oficiais, o diploma conferia a «autonomia técnica e administrativa que for julgada conveniente» (art.º 3.º). Deste modo, segundo Maria Isabel Soares, o Estado reduzia a influência das administrações hospitalares sobre as escolas, embora não a eliminasse por completo, visto que aquelas continuavam a ser financiadas através dos orçamentos dos hospitais[526]. Relativamente às escolas particulares, a intervenção estatal integrava-se na política educativa que vinha a ser desenvolvida desde os anos trinta para o ensino privado dos níveis primário e secundário e que consistia no reforço dos mecanismos de controle e de conformidade ao modelo seguido nas escolas estatais[527]. Em contrapartida, o governo oferecia apoio financeiro às escolas particulares que se distinguissem pelo número ou pelo nível da formação profissional dos seus diplomados, pelo menos enquanto se verificasse a falta de profissionais de enfermagem (art.º 10.º). Esse incentivo mostrava que o mais importante para o governo era a resolução dos problemas da enfermagem e que tal passava por uma centralização da tomada de decisões ao nível do ensino e por um esforço conjunto de todas as instituições nele envolvidas. Nesse sentido, como se lê no preâmbulo do Decreto-lei, devia estabelecer-se «um princípio de cooperação» entre escolas oficiais e particulares[528].

A outro nível, o diploma em causa criaria dois novos cursos, o de auxiliar de enfermagem e o de pré-enfermagem. O primeiro tinha como objectivo fazer face à carência de pessoal, originando uma nova categoria profissional, de formação elementar e essencialmente prática, mais curta e menos onerosa. Tratava-se de uma solução já adoptada noutros países; em Inglaterra, por exemplo, mais de metade do pessoal de enfermagem não tinha formação específica, sendo acima de tudo «enfermeiras práticas». Assim, não só se garantia mais pessoal, como o recurso às auxiliares de enfermagem tornava os serviços mais eficientes, deixando às enfermeiras propriamente ditas apenas as tarefas que exigiam preparação técnica específica. Este sistema estabelecia também uma hierarquia na profissão, dado que as auxiliares de enfermagem prestariam serviço sob a orientação não só de médicos e monitores, mas também das próprias enfermeiras (art.º 13.º).

---

[526] Maria Isabel Soares, *op. cit.*, pp. 45-46. De acordo com a autora, «os hospitais mantêm o poder que sempre adquire quem financia». Segundo o Decreto-lei de 1947, «quando integradas em estabelecimentos ou serviços existentes, as despesas com a manutenção destas escolas [oficiais] serão satisfeitas pelas verbas consignadas para esse fim nos orçamentos dos mesmos estabelecimentos ou serviços» (art.º 3.º, § único).

[527] Maria Isabel Soares, *op. cit.*, pp. 41-42.

[528] Esse desejo de cooperação era evidente no facto de se «autorizar que os alunos das escolas particulares assistam a lições e a aulas práticas destinadas aos alunos das escolas oficiais.» (art.º 10.º).

O curso de pré-enfermagem, ou preparatório, visava «melhorar o nível educativo dos futuros candidatos à profissão que não têm ainda a idade exigida para frequentarem os cursos de enfermagem», preenchendo uma parte do lapso temporal entre a instrução primária e a preparação profissional[529]. Portanto, destinava-se a jovens que, entre o fim da escolaridade obrigatória e os 18 anos, não tinham ocupação. Na opinião de Maria Isabel Soares, o curso constituiria uma «reserva de recrutamento», já que não tinha qualquer valor fora dos limites do ensino da enfermagem[530]. Mais uma vez, no horizonte do legislador estaria a luta contra a falta de pessoal.

Mas o Decreto-lei de 1947 ia mais longe. Generalizava a todas as escolas oficiais o funcionamento de cursos de aperfeiçoamento, já previstos para a Escola Artur Ravara em 1930[531]. O curso de aperfeiçoamento destinava-se à formação de enfermeiros chefes e de monitores e teria a duração de um ano (art.º 15.º)[532]. Dava-se preferência a quem já fosse habilitado com os cursos de administração hospitalar e de serviço social, cuja criação também se previa no Decreto-lei n.º 36.219 (art.º 7.º). O documento não era claro quanto ao objectivo desses dois cursos, dizendo apenas que, tal como o de auxiliares de enfermagem, teriam a duração de um ano e se destinariam a «ministrar conhecimentos elementares essencialmente práticos» (art.º 13.º)[533]. O curso de serviço social estaria reservado ao sexo feminino (art.º 7.º), certamente na linha dos cursos de enfermeiras visitadoras, que também já haviam sido programados para a Escola de Lisboa na década de trinta. Por fim, quanto à enfermagem especializada, o diploma previa o funcionamento de cursos e estágios em instituições específicas, no campo da psiquiatria, da pediatria, da assistência aos tuberculosos e outras (art.º 4.º).

Relativamente ao curso de enfermagem geral, a grande alteração introduzida em 1947 foi a subida de nível das habilitações literárias mínimas exigidas, passando-se da instrução primária para o 1.º ciclo liceal (art.º 17.º, § 2.º). Esta medida teria certamente em vista o já referido fim de «elevar o nível moral, social e profissional» do pessoal de enfermagem. O quadro seguinte sistematiza as características dos cinco tipos de cursos previstos no Decreto-lei n.º 36.219, incluindo a duração, as condições de admissão[534] e a função para a qual habilitavam[535].

---

[529] Decreto n.º 36.219, Preâmbulo, *Diário do Governo*, I série, n.º 81, 10 de Abril de 1947.

[530] Maria Isabel Soares, *op. cit.*, pp. 43-44. A autora sugere ainda uma aproximação entre a criação do curso de pré-enfermagem e a do ciclo preparatório das escolas técnicas. Ambas estariam integradas numa política educativa relativa ao ensino técnico-profissional, cujo objectivo seria garantir aos jovens vias de prosseguimento de estudos com saídas profissionais concretas.

[531] Decreto n.º 19.080, art.º 116.º, § 2.º, *Diário do Governo*, I série, n.º 274, 24 de Novembro de 1930.

[532] O curso de aperfeiçoamento criado na Escola Artur Ravara em 1930 destinava-se apenas à formação de enfermeiros chefes e tinha a duração de três meses.

[533] Parece existir uma distinção entre o curso de serviço social e o de auxiliares de serviço social. Enquanto para a admissão de auxiliares de enfermagem ao curso de enfermagem geral uma das condições de preferência era a habilitação no curso de auxiliar de serviço social (art.º 19.º, a.), para a admissão de enfermeiros ao de aperfeiçoamento, era a habilitação no curso de serviço social (art.º 21.º, único). Por outro lado, estipulava-se que «os auxiliares de enfermagem e de serviço social prestarão serviço sob a orientação de médicos, monitores, enfermeiros e assistentes sociais» (art.º 13.º, único).

[534] Considerámos apenas as condições variáveis, a saber, a idade e as habilitações literárias, comprovadas em exame de aptidão. Para além dessas, exigia-se aos alunos de todos os cursos «robustez física para o exercício da profissão, reconhecida por inspecção médica» e «comportamento moral irrepreensível» (art.º 17.º).

[535] Os cursos de administração hospitalar e de serviço social não foram incluídos nesta sistematização, visto o Decreto-lei n.º 36.219 não ser claro relativamente às suas condições de admissão e aos seus objectivos.

| Tipos de cursos | Duração | Condições de admissão | | Condições de preferência | Objectivo |
|---|---|---|---|---|---|
| | | Idade | Habilitações literárias | | |
| Pré-Enfermagem | 2 anos | 15 anos no mínimo | exame de instrução primária | | preparar para a admissão ao curso geral |
| Auxiliar de Enfermagem | 1 ano | entre 18 e 30 anos (17 desde que tivessem o curso de pré- | exame de instrução primária | | formar auxiliares de enfermagem («enfermeiras práticas») |
| Enfermagem Geral | 2 anos no mínimo | entre 18 e 30 anos (17 desde que tivessem o curso de pré-enfermagem) | 1.º ciclo liceal – auxiliares de enfermagem com 3 ou mais anos de «bom e efectivo serviço» | – curso de auxiliares de serviço social ou de pré-enfermagem – especial vocação comprovada – habilitações superiores | formar enfermeiros |
| Enfermagem especializada | 3 meses a 1 ano | | diploma de enfermagem geral | | formar enfermeiros especializados |
| Aperfeiçoamento | 1 ano | | – enfermeiros habilitados com o 2.º ciclo liceal – enfermeiros com 3 ou mais anos de serviço e «excepcionais aptidões» atestadas | – curso de administração hospitalar ou de serviço social – habilitações superiores ou maior número de especializações | formar enfermeiros chefes e monitores |

Quadro 9 – Cursos resultantes da reestruturação do ensino de enfermagem em 1947.
Fonte: Decreto-lei n.º 36.219, de 10 de Abril de 1947, art. 12.º a 22.º.

Apesar de exigir a posse do diploma de enfermagem geral como condição para a admissão aos cursos de enfermagem especializada, o Decreto-lei em causa estipulava que, enquanto se verificasse escassez de pessoal, poderiam ser admitidos nesses cursos candidatos que não possuíssem o diploma; em tal caso, porém, os cursos teriam a duração mínima de dois anos (art. 40.º)[536].

---

[536] Assim acontecia com o Curso de Especialidade Psiquiátrica, leccionado na Escola de Enfermagem do *Centro de Assistência Psiquiátrica do Sul*, no Hospital Júlio de Matos, em Lisboa, e no Hospital Sobral Cid, em Coimbra: exigia aos alunos apenas a instrução primária, mas tinha a duração de dois anos. Outras áreas de especialização eram a pediatria e a assistência aos tuberculosos, servidas, respectivamente, pelo Curso de Enfermeiras Puericultoras, leccionado no *Instituto Maternal* e nas Maternidades Alfredo da Costa (Lisboa) e Júlio Dinis (Porto), e pelo Curso de Enfermagem Tisiológica, leccionado no Sanatório Popular de Lisboa. Ver Lucília Rosa Mateus Nunes, *op. cit.*, pp. 77-78.

Os cinco tipos de cursos referidos seriam ministrados em escolas públicas e privadas ligadas ao Ministério do Interior, funcionando a par de outros, dependentes dos Ministérios da Educação Nacional e da Marinha[537]. Para todos os cursos previstos no Decreto-lei de 1947, era inequívoca a valorização da componente prática do ensino: os estágios, com a duração mínima de doze horas semanais, seriam organizados de modo a que os alunos fossem acompanhados e orientados por professores e monitores (art.º 30.º); os exames finais constariam de provas escritas, orais e práticas, mas a reprovação na prova prática implicaria imediatamente a reprovação final (art.º 33.º, § 2.º); o período das chamadas «férias grandes» seria reduzido para um mês, ficando o restante destinado ao complemento do estágio ou tirocínio (art.º 26.º). Por outro lado, era igualmente valorizada a componente disciplinar: nas escolas oficiais, cada aluno passaria a ter uma «ficha cadastro», onde se registariam «as faltas, as sanções disciplinares e [...] as informações relativas ao seu comportamento e aptidão profissional» (art.º 25.º). Os alunos que tivessem bom aproveitamento poderiam receber alimentação ou mesmo subsídios de estudo, dentro de determinado valor (art.º 39.º).

Por fim, e em ligação com a importância atribuída ao comportamento moral e à disciplina dos alunos, o diploma em causa destacou-se por consagrar uma ideia desde há muito defendida pelos que reflectiam sobre o ensino da enfermagem, isto é, o internato. Estipulava-se que «os cursos funcionarão, quando possível, em regime de internato, devendo para esse efeito ser construídos ou adaptados os alojamentos indispensáveis» (art.º 1.º, § 2.º). O facto de o artigo não ter carácter de obrigatoriedade revelava que o legislador estava consciente das dificuldades sentidas pelas instituições de ensino de enfermagem na obtenção de instalações apropriadas e independentes dos hospitais a que estavam ligadas.

Em conclusão, não há dúvidas quanto ao carácter inovador do Decreto-lei de 1947, bem como quanto à vontade de mudança que lhe estava subjacente. No entanto, segundo Maria Isabel Soares, na prática, a subsequente reforma do ensino não foi tão profunda como se desejava, nem quanto ao número de alunos nem quanto à sua formação[538]. Por um lado, se o número de profissionais de enfermagem diplomados aumentou até 1950, tal deveu-se ao curso de auxiliares, de menor duração e essencialmente prático. Não se tomaram medidas que conduzissem ao aumento de candidatos ao curso de enfermagem geral e manteve-se, portanto, o problema da falta de enfermeiros. Por outro lado, no plano de estudos, poucas alterações se verificaram, pelo que o propósito de elevar o nível técnico dos enfermeiros não terá sido totalmente atingido. O modelo de formação adoptado consistia numa «solução de compromisso» com os hospitais, para os quais era importante manter a presença regular dos alunos nos diversos serviços, dada a carência de pessoal.

De resto, as limitações do citado Decreto-lei foram desde logo reconhecidas, motivando, por exemplo, a proposta apresentada por Froilano de Melo à Assembleia Nacional em 1949, com sugestões que visavam «ampliar» as disposições do documento,

---

[537] Sob a alçada do Ministério da Educação Nacional, funcionavam o Curso de Visitadoras de Higiene, na Faculdade de Medicina do Porto, o Curso de Parteiras, nas três faculdades de medicina do país, e a Escola Técnica de Enfermeiras. Dependente do Ministério da Marinha estava a Escola de Enfermeiros da Armada. Ver Lucília Rosa Mateus Nunes, *op. cit.*, pp. 76-78.

[538] Maria Isabel Soares, *op. cit.*, p. 47.

ainda assim considerado «esplêndido»[539]. A proposta constava de três bases, a primeira das quais relativa à «Classificação das enfermeiras e condições para a sua admissão». O deputado sugeria a divisão da classe em duas categorias, nomeadamente, enfermeiras técnicas e enfermeiras auxiliares, aumentando o grau de exigência quanto às habilitações literárias mínimas para admissão nos respectivos cursos: do 1.º para o 2.º ciclo dos liceus no caso das enfermeiras técnicas e da instrução primária para o 1.º ciclo do ensino liceal, no das auxiliares[540]. Froilano de Melo sugeria também cursos de maior duração, mais concretamente, três anos em vez de dois para as enfermeiras técnicas e três semestres em vez de um ano para as auxiliares. O currículo do curso das enfermeiras técnicas basear-se-ia no da Escola Técnica de Enfermeiras e o ensino das auxiliares seria de carácter prático, ministrado em regime de internato num estabelecimento hospitalar, sob a direcção e regência de uma ou mais monitoras. A esta categoria poderiam ser promovidas enfermeiras técnicas com dois anos de exercício profissional «com boas informações sobre a sua proficiência técnica e conduta moral»[541].

A segunda base da proposta em análise respeitava concretamente às «Escolas de enfermagem em Portugal e seu lugar no plano dos estudos nacionais». Inspirando-se no sistema norte-americano, Froilano de Melo considerava, de modo algo arrojado, que as escolas de enfermeiras técnicas «deveriam ser institutos de categoria universitária», concedendo o grau de bacharelato. O objectivo seria incrementar e facilitar as relações entre as escolas nacionais e as norte-americanas, de forma a que as diplomadas em Portugal, possuindo o grau de bacharel, «quando fossem mandadas ao Canadá ou à América do Norte para o seu aperfeiçoamento ou especialização, pudessem aí obter o grau de *master*». Por outro lado, o deputado propunha a criação imediata de duas escolas de enfermeiras técnicas, anexas aos hospitais escolares das Universidades de Coimbra e do Porto, bem como o incentivo governamental à abertura de escolas particulares nas três cidades universitárias do país. Em relação às escolas de enfermeiras auxiliares, sugeria a possibilidade de serem criadas em qualquer localidade onde houvesse um hospital com, pelo menos, duzentas camas. Por fim, certamente com o objectivo de atrair candidatas à profissão de enfermeira e de garantir a sua formação, Froilano de Melo sugeria que o Governo autorizasse organismos corporativos e de previdência, bem como autarquias, a conceder subsídios de estudo a candidatas que desejassem recrutar para os seus serviços como enfermeiras técnicas ou auxiliares.

A terceira base da citada proposta focava a questão dos lares de enfermeiras e a da constituição e direcção de equipas de enfermagem em hospitais. Na opinião do deputado, os lares deviam ser contemplados na construção dos edifícios hospitalares e «providos dos necessários confortos para a sua residência permanente, especialmente de uma biblioteca e sala de leitura e de um campo de jogos desportivos». Quanto ao

---

[539] Sessão da Assembleia Nacional de 7 de Abril de 1949, http://debates.parlamento.pt (11/02/06).

[540] Para além da maior exigência ao nível das habilitações literárias, o deputado propunha que todas as candidatas fossem submetidas previamente a «testes psicológicos de vocação profissional», «a fim de se evitar que haja frequentes desistências no meio do curso por inabilidade profissional» (Base I, n.º 1).

[541] As enfermeiras auxiliares só poderiam ingressar no quadro de enfermeiras técnicas após dez anos de exercício profissional «com folha distinta de informações» e desde que se sujeitassem nas escolas de enfermagem técnica aos exames correspondentes (Base I, n.º 5).

sistema de equipas e respectiva direcção, Froilano de Melo baseava-se, mais uma vez, no exemplo anglo-saxónico, invocando a figura da *matron* ou inspectora e sugerindo ao Governo que enviasse anualmente aos EUA e ao Canadá quatro enfermeiras técnicas «para se aperfeiçoarem nesse ramo de actividade e virem organizar no futuro o curso dessa especialidade nas escolas nacionais».

Em suma, a proposta deste deputado reflectia a consciência de que, apesar do passo em frente dado com o Decreto-lei de 1947, muito havia ainda a fazer quanto ao ensino de enfermagem em Portugal. Para Froilano de Melo, o futuro passava por uma selecção mais exigente das candidatas a enfermeiras, sobretudo ao nível das habilitações literárias, por uma formação técnica de grau superior e pelo estabelecimento de relações fortes com as instituições congéneres no estrangeiro, com as quais o país teria muito a aprender.

## 2. A ATRIBUIÇÃO DO NOME DE ÂNGELO DA FONSECA E O PAPEL DO MÉDICO

Em 1931, pela portaria 7.001, de 14 de Janeiro, a Escola de Enfermagem dos Hospitais da Universidade de Coimbra passou a designar-se Escola de Enfermagem do Dr. Ângelo da Fonseca[542]. Segundo aquele documento legislativo, a mudança de nome consubstanciava uma «homenagem merecida àquele professor» e fora determinada «tendo em atenção os valiosíssimos serviços prestados aos Hospitais da Universidade de Coimbra pelo seu actual director substituto», Ângelo da Fonseca, e «atendendo-se ao que representaram o governador civil de Coimbra e uma comissão de funcionários daqueles Hospitais».

Ângelo Rodrigues da Fonseca nasceu em Cucujães, concelho de Oliveira de Azeméis, em 1872[543]. Licenciou-se em Medicina pela Universidade de Coimbra em 1901, tendo-se doutorado e sido nomeado para professor da mesma instituição no ano seguinte. Em 1906 foi nomeado clínico dos Hospitais da Universidade. Pouco depois, atraído pela área da cirurgia e, particularmente, da cirurgia urológica, partiu para o estrangeiro, visitando centros de ensino e de investigação científica de vários países, com destaque para os franceses[544]. De regresso a Portugal, em 1909, fundou

---

[542] Portaria 7.001, *Diário do Governo*, I Série, n.º 2, 14 Janeiro 1931.

[543] Os dados biográficos que a seguir se apresentam foram colhidos nas seguintes fontes: «Fonseca (Ângelo Rodrigues da)» in *Grande Enciclopédia Portuguesa e Brasileira*, Lisboa e Rio de Janeiro, Editorial Enciclopédia, s.d.; «Prof. Doutor Ângelo da Fonseca», *Coimbra Médica*, vol. IX, n.º 7, Julho 1942, pp. 387-394; «Luto na Universidade», *Diário de Coimbra*, 8 Julho 1942, pp. 1 e 4.

[544] As primeiras viagens foram realizadas a título particular. Porém, em Outubro de 1908, o Conselho da Faculdade de Medicina nomeou Ângelo da Fonseca para uma missão científica ao estrangeiro, tendo em vista «prosseguir os seus estudos, iniciados no ano lectivo de 1907-1908 por sua iniciativa, de moléstias das vias urinárias, terminando esses estudos no Hospital Necker em Paris e visitando os serviços de moléstias das vias urinárias em outros países da Europa Central [...], de modo a colher elementos de organização, estudo e manutenção desses serviços, e habilitando-se a apreciar os progressos da urologia nos centros de maior reputação clínica, para o que deverá permanecer no estrangeiro por um período de 6 meses.» (AUC, IV-1.ªD-3-1-93, *Actas da Faculdade de Medicina*, vol. 12, 1897-1910, Sessão de 29 de Outubro de 1908, fl. 118). O referido Conselho reconhecia a importância da especialização de um professor da Universidade de Coimbra no ramo da urologia, tendo em vista a criação de um curso escolar nessa matéria.

em Coimbra o primeiro curso de urologia do país[545]. Viria a revolucionar a respectiva técnica cirúrgica, acompanhando os progressos que se faziam nos grandes centros científicos.

Foto 13 – Retrato de Ângelo da Fonseca. Fonte: Alberto Mourão, *Crónica dos Hospitais da Universidade de Coimbra*, Coimbra, HUC, 1994, p. 49.

Ângelo da Fonseca foi administrador dos Hospitais da Universidade entre 1910 e 1911, ano em que seguiu para Lisboa a fim de desempenhar o cargo de Director-Geral da Instrução Pública, a convite do respectivo ministro, António José de Almeida, ao lado de quem militara na propaganda ao republicanismo. Segundo João Porto, grande parte do que então se legislou em matéria de ensino ficou a dever-se à acção do Director-Geral, com destaque para a reforma do ensino superior[546].

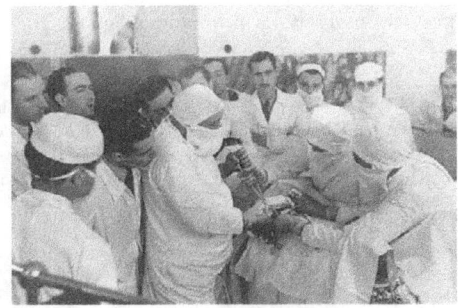

Foto 14 – Ângelo da Fonseca conduz uma cirurgia na Sala de Operações (Homens) dos HUC (17 de Abril de 1940). Fonte: AFESEAF.

---

[545] Na sessão do Conselho da Faculdade de Medicina de 22 de Outubro de 1909, Ângelo da Fonseca «dá conta da forma como conduziu os seus estudos no estrangeiro sobre doenças das vias urinárias e oferece os seus serviços á Faculdade para a regência dum curso livre desta especialidade» (AUC, IV-1.ªD-3-1-93, *Actas da Faculdade de Medicina*, vol. 12, 1897-1910, Sessão de 22 de Outubro de 1909, fl. 132). Um mês depois, apresentava aos conselheiros o programa desse curso livre (*idem*, Sessão de 22 de Novembro de 1909, fls. 135-136).
[546] «Prof. Doutor Ângelo da Fonseca», *Coimbra Médica*, Julho 1942, vol. IX, n.º 7, p. 388. Também o jornal *Diário de Coimbra* se refere à acção do médico enquanto Director-Geral da Instrução Pública, «quer revelada na vastíssima legislação académica da época, refundidora de todos os graus e espécies de ensino, e nomeadamente a respeitante ao ensino superior e à Universidade de Coimbra e aos serviços para-universitários, quer a exercida, sem tradução no Diário do Governo, por uma forma discreta, mas não menos eficaz, ficando estabelecido inteiramente o entendimento fácil e profícuo entre os Poderes Centrais e a Universidade, que viu então realizada uma velha aspiração com a criação da sua Faculdade de Letras» («Luto na Universidade», *Diário de Coimbra*, 8 Julho 1942, p. 4).

Em Coimbra, Ângelo da Fonseca conjugou as suas funções clínicas e docentes com a administração dos Hospitais da Universidade. Em 1919 foi nomeado seu Director substituto, cargo que exerceu entre 1927 e 1932, passando então a Director efectivo. Mereceram-lhe especial atenção a reforma dos edifícios hospitalares e o seu apetrechamento material, tendo transformado radicalmente tanto as antigas construções que albergavam o Hospital, como os seus serviços técnicos e administrativos[547]. Para além desse empenhamento, bateu-se também, em 1919, pela manutenção da Faculdade de Letras, então transitoriamente extinta[548].

Professor catedrático de Clínica Cirúrgica e de Clínica Urológica, Ângelo da Fonseca desenvolveu uma intensa actividade científica, fazendo parte de associações médicas nacionais e estrangeiras e obtendo reconhecimento internacional enquanto urologista[549]. Foi o grande animador do III Congresso Hispano-Português de Urologia, realizado em Coimbra em 1932, apresentando o primeiro estudo de conjunto sobre a doença do colo vesical e o seu tratamento. Publicou várias obras e inúmeros artigos em publicações diversas[550]. Trabalhou até ao fim da vida, tendo falecido em 1942. Estiveram presentes no seu funeral representantes das mais diversas entidades públicas coimbrãs e do Governo, que enviou mensagens de pesar, bem como cidadãos ilustres de vários sectores da vida local e nacional[551].

No sentido de tentar compreender a atribuição do nome de Ângelo da Fonseca à Escola de Enfermagem de Coimbra, afigura-se-nos pertinente começar por analisar a relação entre o urologista e o pessoal de enfermagem dos Hospitais da Universidade, formado naquela Escola. Ângelo da Fonseca foi por várias vezes homenageado pelo pessoal dos HUC, a primeira das quais em 1919, quando se descerrou o seu retrato

---

[547] Da «actividade incansável prosseguida durante muitos anos e com largas vistas» por Ângelo da Fonseca, resultaram: «a Lavandaria, o novo Hospital do Castelo, a completa modificação e o notável ampliamento do Hospital de S. Jerónimo, com os seus quartos particulares e as suas instalações burocráticas e casas de aula, as grandes alterações e benefícios em todos os departamentos em numerosas clínicas gerais e especiais do Hospital das Artes, o novo edifício do Banco e das Consultas Externas e o da nova casa das caldeiras» («Luto na Universidade», art. cit., p. 4). Ver Ângelo da Fonseca, *Edifícios e serviços industriais: Hospitais da Universidade de Coimbra*, Coimbra, Imprensa da Universidade, 1933 e *Hospitais da Universidade de Coimbra: plano geral da distribuição dos seus edifícios: 1933-1934*, Coimbra, Hospitais da Universidade de Coimbra, 1934.

[548] Em sessão de 13 de Outubro de 1919, a Assembleia Geral da Universidade de Coimbra aprovava uma moção em que, para além de expressar solidariedade para com a Universidade de Lisboa pela reacção contra a nova lei para o ensino superior, se congratulava por lhe ter sido restituída a Faculdade de Letras, dando a Ângelo da Fonseca «um perdurável testemunho de reconhecimento pelos seus valiosíssimos serviços» (*Moção aprovada, por aclamação, pela Assembleia Geral da Universidade de Coimbra, em sessão de 13 de Outubro de 1919*, Coimbra, Tipografia França Amado, 1919).

[549] Era membro da *Sociedade Portuguesa de Ciências Médicas*, da *Associação Portuguesa de Urologia*, da *Société International de Chirurgie*, da *Société International de Urologie*, da *Société Belge de Urologie* e da *Associación Española de Urologia*. Ver «Fonseca (Ângelo Rodrigues da)», art. cit.

[550] Ver lista de trabalhos publicados no Apêndice 3.

[551] Ver «O funeral do Sr. Dr. Ângelo da Fonseca», *Diário de Coimbra*, 9 Julho 1942, pp. 1-2. O elogio fúnebre do falecido foi feito por Novais e Sousa, da Faculdade de Medicina de Coimbra, por Providência e Costa, em nome da Faculdade de Letras, e por Maximino Correia, vice-Reitor da Universidade, em nome do Presidente da República, do Chefe do Governo, do ministro e do sub-secretário da Educação Nacional, da *Sociedade Portuguesa de Urologia* e da Universidade. Foram recebidos telegramas de pesar de Salazar, da Presidência da República e de vários ministros e Secretários de Estado.

na enfermaria de Urologia (Homens), dando-se o seu nome à mesma. Em 1930 realizar-se-ia nos Hospitais uma festa de homenagem promovida por alguns funcionários, seguida de banquete no Hotel Astoria[552]. Em 1933, por ocasião da imposição das insígnias da Ordem de São Tiago de Espada, foi-lhe prestada outra pública homenagem pelo pessoal dos Hospitais, a que se associaram professores da Faculdade de Medicina, clínicos dos Hospitais e amigos pessoais[553]. Por fim, no funeral do urologista, o pessoal dos HUC fez-se representar de forma significativa, prestando-lhe uma última homenagem[554].

As cerimónias referidas sugerem o reconhecimento dos enfermeiros dos HUC relativamente ao seu Director. Tal apreço justificava-se pelo empenho de Ângelo da Fonseca na preparação profissional do que o próprio designava por «a sua enfermagem». Segundo Alberto Mourão, então enfermeiro dos Hospitais, aquela era «para ele uma glória pessoal quanto à sua preparação científico-técnico-cultural e que ele defendia onde quer que fosse»[555]. No entanto, ainda de acordo com o citado enfermeiro, «dentro dos HUC [Ângelo da Fonseca] tomava atitudes que por vezes a ofendiam», como «a desfaçatez com que castigava os enfermeiros, aplicando-lhes multas pecuniárias por tudo e por nada. [...] Bastava tirar o avental branco que todos usavam no trabalho diário ou aparecer sem o barrete que fazia parte do fardamento para que se aplicassem 2 dias de multa»[556]. Outra atitude do Director «que não só prejudicava como irritava os enfermeiros» era o facto de lhes limitar a licença anual a quinze dias, quando todos os outros funcionários dos HUC tinham direito a trinta dias de licença por ano, de acordo com a lei. Só com a vinda de João Porto para a Direcção do Hospital, após a morte de Ângelo da Fonseca, «os enfermeiros puderam usufruir de uma regalia que lhes pertencia tanto como ao restante pessoal»[557].

---

[552] «Dr. Ângelo da Fonseca», *Diário de Coimbra*, n.º 196, 10 Dezembro 1930, p. 4. O artigo foi publicado numa quarta-feira, anunciando a festa que teria lugar no Domingo seguinte. Esta homenagem foi antecedida de outra, realizada em Novembro e também noticiada no diário: «Um grupo de pessoas de Coimbra resolveu manifestar o seu apreço ao Sr. Dr. Ângelo da Fonseca, ilustre operador, oferecendo-lhe as veneras com que ultimamente foi agraciado. "O Diário de Coimbra" concorda inteiramente com esta homenagem.» («Dr. Ângelo da Fonseca» *in Diário de Coimbra*, n.º 180, 23 Novembro 1930).

[553] «Prof. Doutor Ângelo da Fonseca», *Coimbra Médica*, vol. IX, n.º 7, Julho 1942, p. 391. Para além de Grande Oficial da Ordem Militar de São Tiago de Espada, Ângelo da Fonseca era Comendador da Ordem Civil de Afonso XII e recebeu a Grã Cruz da Ordem da Instrução Pública.

[554] Durante o cortejo fúnebre, a urna com o corpo de Ângelo da Fonseca foi transportada aos ombros por vários empregados dos Hospitais, seguindo atrás o estandarte da *Associação de Classe dos Enfermeiros dos Hospitais da Universidade de Coimbra*. Segundo o *Diário de Coimbra*, «a representação no funeral de pessoal dos Hospitais da Universidade era numerosíssima» («O funeral do Sr. Dr. Ângelo da Fonseca», pp. 1-2).

[555] Alberto Mourão, *Crónica dos Hospitais da Universidade de Coimbra*, Coimbra, HUC, 1994, p. 45.

[556] *Idem, ibidem*. Segundo Alberto Mourão, «esses castigos também recaíam por vezes noutros funcionários, mas os enfermeiros eram sempre atingidos em maioria». Os boletins de comunicação do castigo eram afixados pelo Fiscal num expositor «que todos consideravam a peça mais odiada do Hospital», visto que ficava situado à entrada, de modo que toda a gente podia tomar conhecimentos dos castigos do pessoal.

[557] *Idem*, p. 46. O autor considera que a «gestão exemplar dos HUC pelo Prof. Doutor João Porto, apoiado na acção do primeiro administrador profissional dos HUC, o Dr. Coriolano Ferreira», marcou a diferença em relação ao passado, implicando uma mudança nas condições de trabalho dos enfermeiros (*idem*, p. 47).

A falta de entendimento entre Ângelo da Fonseca e o pessoal de enfermagem dos HUC era evidente também na Escola de Enfermagem de Coimbra, que funcionava nos Hospitais e cujo Director, de acordo com o Regulamento de 1920, era o mesmo que o daquela instituição. Alberto Mourão afirma que, quando entrou para a referida Escola, em Outubro de 1936, «nem todos se entendiam. Pelo contrário, predominava um certo sentimento de medo e angústia perante os que detinham o poder»[558]. Dando o seu testemunho pessoal como enfermeiro e funcionário dos HUC, Alberto Mourão reconhece, apesar de tudo, o valor de Ângelo da Fonseca como administrador e a sua preocupação com a formação dos enfermeiros, considerando-o «um homem dedicado a Coimbra, que lutou pela cidade, pelos HUC e pela sua Escola de Enfermagem».

Em rigor, não são muito claras as razões da atribuição do nome de Ângelo da Fonseca à Escola de Enfermagem de Coimbra. A portaria que a decretou explicita apenas, como foi referido, tratar-se de uma homenagem aos serviços prestados pelo médico nos HUC. Para Alberto Mourão, ter-se-lhe-á ficado a dever a oficialização da Escola, em 1919[559]. O enfermeiro identifica três personalidades que tiveram um peso decisivo na história da Escola de Coimbra, em momentos distintos: Costa Simões, como fundador de uma escola de iniciativa privada; Ângelo da Fonseca, a quem se deve a oficialização da Escola de Coimbra; e João Porto, que dirigiu uma série de reformas e melhorias na instituição. Alberto Mourão afirma ter sido «por sugestão» de Ângelo da Fonseca «que se estabeleceu entre nós o ensino oficial da Enfermagem». Segundo ele, as frequentes deslocações do urologista a Paris permitiram-lhe «conhecer os benefícios das Escolas de Enfermagem» e «preparar o Regulamento da Escola de Enfermagem dos HUC, aprovado pelo Decreto n.º 6.943, de 16 de Setembro de 1917». O Decreto em causa data de 1920, como se disse, e de modo algum de 1917[560], não tendo sido possível apurar da responsabilidade de Ângelo da Fonseca na sua elaboração.

No entanto, todas as referências encontradas relativamente a esse período da história da Escola sugerem a intervenção do urologista na sua oficialização, em 1920. Reportando-se ao Decreto-lei de 1919, na sequência do qual «passou a existir em Coimbra o ensino organizado e a enfermagem adquiriu [...] personalidade profissional», José Pinto Teles atribui «este notável impulso» a Ângelo da Fonseca[561]. No mesmo sentido, Coriolano Ferreira refere-se ao médico como o «reformador» da Escola[562]. Por seu lado, Nídia Salgueiro afirma ter aquele «promovido a oficialização

---

[558] Alberto Mourão, *op. cit.*, pp. 49-51. O relato do episódio em que viu pela primeira vez Ângelo da Fonseca é claro quanto ao receio e à pouca simpatia que a figura do Director inspirava aos funcionários dos Hospitais.

[559] Alberto Mourão, *op. cit.*, pp. 87 e 91.

[560] Este erro encontra-se também no artigo «Escola de Enfermagem do "Doutor Ângelo da Fonseca"», da autoria de Coriolano Ferreira, publicado na obra *Dez anos de história dos HUC sob a administração do Prof. João Porto. 1942-1952*, p. 142, no qual provavelmente o próprio Alberto Mourão se terá baseado. Nesse artigo diz-se que a «instalação definitiva e oficial da Escola» foi trazida pelo Decreto n.º 5.736, de 10 de Maio de 1916, sendo o Regulamento aprovado pelo Decreto 6.943, de 16 de Setembro do ano seguinte. Na verdade, os decretos referidos datam de 1919 e 1920, respectivamente.

[561] José Pinto Teles, «Subsídio para o estudo da evolução da enfermagem nos Hospitais da Universidade de Coimbra» in *Dez anos de história dos HUC...*, p. 120.

[562] Coriolano Ferreira, «Escola de Enfermagem do "Doutor Ângelo da Fonseca"» in *Dez anos de história dos HUC...*, p. 142.

desta Escola quando exercia o cargo de Director Geral da Instrução Pública»[563]. Estas opiniões são corroboradas pelo artigo biográfico publicado no *Diário de Coimbra* aquando a morte de Ângelo da Fonseca[564].

A decisão governamental de alterar o nome da Escola atendia à petição dirigida ao Ministro do Interior por uma comissão de funcionários dos HUC. Segundo Alberto Mourão, os pedidos formulados pelo pessoal hospitalar aos responsáveis políticos, no sentido de atribuir o nome de Ângelo da Fonseca à Escola de Enfermagem, deviam--se ao reconhecimento dos enfermeiros perante «a dedicação tão notável» prestada pelo médico «à sua Escola»[565].

Tal dedicação materializava-se, entre outros aspectos, na preocupação com os materiais didácticos disponibilizados aos alunos, como o próprio Ângelo da Fonseca expressava no prefácio escrito, em 1939, para a primeira edição da obra de Alberto Costa, *Enfermagem (Manual de Estudo)*, ao afirmar: «no ensino, a prelecção, a demonstração e a técnica são elementos fundamentais; mas, por si sós, não bastam [...]. É indispensável a leitura»[566]. Por isso enaltecia um livro escrito em português «que servisse aos alunos da nossa Escola de Enfermagem». Ângelo da Fonseca elogiava a obra por ser clara e precisa, abordando os problemas com «extrema simplicidade», e destacava o carácter pedagógico das estampas, chamando a atenção para o capítulo introdutório, sobre a Moral e a Deontologia profissionais. O Director dos HUC fazia um retrato bastante carregado da profissão, usando expressões como «carreira espinhosa» e «vida torturante e de sacrifício». Salientava a posição subalterna do enfermeiro relativamente ao médico, embora notasse também que esse estatuto secundário não deixava de implicar sérias responsabilidades, tendo em conta que, «no serviço hospitalar, cirurgião, assistentes e enfermeiros devem constituir uma família». Por fim, à semelhança de outros autores já analisados, o urologista fazia depender o exercício da profissão de enfermagem da existência de vocação e associava o respeito pelos limites das respectivas funções à sua realização plena: «Se tendes vocação, abraçai-a porque é bela! Da sua simplicidade e modéstia, ergue-se, sublime, para atingir as culminâncias da nobreza».

As palavras de Ângelo da Fonseca enquadram-se no modelo apresentado por Lucília Nunes em relação aos dois aspectos predominantes no ensino da enfermagem desde os finais do século XIX: «no aspecto institucional, a hegemonia da relação escola-hospital e, no aspecto substancial, da relação escola-médicos»[567]. Por um lado, o ensino formal da enfermagem estava ligado aos hospitais, escolares ou civis. Por outro lado, a influência dos médicos nas escolas era determinante, sendo que, durante muito

---

[563] Nídia Salgueiro, «O Vestuário do Pessoal de Enfermagem (I): Do Negro ao Branco Imaculado», *Referência*, n.º 4, Maio 2000, p. 85.

[564] «Entre as criações da sua iniciativa, conta Ângelo da Fonseca, também, as de um Laboratório de Ortopedia, com consulta anexa, de um Laboratório de Cirurgia Experimental, de um Laboratório de Filmagem e Fotografia, do Internato Médico Hospitalar e da Escola de Enfermagem» («Luto na Universidade», *Diário de Coimbra*, 8 Julho 1942, p. 4).

[565] Alberto Mourão, *op. cit.*, p. 87. Para além da representação enviada ao Ministro do Interior, o pessoal de enfermagem dos HUC já teria dirigido uma petição com o mesmo objectivo ao então Presidente da República, António José de Almeida, aquando a sua visita aos Hospitais.

[566] Alberto Costa, *Enfermagem: guia de enfermagem profissional e auxiliar do médico prático*, 5.ª ed., Coimbra, s.n., 1956, vol I, pp. 5-8.

[567] Lucília Rosa Mateus Nunes, *op. cit.*, pp. 158-160.

tempo, foram eles os seus professores e os seus directores[568]. Este aspecto estaria ligado ao facto de «na relação médico-enfermeiro ser sempre reforçada a dependência daquele que é o colaborador, o executante, o auxiliar do médico». É neste contexto que a autora insere a atribuição de nomes de médicos a várias escolas, reflectindo a «importância histórica que aqueles nelas tiveram». Para além da Escola de Enfermagem dos HUC, estavam nesta situação a Escola Profissional de Enfermeiros, de Lisboa, que, em 1930, passou a chamar-se Escola de Enfermagem Artur Ravara, em homenagem ao seu primeiro professor, e a Escola Técnica de Enfermeiras, que viria a tomar o nome de Francisco Gentil, o médico que apoiou a sua fundação.

De qualquer forma, no caso de Ângelo da Fonseca, os dados parecem sugerir que a atribuição do seu nome à Escola de Enfermagem de Coimbra não se deveu apenas ao papel que terá desempenhado na história dessa instituição. Indo mais longe, poder-se-ia inclusive afirmar que o seu eventual contributo para o desenvolvimento da Escola não foi a razão principal da homenagem que o governo prestou ao médico. Em causa estavam sobretudo «os valiosíssimos serviços prestados aos Hospitais da Universidade de Coimbra». A par dos «altos méritos do homenageado», era esse o fundamento da petição dirigida pelos empregados dos HUC ao Ministro do Interior, por intermédio do governador civil de Coimbra, em Dezembro de 1930, a qual esteve na origem directa da alteração do nome da Escola, em Janeiro de 1931[569].

## 3. AS CONDIÇÕES DE FUNCIONAMENTO DA ESCOLA E A SUA FINALIDADE NOS ANOS TRINTA E QUARENTA

De acordo com as palavras do enfermeiro Alberto Mourão, no final da década de trinta e na de quarenta, «não era fácil exercer qualquer actividade nos HUC. As exigências das funções a executar eram exageradas, as relações entre direcção, administração e subordinados corriam sempre mal, os vencimentos eram péssimos e as condições de trabalho inacreditáveis»[570]. O autor refere-se em particular à instabilidade profissional, visto que «de um dia para o outro qualquer funcionário era demitido das suas funções às vezes sem saber porquê», bem como ao controlo a que os enfermeiros estavam sujeitos quanto a relações amorosas, sendo que os casamentos entre o pessoal eram proibidos «e até os namoros eram sujeitos a vigilância aper-

---

[568] Segundo José Pinto Teles, os «Ilustres Professores da Universidade», que constituíam o corpo clínico dos HUC, «exerceram e exercem uma forte influência sobre a enfermagem de Coimbra» (José Pinto Teles, «Subsídio para o estudo...», p. 119).

[569] AUC/GCC/GID/E1/T4/331, *Livro de registo de correspondência expedida pelo Governo Civil de Coimbra para os Ministérios e Repartições Centrais, 1.ª Repartição, 1930*, ofício n.º 562, 31 de Dezembro de 1930, fl. 149. O governador civil de Coimbra, António Augusto Monteiro, enviou ao Director-Geral da Assistência Pública uma representação dirigida ao Ministro do Interior pelos funcionários dos HUC, pedindo que fosse atribuído à Escola de Enfermagem dos Hospitais o nome de Ângelo da Fonseca. Segundo António Monteiro, que «concorda[va] plenamente» com o pedido, «fundamentam os peticionários esse desejo, não só nos altos méritos do homenageado, mas ainda nos valiosíssimos serviços prestados aos referidos hospitais».

[570] Alberto Mourão, *op. cit.*, pp. 24-25.

tada»[571]. O mais grave, segundo o citado enfermeiro, residia nos horários extremamente pesados, de 12 horas e meia, com um intervalo de 1 hora para refeição, acrescidos nos dias de serviço nocturno de mais 6 horas, sem qualquer subsídio[572].

Os próprios alunos da Escola de Enfermagem Ângelo da Fonseca, que estagiavam nos Hospitais da Universidade, estavam sujeitos a condições de trabalho idênticas às dos enfermeiros profissionais: «iniciavam os estágios diários à mesma hora dos verdadeiros profissionais – 07.30 horas. As aulas teóricas nada tinham a ver com o que se ia aprendendo nas enfermarias»[573]. Por outras palavras, os estagiários atenuavam a falta de pessoal de enfermagem hospitalar, realizando as tarefas necessárias, mesmo que estas em nada correspondessem às matérias leccionadas nas aulas teóricas.

De resto, a Escola funcionava nos edifícios dos Hospitais da Universidade, não dispondo de instalações próprias. Na altura, os HUC ocupavam o Colégio das Artes, o Colégio de S. Jerónimo e o Colégio das Ordens Militares[574]. O primeiro daqueles edifícios recebia os doentes economicamente desfavorecidos, ficando os homens no rés-do-chão e as mulheres no primeiro andar. O Colégio de S. Jerónimo estava ocupado com quartos particulares, para os doentes com possibilidades financeiras. No Colégio das Ordens Militares funcionavam as enfermarias de Dermatologia, Sifiligrafia, Doenças Infecto-contagiosas e, mais tarde, Tisiologia e Oftalmologia, esta num espaço separado do restante. De resto, na cerca do referido edifício já haviam sido construídas instalações para os leprosos, que ficaram conhecidas por Hospital de S. Lázaro, dos Lázaros ou do Castelo. Todos estes serviços associados ao Colégio das Ordens Militares, destinado à demolição, foram transferidos para o Bloco Hospitalar de Celas logo que se iniciaram as obras da futura Cidade Universitária, em 1952.

Mais de dez anos volvidos sobre a atribuição do nome de Ângelo da Fonseca à Escola de Enfermagem dos HUC, em Julho de 1941, uma Ordem de Serviço daqueles Hospitais continuava a referir-se-lhe apenas como «Escola de Enfermagem»[575]. O art. 1.º dos seis que constituem o documento estipulava que «nos Hospitais da Universidade funcionará uma Escola Profissional destinada à habilitação de enfermeiros». Trata-se, por certo, de uma tentativa para conferir, pelo menos oficialmente, um carácter mais profissional ao ensino ministrado na Escola, quando já se reconhecia a necessidade de alterar o ensino da enfermagem em Portugal, conducente à publicação do Decreto n.º 32.612, de 1942. Na verdade, embora consista no único documento normativo relativo à Escola que encontrámos entre o Regulamento de 1920 e o

---

[571] «E ai daqueles que fossem vistos a trocar um simples beijo! O caminho era o rápido despedimento da rapariga, enquanto o rapaz era submetido a rigoroso processo disciplinar!» (*idem*, p. 25).

[572] Os enfermeiros entravam às 7h30 e saíam às 19h30 ou às 20h00, consoante o horário de Inverno ou de Verão. Os enfermeiros de vela ou piquetes do 1.º turno começavam a trabalhar às 19h30 ou às 20h00 e terminavam às 2h00, mas às 7h30 regressavam para o turno do dia. Os do 2.º turno começavam às 2h00 e terminavam às 7h30, mas nem sequer tinham direito a descansar, continuando de serviço até às 19h30 ou 20h00, apenas com um intervalo para almoço. Os enfermeiros de ronda, chefes e sub-chefes, estendiam o seu turno pela noite fora, fazendo coincidir o início de cada giro com as horas de começo dos turnos da noite.

[573] Alberto Mourão, *op. cit.*, pp. 49-50.

[574] *Idem*, pp. 10-11.

[575] Ordem de Serviço n.º 185, 1 de Julho de 1941, *Boletim dos HUC*, Coimbra, Coimbra Editora, 1940, vol. IX, pp. CXXXVII-CXXXVIII.

Fotos 15 a 17 – À esquerda, Portaria Geral dos HUC em 1952 («Hospital Velho»). Em baixo, Hospital dos Lázaros (esquerda) e Bloco Hospitalar de Celas (direita). Fonte: Alberto Mourão, *Crónica dos Hospitais...*, pp. 5, 10 e 70.

Regulamento provisório de 1947, com artigos sobre os cursos ministrados, as condições de admissão, as cadeiras leccionadas, os docentes e a admissão dos diplomados nos HUC, a citada Ordem de Serviço não difere, no essencial, do documento de 1920 e apenas num aspecto antecipa o Decreto de 1942. Referimo-nos ao facto de os docentes, até então nomeados pela Direcção dos HUC, passarem a sê-lo pelo Governo, sob proposta daquela (art. 5.º), de acordo com a tendência para a intervenção estatal no ensino da enfermagem.

Referindo-se à evolução histórica da Escola de Coimbra, Coriolano Ferreira considerava que a oficialização da instituição em 1919 não implicou qualquer mudança relativamente ao objectivo que presidira à sua criação no século XIX, por Costa Simões[576]. A intenção deste médico «foi apenas a de melhorar a preparação do pessoal [...] ao serviço dos Hospitais e não a de criar um centro de habilitação profissional para os candidatos exteriores». Da mesma forma, os primeiros cursos realizados após o Decreto-lei de 1919 destinavam-se sobretudo a munir de diplomas o pessoal que já trabalhava nos Hospitais, sendo que, «passada esta primeira fase, começou a Escola a preparar pessoal de enfermagem, destinado quase exclusivamente aos quadros dos Hospitais da Universidade de Coimbra».

Para o período subsequente, de 1919 a 1947, o enfermeiro José Pinto Teles afirmava que, nos HUC, «a preparação técnica da enfermagem não sofreu alterações apreciáveis»[577]. Apesar disso, as «exigências da evolução da terapêutica clínica foram sempre satisfatoriamente cumpridas», devido sobretudo «à longa aprendizagem feita após o Curso [...], nos serviços diários das enfermarias e Consultas Externas». Esses «métodos de formação e preparação técnica» só eram exequíveis dada a fixação da grande maioria dos alunos da Escola de Enfermagem, após concluírem o seu curso, nos Hospitais da Universidade. Era nesse sentido que apontava o art. 6.º da citada Ordem de Serviço

---

[576] Coriolano Ferreira, «Escola de Enfermagem do "Doutor Ângelo da Fonseca"» *in Dez anos de história dos HUC...*, pp. 142-143.

[577] José Pinto Teles, art. cit., pp. 119 e seguintes.

dos HUC, de 1941: «os alunos [...] que desejarem, depois de concluído o curso geral, praticar nas clínicas para completar a sua educação técnica, poderão requerer à Direcção dos Hospitais a sua admissão como tirocinantes de enfermagem».

De facto, continuava José Pinto Teles, durante o período em causa, «a maior parte dos diplomados ingressava no quadro do pessoal dos Hospitais», tendo em conta que «não havia grandes necessidades de enfermeiros diplomados senão nos grandes centros de Lisboa, Porto e Coimbra». Quer dizer, ao longo de quase trinta anos e certamente à semelhança do que aconteceria com as suas congéneres de Lisboa e Porto, a Escola de Enfermagem de Coimbra «quase que se destinou exclusivamente à preparação do pessoal para os seus serviços hospitalares».

A partir de 1945, ocorreria, no entanto, uma série de mudanças na política assistencial do país, que se repercutiriam na enfermagem. O lançamento de uma rede de hospitais regionais e sub-regionais devidamente apetrechados, a criação de instituições de previdência e assistência, e correlativa abertura de consultas e postos de tratamento para os seus beneficiários, bem como o estabelecimento de secções assistenciais a bordo dos navios da marinha mercante, entre outras medidas, geraram a necessidade de enfermeiros devidamente habilitados por todo o país. Coube então às escolas de enfermagem existentes, entre as quais a de Coimbra, começar a fornecer pessoal diplomado aos novos organismos assistenciais. O papel da Escola Ângelo da Fonseca tornou-se de tal modo significativo que, segundo José Pinto Teles, 73% do pessoal de enfermagem que concluiu o seu curso em Coimbra entre 1942 e 1948 foi absorvido por outras instituições que não os Hospitais da Universidade. Tal facto acabou por gerar a escassez de enfermeiros nos HUC, que só viria a ser corrigida na sequência da aplicação do Decreto-Lei de 1947, «à custa dos estagiários». José Pinto Teles referia-se à concessão de bolsas de estudo aos alunos da Escola, remíveis com um ano de estágio nos Hospitais. Por outro lado, a reorganização do ensino de enfermagem promovida pelo diploma citado «trouxe para as Escolas maior frequência, mais elevado nível intelectual dos candidatos, melhor e mais rápida preparação dos profissionais», compensando a saída de grande número de enfermeiros.

Como foi referido, até então a preparação dos enfermeiros dos HUC baseava-se nos ensinamentos teóricos recebidos na Escola e, principalmente, na aprendizagem prática após o curso. Porém, deixara de ser possível levar a cabo esses «longos anos de tirocínio prático», visto que os alunos, na maior parte dos casos, só permaneciam nos Hospitais da Universidade durante o ano de estágio obrigatório. Tornou-se, portanto, necessário passar a fornecer aos alunos bases sólidas, de modo a que no final do curso estivessem habilitados a trabalhar em qualquer instituição. Tal foi possível a partir de 1947, com a reorganização e a ampliação do ensino, «proporcionando aos alunos [...] a sua completa e rápida preparação teórica e prática».

Com a reforma de 1947, o âmbito legal da Escola alargou-se[578]. Os seus cursos passariam a ser válidos para todo o país e nela começariam a realizar-se os exames das escolas particulares de Coimbra e, mais tarde, de todas as da área hospitalar do Centro. Da formação exclusiva de enfermeiros para os quadros dos HUC, evoluíra-se para a preparação de profissionais destinados a todo o país. Esta evolução funcional terá sido

---

[578] Ver Coriolano Ferreira, art. cit., pp. 143-144.

acompanhada por uma evolução orgânica. Nascendo da iniciativa particular de Costa Simões, a Escola passou a organismo oficial em 1919, embora sem autonomia técnica ou administrativa, «pois totalmente se achava integrada nos Hospitais da Universidade». Conquistaria essa autonomia em 1947, apesar de ter «mantido rigorosamente o princípio» de que os seus órgãos superiores de direcção e administração eram os dos Hospitais. Coriolano Ferreira, ele próprio administrador dos HUC durante a direcção de João Porto, considerava que «a este regime se deve o grau de eficiência atingido pelos serviços escolares e o rendimento assistencial tirado da Escola».

### 4. A CERIMÓNIA DE ENCERRAMENTO DO ANO LECTIVO DE 1947/48

O Regulamento da Escola Ângelo da Fonseca aprovado em 1920 vigorou até ao ano escolar de 1946/47. Com base no Decreto-lei n.º 36.219 de 10 de Abril de 1947, «a Escola de Coimbra elaborou com entusiasmo o seu Regulamento experimental», o qual foi aprovado, com pequenas alterações, por despacho governamental de 16 de Agosto de 1947[579]. Não dispomos hoje de qualquer exemplar desse Regulamento. No entanto, as alterações por ele introduzidas terão sido de tal modo significativas que, no final do ano escolar de 1947/48, o primeiro em que o novo Regulamento vigorou, a Direcção da Escola determinou a realização de comemorações. Para tal, aproveitou a cerimónia de encerramento do ano lectivo que o novo Regulamento impunha. O artigo 59.º desse documento estabelecia que «haverá anualmente, depois dos exames finais, uma sessão solene destinada à entrega de diplomas e prémios anuais aos alunos que terminaram o curso. E, ainda, que nessa sessão, serão relembrados os princípios gerais de deontologia profissional que os alunos prometerão guardar e cumprir»[580].

A cerimónia realizada no dia 31 de Julho de 1948 foi a primeira a dar cumprimento ao disposto naquele artigo, tendo merecido destaque na imprensa e, sobretudo, numa publicação oficial. De facto, em Setembro desse ano, o Director-Geral da Assistência informava o Director da Escola de que, por ordem superior, o *Boletim da Assistência Social* devia dar relevo à sessão solene que ali decorrera e solicitava o imediato envio dos elementos descritivos dessa sessão, «a que a imprensa aliás fez alusão», e das fotografias que se julgassem dignas de ilustrar o relato a inserir no *Boletim*[581]. A festa em causa acabaria inclusivamente por dar origem a uma publicação intitulada *As Cerimónias de Encerramento do Ano Escolar de 1947-1948*[582].

De acordo com o artigo publicado no citado *Boletim*, os próprios alunos terão compreendido a importância daquela celebração e, «por iniciativa exclusivamente sua, alargaram ainda as solenidades com a cerimónia da consagração dos finalistas ao

---

[579] «Os trabalhos da Escola de Enfermagem Dr. Ângelo da Fonseca foram encerrados com uma brilhante sessão solene», *Boletim da Assistência Social*, Subsecretariado da Assistência Social, n.º 65 a 70, Julho a Dezembro 1948, pp. 167-177.

[580] «Os trabalhos da Escola de Enfermagem Dr. Ângelo da Fonseca...», p. 168.

[581] Arquivo da Escola Superior de Enfermagem Ângelo da Fonseca (AESEAF), B-21,1,1, Correspondência Recebida, 1947-1948, 14 de Setembro de 1948.

[582] AESEAF, B-21,1,1, Correspondência Recebida, 1949-1950, 15 de Fevereiro e 16 de Março de 1949. O Director do *Centro de Assistência Psiquiátrica da Zona Sul* e o Director-Geral da Assistência agradeciam à Escola a oferta daquela publicação.

Coração de Jesus». Assim, o dia de festa começou com uma missa na Capela dos HUC, celebrada pelo respectivo capelão e professor da Escola, Padre Eugénio Martins, no decurso da qual os finalistas dos vários cursos pronunciaram e assinaram, sobre o altar, a fórmula de consagração expressamente escrita para essa cerimónia, pelo referido padre. Este teve inclusivamente o cuidado de a explicar aos alunos, antes de lhes pedir que a recitassem, em coro. O aluno que conduzia a récita, Francisco Cândido da Silva, era finalista do curso complementar e viria depois a ser monitor da Escola.

À tarde, no Salão Nobre dos Hospitais, realizou-se a sessão solene, para o juramento profissional dos novos enfermeiros e a distribuição de prémios aos melhores alunos de cada curso. A mesa era presidida pelo director da Escola, João Porto, ladeado pelo Inspector da Assistência, Joaquim Mendonça Machado de Araújo. A sessão teve início com uma lição intitulada «Depois da Escola a Vida», proferida pelo assistente da Faculdade de Medicina e professor da Escola Francisco Ibérico Nogueira. Retratando as dificuldades que a profissão de enfermagem implicava, o professor alertava os novos enfermeiros: «aqueles que apenas procuram recompensa material de trabalho leve e a horas certas, aqueles que apenas fazem desta nobre profissão um modo de vida, enganaram-se no caminho». Para que a pudessem desempenhar cabalmente, era preciso «terem uma noção exacta da grandeza da sua missão: do *bem* que podem espalhar à sua volta quando a desempenham com dedicação e competência, e do *mal* que pode arrastar a incompetência, a incúria e a defeituosa formação moral».

Francisco Nogueira chamava a atenção para o papel do enfermeiro face ao médico e ao doente. Aquele era mais do que simples executor das ordens do médico, era seu colaborador, continuador da sua acção e mesmo, em certos casos, seu substituto. Por outro lado, tinha a obrigação de prestigiar a acção do médico junto dos doentes, não diminuindo a fé que tenham na sua competência, bem como o dever de ser leal para com o clínico, confessando sempre as suas faltas. Em relação ao doente, o enfermeiro teria de ser essencialmente compreensivo, capaz de captar a sua confiança e a sua simpatia, sensível à sua dor. O professor destacava a acção calmante de um carinho ou de um sorriso, bem como o efeito motivador de umas palavras optimistas.

Para Francisco Nogueira, as qualidades que se exigiam ao enfermeiro eram, pois, «competência, abnegação, honradez, coragem, lealdade, paciência, espírito de disciplina, obediência e, sobretudo, Bondade». Embora reclamasse o direito a um salário justo, considerava que a compensação monetária nunca seria suficiente para retribuir o esforço exigido pela profissão. Assim, a verdadeira compensação estaria, por exemplo, «nas lágrimas de um doente agradecido». Usando expressões como «sacrifício por amor do próximo» ou «exercício da caridade», o professor atribuía à enfermagem uma finalidade moral e até religiosa, para os que fossem crentes. Estes encontrariam «em cada doente que sofre a imagem esplendorosa de Cristo redentor» e esforçar-se-iam por merecer a vida eterna, cumprindo o seu dever. «Para os não crentes o ambiente espiritual será mais árido e os conceitos de solidariedade humana e do bem comum não impregnados de espírito cristão, serão certamente menos reconfortantes e menos compensadores.» No entanto, uns e outros, cumprindo os seus deveres, tornar-se-iam credores do respeito de todos e merecedores do prestígio que a profissão tinha.

Após a lição do professor Francisco Nogueira, foram distribuídos os prémios aos melhores alunos de cada curso. Como já foi referido, o Regulamento de 1920 previa a concessão de prémios escolares, nomeadamente aos dois melhores alunos do 2.º ano do curso geral e ao melhor aluno do 3.º ano, correspondente ao curso complementar (art. 22.º). Não sabemos se o Regulamento de 1947 determinava algo a esse respeito, mas em Junho de 1948 o Director-Geral da Assistência informava a Escola de que fora aceite a sua proposta de distribuição dos prémios "Rainha D. Leonor" e "Dr. Costa Simões"[583]. Não há, porém, qualquer indicação de que os prémios entregues em Julho desse ano, todos em dinheiro, tivessem tais designações. Foram distribuídos sete prémios, um primeiro e um segundo lugares para cada um dos cursos, excepto o de auxiliares, para o qual houve um prémio único. O primeiro e o segundo premiados do curso de pré-enfermagem receberam 200$00 e 100$00, respectivamente; a única premiada do curso de auxiliares recebeu 400$00; o primeiro e o segundo premiados dos cursos geral e complementar receberam 250$00 e 150$00, respectivamente.

Depois da distribuição dos prémios, o Director da Escola entregou a cada finalista uma fórmula do juramento profissional e, como oferta da instituição, um exemplar do já citado manual *À cabeceira dos que sofrem*, de Madre Catarina de Jesus Cristo (Ornelas e Vasconcelos), uma religiosa francesa, mas de origem portuguesa. A escolha desse manual, tal como a lição de Francisco Nogueira, insere-se num contexto marcado pela relação estreita entre a enfermagem, a moral e a religião. Contudo, naquele dia, os novos enfermeiros assumiam também um compromisso de carácter profissional, pelo que, em coro, pronunciaram o referido juramento em frente da mesa da presidência.

A sessão solene, transmitida na íntegra pela *Emissora Nacional*, através da sua estação regional, foi encerrada pelo Director da Escola, que proferiu um discurso contendo alguns tópicos sobre a história da enfermagem e a sua importância, para além de algumas palavras acerca de moral profissional, dirigidas aos finalistas. Salientamos a sua referência à aplicação do Decreto de 1947 na Escola, sendo que, para João Porto, «a enfermagem de visão totalitária» foi «sabiamente vislumbrada» pelo Subsecretário de Estado da Assistência «ao introduzir, no novo Regulamento, novas secções de ensino». Contudo, algumas dessas secções, «por falta de oportunidade talvez», não puderam ainda funcionar no ano lectivo de 1947/48. Assim aconteceu para o curso de Auxiliar do Serviço Social e para o de Administração Hospitalar. Quanto à moral profissional, o Director salientava que, para além da perfeição técnica na execução de uma receita médica, o enfermeiro tinha de ter a inteligência, a delicadeza de espírito e a intuição para penetrar no espírito de quem a ditou, não se limitando, portanto, a uma actividade passiva. Por outro lado, afirmava João Porto o enfermeiro perfeito era aquele que se servia da técnica e dos conhecimentos «em benefício da saúde, mas "sem prejuízo da pessoa", segundo a superior concepção cristã que desta se deva possuir». Quer dizer, o Director apelava a que «o saber técnico caminhe sempre de mãos dadas com a moral profissional», estando esta moral intimamente relacionada com a cristã.

---

[583] AESEAF, B-21,1,1, Correspondência Recebida, 1947-1948, 25 de Junho de 1948.

# IV – A ESCOLA DURANTE A DÉCADA DE 1950

## 1. Contextualização Nacional

### 1.1. A enfermagem em Portugal nos anos cinquenta: traços gerais

Segundo Lucília Nunes, em Portugal, «a década de 50 foi [...] marcada pelas tentativas de compreender o que se passava na enfermagem – quer pela criação de uma comissão de estudo destinada a propor um programa de fomento da enfermagem (Dezembro de 1955), como pelo trabalho prévio de inquérito às condições de exercício de enfermagem e do respectivo ensino»[584]. De acordo com a autora, «as preocupações com a profissão são evidentes em artigos, inquéritos e mesas-redondas»[585]. Inserem-se neste contexto a I e a II Reuniões Nacionais dos Profissionais de Enfermagem, realizadas, respectivamente, em Lisboa em 1950 e em Coimbra em 1954. Este último encontro, subordinado ao tema *A Enfermeira, militante da Saúde*, foi demonstrativo da vitalidade da profissão e serviu como «plataforma de consenso» entre os seus membros, cuja tomada de posição a nível nacional não deixaria de implicar um compromisso ideológico com o regime salazarista[586]. Terá sido ainda na II Reunião que se instituiu o dia 8 de Março, dia de S. João de Deus, o patrono da Enfermagem, como o Dia da Enfermagem Portuguesa.

Foto 18 – II Reunião Nacional de Profissionais de Enfermagem, em Coimbra. Fotografia de conjunto tirada na escadaria da Sé Velha, no dia 20 de Junho de 1954. Fonte: AFESEAF.

---

[584] Lucília Rosa Mateus Nunes, *op. cit.*, p. 239.
[585] *Idem*, pp. 82-83.
[586] «Se é certo que não somos de mais, como disse Salazar, para continuar Portugal, querem os enfermeiros portugueses tomar parte na grandiosa obra de Reconstrução Nacional, para, com o seu trabalho, o seu esforço e dedicação, tornarem ainda mais bela esta nossa querida Pátria» (excerto do discurso proferido por Leitão Branco, *Revista de Enfermagem*, n.º 5, 1954, p. 7, cit. por Lucília Rosa Mateus Nunes, *op. cit.*, p. 83).

Na conferência que proferiu em Coimbra nessa ocasião, João Porto, director dos HUC, considerava que, na medicina integral, «médico e enfermeira são duas faces da mesma moeda, complementares uma da outra»[587]. Cada um destes profissionais tinha uma formação específica e competências próprias: ao médico cabiam o diagnóstico e a prescrição terapêutica, que estavam vedados à enfermeira, mas esta tinha maiores conhecimentos no domínio da assistência social. Lucília Nunes salienta a mudança de linguagem, designadamente o facto de a enfermeira passar de «auxiliar ou servidora do médico» a «imprescindível colaboradora». Tal alteração implicaria uma nova visão da enfermagem.

A abertura ao estrangeiro é outro aspecto que terá caracterizado a enfermagem portuguesa na década de cinquenta. Tornou-se evidente, desde logo, na publicação em Portugal do *Regulamento Sanitário Internacional* (1951), adoptado pela 4.ª Assembleia Mundial de Saúde, bem como de alguns relatórios sobre os problemas que afectavam a enfermagem, elaborados pela Comissão de Peritos de Enfermagem da OMS[588]. Por outro lado, em 1954, dois factos ligaram o nosso país aos movimentos internacionais na área da enfermagem, designadamente, a representação portuguesa na Reunião Internacional de Enfermagem, realizada na Turquia, e a nomeação de Fernanda Câmara Alves Dinis, directora da Escola Técnica de Enfermeiras, como Enfermeira Consultora Regional da OMS para a Europa[589]. Por fim, iniciou-se um movimento de intercâmbio com hospitais e escolas de enfermagem estrangeiros, que se intensificaria nos anos de 1960[590].

O que mais marcou a enfermagem portuguesa desta década foi, no entanto, a falta de pessoal, expressa no escasso número de profissionais diplomados relativamente ao número de habitantes. Segundo José Guilherme de Melo e Castro, Subsecretário de Estado da Assistência Social, em 1956, Portugal dispunha de 7.006 profissionais de enfermagem no activo, incluindo profissionais diplomados, profissionais apenas com prática oficialmente registada e, com cerca de 18% do total, praticantes ilegais. Havia, pois, uma proporção de 1 profissional diplomado, geral e auxiliar, para 1.787 habitantes e de 1 enfermeiro geral diplomado para 3.275 habitantes[591]. O alcance destes números compreende-se pela comparação com os de outros países: nos EUA, a proporção era de 1 enfermeira para 300 habitantes e na Inglaterra, de 1 para 500, correspondendo este último valor ao que era recomendado a nível internacional.

Quais as causas da carência de pessoal de enfermagem? Não se trataria apenas de um fenómeno de «falta de vocação». Um inquérito realizado a alunos de duas escolas de enfermagem revelou que «os motivos determinantes para a escolha da profissão foram [...] a necessidade de ganhar a vida, o gosto de tratar doentes, a imitação de

---

[587] «A Enfermeira, militante da saúde e colaboradora do médico», separata do *Boletim da Assistência Social*, n.º 115-116, 1954, cit. por Lucília Rosa Mateus Nunes, *op. cit.*, p. 84.

[588] Lucília Rosa Mateus Nunes, *op. cit.*, p. 82.

[589] *Idem*, pp. 89-90.

[590] Para o período em causa, Lucília Nunes dá conta, por exemplo, da viagem realizada pela enfermeira Maria Fernanda Resende a escolas e hospitais franceses, belgas e suíços, em 1955, bem como da visita de Florence Blake, catedrática de Enfermagem da Universidade de Chigaco, à Escola de Enfermagem Ângelo da Fonseca, em 1954 (ver Lucília Rosa Mateus Nunes, *op. cit.*, p. 81).

[591] *O problema da Enfermagem*, Braga, Santa Casa da Misericórdia e Hospital de S. Marcos, 1956, cit. por Lucília Rosa Mateus Nunes, *op. cit.*, pp. 85 e 294.

amigas ou conhecidas, o desejo ou o conselho dos pais, a conquista de relevo social, etc.»[592]. Assim, as principais causas da escassez de enfermeiros seriam as más condições de trabalho e a baixa remuneração, bem como a pouca consideração social que a profissão merecia. A proibição do casamento para as enfermeiras seria também um factor a considerar, tendo em conta que 50% do pessoal de enfermagem era do sexo feminino[593] e que a causa mais importante do abandono prematuro da profissão residia precisamente no casamento[594].

O problema da falta de enfermeiros tenderia a agravar-se com o aumento das solicitações a nível nacional (programas de profilaxia e luta contra a tuberculose, de saúde rural e de saúde escolar, de medicina no trabalho e assistência aos cardíacos, entre outros)[595]. Os responsáveis políticos estavam conscientes da sua importância, tendo sido constituída uma comissão de estudo para o fomento da profissão. Entre as causas consideradas removíveis, estariam «a insuficiência de meios escolares, a sua excessiva concentração em Lisboa, Porto e Coimbra, a insuficiente segurança social, a baixa remuneração e a reduzida consideração social da profissão»[596]. Por outro lado, tratou-se de uma questão amplamente debatida na Assembleia Nacional, em articulação com a do ensino de enfermagem, como será posteriormente analisado.

## 1.2. O ensino de enfermagem

### 1.2.1. O Decreto-lei de 1952

O Decreto-lei n.º 38.884 de 28 de Agosto de 1952[597] veio revogar o de 1947, passando a regular o funcionamento dos cursos de enfermagem, de serviço social e de administração hospitalar. No preâmbulo do diploma de 1952 fazia-se uma breve análise do impacto do Decreto-lei n.º 36.219, de 1947, e considerava-se que aquele dera «um passo em frente na organização do ensino da enfermagem no nosso país». Enaltecia-se sobretudo a criação de novas escolas, a reorganização de outras e a preparação de «algumas centenas de enfermeiros». Cinco anos depois da publicação daquele diploma, reconhecia-se que «nada há a rever ou a emendar», mantendo-se como objectivo prioritário «melhorar a preparação técnica dos enfermeiros e elevar o seu nível social e profissional». Entendia-se que apenas uma preparação técnica adequada permitiria responder às solicitações cada vez mais complexas da medicina e que só o melhor entendimento dos deveres profissionais, apoiado em sólidas qualidades morais, poderia

---

[592] *Idem*, p. 130.
[593] Dos 7.006 profissionais de enfermagem no activo de que Portugal dispunha em 1956, 3.495 eram do sexo feminino.
[594] Lucília Rosa Mateus Nunes, *op. cit.*, p. 87. Em 1955, Maria da Cruz Repenicado Dias, então Superintendente de Enfermagem dos Hospitais Civis de Lisboa, afirmava: «diz-se para [as enfermeiras] cumprirem integralmente a sua vocação. Achamos que é exigir heroicidade fora do comum das mulheres [...] a lei contra o casamento das enfermeiras deve acabar por inoportuna e contrária à moral» (*idem*, p. 291).
[595] *Idem*, p. 295.
[596] José Guilherme de Melo e Castro, *O problema da Enfermagem*, Braga, Santa Casa da Misericórdia e Hospital de S. Marcos, 1956, pp. 14-16, cit. por Lucília Rosa Mateus Nunes, *op. cit.*, p. 87.
[597] Decreto-lei n.º 38.884, *Diário do Governo*, I série, n.º 190, 28 de Agosto de 1952.

«defender os enfermeiros dos riscos pessoais a que estão sujeitos [...] e bem assim da insensibilidade perante a dor alheia, primeiro passo para o abandono dos doentes».
E mais uma vez se adoptava a perspectiva tradicional e se afirmava que «a enfermagem é uma profissão essencialmente vocacional».

No preâmbulo do citado Decreto-lei aludia-se ainda aos cursos de serviço social e de administração hospitalar[598]. No primeiro caso, anunciava-se a fusão dos dois cursos até então existentes, de visitadoras sanitárias e de auxiliares de serviço social, num só curso, de auxiliares sociais, destinado apenas ao sexo feminino. Já os cursos de administração hospitalar, a funcionar a título experimental desde 1947, destinavam-se à preparação e ao aperfeiçoamento do pessoal administrativo dos estabelecimentos de assistência e, dado o seu carácter essencialmente prático, funcionariam nos hospitais ou em escolas a eles anexas.

O diploma em análise visava sobretudo assegurar a «preparação do pessoal técnico e administrativo» dos hospitais. Em termos gerais, a sua redacção é idêntica à do Decreto-lei de 1947, apenas com algumas alterações. As mais significativas dizem respeito aos cursos, assistindo-se à extinção do curso de pré-enfermagem e à criação do curso de auxiliares de enfermagem especializada. O curso de enfermagem geral passaria a ter a duração de três anos e o curso de aperfeiçoamento, que habilitava para o exercício das funções de enfermeiros-chefes e monitores, passaria a designar-se curso de enfermagem complementar. O quadro seguinte faz o confronto dos cursos ministrados nas escolas de enfermagem de acordo com cada um dos citados diplomas.

| Decreto-lei n.º 36.219, de 1947 | Decreto-lei n.º 38.884, de 1952 |
|---|---|
| Pré-Enfermagem | Auxiliares de Enfermagem |
| Auxiliar de Enfermagem | Enfermagem Geral |
| Enfermagem Geral | Auxiliares de Enfermagem Especializada |
| Enfermagem Especializada | Enfermagem Especializada |
| Aperfeiçoamento | Enfermagem Complementar |

Quadro 10 – Cursos que poderiam ser ministrados nas escolas de enfermagem de acordo com os Decretos-lei n.º 36.219 e n.º 38.884 (1947 e 1952).

### 1.2.2. O Regulamento das Escolas de Enfermagem

No que respeita às escolas de enfermagem, as disposições contidas no Decreto-lei n.º 38.884 seriam desenvolvidas no Regulamento aprovado pelo Decreto n.º 38.885 de 28 de Agosto de 1952[599]. Ao nível do funcionamento interno institucional, mantinha-se a concessão de autonomia técnica e administrativa às escolas oficiais, de modo a torná-las menos dependentes das administrações hospitalares, bem como a sujeição ao poder orientador e fiscalizador do Ministro do Interior, exercido através das Direcções-Gerais de Saúde e da Assistência e da Inspecção da Assistência Social (art. 2.º). Estipulava-se ainda a criação, em cada escola, de um conselho escolar,

---

[598] Ver também Capítulo III – «Do curso de auxiliares sociais» (art. 12.º a 16.º) e Capítulo IV – «Dos cursos de administração hospitalar» (art. 17.º a 24.º).

[599] Decreto n.º 38.885, *Diário do Governo*, I série, n.º 190, 28 de Agosto de 1952.

presidido pelo director e constituído pelos professores e monitores da respectiva escola, o qual «funcionará em plenário, por cursos ou secções, conforme a natureza dos assuntos de carácter pedagógico ou disciplinar submetidos à sua aprovação» (art. 6.º).

Quanto às condições de admissão e frequência dos cursos, reafirmava-se a preferência pelo pessoal feminino (art. 18.º) e mantinha-se, em geral, o que já tinha sido estipulado quanto aos limites de idade e às habilitações literárias exigidas. Todavia, acrescentava-se a possibilidade de serem admitidos à frequência dos cursos indivíduos com mais de 15 e menos de 18 anos e com mais de 30 e menos de 35 anos, mediante autorização especial do Ministro do Interior (art. 10.º, § 1.º). Para o curso de auxiliares de enfermagem especializada, que não existia anteriormente, exigia-se o diploma de auxiliar de enfermagem. Tendo em conta a importância atribuída às qualidades morais dos futuros enfermeiros, previa-se a possibilidade de a escola «completar oficiosamente as informações acerca da idoneidade moral dos candidatos» (art. 13.º). A admissão ao exame de aptidão, a recusa da matrícula e o cancelamento da inscrição caberiam à direcção da respectiva escola, embora nestes dois últimos casos pudesse haver recurso para o Ministro do Interior (art. 15.º). Finalmente, previa-se a fixação anual do número de alunos a admitir em cada escola, de acordo com a capacidade da mesma, com o seu rendimento e com as necessidades de enfermagem geral, especializada ou auxiliar (art. 16.º). Esta era uma questão que não se colocara em 1947, no momento em que o objectivo prioritário consistira em aumentar o número de profissionais de enfermagem.

No que respeita ao funcionamento dos cursos, o Regulamento de 1952 distinguia-se por estabelecer as condições em que deviam decorrer os estágios. Estes «serão feitos de preferência em enfermarias-escolas ou em serviços adequados, devendo, porém, os alunos passar, em períodos determinados, por todos os que tenham interesse para a sua formação profissional» (art. 23.º, § 1.º). De modo a assegurar um perfeito entendimento entre as escolas e os estabelecimentos onde seriam prestados os estágios, estipulava-se que aquelas tivessem em conta a opinião dos directores dos ditos estabelecimentos na elaboração dos planos respectivos, cabendo ao Ministro do Interior resolver as eventuais divergências (art. 23.º, § 2.º). Os estágios seriam seguidos e orientados por monitores, que também estavam encarregues de reger as aulas práticas e as aulas teóricas de técnica de enfermagem; todas as outras aulas teóricas eram regidas pelos professores (art. 27.º).

Por fim, em relação aos exames, o Regulamento em causa distinguia entre os exames de passagem de ano e os finais (art. 28.º). Os primeiros realizavam-se no final de cada ano lectivo e eram prestados perante um júri de professores de cada escola. Os exames finais eram prestados pelos alunos que frequentavam o último ano de cada curso e realizados perante júris aprovados pelo Ministro do Interior, sob a presidência de um delegado seu e tendo como vogais professores de todas as escolas interessadas[600].

Em conclusão, pode afirmar-se que os dois diplomas relativos ao ensino da enfermagem publicados em 1952 não implicaram alterações significativas no quadro normativo instituído em 1947. O Decreto-lei n.º 38.884 e o Regulamento das Escolas

---

[600] Só seriam admitidos aos exames finais os alunos que, «tendo seguido com regularidade os cursos, mostrem possuir as qualidades necessárias para o exercício da profissão e, por isso, sejam propostos pelos respectivos conselhos escolares» (art. 33.º).

de Enfermagem representam, sobretudo, um aperfeiçoamento do Decreto-lei n.º 36.219, reajustado em alguns aspectos após cinco anos de aplicação prática.

### 1.2.3. O problema da falta de enfermeiros

Como já foi referido, a falta de enfermeiros em Portugal mereceu a atenção dos responsáveis políticos e foi bastante debatida na Assembleia Nacional. Nos discursos dos deputados, aquela questão aparecia quase sempre ligada à da formação em enfermagem. Alguns oradores consideravam que, para além da carência de pessoal, a sua preparação era deficiente. A maioria reconhecia que as melhorias ao nível do ensino da enfermagem teriam um reflexo positivo no recrutamento de pessoal para a profissão, visto que enfermeiros melhor preparados seriam dignos de maior consideração social e que tal reconhecimento tornaria a enfermagem mais atractiva.

Uma das vozes mais críticas em relação ao ensino de enfermagem praticado no país foi a do deputado Cid dos Santos, que, em 1954, afirmava: «todo o quadro da enfermagem portuguesa estava eivado de erros e deformações, não por culpa sua, mas pela preparação que lhe era dada. As suas únicas qualidades consistiam na dedicação e na boa vontade. [...] isso é muito, mas não suficiente»[601]. O deputado fazia um juízo bastante negativo acerca das reformas que tinham sido levadas a cabo, por intermédio dos Decretos-lei de 1947 e 1952: «as sucessivas reformas da nossa enfermagem oficial são tão mal concebidas e tão mal executadas que não permitem a elevação mínima suficiente do nível da profissão». Na sua opinião, «o defeito vem de cima», quer dizer, «os problemas da enfermagem estão nas mãos dos médicos e os médicos não são competentes para essa função». Cid dos Santos defendia, pois, ao nível do ensino, uma substituição dos médicos por técnicos de enfermagem, posição sem dúvida inovadora, tendo em conta a relação de dependência entre as escolas de enfermagem e os médicos, existente desde a origem daquelas instituições.

Por outro lado, o deputado considerava que o ensino prático estava nas mãos de «pessoas cuja experiência pessoal e a própria educação profissional não foram suficientes». De resto, acrescentava, «a formação de pessoal de direcção e de ensino praticamente não existe». O núcleo existente de mulheres «educadas, inteligentes, bem formadas, que praticaram em escolas da Europa e da América», que poderia ser um ponto de partida, estava disperso, sendo o nível médio dos formadores em Portugal insuficiente. Excepções a este quadro, apenas a Escola Técnica de Enfermeiras e, num grau inferior, a Escola de S. Vicente de Paulo, que «conseguem uma preparação boa ou regular, em grande parte devida ao melhor nível intelectual das suas alunas». Todavia, ambas as instituições eram responsáveis por um número reduzido de diplomadas, muitas das quais não chegavam sequer a exercer a profissão, pelo que a carência de enfermeiros bem formados se mantinha.

As críticas de Cid dos Santos às reformas realizadas na enfermagem em Portugal despertaram a reacção de João Porto, director dos Hospitais da Universidade de Coimbra e da sua Escola de Enfermagem, levando-o a proferir um longo discurso na Assembleia Nacional em defesa do «esforço do Governo em tal matéria» e do ensino ministrado nas escolas de enfermagem existentes[602]. João Porto começava por traçar

---

[601] Sessão da Assembleia Nacional de 29 de Janeiro de 1954, http://debates.parlamento.pt (11/02/06).
[602] Sessão da Assembleia Nacional de 3 de Fevereiro de 1954, http://debates.parlamento.pt (11/02/06).

a evolução geral das escolas de enfermagem quanto à finalidade, procurando relativizar a responsabilidade daquelas instituições na falta de enfermeiros que então se fazia sentir. Numa primeira fase, as escolas destinaram-se a aperfeiçoar tecnicamente os profissionais que já trabalhavam nos hospitais aos quais estavam anexas; mais tarde, passaram a formar profissionais, mas ainda destinados apenas aos referidos hospitais; só numa terceira fase, cuja emergência não dependia das escolas mas sim das exigências do meio em que estavam inseridas, a sua finalidade se alargou, passando a preparar enfermeiros destinados a todos os estabelecimentos de assistência do país. Ora, em Portugal, esta terceira fase era muito recente, visto que «até há pouco tempo as exigências dos hospitais em matéria de enfermagem eram modestas». Por outro lado, as duas escolas a que Cid dos Santos se referia como excepcionais não só não influíram, como se desejaria, na assistência pública nacional, visto formarem poucas diplomadas, como apenas «se criaram e existem porque o Estado as ampara e auxilia desde o início». Posto isto, perguntava João Porto, «que teria sido de toda a assistência nacional sem a fecunda actividade das Escolas Artur Ravara e Ângelo da Fonseca e da do Hospital Geral de Santo António do Porto?». Na opinião do director dos HUC, era preciso fazer justiça «às escolas que até hoje têm suportado todo o peso da assistência portuguesa».

João Porto justificava a forma como, nos últimos anos, o Governo interviera no ensino da enfermagem, considerando acertada a tomada de medidas graduais em vez de uma «reforma brusca das escolas existentes». Destacava três áreas de intervenção, nomeadamente, a melhoria do nível das habilitações literárias exigidas para a frequência do curso de enfermagem geral, o aumento da duração do curso e a formação de enfermeiras capazes de dirigir o ensino. Em relação a este último aspecto, o director dos HUC salientava o envio para o estrangeiro das melhores alunas das escolas de enfermagem[603]. Nem todas essas profissionais estariam dispersas ou desaproveitadas, como afirmara Cid dos Santos, sendo que a Escola Ângelo da Fonseca, por exemplo, já recebera quatro. Por outro lado, os regulamentos elaborados com base na reforma de 1952 associavam já as enfermeiras à direcção efectiva do ensino, na medida em que lhes atribuíam a regência das disciplinas de Técnica e de Adaptação Profissional e que lhes marcavam lugar nos conselhos de direcção das escolas. João Porto acrescentava mesmo que, na Escola Ângelo da Fonseca, a maior parte das disciplinas do curso para funções de chefia e monitorado era leccionada por profissionais de enfermagem.

Portanto, o director dos HUC julgava-se no dever de elogiar «a prudência e firmeza com que o Governo tem aperfeiçoado gradualmente o ensino da enfermagem» e garantia que «as escolas oficiais preparam hoje magníficos profissionais». A demonstrá-lo estava o facto de a Escola Ângelo da Fonseca, por exemplo, merecer as «melhores referências», não só por parte dos dirigentes das escolas que Cid dos Santos considerara excepcionais, a Escola Técnica de Enfermeiras e a de S. Vicente de Paulo, «como ainda por técnicos e entidades estrangeiros». De resto, a Escola de Coimbra, que manteria já troca de informações com várias escolas europeias e americanas, «não se tem sentido inferiorizada perante elas». Por outro lado, no que respeitava ao ensino privado, também a acção do Governo nos últimos anos havia sido benéfica, resultando num «magnífico surto de escolas particulares». Em conclusão, o esforço do executivo

---

[603] Entre 1948 e 1953, com o patrocínio do Governo, quarenta e quatro enfermeiras foram aperfeiçoar-se em vários países (França, Suíça, Bélgica, Inglaterra, Espanha e América do Norte).

resultara na formação de um elevado número de enfermeiros em comparação com os anos anteriores: enquanto nos vinte e dois anos que antecederam o de 1948 se diplomaram em Portugal 2.313 profissionais de enfermagem, nos seis anos que medeiam entre 1948 e 1954, diplomaram-se 3.429.

João Porto não deixava de reconhecer que, apesar das medidas tomadas e dos seus resultados positivos, havia falta de enfermeiros. No entanto, procurava relativizar o problema lembrando que não era exclusivo do nosso país, mas de alcance mundial[604]. Na sua opinião, a solução passava pela adopção de medidas no sentido de «prestigiar a enfermeira cada vez mais no campo social» e de melhorar a sua remuneração. Não era justo que «um porteiro, habilitado com a instrução primária, auferisse um vencimento a que muitos enfermeiros só chegariam depois de longos anos de serviço, não obstante exigir-se-lhes o 1.º ciclo dos liceus e três anos de curso e não obstante o risco elevado da sua profissão». Para além daquelas medidas, o director dos HUC julgava ser fundamental quer a entrega das tarefas de recrutamento e de selecção de pessoal a enfermeiras, visto que «só [elas] sabem escolher enfermeiras e são insubstituíveis na ordenação dos quadros e na regulamentação dos serviços de enfermagem», quer a construção de edifícios escolares e residenciais próprios para as escolas de enfermagem.

A posição do deputado Moura Relvas quanto à actuação do Governo na matéria em causa era idêntica à de João Porto[605]. Julgava «inegável que a percentagem de enfermeiras nos Hospitais Civis é pequena», dando conta do relatório do enfermeiro-mor dos Hospitais Civis de Lisboa, segundo o qual nessa instituição a percentagem do pessoal de enfermagem em relação à lotação era de 1/6,2, enquanto nos Hospitais Reunidos de Roma era de 1/5 e no Hospital do Sul, em Estocolmo, de 1/1,2. Porém, Moura Relvas afirmava ser «evidente que o Governo procura resolver o problema».

Prova de que o Governo se esforçava por melhorar o ensino da enfermagem em Portugal é, por exemplo, a proposta da Inspecção da Assistência Social para a realização de uma reunião de representantes das escolas de enfermagem, oficiais e particulares, em Coimbra, em 1954[606]. A reunião serviria para verificar os inconvenientes notados nos planos de estudo e programas então em vigor e discutir a sua possível alteração, bem como para determinar a melhor forma de organizar os estágios dos alunos. No ofício enviado à Escola Ângelo da Fonseca a comunicar a realização desse encontro solicitava-se que nele tomassem parte um professor e uma monitora da Escola, os quais deveriam ir munidos das sugestões que o Conselho Escolar formulasse sobre os assuntos referidos. O mesmo seria válido para as outras escolas convidadas e quase todas presentes na reunião, nomeadamente: Artur Ravara (Lisboa), D. Ana José Guedes da

---

[604] O médico apresentava algumas das medidas adoptadas no estrangeiro para combater a carência de pessoal de enfermagem. Nos E.U.A., constituiu-se uma comissão de recrutamento de enfermeiras, que usava a rádio, a televisão e a imprensa para tentar entusiasmar as raparigas a matricular-se nas escolas de enfermagem; lançou-se também um apelo às senhoras desocupadas para que, a título voluntário, ajudassem as enfermeiras dos hospitais mais carecidos de pessoal; por fim, como medida de recurso, empregavam-se cada vez mais enfermeiras casadas. Na Bélgica, optou-se por criar numa das principais escolas uma secção de pré-enfermagem, para raparigas dos 15 aos 18 anos, com vista a estimular o seu interesse pela profissão; lançou-se também uma campanha para angariar fundos destinados à constituição de bolsas de estudo em enfermagem. Em Inglaterra, recorria-se cada vez mais a enfermeiras que trabalhavam a tempo parcial.
[605] Sessão da Assembleia Nacional de 3 de Fevereiro de 1954, http://debates.parlamento.pt (11/02/06).
[606] AESEAF, B-21,1,1, Correspondência Recebida, 1954, 7 de Julho de 1954.

Costa (Porto), Dr. Henrique Teles de Castelo Branco (Braga), Irmãs Franciscanas de Calais (Porto), Irmãs Franciscanas Hospitaleiras Portuguesas (Porto), Irmãs Franciscanas Missionárias de Maria (Lisboa), Rainha Santa Isabel (Coimbra), S. João de Deus (Lisboa), S. José de Cluny (Funchal) e S. Vicente de Paulo (Lisboa)[607]. Do encontro terá resultado a nomeação de uma comissão para estudo da remodelação dos programas do ensino de enfermagem, constituída por delegados das várias escolas[608].

Os problemas da enfermagem em Portugal e, em particular, o da falta de pessoal, voltariam a ser discutidos na Assembleia Nacional em 1956, na sequência do já referido discurso do Subsecretário de Estado da Assistência Social, José Guilherme de Melo e Castro, que apresentou alguns números preocupantes. Afirmava então o deputado Elísio Pimenta: «a carência de enfermeiras [...] é uma triste realidade e andamos em risco de por falta de enfermeiras terem de encerrar-se serviços hospitalares importantes e outros [...] não podem começar a funcionar»[609]. Era urgente aumentar o número de enfermeiras diplomadas anualmente e a dimensão da tarefa compreendia-se tendo em conta os seguintes dados: em 1956, das dezanove escolas de enfermagem existentes, saíam por ano 400 enfermeiras, a grande maioria apenas auxiliares de enfermagem e não enfermeiras gerais[610]; de acordo com as estimativas, em 1967, seria necessário que se formassem anualmente 1.041 a 1.576 enfermeiras.

Impunha-se, pois, de acordo com aqueles números, esforço amplo, visando «a instalação de novas escolas e a ampliação de outras, a criação de cursos de enfermagem de saúde pública, polivalentes, a preparação do pessoal técnico de ensino, directoras de curso e monitoras, por um lado, e, por outro, a valorização da profissão de enfermeira, pelo aumento já evidente da consideração social, melhoria de remunerações e de alojamento e suficiente segurança social». A par de tudo isso, seria fundamental, nas palavras do Subsecretário, citadas por Elísio Pimenta, conquistar «esses corações em flor de raparigas que andam buscando um rumo», ou seja, convencer as jovens do interesse, do valor e da adequação ao sexo feminino da profissão de enfermeira. A imagem que se pretendia fazer passar e que se usava para apelar à vocação das

---

[607] AESEAF, B-21,1,1, Correspondência Recebida, 1954, 11 de Agosto de 1954. O Inspector-Chefe da Assistência Social já havia comunicado à Escola Ângelo da Fonseca que a reunião começaria às 10h do dia 17 de Agosto, devendo as pessoas que nela tomassem parte comparecer um pouco antes na Secretaria da Escola, instalada nos HUC, no Colégio de S. Jerónimo (idem, 5 de Agosto de 1954). No ofício de 11 de Agosto, identificava as escolas que tinham sido convidadas. Os nomes foram depois assinalados com um visto, excepto os das escolas das Irmãs Franciscanas Hospitaleiras, de S. João de Deus e de S. José de Cluny, que, portanto, não devem ter estado presentes.

[608] AESEAF, B-21,1,1, Correspondência Recebida, 1954, 27 de Setembro de 1954. O Inspector-Chefe da Assistência solicitava ao Director da Escola que providenciasse no sentido de a Monitora-Chefe, Maria Madalena Taveira, se deslocar a Lisboa em regime de serviço oficial, a partir de 28 do corrente inclusive, para participar no prosseguimento dos trabalhos da referida comissão.

[609] Sessão da Assembleia Nacional de 11 de Dezembro de 1956, http://debates.parlamento.pt (11/02/06). De acordo com Elísio Pimenta, nos Hospitais Civis de Lisboa existia apenas 1 enfermeira para 5,7 doentes (ou mesmo, em certas circunstâncias, 1 para 8 doentes), quando a proporção média desejável seria de 1 para 3. Por outro lado, havia naquele núcleo hospitalar 88 vagas de enfermeiras que não se conseguiam preencher.

[610] Segundo o deputado Santos Bessa, das 421 diplomadas pelas escolas em 1955-1956, só 87 (20,7%) eram enfermeiras, sendo as restantes 334 (79,3%) auxiliares de enfermagem. Ver Sessão da Assembleia Nacional de 13 de Dezembro de 1956, http://debates.parlamento.pt (11/02/06).

raparigas era a da «enfermeira protegendo a fraqueza, cuidando da dor humana» e «repetindo em cada momento o gesto maternal, que é a sublimação da alma de mulher».

Foto 19 – «Bela profissão a de enfermagem». A fotografia e a legenda citada ilustram um dos postais publicitários da Escola Ângelo da Fonseca, elaborados na década de 1950. A enfermeira retratada trabalhava no «Serviço de reeducação» dos HUC e segurava uma criança com poliomielite, que reaprendia a caminhar. A imagem apelava ao instinto maternal das raparigas que se prendia atrair para a profissão. Fonte: AFESEAF.

Também o deputado Santos Bessa julgava essencial «atrair a mocidade feminina de Portugal para uma das mais nobres e generosas missões da mulher»[611]. Mostrava--se preocupado com a questão do recrutamento de enfermeiras, valorizando, para além da quantidade, a qualidade. A expressiva diferença entre o número de enfermeiras gerais e o de auxiliares de enfermagem que se diplomavam anualmente poderia pôr em causa «o nível futuro da nossa enfermagem». Para Santos Bessa, «precisamos de enfermeiras, mas de enfermeiras com o nível cultural que lhes permita fazer subir notavelmente as várias modalidades desta nobre e delicada profissão». No entanto, a exigência ao nível das habilitações literárias e o esforço inerente aos três anos de frequência escolar teriam de ser compensados com «vencimentos capazes e quadros suficientemente amplos nas várias instituições». Na sua opinião, se tal não acontecesse, seriam vãos os esforços para resolver o problema da escassez de enfermeiras, visto que as raparigas seriam atraídas para outras profissões, como catalogadora ou dactilógrafa, menos exigentes em termos de formação e capazes de oferecer melhores condições de vida e de trabalho do que a profissão de enfermagem.

João Porto voltaria ao assunto, acusando desse défice a «pluralização da medicina», a sua «explosão tentacular», que se fizera sentir sobretudo após a I Guerra Mundial[612]. Apesar de, como já dissera, o número de enfermeiros diplomados ter aumentado significativamente, o ritmo a que aqueles se formavam «não acompanha[va] o das exigências ou necessidades, sempre crescentes»[613]. Neste aspecto, João Porto estava de acordo com o deputado Cid dos Santos, que já havia observado ser cada vez mais difícil

---

[611] Sessão da Assembleia Nacional de 13 de Dezembro de 1956, http://debates.parlamento.pt (11/02/06).

[612] Sessão da Assembleia Nacional de 13 de Dezembro de 1956, http://debates.parlamento.pt (11/02/06).

[613] «Cresce o número de hospitais sub-regionais, de centros e casas de saúde, de postos e delegações dos Serviços Médico-Sociais [...]; aumentam de ano para ano os acidentes de viação, de trânsito e devidos a outros factores que o industrialismo trouxe consigo; cresce a frequência de internamentos e de consultas externas nos hospitais centrais, as especializações mais variadas e exigindo técnicas médico-cirúrgicas de aplicação delicada, etc. Para tudo se exigem enfermeiros em número cada vez mais elevado» (*idem*).

alcançar o número de enfermeiros necessários para os hospitais, em virtude de a enfermagem ter deixado de ser a única saída profissional para os diplomados[614]. As várias organizações de assistência dos organismos corporativos, as casas de saúde e os consultórios particulares dos médicos absorviam um grande número de enfermeiros diplomados, com a agravante de, neste último caso, os médicos escolherem os melhores profissionais para trabalhar consigo.

Os progressos da medicina exigiam, portanto, um maior número de enfermeiros, mas obrigavam também a que estes possuíssem melhores habilitações. A este propósito, João Porto retomava a ideia que já deixara expressa na II Reunião Nacional dos Profissionais de Enfermagem (1954), em Coimbra, designadamente, a de que a enfermeira e o médico possuem conhecimentos específicos mas complementares, cuja aplicação visa um objectivo comum, isto é, «o tratamento médico-social do homem integral». Ao afirmar que a assistência social é o «domínio onde a enfermeira adquire maiores vantagens e encontra meio mais adequado à sua situação e ao seu sexo» e ao elencar uma série de tarefas «especificamente femininas e próprias da enfermeira ou da assistente social», como o ensino das mães sobre o modo de cuidar dos filhos ou o aconselhamento de medidas higiénicas a adoptar em casa, João Porto interligava o papel da enfermeira ao da assistente social. Esta era, sem dúvida, uma área tradicionalmente feminina, à qual o director dos HUC parecia querer confinar as enfermeiras. Em contrapartida, a figura do médico permanecia masculina. De qualquer forma, realçava a importância da enfermeira como «imprescindível colaboradora»; aquela seria «o principal fulcro em torno do qual gira a acção preventiva e [...] a servidora indispensável na acção curativa». Trata-se de um papel que conferia dignidade à profissão e exigia qualidades pessoais e profissionais específicas[615].

Ainda na perspectiva de João Porto, para combater a escassez de enfermeiras, impunha-se aumentar o prestígio social da profissão, o número de escolas de enfermagem e os vencimentos do pessoal, bem como melhorar as condições de alojamento de alunas e de enfermeiras[616]. Para alcançar o primeiro objectivo, propunha a realização de campanhas na imprensa e na rádio, bem como exposições, filmes, cartazes, etc., salientando ainda a importância do exemplo dado por «senhoras da nossa melhor sociedade». Na sua opinião, as escolas só deveriam ser criadas em cidades onde houvesse elementos suficientes para se constituir o corpo docente, bem como hospitais e centros

---

[614] Sessão da Assembleia Nacional de 5 de Fevereiro de 1954, http://debates.parlamento.pt (11/02/06).

[615] Também o deputado Seabra Carqueijeiro, num discurso em que propunha ao governo a criação de uma escola de enfermagem anexa ao novo hospital regional de Setúbal, considerava que «a evolução da ciência médica e os progressos da técnica de que ela se serve [...] trouxeram, não só para o médico, mas também para [...] a enfermeira, maiores e mais pesadas responsabilidades [...]. Disto resulta que, além da decisiva e indispensável vocação, constituem atributos imprescindíveis para uma boa profissional de enfermagem uma sólida preparação moral e um alto nível de preparação técnica.» Ver Sessão da Assembleia Nacional de 28 de Janeiro de 1958, http://debates.parlamento.pt (11/02/06).

[616] O deputado Pereira da Conceição interromperia o discurso de João Porto para manifestar a sua preocupação com a falta de enfermeiros numa eventual situação de guerra e para propor que os indivíduos habilitados com os cursos de enfermeiros militares, ainda que sujeitos a um exame qualquer, pudessem exercer os seus serviços no plano civil. O director dos HUC responderia que, naquele momento, o assunto estava a ser tratado pelo Ministério do Interior e pela *Legião Portuguesa*, de tal modo que estavam a prestar provas na Escola Ângelo da Fonseca 61 candidatos a enfermeiros vindos exactamente daquela organização. Ver Sessão da Assembleia Nacional de 13 de Dezembro de 1956, http://debates.parlamento.pt (11/02/06).

de assistência para os alunos praticarem e estagiarem. Quanto à questão do alojamento, o director dos HUC lembrava as disposições legais segundo as quais «o ensino da enfermagem deve efectuar-se obrigatoriamente em regime de internato» e considerava prioritária a «aquisição de casa de enfermeiras, ou antes lar-escola, provido de salas bastantes, em boas condições de luz, higiene, etc. para ser ministrado o ensino teórico, e ainda dependências necessárias para residência de alunas e enfermeiras, onde estas possam encontrar alguma coisa que substitua o lar familiar». Esta seria uma medida urgente porque as dificuldades com que as escolas existentes se debatiam ao nível das instalações condicionavam o número de alunos admitidos.

Relativamente à questão da qualidade, João Porto destacava as medidas governamentais, quer no sentido de promover a formação de pessoal técnico de ensino, através de intercâmbio com escolas estrangeiras, quer no de criar condições para a introdução em Portugal da «enfermagem de saúde pública», em voga noutros países.

Não obstante a bondade das intenções, no final da década de 1950 mantinha-se ainda o problema da falta de enfermeiros, talvez mesmo com uma carência maior, dadas as crescentes necessidades, e com um nível de recrutamento e de formação em enfermagem que muitos observadores consideravam insuficiente. Em 1958 Seabra Carqueijeira aludia, na Assembleia Nacional, à «vastidão do esforço que se impõe neste domínio», esclarecendo que «sem enfermeiras não haverá enfermarias, não haverá hospitais, não haverá órgão algum de protecção sanitária»[617].

No final desse ano, a revista *Enfermagem Portuguesa* anunciava a tomada de «várias e importantes providências» por parte do Ministério da Saúde e Assistência, com vista a melhorar a situação do pessoal de enfermagem hospitalar[618]. Para beneficiar as instalações dos enfermeiros e apoiar financeiramente as escolas de enfermagem, foram concedidas verbas significativas, tendo cabido à Escola Ângelo da Fonseca a quantia de 100 contos, destinada à aquisição de equipamento. Foram também tomadas medidas no sentido de promover a frequência das escolas de enfermagem, com destaque para a publicação do *Regulamento do regime de concessão de benefícios aos alunos das escolas oficiais de enfermagem*. Este documento previa, essencialmente, a concessão de dois tipos de benefícios aos alunos do curso geral, destinando-se o primeiro a alunos dispensados do exame de aptidão ou que nesse exame, e em cada ano lectivo, obtivessem a classificação final de 14 valores e o segundo, a todos os alunos pobres[619].

O *Regulamento* estipulava também as condições de pagamento do alojamento e da alimentação para as alunas matriculadas nas escolas em regime de internato e para as alunas e os alunos matriculados em regime de semi-internato. Podia sempre optar-se entre o pagamento mensal e o pagamento total ou parcial no final do curso. Durante os períodos não lectivos do estágio, a alimentação e o alojamento seriam gratuitos e os subsídios concedidos não precisariam de ser restituídos. Para além disso, aos alunos

---

[617] Sessão da Assembleia Nacional de 28 de Janeiro de 1958, http://debates.parlamento.pt (11/02/06).

[618] «Em benefício da Enfermagem», *Enfermagem Portuguesa*, n.º 6, Novembro/Dezembro 1958, pp. 40-42.

[619] No primeiro caso, eram concedidos, a título de bolsas de estudo, alimentação e alojamento gratuitos, mediante a obrigação de os alunos prestarem, depois de concluído o curso, três anos de serviço num estabelecimento oficial de saúde e assistência. Os benefícios destinados aos alunos pobres consistiam em subsídios mensais, concedidos também a título de bolsa de estudo, no valor de 300$00 para os alunos com classificação de 12 a 15 valores e de 500$00 para os alunos classificados com pelo menos 16 valores.

do curso de auxiliares de enfermagem seria concedida, durante o estágio final, uma gratificação mensal no valor de 250$00. Para os que não pudessem satisfazer as dívidas no final do curso, estava previsto o ingresso no hospital a que a escola estivesse anexa ou noutro onde houvesse falta de pessoal, para pagamento do seu débito em prestações mensais, descontadas sobre o vencimento que auferissem.

O artigo citado dava também conta da elaboração de um projecto de lei sobre a reforma do ensino e do exercício profissional pela recém criada Comissão Coordenadora dos Serviços de Enfermagem[620]. Fora previamente enviada às escolas de enfermagem uma cópia do projecto, solicitando parecer[621]. No documento emitido pela Escola Ângelo da Fonseca, entre outros assuntos, questionava-se a prática do estágio dos alunos das escolas particulares em instituições oficiais e, em relação ao funcionamento dos cursos, reivindicava-se uma certa liberdade para as escolas, com a proposta de que estas pudessem «aplicar todos os métodos pedagógicos que acharem convenientes»[622].

A par da análise de que foi alvo nas escolas, o projecto de diploma da referida Comissão foi apreciado e discutido pelas direcções dos *Sindicatos Nacionais dos Profissionais de Enfermagem* e por dirigentes de hospitais e de escolas de enfermagem, reunidos em Coimbra, de 24 a 26 de Outubro de 1958[623]. A reunião resultaria inclusivamente na elaboração de um novo projecto de lei, que se destinaria às entidades superiores, com o intuito de substituir o inicial. Se a existência de um projecto para alterações no ensino e no exercício da profissão, proveniente de um organismo oficial especialmente criado para lidar com os problemas da enfermagem, demonstra o empenho político em resolvê-los, o encontro de direcções sindicais e outras entidades interessadas para apreciar esse projecto revela o interesse e a consciência por parte da classe dos enfermeiros em relação às suas próprias necessidades[624].

## 2. Dez anos sob a administração de João Porto: ponto da situação em 1953

Como já foi referido, João Porto tomou a cargo a direcção dos Hospitais da Universidade de Coimbra e a da Escola de Enfermagem em 1942, aquando a morte

---

[620] Criada em Março de 1957, a Comissão era constituída pela Superintendente de Serviços de Enfermagem da Inspecção da Assistência Social, Maria da Graça Simeão, que presidia, duas monitoras, um consultor jurídico e outro médico. Sobre as suas competências, ver AESEAF, B-21,1,1, Correspondência Recebida, 1957-1958, 12 de Junho de 1957.

[621] AESEAF, B-21,1,1, Correspondência Recebida, 1957-1958, 17 de Setembro de 1958.

[622] AESEAF, B-20,1,1, Correspondência Expedida, 1958, 31 de Outubro de 1958.

[623] «Noticiário. Actividades sindicais», *Enfermagem Portuguesa*, n.º 5, Setembro/Outubro 1958, p. 47. Os Hospitais da Universidade de Coimbra e a Escola de Enfermagem Ângelo da Fonseca fizeram-se representar na reunião por José Pinto Teles, Fernanda Gouveia Pinto e Cândida da Silva.

[624] A criação de associações sindicais era uma prova do vigor profissional da classe. Em Coimbra, em Fevereiro de 1959, foi criado o *Sindicato Nacional dos Profissionais de Enfermagem do Distrito de Coimbra*. Resultava da transformação da *Secção de Coimbra do S.N.P.E. do Distrito de Lisboa* e passava a representar os indivíduos que exercessem as profissões de parteira, enfermeiro e auxiliar de enfermagem nos distritos de Coimbra, Castelo Branco, Viseu e Leiria. Ver «Um novo sindicato de enfermagem», *Enfermagem Portuguesa*, n.º 9, Maio/Junho 1959, p. 46.

de Ângelo da Fonseca. João Maria Porto (Foto 20) nasceu em Nisa, em 1891, e faleceu em Coimbra, em 1967[625]. Licenciou-se em Medicina pela Universidade de Coimbra em 1919 e iniciou a docência na mesma instituição em 1924, ascendendo a professor catedrático em 1928, primeiro como titular de Pediatria, depois de Terapêutica Médica Clínica e, desde 1957, de Clínica Médica. Director da Faculdade de Medicina da Universidade de Coimbra (1933-1941), fundou o Centro de Cardiologia Médico--Social de Coimbra (1940) e, em Lisboa, o Instituto de Cardiologia Social (1957), tendo sido o paladino da Cardiologia Social em Portugal e um dos introdutores da electrocardiografia no país. Presidiu à *Sociedade Portuguesa de Cardiologia*, à *Associação dos Médicos Católicos Portugueses* e ao *Centro Académico Democrático Cristão*. Retomou a edição da revista *Coimbra Médica* (1934-1948) e foi autor de mais de uma centena de publicações sobre temas médicos e paramédicos[626].

Foto 20 – João Porto. Fonte: Alberto Mourão, *op. cit.*, p. 46.

Ao seu lado, na direcção dos HUC e da Escola de Enfermagem, trabalhou Coriolano Ferreira, como administrador daquelas duas instituições. Em 1953, passados dez anos sobre a tomada de posse de João Porto, foi publicada uma obra em que vários autores davam conta do trabalho entretanto realizado nos HUC. No que respeita à enfermagem, considerada «uma das pedras angulares do hospital de hoje», Coriolano Ferreira elogiava os enfermeiros e enfermeiras dos Hospitais, os quais, «não obstante as condições precárias de trabalho – vencimentos insuficientes, horários pesadíssimos, quadros inadaptados às novas exigências técnicas [...] mantêm com galhardia todas as tradições de sacrifício, dedicação e competência dos que foram antes deles»[627].

O administrador apresentava os princípios que tinham orientado, nos dez anos anteriores, a política da Direcção relativamente à enfermagem, considerada «uma das bases indispensáveis na reforma da vida hospitalar», em particular: a colaboração cada vez maior «na própria gerência do estabelecimento»; o «crescente aperfeiçoamento técnico»; a «sempre maior dignificação da função e do teor de vida dos profissionais»;

---

[625] «Porto, João Maria» in *Verbo – Enciclopédia Luso-Brasileira de Cultura*, Lisboa, Editorial Verbo, 1973, vol. 15 e «Porto, João» in *Lexicoteca. Moderna Enciclopédia Universal*, s.l., Lexicultural, s.d., vol. XV.

[626] Ver Apêndice 4. Obras principais: *Exploração das Funções Renais* 1920, *Fibrilação Auricular* 1923, *Enfarte do Miocárdio – Lições de Angiocardiografia* 1949 e *Pulmão Cardíaco* 1953.

[627] Coriolano Ferreira, *Dez anos de história dos HUC sob a administração do Prof. João Porto. 1942--1952*, Coimbra, edição da Casa de Pessoal dos HUC, 1953, pp. 29-30.

e a «melhoria de remuneração e das restantes condições de trabalho». Em relação à forma como esses princípios haviam sido executados, Coriolano Ferreira destacava, no caso da maior intervenção da enfermagem na vida interna do hospital, «a discussão livre e aberta de todos os problemas hospitalares nas reuniões com o Administrador» e «a sua representação em todos os organismos de colaboração com a Direcção». Quanto ao aperfeiçoamento técnico e à dignificação da profissão, lembrava «o estímulo dado pelas enfermarias-escola, pelos vários cursos instituídos [...], pela colaboração dada ao Sindicato respectivo para a instalação de sessões de estudo, pela distribuição de material de trabalho». O administrador afirmava mesmo que «a posição social da enfermagem se dignificou, através de medidas enérgicas de saneamento moral e de amparo», embora sem as especificar. Por fim, no que respeitava às condições de trabalho, Coriolano Ferreira declarava que a enfermagem dos HUC era a que, entre todos os hospitais centrais do país, tinha melhores horários de trabalho e a única que já usufruía da regalia de participar dos honorários pagos por serviços prestados dentro dos hospitais.

Já José Pinto Teles, enfermeiro-geral dos HUC, referia-se ao esforço especial que fora exigido ao pessoal de enfermagem (Foto 21) com a criação e a ampliação das enfermarias e das consultas externas, promovidas por João Porto. No entanto, a par das muitas ordens de direcção que comprovavam «o notável desenvolvimento dado [...] aos serviços» pelo director, citava algumas que evidenciavam a melhoria das condições de trabalho dos enfermeiros[628]. A Ordem de Direcção n.º 8, de 6 de Junho

Foto 21 – Enfermeiros dos HUC, acompanhados por alguns doentes, em Outubro de 1950. Fonte. AFESEAF.

de 1950, por exemplo, que regulava o horário de entrada e saída do pessoal de enfermagem, concedia «uma tolerância de compensação do serviço nocturno de 5 horas para os enfermeiros que tenham feito a 1.ª vela, 7 horas para os da segunda e 2 horas para os enfermeiros de ronda». Ainda no que respeita ao horário de trabalho, a Ordem de Direcção n.º 26, de 8 de Maio de 1951, alargava o horário de Inverno do pessoal de enfermagem a todo o ano, fazendo com que o pessoal beneficiasse de meia hora por dia[629]. Por outro lado, quanto aos honorários a que se referia Coriolano Ferreira,

---

[628] José Pinto Teles, «Subsídio para o estudo da evolução da enfermagem nos Hospitais da Universidade de Coimbra» in *Dez anos de história dos HUC...*, pp. 119-134.

[629] A Ordem de Direcção n.º 36, de 30 de Maio de 1952, iria reorganizar e ampliar as determinações das duas referidas (n.º 8 e n.º 26), «estabelecendo 3 regimes de prestação de serviço-contínuo, com uma interrupção e com duas interrupções, e concede mais uma hora e tolerância aos enfermeiros de ronda» (*idem*, p. 129).

a Ordem de Direcção n.º 33, de 14 de Maio de 1952, fixava as normas da distribuição dos honorários por serviços externos pagos, concedendo ao pessoal de enfermagem do Banco e de Dermatologia 40 e 30%, respectivamente; concedia ainda 10% da percentagem atribuída aos médicos do CTS [Centro de Transfusão de Sangue] aos enfermeiros que ali prestassem serviço e 30% ao pessoal de enfermagem da Clínica Psiquiátrica por serviços externos ali realizados. Finalmente, a Direcção não deixava de ter em atenção as condições de trabalho dos enfermeiros recém--formados, criando «a categoria de estagiários-voluntários para os diplomados com o Curso Geral e Auxiliar com a gratificação de 100$00 durante o ano de serviço que tenham de dar como compensação da bolsa de estudo que receberam durante o tempo escolar»[630].

Já em 1958, a revista *Enfermagem Portuguesa* daria conta do conteúdo de uma outra Ordem de Direcção e de um Despacho Normativo que considerava «uma prova insofismável do carinho que merece à Direcção e à Administração dos Hospitais da Universidade de Coimbra o seu corpo de enfermagem»[631]. Assinados pelo director, João Porto, e pelo administrador, então Fernando J. de Magalhães Cardoso, simultaneamente Inspector-Chefe da Assistência Social, aqueles documentos respeitavam ao horário de trabalho dos enfermeiros, ao sistema de turnos e à alimentação do pessoal em serviço nocturno. Visava-se, com as novas determinações, «um sistema mais humano, mais justo», com impacto numa melhor assistência aos doentes. Contudo, aquelas exigiram «um trabalho de organização e esquematização de elementos de enfermagem que estão à frente dos serviços», o que se adequava à ideia da maior intervenção do pessoal de enfermagem na vida interna do hospital, referida por Coriolano Ferreira.

Depreende-se daquelas palavras a valorização que era dada ao «sacrifício» e ao «zelo» da enfermagem. No entanto, a leitura do preâmbulo da Ordem de Direcção n.º 95, que entraria em vigor no dia 1 de Novembro de 1958, demonstra que as alterações introduzidas pela Direcção dos HUC no horário de trabalho não terão sido motivadas pelo reconhecimento das necessidades dos enfermeiros. Em primeiro lugar estaria o interesse dos doentes, pelo que o objectivo seria «uniformizar e melhorar [...] os cuidados do pessoal de enfermagem prestados aos doentes hospitalizados», dando resposta à «evolução natural da assistência hospitalar» e ao «desenvolvimento sempre crescente dos métodos e técnicas de tratamento.

De qualquer modo, as novas regras tinham reflexos positivos nas condições de trabalho dos enfermeiros. Estipulava-se a divisão do dia de trabalho em dois períodos, o diurno, entre as 8 e as 24 horas, e o nocturno, entre as 0 e as 8 horas (art. 1.º). No período diurno eram admitidos dois regimes, o de permanência durante as 16 horas seguidas e o de dois tempos de trabalho (art. 2.º). O serviço (diurno e nocturno) seria assegurado de preferência por pessoal escalado por turnos (art. 4.º); se, por falta de pessoal, o serviço nocturno não pudesse ser assegurado daquela forma, recorrer-se-ia ao pessoal de velas (art. 5.º). No serviço nocturno haveria sempre, para além das unidades destacadas para os turnos e velas, pessoal de piquetes de reserva e de rondas

---

[630] Ordem de Direcção n.º 9, de 8 de Junho de 1950.
[631] «Em benefício da Enfermagem», *Enfermagem Portuguesa*, n.º 5, Setembro/Outubro 1958, pp. 30-32.

(art. 6.º)⁶³². A distribuição dos períodos de trabalho seria feita por escala semanal, organizada aos sábados, pelos enfermeiros-chefes de cada subsecção (art. 11.º). Seriam concedidas folgas de compensação ao pessoal de serviço de velas, piquetes e rondas (art. 12.º). Por fim, ao pessoal dos turnos nocturnos, piquetes e rondas, seria fornecida uma refeição simples e ao pessoal de velas, que trabalhava a noite inteira, uma refeição reforçada (art. 14.º)⁶³³.

Ainda quanto aos primeiros dez anos da direcção de João Porto nos HUC, José Pinto Teles elencava uma série de «benefícios materiais com que foram dotados alguns serviços [...] ligados à enfermagem» e destacava a significativa evolução da técnica profissional, imposta pelo desenvolvimento da medicina. Em relação a este aspecto, «a enfermagem teve que aprender e desenvolver os seus conhecimentos», de modo a dominar os novos processos de tratamento e a acompanhar os progressos ao nível da cirurgia, da psiquiatria e dos métodos anestésicos, por exemplo. Na opinião do enfermeiro-geral, só foi possível aos Hospitais da Universidade acompanhar aquela evolução pela longa prática dos seus enfermeiros e pela «sólida e vasta preparação teórica e prática» ministradas na Escola Ângelo da Fonseca. Reconhecia, no entanto, que era necessário começar a apostar na especialização dos enfermeiros nos diversos ramos médico-cirúrgicos e que as escolas deviam instituir cursos de especialidades nos hospitais, de modo a permitir «a preparação adequada e rápida de pessoal».

Quanto à Escola de Enfermagem Ângelo da Fonseca propriamente dita, o administrador dos HUC, que tinha também a cargo a administração daquela instituição de ensino, destacava o cuidado posto no recrutamento dos alunos. Afirmava que, a par dos exames de aptidão, exigidos por lei, e da documentação regulamentar, «a Escola nunca abdicou do direito de recolher oficiosamente informações sobre o teor moral dos candidatos»⁶³⁴. A partir do ano lectivo de 1951/1952, passou a ser utilizado também um outro elemento de selecção, o exame psicotécnico, ainda em fase de aperfeiçoamento.

Coriolano Ferreira referia-se igualmente aos métodos de ensino empregues na Escola, salientando o carácter personalizado do ensino, o estabelecimento de períodos pré-profissionais, a criação de enfermarias-escola e a realização de estágios em todos os serviços hospitalares. Em relação ao primeiro aspecto, o administrador esclarecia que se pretendia «evitar o ensino "em massa"», sendo «cada aluno observado, acompanhado e "tratado", de modo a aproveitarem-se nele todas as qualidades pessoais». Os períodos pré-profissionais permitiam a adaptação progressiva dos alunos ao espírito e às técnicas

---

⁶³² «Os piquetes de reserva são constituídos por unidades que nos seus gabinetes ou quartos ficam adstritos, durante a noite inteira, aos Blocos Operatórios, Centro de Transfusão de Sangue ou a outro sector [...] prontos a atender todas as chamadas dos serviços.» (art. 9.º). «As rondas são da competência dos enfermeiros-chefes e sub-chefes, os quais exercerão funções de chefia, orientação e fiscalização do pessoal de serviço [...].» (art. 10.º).

⁶³³ O conteúdo destas refeições era estipulado no citado Despacho Normativo. A refeição simples constaria de pão com manteiga, fiambre ou marmelada; ovos cozidos ou bananas; leite, café ou chá. A refeição reforçada seria constituída por pães com manteiga, fiambre, bifes ou marmelada; ovos cozidos; bananas; leite, café ou chá. As refeições «serão acondicionadas individualmente em cestos e garrafas «termos» que a Cozinha entregará às 20 horas aos respectivos enfermeiros de ronda, os quais providenciarão pela sua distribuição».

⁶³⁴ Coriolano Ferreira, «Escola de Enfermagem do "Doutor Ângelo da Fonseca"» *in Dez anos de história dos HUC...*, pp. 144-145.

da profissão, antes de tomarem contacto com os doentes, bem como a selecção dos candidatos, sendo excluídos os que manifestassem incapacidade de integração.

Nas enfermarias-escola, onde passou a realizar-se a maior parte dos estágios dos alunos dos vários anos e cursos, orientados pelos monitores da Escola[635], o serviço ficava a cargo exclusivo dos alunos e do pessoal docente[636]. Em Coimbra, aquelas são anteriores ao Regulamento das Escolas de Enfermagem aprovado pelo Decreto n.º 38.885 de 28 de Agosto de 1952, onde se referiu pela primeira vez que «os estágios serão feitos em enfermarias-escolas ou em serviços adequados» (art. 23.º, § 1.º)[637]. As primeiras foram instaladas na 3.ª Clínica Médica e em Cardiologia (ambas de Mulheres); seguiram-se a Ortopedia (Homens), a Pediatria e, mais tarde, as enfermarias de Dermatologia e Venerologia e as de Doenças Infecto-Contagiosas e Pneumotisiologia, instaladas em pavilhões em Celas[638]. Em breve, todos os outros serviços a

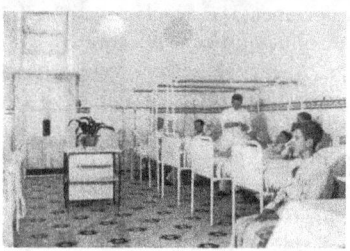

Fotos 22 a 24 – Enfermarias-escola (anos cinquenta): Cardiologia, Mulheres (cima, esquerda), Ortopedia, Homens (baixo) e Pediatria (cima, direita). Fonte: AFESEAF e *Dez anos de história dos HUC...*, pp. 123 e 158.

---

[635] Para além de orientação permanente dos monitores, os alunos a estagiar nas enfermarias-escola disporiam da tutoria de colegas mais avançados (Nídia Salgueiro, «As Enfermarias-Escola: Laboratórios de Enfermagem e Serviços Piloto», *Referência*, n.º 2, Março 1999, p. 85).

[636] Progressivamente, as enfermarias-escola passaram, contudo, a admitir pessoal de enfermagem não docente. As últimas a serem criadas nos HUC, no final dos anos de 1950, já tinham quase em exclusivo pessoal de enfermagem do Hospital, embora mantivessem um encarregado pertencente ao quadro da Escola Ângelo da Fonseca. Ver Nídia Salgueiro, art. cit., p. 86.

[637] De qualquer forma, o *Regulamento da Escola Profissional de Enfermagem* (EPE), dos Hospitais Civis de Lisboa, datado de 1922, já previa a criação do «serviço clínico da EPE», precursor das enfermarias-escola (Nídia Salgueiro, art. cit., p. 85).

[638] Como se disse, estas enfermarias estavam instaladas no Hospital do Castelo, sendo transferidas para Celas em 1952, devido às obras da Cidade Universitária. Os pavilhões de Celas, construídos sobre os alicerces em ruínas do Manicómio Sena, que nunca chegou a ser construído, eram um dos núcleos dos HUC desde 1944, quando para ali se transferiu o serviço de Psiquiatria. Seguiram-se, em 1952, as Clínicas Neurológicas e as enfermarias acima referidas. Ver Alberto Mourão, *Crónica dos Hospitais da Universidade de Coimbra*, p. 69.

funcionar em Celas (Psiquiatria, Neurologia e Consultas Externas) passariam também a considerar-se enfermarias-escola. Segundo Coriolano Ferreira, em 1953, o total de camas entregues à Escola era de 180 de acordo com a lotação oficial, o que corresponderia a mais de 200 doentes na realidade, ou seja, cerca de um quarto da população internada.

Era significativo o contributo da mão-de-obra de alunos e professores da Escola numa altura em que, como vimos, a falta de enfermeiros se fazia sentir a nível nacional. No caso das enfermarias de Celas, cuja lotação aumentara e em que era particularmente sentida a carência de pessoal, a transformação em enfermarias-escola terá sido, para Alberto Mourão, uma forma de resolver o problema: «havia responsáveis e alunos em estágio que substituíam as unidades de enfermagem que faltavam»[639].

Fotos 25 e 26 – Enfermarias-escola: salas de trabalho das enfermeiras e dos enfermeiros. A Foto 25 faz parte de um dos postais publicitários da Escola Ângelo da Fonseca, com a seguinte legenda: «No gabinete de trabalho enfermeiras e alunas assumem a responsabilidade dos serviços e direcção da enfermaria.» Fonte: AFESEAF e *Dez anos de história dos HUC...*, p. 121.

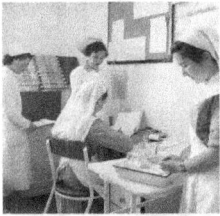 

Todavia, a enfermeira Nídia Salgueiro, que iniciou o seu curso geral na Escola Ângelo da Fonseca em 1952, quando «as enfermarias-escola estavam no seu auge», não acredita que a falta de pessoal tenha sido a principal razão da sua criação[640]. A enfermeira integra tal facto no «movimento de reorganização e humanização dos serviços» iniciado com a tomada de posse da Direcção de João Porto, que teria como objectivos «oferecer instalações condignas e condições de trabalho para o pessoal [...], bem como condições de aprendizagem para os alunos de medicina e de enfermagem». A Escola não ficaria alheada daquele movimento de mudança, em grande parte devido à influência exercida por enfermeiras convidadas para os lugares de monitoras e provenientes da Escola Técnica de Enfermeiras e da Escola de S. Vicente de Paulo, ambas de Lisboa. Como se disse, estas escolas destacavam-se, a nível nacional, pela qualidade e modernidade do seu ensino e as monitoras ali formadas, ao chegar a Coimbra, ter-se-iam apercebido de que «os serviços hospitalares [...] não preenchiam os critérios mínimos para neles se processarem os estágios, previstos na reforma de ensino de 1947». Aquelas enfermeiras, que asseguravam a autonomia técnica da Escola e entre as quais se contaram, no cargo de monitora-chefe, Emiliana Cabrita e, mais tarde, Maria da Cruz Repenicado Dias, terão conseguido «remodelar» as enfermarias-escola, implementando «novos modelos educativos e de organização do trabalho».

Nessas modificações, de acordo com Nídia Salgueiro, colaboraram «todos os sectores do hospital, assim como a Escola», em particular «na orientação e na escolha de equipamentos e materiais». A partir destes anos, a Escola teria então passado a dispor de «campos de estágio adequados» e os HUC, de «unidades modelo para os restantes

---

[639] Alberto Mourão, *op. cit.*, p. 71.
[640] Nídia Salgueiro, art. cit., pp. 81-86.

serviços hospitalares». Contudo, o enfermeiro Alberto Mourão não dá uma imagem tão abonatória das enfermarias-escola, pelo menos quanto às que estavam instaladas nos pavilhões de Celas e durante a sua fase inicial, considerando-as fracas, desconfortáveis e «falhas de mobiliário», rodeadas de ervas e arbustos[641].

De qualquer modo, a formação prática dos alunos da Escola Ângelo da Fonseca não se limitava às enfermarias-escola, incluindo também estágios nos restantes serviços hospitalares, para além da aprendizagem na sala de técnica[642].

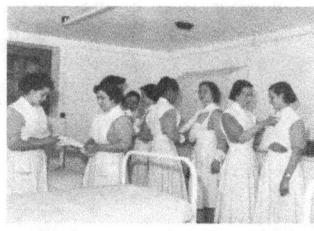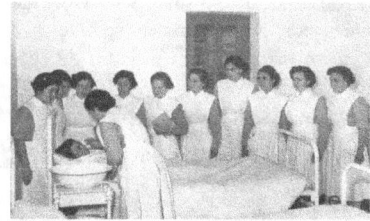

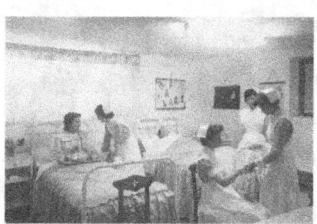

Fotos 27 a 29 – Aulas práticas de Técnica de Enfermagem, na «sala de demonstrações do Lar» ou «Sala de Técnica». As duas primeiras (em cima) retratam o curso geral de 1952/53 (na Foto 28, uma aluna demonstra perante o curso, sendo a paciente uma das colegas). À esquerda, fotografia tirada em 1958 (numa das camas está um manequim). Fonte: AFESEAF.

Ainda a propósito dos métodos de ensino de enfermagem na Escola Ângelo da Fonseca, a monitora-chefe, Maria da Cruz Repenicado Dias, afirmava que estes, por volta de 1953, eram «os melhores dos standard mundiais»[643]. Referia-se em particular à coordenação entre a teoria e a prática, bem como à orientação constante por parte do pessoal docente e esclarecia: «a *Teoria* das ciências médicas e sociais é integrada diariamente na *Técnica* e praticada primeiro em aula e depois em ambientes ideais – serviços escolares – onde tudo se passa tal qual é ensinado»; «o pessoal de ensino da Escola dirige e orienta em tudo esses serviços, corrige e amplia os conhecimentos adquiridos». Para além da técnica, a «parte administrativa da enfermagem» era ensinada e praticada durante o curso inteiro, sendo as alunas habituadas a resolver problemas diários do funcionamento dos serviços hospitalares. Por outro lado, «a vida social e moral dos doentes a seu cargo não pode escapar-lhes», pelo que aprendiam a lidar com pessoas diferentes, aspecto significativo da «enfermagem psicossomática», leccionada durante os três anos do curso geral. Segundo Maria Repenicado Dias, para pôr em

---

[641] Alberto Mourão, *op. cit.*, p. 71.

[642] Nas palavras de Nídia Salgueiro, aquela era «um espaço intensamente utilizado para a aprendizagem dos gestos práticos, das posturas ergonómicas, e onde se treinavam os aspectos focados nas aulas teórico--práticas, recorrendo a manequins [...] e a outras formas de simulação» (Nídia Salgueiro, art. cit., p. 85).

[643] Maria da Cruz Repenicado Dias, «A educação e o ensino na Escola de Enfermagem dos Hospitais da Universidade de Coimbra» in *Dez anos de história dos HUC...*, pp. 159-160.

prática aquela matéria, as alunas tinham de «formar-se além de instruir-se, de possuir [...] um grande amor aos doentes a quem vão servir». Ao abrigo deste princípio ideal, iniciar-se-ia uma experiência no campo da Saúde Pública. Tratava-se em concreto das *Brigadas de Educação Sanitária da Família,* as quais eram formadas por alunas «que visitam e seguem doentes pobres a quem tratam e ajudam em tudo, sob orientação médica e de enfermeiras monitoras».

As *Brigadas de Educação Sanitária da Família* foram criadas em Outubro de 1950, tendo começado a funcionar em Janeiro do ano seguinte, com sede no Lar das Alunas Enfermeiras de Coimbra (LAEC) e em ligação com o *Instituto de Assistência à Família* (IAF)[644]. Consistiam num serviço de assistência domiciliária, com o fim de «ministrar ensinamentos de ordem prática e profilática às famílias, que os necessitem por motivos de doença»[645] e inseriam-se no Serviço Social dos HUC, também criado em 1950 e na dependência técnica do IAF. Informado pelo Chefe dos Serviços Clínicos do Banco dos HUC ou pela Agente Social a trabalhar com os doentes hospitalizados acerca das famílias que deviam ser entregues aos cuidados das *Brigadas,* o Serviço Social requeria--as à Direcção do Lar[646]. Esta era responsável pela componente técnica do trabalho e pelo «desenvolvimento profissional das *Brigadas*», cabendo-lhe organizar periodicamente os mapas de actividade. Já ao IAF competia, por intermédio da Auxiliar Social de zona, superintender nas actividades sociais das *Brigadas,* prestar-lhes colaboração e ministrar-lhes os ensinamentos necessários, visando a «educação para-profissional» das agentes[647]. Semanalmente, o IAF informaria a Direcção do Lar «do zelo e afabilidade» com que as *Brigadas* prestavam os seus serviços.

As *Brigadas* eram formadas pelas alunas do 2.º ano do curso geral e pelas do de auxiliares[648], existindo duas equipas permanentes. Sempre que necessário, aquelas contavam com a colaboração de equipas masculinas. Nas palavras de Coriolano Ferreira, «por vezes são insuficientes, mas o certo é que não se pode desviar dos trabalhos escolares maior número de alunas»[649]. Quanto às suas actividades, para além dos tratamentos feitos no domicílio, as *Brigadas* «arranjam e limpam as casas dos enfermos, com vista à educação destes e de suas famílias, dão instruções sobre higiene da habitação, da maternidade e da infância, apontam ao *Instituto de Assistência à Família* as necessidades materiais e os desequilíbrios morais do agregado familiar»[650].

---

[644] Nídia Salgueiro, «Serviço Domiciliário Hospitalar – das "Brigadas de Educação Sanitária da Família" ao Serviço Domiciliário dos HUC», *Referência,* n.º 1, Setembro 1998, pp. 85-87.

[645] AESEAF, Cx. 36,2,2, *Projectos dos Programas de Enfermagem,* «Brigadas de Educação Sanitária da Família», Setembro de 1950, art. 9.º. Este documento de carácter normativo, arquivado fora do contexto, é constituído por 12 artigos, relativos à Organização e à Finalidade das *Brigadas,* devendo corresponder aos estatutos da instituição. Foi elaborado em Coimbra e deveria ter sido assinado pelo «Inspector».

[646] *Idem,* art. 10.º, 11.º e 12.º.

[647] *Idem.* Para as competências da Direcção do LAEC, ver art. 4.º e 7.º; para as do IAF, ver art. 5.º, 6.º e 8.º.

[648] *Idem,* art. 1.º. No primeiro período escolar, cada equipa era composta por duas alunas do curso geral, sendo a chefia atribuída à melhor classificada, e nos restantes, por uma aluna do curso geral, a quem competia a chefia, e por outra do de auxiliares (art. 2.º e 3.º).

[649] Coriolano Ferreira, art. cit., p. 150.

[650] *Idem, ibidem.*

Foto 30 – Uma *Brigada de Educação Sanitária* sai do Lar para o giro diário (anos cinquenta). Fonte: AFESEAF.

Nídia Salgueiro relata na primeira pessoa a sua experiência nas *Brigadas*. Conta que «cabia a cada aluna um mês por escala» e que estas visitavam sobretudo idosos acamados, em bairros pobres de Coimbra e periferia, deslocando-se em transportes públicos, com um passe oferecido pela Câmara Municipal. Esclarece ainda que o trabalho era realizado «com grande autonomia, o que quer dizer, também com muita responsabilidade». As alunas prestavam cuidados de higiene a doentes acamados, faziam mobilizações, davam massagens, faziam pensos. Simultaneamente, davam instruções aos doentes e aos seus familiares. Em caso de necessidade, solicitavam a visita de um médico. O seu papel de intermediárias era de tal forma importante e a sua competência de tal modo reconhecida que, «às vezes, mediante as nossas informações, o médico nem chegava a fazer a visita, decidia pelo que lhe transmitíamos». Tinham ainda como objectivo avaliar das necessidades de natureza social, que podiam determinar diligências junto do Serviço Social dos HUC. Diariamente, registavam informações acerca das suas actividades, fazendo, no final de cada mês, um «apanhado» para fins estatísticos. Tanto no planeamento como na organização das suas actividades diárias, podiam recorrer à ajuda das docentes que habitavam no LAEC, embora só o fizessem «em casos muito excepcionais».

Em 1953 o Delegado do IAF em Coimbra elogiava as *Brigadas* pela «qualidade dos serviços prestados», bem como pela «sua utilidade e [...] fins sociais»[651]. O mesmo responsável apresentava então o quadro estatístico a seguir reproduzido, representativo do movimento das *Brigadas* nos dois primeiros anos da sua actividade.

As *Brigadas de Educação Sanitária da Família* dariam início a um Serviço de Assistência Domiciliária, destinado sobretudo a doentes pobres, que, mais tarde, seria assumido pelos HUC como um serviço do próprio hospital. A importância desta área de intervenção seria assinalada por João Porto num discurso proferido na Assembleia Nacional, em 1954[652]. O director dos HUC apontava a conveniência de se dar «o maior incremento à actividade da assistência social hospitalar», dando o exemplo de Coimbra, onde estava já organizado o serviço social hospitalar, com resultados «magní-

---

[651] Joaquim José Mendonça Machado de Araújo, «Serviço social hospitalar e Brigadas de Educação Sanitária da Família» *in Dez anos de história dos HUC...*, pp. 191-193.
[652] Sessão da Assembleia Nacional de 3 de Fevereiro de 1954, http://debates.parlamento.pt (11/02/06).

| Serviços executados | 1951 | | 1952 | |
|---|---|---|---|---|
| | N.º | % | N.º | % |
| Injecções | 749 | 34,7 | 1.068 | 42,3 |
| Pensos | 664 | 30,7 | 470 | 18,6 |
| Tratamentos | 264 | 12,2 | 419 | 16,6 |
| Higiene dos doentes e suas instalações | 484 | 22,4 | 565 | 22,4 |

Quadro 11 – Serviços executados pelas *Brigadas de Educação Sanitária da Família* (1951-1952).

ficos»[653]. Enaltecia a acção da enfermeira-visitadora de higiene social, encarregue da prestação de cuidados de saúde e higiene ao domicílio. Tratava-se da defesa de um sistema já empregue na América e na Inglaterra, com o nome de *Home Care*, e que chegara aos Hospitais da Universidade em 1950, através das referidas *Brigadas de Educação Sanitária da Família*. De acordo com João Porto, o *Home Care* apresentava vantagens de ordem económica e moral, permitindo, por um lado, a redução do número de internados e, logo, dos custos para o hospital e para o próprio doente, bem como, por outro lado, a prática de uma «medicina mais humana [...], pois não segrega o doente do seio da própria família». João Porto assegurava que o trabalho realizado em Coimbra estava a ter resultados «bastante proveitosos», tratando-se de uma experiência pioneira «que merece ser intensificada entre nós».

De resto, já em 1952, num ofício dirigido ao Inspector-Chefe da Assistência Social, o Director dos HUC se referira à Escola de Enfermagem Ângelo da Fonseca como uma instituição modelar, cujos métodos de ensino eram apreciados e postos em prática pelas restantes escolas nacionais[654]. Esclarecia que, em Coimbra, a Escola da Rainha Santa Isabel «seguia em tudo o nosso estilo de enfermagem»; por seu lado, a Escola de Enfermagem de Castelo Branco e a do Hospital de S. António do Porto tinham feito estagiar em Coimbra duas monitoras, de modo a tomarem conhecimento dos métodos de ensino ali empregues. A monitora vinda do Porto, Lucinda de Castro, que permanecera em Coimbra durante alguns meses, estaria já pondo em execução na sua Escola os métodos de ensino aprendidos na Escola Ângelo da Fonseca.

A facilidade e eficiência com que, nas palavras de João Porto, se montavam e se punham a funcionar os serviços escolares, mesmo os mais arrojados, derivava «de uma série de circunstâncias que fazem da Escola de Coimbra o ponto ideal para o ensino de enfermagem». Dessa série de circunstâncias, «talvez única entre nós», fariam parte as seguintes: o «meio sossegado, próprio para a formação das raparigas»; a existência de um hospital «na dimensão óptima para o ensino (800 camas)», com «bons serviços gerais de medicina e cirurgia e todas as especialidades», e com a particularidade de ser um hospital escolar, cujo «ambiente e estilo de funcionamento se molda perfeitamente ao ensino»; e, finalmente, o respeito pelo princípio da direcção unificada para o Hospital e a Escola.

---

[653] A par desse serviço social, os HUC tinham organizado um «inquérito assistencial extensivo a todos os doentes do concelho de Coimbra e que procuram as consultas externas ou internato nas enfermarias».
[654] AESEAF, B-20,1,1, Correspondência Expedida, 1952-1953, 20 de Dezembro de 1952.

Também o administrador da Escola Ângelo da Fonseca, Coriolano Ferreira, a identificava, em 1953, como uma instituição dinâmica, inovadora a nível pedagógico e exemplar em relação a outras escolas[655]. Relacionava-se com escolas de enfermagem estrangeiras (italianas, brasileiras, francesas e belgas) e estava ligada a diversas escolas nacionais, que procuravam conhecer os seus métodos de ensino. Na cidade de Coimbra, estabeleciam-se elos com as outras escolas, em particular a da Rainha Santa Isabel, a do Hospital Sobral Cid e a Escola Normal Social. Finalmente, em 1951 seria consagrada como instituição modelar, ao ver o seu acordo com o Lar das Alunas-Enfermeiras de Coimbra ser seleccionado como matriz para outras escolas congéneres[656].

Em jeito de balanço final acerca do papel desempenhado pela Escola no contexto hospitalar, Coriolano Ferreira invocava o custo médio de cada diplomado entre 1942 e 1952[657]. Em 1942, cada um dos 21 diplomados implicou um custo médio de 475$14 e em 1952, cada um dos 76 diplomados custou em média 3.897$27. Como se disse, a Escola não possuía autonomia financeira, pelo que estas despesas pesavam sobre o orçamento dos HUC. Porém, «se descontarmos o valor do trabalho dado pelos alunos, a Escola alivia o custo de sustentação do Hospital». Quer dizer, o investimento no aluno ficava mais barato do que a eventual contratação de pessoal de enfermagem.

Era também aquela a conclusão de João Porto quando, em Setembro de 1952, apresentava ao Director-Geral da Assistência uma previsão de custos para o ano escolar de 1952/53[658]. Os encargos dos HUC e da Escola com as alunas do Lar nos doze meses seguintes somariam 133.280$00, sendo o custo anual de cada uma das cinquenta alunas de 2.665$60. Tratava-se, porém, apenas do «custo primário» e não do «custo exacto», visto que as alunas davam aos Hospitais uma soma de horas de trabalho cujo valor excedia tal cifra. Assim, numa perspectiva que não deixava de ser algo instrumental, o Director concluía que «em Coimbra, como aliás em toda a parte, uma Escola de Enfermagem, quando bem orientada e aproveitada, longe de ser um encargo é uma fonte de economia para os hospitais».

Para concluir este capítulo, recorremos às palavras de Coriolano Ferreira, que, à semelhança do enfermeiro Alberto Mourão, identificava três grandes períodos e três figuras respectivas na história da Escola Ângelo da Fonseca: Costa Simões, Ângelo da Fonseca e João Porto. Enquanto os dois primeiros foram responsáveis pela criação e pela oficialização da Escola, respectivamente, a João Porto coube o mérito de ter «dirigido e orientado a reforma dos seus processos de trabalho, levando-a ao primeiro plano das escolas nacionais e a um prestígio internacional sempre crescente».

---

[655] Coriolano Ferreira, art. cit., p. 154.
[656] Ao aprovar o acordo entre a Escola Ângelo da Fonseca e o LAEC, o Subsecretário de Estado da Assistência Social sugeriu à Direcção-Geral da Assistência que estudasse a adaptação de um regime análogo para todas as escolas de enfermagem do país. Esta informação é confirmada por um ofício dirigido à Escola pelo Director-Geral de Assistência, devolvendo uma cópia do novo acordo celebrado com o LAEC e dando conta daquela sugestão. Ver AESEAF, B-21,1,1, Correspondência Recebida, 1951, 18 de Agosto de 1951.
[657] Coriolano Ferreira, art. cit., p. 155.
[658] AESEAF, B-20,1,1, Correspondência Expedida, 1952-1953, 22 de Setembro de 1952.

| Custos | Benefícios |
|---|---|
| Por aluna: 2.665$60 | Por aluna: 2.875$08<br>– 1261 horas de trabalho nos nove meses lectivos e no de estágio (4h30 por dia, 8h no mês de férias), usando como medida apenas metade do valor horário do trabalho de uma auxiliar de enfermagem |
| Total: 133.280$00<br>– pagamentos ao pessoal doméstico (6 criadas a 190$00 por mês cada)<br>– compra de material de higiene e limpeza (800$00 por mês)<br>- custo mensal por aluna (100$00)<br>– subsídio de instalação (50.000$00)[659] | Total: 143.754$00<br>Para além disso:<br>– poupança anual de 600.000$00 (50 lugares de auxiliares de enfermagem por preencher graças ao trabalho dos alunos)<br>– várias enfermarias-escola totalmente entregues aos alunos (190 camas)<br>– os alunos substituíam o pessoal do quadro em tempo de férias |
| Balanço: com o trabalho dos alunos, os HUC ganham pelo menos 610.474$00 ||

Quadro 12 – Confronto entre custos e benefícios em relação às alunas do Lar previstos para os HUC e a Escola Ângelo da Fonseca (ano lectivo de 1952/53). Fonte: AESEAF, B-20,1,1, Correspondência Expedida, 1952-1953, 22 de Setembro de 1952, pp. 3-5.

## 3. AS INSTALAÇÕES

A Escola Ângelo da Fonseca continuava a não dispor de instalações próprias, o que era motivo de preocupação para o seu Director. No mesmo ofício em que dava conta ao Inspector-Chefe da Assistência Social do dinamismo da instituição e da sua capacidade de influência em relação às outras escolas de enfermagem do país, João Porto alertava para a insuficiência e para as más condições das instalações de internato, que obrigavam a restringir o número de admissões[660]. Incluía também nesse lamento as instalações escolares, que, em seu entender, se encontravam em estado ainda pior: «Todo o ensino se faz em três salas: duas salas são cantos de corredores dos quartos particulares [...], a outra é o antigo pátio de entrada dos Hospitais. Não há um laboratório escolar. Não há salas de demonstração capazes. O regulamento manda dar aulas de ginástica que nunca foram dadas por falta de uma sala suficientemente ampla».

Impunha-se, pois, na sua opinião, «construir imediatamente um edifício para a Escola de Enfermagem do "Dr. Ângelo da Fonseca"». Sugeria, como local para a construção da nova Escola e seu internato, os «terrenos de Celas», onde então se encontravam os pavilhões de Dermatologia e de Doenças Infecciosas dos HUC. Esclarecia ainda que podia «fornecer imediatamente ao Ministério das Obras Públicas o programa de construção», pedindo a maior urgência na resolução do problema.

---

[659] A alimentação custaria ao Hospital 12$00 por dia e por pessoa, mas seria paga pelas alunas em dinheiro (400$00 por mês) ou em trabalho no final do curso.
[660] AESEAF, B-20,1,1, Correspondência Expedida, 1952-1953, 20 de Dezembro de 1952.

Cerca de oito meses mais tarde, o Director da Escola viria a insistir no assunto, até porque se tornara público o anúncio da construção do novo Hospital Escolar de Coimbra[661]. Para que não se repetisse o que acontecera em Lisboa, cujo novo Hospital Escolar se deparara com a falta de pessoal de enfermagem, havia que começar desde logo a preparar um grupo suficiente de profissionais que pudessem, no futuro, servir o novo hospital. Tal não seria possível se a Escola mantivesse as deficientes instalações de que dispunha no momento. Deduz-se das palavras de João Porto que o problema teria já sido analisado pelas autoridades superiores e que havia mesmo uma proposta de solução, mais especificamente a construção de um edifício destinado à Escola de Enfermagem na cerca dos Hospitais. Para o Director, era «inadiável o estudo e planeamento deste edifício o qual, por ser independente do futuro bloco hospitalar, pode e deve ser construído separadamente».

Um ofício enviado ao Director da Escola pela Direcção-Geral de Assistência em Novembro de 1953 sugere que os seus apelos teriam sido escutados. O documento informava que, «havendo-se reconhecido superiormente a necessidade da construção de instalações próprias para as três escolas oficiais de Enfermagem Geral de Lisboa, Coimbra e Porto», o Subsecretário de Estado da Assistência Social determinara que a Direcção-Geral «elaborasse e submetesse à sua consideração um estudo do plano a que devem obedecer os edifícios»[662]. Nesse sentido, solicitava-se ao Director da Escola o envio dos elementos relevantes para a elaboração do plano. Curiosamente, apesar da urgência manifestada nas missivas acima citadas, João Porto não respondeu a esse ofício, levando a que, cerca de dois anos e meio depois, a Direcção-Geral voltasse a solicitar os referidos elementos[663]. A ausência de reposta tinha provavelmente a ver com o facto de o Director não depositar grande confiança nos projectos de construção a que se reportava a Direcção-Geral. Teria tido mesmo conhecimento de um plano de solução alternativa para a falta de instalações da Escola, nomeadamente, a aquisição e eventual adaptação de um edifício preexistente. Em Junho de 1956 chegaria a afirmar que «o Ministério das Obras Públicas está interessado na aquisição do edifício onde funciona a Clínica de Santa Cruz, propriedade do Prof. Doutor José Bacalhau, a fim de ali instalar a Escola de Enfermagem destes Hospitais»[664].

De qualquer forma, no final daquele ano, o problema mantinha-se. Num discurso pronunciado na Assembleia Nacional, João Porto reportava-se, mais uma vez, às deficientes condições de alojamento das alunas da Escola, condicionantes do número de admissões, dada a obrigatoriedade de o ensino se efectuar em regime de internato[665]. Manifestava-se também preocupado com a falta de instalações destinadas ao ensino propriamente dito, dispondo-se apenas de «duas salas de aula instaladas num corredor do edifício de S. Jerónimo. As demonstrações, ou se fazem na sala de operações, ou então nas enfermarias».

---

[661] AESEAF, B-20,1,1, Correspondência Expedida, 1952-1953, 12 de Agosto de 1953.
[662] AESEAF, B-21,1,1, Correspondência Recebida, 1952-1953, 12 de Novembro de 1953.
[663] AESEAF, B-21,1,1, Correspondência Recebida, 1956, 9 de Maio de 1956.
[664] AESEAF, B-20,1,1, Correspondência Expedida, 1956, 5 de Junho de 1956. De acordo com o registo de despesas na conta de gerência de 1957, chegou-se mesmo a elaborar um ante-projecto e um relatório das obras de adaptação da Clínica de Santa Cruz à Escola Ângelo da Fonseca.
[665] Sessão da Assembleia Nacional de 13 de Dezembro de 1956, http://debates.parlamento.pt (11/02/06).

Nesse discurso, João Porto sugeria ao Governo a «aquisição de edifício que possua os aposentos necessários para funcionamento da Escola e para residência». O facto de já não mencionar a construção de um edifício de raiz deve-se certamente à tomada de consciência de que essa solução dificilmente se concretizaria, apesar das intenções expressas pelo Ministério das Obras Públicas em 1952/1953. De resto, como vimos, a solução alternativa parecia já ter sido aprovada pelas autoridades superiores.

A verdade é que aquele projecto também não viria a concretizar-se, apesar dos constantes apelos da direcção[666]. A Escola continuaria a funcionar nos edifícios dos HUC até 1978, quando foi transferida para o actual edifício. Seja como for, afirma Alberto Mourão, «foi na direcção do Doutor João Porto que o Dr. Coriolano Ferreira [...] procurou personalizar a Escola, dando-lhe instalações, não as adequadas mas as possíveis»[667]. Sem especificar as datas em que tais mudanças terão ocorrido, o enfermeiro relata que, «desde um gabinete junto à Secretaria dos HUC até à instalação na área da Medicina Física e Electroterapia, junto aos claustros do Colégio de S. Jerónimo, a Escola conheceu vários poisos».

## 4. O Regulamento de 1953

O Regulamento experimental de 1947 vigorou apenas durante cinco anos, visto que, na sequência do Decreto-lei n.º 38.884 de 28 de Agosto de 1952 e do Decreto n.º 38.885 da mesma data, foi aprovado um outro documento em 1953, pela Portaria n.º 14.482 de 3 de Agosto[668]. Muitos dos artigos deste «Regulamento da Escola de Enfermagem dos Hospitais da Universidade de Coimbra», como aparece designado, têm a mesma redacção do que os correspondentes no Regulamento das Escolas de Enfermagem aprovado no ano anterior. Dado não dispormos do Regulamento de 1947, analisaremos o de 1953, estabelecendo, sempre que possível, comparação com o de 1920. Desde logo, verificamos tratar-se de um documento bastante mais desenvolvido e pormenorizado do que o de 1920, facto que, só por si, dá conta da evolução e do crescimento da Escola ao longo das três décadas que os separam.

### 4.1. A Escola, a direcção e a administração

Como ficara estipulado para as escolas oficiais de enfermagem, a Escola Ângelo da Fonseca gozava de autonomia técnica e administrativa, «sem prejuízo da fiscalização dos Hospitais da Universidade de Coimbra e da Inspecção da Assistência Social» (art. 3.º). A autonomia técnica traduzia-se «na livre organização e orientação do ensino, na escolha do pessoal docente e na possibilidade de serem tomadas iniciativas próprias

---

[666] Ainda no final da década de 1950, por exemplo, em resposta a um ofício-circular da Direcção-Geral da Assistência, João Porto informava que a Escola tinha «a necessidade absoluta de possuir instalações próprias para: a) Ensino; b) Internato das alunas; c) Internato das profissionais», acrescentando que «a aquisição dum imóvel e seu equipamento para esta finalidade se não obtém por menos de 4.500.000$00». AESEAF, B-21,5,1, Correspondência Recebida e Expedida, 1959, 16 de Julho de 1959.

[667] Alberto Mourão, *op. cit.*, p. 89.

[668] Portaria n.º 14.482, *Diário do Governo*, I Série, n.º 166, 3 de Agosto de 1953.

para o desenvolvimento das técnicas de enfermagem e da sua aprendizagem» (art. 4.º). Todavia, estava limitada pela uniformização dos planos mínimos de ensino e pelas orientações do Ministério do Interior, cuja acção fiscalizadora incidia, de resto, sobre os mais variados domínios, desde a regulamentação interna do funcionamento da Escola, à idoneidade dos dirigentes e pessoal docente, passando pela organização dos planos de estudo, dos programas dos cursos e dos exames de aptidão e finais (art. 10.º). Em termos financeiros, a Escola teria orçamento privativo mas anexado ao dos HUC (art. 8.º); os seus dinheiros e valores seriam movimentados por intermédio da tesouraria dos Hospitais, na qual depositaria os seus fundos, à excepção de um pequeno fundo de maneio (art. 7.º). A dependência da Escola em relação à instituição hospitalar residia ainda no facto de ser esta uma das suas fontes de receita, atribuindo-lhe como subsídio «as verbas necessárias à sua manutenção na parte que não for coberta pelos subsídios do Tesouro e pelas receitas próprias» (art. 5.º).

Quanto à direcção e à administração da Escola, o Regulamento de 1953 destaca-se por estipular o funcionamento de três órgãos, o Conselho de Direcção, o Conselho Administrativo e o Conselho Escolar, sendo este último o único previsto no Regulamento de 1920 e no Regulamento das Escolas de Enfermagem de 1952. A direcção da instituição pertencia, como vimos, ao Director dos HUC, coadjuvado pelo Conselho de Direcção. Este órgão era composto pelo administrador dos Hospitais, por um professor da Escola e pelos dois monitores-chefes, um responsável pela secção feminina e outro, pela masculina (art. 11.º). Competia ao Conselho de Direcção admitir os candidatos aos exames de aptidão, autorizar ou negar a confirmação das matrículas e cancelar as inscrições, fixar o número máximo de alunos a admitir em cada ano escolar, apresentar ao Ministro do Interior o relatório das actividades de cada ano, aprovar os regulamentos internos, julgar a justificação das faltas dadas pelos alunos e decidir, de modo geral, todos os assuntos que não pertencessem a outro órgão directivo (art. 13.º).

O Conselho Administrativo era composto pelos mesmos elementos que o de Direcção, à excepção dos monitores-chefes, e tinha as seguintes competências: aprovar os orçamentos e enviá-los à aprovação superior, autorizar as despesas mais elevadas e ratificar as restantes, verificar mensalmente o cofre da Escola e apresentar a julgamento as contas de gerência (art. 14.º).

O Regulamento de 1953 discriminava as competências individuais dos elementos constituintes dos Conselhos de Direcção e Administrativo. O director tinha como funções presidir aos Conselhos, representar a Escola e orientar superiormente o ensino nela ministrado, exercer autoridade disciplinar em relação a todo o pessoal e alunos, propor a nomeação e a exoneração do pessoal, assinar as ordens de direcção e a correspondência e presidir aos júris de exame quando tal não cabia ao delegado do Ministério do Interior (art. 15.º). Quanto ao administrador, competia-lhe executar e fazer executar as deliberações do director e dos Conselhos, estabelecer a ligação com a administração dos Hospitais da Universidade, autorizar a cobrança das receitas próprias e o pagamento das despesas menores, dirigir os serviços auxiliares da Escola, fiscalizar todos os seus serviços e, de um modo geral, coadjuvar o director e substituí-lo nas suas ausências (art. 16.º). Enquanto membros do Conselho de Direcção, os monitores-chefes estavam encarregues de exercer as funções de delegados da direcção para a vigilância da disciplina e do comportamento dos alunos, de estudar e propor à direcção os planos de estágio dos alunos e de organizar o plano anual de festas, excursões, conferências e visitas de estudo, para aprovação da direcção (art. 17.º).

O Conselho Escolar, como vimos, era o único órgão administrativo previsto no Regulamento de 1920 e no Regulamento das Escolas de Enfermagem de 1952. Ambos os documentos o definiam como um órgão presidido pelo director e constituído pelos professores da Escola, embora o de 1952 nele incluísse também os monitores, figura ainda inexistente em 1920. De resto, o Conselho previsto pelo Regulamento mais antigo consistia num órgão menos complexo do que o definido em 1952: enquanto aquele era um corpo uno, sem divisões, que reuniria regularmente no princípio e no fim de cada um dos períodos e sempre que fosse convocado pela direcção dos HUC ou por qualquer um dos professores (art. 12.º), o Conselho Escolar previsto em 1952 poderia funcionar em plenário, por cursos ou por secções, «conforme a natureza dos assuntos de carácter pedagógico ou disciplinar submetidos à sua apreciação» (art. 6.º).

O Regulamento da Escola Ângelo da Fonseca de 1953 mantinha esta última definição e acrescentava-lhe as várias competências do Conselho, nas suas diversas formações. Cabia ao Conselho Escolar em plenário distribuir os prémios anuais, aplicar a pena de expulsão da Escola e dar parecer sobre os assuntos de natureza pedagógica que lhe fossem submetidos pela direcção (art. 19.º). Ao Conselho Escolar dos cursos competia estabelecer, no começo de cada ano escolar, os métodos de trabalho e de execução dos planos de ensino, coordenar o ensino no respectivo curso, julgar a frequência e o aproveitamento dos alunos no final de cada período lectivo e também dar parecer sobre os assuntos de natureza pedagógica que lhe fossem submetidos pela direcção (art. 20.º). Finalmente, às secções do Conselho cabia «estudar as questões que expressamente lhe sejam cometidas pela direcção ou pelas restantes formações do conselho escolar» (art. 21.º). Este número significativo de atribuições, tanto de carácter pedagógico, como de carácter disciplinar, resultava de um alargamento das funções menos latas e estritamente pedagógicas do Conselho Escolar previsto no Regulamento de 1920 (revisão anual dos programas, organização dos trabalhos, distribuição de todos os serviços e trabalhos escolares e dos exames, art. 12.º).

### 4.2. Os serviços auxiliares da Escola

O Regulamento de 1953 estipulava a existência de três serviços auxiliares da Escola, designadamente, o serviço de secretaria, o de saúde e o de internato, os quais deveriam funcionar «em perfeita coordenação com os serviços escolares». À secretaria competiam o expediente da Escola, os registos dos alunos, a movimentação dos fundos de maneio, a estatística escolar e o arquivo (art. 25.º). Teria pessoal privativo, cabendo o cargo de chefe da secretaria ao funcionário de categoria mais elevada; a este competia, entre outras atribuições, assistir às reuniões de todos os corpos directivos e registar em livro os assentos respectivos (art. 27.º).

O serviço de saúde seria assegurado por um médico escolar, com uma vasta lista de competências, desde examinar os candidatos à admissão nos cursos até informar o Conselho de Direcção da higiene das instalações da Escola e do internato, passando por vigiar o estado sanitário dos alunos, promover a sua imunização contra as doenças infecto-contagiosas, vigiar a higiene da sua alimentação e verificar o estado de saúde de alunos e funcionários que tivessem dado parte de doente (art. 29.º). O médico teria de efectuar, pelo menos, três revisões sanitárias anuais aos alunos e verificar-lhes o peso mensalmente (art. 30.º). Esta diversidade de funções revela uma significativa mudança em relação ao Regulamento de 1920, que não previa qualquer tipo de serviço de saúde escolar. Nessa altura, a preocupação da Escola com a saúde dos alunos resumia-se ao momento da admissão, que dependia da aprovação dos candidatos em junta médica, composta pelo director dos HUC e por dois facultativos escolhidos pela direcção (art. 17.º). De resto, o Regulamento geral de 1952 também não fazia qualquer referência ao serviço de saúde, que aparece tão bem definido neste Regulamento da Escola de 1953.

O lugar de médico escolar poderia ser ocupado por um dos professores da Escola. Assim aconteceu, por exemplo, com José Lopes Cavalheiro, que exerceu aquele cargo no final da década de cinquenta e início da seguinte, sendo ao mesmo tempo professor de Educação Sanitária, disciplina do 3.º ano do Curso Geral[669]. O Regulamento estipulava a instalação de um gabinete médico privativo, onde seriam dadas as consultas e efectuados os tratamentos (art. 32.º). Em benefício dos alunos, definia ainda que «os medicamentos, exames, análises, tratamentos em consulta externa ou internamentos dos alunos ser-lhes-ão facultados pelos Hospitais da Universidade de Coimbra, nos mesmos termos em que tais serviços são prestados ao pessoal do Hospital» (art. 32.º).

Provavelmente em relação com a exiguidade e as limitações das instalações ao dispor da Escola, o gabinete médico não apresentaria as condições devidas. Em 1968 o Conselho de Direcção determinaria a obtenção de melhores instalações para aquele gabinete, bem como a aquisição de mobiliário e de material próprio[670]. De resto, havia então interesse em melhorar o serviço de saúde escolar em termos gerais, prevendo-se também a admissão de uma enfermeira responsável pela vigilância da saúde dos alunos e pessoal. Todavia, o «Relatório da acção desenvolvida no ano de 1967 e 1.º trimestre de 1968» e o «Programa de acção para 1969», enviados pela Escola à Direcção-Geral dos Hospitais em Maio de 1968, indicam que, pelo menos a curto prazo, as intenções da direcção não se concretizaram[671].

Quanto aos benefícios em caso de doença, o Regulamento demarcava-se de uma alteração feita pela direcção da Escola ao acordo de cooperação entre aquela instituição e o Lar das Alunas-Enfermeiras de Coimbra, em 1952, pela qual as alunas internas

---

[669] Na reunião do Conselho de Direcção de 1 de Março de 1958, José Lopes Cavalheiro estava já presente como médico escolar (AESEAF, 35,4,2, *Livro de Actas do Conselho de Direcção*, acta n.º 45, 1 de Março de 1958, fls. 14v./15). Em Janeiro de 1961 o Director da Escola informava o Director-Geral da Assistência que ali trabalhava apenas um médico-escolar, José Lopes Cavalheiro; recebia a gratificação mensal de 1.400$00 (mais 45$00 por cada hora de aula dada como professor eventual) e dava consultas aos alunos três vezes por semana (AESEAF, B-20,1,1, Correspondência Expedida, 1961, 25 de Janeiro de 1961). O nome do referido médico consta ainda das listas de professores eventuais propostos, enviadas à aprovação superior, para os anos lectivos de 1958-1959 a 1965-1966, pelo menos, leccionando as cadeiras de Educação Sanitária e, no ano de 1962-1963, Higiene Mental, do Curso Complementar.

[670] AESEAF, 35,4,3, *Livro de Actas do Conselho de Direcção*, acta n.º 133, 13 de Janeiro de 1968, fls. 48v./49.

[671] AESEAF, B-20,1,1, Correspondência Expedida, 1968, 30 de Maio de 1968. No «Relatório» citado, o ponto relativo aos meios pessoais e, dentro destes, ao serviço de saúde, inclui apenas um elemento, o médico-escolar, não havendo qualquer referência à enfermeira proposta. No «Programa de acção para 1969», no ponto relativo às imobilizações em equipamento, prevê-se ainda «1 gabinete de médico escolar com o serviço de Saúde devidamente equipado e mobilado».

no Lar deixariam de ter os medicamentos de que necessitassem a título gratuito[672]. Até então tinham usufruído desse benefício, à semelhança dos empregados dos Hospitais quando internados; no entanto, a direcção da Escola entendia poder «obrigá-las a pagar parte do custo dos medicamentos», fixando essa parcela em 50%. O facto de os HUC exigirem pronto pagamento levaria a que, por dificuldades económicas, a maior parte dos alunos não adquirisse os medicamentos prescritos pelo médico escolar[673]. Já no final da década de sessenta, o Conselho de Direcção estudaria o problema e decidiria criar um stock com medicamentos destinados aos alunos, os quais seriam pagos pelo Lar e fornecidos mediante apresentação da receita, sendo lançado o respectivo débito na conta corrente do aluno, a saldar no final do curso.

Ainda no que respeita ao serviço de saúde escolar, a preocupação da Escola com a saúde dos alunos levaria à admissão de um médico estomatologista em 1960. Apesar de o Regulamento não prever a contratação de especialistas, o Conselho Administrativo aceitou a proposta de Raul Coelho da Silva Júnior por considerar que o número de alunos a precisar de tratamento aos dentes justificava a admissão de um médico[674]. De resto, logo em 1961, a gratificação anual do estomatologista subiria de 3.500$00 para 5.000$00 devido ao grande aumento de alunos em tratamento[675].

O terceiro serviço auxiliar da Escola previsto no Regulamento de 1953 era, como vimos, o de internato, ao qual nos referiremos detalhadamente no capítulo dedicado ao Lar das Alunas-Enfermeiras de Coimbra.

### 4.3. Os cursos

Enquanto o Regulamento de 1920 previa apenas o funcionamento de dois cursos, o geral e o complementar, o de 1953, à semelhança do Regulamento das Escolas de Enfermagem de 1952, estipulava a possibilidade de serem ministrados seis cursos, nomeadamente: curso de auxiliares de enfermagem, curso de enfermagem geral, cursos de auxiliares de enfermagem especializada, cursos de enfermagem especializada, curso de enfermagem complementar e curso de administração hospitalar (art. 38.º). Para além destes, a Escola poderia ainda organizar cursos especiais para a formação de ajudantes técnicos de radiologia e fisioterapia e de preparadores de análises clínicas e de anatomia patológica (art. 39.º). O curso de administração hospitalar e os cursos especiais seriam regidos por regulamentos próprios aprovados pelo Ministro do Interior, à semelhança dos respectivos planos de estudo e programas. Aquele curso teria mesmo direcção e professores privativos, «designados de entre os funcionários ou pessoas estranhas aos quadros de reconhecida competência ou que hajam revelado interesse pelos problemas da administração hospitalar» (art. 48.º).

---

[672] AESEAF, B-20,1,1, Correspondência Expedida, 1952-1953, 22 de Setembro de 1952.

[673] AESEAF, 35,4,3, *Livro de Actas do Conselho de Direcção*, acta n.º 133, 13 de Janeiro de 1968, fls. 48v./49.

[674] AESEAF, 35,4,5, *Livro de Actas do Conselho Administrativo*, acta n.º 36, 4 de Fevereiro de 1960, fl. 35.

[675] AESEAF, 35,4,5, *Livro de Actas do Conselho Administrativo*, acta n.º 54, 7 de Setembro de 1961, fl. 8v. Em Dezembro desse mesmo ano, o estomatologista Raul Coelho da Silva Júnior seria substituído por Armando Brás da Silva Amorim, que receberia a mesma gratificação anual (*idem*, acta n.º 58, 14 de Dezembro de 1961, fl. 12v.).

O curso de pré-enfermagem, criado pelo Decreto-lei n.º 36.219 de 10 de Abril de 1947, mas extinto pelo Decreto-lei n.º 38.884 de 28 de Agosto de 1952, já não foi, portanto, contemplado no Regulamento de 1953. Na verdade, num ofício dirigido ao Inspector-Chefe da Assistência Social em 1951, o Director da Escola afirmava que esta já tivera oportunidade de «sugerir a eliminação pura e simples de tal curso», tendo em conta principalmente o problema de «se situar em plano de inferioridade manifesta às habilitações liceais»[676].

De todos os cursos que poderia ministrar, a Escola terá organizado apenas os de auxiliares de enfermagem, de enfermagem geral e de enfermagem complementar[677]. O facto de não se terem ministrado outros cursos, nomeadamente de enfermagem especializada, ter-se-á devido, sobretudo, a impossibilidades de ordem financeira. Era assim que, num ofício dirigido ao Director-Geral da Assistência, João Porto justificava a inexistência de «qualquer plano de acção especial» na Escola no ano lectivo de 1958//59[678]. Contudo, o Director informava que, no ano seguinte e «se a sua situação económica melhorar», a Escola tencionava criar vários cursos pós-graduados ou especializações, designadamente, Psiquiatria, Ajudantes de anestesia, Preparadores e ajudantes de laboratório, Dietistas, Saúde Pública e Instrumentistas. Segundo João Porto, «desde há muito que esta Escola planeava introduzir no seu programa de ensino os citados cursos pois conhece de sobra as vantagens e necessidades da preparação de pessoal de enfermagem dentro daquelas especialidades». No entanto, previa que para a manutenção desses cursos seria necessária uma verba de cerca de 50.000$00, factor que provavelmente terá constituído um impedimento à sua organização.

### 4.4. A admissão na Escola

As condições de admissão estipuladas no Regulamento de 1953 eram as mesmas que as definidas no Regulamento das Escolas de Enfermagem de 1952[679]. Relativamente ao Regulamento de 1920, as diferenças eram significativas e residiam sobretudo em três aspectos. Desde logo, os limites de idade, que eram de 17 e 25 anos em 1920 e de 18 e 30 anos em 1953. Depois, as habilitações literárias, sendo que, ao nível do curso geral, se verificou a evolução do exame de instrução primária para o 1.º ciclo dos liceus; para o curso complementar, em 1953 já se exigia o 2.º ciclo dos liceus. Por fim, o

---

[676] AESEAF, B-21,5,1, Correspondência Recebida e Expedida, 1951, 1 de Novembro de 1951. O objectivo do curso de pré-enfermagem era preparar alunos demasiado jovens para o ingresso no curso geral, mas tal não se concretizava devido à concorrência de candidatos com habilitações liceais, «acrescendo que os seus estudos na Escola não têm qualquer equiparação oficial para outro cargo ou profissão».

[677] Na documentação existente no Arquivo da Escola não encontrámos qualquer referência à organização de cursos de auxiliares de enfermagem especializada, cursos de enfermagem especializada, de administração hospitalar e especiais.

[678] AESEAF, B-21,5,1, Correspondência Recebida e Expedida, 1959, 16 de Julho de 1959.

[679] Houve apenas uma pequena actualização quanto aos requisitos para a admissão no curso complementar, a qual evidenciava uma valorização do bom aproveitamento escolar: segundo o Regulamento das Escolas de Enfermagem de 1952, os candidatos àquele curso tinham de possuir o curso de enfermagem geral, o 2.º ciclo do curso dos liceus e três anos de prática hospitalar com boas informações de serviço; o Regulamento da Escola de 1953 acrescentava que «o período de prática hospitalar será reduzido a um ano se o candidato tiver a informação escolar de *muito bom* e a dois anos se tiver obtido a informação escolar de *bom*» (art. 55.º, § 1.º).

exame de aptidão, que não existia em 1920, mas que se estendeu a todos os candidatos em 1953, ficando apenas dispensados os que pretendessem matricular-se no curso de auxiliares ou no geral e estivessem habilitados com o 2.º ciclo dos liceus.

No que respeita à idade, o Regulamento de 1953 previa a hipótese de serem admitidos à frequência do curso de enfermagem os candidatos com mais de 15 anos e menos de 18 e com mais de 30 anos e menos de 35, «mediante autorização especial do Ministro do Interior, ouvida a direcção da Escola e ponderadas as circunstâncias de cada caso» (art. 54.º, § 1.º). A análise dos dossiers de correspondência expedida pela Escola para a Direcção-Geral de Assistência revela que, todos os anos, era significativo o número de pedidos de dispensa de idade legal por parte dos candidatos à admissão. A maioria dos pedidos dizia respeito a rapazes e raparigas com idade inferior a 18 anos e, em certos casos, mesmo inferior a 15 anos. A título de exemplo, em Outubro de 1950, o Secretário da Escola enviou para aquela Direcção os pedidos de cinco candidatos, um rapaz com 17 anos e outro com 14, duas raparigas com 14 e uma com 13[680]. Em nenhum dos casos a Escola dava parecer favorável.

Foto 31 – Curso geral de enfermagem da Escola Ângelo da Fonseca, em Novembro de 1944. Em baixo, ao centro, João Porto, ladeado pelo Prof. Dr. Nunes da Costa e pelo Dr. Tristão Ribeiro. Ao lado destes, o fiscal Duarte e o enfermeiro-chefe José Pinto Teles. Na terceira fila, o quarto aluno da esquerda é o futuro enfermeiro Cortez, «a pessoa mais magra do curso, pois também era o mais novo, com apenas 17 anos». Fonte: AFESEAF, oferecida pelo «Enfermeiro Cortez» em 2005.

É provável que o grande número de pedidos de dispensa da idade legal por parte de candidatos muito jovens estivesse em relação, a partir de 1952, com a extinção do curso de pré-enfermagem, o qual se destinava a pessoas com a idade mínima de 15 anos e visava preencher uma parte do tempo que separava a instrução primária obrigatória da preparação profissional. De qualquer forma, a Escola não encarava com bons olhos a concessão de autorizações especiais a candidatos com menos de 18 anos. Tal é evidente num ofício de 1953 enviado ao Inspector-Chefe da Assistência Social, em que o Director solicitava licença para dar informação desfavorável em todos os requerimentos de candidatos que não demonstrassem completar a idade de 18 anos até ao final daquele ano[681]. João Porto justificava esse pedido com o facto de a Escola considerar que as alunas muito jovens não estavam emocionalmente preparadas para uma profissão tão exigente: «A profissão de enfermagem exige, não só a robustez física [...] mas, acima de tudo, uma estabilidade emocional e uma maturidade psíquica e moral raramente existentes em candidatos com menos de 18 anos». Em muitos casos,

---

[680] AESEAF, B-20,1,1, Correspondência Expedida, 1949-1950, 3 de Outubro de 1950.
[681] AESEAF, B-20,1,1, Correspondência Expedida, 1953, 12 de Agosto de 1953.

o contacto com uma realidade dura teria mesmo consequências nefastas para as raparigas. Segundo João Porto, «as alunas penetram subitamente num mundo de misérias físicas e morais tão denso e perturbante que algumas sofrem desequilíbrios e crises graves, de que temos experiências dolorosas. E muitas ficam "perturbadas" para toda a vida»[682].

Mais tarde, em 1963, a questão dos pedidos de dispensa de idade legal por jovens com menos de 18 anos voltaria a motivar uma missiva ao Inspector-Chefe, desta vez para propor que aquele limite mínimo não sofresse quaisquer excepções, embora apenas aplicado ao curso de auxiliares de enfermagem[683]. Na verdade, nesta altura, a preocupação com a imaturidade dos candidatos muito jovens associava-se a uma outra, relacionada com o excesso de concorrentes à admissão no curso de auxiliares. Perante a reduzida capacidade da Escola e o inconveniente de ficarem alunos aprovados sem cabimento na frequência, aquela via-se mesmo obrigada a usar critérios mais exigentes no exame de aptidão. O problema já não se colocava para o curso geral, cuja frequência era bastante mais baixa. Por outro lado, pensando no interesse dos alunos, destacava-se que a maior duração desse curso (três anos) e o menor número de estudantes permitiam à Escola prestar-lhes «cuidados e assistência mais adequada», minorando os problemas resultantes do confronto com a realidade da profissão.

Que a posição da Escola na matéria dos pedidos de dispensa de idade legal não era motivada apenas pela preocupação com os alunos provam-no dois ofícios dirigidos ao Inspector-Chefe nos meses de Setembro de 1960 e de 1961[684]. No primeiro, à semelhança do que aconteceria em 1963, tendo em conta a determinação de serem admitidos à frequência da Escola todos os candidatos aprovados no exame de admissão e visto haver já cerca de 80 candidatos ao curso de auxiliares reunindo as condições de admissão obrigatória, propunha-se o indeferimento de todos os requerimentos para isenção de idade legal (eram já 37 e o número tendia a aumentar). Pelo contrário, em 1961, a par da lista dos candidatos ao curso de auxiliares que requeriam dispensa da idade legal, o Administrador da Escola enviava a informação de que naquele ano se verificava uma redução significativa do número de inscrições no curso, considerando que tal facto poderia abonar a favor dos requerentes. Trata-se, portanto, de duas posições diferentes, ora contra ora a favor do deferimento dos pedidos de dispensa de idade legal, consoante aumentava ou diminuía a procura do curso de auxiliares.

Apesar de tudo, havia consciência dos problemas que a frequência de um curso de enfermagem poderia trazer a candidatos demasiado jovens. A esse respeito, é clara a referida proposta sobre o limite mínimo de idade para a admissão no curso de auxiliares, apresentada em 1963 e da responsabilidade do monitorado da Escola[685].

---

[682] O Director acrescentava que «o conhecimento de tantas crises e perturbações de que as mais novas são vítimas» derivava do facto de a Escola, através do Lar, «seguir e amparar individualmente cada uma das suas alunas».

[683] AESEAF, B-20,1,1, Correspondência Expedida, 1963, 5 de Setembro de 1963. O Administrador solicitava uma resposta urgente, pois era conveniente estabelecer uma regra antes do dia 20 seguinte, «de forma a evitar exames inúteis».

[684] AESEAF, B-20,1,1, Correspondência Expedida, 1960, 10 de Setembro de 1960 e 1961, 15 de Setembro de 1961.

[685] AESEAF, B-20,1,1, Correspondência Expedida, 1963, 5 de Setembro de 1963.

A proposta retomava, desenvolvendo-os, os argumentos adiantados por João Porto em 1953. Os monitores consideravam que o curso de auxiliares exigia dos alunos «um desenvolvimento físico e psíquico que normalmente não está formado nas idades inferiores aos 18 anos». Admitir candidatos nessas condições seria, pois, inconveniente sob todos os pontos de vista (pedagógico, físico e psíquico). Quanto ao rendimento escolar, dadas as referidas circunstâncias, os alunos seriam «afectados severamente». Por fim, também em termos morais a admissão de alunos menores de 18 anos teria «efeitos altamente perniciosos». A principal preocupação residia nas alunas, vistas como mais susceptíveis de comportamentos desviantes, devido ao facto de se «pôr em contacto raparigas ainda jovens, com um mundo de tentações, para as quais ainda não possuem estabilidade mental indispensável à sua defesa».

Estes argumentos remetem para a importância de outras duas condições de admissão à Escola, comuns aos Regulamentos de 1920 e de 1953, nomeadamente, um comportamento moral e civil irrepreensível e as necessárias condições físicas. Quanto ao primeiro aspecto, os dois documentos exigiam um atestado comprovativo, passado pelas autoridades civis ou religiosas da localidade de residência[686]. O valor atribuído à conduta moral dos alunos é evidente, por exemplo, numa deliberação do Conselho de Direcção, de 1957, que recusou a admissão aos exames de aptidão a uma candidata ao curso geral, em virtude de as informações prestadas pelo pároco da sua freguesia de residência, quanto à sua idoneidade moral, não serem satisfatórias[687].

Em relação às condições físicas e de saúde, tal como o Regulamento de 1920 fazia depender a admissão à Escola da aprovação dos candidatos em junta médica, verificando-se não serem «portadores de moléstia contagiosa», terem a robustez e a saúde necessárias e estarem vacinados, o de 1953 estipulava a realização de exames médicos para averiguar se os alunos possuíam «as condições físicas consideradas indispensáveis para o exercício da profissão» (art. 62.º). De acordo com este último Regulamento, caberia ao médico escolar requisitar os exames e as análises necessários, ordenar as vacinações aprovadas pela direcção da Escola e propor os tratamentos que julgasse necessários, desde que a afecção de que o candidato fosse portador não o excluísse da frequência da instituição (art. 63.º e 64.º). No ano de 1959 seria aprovada uma tabela oficial de lesões ou insuficiências incompatíveis com a admissão nas escolas de enfermagem[688]. Procurava-se, assim, uniformizar as condições físicas mínimas exigidas nas várias instituições, tendo o documento sido elaborado por uma comissão da qual fizeram parte representantes de escolas oficiais e particulares[689].

Os exames de admissão, regulamentados em 1953, tinham lugar perante júris constituídos por professores da Escola e presididos pelo seu Director ou por um delegado da Inspecção da Assistência Social, caso esta resolvesse fiscalizar o acto (art. 68.º). Os

---

[686] Em particular, a autoridade policial superior, no Regulamento de 1920 (art. 17.º, 2.º), e a junta de freguesia ou o pároco, no de 1953 (art. 66.º, 3.º).

[687] AESEAF, 35,4,2, *Livro de Actas do Conselho de Direcção*, acta n.º 42, 3 de Setembro de 1957, fls. 9v./10.

[688] «Admissão nas escolas de enfermagem», *Revista de Enfermagem*, n.º 7, Janeiro/Fevereiro de 1959, p. 44.

[689] Estiveram representadas a Escola Artur Ravara, a do Hospital de Santa Maria, a de S. Vicente de Paulo e a das Missionárias de Maria.

respectivos programas eram elaborados pela mesma Inspecção, mas os pontos de exame eram da responsabilidade dos membros do júri (art. 69.º e 73.º). Poderia haver provas escritas, orais e de investigação psicotécnica, resultando a classificação final, dada em reunião do júri, da média das provas prestadas (art. 77.º).

Na correspondência expedida pela Escola e nas actas do Conselho de Direcção encontramos a composição do júri dos exames de aptidão e/ou a indicação das matérias a avaliar para três anos lectivos da década de 1950 e para quase todos os da década de 1960. No ano lectivo de 1950/51, realizar-se-iam provas de aptidão para os cursos de pré-enfermagem, ainda a funcionar, auxiliares de enfermagem, geral e complementar. Embora neste caso não fossem indicadas as matérias que cada elemento do júri teria de avaliar, sabemos, através das listas de professores enviadas anualmente à Direcção-Geral da Assistência, quais as disciplinas que leccionavam e, portanto, qual a área sobre que incidiria o seu exame. O quadro seguinte apresenta os nomes dos referidos elementos do júri para cada um dos quatro cursos e as cadeiras que asseguravam.

| Cursos | Elementos do júri | Disciplinas leccionadas |
|---|---|---|
| Curso de Pré-Enfermagem | Padre Eugénio Martins | Português (Pré-Enfermagem, 1.º e 2.º anos); Moral e Religião (todos os cursos); Ética (Auxiliares) |
| | Dr. Manuel Miranda Ramos Lopes | Higiene (Pré-Enfermagem, 2.º ano, e Auxiliares) |
| Curso de Auxiliares Enfermagem | Odília de Jesus Freitas | Francês (Pré-Enfermagem, 1.º e 2.º anos); Português (Auxiliares) |
| | Evaristo de Meneses Pascoal | Aritmética (Pré-Enfermagem, 1.º ano, e Auxiliares); Contabilidade (Geral, 1.º e 2.º anos) |
| Curso Geral de Enfermagem | Padre Eugénio Martins | Português (Pré-Enfermagem, 1.º e 2.º anos); Moral e Religião (todos os cursos); Ética (Auxiliares) |
| | Odília de Jesus Freitas | Francês (Pré-Enfermagem, 1.º e 2.º anos); Português (Auxiliares) |
| | Dr. Manuel Miranda Ramos Lopes | Higiene (Pré-Enfermagem, 2.º ano, e Auxiliares) |
| Curso Complementar | Dr. Fernando Baeta Bissaia Barreto Rosa | Higiene; Serviço Social (Geral, 2.º ano) |
| | Dr. Egídio Aires de Azevedo | Patologia; Higiene e Epidemiologia (Geral, 2.º ano) |

Quadro 13 – Júri dos exames de aptidão do ano lectivo de 1950/51 e disciplinas leccionadas no mesmo ano (curso e ano respectivo) por cada um dos seus elementos.

No ano lectivo de 1953/54, realizar-se-iam exames de aptidão para os cursos de auxiliares de enfermagem e geral. Num ofício datado de Maio de 1953 e dirigido ao Inspector-Chefe da Assistência Social, o Administrador da Escola propunha, de acordo com as instruções já recebidas, os respectivos planos e programas[690]. Os planos eram semelhantes aos que podemos deduzir, a partir das disciplinas leccionadas pelos membros do júri, para o ano de 1950/51. Assim, os candidatos ao curso de auxiliares de enfermagem seriam avaliados nas matérias de Português, Aritmética e Ciências Naturais. O programa para cada uma destas disciplinas era o que vigorava para o exame do ensino primário complementar. Os candidatos ao curso geral fariam exames de Português, Francês, Aritmética e História, versando os três primeiros sobre as matérias constantes dos programas do 1.º ciclo liceal[691].

No ano lectivo de 1959/60, para cada um dos dois cursos referidos realizar-se-iam apenas dois exames de aptidão, um de Português e outro de Aritmética. Os exames do curso de auxiliares eram da responsabilidade de Maria Amélia Batalhão, professora de Português, e dos enfermeiros Francisco Cândido da Silva e Maria da Glória Côrte-Real Araújo Alves. Os exames do curso geral eram realizados pelos enfermeiros Alberto da Silva Mourão (Português) e Delmina dos Anjos Moreira (Aritmética). Tinha, pois, sido entregue aos monitores a tarefa de seleccionar os candidatos à frequência da Escola através dos exames de aptidão. Na verdade, ao longo dos anos sessenta, não só as matérias de exame para ambos os cursos cristalizaram nas disciplinas de Português e de Aritmética, como aqueles passaram a ser da responsabilidade dos monitores-chefes da Escola, coadjuvados pelos monitores e seus auxiliares. É curioso verificar que, a partir de 1966/67, quando a matéria de Português deixou de ser avaliada pela professora Amélia da Assunção Batalhão, houve uma separação por sexos ao nível do júri, cabendo à Monitora-Chefe (e auxiliares) os exames de Português e ao Monitor-Chefe (e auxiliares) os de Aritmética.

Como se disse, nos exames de aptidão poderia haver provas de aferição psicotécnica. Segundo o Regulamento, «os testes psicotécnicos são feitos e classificados [...] por professor ou médico da Escola, auxiliado pelos monitores» (art. 76.º)[692]. A Escola parecia dar importância a essas provas, que realizara pela primeira vez no ano lectivo de 1951/52, ainda antes da publicação do novo Regulamento. De acordo com um ofício dirigido ao Inspector-Chefe da Assistência Social, no ano de 1952/53 os exames psicotécnicos constaram de provas mentais e psicofisiológicas[693]. Aquelas testavam a «inteligência geral», a «memória de conservação visual», a «memória de conservação auditiva» e a «faculdade de compreensão»; as provas psicofisiológicas destinavam-se a avaliar a «aptidão

---

[690] AESEAF, B-20,1,1, Correspondência Expedida, 1953, 9 de Maio de 1953.

[691] Para o exame de História, o Administrador da Escola propunha o programa seguinte: «1 – As grandes divisões da história. Noções muito gerais. 2 – Factos principais ocorridos em cada uma destas divisões. Simples enunciação e relacionação com a história de Portugal. 3 – Noções gerais de história de Portugal.»

[692] No início da década de 1950, os testes psicotécnicos eram da responsabilidade do médico escolar. Já no ano lectivo de 1959/60, estavam a cargo do professor António José de Amorim Robalo Cordeiro (AESEAF, 35,4,2, *Livro de Actas do Conselho de Direcção*, acta n.º 62, 21 Setembro 1959, fls. 34v./35).

[693] AESEAF, B-20,1,1, Correspondência Expedida, 1953, 9 de Maio de 1953.

mecânica», a «atenção distribuída», a «coordenação motora» e a «faculdade de precisão táctil». O Administrador da Escola informava que as provas tinham tido um carácter experimental, pelo que se estava procedendo a estudos, «a fim de fixar o plano definitivo destes exames».

Mais tarde, concluir-se-ia, porém, que as provas psicotécnicas, entretanto fixadas no Regulamento de 1953, exigiam «conhecimentos e aparelhagem de que esta Escola ainda não dispõe» e decidir-se-ia recorrer aos serviços prestados pelos técnicos do Instituto de Orientação Profissional, sediado em Lisboa, pagando-se as respectivas deslocações[694]. De qualquer forma, «a morosidade da saída das classificações, as despesas realizadas e os resultados pouco certos que apresentaram, levaram a Direcção da Escola a desistir nos anos seguintes desta colaboração»[695]. A partir daí, durante vários anos, a Escola ter-se-á limitado a aplicar testes para determinar a idade mental dos candidatos[696]. Não tinham qualquer relevância para a admissão, mas forneciam aos professores elementos concernentes à capacidade intelectual dos alunos. Por fim, essa prova foi retirada, sendo que, em meados dos anos sessenta, teria apenas lugar uma entrevista realizada pela Monitora-Chefe da Escola, «com resultados [...] não inferiores aos dos chamados exames psicotécnicos».

Uma vez realizados os exames de aptidão, cabia à Secretaria da Escola publicar a lista dos candidatos aprovados para frequência, sendo a precedência estabelecida tida em conta para determinar os candidatos a admitir definitivamente, quando o número de vagas nos vários cursos fosse inferior ao dos candidatos aprovados (art. 79.º, § 1.º). Os alunos admitidos à frequência da Escola consideravam-se matriculados (art. 80.º). Tinha então início um período de observação, de três meses para os alunos do curso de auxiliares e de cinco para os do curso geral, «durante o qual se procederá à sua progressiva adaptação profissional e à verificação das qualidades pessoais consideradas mínimas para o exercício da enfermagem» (art. 81.º). No final desse período e de acordo com o desempenho dos alunos, a matrícula seria confirmada ou rejeitada pelo Conselho de Direcção.

A confirmação da matrícula estava essencialmente dependente das qualidades pessoais evidenciadas pelos alunos. Assim, por exemplo, em 1958, aquela foi recusada a duas alunas do curso geral e a uma do curso de auxiliares por não possuírem as «qualidades necessárias ao desempenho da profissão»; também o foi a uma aluna do curso de auxiliares porque «não possuía qualidades de carácter e maturidade suficientes para a frequência da Escola»[697]. Da mesma forma, em 1964, o Conselho de Direcção não confirmou a matrícula de um aluno do curso de auxiliares, por proposta do

---

[694] AESEAF, B-20,1,1, Correspondência Expedida, 1953, 8 de Outubro de 1953.

[695] AESEAF, B-20,1,1, Correspondência Expedida, 1966, 14 de Setembro de 1966. Entre os numerosos testes de personalidade realizados na Escola pelos técnicos do Instituto de Orientação Profissional, constam o de Rorschach e o T.A.T. (Teste de Apercepção Temática). Ambos são testes projectivos, de índole psicanalítica, e visam revelar aspectos mais profundos da personalidade, que se projectam nas situações em que o sujeito é colocado. Para mais pormenores, ver Manuela Monteiro e Milice Ribeiro dos Santos, *Psicologia 12.º ano*, 1.ª parte, Porto, Porto Editora, 2002, pp. 64-65.

[696] Segundo o médico, esta prova era «retirada de um dos numerosos tratados da especialidade com ligeiras adaptações ao nosso meio».

[697] AESEAF, 35,4,2, *Livro de Actas do Conselho de Direcção*, acta n.º 45, 1 de Março de 1958, fls. 14v./15.

Monitor-Chefe[698]. Segundo este, o aluno tinha por hábito pedir dinheiro emprestado aos doentes, o que foi confirmado pelo próprio e considerado «uma falha excepcionalmente grave que revela incapacidade de adaptação ao curso».

O Regulamento previa a possibilidade de transferência de alunos entre as escolas particulares e oficiais até ao final do 2.º período lectivo (art. 84.º). Através de um ofício dirigido ao Inspector-Chefe da Assistência Social, ficamos a saber que eram numerosos os pedidos de transferência de alunas da Escola de Enfermagem de S. Vicente de Paulo para a Escola Ângelo da Fonseca[699]. O Director desta instituição considerava vantajosa a transferência para as escolas oficiais de alunos bem preparados no ensino particular, embora colocasse a questão das equivalências, uma vez que os exames de passagem de ano das escolas particulares não eram fiscalizados pelo Estado e, logo, não tinham valor oficial. João Porto sugeria que, para resolver esse problema, se submetessem os alunos das escolas particulares que requeressem transferência a um exame de admissão efectuado nas escolas oficiais. Independentemente de provirem de escolas particulares ou de outras escolas oficiais, o número de alunos admitidos na Escola por transferência deve ter sido significativo em alguns anos, como sugere um ofício enviado ao Inspector-Chefe em 1960. Nesse documento, o Director informava que a frequência de alunos no curso de auxiliares de enfermagem já era tão elevada que não era possível admitir mais alunos por transferência de outras escolas[700].

### 4.5. As actividades circum-escolares e o funcionamento dos cursos

O Regulamento de 1953 estipulava que as disciplinas a leccionar nos vários cursos e os tempos lectivos semanais seriam fixados pelo Ministério do Interior, através da Inspecção da Assistência Social (art. 88.º). Esses planos de estudo e programas seriam o mínimo exigido, podendo a Escola acrescentar outras matérias ou disciplinas, que deveriam ser submetidas a aprovação superior.

Como novidade, o Regulamento previa a realização de «actividades circum-escolares», mais concretamente, todas as que «tenham em vista promover ou completar a formação profissional, artística, moral e social dos alunos», incluindo «conferências, visitas e excursões de estudo, sessões de cinema ou teatro cultural, exposições, colónias ou campos de férias» (art. 89.º). Nos anos de 1950, de acordo com a documentação analisada, a Escola apenas terá realizado visitas de estudo. Nos anos de 1960, reforçaria o investimento naquelas actividades, mas exploraria igualmente outras áreas de intervenção circum-escolar, entre as quais o cinema.

A referência mais antiga relativa a actividades circum-escolares remonta a 1954, imediatamente a seguir à publicação do Regulamento. Em Março desse ano, João Porto solicitava ao Director-Geral da Assistência autorização para a realização de uma visita de estudo, bem como a concessão de um subsídio extraordinário de 10.000$00[701].

---

[698] AESEAF, 35,4,2, *Livro de Actas do Conselho de Direcção*, acta n.º 91, 13 de Janeiro de 1964, fl. 77v.

[699] AESEAF, B-20,1,1, Correspondência Expedida, 1952-1953, 22 de Julho de 1952.

[700] AESEAF, B-20,1,1, Correspondência Expedida, 1960, 28 de Março de 1960.

[701] Este subsídio juntar-se-ia aos 3.000$00 pagos pelos alunos (sessenta, cada um com uma cota de 50$00) e aos 10.000$00 previstos no orçamento da Escola, sendo de 23.000$00 o custo total da visita. Ver AESEAF, B-20,1,1, Correspondência Expedida, 1954, 16 de Março de 1954.

O programa da visita, que decorreu entre 8 e 11 de Abril, incluía a deslocação a hospitais, escolas de enfermagem e monumentos, sobretudo na zona de Lisboa. Mais especificamente, foram visitados o Hospital Escolar, o Instituto de Oncologia, o Banco do Hospital de S. José, a Escola Artur Ravara, a de S. Vicente de Paulo e a Escola Técnica de Enfermeiras, bem como o Hospital da Misericórdia das Caldas da Rainha, os Mosteiros da Batalha e de Alcobaça e o Convento de Mafra.

Nos anos seguintes e até ao final da década de 1950, de acordo com as contas de gerência, as despesas da Escola com as actividades circum-escolares oscilaram entre 4.490$00 e 17.163$00. Em 1958 a revista *Enfermagem Portuguesa* informava da realização de outras duas visitas de estudo, uma destinada aos alunos do 3.º ano do curso geral e outra aos alunos do curso de auxiliares[702]. Os primeiros deslocaram-se a Lisboa, de 13 a 17 de Abril, tendo visitado várias escolas e hospitais, nomeadamente, a Escola de Enfermagem do Hospital de Santa Maria, a Escola Artur Ravara e a Escola Técnica, o Banco do Hospital de S. José, o Hospital de Santa Maria, o Hospital do Ultramar e o Instituto de Oncologia. Os alunos do curso de auxiliares realizaram um passeio de um dia, em Maio, passando por Penacova, onde visitaram o Preventório e o Hospital, pelo Buçaco, pelo Luso, onde almoçaram[703], por Aveiro e, no regresso, pela Costa Nova, por Ílhavo e por Mira. Segundo a revista citada, esse passeio «teve sucesso desusado, não só pelo elevado número de alunos [...] como pela alegria esfusiante».

Fotos 32 e 33 – Visitas de estudo realizadas em 1958. Alunos do 3.º ano do curso geral, acompanhados pela Monitora-Chefe e pelos Monitores, na Escola Técnica de Enfermeiras (à esquerda) e alunos do curso de auxiliares em Penacova (à direita). Fonte: *Enfermagem Portuguesa*, n.º 3, Maio/Junho 1958, pp. 46-47.

Em 1959 esteve prevista a realização de uma viagem de estudo a Espanha, chegando a ser adjudicado o transporte[704]. Todavia, a viagem foi anulada por despacho superior, sendo substituída por uma outra a vários estabelecimentos de assistência e escolas de

---

[702] «Escola "Dr. Ângelo da Fonseca" – Coimbra. Visitas de estudo» e «Passeio dos auxiliares de Enfermagem», *Enfermagem Portuguesa*, n.º 3, Maio/Junho 1958, pp. 46-47.

[703] Ver adjudicação da despesa com o almoço dos alunos do curso de auxiliares ao Hotel dos Banhos do Luso em AESEAF, 35,4,5, *Livro de Actas do Conselho Administrativo*, acta n.º 19, 10 Maio 1958, fl. 18v.

[704] AESEAF, 35,4,5, *Livro de Actas do Conselho Administrativo*, acta n.º 23, 10 Março 1959, fls. 21v./22. O serviço de transporte custaria 15.110$00.

enfermagem do Norte do país[705]. A *Enfermagem Portuguesa* noticiou também essa visita, destinada aos finalistas dos cursos geral e complementar e que se realizou de 6 a 10 de Abril, com passagem pelo Porto, por Braga e ainda pela vila da Tocha, onde foi visitado o Hospital-Colónia Rovisco Pais[706]. Nesse mesmo ano, o curso de auxiliares visitou algumas localidades do centro do país (Fátima, Batalha, Alcobaça, entre outras), numa viagem aparentemente com intuitos turísticos[707].

A análise dos dados permite-nos concluir que a realização de pelo menos uma visita de estudo por ano passou a fazer parte do plano de actividades da Escola Ângelo da Fonseca, a exemplo do que ocorria noutras instituições similares. Todavia, a partir de 1960, por razões orçamentais, estas deslocações foram objecto de severas restrições, impostas pelo Ministro da Saúde e Assistência[708]. Não seriam permitidas as viagens ao estrangeiro e mesmo as deslocações no interior do país ficariam sujeitas a prévia autorização superior.

No que diz respeito ao funcionamento dos cursos propriamente dito, o Regulamento de 1953 estabelecia a adopção do ano escolar dos estabelecimentos de ensino liceal, embora, no período de férias de Verão, os alunos fossem obrigados a prestar um mês de estágio ou tirocínio (art. 91.º). O ensino seria feito em aulas teóricas, aulas práticas e estágios. As primeiras destinavam-se a ministrar «os princípios fundamentais das ciências contidas nos planos de estudo»; as aulas práticas tinham por fim o ensino das «técnicas de enfermagem, integradas nos princípios referidos nas aulas teóricas»; nos estágios, aplicavam-se os conhecimentos adquiridos nas aulas (art. 94.º).

Relativamente aos estágios, mantém-se, em geral, o que já fora estipulado no Regulamento de 1952. O novo Regulamento determinava a obrigatoriedade de a Escola elaborar os seus planos de estágio tendo em atenção os das escolas particulares ligadas aos Hospitais da Universidade (art. 95.º, § único). Por outro lado, estabelecia claras distinções de género ao nível das áreas médicas de intervenção e das tarefas a executar. Aos alunos do sexo masculino seriam vedados os estágios em Obstetrícia, Ginecologia e Pediatria, tendo em alternativa os de Dermato-Venerologia e Urologia. Para as alunas eram obrigatórios os estágios de «cozinha de dietas» e de rouparia (art. 97.º, § 1.º e 2.º). Os estágios seriam sempre seguidos e orientados pelos monitores, que também regiam as aulas práticas e as aulas teóricas de "Técnica de Enfermagem" e de "Adaptação Profissional". As restantes aulas teóricas estavam a cargo dos professores (art. 96.º).

Tanto as aulas (teóricas e práticas) e os estágios como as visitas de estudo eram de frequência obrigatória para todos os alunos (art. 97.º), sendo-lhes ainda exigido o cumprimento de determinadas regras de conduta, como «pontualidade», «disciplina e compostura», «irrepreensível comportamento moral», executar serviços «com a maior diligência e zelo», «tratar os doentes com carinho e solicitude», entre outras (art. 98.º).

Como forma de avaliação, o Regulamento previa a realização de chamadas, trabalhos práticos e exercícios escritos (art. 99.º). A nota final correspondia à média das notas obtidas durante o ano e só poderiam ser propostos a exame os alunos que,

---

[705] AESEAF, 35,4,5, *Livro de Actas do Conselho Administrativo*, acta n.º 24, 19 Março 1959, fls. 22v./23. O serviço de transporte custou 10.000$00.
[706] «Escola Dr. Ângelo da Fonseca – Coimbra», *Enfermagem Portuguesa*, n.º 9, Maio/Junho 1959, p. 48.
[707] *Idem*. De uma forma pouco clara, afirma-se que esse passeio teve «uma organização particular».
[708] AESEAF, B-20,1,1, Correspondência Expedida, 1960, 22 de Janeiro de 1960.

para além de possuírem as qualidades pessoais necessárias à profissão de enfermagem, reconhecidas pelo Conselho Escolar, obtivessem média igual ou superior a 10 valores em todas as disciplinas excepto uma (art. 102.º).

O Regulamento impunha a reprovação sempre que o aluno desse faltas em número superior ao dos tempos semanais de cada disciplina ou estágio multiplicado por três (art. 106.º), excepto quando devidamente justificadas. Em termos disciplinares, definia-se uma série de sanções aplicáveis aos alunos por faltas praticadas durante os exercícios escolares e que iam desde a simples admoestação até à exclusão temporária ou definitiva da frequência de todas as escolas de enfermagem, passando por um conjunto de penalizações (marcações de falta, repreensões, suspensões). O documento não deixava de salientar «o carácter paternal e educativo da acção disciplinar».

Um exemplo concreto de acção disciplinar da Escola ocorreu em 1963 com dois alunos do curso de auxiliares, por não se encontrarem devidamente uniformizados, à entrada de uma aula, apesar de terem sido advertidos pelo enfermeiro assistente para o fazer[709]. Sendo já reincidentes, foi-lhes aplicada uma pena de dois dias de suspensão.

### 4.6. Os exames

O Regulamento de 1953 previa a realização de exames de passagem e de exames finais, tal como o Regulamento geral de 1952 e ao contrário do Regulamento de 1920, que estipulava apenas a realização de exames finais. Os exames de passagem tinham como finalidade «apurar o aproveitamento dos alunos e verificar a sua aptidão para o exercício de enfermagem», sendo que os alunos aprovados transitavam para o ano imediato do respectivo curso (art. 112.º). Eram elaborados por júris presididos pelo director ou seu delegado e constituídos pelos professores das disciplinas ministradas durante o ano (art. 113.º). Constavam de provas práticas, escritas e orais (art. 114.º).

Já os exames finais eram realizados pelos alunos do último ano de cada curso e tinham por fim aferir das «qualidades e conhecimentos indispensáveis ao exercício da profissão» (art. 115.º). Eram prestados perante júris presididos por um delegado do Ministro do Interior e tendo como vogais professores de todas as escolas interessadas, isto é, para além da Escola Ângelo da Fonseca, as escolas particulares de enfermagem da zona hospitalar do centro, cujos alunos ali realizariam os exames finais (art. 116.º). Assim, entre os vogais dos júris propostos anualmente pela Escola, contavam-se, para além dos seus próprios professores, que constituíam a maioria, docentes da Escola de Enfermagem Rainha Santa Isabel, de Coimbra. Os primeiros anos lectivos em que tal aconteceu foram 1949/50, antes ainda da publicação do Regulamento, no caso do curso geral, e 1954/55, para o curso de auxiliares. Os Quadros seguintes elencam as cadeiras sujeitas a exame final nesses dois anos, bem como os respectivos professores e as instituições em que leccionavam.

Os exames finais constariam de provas práticas, escritas e orais, tendo como objecto as disciplinas ensinadas no último ano de cada curso (art. 123.º). As provas práticas far-se-iam perante o presidente do júri e os professores de Técnica e seriam, quando possível, orientadas para trabalhos de prática diária das enfermarias. Exigia-se aos alunos

---

[709] AESEAF, 35,4,2, *Livro de Actas do Conselho de Direcção*, acta n.º 87, 21 de Maio de 1963, fls. 69v./70.

| Curso geral (1949/50) | | |
|---|---|---|
| Cadeiras | Professores | Escola |
| Patologia | Dr. Renato de Azevedo Correia Trincão | RS |
| Terapêutica e Farmacologia | Dr. João José Lobato Guimarães | AF e RS |
| Higiene Geral | Dr. Fernando Baeta Bissaia Barreto Rosa | |
| Técnica de Enfermagem | Dr. José Dinis Vieira | |
| Higiene e Epidemiologia | Dr. Egídio Aires de Azevedo | |
| Obstetrícia | Dr. Ibérico Nogueira | AF e RS |
| Serviço Social | Dr. Fernando Baeta Bissaia Barreto Rosa | |

| Curso de auxiliares de enfermagem (1954/55) | | |
|---|---|---|
| Cadeiras | Professores | Escola |
| Noções Elementares de Higiene, Bacteriologia, Parasitologia e Nutrição | Dr. António José de Amorim Robalo Cordeiro | AF |
| Noções elementares de Anatomia, Fisiologia, Patologia e Terapêutica | Dr. Jorge Biscaia | RS |
| Técnica de Enfermagem | Monitora-Chefe Maria Madalena Lopes Taveira, Monitores Maria Fernanda Resende, José Pinto Teles e Maria da Graça Clímaca | AF RS |

Quadros 14 e 15 – Disciplinas e docentes das cadeiras sujeitas a exame final (curso geral e curso de auxiliares de enfermagem).
Legenda: AF – Escola de Enfermagem Ângelo da Fonseca; RS – Escola de Enfermagem Rainha Santa Isabel.

«os cuidados totais de um doente ou grupo de doentes, com os relatórios respectivos e justificação das técnicas usadas» (art. 124.º). Para além disso, os alunos seriam também interrogados sobre conhecimentos gerais de enfermagem. As provas práticas teriam a duração que o presidente do júri achasse conveniente, enquanto as teóricas durariam 60 minutos para cada disciplina e as orais, entre 10 e 20 minutos.

Em Maio de 1951, ainda antes da publicação do novo Regulamento, a Escola recebeu uma circular da Inspecção da Assistência Social, incluindo «duas colecções dos pontos de técnica que hão-de servir de base aos exames finais»[710]. Estas haviam sido organizadas por uma comissão nomeada por despacho ministerial e composta pelas monitoras-chefes das Escolas de Enfermagem Artur Ravara, Ângelo da Fonseca e das Casas de S. Vicente de Paulo. O objectivo a alcançar era a uniformização do ensino de Técnica de Enfermagem das diferentes Escolas.

De acordo com a referida circular, cada aluno tiraria à sorte e resolveria um dos pontos constantes da respectiva colecção. Essa era a parte prática do exame e sem dúvida a mais importante. No final, os monitores procederiam a um interrogatório,

---

[710] AESEAF, B-21,5,1, Correspondência Recebida e Expedida, 1951, 30 de Maio de 1951.

destinado não só ao melhor esclarecimento da matéria prática dos pontos, mas também a aferir do nível de conhecimentos relativamente à matéria teórica. O exame teria uma duração de 20 a 30 minutos, incluindo o tempo de interrogatório. Portanto, não só dispensava a prova escrita, que viria a ser consagrada no Regulamento de 1953, como tinha, no total, uma duração menor do que a estipulada neste documento para os exames de todas as cadeiras. A título de exemplo, apresentamos alguns dos pontos (7 num total de 48) do exame final da disciplina de Técnica de Enfermagem do curso de enfermagem geral e que constituem uma das «colecções» elaboradas em 1951.

| | |
|---|---|
| Ponto n.º 1 | Fazer a cama para receber um operado no quarto. Sangue para Wassermann (separar material). Cruzado anterior do joelho. |
| Ponto n.º 8 | Lavagem de estômago. Material de demonstração. Como deitar um doente cardíaco descompensado. Cruzado posterior do punho. |
| Ponto n.º 16 | Como se lavam e esterilizam seringas. Material para uma sutura com agrafes. Técnica da sua aplicação. Ligadura de Velpeau. |
| Ponto n.º 24 | Toilete da tarde. Socorros urgentes a prestar pela enfermeira em caso de hemorragia externa (processo de hemostase provisória). Espiral do tórax. |
| Ponto n.º 32 | Preparar todo o material para um pneumotórax. Posição do doente. Técnica de colocar pontos separados. Espiral num dedo. |
| Ponto n.º 40 | Anestésicos gasosos. Preparação e cuidado com o aparelho. Esterilização de ferros na estufa de Poupinel. Ligadura de Velpeau. |
| Ponto n.º 48 | Técnica da lavagem de ouvidos a uma criança; aplicação de gotas. Imobilização provisória do membro inferior em caso de fractura da tíbia. Funda de nariz. |

Quadro 16 – Pontos de exame final da disciplina de Técnica de Enfermagem do curso de enfermagem geral (ano lectivo de 1950/51).
Fonte: AESEAF, B-21,5,1, Correspondência Recebida e Expedida, 1951, 30 de

Quanto às classificações finais, o Regulamento de 1953 estipulava que se obtinham pela média das provas práticas, escritas e orais (art. 128.º), sendo excluídos os alunos que na prova prática obtivessem nota inferior a 10 valores, bem como aqueles cuja média geral fosse inferior a 9,5 valores e aqueles que tivessem em qualquer prova nota igual ou inferior a 5 valores (art. 129.º). Aos alunos aprovados nos exames finais era passado um diploma, que constituiria título para o exercício da respectiva profissão (art. 133.º).

O Regulamento determinava ainda que «cada escola interessada nos exames pagará as gratificações legais aos membros do júri que a representem» e que as escolas particulares pagariam à Escola Ângelo da Fonseca a quantia de 50$00 por cada aluno proposto a exame. Em ofício dirigido ao Inspector-Chefe da Assistência Social, em 1955, o Administrador da Escola alertaria para os «inconvenientes graves» da aplicação daquele artigo, que «leva algumas escolas – notadamente as particulares – a suportarem encargos com exames de alunos das outras escolas, [...] desproporcionados ao número de examinandos que propõem»[711]. Coriolano Ferreira considerava mais justa e propunha que se retomasse a solução em vigor antes da publicação do Regulamento, em que a escola oficial abonava directamente a todos os membros do júri as gratificações pelo serviço de exames e recebia depois, das escolas particulares, a parte correspondente às alunas que estas tinham apresentado a exame.

### 4.7. O pessoal

De acordo com Regulamento de 1953, o pessoal da Escola compreenderia, para além do quadro da direcção, professores, monitores e auxiliares de monitor, encarregados de enfermarias-escolas e pessoal administrativo (art. 134.º). Alargava-se, pois, o quadro de pessoal relativamente ao primeiro Regulamento, que previa apenas o director, professores, enfermeiros auxiliares de ensino e o chefe de secretaria. O texto de 1953 definia igualmente as competências dos professores e dos monitores. Aos primeiros cabia reger as aulas teóricas de todas as disciplinas, excepto as de Técnica de Enfermagem; apresentar no início do ano lectivo o sumário das matérias a leccionar e compatibilizá-las com as restantes cadeiras; cooperar activamente na formação dos alunos; e ainda «ser exemplo de moralidade e de cumprimento dos deveres profissionais e cívicos» (art. 135.º). Aos monitores competia reger as aulas teóricas de Técnica de Enfermagem e de Adaptação Profissional, bem como todas as aulas práticas; elaborar anualmente o plano de estágios; chefiar os serviços de enfermagem das enfermarias-escola e daquelas que lhes fossem entregues para estágio dos alunos; orientar técnica e moralmente os alunos, incutindo-lhes o respeito pela profissão e constituindo exemplo moral e profissional. Finalmente, competia-lhes informar regularmente a Direcção do comportamento, aproveitamento e assiduidade dos alunos (art. 136.º). Aos auxiliares de monitores cabia coadjuvar aqueles no exercício das suas funções (art. 137.º).

O Regulamento de 1953 previa, ainda, a admissão, a título eventual, de professores e monitores para regerem determinadas disciplinas ou executarem serviços especiais, sendo remunerados com base no número de horas semanais de serviço.

Todo o pessoal da Escola seria nomeado pelo Ministro do Interior, sob proposta do director (art. 151.º). Os lugares de professores seriam providos por professores eventuais ou monitores com serviço qualificado de *bom* e, pelo menos, três anos de prática de ensino (art. 145.º). Já os monitores-chefes seriam escolhidos de entre os monitores com, pelo menos, três anos de prática de ensino e prestariam serviço em regime de comissão, renovada anualmente (art. 147.º). Os monitores recrutar-se-iam por concurso de provas práticas entre os ajudantes de monitores habilitados com o curso de enfermagem complementar; os ajudantes de monitor seriam escolhidos de entre os enfermeiros diplomados com o curso geral e informação escolar de *bom* ou

---

[711] AESEAF, B-21,1,1, Correspondência Recebida, 1955, 21 de Julho de 1955.

superior (art. 148.º e 149.º). Por fim, os encarregados de enfermarias-escola seriam recrutados entre os ajudantes de monitor (art. 150.º).

O novo quadro de pessoal da Escola foi aprovado pela Portaria n.º 14.376, de 12 de Maio de 1953[712], com base num projecto enviado pela Escola ao Inspector-Chefe da Assistência Social em Novembro de 1952[713]. Este incluía um estudo comparativo, em parte reproduzido no quadro seguinte, acerca dos gastos que o novo quadro de pessoal acarretava relativamente ao anterior.

|  | 1952 | | 1953 | |
| --- | --- | --- | --- | --- |
|  | N.º | Quantia | N.º | Quantia |
| **Pessoal de direcção e administrativo** | | | | |
| Director | 1 | 12.000$00 | 1 | 12.000$00 |
| Administrador | 1 | 12.000$00 | 1 | 12.000$00 |
| Médico escolar | 1 | 1.340$00 | 1 | 18.360$00 |
| Terceiro oficial | | | 1 | 20.052$00 |
| Escriturário de 1.ª classe | 1 | 15.960$00 | 1 | 15.960$00 |
| Dactilógrafo | 1 | 13.680$00 | 1 | 13.680$00 |
| **Pessoal docente e auxiliar** | | | | |
| Professores do quadro | | | 3 | 102.600$00 |
| Professores eventuais | | 103.680$00 | | 27.000$00 |
| Monitora-Chefe | 1 | 27.360$00 | 1 | 34.200$00 |
| Monitor-Chefe | 1 | 6.600$00 | 1 | 9.000$00 |
| Monitoras | 2 | 45.600$00 | 2 | 45.600$00 |
| Monitores | 2 | 13.200$00 | 2 | 19.800$00 |
| Encarregadas de enfermarias-escola | 2 | 45.600$00 | 3 | 58.680$00 |
| Encarregados de enfermarias-escola | | | 3 | 8.100$00 |
| Auxiliares de monitora | | | 2 | 31.920$00 |
| Auxiliares de monitor | | | 2 | 7.200$00 |
| Contínuo | 1 | 500$00 | | |

Quadro 17 – Comparação da despesa anual com o quadro de pessoal da Escola em 1952 e com o novo quadro proposto (aprovado pela Portaria n.º 14.376, de 1953).
Fonte: AESEAF, B-20,1,1, Correspondência Expedida, 1952, 20 de Novembro de 1952.

O novo quadro de pessoal implicaria um acréscimo de 122.592$00 na despesa anual[714], devido essencialmente ao significativo aumento do número de funcionários, de catorze para vinte e cinco[715]. Quanto ao pessoal de direcção e administrativo, o

---

[712] Portaria n.º 14.376, *Diário do Governo*, I Série, n.º 98, 12 de Maio de 1953.

[713] AESEAF, B-20,1,1, Correspondência Expedida, 1952, 20 de Novembro de 1952.

[714] Em parte, tal era compensado pelo aumento da receita, devido ao novo regime de emolumentos fixado no Decreto-lei n.º 38.884, de 28 de Agosto de 1952. De qualquer forma, haveria ainda que contar com 93.592$00 de despesa anual a mais.

[715] Em rigor, seriam vinte e quatro, visto que, apesar de a Escola propor três lugares na categoria de professor, a Portaria n.º 14.376, de 1953, só consignaria dois.

único elemento a mais era o terceiro oficial, que passaria a chefiar os serviços de secretaria. Segundo a «Memória justificativa» da proposta do novo quadro, tratava-se de um lugar «indispensável [...] por virtude da autonomia administrativa agora concedida à Escola e do alargamento dos seus serviços». Já ao nível do pessoal docente e auxiliar, passava-se de apenas oito elementos para dezanove. Enquanto do quadro vigente não constavam professores, sendo as aulas asseguradas por professores eventuais, no quadro proposto existiam três, o que permitia reduzir significativamente a despesa com os professores eventuais. Por outro lado, se no quadro em vigor existiam apenas duas encarregadas de enfermarias-escola, no quadro proposto passaram a existir seis encarregados, três de cada sexo. Do novo quadro constavam também dois auxiliares de monitor de cada sexo, elementos que não faziam parte do anterior.

Em contrapartida, desaparecia somente o lugar de contínuo. Em sua substituição, o Conselho Administrativo aprovaria, em 1959, a contratação de uma criada para a Escola, encarregue da arrumação e limpeza das salas, bem como de as abrir e fechar no final das aulas[716]. O seu vencimento sairia das despesas destinadas ao pessoal eventual e estaria equiparado ao de uma criada dos HUC. Nestas circunstâncias, em Fevereiro do ano seguinte, entraria ao serviço da Escola, como criada, Maria Alzira Pedroso dos Santos: tinha o 1.º grau da instrução primária e recebia 10$00 por dia[717].

Para além do maior número de funcionários, o projecto para o novo quadro de pessoal previa também o aumento do vencimento de alguns deles, nomeadamente, do médico escolar, da monitora-chefe e do monitor-chefe e dos dois monitores. Embora na «Memória justificativa» se esclarecesse que «o vencimento dos monitores-chefes é igual ao que está sendo abonado à monitora-chefe da Escola Artur Ravara», no quadro anexo verifica-se que o vencimento do monitor-chefe (9.000$00) era muito inferior ao da monitora-chefe (34.200$00). O mesmo acontecia com os monitores, os encarregados de enfermarias-escola e os auxiliares de monitores relativamente às colegas da mesma categoria. Tal pode explicar-se pelo facto de aqueles elementos do sexo masculino serem recrutados entre o pessoal hospitalar dos HUC, recebendo por isso simples gratificações[718].

Pode concluir-se da análise da documentação que, ao nível do pessoal, o impacto da legislação de 1952 se fez sentir sobretudo nas categorias de monitores. Os primeiros lugares de monitores da Escola foram criados em 1944[719]. Em 1949, provavelmente na sequência da legislação de 1947, a instituição já tinha ao seu serviço um monitor

---

[716] AESEAF, 35,4,5, *Livro de Actas do Conselho Administrativo*, acta n.º 34, 30 de Dezembro de 1959, fl. 33.

[717] AESEAF, B-20,1,1, Correspondência Expedida, 1960, 20 de Fevereiro de 1960.

[718] De acordo com uma das notas ao quadro de pessoal proposto pela Escola e depois incluída na Portaria n.º 14.376, «Metade dos lugares de Monitores-Chefes, monitores e seus auxiliares e ainda encarregados de enfermarias-escolas pode ser preenchida com enfermeiros dos HUC, que receberão gratificações de 500$00, 300$00, 200$00 e 150$00, respectivamente.» O Regulamento de 1953 incluiria um artigo de conteúdo idêntico (art. 142.º). Em Outubro de 1953 o Director da Escola referir-se-ia aos dois monitores que ali trabalhavam como «enfermeiros do quadro dos Hospitais que [...] desempenharão consultivamente as funções de monitores da secção masculina. A cargo deles está a vigilância dos estágios nos vários serviços hospitalares e nas enfermarias-escolas.» (AESEAF, B-20,1,1, Correspondência Expedida, 1953, 8 de Outubro de 1953).

[719] AESEAF, B-20,1,1, Correspondência Expedida, 1959, 20 de Maio de 1959.

e dois auxiliares de monitor[720]. Em Setembro desse ano, o então secretário da Escola, Coriolano Ferreira, solicitava ao Director-Geral da Assistência o deferimento do pedido efectuado no mês anterior para a criação de um lugar de monitora[721]. Segundo o requerente, tratava-se de uma situação urgente, exigida pela abertura do internato, o qual não poderia «funcionar com eficiência sem uma ou várias monitoras».

Em Novembro de 1950, o Director da Escola solicitaria confirmação superior da admissão de Maria da Cruz Repenicado Dias como monitora-chefe, bem como a celebração do respectivo contrato[722]. Aquela profissional era formada pela Escola de Enfermagem de S. Vicente de Paulo e especializada pela Universidade Católica da América, dos Estados Unidos.

Nos anos seguintes e na sequência da publicação do novo quadro de pessoal, a correspondência expedida pela Escola para a Direcção-Geral da Assistência dá conta de uma série de pedidos de confirmação de nomeações para os lugares de encarregadas de enfermarias-escola (ver Quadro 18), monitoras e auxiliares de monitoras.

A falta de provimento dos lugares previstos no quadro de pessoal afectava também a categoria de monitor. Em Outubro de 1954 apenas dois dos quatro lugares estavam ocupados, tendo o aumento de alunos justificado a admissão de Maria Fernanda Fragoso Gouveia Pinto[723]. Três anos depois, mantinham-se ainda vagos dois dos lugares, tendo-se aberto concurso para monitoras[724], ao qual foram admitidas as auxiliares de monitoras Delmina dos Anjos Moreira e Dulce Augusta de Magalhães Pinto, em exercício na Escola[725]. Conforme noticiava a revista *Enfermagem Portuguesa*, o concurso realizou-se em Dezembro de 1957, consistindo na preparação de duas aulas por cada candidata, uma delas sobre um tema sorteado e a outra sobre um tema à escolha, de entre uma lista indicada[726]. Os temas sujeitos podiam ser de carácter prático («O penso asséptico») ou teórico («Sobre o Bloco Operatório») e muitos deles incluíam a indicação do público a que se destinava a aula. As candidatas poderiam ser avaliadas sobre a capacidade de ensinar não só alunas de enfermagem («Cuidados de enfermagem no puerpério – aula a alunas do 3.º ano duma Escola de Enfermagem»), mas também alunas do ensino liceal («A enfermagem como profissão científica – aula a alunas do 5.º ano do Liceu»), ou mesmo outros públicos específicos, como «empregadas de fábrica com a 4.ª classe» (aula sobre «Saúde e Higiene») ou «um grupo de mães de várias categorias sociais» (aula sobre «Demonstração de um banho de bebé»).

---

[720] AESEAF, B-20,1,1, Correspondência Expedida, 1949, 15 de Agosto de 1949. Aqueles elementos constam de um quadro que elenca o «Pessoal em serviço na Escola», enviado à Direcção-Geral de Assistência.

[721] AESEAF, B-20,1,1, Correspondência Expedida, 1949, 28 de Setembro de 1949.

[722] Por um despacho de Março desse ano fora autorizado o contrato com Emiliana Cabrita, a primeira monitora-chefe da Escola, mas aquele nunca chegou a efectuar-se porque a enfermeira deixou os serviços da Escola nesse mês (AESEAF, B-20,1,1, Correspondência Expedida, 1950, 29 de Novembro de 1950).

[723] AESEAF, B-20,1,1, Correspondência Expedida, 1954, 30 de Outubro de 1954.

[724] AESEAF, B-20,1,1, Correspondência Expedida, 1957, 12 de Outubro de 1957. Dado não haver auxiliares de monitoras com o tempo de serviço obrigatório, o Director da Escola solicitava permissão para aquelas concorrerem sem aquela condição. O júri do concurso seria presidido pelo Director dos HUC e teria como vogais o Administrador dos HUC, a Monitora-Chefe e o Monitor da secção masculina.

[725] AESEAF, B-20,1,1, Correspondência Expedida, 1957, 2 de Dezembro de 1957.

[726] «Escola de Enfermagem Dr. Ângelo da Fonseca», *Enfermagem Portuguesa*, n.º 1, Janeiro/Fevereiro 1958, p. 46.

| Ano | Nome | Currículo | Motivo de admissão |
|---|---|---|---|
| 1952 | Maria Teresa de Avilez Lobo de Almeida Melo e Castro | Formada na Escola de S. Vicente de Paulo e ex-Adjunta de Direcção dos Serviços Médico-Sociais. | Crescimento das enfermarias-escola femininas, já com oitenta camas. |
| 1954 | Maria Amélia Maia de Carvalho | Formada na Escola de S. Vicente de Paulo, sua ex-monitora e diplomada com um curso de chefes tirado em Londres; entraria em breve para o quadro do novo Hospital Escolar de Lisboa. | Admitida apenas temporariamente, para «assegurar o serviço escolar», visto que, por não haver pessoal com as condições exigidas, somente dois dos seis lugares de encarregados de enfermaria-escola previstos no quadro estavam ocupados[727]. |
| 1956 | Maria de Lurdes Cabral, Arlete Maria Orlanda Pitrez Ferreira e Maria da Luz Mourato | Enfermeiras dos HUC, com o curso de enfermagem complementar (obtido com altas classificações). | O problema mantinha-se, continuando a existir quatro vagas naquela categoria; era, pois, necessário «garantir a eficiência dos serviços escolares»[728]. |

Quadro 18 – Admissões aos lugares de encarregadas de enfermarias-escola (1952--1956).
Fontes: AESEAF, B-20,1,1, Correspondência Expedida, 1952, 21 de Janeiro de 1952; 1954, 6 de Julho de 1954; 1956, 17 de Agosto de 1956.

Por fim, é provável que também nem todos os lugares de auxiliares de monitor estivessem preenchidos. De facto, por insuficiência do pessoal que orientava e vigiava os alunos nos estágios, em 1955, a Escola viu-se obrigada admitir como auxiliar de monitora Maria Ema Ferreira dos Santos Rodrigues, diplomada pela Escola Técnica de Enfermeiras[729]. De resto, nesse ano, devido ao excesso de trabalho, o Director da Escola propôs que fosse concedida uma gratificação de 1.000$00 à monitora-chefe (Maria Madalena Lopes Taveira) e aos dois monitores (Maria Fernanda Resende e José Pinto Teles)[730].

---

[727] Os dois únicos lugares ocupados pertenciam a enfermeiros dos HUC que tinham sido auxiliares de monitor.

[728] Em Outubro de 1958, quando o Director da Escola propôs a nomeação de José Augusto Guimarães dos Reis (enfermeiro dos HUC, diplomado com o curso de enfermagem complementar com 17 valores) para o lugar de encarregado de enfermaria-escola, já os seis lugares previstos no quadro estariam preenchidos (AESEAF, B-20,1,1, Correspondência Expedida, 1958, 6 de Outubro de 1958).

[729] AESEAF, B-20,1,1, Correspondência Expedida, 1955, 30 de Dezembro de 1955. Aqueles funcionários ter-se-ão desdobrado para assegurar as aulas de Técnica de Enfermagem do curso complementar. Duas monitoras estavam então na Bélgica, como bolseiras do *Instituto de Alta Cultura*, e o trabalho de cinco monitores, incluindo a monitora-chefe, estava a ser efectuado por apenas três.

[730] AESEAF, B-20,1,1, Correspondência Expedida, 1956, 19 de Janeiro de 1956.

O próprio lugar de monitora-chefe terá sofrido alguma instabilidade, sobretudo no final da década de 1950, tendo sido ocupado por quatro pessoas no espaço de três anos. Tal dever-se-ia certamente ao reduzido número de profissionais qualificadas para essa categoria a nível nacional, sendo que as enfermeiras com formação superior circulavam entre os principais hospitais do país. Assim, em Maio de 1957, Maria da Cruz Repenicado Dias demitiu-se do lugar de monitora-chefe por ir tomar posse do cargo de Superintendente dos Serviços de Enfermagem dos Hospitais Civis de Lisboa[731]. Foi substituída por Maria Madalena Lopes Taveira, que permaneceu em Coimbra apenas alguns meses, indo exercer as mesmas funções para a Escola de Enfermagem do Hospital de S. João[732]. Assim, no final de 1957, o Director propunha Maria Fernanda Fragoso de Gouveia Pinto, monitora da Escola desde Outubro de 1954, para o lugar de monitora-chefe. Entretanto, também Maria Fernanda deixou a Escola, indo organizar os serviços de Saúde Pública do Instituto Maternal de Lisboa[733], e, em Abril de 1960, o Director propunha o provimento de Dulce Augusta Magalhães Pinto no lugar de monitora-chefe, que já exercia interinamente desde Maio de 1959[734].

Foto 34 – Maria Madalena Lopes Taveira. Deixou o lugar de monitora-chefe da Escola Ângelo da Fonseca para, em Outubro de 1958, tomar posse do cargo de Superintendente dos Serviços de Enfermagem do Hospital de S. João (Porto). Estiveram presentes na cerimónia os monitores da Escola Fernanda Gouveia Pinto, José Pinto Teles e Alberto Mourão, «que com um grupo de alunos quiseram mostrar a essa senhora o quanto a estimam e admiram». Fonte: «D.ª Maria Madalena Lopes Taveira», *Enfermagem Portuguesa*, n.º 5, Setembro/Outubro 1958, pp. 47-48.

Foto 35 – Maria Fernanda Fragoso Gouveia Pinto. Formou-se na Escola Técnica de Enfermeiras em 1952 e, depois de passar pela Casa de Saúde da Avenida, no Porto, foi convidada a ingressar na Escola Ângelo da Fonseca. Esta enviou-a a Lovaina, onde fez o curso de monitora e, uma vez de regresso, ascendeu ao lugar de Monitora-Chefe da Escola e ao de Enfermeira-Geral dos HUC, tendo cessado funções em 1958. No momento em que partiu para Lisboa, o pessoal da Escola ofereceu-lhe um jantar de despedida. Fonte: «D.ª Maria Fernanda Fragoso Gouveia Pinto», art. cit., p. 48.

Foto 36 – Convívio entre antigas e novas monitoras da Escola, por ocasião do dia de S. João de Deus, no final da década de 1950. Ao centro, as convidadas Maria da Cruz Repenicado Dias e Maria Fernanda Resende, antigas monitora-chefe e monitora e então enfermeiras superintendentes nos Hospitais Civis de Lisboa e no Hospital de S. Maria, respectivamente. Estão ladeadas pelas monitoras Dulce Pinto, Delmina Moreira, Maria Assunção Oliveira e Maria Glória Côrte-Real. Fonte: AFESEAF.

---

[731] AESEAF, B-20,1,1, Correspondência Expedida, 1957, 24 de Maio de 1957.
[732] AESEAF, B-20,1,1, Correspondência Expedida, 1957, 18 de Dezembro de 1957.
[733] «D.ª Maria Fernanda Fragoso Gouveia Pinto», *Enfermagem Portuguesa*, n.º 8, Março/Abril 1959, p. 48.
[734] AESEAF, B-20,1,1, Correspondência Expedida, 1960, 27 de Abril de 1960. Não obstante a dificuldade em encontrar profissionais qualificadas para o lugar de monitora-chefe e que permanecessem na Escola a longo prazo, a Direcção-Geral da Assistência complicava o processo de provimento. No caso de Dulce Pinto, em 17 de Junho o processo de nomeação ainda não estava concluído (*Idem*, 1960, 17 de Junho de 1960).

Já o lugar de monitor-chefe não foi ocupado durante bastante tempo. Num ofício datado de Outubro de 1953, o Director da Escola informava o Director-Geral da Assistência do carácter indispensável do preenchimento daquele lugar, visto que «os serviços de ensino a rapazes existem e têm de ser chefiados»[735]. Em concreto, a secção masculina da Escola tinha já a seu cargo três enfermarias, num total de 90 camas. Este assunto ganhou maior acuidade no momento em que a Portaria n.º 14.705 de 12 de Janeiro de 1954 suprimiu um dos dois lugares de monitor-chefe previstos no quadro aprovado em 1953, recaindo o provimento do único lugar disponível no sexo feminino. Aquela Portaria foi contestada por João Porto, que propunha o retorno à situação passada, com um monitor-chefe de cada sexo[736]. Tal afigurava-se-lhe mais correcto, quer pela natureza dos serviços prestados pela Escola, quer para se poder fazer justiça ao trabalho de longa data prestado por um dos monitores da Escola.

O Director referia-se concretamente a José Pinto Teles, que fora «o primeiro e único monitor desta Escola» e «que se impõe pela sua competência»[737]. Já antes da sua nomeação (1932 a 1947), exercia funções escolares, embora sem qualquer remuneração. A sua ascensão ao lugar de monitor-chefe fora, contudo, prejudicada pela Portaria n.º 14.705 e, embora continuasse a colaborar com a Escola como monitor, não deixava de ter esperança na promoção. O Director apoiava inteiramente esta pretensão, tendo em conta os serviços prestados pela instituição. Esta acolhia alunos de ambos os sexos e «a frequência masculina é sempre muito apreciada», já que se formavam enfermeiros e auxiliares de enfermagem não só para os serviços dos HUC, que eram 50% masculinos, mas também para outros estabelecimentos assistenciais, nomeadamente, das províncias ultramarinas, «onde os enfermeiros e auxiliares da Escola de Coimbra gozam de particular preferência». Segundo João Porto, no ano lectivo de 1958/59, havia uma população escolar masculina de 31 alunos no curso geral, 26 no de auxiliares e 50 estagiários. Para além de aulas teóricas e práticas, estes alunos frequentavam as já cinco enfermarias-escola masculinas. O Director acrescentava ainda que a Escola mantinha, através da Casa do Pessoal, «um modesto Lar que presta [...] serviços pelo amparo e educação que proporciona aos alunos que vêm de meios menos desenvolvidos e que são [...] pobres».

Ora, a responsabilidade pela disciplina, pelo ensino da técnica, pela formação dos alunos e pela chefia das enfermarias escolares e do Lar do sector masculino estava a cargo de um simples monitor, enquanto o sector feminino há muito possuía uma monitora-chefe. Considerando demonstrada a necessidade de um monitor-chefe, o Director propunha que, para evitar agravamento de despesas, a criação daquele lugar correspondesse à extinção de um dos quatro lugares de monitores. Passaria, pois, a haver

---

[735] AESEAF, B-20,1,1, Correspondência Expedida, 1953, 8 de Outubro de 1953.
[736] AESEAF, B-20,1,1, Correspondência Expedida, 1959, 20 de Maio de 1959.
[737] No dia 1 de Julho de 1959, José Pinto Teles comemoraria 40 anos de actividade profissional, «intensa e de pleno rendimento», segundo o artigo da *Enfermagem Portuguesa* que assinalou a data. «Aluno distinto da Escola de Enfermagem [...], em breve se tornou o elemento mais preponderante dos Hospitais da Universidade», tendo sido um dos responsáveis pela «renovação e melhoramentos executados na maioria das enfermarias» durante a direcção de João Porto. Na altura, o também colaborador da revista citada e autor de uma série de trabalhos, sobretudo de carácter técnico, exercia em simultâneo os cargos de Enfermeiro-Geral dos HUC e monitor da Escola Ângelo da Fonseca. Ver «40 anos de actividade profissional», *Enfermagem Portuguesa*, n.º 9, Maio/Junho 1959, pp. 36-37.

dois monitores-chefes, um de cada sexo, e três monitores. De acordo com uma notícia publicada na revista *Enfermagem Portuguesa*, a proposta de João Porto foi aceite[738]. Prova-o uma lista de pessoal do quadro enviada às autoridades superiores em Janeiro de 1962, da qual constam dois monitores-chefes e três monitores. De resto, no júri dos exames de aptidão do ano lectivo de 1961/62, José Pinto Teles aparecia já designado como monitor-chefe, a par da monitora-chefe, Dulce Augusta de Magalhães Pinto.

A questão da falta de provimento dos lugares do quadro não se colocava apenas com os monitores. Era ainda mais flagrante no caso dos professores que, ao longo dos anos de 1950 e 1960 foram, na sua esmagadora maioria, contratados apenas a título eventual. Logo em Outubro de 1953, João Porto informava o Director-Geral da Assistência que não era possível preencher os lugares de professores do quadro porque para isso eram necessários três anos de serviço com a classificação de *bom* e nenhum dos professores em exercício tinha ainda sido classificado[739]. Por outro lado, nenhum daqueles com três anos de serviço se encontrava em condições profissionais de ocupar o lugar efectivo do quadro. Assim, o Director da Escola supunha que «teremos de continuar neste regime por algum tempo até que, entre os professores eventuais entrados de novo, se escolham [...] os futuros professores do quadro».

A consulta das listas de pessoal ao serviço da Escola que foram sendo enviadas às autoridades superiores entre 1953 e 1963 permite verificar que o número de professores eventuais oscilou entre os 11 e os 18 em cada um daqueles dois anos[740]. Em nenhuma dessas listas aparecem professores do quadro. Já as listas de professores nomeados anualmente entre 1949/50 e 1963/64 incluem entre 17 e 23 professores, neste caso contando também com os monitores que exerciam funções docentes (ver quadro). Seja como for, o que parece poder-se concluir é que os dois lugares previstos no quadro de pessoal de 1953 seriam manifestamente insuficientes para assegurar o crescente serviço docente da Escola.

O Regulamento de 1953 estipulava que o serviço dos professores, monitores e seus auxiliares seria anualmente classificado de *bom, regular* ou *deficiente* pela Inspecção da

| Ano lectivo | Número de professores |
|---|---|
| 1949/50 | 16 (mais 4 propostos para lugares vagos) |
| 1950/51 | 18 |
| 1958/59 | 20 |
| 1960/61 | 18 |
| 1961/62 | 17 |
| 1962/63 | 23 (incluindo os 2 monitores-chefes e 1 monitora) |
| 1963/64 | 23 |

Quadro 19 – Número de professores nomeados anualmente (1949/50 a 1963/64).

---

[738] «Uma Portaria publicada na Folha Oficial manda que seja restabelecido o lugar de monitor-chefe no quadro do pessoal da Escola de Enfermagem Dr. Ângelo da Fonseca reduzindo-se, em contrapartida, de uma unidade o número de lugares de monitores.» («Escola de Enfermagem "Dr. Ângelo da Fonseca" – Coimbra», *Enfermagem Portuguesa*, n.º 10, Julho/Agosto 1959, p. 48).

[739] AESEAF, B-20,1,1, Correspondência Expedida, 1953, 8 de Outubro de 1953.

[740] Em Julho de 1953 a Escola tinha ao seu serviço 11 professores eventuais; em Abril de 1954, 16; em Janeiro de 1955, 16 também; em Outubro de 1957, 12; e em Janeiro de 1963, 18.

Assistência Social, tendo em conta as informações prestadas pelos presidentes dos júris dos exames finais e dos exames de passagem, bem como os elementos fornecidos pela Escola acerca do cumprimento dos programas e da assiduidade e os colhidos em inspecção àquela (art. 153.º). O pessoal da instituição ficava sujeito ao poder disciplinar do director, o qual obrigatoriamente proporia a exoneração dos professores e monitores que deixassem de cumprir os deveres próprios do cargo, que dessem faltas a partir de um determinado limite, que deixassem de ensinar a matéria inscrita nos programas sem motivo justificado e cujo serviço obtivesse em dois anos seguidos ou três interpolados a classificação de *deficiente* (art. 154.º).

O Regulamento não fazia qualquer referência à formação contínua do pessoal. No entanto, a análise da correspondência expedida e recebida pela Escola dá-nos conta do apoio que esta concedia aos monitores e, sobretudo, às monitoras que pretendiam completar a sua formação, fosse através da frequência de cursos complementares, da participação em congressos, do usufruto de bolsas de estudo no estrangeiro ou, posteriormente, da presença em estágios e programas de actualização profissional. Logo em Novembro de 1950, por exemplo, João Porto apoiava, para as instâncias superiores, o requerimento da monitora-chefe, Maria da Cruz Repenicado Dias, que se pretendia matricular no Curso de Partos da Faculdade de Medicina da Universidade de Coimbra, com dispensa do prazo legal[741]. O Director esclarecia que se tratava de uma enfermeira especializada no estrangeiro, que desejava o aperfeiçoamento profissional.

De forma similar, em Maio de 1953, João Porto informava as autoridades superiores de que a Escola pretendia fazer-se representar no X Congresso Internacional de Enfermagem, a realizar no Rio de Janeiro entre 12 e 17 de Julho, pelas monitoras Maria da Cruz Repenicado Dias e Maria Fernanda da Silva Resende e pela enfermeira Maria Emília Deus Marques[742]. O Director solicitava, pois, que estas fossem inscritas no grupo que o Governo pretendia enviar, sob sua responsabilidade e à sua custa.

As monitoras Dulce Augusta de Magalhães Pinto e Delmina dos Anjos Moreira foram das primeiras funcionárias da Escola beneficiadas com bolsas de estudo no estrangeiro, em 1959. No ofício dirigido ao Director-Geral da Assistência com o objectivo de apresentar aquelas monitoras e os respectivos projectos de trabalho, João Porto informava da «necessidade de valorização científica» dos serviços de enfermagem em geral e especialmente no respeitante aos monitores[743]. Dulce Pinto e Delmina dos

---

[741] AESEAF, B-20,1,1, Correspondência Expedida, 1950, 27 de Novembro de 1950.

[742] AESEAF, B-20,1,1, Correspondência Expedida, 1953, 18 de Maio de 1953. Em Dezembro de 1954 a enfermeira Maria Emília Deus Marques seria proposta para o preenchimento de uma vaga nos seis lugares de encarregados de enfermarias-escola, metade dos quais a ocupar por enfermeiros dos HUC (*idem*, 1954, 28 de Dezembro de 1954).

[743] AESEAF, B-20,1,1, Correspondência Expedida, 1958, 8 de Outubro de 1958. Dulce Pinto estava habilitada com o 2.º ciclo dos liceus e tinha o curso geral de enfermagem, o curso complementar e o Curso de Partos da Faculdade de Medicina, todos completados com uma média elevada; era dirigente da Comissão Organizadora da ANEC (*Organização Nacional de Enfermeiros Católicos*). O seu estágio destinar--se-ia a um estudo sobre escolas de enfermagem, mais concretamente, métodos de ensino, planos de estágio e organização de escolas, e seria efectuado em várias escolas francesas e belgas, durante dois meses. Quanto ao estágio de Delmina Moreira, cujas habilitações literárias eram idênticas às de Dulce Pinto e que era secretária do *Sindicato dos Profissionais de Enfermagem da Zona Centro*, teria como objectivo um estudo sobre orientação e direcção de enfermarias e decorreria em alguns hospitais e clínicas franceses e suíços.

Anjos foram autorizadas por despacho ministerial a estagiar em hospitais escolares em França, Bélgica e Suíça, tendo-lhes sido atribuído um subsídio no valor de 12.500$00, para pagamento dos transportes[744], e uma compensação monetária para ajudas de custo[745].

Em Março de 1961, o Administrador da Escola indicava a monitora Maria da Glória Côrte-Real de Araújo Alves como candidata a uma bolsa de estudo oferecida pela OMS, para efectuar no estrangeiro estudos sobre enfermagem de saúde pública, durante um ano[746]. No mesmo âmbito, em Janeiro de 1964, o Administrador proporia ao Director-Geral dos Hospitais a atribuição de uma bolsa de estudo à monitora-chefe, Dulce Pinto, para a frequência do curso "Formation d'Infirmiers de la Santé Publique" em Lyon (França)[747]. A proposta era fundamentada no interesse científico do ensino da disciplina de Saúde Pública e foi aceite[748].

Em 1962 e 1963, outras bolsas terão ainda sido concedidas, tanto no âmbito do programa de assistência técnica da OMS, como para a formação do monitorado em matérias específicas. Das primeiras, que tinham como requisitos básicos um perfeito conhecimento da língua inglesa ou francesa, experiência de ensino de enfermagem e garantias pessoais de ordem política e moral, beneficiariam a enfermeira-monitora Maria Margarida de Barros Felgueiras, que frequentaria uma Escola de Enfermagem em Bruxelas[749], e Dulce Pinto, para frequentar, nos EUA ou no Canadá, um curso que a preparasse para vir trabalhar no futuro "Curso de Ensino Superior de Enfermagem" no nosso país[750]. Para usufruir de bolsas de formação especializada, a Escola indicou, entre outros, a encarregada de enfermaria-escola Maria Amélia Caldeira Madeira, em Saúde Pública, e os auxiliares de monitor Esmeraldina Henriques Moreira e Silvério Gomes Monteiro, em Aperfeiçoamento de Enfermagem Pediátrica e em Enfermagem Especial nas Doenças Tropicais, respectivamente[751].

Poder-se-á reter dos casos mencionados que houve, por parte da Escola, um claro investimento na actualização científica e na especialização profissional do seu corpo de monitores, embora lutasse contra a falta de verbas, como reconhecia o próprio Administrador: «esta Escola não costuma inscrever verbas para [a participação dos seus funcionários em congressos nacionais] [...], dadas as instruções recebidas, sobre

---

[744] AESEAF, B-21,5,1, Correspondência Recebida e Expedida, 1959, 6 de Junho de 1959.

[745] AESEAF, 35,4,5, *Livro de Actas do Conselho Administrativo*, acta n.º 29, 22 de Julho de 1959, fls. 28v./30. Em Outubro de 1960, o Administrador da Escola enviaria ao Director-Geral de Assistência o relatório da viagem de estudo realizada ao estrangeiro pela monitora Delmina dos Anjos Moreira (AESEAF, B-20,1,1, Correspondência Expedida, 1960, 3 de Outubro de 1960).

[746] AESEAF, B-21,1,1, Correspondência Recebida, 1961, 7 de Março de 1961, e Correspondência Expedida, B-20,1,1, 1961, 17 de Março de 1961.

[747] AESEAF, B-20,1,1, Correspondência Expedida, 1964, 28 de Janeiro de 1964.

[748] Assim o prova um ofício expedido pouco tempo depois para a Santa Casa da Misericórdia de Lisboa: o Administrador da Escola comunicava ao Provedor daquela instituição que, nesse ano, nenhuma enfermeira da Escola seria proposta para a frequência do curso de Saúde Pública na Misericórdia, visto que, através da OMS, fora concedida uma bolsa à Monitora-Chefe para aquela especialização no estrangeiro. AESEAF, B-20,1,1, Correspondência Expedida, 1964, 14 de Março de 1964.

[749] AESEAF, B-20,1,1, Correspondência Expedida, 1962, 5 de Maio de 1962.

[750] AESEAF, B-21,5,1, Correspondência Recebida e Expedida, 1963, 3 de Maio e 10 de Maio de 1963.

[751] AESEAF, B-20,1,1, Correspondência Expedida, 1962, 2 de Julho de 1962.

austeridade nas despesas»[752]. Tal investimento seria particularmente evidente na segunda metade da década de 1960, quando, tendo em conta uma série de necessidades específicas do ensino entretanto surgidas, a Escola enviou as suas monitoras a diversos estágios, programas de actualização e encontros, realizados em Lisboa.

### 4.8. Bolsas de estudo e prémios escolares

À semelhança do Regulamento geral de 1952, o Regulamento da Escola de 1953 previa a concessão, aos alunos pobres com bom aproveitamento, a título de bolsa de estudo, de alimentação ou de subsídio pecuniário de valor a fixar (art. 155.º). A alimentação seria fornecida através dos HUC e a bolsa de estudo poderia ser retirada caso o comportamento do aluno deixasse de merecer a nota de bom. Em rigor, a concessão de bolsas de estudo seria definida em 1958, no «Regulamento do regime de concessão de benefícios aos alunos das escolas oficiais de enfermagem». Todavia, em 1953 a Escola antecipava já a solução que seria adoptada naquele Regulamento para facilitar aos alunos o pagamento das despesas com o alojamento e a alimentação, determinando que aqueles poderiam fazer o pagamento «em dinheiro ou por meio de trabalho a prestar nos Hospitais da Universidade de Coimbra quando terminarem o curso» (art. 156.º). Caso adoptassem esta última solução, os alunos só poderiam receber os diplomas «depois de feito o pagamento das despesas em dívida». Durante o tempo de serviço prestado para saldar as quantias em dívida, os antigos alunos receberiam uma gratificação mensal, alimentação e, na medida do possível, alojamento (art. 157.º).

O citado «Regulamento do regime de concessão de benefícios» viria a prever a possibilidade de as dívidas serem satisfeitas por meio de trabalho «no estabelecimento hospitalar junto do qual a Escola funciona» ou em outros hospitais com escassez de pessoal (art. 9.º). Neste caso, a Escola Ângelo da Fonseca teve, por vezes, alguma dificuldade em recuperar os montantes antecipados aos alunos, como prova um ofício dirigido pelo Administrador da Escola ao seu homónimo do Hospital de Santa Maria, comunicando que duas auxiliares de enfermagem diplomadas em Coimbra e em serviço naquele Hospital ainda não tinham feito qualquer amortização das suas dívidas de alimentação aos HUC, embora já tivessem sido «severamente admoestadas» em Lisboa[753]. Em resposta, o Administrador da Escola ordenava que fosse mensalmente descontado nos vencimentos um determinado quantitativo, até à completa satisfação das dívidas[754].

O Regulamento de 1953 previa ainda a entrega anual de prémios escolares em dinheiro, numa sessão solene realizada depois dos exames finais e em que se reafirmassem «os princípios gerais de deontologia da profissão» (art. 163.º). Eram premiados os alunos que tivessem obtido, pelo menos, a classificação de *muito bom* (16 e 17 valores) e revelado um comportamento irrepreensível.

---

[752] AESEAF, B-21,5,1, Correspondência Recebida e Expedida, 1962, 18 de Setembro e 8 de Outubro. Tratava-se da resposta a um ofício da Direcção-Geral dos Hospitais, que solicitava o envio do cálculo do encargo provável em 1963 com as inscrições de pessoal em congressos a realizar no país.
[753] AESEAF, B-20,1,1, Correspondência Expedida, 1960, 16 de Março de 1960.
[754] As dívidas orçavam em 3.600$00 cada, sendo a prestação mensal arbitrada de 400$00.

A primeira sessão de entrega de prémios teve lugar em 1948. Porém, desde essa data e até 1967, apenas nas contas de gerência se encontra referência aos prémios escolares, com os quais a Escola despendeu anualmente 2.000$00 (como estava previsto no Regulamento), pelo menos entre 1953 e 1961. De um modo geral, a sessão solene de entrega dos prémios ocorria no termo do ano lectivo; excepcionalmente, nos anos de 1967 a 1969, como documentam as actas do Conselho de Direcção, aquela realizou-se em Março, no dia consagrado a São João de Deus[755]. Ainda em 1967 e 1968 os prémios pecuniários foram substituídos sobretudo por livros, de temática religiosa, espiritual ou profissional (Quadro 20), tendo também ficado decidido, em 1967, atribuir medalhas de mérito (ouro, prata e bronze). A partir de 1969 retomaram-se os prémios em dinheiro, sendo o primeiro prémio no valor de 1.000$00 para o curso geral e de 150$00 para o de auxiliares de enfermagem e o segundo prémio, de 500$00 e 100$00, respectivamente[756].

Em termos concretos, ao longo dos anos 1967 a 1969, a Escola premiou um total de 78 alunos, 67% dos quais do sexo feminino (Quadro 21). Mais de metade dos alunos premiados (54%) frequentava o curso de auxiliares e, dos restantes, apenas um frequentava o curso complementar. Dos 42 alunos do curso de auxiliares, 76% era do sexo feminino, proporção que descia para os 57% entre os 35 alunos do curso geral.

| Curso / Ano | 1967 | 1968 |
|---|---|---|
| Curso geral | Um livro intitulado *São João de Deus* (alunos do 1.º ano) ou *Ética Profissional* (alunos finalistas) | Um livro intitulado *Ética Profissional* ou *Moderna Saúde Pública* (alunos já diplomados) |
| Curso de auxiliares | Um livro relacionado com a profissão e um estojo de caneta e esferográfica | Três livros intitulados *Construir*, *Momentos* e *Poemas para rezar* |
| Curso complementar | | Dois livros intitulados *Ética Profissional* e *Moderna Saúde Pública* |

Quadro 20 – Prémios atribuídos aos melhores alunos (1967-1968).

Fotos 37 e 38 – Capas de *Poemas para rezar*, de Michel Quoist, Lisboa, Livraria Morais Editora, 1964, 1.ª ed. e *Construir. Réussir*, do mesmo autor e da mesma Editora, 1966, 2.ª ed.

---

[755] AESEAF, 35,4,3, *Livro de Actas do Conselho de Direcção*, acta n.º 113, 7 de Março de 1967, fl. 16v.; acta n.º 115, 23 de Março de 1967, fls. 17v./21; acta n.º 125, 7 de Março de 1968, fls. 35v./37; acta n.º 126, 29 de Março de 1968, fls. 37v./39; acta n.º 134, 7 de Março de 1969, fls. 49v./50; acta n.º 135, 28 de Março de 1969, fls. 50v./55.

[756] Para além dos prémios pecuniários, atribuídos a alunos finalistas ou já diplomados, entregaram-se ainda livros a quatro alunas e um aluno que frequentavam o curso geral.

| Curso /Ano | | 1967 | | 1968 | | 1969 | |
|---|---|---|---|---|---|---|---|
| | | M | H | M | H | M | H |
| Curso geral | 1.º e 2.º anos | 2 | 2 | 2 | 1 | 4 | 1 |
| | Finalistas/diplomados | 4 | 2 | 5 | 5 | 3 | 4 |
| Curso de auxiliares | | 20 | 6 | 6 | 3 | 6 | 1 |
| Curso complementar | | | | | 1 | | |
| Sub-total | | 26 | 10 | 13 | 10 | 13 | 6 |
| Total | | 36 | | 23 | | 19 | |

Quadro 21 – Número de alunos que receberam prémios escolares (1967-1969).

A análise dos dados permite-nos ainda concluir que a Escola contemplava outras formas de recompensar os seus melhores alunos, oferecendo-lhes viagens ao estrangeiro. Em 1955 a Monitora-Chefe pedia autorização às entidades superiores para se deslocar a Espanha, no quadro de uma excursão promovida pelo *Sindicato Nacional dos Profissionais de Enfermagem*, sendo acompanhada pela aluna do curso geral que tivesse obtido melhor classificação no exame final [757].

## 5. A GESTÃO FINANCEIRA DA ESCOLA: RECEITAS E DESPESAS

Antes de entrarmos na análise detalhada da gestão financeira da Escola nos anos de 1950, impõe-se esclarecer que utilizámos como fonte base para este estudo as contas de gerência, que se encontram parcialmente transcritas nos *Livros de Actas do Conselho Administrativo*. A análise incide nos anos de 1953 a 1961, os únicos cujos dados se afiguram mais completos e sistematizados.

Os dados disponíveis permitem, desde logo, concluir pela sobreposição dos movimentos das receitas e das despesas no período considerado, o que possibilitou que as contas fechassem anualmente sem défice, mas com um saldo de 0$00[758]. A evolução conjunta caracterizou-se por um crescimento progressivo ao longo da década, de cerca de 370.000$00 a aproximadamente 960.000$00.

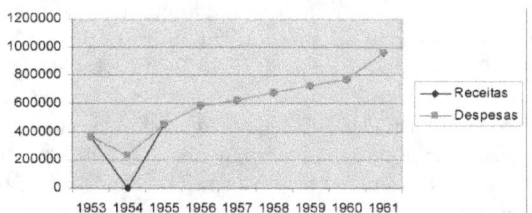

Gráfico 1 – Evolução conjunta das receitas e despesas (em escudos) 1953-1961.
Fonte: AESEAF, B-10,1,1, Contas de Gerência.

---

[757] AESEAF, B-20,1,1, Correspondência Expedida, 1955, 16 de Agosto de 1955.
[758] As fontes consultadas nada referem quanto às receitas do ano de 1954, apresentando também as respectivas despesas de modo incompleto.

Quanto às receitas, só nos é possível analisar a sua distribuição por rubricas orçamentais a partir de 1956 inclusive, visto que, para os anos anteriores, apenas se indicam os totais das receitas[759]. É evidente, ao longo desse período, o peso esmagador dos subsídios de comparticipação por serviços prestados, que representam 89% do total das receitas (Gráfico 2). Os emolumentos recebidos por exames, por diplomas e por matrículas têm pesos de 6%, 3% e 2%, respectivamente, no conjunto dos seis anos considerados. As restantes fontes de receita têm pesos insignificantes.

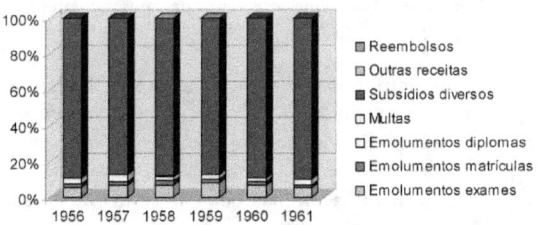

Gráfico 2 – Distribuição das receitas por rubricas orçamentais 1956-1961.
Fonte: AESEAF, B-10,1,1, Contas de Gerência.

A importância dos subsídios para o equilíbrio financeiro da Escola justifica, por exemplo, uma chamada de atenção por parte de João Porto ao Director-Geral da Assistência, em 1958, informando que o subsídio ordinário atribuído à instituição era insuficiente face ao custo médio por aluno e ao total a despender e que a Escola seria obrigada a requerer, antes do final daquele ano, um reforço do subsídio[760]. A conta de gerência de 1958 demonstraria, de facto, a recepção de um subsídio eventual concedido pelo Secretariado de Estado da Assistência Social, no valor de 100$00, o qual se vinha juntar-se ao proveniente do Tesouro e ao dos HUC.

Analisando o valor dos subsídios concedidos à Escola, verifica-se que cerca de 71% provinha do Tesouro, 18%, do Secretariado de Estado da Assistência Social ou do Ministério da Saúde e Assistência e apenas 11%, dos Hospitais da Universidade. Os subsídios do Tesouro foram recebidos todos os anos, oscilando entre os 300.000$00, em 1957, e os 620.000$00, em 1961. Os subsídios eventuais só não foram recebidos no ano de 1960, talvez porque no ano anterior tinham atingido o seu valor mais elevado, 150.000$00. Os subsídios dos HUC só foram recebidos a partir de 1957, havendo um forte contraste entre o desse ano, no valor de apenas 1.150$00, e o do ano seguinte, no valor de 182.320$00. De qualquer forma, em nenhum outro ano foi atingida essa quantia, ficando-se, no máximo, por 142.528$20. Estes dados ajudam a compreender uma observação feita pelo Ministro da Saúde e Assistência, em Julho de 1961, na sequência da concessão à Escola de um subsídio eventual para equi-

---

[759] A numeração das rubricas orçamentais alterou-se ligeiramente a partir de 1959 inclusive, sendo que os "Subsídios diversos" passaram do número 5 para o 7. O número 5 passou, então, a corresponder a uma nova rubrica: "Reembolsos".
[760] AESEAF, B-20,1,1, Correspondência Expedida, 1957-1958, 16 de Janeiro de 1958. João Porto enviava, para aprovação, o Orçamento Ordinário para o ano de 1958.

pamento no valor de 60.000$00. De acordo com o Ministro, «os Hospitais Gerais da Universidade auxiliam muito pouco esta Escola»[761]. Esclarecemos que, nessa altura, João Porto acabara de ser afastado da direcção dos HUC e da Escola por ter atingido o limite de idade e que, no respeitante à Escola, o Administrador havia assumido as suas funções até ser decidido o provimento do cargo.

Em relação às despesas, a documentação disponível permite analisar a distribuição por rubricas orçamentais ao longo de todo o período[762].

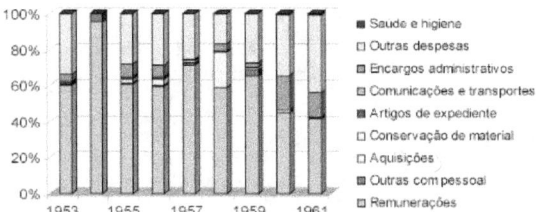

Gráfico 3 – Distribuição das despesas por rubricas orçamentais 1953-1961.
Fonte: AESEAF, B-10,1,1, Contas de Gerência.

No total, as remunerações ao pessoal consomem a maior fatia das despesas, 58%, embora, numa análise mais detalhada, esse peso seja maior nos anos de 1953-1959 (64%)[763] do que nos de 1960-1961 (43%). Em segundo e em terceiro lugares, temos as rubricas de «Outras despesas» e «Encargos Administrativos», respectivamente. O peso das «Outras despesas» é mais significativo nos dois últimos anos do que no período anterior, passando de 24% do total para 39%. O mesmo acontece com os «Encargos administrativos», que passam de 5% do total para 16%. Pelo contrário, as outras rubricas de despesa, que entre 1953 e 1959 tinham alguma representatividade, sobretudo a relativa a «Aquisições», passaram a ter uma expressão praticamente insignificante em 1960 e 1961. Verifica-se, portanto, nestes dois últimos anos, uma concentração das despesas em torno dos três sectores orçamentais mais fortes.

A rubrica «Outras despesas» inclui o subsídio anual pago ao Lar das Alunas--Enfermeiras de Coimbra, os prémios escolares, as actividades circum-escolares, as bolsas de estudo e os subsídios entregues aos alunos de acordo com o «Regulamento para a concessão de benefícios» de 1958. Os «Encargos administrativos» incluem gastos

---

[761] AESEAF, B-20,1,1, Correspondência Expedia, 1961, 13 de Setembro de 1961. Estas palavras, que a Escola fez questão de transmitir ao Administrador dos HUC, estariam incluídas no despacho de 28 de Julho, pelo qual o Ministro concedera à Escola o referido subsídio.

[762] Também aqui há alterações na numeração das rubricas, sendo possível, em geral, distinguir entre os anos de 1953 a 1959 inclusive e os anos de 1960 e 1961. Dentro de cada rubrica, regista-se ainda, com o passar dos anos, uma maior diversificação das despesas, correspondente ao crescimento e à complexificação dos serviços prestados pela Escola.

[763] Esta percentagem está ligeiramente inflacionada devido ao peso esmagador que a despesa com as remunerações obteve em 1954. O facto de, para esse ano, o Gráfico 3 só dar conta dos gastos com o pessoal não significa que a Escola não tivesse tido outras despesas. Contudo, aqueles são os únicos dados fornecidos pela documentação.

com publicidade e propaganda; cotas da Caixa de Previdência e Abono de Família do pessoal; gratificações, ajudas de custo, transportes e outras despesas com o serviço de exames; emolumentos pelo julgamento das contas de gerência.

Foto 39 – Anúncio da Escola Ângelo da Fonseca publicado na revista *Enfermagem Portuguesa* (1958-1959).

As despesas com publicidade e propaganda estão presentes nas contas de todos os anos considerados, embora com valores muito oscilantes. Em 1953 foram de apenas 1.670$00, em 1955 chegaram a 12.427$90 e em 1961 baixaram para 865$20, com uma média anual de cerca de 3.900$00. Para além destes dados, a única prova de que dispomos para o investimento da Escola naquele sector, durante a década de 1950, é a publicação de anúncios, como o que vemos acima (Foto 39), na revista *Enfermagem Portuguesa*, nos anos de 1958 e 1959. Todavia, a partir de 1960, como será analisado, há uma série de elementos que nos dão conta da importância que a auto-promoção tinha para a Escola, sobretudo no período antecedente às matrículas.

Dos restantes sectores de despesa, salientamos o relativo às «Aquisições», que inclui compra de livros e publicações e de outro material, de aprendizagem, médico, escolar e técnico, incluindo máquinas de escrever e de calcular. Se em 1953 a despesa com aquisições se limitou a 150$00, em 1956 foi já de 19.611$60 e em 1958 atingiu o seu valor máximo no período considerado, de 126.077$80, que representaram cerca de 19% do total da despesa da Escola. As actas do Conselho Administrativo desse ano dão conta da aquisição de material de aprendizagem e de mobiliário escolar e de secretaria. Quanto ao material, comprou-se um projector, um epíscópio e respectivos slides, um esqueleto e respectivo armário, modelos anatómicos e mapas murais[764]. A compra foi financiada por um subsídio atribuído pelo Ministério da Saúde e Assistência[765].

---

[764] AESEAF, 35,4,5, *Livro de Actas do Conselho Administrativo*, acta n.º 20, 30 de Dezembro de 1958, fl. 19.

[765] Em relação ao mobiliário, adquiriu-se uma mesa para telefone, quatro cadeiras estofadas e uma mesa de centro para a secretaria (AESEAF, 35,4,5, *Livro de Actas do Conselho Administrativo*, acta n.º 18, 8 de Maio de 1958, fl. 18), bem como dezenas de cadeiras e mesas escolares (AESEAF, 35,4,5, *Livro de Actas do Conselho Administrativo*, acta n.º 20, 30 de Dezembro de 1958, fl. 20).

Em 1959 fizeram-se novas aquisições ao nível do mobiliário de tipo escolar, nomeadamente, irradiadores e armários-vestiários metálicos, carteiras e suportes para os mapas murais adquiridos no ano anterior, e comprou-se, pela primeira vez, uma «máquina de somar»[766]. Em 1960 a Escola adquiriu também uma máquina de escrever, destinada aos serviços de secretaria[767]. Dois anos depois, seria aprovada a despesa com uma outra máquina de escrever, bem como a aquisição de material de aprendizagem destinado essencialmente às aulas práticas, provavelmente às enfermarias-escola, como suportes com bacia e tabuleiro para toilete do doente, uma cama articulada ou frascos plásticos para solutos[768].

Os dados apresentados evidenciam um significativo investimento por parte da Escola em material didáctico, mobiliário escolar e material necessário aos serviços de secretaria, no final da década de 1950 e início da de 1960. Essa aposta visava certamente dar resposta ao crescimento da instituição e à evolução da pedagogia, dos conhecimentos e da técnica ao nível da enfermagem.

## 6. O FUNCIONAMENTO DAS AULAS

Para além das indicações fornecidas pelo Regulamento de 1953, o testemunho de Nídia Salgueiro, aluna do curso geral de 1952/55, oferece-nos alguns elementos que permitem reconstituir o funcionamento das aulas na Escola na década de 1950, embora a citada enfermeira se reporte fundamentalmente às aulas de Técnica de Enfermagem.

Em geral, Nídia Salgueiro considera que «na Escola [...] os princípios básicos dos procedimentos técnicos e de segurança eram inculcados de forma indelével nos alunos e os exames [...] permitiam que estes demonstrassem como foram integrando os conhecimentos e a capacidade para os transferir para situações diversas»[769]. A enfermeira recorda as aulas teórico-práticas do enfermeiro José Pinto Teles na sala de operações, o qual explicava «a mesa operatória, os seus acessórios e as suas potencialidades para permitir as diversas posições operatórias, bem como o funcionamento dos diversos equipamentos»[770]. Refere-se também aos exames práticos e aos concursos da carreira profissional, já após o curso, em que era necessário «"fazer" a caixa de instrumentos para a intervenção que nos tinha cabido em sorte, explicando a razão da escolha», e saber posicionar o doente para os vários tipos de intervenções cirúrgicas, tomando as devidas precauções para evitar deslocações durante a operação. Os alunos ou os candidatos a determinado lugar eram ainda avaliados em matérias como a

---

[766] AESEAF, 35,4,5, *Livro de Actas do Conselho Administrativo*, acta n.º 22, 12 de Janeiro de 1959, fl. 21; acta n.º 30, 17 de Novembro de 1959, fl. 30v.; acta n.º 31, 16 de Dezembro de 1959, fl. 31; acta n.º 34, 30 de Dezembro de 1959, fl. 33.

[767] AESEAF, 35,4,5, *Livro de Actas do Conselho Administrativo*, acta n.º 43, 22 de Dezembro de 1960, fls. 42v./44.

[768] AESEAF, 35,4,5, *Livro de Actas do Conselho Administrativo*, acta n.º 69, 31 de Dezembro de 1962, fls. 25v./26. Em 1962 compraram-se também dois armários vestiários, metálicos, com quatro cabines (*idem*, acta n.º 68, 6 de Dezembro de 1962, fls. 23/25).

[769] Nídia Salgueiro, «Enfermagem de Bloco Operatório – Arquivos de Memória», *Referência*, n.º 7, Novembro 2001, p. 82.

[770] *Idem, ibidem*, pp. 78-80.

anestesia (materiais a utilizar, cuidados a ter consoante o tipo de anestesia) ou a sutura (saber executar os diferentes tipos, conhecer os materiais empregues).

Nídia Salgueiro reporta-se igualmente às deficientes condições do material empregue nas aulas práticas e nos estágios, afirmando que a administração dos injectáveis «era verdadeiramente uma aventura»[771]. As agulhas raramente estavam em boas condições, «sendo difícil a penetração nos tecidos ou nas veias que "dançavam" frente a este bisel mal afiado». Por outro lado, as seringas usadas não eram estanques, de modo que administrar terapêutica por via parenteral «e sob o olho atento das nossas assistentes ou monitoras era um suplício».

Quanto à bibliografia utilizada, aquela enfermeira reporta-se aos «manuais técnicos dactilografados da época, preciosos guias», em particular os seguintes: *Técnica de Enfermagem: Serviços Operatórios, Técnica de Enfermagem: Ligaduras* e *Técnica de Enfermagem: Higiene e Conforto dos doentes*[772]. O primeiro destes manuais foi redigido pelo monitor José Pinto Teles e destinava-se aos alunos do ano lectivo de 1950/51. Consistia num conjunto de «Apontamentos das aulas práticas do 2.º ano do Curso Geral de Enfermagem da Escola [...] Ângelo da Fonseca, de harmonia com o programa oficial de Enfermagem Especial Cirúrgica». Entre outros, eram abordados os seguintes temas: sala de operações (instalações, iluminação, ventilação, aquecimento e mobiliário), com a descrição dos processos de esterilização, do arsenal cirúrgico, da mesa de operações e das posições do doente; anestesia; material comum a todas as operações e material específico de determinadas intervenções. A obra era ilustrada com gravuras de instrumentos cirúrgicos e incluía ainda uma rubrica com conselhos sobre «higiene e asseio, discrição, competência, cuidado e previdência, atenção, silêncio, economia, franqueza e lealdade». A este nível, é possível encontrar no manual frases lapidares como as que se citam: «assegure-se que tudo funciona bem e em devido tempo», «cada operação é uma caixa de surpresas. Antes cresça material, do que [...] faltas no decorrer do acto operatório»; «Tudo [...] se executa em movimentos precisos, silenciosos [...] cada um dos elementos [...] tem que saber qual a sua missão, sem que seja preciso receber ordens».

A maior parte dos temas tratados no citado manual era leccionada no Bloco Operatório dos Hospitais da Universidade, após os programas operatórios do dia. Aí, «os assuntos eram apresentados e exemplificados, utilizando o próprio equipamento existente no Bloco e de seguida havia a possibilidade de retornos sob a supervisão dos enfermeiros assistentes, sobretudo na preparação dos temas dos exames práticos».

Quanto ao manual intitulado *Técnica de Enfermagem: Ligaduras*, desconhece-se a sua data de redacção e o seu autor, embora Nídia Salgueiro presuma ter sido também escrito por José Pinto Teles, que leccionava aquela matéria[773]. Ainda de acordo com esta enfermeira, ambos os manuais se baseiam na obra *Enfermagem: Guia da Enfermeira Profissional e Auxiliar do Médico Prático*, de Alberto Costa, e a que já nos referimos.

---

[771] Nídia Salgueiro, «No tempo em que se afiavam agulhas», *Referência*, n.º 11, Março 2004, pp. 80-81.

[772] Nídia Salgueiro, «Enfermagem de Bloco Operatório...», pp. 82-84.

[773] É muito provável que este manual corresponda à obra *Manual de técnica das ligaduras*, incluída numa lista de trabalhos publicados por José Pinto Teles. Ver a lista em «40 anos de actividade profissional», art. cit., p. 37.

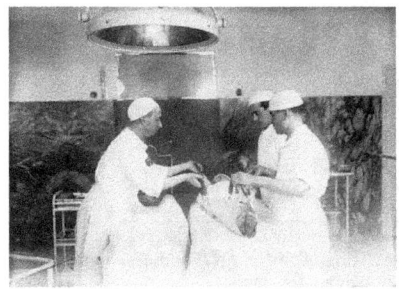

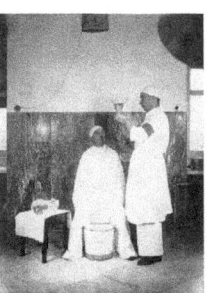
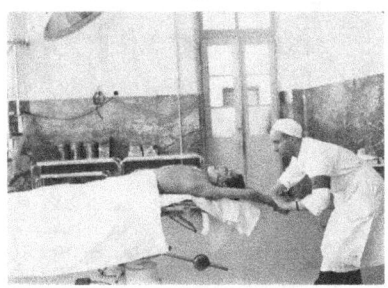

Fotos 40 a 43 – O enfermeiro dos HUC e monitor da Escola José Pinto Teles demonstra algumas técnicas de enfermagem. Estas fotografias foram usadas para ilustrar o manual *Enfemagem*, de Alberto Costa. Fonte: AFESEAF.

A análise de dois sumários referentes a aulas teóricas leccionadas em Março e em Abril de 1957 na Escola Ângelo da Fonseca, certamente da cadeira de Técnica de Enfermagem, a cargo de monitores, permite-nos ter uma imagem mais abrangente e completa dos conteúdos ministrados[774].

Um dos sumários apresenta a questão da admissão do doente e do papel a desempenhar pela enfermeira nessa situação, incluindo os cuidados com aquele, com a sua roupa e os seus objectos de valor e o procedimento em relação ao processo do doente. A aula começava com uma chamada de atenção para a reacção negativa de qualquer doente ao entrar num hospital, cabendo à enfermeira e à instituição amenizá-la. Assim, «o doente deve ser recebido por pessoal de enfermagem compreensivo e carinhoso, que o guie com precisão e caridade, pois deve saber interpretar as atitudes do paciente». Após uma abordagem esquemática das modalidades de admissão dos

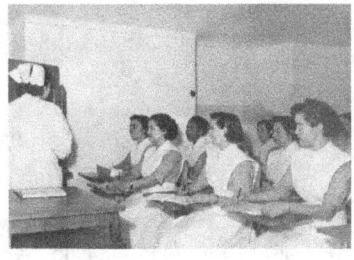

Foto 44 – «Aula teórica no Lar». Fotografia usada num dos postais publicitários da Escola Ângelo da Fonseca (década de 1950). Fonte: AFESEAF.

---

[774] AESEAF, 25,4,1, Sumários, «Aulas. Nídia R. Mendes. 1957».

doentes, indicavam-se os objectivos prioritários que a enfermeira devia ter em linha de conta, nomeadamente: «1. Procurar que o doente se sinta em família e facilitar [...] a burocracia. 2. Ver sintomas para informar o médico. 3. Ajudar o médico a fazer a história clínica. 4. Explicar ao doente tudo o que ele deseje para o libertar do nervosismo habitual.» De seguida, descreviam-se os procedimentos a adoptar pela enfermeira (Quadro 22).

---

1. Apresentar-se ao doente, tratá-lo pelo nome e pô-lo à vontade, tendo em conta a importância do primeiro contacto, que influi grandemente na confiança do doente.
2. Fazer esperar a família com gentileza, confortando-a.
3. Acompanhar o doente à cama, já preparada e escolhida de acordo com a pessoa, pois «não se irá pôr um jovem de 18 anos ao pé de um velho de 80. Um analfabeto perto dum muito culto etc.».
4. Apresentar o novo doente aos outros pacientes e ao restante pessoal.
5. Informar o doente da localização das casas-de-banho e pô-lo a par dos regulamentos.
6. Isolar a cama do doente com cortinas ou biombos.
7. Ajudá-lo a despir-se, se necessário, e dar-lhe banho com água tépida e sabão, tendo o cuidado de revistar as unhas, os cabelos e os dentes.
8. Vesti-lo com roupa da instituição, que deve ter cores variadas e alegres.
9. Enquanto faz a toilete do doente, prestar atenção à existência de erupções, cicatrizes, ou parasitas, para comunicar ao médico, e conversar com ele de modo a captar os seus problemas, procurando discretamente elementos para a história clínica.
10. Tratar da roupa do doente, elaborando listas duplas com a discriminação de todas as peças, quer a família a leve para casa, quer fique no hospital. O dinheiro e os objectos de valor que o doente trouxer são guardados na tesouraria, mediante recibo.
11. Medir a temperatura ao doente e registá-la.
12. Pesar o doente e registar o valor.
13. Aconselhar o doente a beber água para facilitar a eliminação.
14. Executar a terapêutica que o doente traga prescrita.
15. Fazer planos de cuidados a prestar ao doente.
16. Inscrever o doente no livro de registo, preencher uma série de documentos (história clínica, folha de terapêutica, folha de enfermeira, gráfico), organizar o processo do doente, avisar a enfermeira-chefe e o médico, deitar o doente e prepará-lo para ser feita a sua história clínica e acompanhar o médico na visita.

---

Quadro 22 – Procedimento-tipo de uma enfermeira na admissão de um doente.
Fonte: AESEAF, 25,4,1, Sumários, aula de 27 de Março de 1957.

Esta forma de proceder devia ser adaptada ao «estado do doente». Se este fosse grave, havia que deitá-lo de imediato, administrar a terapêutica e chamar o médico. Caso contrário, poder-se-ia começar pelos aspectos burocráticos, de modo a que, quando se procedesse à higiene do doente, este já estivesse mais familiarizado com a enfermeira. Se o doente estivesse em coma ou se se tratasse de uma criança, seria necessário pedir à família para esperar de modo a fazer-se a história médica. No caso de se tratar de um bebé, «não esquecer de perguntar se está baptizado. Se não está, anotar e avisar na reunião dos turnos». Esta recomendação, relacionada com a crença secular de que as crianças que morrem sem ser baptizadas não têm direito à eternidade no Céu, dá conta do peso ideológico do catolicismo no contexto médico nacional em meados do século XX.

Algumas notas, colocadas entre parênteses no sumário em causa, demonstram o esforço do docente em fazer-se entender e em ilustrar com casos práticos as matérias leccionadas. Entre outros exemplos que poderíamos seleccionar, registe-se o cuidado em clarificar o conceito de «processo», bem como o facto de, a propósito dos documentos a preencher pela enfermeira, se anotar: «demonstrar tudo isto e fazer notar os pormenores importantes». No final da aula, os alunos eram interrogados sobre as matérias tratadas, havendo ainda um espaço destinado a esclarecer eventuais dúvidas.

A participação activa das alunas nas aulas é também comprovada pelo sumário de uma aula dada ao 1.º ano do curso geral em Abril de 1957, sobre «Lavagem ou irrigação vaginal». A propósito do tema, era previamente feita «uma [...] recapitulação acerca da anatomia e fisiologia do aparelho genital», interrogando-se algumas alunas. Quanto à análise do tema propriamente dito, foram abordados os seguintes pontos: definição, objectivos, seus efeitos terapêuticos, preparação da doente, técnica (material e sua preparação e modo de agir) e ensino à doente. No que respeita à preparação da doente, salientava-se a importância do aspecto psíquico, visto ser um tratamento «muito delicado», que «implica com o pudor da paciente e para a sua colaboração devemos explicar-lho com tacto». Aliás, acrescentava-se, a enfermeira que administra esse tratamento «deve observar todas as regras que o [...] pudor natural exige e a decência».

Os procedimentos a adoptar evidenciavam a preocupação com o conforto e a privacidade da doente: «proteger o leito com biombos ou cortinas», «fechar janelas e verificar se a temperatura do quarto é boa», «colocar a arrastadeira quente ou com o pano para evitar o contacto frio na pele da doente». Para além destes aspectos, são descritos, em pormenor, os passos a dar pela enfermeira de modo a executar o tratamento. A leitura do sumário sugere um trabalho marcado pela precisão, a eficácia, a ordem e o controlo, devendo a enfermeira, por exemplo, «anotar [...] a hora do tratamento, natureza, quantidade e temperatura do líquido, os caracteres do líquido depois de usado (se tinha sangue, pus, etc.) e a reacção da doente».

O carácter prático das aulas de Técnica de Enfermagem era também evidente no sumário em análise, visto que, junto à lista de procedimentos, se acrescentou a nota «demonstrar». Mais concretamente, para ilustrar a posição ginecológica em que a doente deveria ser colocada para a lavagem ou irrigação vaginal, mostrar-se-ia às alunas uma imagem de um livro.

## 7. AS OCASIÕES FESTIVAS

Em 1954 João Porto requeria ao Inspector-Chefe da Assistência Social que o dia 8 de Março, consagrado a S. João de Deus, fosse considerado feriado oficial na Escola[775]. Há já alguns anos que esse dia era comemorado com a cerimónia da

---

[775] AESEAF, B-20,1,1, Correspondência Expedida, 1954, 11 de Março de 1954.

imposição das insígnias aos alunos a quem era confirmada a matrícula, e a festa prolongava-se até tarde, impossibilitando alunos e professores de comparecer nas aulas.

S. João de Deus é o santo patrono dos enfermeiros. Em Outubro de 1950 profissionais de todo o país participaram nas cerimónias comemorativas do quarto centenário da sua morte, marcadas pela transferência das relíquias do Santo da cidade espanhola de Granada para Lisboa[776]. Em Agosto desse ano, a Escola Ângelo da Fonseca tomou conhecimento de um pedido de colaboração do *Sindicato Nacional dos Profissionais de Enfermagem*, que fora encarregue de organizar um cortejo de enfermeiros e alunos das escolas de enfermagem para acompanhar as relíquias do Santo[777]. De acordo com o *Diário de Coimbra*, «os enfermeiros da Zona Centro do País acorreram, prontamente, à chamada, para cooperarem nas comemorações»[778]. A representação de Coimbra, qualificada pelo jornalista de «magnífica», incluía alunos das três escolas de enfermagem da cidade (Ângelo da Fonseca, Rainha Santa Isabel e Escola psiquiátrica do Hospital Sobral Cid) e enfermeiros de diversas instituições (HUC, Instituto Maternal, Sanatório da Colónia Portuguesa do Brasil, Federação das Caixas de Previdência, Hospital Militar) e serviços particulares. Ao todo, seriam cerca de duzentos profissionais.

Ainda de acordo com o jornal citado, no programa das comemorações, Coimbra seria «honrada também pela participação activa de um enfermeiro da Escola Ângelo da Fonseca [Alberto Mourão] e uma enfermeira da Escola Santa Isabel», que debateriam, nas sessões de estudo, os temas «O enfermeiro católico perante o doente que ignora as verdades da fé» e «A profissão da enfermeira, fecundo apostolado do bem», respectivamente.

A cerimónia de comemoração do dia de S. João de Deus assumia, segundo Nídia Salgueiro, o carácter de um rito iniciático[779]. No dia 8 de Março de cada ano, na missa em honra do santo padroeiro, celebrada na Capela dos HUC, os alunos a quem tinha sido confirmada a matrícula envergavam a farda pela primeira vez, sendo às alunas imposto solenemente o véu. Tratava-se de um gesto simbólico, demonstrativo da sua capacidade para o desempenho da enfermagem. A cerimónia marcava também o início dos estágios, ficando os alunos autorizados «a abordar o corpo do doente [e] prestarem cuidados». Nos anos seguintes, até à conclusão do curso, no dia 8 de Março, teriam

---

[776] João de Deus nasceu em Montemor-o-Novo em 1495 e morreu em Granada em 8 de Março de 1550. Depois de ter sido pastor e soldado, fixou-se em Granada, onde abriu uma pequena livraria. Profundamente abalado por um sermão de S. João de Ávila, tomou tais atitudes que foi internado como louco e tratado com açoites. Mostrando-se curado, insurgiu-se contra o tratamento desumano dado aos doentes mentais e fundou um hospital em 1539. Canonizado em 1690, é padroeiro dos hospitais e dos enfermos (desde 1886) e dos enfermeiros (desde 1940). É representado vestido de franciscano, com uma coroa de espinhos e segurando uma granada encimada por uma cruz (símbolo da cidade onde viveu); por vezes, carrega também um doente nos braços. Os Irmãos Hospitaleiros de S. João de Deus dariam continuidade à obra assistencial iniciada pelo santo português. Ver «João de Deus, S.» *in Lexicoteca, Moderna Enciclopédia Universal*, s.l., Lexicultural, s.d., vol. XI e Jorge Campos Tavares, *Dicionário de Santos*, Porto, Lello e Irmão Editores, 1990.

[777] AESEAF, B-21,1,1, Correspondência Recebida, 1949-1950, 29 de Agosto de 1950.

[778] «A representação dos enfermeiros de Coimbra nas comemorações do centenário de S. João de Deus», *Diário de Coimbra*, n.º 6624, 2 de Outubro de 1950, pp. 1 e 5.

[779] Nídia Salgueiro, «A Enfermagem e os seus Ritos Iniciáticos», *Referência*, n.º 10, Maio 2003, p. 93.

lugar para os alunos do curso geral «ritos confirmatórios», com a imposição solene do distintivo do ano de curso. Para os alunos do curso de auxiliares, o dia de S. João de Deus correspondia também à festa de fim de curso[780].

A documentação consultada relata-nos algumas das celebrações realizadas, possibilitando-nos recriar o dia de S. João de Deus na Escola Ângelo da Fonseca. Em 1958 esse dia «foi comemorado brilhantemente», tendo assistido às diversas cerimónias o Subsecretário de Estado da Assistência, que se deslocou a Coimbra a convite da Direcção dos Hospitais da Universidade[781]. As comemorações, que deram inclusivamente origem a uma publicação (Foto 45, em baixo), começaram de manhã, com

Foto 45 – Capa de *Hospitais da Universidade de Coimbra, Escola de Enfermagem Doutor Ângelo da Fonseca, Comemorações do dia de S. João de Deus, Março de 1958*, s.n., s.l., s.d.

uma missa celebrada na Sé Nova, pelo Bispo-Conde de Coimbra, na qual estiveram presentes professores e assistentes da Faculdade de Medicina, médicos, professores e monitores da Escola, enfermeiros, alunos e representantes de outras escolas de enfermagem de Coimbra. Na homilia, o Bispo enalteceu a profissão de enfermagem e exortou os enfermeiros a cumprir o seu dever de caridade seguindo o exemplo de S. João de Deus. Procedeu depois à bênção dos véus, impostos pelos monitores aos novos alunos da Escola, bem como dos emblemas, entregues aos diplomados do curso de auxiliares de enfermagem. Terminada a missa, os convidados foram recebidos no edifício central dos HUC, tendo sido servido um pequeno-almoço nos Refeitórios dos Hospitais.

No final da manhã chegaria aos Hospitais o Subsecretário de Estado, Pires da Cruz, realizando-se então, no Salão Nobre, uma sessão solene, cuja reportagem sonora foi transmitida pela Emissora Nacional. Aquela teve início com a imposição de insígnias de curso aos novos auxiliares de enfermagem diplomados, feita pelos Enfermeiros Gerais dos HUC, José Pinto Teles e Fernanda Gouveia Pinto, seguindo-se os discursos proferidos por João Porto e Pires da Cruz. Terminada a sessão, o Subsecretário de Estado visitou os HUC, procedendo a várias inaugurações, e, de tarde, os Lares das alunas da Escola, o Bloco Hospitalar de Celas e a Casa do Pessoal.

---

[780] Anos mais tarde, a festa de fim de curso dos alunos do curso de auxiliares deixaria de coincidir com as celebrações do dia de S. João de Deus (8 de Março), ocorrendo alguns dias depois. Veja-se, por exemplo, um ofício enviado pelo Administrador da Escola ao Presidente da Mesa da Confraria do Mosteiro de Celas, em 1968, pedindo autorização para que a Festa Religiosa e Imposição de Insígnias aos alunos auxiliares finalistas decorresse nesse Mosteiro no dia 30 de Março (AESEAF, B-20,1,1, Correspondência Expedida, 1968, 27 de Março de 1968).

[781] «Em Coimbra», *Enfermagem Portuguesa*, n.º 2, Março/Abril 1958, pp. 37-39.

Fotos 46 a 48 – Comemoração do dia 8 de Março em 1958. Entrada do Subsecretário de Estado nos HUC, entre alas de alunos da Escola (cima, esquerda), e saída de todos os convidados dos Hospitais, no final da sessão solene (cima, direita). Em baixo, grupo de alunos nas Escadas Monumentais da Universidade. Fonte: AFESEAF.

João Porto aproveitaria esta oportunidade para, uma vez mais, destacar a exiguidade e a insuficiência das instalações escolares, quer para o funcionamento das aulas, quer para o internamento das alunas, o que condicionava o número de admissões. Deixaria, no entanto, uma mensagem optimista e "politicamente correcta", salientando que, pela aplicação de medidas legislativas adequadas, a preparação dos enfermeiros na Escola melhorara consideravelmente, registando-se uma actualização dos programas, o cuidado no recrutamento do pessoal docente, uma mais judiciosa orientação pedagógica e a maior dedicação de professores e monitores, entre outros aspectos. O Director exaltaria também o regime de internato praticado no Lar e na Casa do Pessoal dos HUC, em particular o ambiente familiar proporcionado aos alunos, o melhor que fora possível conseguir com os recursos financeiros da Escola.

Já Pires da Cruz destacou o esforço feito pelo Governo em solucionar o problema da falta de enfermeiros, apontando a necessidade de se aumentar o ritmo de formação de profissionais e de elevar o nível dessa formação. Numa resposta clara às palavras de João Porto quanto à falta de instalações sentida pela Escola, o Subsecretário considerava evidente «a conveniência de [as] aproveitar ao máximo», afirmando que «a capacidade não pode nem deve continuar a constituir motivo de recusa de admissão». Concluía o seu discurso enaltecendo a importância social da enfermagem, com destaque para os novos desafios colocados à profissão, no campo da prevenção, sobretudo através da assistência domiciliária. E rematava lembrando a necessidade de exercer sempre a profissão «com muita fé e com muito entusiasmo».

No ano seguinte, em Março de 1959, as habituais cerimónias em honra do santo padroeiro foram menos aparatosas[782]. O programa incluía a indispensável missa na Sé

---

[782] «Comemoração do dia de S. João de Deus e festa dos alunos do Curso de Auxiliares de Enfermagem de 1957-59», *Enfermagem Portuguesa*, n.º 7, Janeiro/Fevereiro 1959, p. 44; «Escola de Enfermagem "Dr. Ângelo da Fonseca" – Coimbra», *Enfermagem Portuguesa*, n.º 8, Março/Abril 1959, pp. 45-47.

Nova, em que se procedeu à bênção dos véus, chapéus e emblemas a atribuir aos alunos de todos os anos e cursos da Escola. Seguiu-se um pequeno-almoço oferecido pelos Hospitais a todo o pessoal e alunos e, às 14h00, teve início, no campo de Santa Cruz, uma «tarde desportiva», com um jogo de futebol entre os alunos do curso geral e os do curso de auxiliares, que terminou empatado a três bolas. À noite, no Salão de Festas da FNAT, realizaram-se uma sessão solene e um espectáculo de teatro e de variedades. Os alunos finalistas do curso de auxiliares, cuja festa se celebrava na mesma data, nomearam uma comissão para tratar de todos os assuntos relativos às cerimónias e publicaram um livro de curso, com caricaturas e versos alusivos.

As celebrações do dia de S. João de Deus continuariam a marcar a vida escolar durante a década de sessenta. Nelas marcariam presença, inclusivamente, antigos alunos da Escola, já a trabalhar em instituições de assistência de todo o país[783]. Essas cerimónias mereceriam cobertura noticiosa, não só pela imprensa escrita e pela rádio, mas provavelmente também pela televisão[784]. As festas incluiriam habitualmente sessões de teatro e de cinema[785].

Fotos 49 e 50 – Comemoração do dia de S. João de Deus em 1959. Grupo de alunos com os respectivos monitores (em cima) e fotografia de conjunto nas Escadas Monumentais (em baixo). Fonte: *Enfermagem Portuguesa*, n.º 8, Março/Abril 1959, pp. 46 e 47.

---

[783] Em 1963 a Escola enviou uma série de convites para a Festa a realizar no dia 8 de Março. A maior parte deles destinar-se-ia a antigos alunos, tendo em conta dizer-se «indispensável a sua presença nesta festa que é a sua». Indicamos de seguida o nome e a morada dos destinatários: Maria Amélia Rodrigues (Porto), Maria Judite Gonçalves Dias (Sanatório da Guarda), António Amado de Oliveira Gaio (Hospital de Santa Maria), José Caetano de Sousa Brás (Sanatório da Guarda), Manuel Ruas de Sousa Duarte (idem), Maria Madalena Azevedo (Sanatório D. Manuel II, Porto), Maria Celeste Bettencourt Borges (Ilha Terceira), António Joaquim Proença dos Santos (Lisboa). Ver AESEAF, B-20,1,1, Correspondência Expedida, 1963, 25 de Fevereiro.

[784] Em 1963 o Administrador da Escola agradecia ao Director da Emissora Regional de Coimbra e ao Administrador da RTP a «valiosa colaboração desses serviços nas cerimónias de homenagem a São João de Deus». Ver AESEAF, B-20,1,1, Correspondência Expedida, 1963, 13 de Março de 1963.

[785] Em 1964 o Administrador da Escola solicitava autorização de utilização do salão de festas da FNAT para as comemorações em honra de S. João de Deus, requerendo também a colaboração do grupo cénico daquela Federação. Em 1967 a Escola pedia autorização ao Administrador das Instalações Académicas de Coimbra para que, no dia 8 de Março, às 15h30, ali se passasse um filme para os alunos e pessoal da Escola e dos HUC. O mesmo aconteceu em 1968, embora nesse ano se tratasse de uma sessão de teatro, a realizar no Teatro Gil Vicente; nessa altura, o Administrador da Escola voltava a solicitar a colaboração do grupo cénico da FNAT. Ver AESEAF, B-20,1,1, Correspondência Expedida, 1964, 19 de Fevereiro de 1964; 1967, 28 de Fevereiro; 1968, 15 de Fevereiro.

No que respeita ao teatro, a Escola contaria com a colaboração da FNAT, evidente quer na cedência do seu salão de festas, quer na ajuda prestada pelo seu grupo cénico. A propósito, refira-se que, por ofício datado de 19 de Fevereiro de 1964, o Administrador da Escola solicitava ao Director do Teatro dos Estudantes da Universidade de Coimbra o empréstimo do «fato de diabo»; este fato costumava ser pedido pelo grupo cénico da FNAT, que estaria a colaborar na produção da peça a representar no dia de S. João de Deus[786].

Merece também atenção, neste campo das festas realizadas pela Escola Ângelo da Fonseca, a cerimónia de encerramento do ano escolar, que principiara em 1948. Tratava-se, na opinião de Nídia Salgueiro, de outro «rito» de passagem, assinalando o final do curso geral para os alunos que haviam concluído o 3.º ano[787]. Nas palavras da autora, «os iniciados deixam o seu estatuto de alunos de enfermagem para adquirirem o de enfermeiros, substituindo os sinais que exteriorizavam aquela condição por outros [...], como o véu pela touca, o distintivo de ano pelo emblema profissional da escola que os formou e a farda toda branca».

A cerimónia constava de dois momentos fundamentais: a Missa de Acção de Graças e a Sessão Solene. A primeira tinha lugar na Capela dos HUC e culminava com a consagração dos novos enfermeiros ao Sagrado Coração de Jesus, incluindo a assinatura individual do respectivo documento sobre o altar. A Sessão Solene decorria no salão nobre dos HUC e era presidida pelo Director da Escola ou por algum alto dignitário do Governo ou seu representante, estando presentes alunos, professores e convidados, tanto da parte da Escola, como dos finalistas. Estes eram chamados um a um para a imposição do emblema e a assinatura do juramento. De seguida acendiam uma vela na candeia simbólica da enfermagem e faziam o seu juramento colectivo virados para a assembleia, acto que, de acordo com Nídia Salgueiro, simbolizava a apresentação pública dos novos enfermeiros.

Os enfermeiros recém-formados assumiam, pois, um duplo compromisso, para com as autoridades religiosas e as autoridades civis. O documento que assinalava a Consagração ao Coração de Jesus (Foto 59, em baixo) dá conta da importância e do significado que a religião e a moral católicas tinham ainda no desempenho da profissão de enfermagem. Dirigindo-se à Santíssima Trindade, os novos enfermeiros agradeciam «todos os dons naturais e sobrenaturais que me tendes dispensado», entre os quais «a missão nobilíssima a que me chamastes». Pediam também a sua protecção, de modo a poderem cumprir os seus deveres profissionais com «fidelidade, abnegação e caridade», seguindo o exemplo do Bom Samaritano no cuidar dos doentes e sabendo «orientar as suas almas para a felicidade eterna». Por fim, consagravam a sua vida e o seu trabalho ao Sagrado Coração de Jesus, invocando a sua protecção, bem como a de Nossa Senhora de Fátima e a de S. João de Deus e S. Camilo de Lelis[788], padroeiros dos

---

[786] AESEAF, B-20,1,1, Correspondência Expedida, 1964, 19 de Fevereiro de 1964.

[787] Nídia Salgueiro, «A Enfermagem e os seus Ritos Iniciáticos», pp. 94-95.

[788] Camilo de Lelis (1550-1614) passou a juventude ao serviço das armas, até que uma ferida num pé o obrigou a dar entrada no Hospital de S. Tiago, em Roma. Em 1575 foi admitido na Ordem dos Capuchinhos, mas abandonou-a pouco depois, devido ao agravamento do seu mal. Dedicou-se então ao serviço dos doentes naquele Hospital até 1584, ano em que fundou um instituto religioso expressamente dedicado a esse fim, a ordem dos "Ministros dos Enfermos" ou dos "Padres Camilos ou da Boa Morte".

enfermeiros. Este compromisso sugere que a enfermagem ainda era entendida como uma missão, que exigia uma devoção total e tinha uma finalidade essencialmente espiritual ou religiosa.

Fotos 51 e 52 – Documento de Consagração ao Coração de Jesus, assinado pela então finalista do curso de enfermagem geral Nídia Rodrigues Mendes, e assinatura de um documento idêntico, sobre o respectivo Altar, em 31 de Julho de 1960. Fonte: *Referência*, n.º 10, Maio 2003, verso da capa e AFESEAF.

Já o juramento profissional do enfermeiro fora aprovado para ser observado em todas as escolas de enfermagem dependentes do Ministério do Interior em Setembro de 1950[789]. Resultara de uma proposta da Ordem Hospitaleira de S. João de Deus e do *Sindicato Nacional dos Profissionais de Enfermagem*. Devia ser proferido em coro por todos os novos diplomados, após o juramento individual feito perante o Director da Escola e a assinatura do respectivo documento.

---

Perante V. Ex.ª, representante legítimo da Autoridade, juro, por Deus e pela minha honra:

– Que em tudo cumprirei as determinações da Lei, da Moral tradicional e dos Regulamentos;
– Que obedecerei ao médico pronta e fielmente dentro da minha profissão;
– Que não ultrapassarei os limites fixados pelo médico, e lhe darei contas rigorosas das iniciativas a que a urgência me obrigar;
– Que guardarei segredo acerca de tudo o que chegar ao meu conhecimento em razão do exercício da minha profissão;
– Que assistirei aos doentes com a maior caridade, delicadeza e dedicação;
– Que atenderei não só aos bens do corpo, mas também aos espirituais, familiares, profissionais e cívicos, seguindo o exemplo de S. João de Deus, nosso Padroeiro;
– Que defenderei a sua vida até ao extremo, aproveitando todos os recursos da ciência e da técnica, e nada farei contra ela;
– E que respeitarei os cadáveres como sagrados despojos de irmãos meus.

---

Quadro 23 – Juramento Profissional do Enfermeiro (1950).
Fonte: AESEAF, B-21,1,1, Correspondência Recebida, 1949-1950, 29 de Setembro.

---

Canonizado em 1746, S. Camilo de Lelis foi proclamado, em 1886, padroeiro dos doentes e dos hospitais e, em 1930, protector dos enfermeiros. É geralmente representado segurando um crucifixo e a sua festa celebra-se a 18 de Julho. Ver «S. Camilo de Lelis» *in Verbo. Enciclopédia Luso-Brasileira de Cultura*, Lisboa, Editorial Verbo, s.d., vol. 4 e Jorge Campos Tavares, *Dicionário de Santos*, Porto, Lello e Irmão Editores, 1990.

[789] AESEAF, B-21,1,1, Correspondência Recebida, 1949-1950, 29 de Setembro.

O texto acima deixa transparecer com clareza a preocupação com os limites da acção do enfermeiro, sobretudo em relação ao médico. Os novos profissionais não poderiam esquecer que lhe deviam obediência e que a sua livre iniciativa estava condicionada às situações de urgência. Por outro lado, focavam-se aspectos do foro deontológico, como o segredo profissional, a defesa incondicional da vida e o respeito pelos cadáveres. Por fim, o juramento não deixava de incluir alguns aspectos que estavam de harmonia com o já celebrado compromisso religioso, nomeadamente, a caridade e a dedicação no tratamento dos doentes, o respeito pela «Moral tradicional», paralelamente ao respeito pela Lei e pelos Regulamentos, e a preocupação com os «bens espirituais», para além dos do corpo, seguindo o exemplo de S. João de Deus.

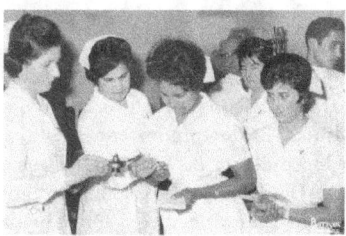

Foto 53 – Cerimónia de final de curso, celebrada por ocasião do dia de S. João de Deus de 1963. Depois de assinarem o juramento profissional, as finalistas passavam pelo ritual de acender uma vela na candeia simbólica da enfermagem. Na fotografia, a finalista Maria Helena Correia, auxiliada pelas monitoras Delmina dos Anjos Moreira e Dulce Pinto. Fonte: AFESEAF.

A revista *Enfermagem Portuguesa* publicou pequenas notícias relativas às festas de final de ano de 1957/58 e de 1958/59, que decorreram nos últimos dias de Julho. A primeira assinalou a conclusão do curso geral para 16 alunas e 4 alunos, tendo havido uma grande percentagem de distinções[790]. Na Sessão Solene discursaram a Monitora--Chefe, Fernanda Gouveia Pinto, e o Inspector-Chefe da Assistência Social, Fernando de Magalhães Cardoso, que presidiu em representação do Director da Escola. Seguiu--se «um fino copo de água servido no Lar das Alunas-Enfermeiras a que compareceram muitos professores da Escola e todos os monitores».

Foto 54 – Os finalistas do curso geral de 1955/58, nas Escadas Monumentais, por ocasião da festa de final de ano de 1958. Fonte: «Escola de Enfermagem Dr. Ângelo da Fonseca – Coimbra», *Enfermagem Portuguesa*, n.º 7, Janeiro/Fevereiro 1959, p. 43.

Em 1959 a Sessão Solene contou não só com o discurso da Monitora-Chefe e com o do Director, que «lembrou aos novos enfermeiros a sua missão altruísta e nobre», mas também com a participação da aluna Maria Amélia Anes que, «em palavras de saudade, fez as despedidas, saudando o Director da Escola, os professores e monitores».

---

[790] «Escola de Enfermagem Dr. Ângelo da Fonseca – Coimbra», *Enfermagem Portuguesa*, n.º 7, Janeiro//Fevereiro 1959, p. 43; *idem*, n.º 10, Julho/Agosto 1959, pp. 46-49.

A revista *Enfermagem Portuguesa* esteve também presente nessa festa, representada pelo seu Editor e pelo seu Adjunto de Direcção, enquanto "madrinha" de alguns alunos do curso complementar de 1958/59. Tornara-se, entretanto, hábito «os alunos escolherem padrinhos para o dia festivo em que oficialmente terminam o tempo de estudo». Era, no entanto, a primeira vez que a citada revista apadrinhava os finalistas.

Fotos 55 a 58 – Festa de final de ano de 1959. Em cima, na Capela dos HUC, a aluna Maria Amélia Anes ao pronunciar as palavras de despedida (esquerda) e os alunos proferindo o juramento solene (direita). Em baixo, nos Claustros dos HUC, todos os finalistas com os monitores (esquerda) e os finalistas do curso complementar de 1958/59, apadrinhados pela revista *Enfermagem Portuguesa*. Fontes: AFESEAF e *Enfermagem Portuguesa*, n.º 10, Julho/Agosto 1959, pp. 46-49.

Interessava à Escola divulgar a realização destas cerimónias, certamente como uma forma de publicidade e de propaganda. Compreende-se, assim, a série de convites enviados a órgãos de comunicação social em Julho de 1961, no sentido de que estivessem presentes na festa de encerramento do ano escolar, a realizar no dia 29, para fazer a respectiva cobertura jornalística[791]. Neste caso, foram convidados o Emissor Regional de Coimbra da Emissora Nacional de Radiodifusão e correspondentes dos jornais *Diário Popular*, *Diário de Notícias*, *Diário da Manhã*, *A Voz*, *Novidades*, *O Primeiro de Janeiro*, *O Despertar*, *O Século*, *A República*, *Correio de Coimbra* e *Diário de Coimbra*[792].

---

[791] AESEAF, B-20,1,1, Correspondência Expedida, 1961, 21 de Julho de 1961.
[792] Para além de terem acedido ao convite, vindo a publicar notícias descritivas da cerimónia, pelo menos dois destes jornais anunciaram-na com alguns dias de antecedência. Ver «Encerramento do ano escolar da Escola de Enfermagem Dr. Ângelo da Fonseca», *Diário de Coimbra*, n.º 10.496, 24 Julho 1961, p. 4 e «Diário de Coimbra», *Diário da Manhã*, n.º 10.802, 26 Julho 1961, p. 6.

## 8. OS CONTACTOS INTERNACIONAIS E A LIGAÇÃO AO *SINDICATO*

Como já se disse, a década de 1950 foi marcada por uma abertura da enfermagem nacional ao estrangeiro. No que respeita à Escola Ângelo da Fonseca, esta foi evidente no apoio dado à candidatura de algumas monitoras a bolsas de estudo noutros países. Manifestou-se também na ligação à Organização Mundial de Saúde, no intercâmbio com enfermeiras e instituições ligadas à enfermagem, tanto europeias como norte-americanas, e na emigração de profissionais formados em Coimbra.

Desde 1952, pelo menos, que a Escola estaria ligada à OMS. Na verdade, em Maio desse ano, o Inspector-Chefe da Assistência Social solicitava ao Director que a monitora-chefe, Maria da Cruz Repenicado Dias, se deslocasse a Lisboa, «a fim de tratar [...] assuntos relacionados com o ensino da enfermagem e o seu contacto com a Organização Mundial de Saúde»[793]. Após aquele contacto, o Director da Escola enviaria ao Inspector-Chefe o relatório elaborado pela Monitora-chefe acerca da visita feita a Portugal por Rosalie Dreyer, da OMS[794]. Anexa ao relatório, que não chegou até nós, estaria uma lista de material de ensino e de bolsas de estudo a conceder por aquela organização.

Em Agosto de 1959, o Inspector-Chefe solicitava ao Director a maior boa vontade para a visita, no dia 28 seguinte, de um grupo de dez enfermeiras inglesas à Escola, as quais vinham em representação do *The National Council of Nurses of Great Britain and Northern Ireland* e a convite do *Sindicato Nacional dos Profissionais de Enfermagem*[795].

Foto 59 – João Porto saúda as visitantes à chegada aos Hospitais da Universidade.
Fonte: *Enfermagem Portuguesa*, n.º 11, Setembro/Outubro 1959, p. 34.

Foto 60 – As enfermeiras inglesas no Claustro dos HUC, acompanhadas das entidades que as receberam. A maioria das dez profissionais desempenhava cargos de chefia em vários hospitais, sobretudo londrinos. Fonte: AFESEAF.

---

[793] AESEAF, B-21,1,1, Correspondência Recebida 1952-1953, 16 de Maio de 1952.
[794] AESEAF, B-20,1,1, Correspondência Expedida, 1952-1953, 14 de Junho de 1952.
[795] AESEAF, B-21,5,1, Correspondência Recebida e Expedida, 1959.

A revista *Enfermagem Portuguesa*, que fez a cobertura noticiosa da passagem daquele grupo de enfermeiras pelo nosso país, esclarece que, chegando a Coimbra no dia 27 de Agosto, visitaram a "República dos Kágados", a Universidade, a Faculdade de Medicina e os Hospitais, incluindo a Escola Ângelo da Fonseca[796]. Depois, em pequenos grupos e acompanhadas por colegas portuguesas, as enfermeiras inglesas percorreram as ruas da Baixa e visitaram o Portugal dos Pequenitos e o Hospital Sobral Cid. No regresso, passaram pelo Penedo da Saudade, pelo Parque de Santa Cruz e pelo Jardim Botânico, tendo seguido, no dia 29, para o Hospital-Colónia Rovisco Pais, na Tocha, e depois para a Figueira-da-Foz. Aí visitaram alguns pontos turísticos e ficaram instaladas no Hospital da Misericórdia, seguindo no dia 30 rumo ao Sul. Na sua visita à região de Coimbra, foram sempre acompanhadas pelos presidentes dos *Sindicatos de Lisboa e Coimbra*, Daniel Pinto e Alberto Mourão, pelos monitores-chefes da Escola Ângelo da Fonseca, Dulce Pinto e José Pinto Teles, por uma monitora daquela Escola, Glória Côrte-Real, e pelas enfermeiras superintendente e geral dos Hospitais Civis de Lisboa.

O interesse internacional pelo ensino da enfermagem em Portugal aumentou nos anos de 1960, como documentam alguns pedidos de informação recebidos pela Escola. O primeiro data de 1962 e visava a obtenção de elementos sobre a instrução da enfermagem no nosso país[797]. Esses elementos foram pedidos à Embaixada Portuguesa em Washington pela presidente da 16.ª Convenção Anual (1963) da *Licensed Pratical Nurse Association of Virginia*, que versaria sobre o tema "Enfermagem Prática no Mundo", «interessando [...] tudo aquilo que se refira a treino de enfermeiras, trabalhos que efectuam, uniformes, habilitações exigidas e idades mínima e máxima para entrada nos cursos, etc.». Em resposta, o Administrador da Escola enviaria os elementos que constam da lista seguinte.

«Cartaz de Propaganda
Folheto de Informações
1 Livro de Propaganda
4 mapas de estágios
4 fotografias de Festas de S. João de Deus e finalistas
2 fotografias Serviço Domiciliário
3 fotografias de Juramento
1 entrega do Diploma
Uma colecção de postais do Lar»

Quadro 24 – Elementos sobre o ensino da enfermagem na Escola Ângelo da Fonseca enviados para os EUA em 1962.
Fonte: AESEAF, B-21,5,1, Correspondência Recebida e Expedida, 1962, 24 de Agosto de 1962.

Um outro pedido de informação, já de 1967, diz respeito especificamente à Escola Ângelo da Fonseca. No início desse ano, a enfermeira-parteira suíça Marianne Gay solicitava o fornecimento de dados sobre as candidatas a enfermeiras da Escola (idade,

---

[796] «Enfermeiras inglesas em Coimbra», *Enfermagem Portuguesa*, n.º 11, Setembro/Outubro 1959, pp. 33-34 e 41.
[797] AESEAF, B-21,5,1, Correspondência Recebida e Expedida, 1962, 18 de Agosto de 1962.

habilitações) e a organização dos programas, dos estágios e dos exames de admissão e fim de curso[798]. Esses elementos destinavam-se a um trabalho sobre a organização de uma escola de enfermagem, realizado no âmbito do curso da Escola Superior da Cruz Vermelha Suíça (Lausanne)[799].

O exercício da profissão, por antigos alunos da Escola, em instituições de saúde estrangeiras, tornou-se também evidente na década de 1960, acompanhando o desenvolvimento tomado pela emigração no nosso país. Veja-se, a propósito, um ofício dirigido pelo Administrador da Escola ao Inspector-Chefe da Assistência Social, em 1964, informando que se dirigiam à instituição profissionais ali diplomados requerendo o preenchimento de impressos em língua estrangeira para fins de exercício da enfermagem noutros países[800].

A par dos contactos internacionais, a Escola relacionava-se com diversas instituições nacionais, nomeadamente, escolas de enfermagem e estabelecimentos assistenciais. Vários elementos sugerem também a existência de um relacionamento estreito com o *Sindicato Nacional dos Profissionais de Enfermagem*, em particular com a Secção de Coimbra, que passou a Delegação Distrital em 1959, presidida por Alberto Mourão, enfermeiro dos HUC e monitor da Escola. Na própria festa de S. João de Deus de 1958 esteve presente um número significativo de associados do SNPE, «pois as comemorações tiveram também a comparticipação da respectiva secção»[801]. A festa do ano seguinte contou com a presença do enfermeiro José Roque dos Reis, que, na sessão solene, «dirigiu um apelo a todos os colegas, pedindo o contributo de todos para que o *Sindicato* [...] seja uma força»[802]. De resto, no ano de 1958, a Escola tinha-se feito representar na comissão que preparou uma homenagem póstuma a Manuel Roque dos Reis, enfermeiro e dirigente sindical de Coimbra falecido em 1956[803].

Ainda em 1958, o SNPE ofereceu um jantar de homenagem aos alunos da Escola que se deslocaram a Lisboa em visita de estudo, tendo estado presentes vários elementos da direcção do *Sindicato*[804]. Esta e outras atenções seriam retribuídas numa visita posterior, como indica um ofício dirigido à Escola, em 1961, pelo Presidente da Direcção do SNPE. O responsável agradecia «às gentis alunas dessa Escola a boneca-símbolo da enfermeira que tiveram a gentileza de oferecer a este *Sindicato* quando da sua estadia nesta cidade»[805].

---

[798] AESEAF, B-21,1,1, Correspondência Recebida, 1967, 5 de Janeiro de 1967.

[799] A enfermeira trabalhava em Moçambique, mas estava então na Suíça e aproveitava para seguir aquele curso.

[800] AESEAF, B-20,1,1, Correspondência Expedida, 1964, 30 de Janeiro de 1964. Sobre a questão levantada pelo preenchimento dos impressos, ver também *idem*, 1964, 23 de Outubro de 1964, e AESEAF, B-21,5,1, Correspondência Recebida e Expedida, 1965, 6 de Fevereiro de 1964 e 12 de Outubro de 1964.

[801] «Em Coimbra», *Enfermagem Portuguesa*, n.º 2, Março/Abril 1958, p. 39.

[802] «Escola "Dr. Ângelo da Fonseca" – Coimbra», *Enfermagem Portuguesa*, n.º 8, Março/Abril 1959, p. 47.

[803] «Significativa homenagem póstuma ao enfermeiro Manuel Roque dos Reis em Coimbra», *Enfermagem Portuguesa*, n.º 4, Julho/Agosto 1958, pp. 39-41. A homenagem realizou-se em Maio de 1958 e foi apadrinhada pela secção de Coimbra do SNPE. A fotografia do falecido foi descerrada na cerimónia (estava coberta com a bandeira da secção) e depois levada à sede da secção do Sindicato, onde ficou na sala da Direcção, «como exemplo a seguir pelos vindouros».

[804] «Escola "Dr. Ângelo da Fonseca" – Coimbra. Visitas de estudo», art. cit., p. 46.

[805] AESEAF, B-21,1,1, Correspondência Recebida, 1961, 21 de Março de 1961.

O bom entendimento institucional entre a Escola e o *Sindicato* reflectia-se também na colaboração em torno da organização de determinadas iniciativas, como foi o caso da "III Semana de Enfermagem" (30 Abril a 6 Maio de 1962), a qual incluía uma "Exposição das Actividades de Enfermagem"[806]. A Direcção do SNPE reconheceria o contributo da Escola para a organização do evento, com um «voto de agradecimento» no respectivo livro de actas[807].

Do mesmo modo, o *Sindicato* contava com a participação dos alunos da Escola nas actividades que organizava. Por exemplo, em Junho de 1962, o Presidente do SNPE solicitava ao Director autorização para que os alunos de ambos os sexos comparecessem no Salão Nobre da *União de Grémios*, na Avenida Sá da Bandeira, no dia 8, para uma sessão promovida pelo *Sindicato*, integrada na "Semana do Ultramar" e na qual seria conferente o Capitão Manuel de Oliveira Leite[808]. A presença dos alunos, decidida pelos monitores, estaria condicionada às exigências das actividades lectivas[809].

---

[806] AESEAF, B-21,1,1, Correspondência Recebida, 1962, 26 de Março de 1962.

[807] AESEAF, B-21,1,1, Correspondência Recebida, 1962, 31 de Maio de 1962. Em particular, o Presidente do SNPE agradecia ao Director da Escola todas as facilidades concedidas à organização da "III Semana de Enfermagem", bem como a colaboração na organização da referida "Exposição".

[808] AESEAF, B-21,1,1, Correspondência Recebida, 1962, 5 de Junho de 1962.

[809] Acrescentou-se no ofício, a esferográfica, o seguinte: «Ao Lar e Monitores para autorizar de acordo com as conveniências».

# V – A ESCOLA DURANTE A DÉCADA DE 1960

## 1. Introdução: enfermagem e ensino de enfermagem na década de 1960

### 1.1. Contextualização internacional: o caso francês

Para a enfermagem francesa, a década de 1960 significou uma tomada de consciência colectiva e uma forte intervenção sindical, por contraste com a década anterior, em que as respectivas associações e sindicatos manifestaram uma relativa impotência. Segundo Yvonne Knibiehler, apesar das instituições criadas e dos esforços das pioneiras dos anos de 1920, o trabalho destas não teve continuidade[810]. A atitude da maioria das enfermeiras face aos sindicatos era de passividade e de desconfiança, mesmo em relação aos sindicatos cristãos, que mereciam contudo a sua preferência. As reservas tinham a ver com a eventual incompatibilidade entre a adesão e a vocação, mas também com o facto de nenhum sindicato se interessar realmente pelas enfermeiras, negligenciando os interesses específicos da profissão. Por outro lado, a sindicalização acarretava alguns riscos, tanto no sector privado como no público, e eram poucas as que estavam dispostas a corrê-los. Oriundas de meios diferentes e a trabalhar em instituições distintas, imbuídas da noção de obediência e de devoção, a maioria das enfermeiras não tinha consciência colectiva nem sentido de união "de classe".

As mudanças ocorridas nos anos 1960 transparecem na imprensa profissional, enriquecida e renovada desde a II Guerra Mundial[811]. Se inicialmente os periódicos eram controlados por médicos, a partir de 1961/62 alguns artigos evidenciavam já uma certa tomada de consciência por parte das enfermeiras face à sua situação, abordando questões como a integração da profissão no contexto geral do trabalho feminino ou a necessidade de uma formação inicial mais consistente e de aperfeiçoamento em acções de formação, entre outras.

Os acontecimentos de Maio de 68 surpreenderam e revolucionaram o meio profissional, levando as alunas a fazer greve aos cursos e aos estágios e a ocupar as instalações das escolas. Alguns testemunhos dão conta do choque das enfermeiras mais antigas e da desorientação das professoras e directoras das escolas, mas a maioria das

---

[810] Yvonne Knibiehler, *op. cit.*, pp. 321-328.
[811] *Idem*, pp. 328-336.

intervenientes, sobretudo as militantes sindicais, fez um balanço positivo do processo revolucionário. No entanto, rapidamente se instalou a decepção, uma vez que a falta de pessoal não permitiu pôr em prática as regalias obtidas pela via legal.

## 1.2. CONTEXTUALIZAÇÃO NACIONAL

### 1.2.1. A enfermagem em Portugal nos anos sessenta: traços gerais

Em 1960, na comemoração do vigésimo aniversário da Escola Técnica de Enfermeiras (Lisboa), a directora, Beatriz Mello Correia, pronunciou um discurso em que apelava à necessidade de serem garantidos aos profissionais de enfermagem «os meios de realizar a sua função»[812]. Tendo em conta a importância de definir as funções da enfermeira moderna e de lhe garantir um espaço de autonomia profissional, a Directora dirigia o seguinte apelo aos médicos e aos administradores dos estabelecimentos de assistência: «Quereríamos manter para com eles a tradicional atitude de reconhecimento por terem guiado os nossos primeiros passos, e não a recordação amarga de que nos não deixaram crescer, traindo assim a nossa e a sua função». Este discurso deve ser compreendido tendo em conta a formação de elite dispensada pela Escola Técnica, cujas alunas iam assumir lugares de docência e de chefia noutras escolas de enfermagem[813]. A Escola do IPO de Lisboa foi a primeira, desde 1964, a admitir apenas alunas com o 7.º ano dos liceus, lançando «as bases para que a educação em enfermagem possa ser considerada de nível superior».

Tratava-se, inequivocamente, de uma das escolas de enfermagem do país com uma mais forte ligação ao estrangeiro. Todavia, não era a única, visto que, de uma forma geral, a deslocação de enfermeiras portuguesas a outros países se intensificou nos anos de 1960, tendo em vista a formação ou tão-só contactar novas realidades. Segundo alguns autores, nessa década, a enfermagem alcançou a «adolescência», começando a ser pensada como ciência[814]. A discussão em torno dessa questão poderá ter sido importada para o nosso país através daquelas profissionais, que, assumindo cargos de destaque, dinamizavam em Portugal espaços de desenvolvimento da profissão.

Em 1961 foi criada a Direcção-Geral dos Hospitais, tutelada pelo Ministério da Saúde e Assistência, e em 1962 nasceu o Serviço de Enfermagem Hospitalar da Direcção-Geral dos Hospitais, cuja direcção foi entregue à enfermeira Maria Fernanda Resende[815]. A Directora manifestava então a sua satisfação «pelo caminho já percorrido [...] e pelo que nos pode deixar antever [...] de colocar os profissionais de enfermagem no nível que, de direito, lhes pertence». Em 1964 seria ainda criado, também no âmbito da Direcção-Geral dos Hospitais, o Sector de Ensino de Enfermagem, constituído inteiramente por enfermeiras[816].

Em 1963 terminou a proibição de casamento para as enfermeiras. Em Março desse ano, num discurso pronunciado na Assembleia Nacional, o deputado Santos Bessa

---

[812] Lucília Rosa Mateus Nunes, *op. cit.*, p. 298.
[813] *Idem*, p. 308.
[814] *Idem*, p. 307.
[815] *Idem*, p. 299.
[816] *Idem*, p. 302.

referia-se ao assunto, articulando-o com «o problema da deficiência quantitativa e qualitativa das enfermeiras»[817]. Salientava a excessiva concentração dos profissionais de enfermagem em determinadas zonas do país (mais precisamente, 41,5% das enfermeiras e 85% das auxiliares encontravam-se nos distritos de Lisboa, Porto, Coimbra, Braga, Setúbal e Santarém), enquanto nas restantes, a sua percentagem era mínima. Como soluções para este desequilíbrio geográfico, Santos Bessa sugeria que se melhorasse o recrutamento, o ensino e a remuneração do pessoal de enfermagem. Na sua opinião, uma das razões de maior peso para a falta de atractividade da profissão junto das jovens residia na proibição da prática da enfermagem hospitalar às mulheres casadas e viúvas com filhos, determinada em 1942[818]. Esta proibição fora objecto de forte contestação, inclusive por parte da Ordem dos Médicos, acabando então por ser revogada em 1963. Santos Bessa congratulava-se com a medida, que permitiria «aproveitar para os serviços internos excelentes enfermeiras que, até aqui, só podiam estar nas consultas externas e [...] atrair à frequência dos cursos muitas [raparigas] que, por causa daquela disposição, se não matriculavam nas escolas de enfermagem».

Na verdade, embora a enfermagem fosse desempenhada, no nosso país, tanto por mulheres como por homens, continuava a ser concebida como uma profissão essencialmente feminina. A maior parte dos autores que a refere, fala em «enfermeiras». No prefácio à 6.ª edição do manual *Enfermagem*, datado de 1965, Alberto Costa, referindo-se ao que considerava o período de «apogeu» da enfermagem em Portugal, desde o início da década de 1950, afirmava: «A actual tendência de adaptar a Mulher a todas as situações que requerem assistência na doença, ou no seu combate e profilaxia, fez com que o elemento feminino acudisse, com particular entusiasmo, a responder: – Presente! E, ao mesmo tempo que se começou a exigir uma preparação cada vez maior [...], a profissão dignificou-se, começando a aparecer, entre as candidatas, antigas alunas de cursos superiores e muitas filhas de médicos»[819].

No mesmo sentido concorrem outros testemunhos. Num discurso proferido na Assembleia Nacional, Maria Margarida Craveiro Lopes dos Reis incluía os cursos ministrados nas escolas de enfermagem entre aqueles que «preparam a rapariga para profissões especificamente femininas, num sentido de diferenciação que tende a acentuar-se não só entre nós, como em todos os países civilizados»[820]. As escolas de enfermagem fariam parte do mesmo conjunto que as de economia doméstica, agricultura feminina, bordados, culinária e educação infantil, as quais «tendem a aproveitar

---

[817] Sessão da Assembleia Nacional de 26 de Março de 1963, http://debates.parlamento.pt (11/02/06).

[818] O § 4.º do art. 3.º do Decreto-lei n.º 31.913, de 12 de Março de 1942, estipulava que «O tirocínio ou prestação de enfermagem hospitalar feminina são reservadas a mulheres solteiras ou viúvas sem filhos». O Decreto-lei em causa «Promulga várias disposições atinentes à remodelação dos quadros das instituições de assistência em regime de comparticipação». Ver *Diário do Governo*, I Série, n.º 58, 12 de Março de 1942.

[819] Alberto Costa, *Enfermagem. Guia da Enfermeira Profissional e do Médico Prático*, 6.ª edição, Coimbra, Livraria Moura Marques, 1964, vol. I, p. 5. A impressão é de 1964, mas o prefácio tem data de Maio de 1965.

[820] Sessão da Assembleia Nacional de 30 de Janeiro de 1964, http://debates.parlamento.pt (11/02/06). Maria Margarida Craveiro Lopes dos Reis pertenceu à Direcção de serviços de formação moral e social da Mocidade Portuguesa Feminina e foi redactora do respectivo *Boletim das Dirigentes*. Ver Irene Flunser Pimentel, *História das organizações femininas do Estado Novo*, Lisboa, Temas e Debates, 2001, pp. 427, 428-429.

as naturais tendências da mulher, valorizando-a e facultando-lhe um diploma profissional, que lhe assegura a entrada na indústria, no ensino, nos serviços de saúde, em termos adequados à vida da mulher». Além do mais, na sua opinião, o curso de enfermagem, bem como os atrás referidos, permitiam manter o respeito pelos valores da família, por oposição ao «ensino de grau médio» em geral e, eventualmente, também ao «ensino superior». Para Maria Margarida, impunha-se substituir, na educação das raparigas, os valores do útil, do eficaz e do rentável pelos valores tradicionais, contemplados nos cursos que preparavam para actividades essencialmente femininas.

A enfermagem portuguesa seria também marcada na década de 1960, segundo Lucília Nunes, pela guerra colonial (1962-1974)[821]. A recuperação dos acidentados de guerra levaria à criação do Centro de Medicina Física e Reabilitação do Alcoitão e, no ano lectivo de 1964/65, à organização do primeiro Curso de Especialização em Enfermagem de Reabilitação, da responsabilidade de Maria Lurdes Sales Luís. Na opinião desta dirigente, «a Enfermagem de Reabilitação trouxe uma nova visão sobre o cuidar do deficiente, olhando o indivíduo como um todo individualizado». Portanto, a área da Reabilitação promoveu uma alteração na forma como se encarava a pessoa doente, consistindo num «pólo de mudança para o paradigma do cuidar»[822].

Nos anos sessenta registou-se também uma maior preocupação com a formação específica para o ensino e para a administração[823]. Quanto ao primeiro aspecto, tendia-se a autonomizar as enfermarias-escola, cujo enfermeiro-chefe se encarregava da orientação dos alunos, das restantes enfermarias. Por outro lado, valorizava-se o papel dos enfermeiros-chefes na gestão hospitalar e cada vez mais se sentia a necessidade de pessoal habilitado para a administração de escolas de enfermagem. O reconhecimento da importância da formação, tanto inicial como contínua, nessas áreas específicas levaria à criação de uma Escola de Ensino e Administração de Enfermagem, em Lisboa.

Também no âmbito da formação, desde 1962 que a *Associação Católica de Enfermeiros e Profissionais de Saúde* (ACEPS) tinha um papel dinamizador, organizando vários cursos, entre outras iniciativas. Em 1968 seria criada a *Associação Portuguesa de Enfermeiros*, que tinha como objectivos incentivar a formação contínua e colaborar com o *Conselho Internacional de Enfermeiros*. A chamada «Primavera Marcelista», a partir do final da década, possibilitou um certo desenvolvimento do sindicalismo, tendo início o movimento reivindicativo dos auxiliares de enfermagem no sentido da realização de um curso de promoção a enfermeiros[824]. A contestação começou em 1969, liderada por um grupo de auxiliares da área da psiquiatria, que não aceitava as condições impostas para a promoção à categoria de enfermeiro, tendo sido usadas diversas formas de pressão, da negociação à greve.

Por fim, assistiu-se ainda na década de sessenta à progressiva especialização da enfermagem. Em 1966 José Pinto Teles, então administrador adjunto do Instituto Maternal de Coimbra, sugeria que as especializações em enfermagem fossem além das já consagradas (obstetrícia e psiquiatria)[825]. Na sua opinião, a enfermagem tinha de

---

[821] Lucília Rosa Mateus Nunes, *op. cit.*, p. 297.
[822] *Idem*, p. 298.
[823] *Idem*, pp. 304-305.
[824] Lucília Rosa Mateus Nunes, *op. cit.*, pp. 314-315.
[825] *Idem*, pp. 312-313.

«acompanhar a evolução da ciência médica», «cada vez mais, à base da especialização». Nas áreas tradicionais, seriam criados, em 1967, o Curso de Especialização Obstétrica para Enfermeiras e Auxiliares de Enfermagem, ministrado nas escolas oficiais, e, em 1968, as Escolas de Enfermagem Psiquiátrica de Lisboa, de Coimbra e do Porto, embora só a primeira tivesse funcionado. De resto, no que respeita à saúde mental, a Psiquiatria só ganharia relevo nos cursos de enfermagem geral a partir de 1965.

### 1.2.2. O ensino da enfermagem

#### 1.2.2.1. A situação no início da década e projectos de mudança

Num parecer de 1961 acerca de uma proposta de lei sobre o «Estatuto da Saúde e Assistência», a Câmara Corporativa fazia o balanço (qualitativo e quantitativo) do ensino da enfermagem em Portugal[826]. A avaliação a que então se procedeu dá-nos uma panorâmica abrangente das escolas existentes e do número de alunos que as frequentavam. Ora, segundo os dados coligidos, existiriam no nosso país, nesse início de década, oito escolas oficiais e cinco particulares de enfermagem geral e sete escolas de enfermagem especializada (apenas uma delas particular), dedicando-se quatro à formação de enfermeiros psiquiátricos e três à de enfermeiras puericultoras.

| Localidades | Escolas oficiais | Escolas particulares |
|---|---|---|
| Castelo Branco | | Escola de Castelo Branco |
| Coimbra | Escola Ângelo da Fonseca | Escola da Rainha Santa Isabel |
| Évora | Escola de S. João de Deus | |
| Funchal | | Escola de S. José de Cluny |
| Lisboa | Escola Artur Ravara<br>Escola da Cruz Vermelha<br>Escola do Hospital de Santa Maria<br>Escola Técnica de Enfermeiras | Escola das Franciscanas Missionárias de Maria |
| Ponta Delgada | Escola de Ponta Delgada | |
| Porto | Escola do Hospital de S. João | Escola das Irmãs Franciscanas de Calais |

Quadro 25 – Escolas de enfermagem geral existentes em 1961.
Fonte: Sessão da Câmara Corporativa de 24 de Maio de 1961, http://debates.parlamento.pt (11/02/06).

---

[826] Sessão da Câmara Corporativa de 24 de Maio de 1961, http://debates.parlamento.pt (11/02/06). Aquela era a segunda Câmara prevista na Constituição de 1933 e tinha funções consultivas, emitindo pareceres não vinculativos sobre as propostas ou projectos de lei a votar na Assembleia Nacional ou sobre os diplomas a publicar pelo Governo. Era composta por "procuradores", representantes das autarquias locais e dos interesses sociais ("de ordem moral", "cultural", "económica" e "administrativa"), havendo um importante sector de membros de nomeação governamental directa ou por inerência de funções. Apesar de subordinada e dependente do Governo, a Câmara Corporativa funcionou como órgão de pressão e arbitragem, sobretudo dos vários interesses económicos e sociais que constituíam a base do regime. Ver «Câmara Corporativa» *in Dicionário de História do Estado Novo*, dir. Fernando Rosas e J. M. Brandão de Brito, s.l., Círculo de Leitores, 1996, vol. I.

De acordo com a fonte citada, o número de enfermeiros e de auxiliares de enfermagem diplomados anualmente crescera de 70, em 1944, para 756, em 1959, não contando com os enfermeiros especializados. No ano lectivo de 1959/60, frequentaram as escolas de enfermagem geral 1607 alunos e as de enfermagem especializada, 294, num total de 1901 alunos. Não obstante esse aumento, impunha-se «intensificar ainda o ritmo de preparação do pessoal de enfermagem, em consequência da abertura de novos hospitais, sanatórios e dispensários e do número crescente de serviços». Na verdade, em 1957, segundo um outro parecer também emitido pela Câmara Corporativa, a situação era bem mais difícil, caracterizando-se pela «insuficiente preparação das escolas de enfermagem», pela «falta de pessoal técnico de ensino, de estímulo nos vencimentos e de propaganda no sentido de despertar vocações», entre outros aspectos. No entanto, mesmo que o número de profissionais de enfermagem tivesse entretanto subido de 2495, em 1957, para 9498, em 1961, não «se pode parar quanto à abertura de novas escolas e à admissão nestas de cada vez maior número de candidatos».

Em 1957 foi criada uma comissão destinada a elaborar um projecto de lei sobre a reforma do exercício profissional e do ensino da enfermagem. Apesar de ter sido rapidamente elaborado, o projecto não seria concretizado em decreto-lei. Anos depois, em 1961, seria enviado aos directores das escolas de enfermagem, para sua apreciação, um novo projecto relativo à reforma do ensino[827]. Esse projecto de decreto de 1961 revogava, entre outros, os Decretos-lei n.º 38.884 e 38.885, ambos de 1952, e apresentava, em certos aspectos, alterações bastante significativas. Estipulava, desde logo, que as escolas oficiais seriam dirigidas por um director, nomeado pelo Ministro da Saúde e Assistência, escolhido preferencialmente de entre os enfermeiros diplomados com o curso superior (art. 5.º).

O curso superior era outra das mais importantes novidades. O projecto previa três tipos de cursos enfermagem: de formação básica, de especialização e superiores (art. 14.º). Os primeiros compreendiam os cursos de auxiliares e geral e destinavam-se a ministrar «os conhecimentos mínimos necessários ao bom exercício [...] da profissão de enfermeiro». Nos cursos de especialização (enfermagem obstétrica, pediátrica, médico-cirúrgica, psiquiátrica e de saúde pública), ministravam-se os saberes «necessários para a execução dos serviços das [...] especialidades». Quanto ao curso superior, destinava-se a fornecer aos profissionais «conhecimentos adequados para o exercício de funções docentes ou de chefia de serviços»[828].

Quanto às condições de admissão, a principal alteração residia na maior exigência nas habilitações mínimas para os cursos de formação básica (art. 24.º). Assim, no curso de auxiliares, passava-se do exame de instrução primária para o 1.º ciclo dos liceus e, no curso geral, do 1.º para o 2.º ciclo (ou o curso de auxiliares com cinco anos de serviço e o 1.º ciclo). No entanto, previa-se a possibilidade de admitir candidatos com

---

[827] AESEAF, B-21,5,1, Correspondência Recebida e Expedida, 1961, 4 de Outubro de 1961. A esse projecto seguir-se-ia outro para reformar o exercício da profissão e que funcionaria como seu complemento.

[828] Era certamente a esse tipo de formação avançada que se referia Alberto Costa, no prefácio à 6.ª edição do manual de enfermagem de sua autoria, ao afirmar que, desde 1940, «as coisas mudaram tanto e tão depressa que o Curso de Enfermagem quase se propõe atingir craveira universitária». Ver *Enfermagem. Guia da Enfermeira Profissional e do Médico Prático*, 6.ª edição, Coimbra, Livraria Moura Marques, 1964 (imp.), vol. I, p. 6.

as habilitações anteriormente exigidas, «enquanto se verifique que o número de inscrições nos cursos [...] é manifestamente insuficiente para as necessidades do país» (art. 40.º). Já o ingresso no curso superior implicava o diploma do curso geral, o 3.º ciclo dos liceus e três anos de serviço em hospital central (ou tão-só dois anos e a classificação de muito bom no curso geral).

Em relação ao pessoal docente, o projecto em causa atribuía já um papel de relevo aos enfermeiros, os quais poderiam leccionar cadeiras específicas de enfermagem (art. 33.º), desde que habilitados com o curso superior. Esse era também um requisito para o exercício do cargo de auxiliar de monitor, assim como o era a prática de dois anos de actividade docente enquanto auxiliar de monitor para o exercício do cargo de monitor (art. 34.º). O projecto legislador previa a falta de pessoal com as habilitações exigidas, estipulando que, até haver candidatos que satisfizessem as novas condições, os professores fossem admitidos anualmente, «de acordo com as conveniências de ensino, podendo a escolha recair em enfermeiros com o curso complementar ou em indivíduos habilitados com o curso superior adequado» (art. 47.º); da mesma forma, poderiam ser providos nos lugares de monitor e de auxiliar de monitor, em comissão, enfermeiros diplomados com o curso complementar (art. 48.º).

Finalmente, previa-se a criação do Serviço Técnico de Enfermagem, tutelado pelo Ministério da Saúde e Assistência, com atribuições de «orientação geral e fiscalização do ensino da enfermagem» (art. 37.º). Tratava-se de um serviço com um leque vasto de funções, que iam desde dar parecer sobre a criação de escolas oficiais e sobre a autorização para o funcionamento de escolas particulares até à emissão de diplomas de enfermagem, passando pela organização dos programas mínimos dos cursos e dos exames, entre outras actividades (art. 38.º). O director do Serviço Técnico de Enfermagem seria escolhido pelo Ministro entre os diplomados com cursos de enfermagem, nacionais ou estrangeiros, de grau mais elevado (art. 39.º).

Sobre este projecto de 1961, a Escola Ângelo da Fonseca emitiria um parecer, elaborado pelos seus monitores-chefes, José Pinto Teles e Dulce Pinto[829]. No geral, aquele foi favorável, verificando-se, na opinião dos autores, «um apreciável progresso e actualização de conceitos». Porém, não deixavam de assinalar alguns aspectos a rever, entre os quais a questão da direcção das escolas de enfermagem. Para os monitores--chefes da Escola de Coimbra, aquelas não podiam ser «autónomas do Hospital onde funcionam», visto que tal «seria prejudicial ao ensino da enfermagem e à assistência aos doentes». Aliás, consideravam que a autonomização de uma escola relativamente ao hospital seria «uma constante fonte de atritos». José Pinto Teles e Dulce Pinto evocavam o caso da Escola de Coimbra, que funcionou sempre em ligação com o Hospital e com bons resultados. A interligação escola-hospital era encarada não apenas em termos de direcção, mas também de administração e de direcção técnica, devendo aquela «pertencer ao administrador do hospital» e esta, exercer-se através da enfermagem hospitalar, como acontecia em Coimbra, onde os monitores da Escola desempenhavam também as funções de enfermeiros-gerais dos HUC.

---

[829] AESEAF, B-20,1,1, Correspondência Expedida, 1961, 31 de Outubro de 1961. O parecer em causa era independente do da Administração, visto esta ser comum aos Hospitais da Universidade de Coimbra e por estes se pronunciar também em parecer próprio.

Os monitores-chefes da Escola discordavam igualmente da possibilidade de os dois primeiros anos do curso geral serem ministrados em escolas cujas aulas práticas e estágios decorressem em hospitais regionais. Na sua opinião, o curso só deveria funcionar em escolas que, como a sua, pudessem, facultar estágios em hospitais centrais a partir do 1.º ano. Por outro lado, já no campo das condições de admissão às escolas, consideravam que, para os cursos básicos, o limite de idade de 45 anos era demasiado elevado e defendiam que as habilitações exigidas para a matrícula nos vários cursos de modo algum deveriam baixar, descartando mesmo a possibilidade da sua redução em caso de «escassez de frequência aos cursos», visto que tal se lhes afigurava inverosímil.

Os autores do parecer também não estavam de acordo com o facto de o curso superior de enfermagem ser ministrado, mesmo temporariamente, na Escola Técnica de Enfermeiras, visto que, na sua opinião, «só há no nosso País uma instituição onde este curso pode e deve funcionar. É o Hospital de Santa Maria». Justificavam essa posição apontando as características modelares daquele estabelecimento.

Em 1962 terá sido apresentado, pela Inspecção da Assistência Social, um novo projecto de decreto, que contemplava já alguns dos pareceres entretanto emitidos. No seu novo parecer, os monitores-chefes da Escola de Coimbra afirmavam que, quanto à direcção escolar, «o princípio agora adoptado parece-nos sensato, e capaz de ir ao encontro das objecções por nós formuladas»[830]. Admitiam, no entanto, que a nova versão continha uma certa indefinição quanto às funções de direcção e administração das escolas, bem como quanto à sua articulação com a administração hospitalar.

Outro ponto que, desta vez, merecia a atenção dos monitores da Escola era a concessão de facilidades aos auxiliares de enfermagem no acesso ao curso geral, em particular a possibilidade de serem admitidos após cinco anos de serviço e apenas com o 1.º ciclo liceal. No fundo, a principal questão residia em saber se «os auxiliares [devem ou não] gozar de condições especiais de admissão» e, em última instância, se auxiliar de enfermagem e enfermagem são duas profissões diferentes ou duas etapas da mesma carreira. Embora os monitores da Escola de Coimbra fossem de opinião que «dentro da enfermagem há lugar definitivo para as duas actividades», pelo que «os auxiliares poderão e deverão constituir um substancial grupo de servidores com atribuições limitadas e definidas»[831], esse princípio colidia com a falta de enfermeiros. Por sua vez, esta justificava que os auxiliares «invadissem todas as atribuições e funções que pertencem àqueles e que à força de serem executadas por rotina, os doentes, os médicos e até os próprios enfermeiros da chefia, já não distinguem entre o auxiliar e o enfermeiro». Os monitores-chefes consideravam perigoso consagrar num decreto-lei uma situação «que não é normal» e defendiam que as condições de admissão ao curso geral deviam confinar-se à exigência do 2.º ciclo liceal.

De certo modo, aquela posição contrastava com o estímulo e o apoio que, a par dos HUC, a Escola sempre dera aos auxiliares que pretendessem valorizar-se profissionalmente, habilitando-se com o curso geral[832]. Esse estímulo e apoio consistiam

---

[830] AESEAF, B-20,1,1, Correspondência Expedida, 1962, 29 de Junho de 1962.

[831] Segundo os monitores, «com boa vontade e esforços nesse sentido, não será difícil escalonar as suas atribuições». Aqueles recordavam, inclusivamente, que a Escola de Coimbra fora a primeira a publicar um projecto de regulamento das funções dos auxiliares de enfermagem, em 1950.

[832] AESEAF, B-20,1,1, Correspondência Expedida, 1961, 21 de Abril de 1961.

em bolsas de estudo oferecidas pela Casa do Pessoal dos Hospitais, no ajustamento dos horários de serviço aos estudos colegiais e na permissão para frequentarem as aulas teóricas do curso geral dentro do tempo de serviço. No entanto, segundo o Director da Escola, a partir do ano lectivo de 1959/60, dada a «extrema escassez de pessoal de enfermagem», tornara-se quase impossível continuar a dispensar do serviço para assistir às aulas os auxiliares matriculados no curso geral. Em alternativa, e de modo a não colidir com a meritória valorização profissional dos auxiliares, a Escola optara por nomeá-los como «auxiliares externos», categoria existente no quadro dos HUC e que exigia apenas 5 horas de serviço diário, ficando aqueles com as tardes livres para assistir às aulas.

Para além destes projectos de reforma do ensino da enfermagem, no inicio da década de sessenta, a Inspecção da Assistência Social enviou às escolas de enfermagem, para emitirem parecer, dois projectos de regulamentos de concessão de benefícios aos alunos, que introduziam algumas novidades relativamente ao «Regulamento do regime de concessão de benefícios aos alunos das escolas oficiais de enfermagem», de 1958. Um dos documentos dizia respeito às escolas de enfermagem especializada, como a psiquiátrica, e o outro, às escolas de ensino geral. O Administrador da Escola Ângelo da Fonseca e os respectivos monitores consideravam não existir no regulamento para as escolas especializadas «qualquer elemento novo, digno de ser aplicado ao Curso Geral de Enfermagem»[833]. Não viam motivo, por exemplo, para o alargamento às escolas oficiais da concessão de benefícios aos alunos do curso de auxiliares. Havia naquelas «um excedente tão elevado de candidatos auxiliares em relação à sua capacidade, que não vemos razão para qualquer medida no sentido de atrair mais gente».

Quanto ao regulamento para as escolas de ensino geral, a Escola propunha certas alterações e dava conta de algumas discordâncias. Entre outros aspectos, para os autores do parecer, deveria acrescentar-se um parágrafo que contemplasse a situação dos alunos com bolsa de estudo, mas que, por força do regulamento da escola ou da ausência de instalações, não pudessem beneficiar de todas as vantagens. Referindo-se concretamente às alunas casadas, com mais de 30 anos, e aos alunos do sexo masculino, que não beneficiavam do Lar, a Escola sugeria que lhes fosse atribuído um subsídio de 150$00 para alojamento.

Os responsáveis pelo parecer da Escola Ângelo da Fonseca julgavam também inconveniente «a quase obrigatoriedade de aceitar ao serviço todos os finalistas quando em certos casos a sua permanência no hospital onde estagiou não é aconselhável». Na sua opinião, o ingresso para pagamento de dívida no hospital onde decorrera o estágio deveria estar condicionado «à boa informação».

Por último, também os programas leccionados nos cursos de enfermagem estariam a ser alvo de discussão nos inícios da década de 1960. Em Outubro de 1962 as escolas de enfermagem receberam da Inspecção da Assistência Social uma circular relativa às alterações a introduzir nos programas, solicitando que se pronunciassem. Em Junho do ano seguinte, seriam informadas de que, recebidas as respostas de todas as escolas e «verificando-se que as discordâncias apresentadas são susceptíveis de alterar o equilíbrio do programa [...] em vigor», o Ministro da Saúde e Assistência determinara «que

---

[833] AESEAF, B-20,1,1, Correspondência Expedida, 1962, 7 de Novembro de 1962.

se aguardasse a publicação do novo diploma sobre o ensino de enfermagem para então se rever o assunto»[834].

### 1.2.2.2. A remodelação em 1965

Os vários projectos elaborados desde o final dos anos cinquenta com vista à reforma do ensino da enfermagem em Portugal só se concretizaram em 1965, com a promulgação do Decreto n.º 46.448, de 20 de Julho[835]. No ano anterior fora criado um grupo de trabalho para a revisão dos planos de estudo e dos programas dos cursos de enfermagem, que tinha como objectivos gerais, para além de «melhorar os planos dos cursos [e] coordenar mais intimamente os programas das disciplinas, possibilitar aos professores uma maior assistência durante o ano e interessá-los na redacção de textos» de apoio destinados aos alunos[836]. Da mesma forma, o despacho ministerial que criou o grupo de trabalho manifestava as seguintes preocupações: facultar aos alunos uma formação equilibrada e polivalente, tornando-os aptos a trabalhar tanto em serviços hospitalares, como de saúde pública; «melhorar a integração do ensino prático no plano geral de estudos»; e «subir o nível de preparação académica para admissão nas escolas»[837].

Este último aspecto foi o único contemplado pelo Decreto n.º 46.448, que nada estipulava acerca dos novos planos de estudo e programas dos cursos. De qualquer forma, no preâmbulo, afirmava-se a necessidade de actualização do ensino de enfermagem, em consonância com o desenvolvimento das ciências médicas e das próprias técnicas de enfermagem, acrescentando-se que «o sentido dessa actualização deve ser expresso em planos de estudo e programas [...] que tornem os profissionais aptos para o trabalho de base em qualquer dos campos da saúde». O preâmbulo do Decreto em causa dava ainda conta das principais alterações introduzidas, nomeadamente, a exigência de maiores habilitações para o ingresso nos cursos, a previsão de criação de uma escola-piloto e a decisão de fundar um estabelecimento para a formação específica de enfermeiros com cargos de chefia e de docência.

Em relação ao primeiro aspecto, talvez o de maior impacto, só não houve qualquer alteração em relação ao Decreto-lei n.º 38.884, de 1952, para os cursos de enfermagem ou de auxiliares de enfermagem especializados. O ingresso nos cursos de auxiliares, geral e complementar passou a implicar habilitações de grau imediatamente superior ao exigido até então. Assim, no curso de auxiliares, passou-se do exame de instrução primária para o 1.º ciclo liceal; no curso geral, do 1.º para o 2.º ciclo; e no curso complementar, do 2.º para o 3.º ciclo (mais três anos de exercício profissional). Estas alterações estavam de acordo com o aumento da escolaridade obrigatória, de 1964, e vinham aproximar Portugal dos outros países. De qualquer modo, fixava-se um período transitório de cinco anos, durante o qual era possível a admissão nos diversos cursos com as habilitações anteriormente exigidas, de modo a «evitar que um repentino acréscimo de exigências escolares tenha reflexos graves na frequência das escolas».

---

[834] AESEAF, B-21,5,1, Correspondência Recebida e Expedida, 1963, 4 de Junho de 1963.
[835] Decreto n.º 46.448, *Diário do Governo*, I Série, n.º 160, 20 de Julho de 1965.
[836] Lucília Rosa Mateus Nunes, *op. cit.*, p. 303.
[837] *Idem, ibidem*.

Relativamente às condições de admissão às escolas de enfermagem, houve também alterações nos limites de idade. Eliminou-se o limite máximo e restringiu-se a possibilidade de autorização especial para candidatos com menos de 18 anos aos que completassem aquela idade nos primeiros seis meses do curso. Esta restrição vinha dar resposta às solicitações feitas pela Escola Ângelo da Fonseca, no sentido de não ser permitida a admissão de candidatos com idade inferior a 18 anos.

Quanto à criação de uma escola-piloto, o Decreto n.º 46.448 dava conta de vir sendo «apontada a conveniência de possuirmos um estabelecimento experimental de ensino de enfermagem [...], onde possam ensaiar-se novos métodos e observar os correspondentes resultados». Essa fórmula já fora posta em prática em alguns países e era aconselhada pela OMS. Assim, o diploma previa a possibilidade de, entre as escolas oficiais de enfermagem do Ministério da Saúde, ser designada uma escola experimental (art. 4.º). Não temos, porém, conhecimento de que tal se tenha concretizado.

No que respeita à formação de pessoal para cargos de chefia e docência, determinava-se a organização de uma escola especialmente destinada a esse fim, a qual viria a ser a Escola de Ensino e Administração de Enfermagem, em Lisboa. Entendia-se que os cursos de enfermagem complementar, «dada a sua especialização e constante evolução, são já manifestamente inviáveis em escolas de enfermagem de base». Ainda assim, previa-se que, enquanto a nova escola não entrasse em funcionamento, o curso complementar continuasse a ser professado nas escolas de base que a isso fossem autorizadas (art. 5.º).

Para além das referidas, o diploma em análise introduzia outras alterações no ensino da enfermagem. Segundo Lucília Nunes, aquele «anuncia a passagem do ensino da enfermagem para as mãos dos enfermeiros»[838]. Na verdade, estipulava que «a regência das aulas teóricas pertence a professores, monitores ou auxiliares de monitores» e que «os estágios dos alunos serão seguidos por monitores e auxiliares de monitores, que também regem as aulas práticas» (art. 27.º). Tal determinação representava um avanço face ao Regulamento das Escolas de Enfermagem (1953), que limitava os monitores à regência das aulas práticas e das aulas teóricas da disciplina de Técnica de Enfermagem, reservando a das restantes aulas teóricas a professores, na sua maioria médicos.

Quanto ao funcionamento dos cursos, a principal novidade residia na omissão da referência às enfermarias-escola, onde, de acordo com o Decreto n.º 38.885, os estágios seriam feitos «de preferência». O novo diploma determinava apenas que «os estágios serão [...] feitos em serviços de saúde considerados idóneos» (art. 23.º). Por outro lado, estabelecia-se que o curso de auxiliares seria completado com um estágio de seis meses em serviços de saúde (art. 2.º). Em relação aos exames, os de passagem de ano e finais eram substituídos por exames de passagem de período escolar e finais, que permitiriam uma avaliação mais frequente. Os exames finais eram considerados exames de Estado e, por isso, prestados perante júris aprovados pelo Ministro da Saúde e Assistência, sob a presidência de um seu delegado e tendo como vogais professores de todas as escolas interessadas.

Alterava-se ainda a tutela das escolas de enfermagem, sendo o Ministério do Interior substituído pelo Ministério da Saúde e Assistência. Este exerceria a orientação e

---

[838] Lucília Rosa Mateus Nunes, *op. cit.*, p. 303.

a fiscalização relativa às escolas e aos cursos através da Direcção-Geral dos Hospitais (art. 3.º), que viria assim a ocupar as funções até então entregues às Direcções-Gerais de Saúde e da Assistência e à Inspecção da Assistência Social.

A 19 de Julho de 1965, em data anterior à publicação do Decreto n.º 46.448, a Direcção-Geral dos Hospitais enviaria às escolas de enfermagem o despacho ministerial de 16 de Julho, com a aprovação dos novos planos de estudo e programas dos cursos geral e de auxiliares, informando que, para facilitar a sua execução, estava a proceder-se à actualização do Regulamento-tipo das Escolas de Enfermagem[839].

É certamente aos novos planos de estudo e programas que Aliete Pedrosa se refere quando fala na «Reforma do Curso de Enfermagem Geral» de 1965[840]. Terá sido «uma Reforma particularmente bem preparada e bem definida a nível internacional», visto que o seu programa «foi submetido à apreciação da OMS, enviado ao *Conselho Internacional dos Enfermeiros*, ao *Serviço Internacional da Cruz Vermelha* e a todos os países da Europa e Brasil, procurando recolher crítica e sugestões e o reconhecimento internacional do Curso e dos Enfermeiros portugueses». De acordo com a autora citada, aquela reforma obedecera a princípios já referidos, como o de uma formação polivalente e o de uma boa articulação entre as aulas teóricas e os estágios, havendo igualmente interesse em que os exames passassem a abordar preferentemente questões de enfermagem, mesmo que tal significasse uma menor atenção a certas matérias do campo médico, como a Patologia.

No entanto, os novos planos de estudo e programas mereceram duras críticas por parte de alguns deputados na Assembleia Nacional, com destaque para Santos Bessa[841]. Embora elogiasse as alterações introduzidas pelo Decreto n.º 46.448, as quais «revelam o propósito firme de melhorar o recrutamento dos alunos das escolas de enfermagem e de aperfeiçoar a sua formação técnica», Santos Bessa qualificava de «monstruoso [o] programa que foi elaborado por um grupo de 25 elementos, entre os quais se encontram nomes que merecem o nosso maior respeito e outros que ali vemos com certa surpresa». Ao analisá-lo, o deputado verificara que «se fez tábua rasa dos mais elementares princípios pedagógicos; se esqueceram as nossas actuais condições; se ignora a preparação que trazem para os cursos de auxiliar de enfermagem e de enfermagem geral as respectivas alunas». Na sua óptica, não fora considerado o que significava «o ensino simultâneo no período preliminar de treze cadeiras em quinze semanas de aulas, estudando ao mesmo tempo a anatomia, a fisiologia, a bioquímica, a patologia geral e a farmacologia e a terapêutica, entre outras, sem o mínimo respeito pelas precedências que é indispensável observar». Enfim, era de opinião que não se atentara «[n]as graves consequências de acumular, num curso de enfermagem geral, a frequência de 41 disciplinas». Santos Bessa manifestava o receio de que, devido a tal programa, se agravasse a falta de enfermeiros, posição partilhada pelos deputados Salazar Leite e António Santos da Cunha. O primeiro era de opinião que a reforma em causa seria «contraproducente, até ao ponto em que deixa de atrair ao desempenho das funções de enfermeira indivíduos que, por não sentirem coragem para abarcar todas as disciplinas,

---

[839] AESEAF, B-25,1,1, Correspondência Recebida e Expedida, 1965, 19 de Julho de 1965.

[840] Aliete Pedrosa, «A Enfermagem Portuguesa – Referências Históricas», *Referência*, n.º 11, Março 2004, p. 76.

[841] Sessão da Assembleia Nacional de 23 de Março de 1966, http://debates.parlamento.pt (11/02/06).

deixaram de seguir esse curso». António Santos da Cunha afirmava ser impossível ministrar os programas aprovados, acrescentando que já estavam a baixar os números de candidatos às escolas de enfermagem.

Santos Bessa ia mais longe e efectuava uma análise na especialidade, sobre os conteúdos dos novos programas. Considerava não ser «sério nem útil que no curso de auxiliares de enfermagem [...] se perca tempo a ensinar o que foi a alimentação na Antiguidade e o que será no futuro [...]; que se pretenda ensinar-lhes as perturbações do metabolismo do colesterol e quejandas coisas que hão-de ser forçadas a decorar sem perceber, com manifesto prejuízo da sua preparação técnica fundamental». Quanto ao programa do curso geral de enfermagem, os problemas residiam na sua extensão e nos pormenores a que se descia, sem qualquer utilidade no desempenho profissional[842], bem como no facto de não se atender à preparação dos alunos, ensinando-se, por exemplo, bioquímica logo no período preliminar, a alunos que nunca estudaram química. Para Santos Bessa, no entanto, «o delírio» era alcançado na história da enfermagem, a qual remontava à época pré-histórica[843].

O deputado não criticava apenas o conteúdo dos programas, mas também o facto de se ter reduzido a componente prática do ensino, designadamente, os estágios pedagógicos, o «contacto das alunas com os doentes e com a vida da enfermaria» e a «familiarização com as técnicas de enfermagem». Santos Bessa sugeria que a causa de programas tão desajustados residia na dimensão e na composição da comissão que os elaborara. Na sua opinião, esta teria um número excessivo de membros, pois «numa comissão em que há 25 indivíduos não pode haver reuniões de revisão que dêem resultado útil. Deduzo que cada um apresentou o [seu] programa [...] e alguém os reuniu em volume». Por outro lado, considerava negativo o facto de a comissão integrar poucos médicos, sendo composta maioritariamente por «técnicos de enfermagem e de outra natureza», pois, como esclarecia, «por muito que custe a certos sectores e a certas "técnicas", os médicos não podem ser excluídos da solução a dar aos problemas da saúde, e [n]este da preparação da enfermagem [...] a colaboração dos médicos é indispensável». Poder-se-á identificar nestas palavras uma reacção à autonomização da enfermagem em relação à medicina, bem patente na participação dos enfermeiros na definição de políticas relativas ao ensino da sua profissão, bem como na crescente abertura da docência em enfermagem aos próprios enfermeiros.

Enfim, Santos Bessa considerava indispensável proceder à revisão dos novos programas, de modo a evitar as suas «graves consequências», propondo para isso ao Ministro da Saúde e Assistência a constituição de uma comissão revisora formada por professores e monitores das escolas oficiais e particulares.

---

[842] O deputado afirmava que «só para fazer a enumeração dos capítulos e dos assuntos que constituem o programa das suas 41 disciplinas foi preciso um volume de 185 páginas!».

[843] Dedicar-se-iam três horas ao estudo da medicina pré-histórica e da medicina das civilizações mediterrânicas de 2700 a.C. a 200 d.C., e ao estudo de matérias semelhantes para o Egipto, a Assíria, a Mesopotâmia, a Palestina, a Grécia, Roma e os primeiros séculos do Cristianismo. Seriam consagradas mais duas horas à Idade Média, três horas à Renascença, duas horas ao século XVIII, quatro horas ao século XIX. Em relação ao século XX, o deputado considerava ter havido «manifesta economia – basta uma hora para estudar a evolução da enfermagem no nosso tempo!».

Quanto ao impacto da reforma de 1965, Aliete Pedrosa considera que a falta de professores-enfermeiros e a dificuldade de adaptação de algumas escolas às novas exigências fizeram com que certos problemas persistissem[844], em especial a falta de pessoal de enfermagem. Era essa a preocupação subjacente ao Decreto-lei n.º 48.166, de 27 de Dezembro de 1967, em cujo preâmbulo se afirmava ser indispensável «intensificar as medidas que vêm sendo postas em prática [...], de modo a conseguir [...] aumento significativo da frequência das escolas»[845]. Para tal, o Decreto-lei n.º 48.166 estruturava as carreiras de enfermagem hospitalar, de saúde pública e de ensino, «atendendo-se às maiores habilitações que actualmente se exigem para o exercício da profissão e aos mais longos e gravosos horários de trabalho, em confronto com os demais serviços públicos».

A carreira de ensino incluía as categorias de director de escola, monitor-chefe, enfermeiro-professor, monitor e auxiliar de monitor (art. 2.º, c.). O acesso à categoria mais baixa só poderia ser feito por enfermeiros com, pelo menos, um ano de exercício e habilitados com o 3.º ciclo liceal (art. 5.º, 1); já para aceder ao lugar de monitor, era necessário ser auxiliar de monitor há, pelo menos, dois anos e possuir o curso de enfermagem complementar, secção de ensino (art. 5.º, 2). O ingresso nas três categorias seguintes era feito por profissionais recrutados na categoria imediatamente anterior (art. 5.º, 3 e 4). No que respeita aos horários de trabalho, o dos serviços de ensino seria o mais reduzido, de 6 horas diárias ou 36 horas semanais; o pessoal dos serviços de saúde pública trabalharia 42 horas semanais e o dos serviços hospitalares, 48.

O Decreto-lei n.º 48.166, que atribuía à Direcção-Geral dos Hospitais as funções de fiscalização do exercício da enfermagem e registo de diplomas profissionais, previa ainda a revisão dos quadros das escolas oficiais de enfermagem, «para os adaptar às necessidades de preparação de pessoal e às disposições deste diploma» (art. 17.º, 1). De acordo com Lucília Nunes, o plano de distinção de carreiras de enfermagem a que o diploma dava corpo viria a ser considerado «espartilhante e rígido»[846]. A própria autora encara aquele como «um dos momentos mais significativos do afastamento entre [...] a escola e o hospital», que posteriormente se procuraria contrariar[847].

Ainda em 1967, na proposta de lei relativa ao III Plano de Fomento (1968-1973) apresentada à Assembleia Nacional, mais concretamente no capítulo sobre a Saúde, dedicava-se um artigo às escolas de enfermagem e um outro aos lares para enfermeiros[848]. Quanto a este aspecto, reconhecendo-se que «um dos factores que maior influência exerce como atractivo na fixação do pessoal é a facilidade de alojamento», previa-se a criação de lares junto aos hospitais centrais, substituindo ou remodelando as instalações existentes. No parecer que emitiu acerca do III Plano de Fomento, a Câmara Corporativa alertaria para o facto de aquelas «soluções de complementaridade não corrigirem o desnível da remuneração de base», sendo que «os lares beneficiam

---

[844] Aliete Pedrosa, «A Enfermagem Portuguesa – Referências Históricas», *Referência*, n.º 11, Março 2004, p. 76.
[845] Decreto-lei n.º 48.166, *Diário do Governo*, I Série, n.º 299, 27 de Dezembro de 1967.
[846] Lucília Rosa Mateus Nunes, *op. cit.*, pp. 309-310.
[847] *Idem, ibidem*. Segundo Lucília Nunes, «muitos dos movimentos dos anos 90 irão no sentido de fazer a ligação, de "articular o ensino e o exercício", como tanta vez se disse e escreveu».
[848] Sessão da Assembleia Nacional de 7 de Novembro de 1967, http://debates.parlamento.pt (11/02/06).

só uma parte dos servidores, pondo em situação desfavorecida quem tem encargos de família»[849]. Os lares para pessoal de enfermagem seriam um «meio de socorrer a casos especiais [...] no período inicial da carreira»; porém, «deste facto vai uma grande distância até à implantação do sistema como meio normal de compensação».

No que respeita às escolas de enfermagem, estabelecia-se que, «para acelerar o ritmo de formação do pessoal de enfermagem, deverão ser criadas novas escolas, quer a nível central, quer regional». Na mesma linha, o deputado Pais Ribeiro propunha à Assembleia Nacional, em 1968, a intensificação da criação de escolas regionais, tendo em vista modificar a «situação chocante» da enfermagem nos hospitais regionais[850]. Nas suas palavras, «embora não tenha atingido o grau indesejável que se aprecia em alguns hospitais sub-regionais – onde, por vezes, um familiar tem de ficar a tomar conta do doente hospitalizado –, verifica-se que é aí [nos hospitais regionais] nula ou insignificante a percentagem do pessoal de enfermagem diplomado».

Por outro lado, não deixava de ser considerado «o ensino pós-graduado [...], com cursos de ensino e administração de serviços de enfermagem, de actualização profissional e de especialização». No referido parecer sobre o III Plano de Fomento, a Câmara Corporativa aplaudiria «a constante preocupação revelada no projecto governamental em tudo o que se refere à formação de pessoal». No entanto, um pouco na linha das críticas feitas pelo deputado Santos Bessa aos programas escolares de 1965, não deixaria de fazer notar ser «desejável que daquela situação em que a enfermagem estava entregue a simples "práticos", com limitadas habilitações literárias, não vá cair-se, por reacção, no extremo oposto, sobrecarregando-se os programas dos cursos com matérias desnecessárias ao exercício daquela profissão auxiliar».

## 2. A NOVA ADMINISTRAÇÃO DA ESCOLA

Durante a direcção de João Porto (1942-1961), passaram pela Escola vários administradores, entre os quais Coriolano Ferreira, Evaristo de Meneses Pascoal, Fernando José de Magalhães Cardoso, Inspector-Chefe da Assistência Social[851], e Mário Miguel da Gândara Norton. Este último tomou posse do cargo em Janeiro de 1959, acumulando-o com o de adjunto de Administrador dos HUC[852].

Em Setembro de 1961, João Porto ficaria impedido de exercer as suas funções como director dos Hospitais e, por consequência, também como director da Escola, por ter atingido o limite de idade[853]. Na cerimónia de encerramento do ano lectivo de 1960/61,

---

[849] Sessão da Câmara Corporativa de 2 de Novembro de 1967, http://debates.parlamento.pt (11/02/06).
[850] Sessão da Assembleia Nacional de 8 de Março de 1968, http://debates.parlamento.pt (11/02/06).
[851] Evaristo de Meneses Pascoal esteve presente no Conselho de Direcção enquanto administrador pelo menos entre Março de 1957 e Março de 1958 (AESEAF, 35,4,2, *Livro de Actas do Conselho de Direcção*, acta n.º 37, 1 de Março de 1957, fl. 1v. e acta n.º 45, 1 de Março de 1958, fls. 14v./15). A sessão de 31 de Março de 1958 já não contara com a sua presença, não tendo comparecido «por motivos de força maior». Fernando José de Magalhães Cardoso serviu de administrador, no lugar de Evaristo de Meneses Pascoal, entre Maio de 1958 e Janeiro de 1959 (AESEAF, 35,4,2, *Livro de Actas do Conselho de Direcção*, acta n.º 48, 10 de Maio de 1958, fl. 18v. e acta n.º 55, 15 de Janeiro de 1959, fl. 26).
[852] AESEAF, 35,4,2, *Livro de Actas do Conselho de Direcção*, acta n.º 55, 15 de Janeiro de 1959, fl. 26.
[853] AESEAF, B-20,1,1, Correspondência Expedida, 1961, 14 de Setembro de 1961.

realizada em Julho, o último acto a que o médico presidiu na Escola, foi-lhe prestada uma homenagem[854]. Na sessão solene, depois dos discursos de José Pinto Teles e de uma representante dos finalistas, bem como da entrega dos diplomas aos novos enfermeiros e dos prémios aos melhores alunos, tomou a palavra o professor Lopes do Espírito Santo para evocar a carreira de João Porto nas suas várias vertentes e enaltecer «as suas altas qualidades e a sua firmeza de carácter». De acordo com a notícia publicada no jornal *A Voz*, «foram postos em relevo os notáveis trabalhos realizados por aquele mestre, e a sua extraordinária acção dentro da Escola, como modelar director.» Após esta evocação, as alunas entregaram a João Porto uma simbólica lanterna de prata (Foto 61). Por fim, o médico agradeceu a homenagem prestada e recordou a sua vida como director da Escola, tendo ainda salientado «o valor e interesse da enfermagem ao serviço da Medicina» e incitado os novos profissionais a desempenhar a sua actividade com o entusiasmo e a dedicação necessários.

Fotos 61 a 63 – Despedida de João Porto na cerimónia de encerramento do ano escolar de 1960/61: em cima, à esquerda, entrega da lanterna de prata por uma representante das alunas; e à direita, discurso do director cessante; em baixo, fotografia de conjunto, com o pessoal da Escola e os novos diplomados, no Claustro dos HUC. Fonte: AFESEAF.

Após a saída de João Porto, e de acordo com o Regulamento da Escola, o Administrador da instituição, Mário Norton, assumiu as funções de Director «até ser decidido o provimento». Porém, tal não chegaria a acontecer e, durante toda a década de sessenta, a Escola não teria director, ainda que essa categoria constasse do seu quadro de pessoal. No «Relatório da acção desenvolvida no ano de 1965 e 1.º trimestre do ano de 1966», enviado à Direcção-Geral dos Hospitais, esclarecia-se que a Escola não dispunha de director «desde a aposentação do Director dos HUC, Professor Doutor João Maria Porto, visto tal cargo estar extinto»[855]. Dois anos mais tarde, em 1968, a

---

[854] «Encerramento do ano escolar na Escola de Enfermagem do Dr. Ângelo da Fonseca», *Diário de Coimbra*, n.º 10.502, 30 Julho 1961, pp. 1 e 3 e «*A Voz* em Coimbra. Festa de encerramento do ano escolar da Escola de Enfermagem "Dr. Ângelo da Fonseca"», *A Voz*, n.º 12.287, 31 Julho 1961, p. 4.
[855] AESEAF, B-20,1,1, Correspondência Expedida, 1966, 3 de Junho de 1966.

situação permanecia na mesma, adiantando-se estar «o Administrador em exercício de todas as funções por inerência à Administração dos HUC»[856].

## 3. O VELHO PROBLEMA DA FALTA DE INSTALAÇÕES

Apesar do empenho da Direcção nos anos cinquenta, a Escola continuava a não dispor de instalações próprias. A insuficiência e as condições precárias do espaço que ocupava nos edifícios dos HUC levantaram sérios problemas à Administração da Escola durante toda a década de sessenta, levando-a a apelar frequentemente às autoridades superiores no sentido de lhe serem disponibilizadas novas instalações.

Em Outubro de 1963, respondendo a um ofício da Inspecção da Assistência Social, o Administrador da Escola informava que esta considerava «interessante» a criação de cursos de enfermagem nocturnos, mas não podia cooperar nessa iniciativa de forma relevante por não possuir as condições materiais indispensáveis, nomeadamente instalações próprias, nem o pessoal docente necessário[857]. Pela mesma data, aquele responsável solicitava ao Director da Faculdade de Medicina da Universidade de Coimbra autorização para utilizar uma sala de aula da Faculdade, devido ao elevado número de alunos que nesse ano frequentavam os diversos cursos de enfermagem e à insuficiência das salas de aula disponíveis[858]. O pedido repetir-se-ia, por exemplo, em Setembro de 1968, nesse caso para que uma turma de cerca de 40 alunos funcionasse numa sala da Faculdade de Medicina durante todo o ano lectivo de 1968/69[859].

Na verdade, a falta de instalações adequadas não permitia à Escola dar cabal cumprimento às directrizes governamentais no sentido de admitir cada vez mais alunos, como resposta à carência de pessoal de enfermagem. Assim, em Abril de 1966, num parecer solicitado pela Direcção-Geral dos Hospitais, o monitorado da Escola afirmava que, face à escassez de monitores e às instalações precárias, «não poderíamos admitir mais alunos, mas tendo em vista a grande necessidade de enfermagem no país [...], prevemos pelo menos um aumento de 6 monitores para um regular funcionamento dos cursos»[860]. Para o ano lectivo seguinte, a concretizar-se o aumento de alunos previsto (de 201 para 354), seria necessário admitir mais pessoal, monitores e auxiliares de monitor (de 12 para 30), instalar mais salas de aula (de 4 para 7), «se houver edifício», bem como «organizar, instalar, apetrechar e pôr a funcionar uma biblioteca comum».

Aquele parecer ia de encontro ao «Relatório da acção desenvolvida no ano de 1965 e 1.º trimestre do ano de 1966», no que respeita aos meios materiais[861]. De acordo com esse documento, a Escola dispunha de 4 salas de aula com capacidade para 140 alunos, as quais não satisfaziam nem quantitativa nem qualitativamente. Por um lado,

---

[856] AESEAF, B-20,1,1, Correspondência Expedida, 1968, 30 de Maio de 1968, «Relatório da acção desenvolvida no ano de 1967 e 1.º trimestre do ano de 1968».
[857] AESEAF, B-20,1,1, Correspondência Expedida, 1963, 14 de Outubro de 1963.
[858] AESEAF, B-20,1,1, Correspondência Expedida, 1963, 17 de Outubro de 1963.
[859] AESEAF, B-20,1,1, Correspondência Expedida, 1968, 24 de Setembro de 1968.
[860] AESEAF, B-20,1,1, Correspondência Expedida, 1966, 27 de Abril de 1966.
[861] AESEAF, B-20,1,1, Correspondência Expedida, 1966, 3 de Junho de 1966.

tinha de se recorrer ao desdobramento de várias turmas; por outro, as salas de aula eram «deficientes por serem em compartimentos adaptados sem as devidas condições pedagógicas». Não se tinham efectuado quaisquer despesas com obras «visto o edifício não pertencer à Escola». Aliás, no «Programa de acção para 1967», elaborado na mesma altura, estabelecia-se que «deverá insistir-se pela construção de um edifício próprio para a Escola e Internato»[862].

O «Relatório da acção desenvolvida no ano de 1967 e 1.º trimestre de 1968» dá conta de que aquele objectivo não foi alcançado, visto que, no que respeita aos meios materiais e, em particular, à lotação da Escola, o conteúdo é exactamente igual ao do Relatório de 1965/66[863]. No «Programa de acção para 1969» previa-se um aumento da frequência escolar, tendo em conta as «facilidades concedidas aos alunos através de bolsas de estudo da DGH, das bolsas de estudo aos Auxiliares de Enfermagem dos HUC e dos subsídios escolares aos alunos com média escolar de 12 valores», bem como as «campanhas de propaganda que se realizaram e também as boas instalações de que dispomos»[864]. Esta última observação diz certamente respeito às instalações do LAEC, visto que, como se disse, o espaço para o ensino era considerado insatisfatório. Em relação ao curso de auxiliares, o aumento de frequência dever-se-ia também ao facto de o ano de 1969/70 ser o último em que apenas se exigia a instrução primária, de acordo com o período de transição previsto no Decreto n.º 46.448, de 1965. De qualquer forma, a Escola estabelecia que só poderia aceitar maior número de alunos no curso de auxiliares se tivesse «mais um Lar, mais salas de aula e admissão de pessoal adequado». Em geral, «continua-se na esperança de um dia ter uma construção própria para a Escola onde se possam ter os requisitos necessários para o ensino e alojamento».

Tal como acontecera nos anos cinquenta, na década de sessenta levantaram-se algumas hipóteses de solução para o problema da falta de instalações. Porém, para desespero da Administração da Escola, nenhuma se concretizou. A esse respeito, é expressivo um ofício enviado, no Verão de 1969, ao Director-Geral dos Hospitais, no qual o Administrador manifestava urgência em saber «se a casa residencial, incorporada nos terrenos da Quinta do Espinheiro, em Celas, destinada ao novo Hospital Escolar, pode ser considerada como certa, para sede de alguns serviços escolares, até à nova construção da Escola»[865]. A instituição precisava dessa informação afim de proceder às «adaptações indispensáveis quanto a instalações escolares do próximo ano lectivo». De acordo com o Administrador, «tem sido demorado o processo relativo à aquisição dos citados terrenos» e, «se tal solução não for viável ou não puder ser efectivada a tempo [...] [do] início do ano escolar, urge encontrar outra saída». Caso contrário, continuava Mário Miguel Gândara Norton em tom algo dramático, «terá que ser reduzida a actividade escolar desta Escola, a braços com enormes dificuldades, cada vez maiores, quer em relação a instalações quer a meios pessoais».

No ofício citado, o Administrador recordava como, na última visita do Ministro da Saúde e Assistência, se tinha verificado que «a solução de se dispor, de imediato, da casa em referência, poderia ajudar o Hospital a desalojar-se de certos serviços da

---

[862] AESEAF, B-20,1,1, Correspondência Expedida, 1966, 3 de Junho de 1966.
[863] AESEAF, B-20,1,1, Correspondência Expedida, 1968, 30 de Maio de 1968.
[864] AESEAF, B-20,1,1, Correspondência Expedida, 1968, 30 de Maio de 1968.
[865] AESEAF, B-20,1,1, Correspondência Expedida, 1969, 28 de Julho de 1969.

Escola, dando-se espaço livre, para uma mais adequada expansão dos Serviços de Pediatria». Mário Norton esclarecia, contudo, que mesmo que a Pediatria viesse a ter novas instalações, «a Escola continua a precisar de ocupar o prédio em causa, ou outro». De resto, lembrava o Administrador, já haviam sido apresentados, sem resultado, outros planos de solução para aquele problema, como a aquisição do prédio da Clínica de Santa Cruz ou «a cedência do edifício onde em tempos se instalou o Quartel-general, pertencente ao Ministro do Exército».

### 4. O PESSOAL

O quadro de pessoal da Escola estabelecido em 1953 vigorou ainda durante toda a década de sessenta, apesar de se «sentir a falta de um quadro de pessoal com um número de categorias e unidades de trabalho, tanto no campo docente, como no administrativo, de acordo com as exigências impostas com as remodelações de planos e programas de ensino» de 1965[866]. Apesar de já em 1966 se esperar para o ano seguinte a reforma e a ampliação do quadro em vigor[867], somente no final da década seria elaborado um projecto de novo quadro de pessoal, cuja aprovação ocorreria já nos anos setenta.

Em termos de funcionários administrativos, o quadro contemplava, para além do director e do administrador, um 3.º oficial, uma escriturária de 1.ª classe e uma dactilógrafa. Em 1964, foi proposta a criação de um lugar de escriturário de 2.ª classe eventual até nova revisão dos quadros, de modo a fazer face ao crescimento do serviço de secretaria, sobretudo nas épocas de matrículas e exames, relacionado com o aumento de candidatos e de alunos nos últimos anos[868]. A proposta era fundamentada com os números, esclarecendo o Administrador que, para uma média anual de 110 alunos no curso geral, 150 no curso de auxiliares, 100 alunos auxiliares em estágio escolar e 15 alunos no curso complementar, o pessoal de secretaria se reduzia aos três funcionários referidos. Era manifestamente pouco.

A proposta foi aceite[869], embora o problema da insuficiência de funcionários administrativos não ficasse resolvido. Na verdade, em 1968 o Administrador informava o Director-Geral dos Hospitais de que os serviços de secretaria estavam novamente a funcionar apenas com três elementos, número insuficiente face ao aumento de trabalho registado após a última reforma do ensino de enfermagem[870].

No que respeita ao pessoal docente, tanto o Relatório de 1965/66 como o de 1967/ /68 dão conta do não preenchimento dos lugares de professores efectivos, não tendo a Administração da Escola «qualquer interesse» em preenchê-los, «a fim de haver mais

---

[866] AESEAF, B-20,1,1, Correspondência Expedida, 1968, 30 de Maio de 1968.
[867] AESEAF, B-20,1,1, Correspondência Expedida, 1966, 3 de Junho de 1966.
[868] AESEAF, B-20,1,1, Correspondência Expedida, 1964, 28 de Julho de 1964.
[869] AESEAF, B-20,1,1, Correspondência Expedida, 1966, 3 de Junho de 1966, «Relatório da acção desenvolvida no ano de 1965 e 1.º trimestre do ano de 1966». No ponto relativo aos meios pessoais e, mais propriamente, no respeitante ao pessoal não incluído no quadro, é referida uma escriturária de 2.ª classe.
[870] AESEAF, B-20,1,1, Correspondência Expedida, 1968, 16 de Outubro de 1968.

facilidade na escolha»[871]. Os citados Relatórios documentam também a facilidade de recrutamento de professores eventuais, visto, como se esclarecia em 1968, «os HUC e a Faculdade de Medicina darem muitas possibilidades de escolha»[872]. Apesar disso, em 1966 registou-se alguma dificuldade na admissão de novos professores, «por certas disciplinas estarem desde há muito entregues a professores que embora eventuais se consideram efectivos».

Para o ensino de disciplinas específicas, recorria-se também a professores vindos de fora de Coimbra. Assim aconteceu, por exemplo, em 1963, com Maria José Semeão, Enfermeira-Geral da Misericórdia de Lisboa, contratada para leccionar a disciplina de "Saúde Pública", do curso complementar[873]. A enfermeira fora proposta por não existirem nos HUC especialistas naquela área. Deslocava-se a Coimbra uma vez por mês, permanecendo dois dias, com alojamento e alimentação no Lar. Do mesmo modo, em Agosto de 1966, foi convidado o médico Alberto Faria, de Alcoitão, para leccionar na Escola Ângelo da Fonseca e na Escola Rainha Santa Isabel a disciplina "Medicina de Reabilitação", a iniciar no ano lectivo seguinte, de acordo com os novos programas[874]. Foi igualmente convidado o Inspector José Baptista Martins, de Lisboa, para a disciplina de "Técnica de Ensino dos Métodos Audio-Visuais"[875].

Quanto ao nível profissional do pessoal docente, o Relatório de 1967/68 continha algumas observações críticas, nomeadamente, «pouca ou nula acção fora da execução dos programas» e «dificuldade de coordenação e integração dos programas por falta de comparência às reuniões e por falta de monitores». Na verdade, o facto de os professores acumularem a carreira docente com a actividade clínica limitava a sua disponibilidade para a Escola e levava a que, por vezes, solicitassem a redução de funções ou mesmo a demissão. Veja-se, por exemplo, o caso de António José Chorão de Aguiar, membro do Conselho de Direcção, que, em 1969, propunha ficar encarregue, no ano seguinte, apenas das aulas do curso geral, não tendo disponibilidade para leccionar também ao curso de auxiliares[876]. De qualquer forma, Chorão de Aguiar alertava para os problemas que o sistema de elaboração de horários em vigor causava aos professores, resultando por vezes na falta de assiduidade[877]. O Conselho de Direcção determinou, então, pôr à experiência o sistema de enviar antecipadamente o projecto dos horários aos professores, de modo a serem feitos os ajustamentos possíveis.

Em relação aos monitores, a Escola foi afectada pela sua escassez ao longo de toda a década de sessenta, o que, a par da falta de instalações apropriadas, poria em causa o normal funcionamento da instituição. De acordo com o Relatório de 1965/66, para

---

[871] AESEAF, B-20,1,1, Correspondência Expedida, 1966, 3 de Junho de 1966.
[872] AESEAF, B-20,1,1, Correspondência Expedida, 1968, 30 de Maio de 1968.
[873] AESEAF, 35,4,6, *Livro de Actas do Conselho Administrativo*, acta n.º 71, 25 de Março de 1963, fl. 27.
[874] AESEAF, B-20,1,1, Correspondência Expedida, 1966, 4 de Agosto de 1966. O pagamento das aulas, das deslocações e das ajudas de custo seria partilhado pelas duas escolas.
[875] AESEAF, B-20,1,1, Correspondência Expedida, 1966, 19 de Agosto de 1966.
[876] AESEAF, 35,4,3, *Livro de Actas do Conselho de Direcção*, acta n.º 136, 1 de Julho de 1969, fls. 55v/58.
[877] AESEAF, 35,4,3, *Livro de Actas do Conselho de Direcção*, acta n.º 136, 1 de Julho de 1969, fls. 55v/58.

além dos 4 auxiliares de monitor do quadro, a Escola dispunha de 6 a título eventual[878]. Tivera, no entanto, de «recrutar auxiliares de monitor apenas com o curso geral que se escolheram de entre os melhores; preparamo-los para o ensino segundo as necessidades mais prementes». Por outro lado, naquele período, «não foi possível recrutar monitores por não haver pessoal com preparação adequada», pelo que, dos 3 lugares previstos no quadro, apenas um estava ocupado. Assim, a Escola sugeria que os 6 lugares de encarregados de enfermaria-escola, estando apenas 3 ocupados, «fossem transformados em lugares de monitores, para garantir mais estabilidade ao ensino»[879].

De acordo com o citado Relatório, a falta de monitores, ou talvez melhor, de monitoras, explicava-se pelo abandono do serviço «por motivos de casamento e por excesso de trabalho, visto serem sempre em número reduzido em relação ao número de alunos [...] e ao trabalho [...] nos Lares e por preferirem trabalho hospitalar para o qual se sentem mais bem preparadas». O «Programa de acção para 1967» incluía algumas medidas para combater aquelas causas de abandono e fixar o pessoal, nomeadamente, a reforma e a ampliação do quadro de pessoal, bem como a redução do número de horas extraordinárias e a contratação de pessoal especializado em número suficiente.

No entanto, a situação não melhorou e, em Maio de 1967, o Administrador da Escola solicitava ao Director-Geral dos Hospitais que lhe fossem dadas directrizes sobre como resolver o delicado problema da falta de monitores face à crescente expansão da Escola[880]. Por falta de vagas no quadro, vinha-se recorrendo a um quadro eventual de pessoal de monitorado; todavia, dada a precariedade da situação, estava-se na eminência de perder esse pessoal, que optava por situações mais definitivas noutros estabelecimentos. De facto, alguns meses mais tarde, o Administrador proporia ao Chefe de Gabinete do Ministro da Saúde e Assistência a admissão de 5 auxiliares de monitor eventuais, esclarecendo que a Escola dispunha apenas de 2, uma vez que vários haviam saído para trabalhar noutros locais[881].

Tal como a insuficiência das instalações, a falta de pessoal comprometia a participação da Escola no combate à carência de enfermeiros. Uma das formas que esse combate revestia era a realização de dois cursos de auxiliares de enfermagem por ano, começando um em Outubro e outro em Abril. De acordo com os dados disponíveis, o primeiro curso de "auxiliares de Abril" da Escola Ângelo da Fonseca funcionou em 1967[882]. No entanto, não abriria no ano seguinte, devido, sobretudo, às dificuldades de alojamento e à falta de pessoal monitorado[883]. Este último problema, comunicava o Administrador ao Director-Geral dos Hospitais, «parece-nos insolúvel e o mais grave por não termos conhecimento da existência de pessoal preparado que esteja interessado

---

[878] AESEAF, B-20,1,1, Correspondência Expedida, 1966, 3 de Junho de 1966.

[879] A sugestão de suprimir os lugares de encarregados de enfermarias-escola indica que esses espaços de ensino prático estariam a perder importância. Na verdade, como se disse, no Decreto n.º 46.448, de 1965, a referência às enfermarias-escola como locais de estágio preferenciais desaparece (art. 23.º).

[880] AESEAF, B-20,1,1, Correspondência Expedida, 1967, 15 de Maio de 1967.

[881] AESEAF, B-20,1,1, Correspondência Expedida, 1967, 17 de Novembro de 1967.

[882] AESEAF, 35,4,3, *Livro de Actas do Conselho de Direcção*, acta n.º 115, 23 de Março de 1967, fls. 17v/21.

[883] AESEAF, B-20,1,1, Correspondência Expedida, 1968, 12 de Fevereiro de 1968.

em vir trabalhar para a Escola. O pessoal monitorado em exercício nesta Escola está sobrecarregadíssimo.» Os únicos factores positivos com que a Direcção-Geral poderia contar da parte da Escola eram a grande variedade de campos de estágio e a facilidade de recrutamento de professores eventuais médicos.

O Relatório de 1967/68 também fazia eco das dificuldades de recrutamento de monitores e de auxiliares de monitor[884]. Quanto à primeira categoria, salientava-se o facto de «não existirem enfermeiras preparadas que queiram dedicar-se ao ensino». Em relação aos auxiliares de monitor, tinham sido recrutados alguns a título eventual e apenas com o curso de enfermagem geral, escolhendo-se entre os melhores alunos da Escola. Assim, em Maio de 1968, a Escola dispunha de 13 auxiliares de monitor, 4 do quadro e 9 a título eventual; porém, estes últimos não tinham a formação adequada. O documento não deixava de assinalar que, dada a pouca preparação e experiência do pessoal eventual há por vezes deficiências no ensino».

Segundo aquele Relatório, o Decreto n.º 46.448 de 20 de Julho de 1965 veio incentivar o pessoal monitorado, «mas o excesso de trabalho continua a dificultar o aperfeiçoamento e bom rendimento do ensino». No que respeitava concretamente aos monitores, verificavam-se problemas de «coordenação no trabalho», com «duplicação de tarefas por haver duas directrizes no monitorado». Esta é a primeira observação que encontramos acerca das desvantagens da existência de dois monitores-chefes.

No «Plano de acção para 1969» previam-se iniciativas com vista à fixação de pessoal, designadamente, a redução do número de horas diárias de trabalho, que ia das 8 às 12, e a oferta de instalações condignas para as alunas e consequentemente para as monitoras que estavam com elas, o que implicava a renovação do LAEC.

No início do ano lectivo de 1968/69, dado que o número de unidades de pessoal monitorado era «muito limitado para assegurar os serviços escolares», os HUC concordaram em destacar quatro dos seus enfermeiros para serviço docente na Escola[885]. Tratava-se de enfermeiros de 1.ª e de 2.ª classe, admitidos mediante uma remuneração fixa mensal, em regime de prestação de serviços[886]. Previa-se que tal situação subsistisse apenas até à ampliação do quadro de pessoal.

Todavia, a reforma do quadro de pessoal tardava e os problemas subsistiam. Em 1969, lamentava-se o facto de a Escola continuar «desprovida de quadros apropriados, receando-se até uma próxima saída de algum pessoal monitorado, em serviço»[887]. Ainda em Setembro daquele ano, o Administrador solicitaria a confirmação da admissão a título eventual de mais 3 auxiliares de monitor[888], 2 dos quais ainda sem o tempo de

---

[884] AESEAF, B-20,1,1, Correspondência Expedida, 1968, 30 de Maio de 1968.

[885] AESEAF, B-20,1,1, Correspondência Expedida, 1969, 26 de Maio de 1969.

[886] A diferença em relação aos vencimentos dos auxiliares de monitor seria de 900$00 para os enfermeiros de 1.ª classe e de 700$00, para os de 2.ª classe. Os enfermeiros recebiam uma remuneração pelo lugar que ocupavam no quadro dos HUC e passariam a receber gratificações correspondentes àquelas diferenças pelas funções de monitorado que asseguravam na Escola.

[887] AESEAF, B-20,1,1, Correspondência Expedida, 1969, 28 de Julho de 1969. Em Fevereiro desse ano, por exemplo, a monitora da Escola Delmina dos Anjos Moreira havia sido nomeada pelo Ministro da Saúde e Assistência para a Escola de Enfermagem da Guarda (*idem*, 28 de Fevereiro de 1969).

[888] AESEAF, B-20,1,1, Correspondência Expedida, 1969, 30 de Setembro de 1969. No dia 15 desse mês, o Administrador solicitara a confirmação da admissão de outros 2 auxiliares de monitor, enfermeiros dos HUC, em regime eventual. Porém, tais admissões não resolviam o problema da Escola, uma vez que naquele ano lectivo existiam apenas 12 auxiliares de monitor para 338 alunos.

serviço necessário, afirmando que a Escola vinha tendo «grandes dificuldades no recrutamento de pessoal monitorado».

Se, ao longo de toda a década de sessenta, foi constante a preocupação da Escola com a falta de pessoal, sobretudo monitorado, não menos significativo foi o seu interesse em promover a formação e a actualização profissional dos seus monitores, sobretudo após a reforma do ensino de 1965. Assim, logo em 1966, a Monitora-Chefe foi inscrita num estágio de iniciação do "Ensino Programado e Máquinas de Ensinar", promovido pelo Gabinete de Especialização Técnica[889]. No «Programa de acção para 1967» determinava-se que, «para valorizar o ensino», seria necessário promover a especialização do pessoal, prevendo para quatro auxiliares de monitora a frequência do Curso Complementar na Escola Artur Ravara, do de Especialização de Saúde Pública na Misericórdia de Lisboa, do Curso de Reabilitação de Alcoitão e do de Pediatria na Misericórdia de Lisboa[890].

Por outro lado, no Relatório de 1967/68 dava-se conta das medidas tomadas para a melhoria profissional do pessoal, entre as quais a concessão de apoio financeiro a três auxiliares de monitora para a frequência de dois cursos de actualização leccionados na Direcção-Geral dos Hospitais, em Enfermagem Psiquiátrica e de Saúde Pública, e do curso complementar da Escola de Ensino e Administração de Enfermagem (EEAE)[891]. Paralelamente, decorreu na própria Escola, de 8 a 10 de Abril de 1968, um programa de actualização em Métodos de Ensino de Enfermagem organizado pela DGH, em colaboração com a EEAE, que terá contado com a assistência de todo o monitorado[892]. Meses depois, os monitores-chefes, Dulce Pinto e Francisco Cândido da Silva, participaram no programa sobre "Administração de Escolas de Enfermagem e Pedagogia aplicada ao Ensino de Enfermagem", igualmente organizado pela DGH e pela EEAE[893]. Para além disso, realizaram-se diversas visitas de estudo, que também contribuíram para a valorização profissional dos monitores e auxiliares de monitor.

Por fim, no «Programa de acção para 1969» estabelecia-se ainda a necessidade de promover a especialização de duas auxiliares de monitora em Pediatria e em Saúde Pública, bem como a de conceder várias bolsas de estudo ao monitorado, «conforme as disponibilidades de pessoal». Previa-se também a possibilidade de realizar visitas de estudo que tivessem «interesse cultural e profissional». Alguns desses projectos foram concretizados, registando-se a participação de elementos da Escola em diversas acções de formação, realizadas em Lisboa (ver Quadro 26).

## 5. A GESTÃO FINANCEIRA DA ESCOLA: RECEITAS E DESPESAS

Dadas as limitações decorrentes da escassez de fontes documentais no domínio financeiro para os anos de 1960, começaremos por fazer uma breve análise das receitas e despesas da Escola no início da década e passaremos depois a uma análise igualmente sumária das despesas nos anos de 1966 a 1969.

---

[889] AESEAF, B-20,1,1, Correspondência Expedida, 1966, 7 de Fevereiro de 1966.
[890] AESEAF, B-20,1,1, Correspondência Expedida, 1966, 3 de Junho de 1966.
[891] AESEAF, B-20,1,1, Correspondência Expedida, 1968, 30 de Maio de 1968.
[892] AESEAF, B-20,1,1, Correspondência Expedida, 1968, 22 e 27 de Março de 1968.
[893] AESEAF, B-20,1,1, Correspondência Expedida, 1968, 23 de Outubro de 1968.

| Data | Acção de Formação | Participantes |
|---|---|---|
| Fevereiro | "Programa de Actualização de Enfermagem de Saúde Pública" | Blandina Tavares Duarte e Esmeraldina Henriques Moreira (monitoras) |
| Outubro | "2.º Encontro com Monitores de Enfermagem Psiquiátrica das Escolas de Enfermagem" | Maria Eduarda Mendonça Lucena (auxiliar de monitora, responsável pelo período de Psiquiatria do 3.º ano do curso geral) |
| Novembro | "Programa de actualização sobre Dinâmica de Grupos", promovido pela EEAE | Dulce Pinto e Francisco Cândido da Silva (monitores--chefes) |
| Novembro | "Encontro com Monitores responsáveis pelo ensino de Enfermagem de Saúde | Blandina Tavares Duarte (monitora) |

Quadro 26 – Acções de formação em que participaram monitores da Escola (1969).
Fonte: AESEAF, B-20,1,1, Correspondência Expedida, 1969, 20 de Fevereiro, 2 de Outubro, 12 e 19 de Novembro de 1969.

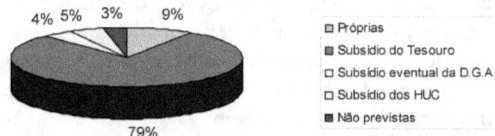

Gráfico 4 – Distribuição das receitas por sectores alargados 1962.

Ao contrário do que foi feito para os anos de 1953 a 1961, a conta de gerência de 1962, tal como é apresentada nas actas no Conselho Administrativo da Escola, não está estruturada por rubricas orçamentais, mas sim por sectores mais alargados e menos específicos. De qualquer forma, analisando o Gráfico 4 e estabelecendo as equivalências entre os sectores, verifica-se que não há diferenças significativas em relação ao período de 1953-1961. Os subsídios provenientes do Tesouro e dos HUC, para além do subsídio eventual concedido pela Direcção-Geral de Assistência, eram a principal fonte de receita da Escola, representando 88% do total. Entre as entidades financiadoras, o Tesouro continuava a ter um peso esmagador, por contraste com os HUC. O subsídio proveniente dos Hospitais era inclusivamente menos representativo do que as receitas próprias da Escola, decorrentes sobretudo dos emolumentos pagos por matrículas e exames.

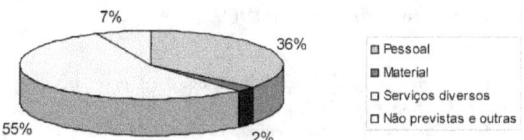

Gráfico 5 – Distribuição das despesas por sectores alargados 1962.

Quanto às despesas, o Gráfico 5 dá conta dos únicos sectores identificados na documentação, nomeadamente, "Pessoal", "Material" e "Serviços diversos". O peso maioritário deste último deve compreender-se tendo em conta que abrange uma grande diversidade de despesas, certamente as que no período anterior eram classificadas de "Outros encargos" e "Encargos administrativos". Assim, é provável que, se as rubricas orçamentais estivessem claramente identificadas, a dos pagamentos ao pessoal continuasse a absorver a maior fatia dos gastos efectuados pela Escola. A percentagem das despesas com material é ligeiramente inferior ao valor médio correspondente para os anos de 1953-1961, mas também é possível que algumas aquisições estejam diluídas nos sectores generalistas.

Resta salientar que o saldo das contas da Escola para o ano de 1962 foi negativo, com um défice de 26.230$10. Tal vem corroborar o que atrás se disse acerca da situação financeira pouco folgada da instituição, a qual se terá mantido ao longo dos anos sessenta. Apoia esta conclusão um ofício dirigido pelo Administrador ao Director-Geral dos Hospitais, em Dezembro de 1968, solicitando informação sobre se poderia ou não contar com um subsídio extraordinário para pagar parte da renda de mais um edifício destinado a residência das alunas auxiliares, no valor de 17.500$00[894]. Justificava o pedido pelo facto de ter sido reduzido o subsídio de manutenção a atribuir à Escola e tendo em conta que os meios financeiros de que esta dispunha dificilmente chegariam para cobrir as despesas correntes até ao final do ano.

No que respeita às despesas da Escola nos anos de 1966 a 1969, os dados que foi possível compulsar encontram-se representados no Gráfico seguinte[895].

Os valores são semelhantes aos já apresentados para os anos de 1960 e 1961. As despesas com o pessoal continuavam em primeiro lugar, somando 43% do total. As rubricas "Outros encargos" e "Encargos administrativos" ocupavam, respectivamente, os segundo e terceiro lugares. Mais uma vez, é visível a concentração das despesas em três grandes sectores. Merece ainda algum destaque a rubrica das aquisições, com uma percentagem superior às das despesas com material de uso corrente (impressos e outros artigos de expediente), com as comunicações (correios e telégrafos e transportes) e com a conservação e o aproveitamento de material.

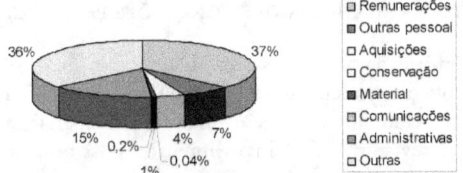

Gráfico 6 – Distribuição das despesas por rubricas orçamentais 1966-1969.

---

[894] AESEAF, B-20,1,1, Correspondência Expedida, 1968, 3 de Dezembro de 1968.

[895] As contas de gerência existentes no Arquivo da Escola Ângelo da Fonseca estão bastante incompletas. Para os anos de 1963 a 1965, dispomos apenas do valor das despesas com as remunerações do pessoal e com «serviços e encargos não especificados». Para os anos de 1966 a 1969, dispomos da maioria das rubricas orçamentais de despesa, o que nos permitiu elaborar o Gráfico 6. De qualquer forma, os valores poderiam ser ligeiramente diferentes se dispuséssemos da totalidade dos dados. Quanto às rubricas orçamentais de receita, para todo o período, nenhuma chegou até nós.

A rubrica "Outras despesas com o pessoal" inclui os números "Ajudas de custo", "Despesas de deslocação, subsídios de viagem e de marcha", "Subsídio eventual de custo de vida" e "Fardamentos, resguardos e calçado". O facto de apenas termos encontrado três registos de despesa correspondentes a este último número, tanto para os anos em análise como para o período de 1953-1961, pode compreender-se tendo em conta que, como em 1962 comunicava o Administrador da Escola Ângelo da Fonseca ao Director da Escola Artur Ravara, o pessoal da Escola, mais concretamente, os seus monitores e auxiliares de monitor, dada a sua integração nos HUC, tinha tido sempre direito aos fardamentos concedidos pelos Hospitais[896].

Na rubrica "Encargos administrativos", destacamos o número relativo aos gastos com publicidade e propaganda. Comparando os montantes dos anos de 1953-1959, 1960--1961 e 1966-1969, verifica-se um decréscimo progressivo do peso daquelas despesas no total dos encargos da Escola, passando de 0,8% para 0,4% e depois para 0,2% no final dos anos sessenta. Em termos absolutos, também o valor médio anual gasto em publicidade e propaganda caiu de cerca de 4.687$00, nos anos cinquenta, para 3.387$00, em 1966-69. Estes dados sugerem que, apesar de ter chegado até nós um número bem mais significativo de testemunhos do investimento da Escola em auto-promoção datados dos anos de 1960, aquela aposta deve ter sido igualmente importante nos anos de 1950, envolvendo despesas ligeiramente superiores. De qualquer forma, não dispomos de dados financeiros para a primeira metade da década de sessenta, período que, como se verá, forneceu grande parte dos referidos testemunhos.

A rubrica "Aquisições de utilização permanente" integra as despesas relativas à compra de livros e publicações, de material de aprendizagem e de mobiliário de tipo escolar e outro. No período em análise, a Escola gastou anualmente naquele sector entre 15.844$20, em 1967, e 204.965$00, em 1969, o que representou, respectivamente, 1% e 9% do total de despesas. Apesar de não se atingir a elevada percentagem de 19% já referida para o ano de 1958, em termos gerais, os últimos quatro anos da década de sessenta apresentam um investimento ligeiramente mais significativo em aquisições do que os anos de 1953-1961, com a subida de 3 para 4%.

## 6. O INVESTIMENTO NA MELHORIA DAS CONDIÇÕES PEDAGÓGICAS

Segundo o «Relatório da acção desenvolvida no ano de 1965 e 1.º trimestre do ano de 1966», a Escola despendeu naquele período 140.408$90 em equipamento, mais concretamente, material de aprendizagem, máquinas e aparelhos, mobiliário escolar, livros, publicações e revistas[897]. Tal investimento «possibilitou uma aprendizagem prática mais eficiente e uma melhoria dos serviços de secretaria e hospitalares onde o material foi colocado». Na justificação do agravamento da despesa com o material no mesmo período, referia-se o «equipamento do serviço de Biblioteca». Por outro lado, no «Programa de acção para 1967», previa-se a montagem de «salas de aula de técnica de enfermagem equipadas com todo o material suficiente para ensino, material médico-cirúrgico, mobiliário, etc.».

---

[896] AESEAF, B-20,1,1, Correspondência Expedida, 1962, 9 de Março de 1962.
[897] AESEAF, B-20,1,1, Correspondência Expedida, 1966, 3 de Junho de 1966.

No entanto, de acordo com o Relatório de 1967/68, neste período despendeu-se apenas 15.844$20 em equipamento, incluindo material de aprendizagem, mobiliário escolar, livros, jornais e revistas[898]. Segundo a Administração da Escola, «estas aquisições não corresponderam às necessidades, mas visto as dotações não terem sido suficientes, não foi possível ir mais além». Deste modo, no «Programa de acção para 1969», previa-se um forte investimento em equipamento, com a montagem dos seguintes espaços: «1 sala de aulas de técnica de enfermagem com todo o mobiliário, roupas, material suficiente para o ensino; 1 gabinete de médico escolar com o Serviço de Saúde [...] equipado e mobilado; 4 gabinetes de trabalho com mobiliário adequado e em número suficiente para os monitores poderem estudar e preparar os seus trabalhos [...]; 1 biblioteca devidamente mobilada e equipada com pessoal».

O equipamento referido, cujos custos foram orçamentados em 170.000$00, era considerado indispensável para o bom funcionamento dos serviços escolares, tendo sido indicado à Direcção-Geral dos Hospitais em Maio de 1968, em resposta a um ofício que informava a Escola da hipótese de concessão de um subsídio extraordinário para equipamento e a interrogava acerca das suas necessidades a esse nível[899]. Segundo o Administrador, aqueles novos serviços não tinham sido ainda criados não só por falta de meios financeiros, mas também por falta de espaço, problema que o arrendamento de mais um edifício para os Lares, então em perspectiva, poderia vir a resolver.

Os documentos citados dão conta da aposta da Escola na melhoria das condições pedagógicas ao longo dos anos sessenta. Tal era evidente na aquisição de livros e publicações periódicas, destinados a constituir uma biblioteca, bem como na compra de novos materiais de aprendizagem e no recurso a métodos complementares de ensino, como a projecção de filmes.

No que respeita à aquisição de livros e publicações periódicas, é de destacar o interesse da Escola em obras estrangeiras, publicadas ou fornecidas por entidades destacadas no domínio da saúde e da enfermagem a nível mundial. Por exemplo, em 1960, o Administrador da Escola solicitava ao Director-Geral da Fazenda Pública autorização para a compra da obra *L'enseignement de base des soins infirmiers*, fornecida pelo *International Council of Nurses*, de Londres[900]. Em 1963, num ofício dirigido a uma livraria em Lisboa, a Chefe de Secretaria da Escola pedia informações sobre as condições de aquisição da edição portuguesa da revista da OMS *A Saúde do Mundo*[901].

O Quadro seguinte, baseado na correspondência recebida e expedida pela Escola, apresenta algumas das publicações nacionais e estrangeiras que aquela adquiriu ou, pelo menos, fez menção de adquirir, ao longo do período em análise.

---

[898] AESEAF, B-20,1,1, Correspondência Expedida, 1968, 30 de Maio de 1968.

[899] AESEAF, B-20,1,1, Correspondência Expedida, 1968, 30 de Maio de 1968. O mobiliário destinado a uma sala de aulas e a um gabinete médico custaria cerca de 50.000$00; os móveis, os livros e o restante material didáctico para a Biblioteca e a Sala de Técnica de Demonstrações importariam em cerca de 100.000$00; a montagem de dois gabinetes para monitorado ficaria em 20.000$00.

[900] AESEAF, B-20,1,1, Correspondência Expedida, 1960, 22 de Abril de 1960.

[901] AESEAF, B-20,1,1, Correspondência Expedida, 1963, 23 de Fevereiro de 1963. Anos mais tarde, numa carta escrita em francês, aquela responsável agradeceria ao Director da OMS, em Genebra, a atenção ao perguntar se a morada da Escola ainda se mantinha e informaria que esta aguardava as próximas publicações da Organização (*idem*, 1967, 31 de Julho de 1967).

| Data | Título | Fornecedor |
|---|---|---|
| 1965 | Assistência, Previdência e Segurança Social – conceitos; O hospital de hoje e do futuro; O hospital – centro de ensino profissional e de educação; O bem-estar ou conforto dos doentes num hospital geral; A formação profissional dos administradores hospitalares – uma experiência inglesa[902] | Revista Hospitais Portugueses |
| 1965 | Aplication de l'Éthique Profissionelle[903] | "Livraria Luso--Espanhola" (Lisboa) |
| 1967 | Enciclopédia Luso-Brasileira (primeiros 4 vol.) | "Livraria Luso--Espanhola" (Lisboa) |
| 1967 | Enciclopédia Verbo – Juvenil (12 vol.) e O Mundo em que vivemos (8 vol.) | "Livraria Almedina" (Coimbra) |
| 1968 | Enciclopédia Medicina e Saúde (10 vol.) | "Livraria do Castelo" (Coimbra) |
| 1969 | Temas de Educação; Educação Física e desportos; Saúde escolar | Ministério da Educação Nacional |
| 1969 | Cardiología para Enfermeras e Las Ciencias Sociales y la Enfermeria | "Livraria Lopes da Silva – Editora" (Porto) |

Quadro 27 – Alguns dos livros adquiridos pela Escola durante a década de 1960.
Fonte: AESEAF, B-20,1,1, Correspondência Expedida, 1965, 2 de Fevereiro e 27 de Março de 1965; idem, 1967, 13 de Fevereiro de 1967; idem, 1968, 20 de Abril de 1968; idem, 1969, 19 e 20 de Junho de 1969.

Em Março de 1967, em resposta a um ofício da DGH, o Administrador enviava àquela entidade uma lista de livros existentes na Biblioteca da Escola e na do Lar com interesse que fossem traduzidos[904]. Tal reforça a ideia de que a Escola teria um número significativo de obras estrangeiras. Alguns dias depois, o Administrador remeteria à DGH duas listas dos livros existentes na Biblioteca da Escola e na do Lar sobre assuntos de enfermagem[905]. Em rigor, na documentação apenas se encontra uma listagem de livros adquiridos em 1966. Trata-se de obras sobre as várias matérias, desde a anatomia à saúde mental, passando pela administração de hospitais e de escolas de enfermagem. Consta também da listagem um livro com base no qual os futuros alunos se poderiam preparar para os exames de aptidão. Para além dessas obras e de algumas de carácter enciclopédico, já assinaladas no Quadro 27, a Escola preocupou-se ainda

---

[902] Trata-se de um conjunto de estudos sobre Saúde e Assistência, publicados pela revista Hospitais Portugueses.
[903] Obra da autoria de Abbé J.Z. Dufort, editada por Wilson e Lafleurs.
[904] AESEAF, B-20,1,1, Correspondência Expedida, 1967, 11 de Março de 1967.
[905] AESEAF, B-20,1,1, Correspondência Expedida, 1969, 20 de Junho de 1969.

| Título | Quantidade | Preço |
|---|---|---|
| Meu Portugal, minha terra | 2 | 28$80 |
| Princípios científicos de enfermagem | 1 | 170$00 |
| Elementos de anatomia e fisiologia humanas | 1 | 76$50 |
| Atlas de anatomia humana | 1 | 120$00 |
| Novo manual de técnica de enfermagem | 1 | 127$50 |
| Dicionário de termos farmacêuticos | 1 | 70$00 |
| Relações humanas na escola | 1 | 55$00 |
| Higiene mental e relações humanas na indústria | 2 vol. | 52$50 |
| Guia de saúde mental | 1 | 30$00 |
| Higiene da mulher | 1 | 35$00 |
| Como estudar | 1 | 85$00 |
| El hospital e su administracion | 1 | 72$00 |
| Enciclopédia Luso-Brasileira de Cultura 4 vol. | 1 | 1.740$00 |
| Manuel pratique de l'infirmiére soignante-nappée | 1 | 441$00 |
| Enciclopédia Verbo – Juvenil | 12 vol. | |
| Enciclopédia Verbo – O mundo em que vivemos | 8 vol. | 1.000$00 |
| Ética profissional | 1 | 112$50 |

Quadro 28 – Listagem de livros adquiridos pela Escola em 1966.
Fonte: AESEAF, B-20,1,1, Correspondência Expedida, 1969, 20 de Junho de 1969.

em adquirir um manual propedêutico, que ensinasse os alunos a estudar, o que demonstra preocupações pedagógicas.

De acordo com um ofício da Secretaria da Escola, datado de 1967, cada aluno teria de possuir, no mínimo, os três livros considerados essenciais, nomeadamente, *Ética Profissional de Enfermagem*, *Técnica de Enfermagem* e *Técnica de Ligaduras*, sendo também aconselhável a obra *Enfermeira Cirúrgica*[906]. No entanto, a Escola encarregava--se de, ao longo do curso e de acordo com as matérias leccionadas, adquirir e distribuir

Foto 64 – *Meu Portugal, minha terra. Selecta de Língua e História Pátria. 2.º ano dos Liceus*, de Beatriz Mendes Paula e Maria Alice Gouveia, 2.ª ed., Lisboa, Empresa Literária Fluminense, s.d. (carimbo da Biblioteca Geral da Universidade de Coimbra de Março de 1966), 2 vol. Na lista acima referida, este livro está assinalado com a nota «Para provas de exame de aptidão», pelo que nele se basearia a prova de Português.

Foto 65 – *A Higiene da Mulher. Solteira, casada e mãe*, de Ramiro da Fonseca, Lisboa, Livros do Brasil, s.d. (carimbo da BGUC de Maio de 1965).

---

[906] AESEAF, B-20,1,1, Correspondência Expedida, 1967, 19 de Novembro de 1967.

pelos alunos livros sobre temas específicos. Por exemplo, em Maio de 1962, o Administrador solicitava ao Director-Geral de Saúde o envio de trinta exemplares da obra *Normas de Vacinação (Relatório da Comissão de Estudo 1959)*, para distribuição pelos alunos do curso geral[907]. Da mesma forma, em Março de 1966, a Chefe de Secretaria da Escola requeria à empresa "Produtos Lácteos – Nestlé" a entrega de cento e quinze exemplares do livro *Conselhos às Mães* (Foto 66), destinados aos alunos do curso auxiliar[908].

Foto 66 – *Conselhos às Mães*, Lisboa, Sociedade de Produtos Lácteos, S.A.R.L. – Nestlé, s.d. (carimbo da BGUC de Maio de 1965). Como se percebe pelas ilustrações, incluindo a da capa, e pela referência a aspectos culturais concretos, como a alimentação, o livro terá sido elaborado a pensar nas mães das ex-colónias africanas.

Para além dos livros adquiridos, a Escola contava também com ofertas, que teriam como principal objectivo levar a instituição a comprar alguns exemplares ou a adoptar o livro como manual. Assim aconteceu em 1961, tendo a revista *Hospitais Portugueses* enviado um exemplar do livro *Assistência Social Portuguesa*, «que muitas escolas de enfermagem utilizam como livro de texto para as disciplinas de "Noções de Vida Social" do Curso Geral e "Adopção Profissional e Assistência Social" do Curso de Auxiliares»[909]. Por outro lado, em 1967 o Administrador agradecia à "Empresa Lite-

Foto 67 – *Manual de Higiene. De acordo com os programas oficiais. Para os cursos: Comercial, Formação Feminina*, de Maria Lucinda Tavares da Silva e Maria Leonor Buescu, Porto, Porto Editora; Coimbra, Livraria Arnado; Lisboa, Empresa Literária Fluminense, s.d. (carimbo da BGUC de Janeiro de 1968).

---

[907] AESEAF, B-20,1,1, Correspondência Expedida, 1962, 11 de Maio de 1962.
[908] AESEAF, B-20,1,1, Correspondência Expedida, 1966, 30 de Março de 1966.
[909] AESEAF, B-21,1,1, Correspondência Recebida, 1961, 6 de Fevereiro de 1961.

rária Fluminense" (Lisboa) a oferta do livro *Manual de Higiene* (Foto 67) que «agradou não só pelo assunto, como pelo modo interessante como está exposto, tornando-se por isso um livro útil e agradável»[910].

Fotos 68 e 69 – Ilustrações de *Manual de Higiene* (pp. 93 e 96). O programa do 2.º ano dos Cursos Comercial e de Formação Feminina incluía quatro pontos sobre enfermagem: noções gerais; regime do doente; sintomatologia de doenças; primeiros socorros a feridos. A Foto 68 ilustra o cuidado da enfermeira em «saber manter o estado moral do seu doente», lendo para ele, por exemplo, e a Foto 69, a importância da desinfecção.

Como se referiu, os livros destinavam-se à Biblioteca da Escola, a qual teve uma existência precária durante a década de sessenta. Em 1959, como se lê num ofício dirigido ao Instituto Nacional de Estatística, a Escola não possuía biblioteca[911]. A primeira indicação de que esse serviço já existia data de Março de 1966, quando a Escola agradeceu ao Enfermeiro-Chefe José Cortês, do Hospital Regional de Moçamedes (Angola), a oferta do seu prémio escolar (em dinheiro) à instituição, informando que se destinaria à compra do livro *Saúde Pública* (Foto 70) para a Biblioteca[912]. Daí em diante, vários dos pedidos de autorização para a aquisição de obras indicavam expressamente que aquelas se destinavam à Biblioteca da Escola.

Foto 70 – *Saúde Pública: disposições legais*, Régua, edição de J. Alcino Cordeiro, 1963.

De facto, como se disse, o «equipamento do serviço de Biblioteca» justificou o agravamento da despesa da Escola com material no ano de 1965 e no 1.º trimestre de 1966. No entanto, em 1968, o Administrador informava a DGH de que aquele serviço era insuficiente e, do «Programa de acção para 1969», constava o investimento

---

[910] AESEAF, B-20,1,1, Correspondência Expedida, 1967, 7 de Dezembro de 1967.
[911] AESEAF, B-20,1,1, Correspondência Expedida, 1960, 26 de Outubro de 1960.
[912] AESEAF, B-20,1,1, Correspondência Expedida, 1966, 9 de Março de 1966.

numa «biblioteca devidamente mobilada e equipada com pessoal que a ponha a funcionar de modo a satisfazer as necessidades de estudo de professores e alunos». Com o aval das entidades superiores[913] e mercê de um subsídio concedido no quadro do III Plano de Fomento, esse objectivo acabou por se concretizar, contribuindo certamente para que o ano de 1969 fosse, de entre os quatro cujas despesas pudemos analisar em pormenor, aquele em que os gastos com equipamento tiveram maior representatividade, nomeadamente, 9% do total.

A Biblioteca da Escola estava instalada nas dependências do Lar Sede, situado já na Avenida Bissaia Barreto[914]. No que respeita ao mobiliário, em Junho de 1969 a Secretaria comunicava à "Casa Olaio" (Lisboa) que fora seleccionada para equipar a Biblioteca da Escola, solicitando ainda que fosse enviado um funcionário a Coimbra, de modo a orientar a escolha do material a adquirir. Meses mais tarde, a Secretaria solicitava à "Sociedade de Equipamento de Escritórios" (Lisboa) informações sobre preços e condições de entrega de três corpos de ficheiros para biblioteca[915].

Quanto ao pessoal, em Novembro de 1969 a Monitora-Chefe da Escola requeria ao Presidente da Comissão Instaladora da Escola de Ensino e Administração de Enfermagem autorização para que a funcionária destinada a trabalhar na Biblioteca realizasse um pequeno estágio na biblioteca da EEAE[916]. A Monitora-Chefe informava estar «em princípio de organização um serviço de biblioteca nesta Escola que procuramos funcione dentro dos mesmos moldes dessa Escola». Na verdade, a própria encarregada da Biblioteca da EEAE se deslocaria a Coimbra para organizar os serviços da Biblioteca da Escola Ângelo da Fonseca[917]. Portanto, quer em relação ao equipamento da Biblioteca, quer à formação do respectivo pessoal, a Escola tomava como exemplo a EEAE, que era uma instituição recente e moderna. Tal evidenciava o seu interesse na actualização das condições de ensino.

O mesmo se pode dizer da aquisição de materiais didácticos como estampas murais (sobre socorros urgentes, entre outras), manequins ou diapositivos (sobretudo de Patologia Geral)[918]. Para além disso, destacamos o investimento na projecção de filmes com fins pedagógicos. Logo em 1960, o Administrador da Escola agradecia ao *Instituto Britânico em Portugal* (Lisboa) o empréstimo de filmes, solicitando, de momento, o filme *Marrow Puncture*, bem como, para mais tarde, os seguintes: *Television in Schools, Development of Movement, First aid for soldiers*[919]. Em Maio de 1963 a Chefe de Secretaria agradecia à firma "Química Hoechst, Lda." a exibição do filme *Vidas em*

---

[913] AESEAF, B-20,1,1, Correspondência Expedida, 1969, 12 de Junho de 1969.

[914] AESEAF, 35,4,3, *Livro de Actas do Conselho de Direcção*, acta n.º 139, 13 de Janeiro de 1970, fls. 64/65. Nessa reunião do Conselho, foi aprovado provisoriamente, a título experimental, um projecto de regulamento de fornecimento da Biblioteca da Escola.

[915] AESEAF, B-20,1,1, Correspondência Expedida, 1969, 30 de Setembro de 1969.

[916] AESEAF, B-20,1,1, Correspondência Expedida, 1969, 28 de Novembro de 1969.

[917] AESEAF, 35,4,3, *Livro de Actas do Conselho de Direcção*, acta n.º 142, 23 de Junho de 1970, fls. 71v/72. Nessa reunião, por sugestão da Monitora-Chefe, o Conselho decidiu propor à consideração superior uma gratificação por prestação de serviços, no valor de 4.500$00, destinada à encarregada da Biblioteca da EEAE.

[918] AESEAF, B-20,1,1, Correspondência Expedida, 1963, 16 de Abril de 1963; *idem*, 1964, 24 de Julho de 1964; *idem*, 1965, 12 de Janeiro de 1965.

[919] AESEAF, B-20,1,1, Correspondência Expedida, 1960, 10 de Novembro de 1960.

*Perigo*, sobre métodos de reanimação respiratória, bem como ao Delegado dos Produtos "Ciba" a projecção dos filmes *Rim Artificial, Diurese e Reanimação Cardíaca*[920]. Estes últimos, «pelo seu elevado cunho técnico e científico constituíram valioso ensinamento». Em 1964, a empréstimo do *Rotary Club* (Lisboa), exibiu-se um filme que foi muito apreciado pelos «ensinamentos úteis sobre o nível dos serviços especializados em recuperação de diminuídos físicos»[921]. A Escola procurou igualmente constituir a sua própria cinemateca didáctica. Assim, em 1965, foi pedido a algumas firmas o envio de catálogos para a escolha de «filmes técnicos e culturais sobre temas de enfermagem e médicos»[922].

A projecção de filmes educativos não se limitava aos ligados à enfermagem e à medicina, assumindo também um carácter lúdico. Por exemplo, em 1961, requeria-se ao *Instituto Britânico em Portugal* o empréstimo dos filmes *Steps of the Ballet, The Black Swan* e *The Drawings of Leonardo Da Vince*, a exibir numa sessão antes do dia 23 de Dezembro, início das férias de Natal[923]. Nesse mesmo ano, a Escola solicitara à firma "Pathé-Baby Portugal, Lda." um catálogo de filmes de aluguer, de longa-metragem, o qual incluía uma diversidade de géneros cinematográficos muito alargada, desde aventuras (*Tarzan e a Companheira*) até fantasia (*O Feiticeiro de Oz*), passando pelos desenhos animados (*As Aventuras do Gato Félix*), pelo drama (*O Caminho do Futuro*) e pela comédia (*O Pai da Noiva*)[924]. A projecção de algumas dessas películas pode certamente incluir-se entre as actividades circum-escolares, à semelhança das visitas de estudo.

O investimento feito pela Escola na melhoria das condições pedagógicas e a qualidade do ensino que ministrava permitiam-lhe ocupar um lugar de referência a nível nacional. Tal era evidente nos pedidos de manuais por ela elaborados, nomeadamente, uma colecção de *Normas de Técnica de Enfermagem*, vindos de outras instituições, como a Escola de Enfermagem do Instituto de Assistência Psiquiátrica de Coimbra, a de São João de Deus (Évora) e o Sanatório Dr. Monteiro de Carvalho (Caramulo)[925].

Uma outra prova do reconhecimento de que as capacidades da Escola eram alvo é o pedido de ajuda que lhe foi dirigido pelo Governador Civil de Coimbra, em 1962, para a realização de dois cursos de enfermagem doméstica, higiene geral e puericultura nos Centros de Ajuda Rural de S. Miguel de Poiares e de Seixo de Mira[926]. O responsável solicitava que se autorizasse uma monitora da Escola a fazer esses cursos, acompanhada pela Delegada do IAF e Chefe da Brigada de Assistentes Sociais. Porém,

---

[920] AESEAF, B-20,1,1, Correspondência Expedida, 1963, 30 de Maio de 1963.

[921] AESEAF, B-20,1,1, Correspondência Expedida, 1964, 23 de Maio de 1964. Num primeiro ofício, de 13 de Março, o Administrador havia solicitado ao Director do *Rotary Club* informação sobre a possibilidade de emprestar à Escola o filme intitulado *Recuperação*, exibido no *Club* há pouco tempo.

[922] AESEAF, B-20,1,1, Correspondência Expedida, 1965, 22 de Novembro de 1965.

[923] AESEAF, B-20,1,1, Correspondência Expedida, 1961, 24 de Novembro de 1961.

[924] AESEAF, B-21,1,1, Correspondência Recebida, 1961, 5 de Maio de 1961.

[925] AESEAF, B-21,1,1, Correspondência Recebida, 1964, 29 de Julho de 1964; *idem*, 1965, 27 de Dezembro de 1965. Alguns dos capítulos da referida colecção estariam inclusivamente esgotados, o que dava conta da sua forte procura, mesmo com o aviso de que não havia sido revista e podia conter algumas imperfeições.

[926] AESEAF, B-21,1,1, Correspondência Recebida, 1962, 13 de Setembro de 1962.

a falta de monitores com que a instituição se debatia impunha algumas restrições à sua participação, pelo que, contactada a Monitora-Chefe, esta respondeu que só poderia colaborar a partir do final do dia.

Por fim, a própria Direcção-Geral dos Hospitais, cuja Técnica de Enfermagem visitou a instituição em Maio de 1968, reconheceria publicamente o «interesse mostrado pela Escola no sentido de melhorar a qualidade do ensino e preparação que oferece aos seus alunos»[927]. A DGH não deixava, contudo, de reconhecer que «as condições em que a Escola trabalha não são as melhores», apresentando algumas sugestões de mudança. Parecia-lhe «conveniente que em todas as disciplinas os alunos tenham a mesma orientação e tempo de estágio que as alunas; uma desigualdade neste campo só prejudicará os alunos». O monitorado da Escola responderia que os estágios já eram feitos no mesmo plano para alunos de ambos os sexos, com excepção das disciplinas de obstetrícia, pediatria e urologia. De qualquer forma, concordava com a sugestão e afirmava desejar «que tudo seja unificado para melhor orientação e rendimento».

## 7. AS VISITAS DE ESTUDO

As actividades «circum-escolares», com particular destaque para as visitas de estudo, foram uma das áreas de maior investimento pedagógico por parte da Escola ao longo dos anos sessenta. A partir dos livros de actas do Conselho Administrativo e do Conselho de Direcção e, sobretudo, da correspondência expedida pela Escola, foi possível reconstituir as visitas efectuadas nos vários anos lectivos, incluindo os alunos que nelas participaram (curso, ano e número) e os locais visitados.

| | 1959/60 | | |
|---|---|---|---|
| Destinatários | Locais a visitar | | Data |
| | De enfermagem e assistenciais | Culturais e lúdicos | |
| Finalistas do curso geral (total de 21) [928] | Sanatório de Alportel Hospital Regional de Faro | | Abril (6 dias) |

*(cont.)*

---

[927] AESEAF, B-20,1,1, Correspondência Expedida, 1968, 17 de Junho de 1968.
[928] AESEAF, 35,4,5, *Livro de Actas do Conselho Administrativo*, acta n.º 38, 6 de Março de 1960, fl. 36. B-20,1,1, Correspondência Expedida, 1960, 11 de Março e 5 de Abril de 1960. Nesta última data, a Chefe de Secretaria da Escola comunicava à "Pensão Rocha", em Beja, e à "Pensão Conde", em Loulé, que receberiam nos dias 9 e 10 de Abril, respectivamente, 21 alunos e dirigentes da Escola para almoçar, indicando as ementas escolhidas: para Beja, «Filetes orlin com molho de tomate e Carne de Borrego à Pastora»; para Loulé, «Canja de Galinha, Peixe frito com acompanhamento, Galinha com batatas e ervilhas, vinho, fruta, queijo e pão».

| 1960/61 | | | |
|---|---|---|---|
| Destinatários | Locais a visitar | | Data |
| | De enfermagem e assistenciais | Culturais e lúdicos | |
| Finalistas do curso geral (29 alunos)[929] | Em Lisboa: Escola de Enfermagem Artur Ravara Escola de Enfermagem do Hospital de Santa Maria Escola de Enfermagem de São Vicente de Paulo Hospital de Santa Maria Hospital de São José Hospital do Ultramar Santa Casa da Misericórdia de Lisboa Maternidade Alfredo da Costa Instituto Português de Oncologia Escola de Enfermagem das Franciscanas Missionárias de Maria Escola de Enfermeiras da Cruz Vermelha Portuguesa | Em Lisboa: Museu de Arte Antiga Museu Nacional dos Coches | Março (9 dias) |
| Alunos de enfermagem (viatura de 30 lugares)[930] | Hospital-Colónia Rovisco Pais Sanatório do Caramulo | Regresso pela Praia de Mira Regresso por Penacova | Abril e Maio (2 dias) |
| Alunos do curso geral[931] | Instalações de recuperação de doentes mentais no Convento do Lorvão | | Maio |

| 1961/62 | | | |
|---|---|---|---|
| Destinatários | Locais a visitar | | Data |
| | De enfermagem e assistenciais | Culturais e lúdicos | |
| Finaslistas do curso geral (30 alunos)[932] | Hospital da Misericórdia de Caldas da Rainha Em Lisboa: Hospital de Santa Maria Hospital de São José Escola de Enfermagem Artur Ravara Hospital do Ultramar Hospital Regional de Setúbal | Castelo de Leiria Museu Malhoa (Caldas da Rainha) Jardim Zoológico Palácio Real de Vila Viçosa | Abril e Maio (6 dias) |

*(cont.)*

---

[929] AESEAF, 35,4,5, *Livro de Actas do Conselho Administrativo*, acta n.º 48, 3 de Março de 1961, fls. 49v/ 50. B-20,1,1, Correspondência Expedida, 1961, 27 e 28 de Fevereiro, 2 de Março de 1961. A viagem estaria integrada na "II Semana de Enfermagem" (Lisboa, 4 a 11 de Março), incluindo a presença nas respectivas actividades. Os alunos e os dois encarregados ficariam alojados na FNAT, em regime de pensão completa.
[930] AESEAF, B-20,1,1, Correspondência Expedida, 1961, 19 de Abril de 1961.
[931] AESEAF, 35,4,6, *Livro de Actas do Conselho Administrativo*, acta n.º 51, 23 de Maio de 1961, fls. 4v/5.
[932] AESEAF, 35,4,6, *Livro de Actas do Conselho Administrativo*, acta n.º 63, 18 de Abril de 1962, fl. 17. B-20,1,1, Correspondência Expedida, 1962, 17, 18, 26 e 27 de Abril de 1962. Enquanto per-

| Destinatários | Locais a visitar | | Data |
|---|---|---|---|
| | De enfermagem e assistenciais | Culturais e lúdicos | |
| Alunos de enfermagem[933] | Hospital Infantil de de São João de Deus (Montemor-o-Novo) Hospital da Misericórdia de Évora Escola de Enfermagem de Évora Hospital Sobral Cid Sanatório dos Covões Colónia Agrícola de Lorvão | | Maio e Junho |
| Alunos do curso complementar (15)[934] | Delegação do Instituto Português de Oncologia (IPO) de Coimbra | | Junho |

| 1962/63 | | | |
|---|---|---|---|
| Destinatários | Locais a visitar | | Data |
| | De enfermagem e assistenciais | Culturais e lúdicos | |
| Finalistas do curso geral (26 alunos na primeira visita e 22 na segunda)[935] | Sanatório Sousa Martins (Guarda) Hospital Provincial de Salamanca Em Madrid: Clínica da Conceição do Prof. Gimenez Diaz Clínica de São João de Deus Instituto de Recuperação dos Acidentados no Trabalho Colégio de Praticantes Serviço de Socorros Urgentes Domiciliários Hospital Provincial Hospital da Cruz Vermelha de Cáceres Escola de Enfermagem de Castelo Branco | | Abril (7 dias) |

*(cont.)*

---

manecessem em Lisboa, os alunos e os seus encarregados ficariam alojados na Casa de Santa Zita. Foi solicitado ao Administrador da Casa de Bragança o fornecimento de almoço aos alunos no dia em que visitassem o Palácio de Vila Viçosa.

[933] AESEAF, B-20,1,1, Correspondência Expedida, 1962, 2, 14 e 26 de Junho de 1962.
[934] AESEAF, B-20,1,1, Correspondência Expedida, 1962, 17 de Maio de 1962.
[935] AESEAF, 35,4,2, Livro de Actas do Conselho de Direcção, acta n.º 84, 27 de Fevereiro de 1963, fl. 64. B-20,1,1, Correspondência Expedida, 1963, 28 de Fevereiro, 9 e 13 de Abril, 9 de Maio de 1963. 35,4,6, Livro de Actas do Conselho Administrativo, acta n.º 72, 10 de Março de 1963, fl. 27v e acta n.º 75, 2 de Maio de 1963, fl. 30. O projecto da viagem a Espanha foi apresentado pelos alunos, com o aval dos Monitores-Chefes. O Administrador da Escola solicitou ao Inspector-Chefe da Assistência Social a obtenção, por via consular, das autorizações para as visitas a realizar em Espanha. Pediu também ao Director da Polícia Internacional o rápido deferimento do requerimento de passaporte colectivo.

| Destinatários | Locais a visitar | | Data |
|---|---|---|---|
| | De enfermagem e assistenciais | Culturais e lúdicos | |
| Alunos do curso complementar[936] | Hospital Sobral Cid Instituto Maternal | Biblioteca Geral da Universidade de Coimbra Biblioteca Joanina | Maio e Junho (3 dias) |
| | Instituto de Anatomia Patológica da Faculdade de Medicina da Universidade de Coimbra | Museu Machado de Castro Museu Zoológico da Faculdade de Ciências da Universidade de Coimbra | Maio (1 dia) |
| | Delegação de Saúde do Distrito de Coimbra Hospital de Recuperação Psiquiátrica do Lorvão Sanatório do Caramulo | | Junho (3 dias) |
| Alunos de enfermagem[937] | Delegação do IPO de Coimbra Sanatório de Celas | Portugal dos Pequenitos | Maio e Junho |

| 1963/64 | | | |
|---|---|---|---|
| Destinatários | Locais a visitar | | Data |
| | De enfermagem e assistenciais | Culturais e lúdicos | |
| Finalistas do curso geral (22 alunos)[938] | Hospital da Misericórdia de Caldas da Rainha Casa de Saúde da Associação de Socorros Mútuos Rainha D. Leonor (Caldas da Rainha) Em Lisboa: Hospitais Civis Hospital da Estefânia Hospital Santa Maria Hospital da Misericórdia Hospital Militar Hospital Júlio de Matos Instituto Português de Oncologia Escola S. Vicente de Paulo Clínica de São João de Deus | Museu Malhoa (Caldas da Rainha) Em Lisboa: Museu Nacional dos Coches Museu da Marinha Aquário Vasco da Gama | Junho (7 dias) |
| Alunos do curso complementar[939] | Centro de Saúde e Assistência Materno- -Infantil Dr. Bissaia Barreto | | Maio |

*(cont.)*

---

[936] AESEAF, B-20,1,1, Correspondência Expedida, 1963, 2 de Maio, 6, 17 e 27 de Junho de 1963.
[937] AESEAF, B-20,1,1, Correspondência Expedida, 1963, 24 e 30 de Maio de 1963.
[938] AESEAF, B-20,1,1, Correspondência Expedida, 1964, 18 e 25 de Março, 9 de Abril, 3 e 11 de Junho de 1964. Os alunos e respectivos encarregados ficariam alojados na FNAT durante o tempo que permanecessem em Lisboa.
[939] AESEAF, B-20,1,1, Correspondência Expedida, 1964, 18 de Abril de 1964.

| Finalistas do curso geral e alunos do curso complementar[940] | Sanatório de Celas Fábrica da Cerveja em Coimbra Hospital Sobral Cid Centro Psiquiátrico de Lorvão Sanatório do Caramulo Hospital-Colónia Rovisco Pais | | Maio e Junho (5 dias) |
|---|---|---|---|

| 1964/65 |||||
|---|---|---|---|---|
| Destinatários | Locais a visitar || Data |
| | De enfermagem e assistenciais | Culturais e lúdicos | |
| Finalistas do curso geral (26 alunos na primeira visita e 28 na segunda)[941] | Fábrica da Vista Alegre (Aveiro) Fábrica de Produtos Nestlé (Avança) Sanatório Hélio-Marítimo (Francelos) No Porto: Hospital Escolar de São João Hospital de Santo António da Misericórdia e respectiva Escola de Enfermagem Hospital Pediátrico Júlio Dinis Hospital Psiquiátrico Conde Ferreira Delegação do Instituto Maternal do Norte Colónia Psiquiátrica dos Irmãos de São João de Deus (Barcelos) Colónia Agrícola de Vilar (Barcelos) Em Braga: Santa Casa da Misericórdia de Braga Hospital de São Teotónio Escola de Enfermagem e seu Lar Hospital de Vila Real Termas de São Pedro do Sul Hospital da Misericórdia de Viseu | No Porto: Museu Soares dos Reis Palácio de Cristal Museu Grão Vasco (Viseu) | Julho (7 dias) |

*(cont.)*

---

[940] AESEAF, B-20,1,1, Correspondência Expedida, 1964, 18 e 20 de Abril, 1 e 16 de Maio, 5 de Junho de 1964.

[941] AESEAF, 35,4,2, *Livro de Actas do Conselho de Direcção*, acta n.º 97, 4 de Fevereiro de 1965, fls. 88v/89. B-20,1,1, Correspondência Expedida, 1965, 12 de Fevereiro, 1 e 23 de Abril, 6 e 27 de Maio, 12, 13 e 14 de Junho, 15 de Outubro de 1965.

| | | | |
|---|---|---|---|
| Alunos de enfermagem[942] | Centro de Assistência Materno-Infantil Dr. Bissaia Barreto Hospital Sanatório da Colónia Portuguesa do Brasil (Covões) | Museu Machado de Castro Portugal dos Pequenitos Convento de Santa Clara | Abril e Maio (4 dias) |
| | Delegação de Saúde de Coimbra Dispensário Anti--Tuberculoso | Museu Etnográfico Igreja de Santa Cruz | Junho (2 dias) |

### 1965/66

| Destinatários | Locais a visitar | | Data |
|---|---|---|---|
| | De enfermagem e assistenciais | Culturais e lúdicos | |
| Finalistas do curso geral (27 alunos na primeira)[943] | Hospital D. Leonor (Caldas da Rainha) Em Lisboa: Hospital de Santa Maria e respectiva Escola de Enfermagem Banco do Hospital de S. José Escola de Enfermagem Artur Ravara Hospital D. Estefânia Instituto Português de Oncologia Escola Técnica de Enfermeiras Escola de Enfermagem de S. Vicente de Paulo Casa de Saúde do Telhal Hospital de São Roque Centro de Saúde Pública da Misericórdia de Lisboa Escola de Enfermagem das Franciscanas Missionárias de Maria Hospital do Ultramar Centro de Reabilitação de Alcoitão | Museu Malhoa (Caldas da Rainha) | Abril (7 dias) |
| | Hospital Sobral Cid Hospital Colónia Agrícola de Lorvão Hospital Rovisco Pais (Tocha) Hospital Sanatório da Colónia Portuguesa do Brasil (S. Martinho do Bispo) | | Maio e Junho (3 dias) |

*(cont.)*

---

[942] AESEAF, B-20,1,1, Correspondência Expedida, 1965, 6 de Junho de 1965.
[943] AESEAF, B-20,1,1, Correspondência Expedida, 1966, 7 e 9 de Março, 23 de Maio de 1965.

| Alunos do 1.º ano do curso geral[944] | Fábricas "Triunfo" (Coimbra) Delegação de Saúde de Coimbra Dispensário Anti-Tuberculoso | Museu Machado de Castro (Coimbra) Museu de História Natural da Faculdade de Ciências Museu Etnográfico de Coimbra | Abril e Maio (4 dias) |
|---|---|---|---|

### 1966/67

| Destinatários | Locais a visitar | | Data |
|---|---|---|---|
| | De enfermagem e assistenciais | Culturais e lúdicos | |
| Alunos de enfermagem (24)[945] | Centro de Medicina de Reabilitação de Alcoitão | | Janeiro? |
| Alunos do 1.º ano do curso geral (28 na primeira visita)[946] | | Biblioteca Geral da Universidade de Coimbra | Fevereiro |
| | Dispensário Anti-Tuberculoso Delegação de Saúde de Coimbra Fábrica de Conservas de Peixe da "Empresa de Pesca de Aveiro" | Museu Machado de Castro Museu Etnográfico Museu de História Natural | Junho (4 dias?) |
| Finalistas do curso geral (46 alunos na primeira visita)[947] | Hospital de Leiria Fábrica Nacional de Vidros e Cristais (Marinha Grande) Em Lisboa: Centro de Diminuídos Cegos Nossa Senhora dos Anjos (Xabregas) Centro de Paralisia Cerebral (Fundação Maurício de Brito) Hospital de S. Marta e respectiva Residência de Enfermeiras Hospital Pediátrico D. Estefânia Serviços Médicos da "Mobil" (Cabo Ruivo) Centro Dr. Domingos Barreiros Casa de Repouso da Enfermagem Portuguesa (Caneças) Hospital da Marinha Centro de Enfermagem Permanente | Castelo de Leiria Visita de cortesia ao Director-Geral dos Hospitais (Lisboa) | Abril |

*(cont.)*

[944] AESEAF, B-20,1,1, Correspondência Expedida, 1966, 20 e 23 de Abril de 1965.
[945] AESEAF, B-20,1,1, Correspondência Expedida, 1966, 5 e 15 de Dezembro de 1966. Inicialmente, a visita estava prevista para o dia 7 de Dezembro. Porém, seria adiada para depois das férias do Natal, visto os alunos estarem muito ocupados com os exercícios de frequência do 1.º período.
[946] AESEAF, B-20,1,1, Correspondência Expedida, 1967, 20 de Fevereiro, 17 e 18 de Maio, 7 de Junho de 1967. No que respeita à visita à "Empresa de Pesca de Aveiro", não é indicada a data.
[947] AESEAF, B-20,1,1, Correspondência Expedida, 1967, 6 e 7 de Abril, 6 de Junho de 1967.

|  | Centro de Saúde de S. João de Deus Centro de Medicina de Reabilitação do Alcoitão (Estoril) Em Setúbal: Sanatório do Outão Hospital Regional de Setúbal |  |  |
| --- | --- | --- | --- |
|  | Sanatório de Celas IPO de Coimbra Hospital Sobral Cid Centro de Recuperação de Surdos de Bencanta Centro de Saúde e Assistência Materno-Infantil Dr. Bissaia Barreto |  | Junho (4 dias) |
| Alunos do 2.º ano do curso geral[948] | Centro de Neurocirurgia do Hospital Sobral Cid Portugal dos Pequeninos (Creche) |  | Maio e Junho (2 dias) |
| Alunos do 1.º e 2.º anos do curso geral[949] | Matadouro Municipal Fábrica de Porcelana (Arregaça) |  | Junho (2 dias) |

| 1967/68 |||| 
| --- | --- | --- | --- |
| Destinatários | Locais a visitar || Data |
| | De enfermagem e assistenciais | Culturais e lúdicos | |
| Alunos do 2.º ano do curso geral[950] | Centro de Neurocirurgia do Hospital Sobral Cid Centro de Recuperação de Surdos de Bencanta | | Novembro (2 dias) |
| | Jardim-Escola João de Deus Jardim-Escola Colmeal Centro de Saúde e Assistência Materno-Infantil Dr. Bissaia Barreto Escola de Educadoras de Infância | Portugal dos Pequeninos | Junho e Julho |
| Finalistas do curso geral[951] | Clínica de Santa Isabel (Condeixa) Hospital Sobral Cid Centro Psiquiátrico de Coimbra | | Novembro e Dezembro (3 dias) |

*(cont.)*

[948] AESEAF, B-20,1,1, Correspondência Expedida, 1967, 2 de Maio de 1967.
[949] AESEAF, B-20,1,1, Correspondência Expedida, 1967, 17 e 18 de Maio de 1967. Os alunos dos dois anos realizariam as visitas em dias diferentes, nomeadamente, 5 e 7 de Junho para a Fábrica de Porcelana e 16 e 19 de Junho para o Matadouro Municipal.
[950] AESEAF, B-20,1,1, Correspondência Expedida, 1967, 10 e 17 de Novembro de 1967; *idem*, 1968, 4 de Junho de 1968.
[951] AESEAF, B-20,1,1, Correspondência Expedida, 1967, 14 e 22 de Novembro de 1967; *idem*, 1968, 19 a 23 de Março de 1968.

| | | | |
|---|---|---|---|
| Finalistas do curso geral[951] | Fábrica Nacional de Vidros e Cristais (Marinha Grande) Hospital Regional de Caldas da Rainha Em Lisboa: Dispensário Polivalente Dr. Domingos Barreiros (Misericórdia de Lisboa) Serviço de Medicina do Trabalho da Refinaria de Cabo Ruivo Recolhimento de Nossa Senhora da Encarnação (Instituto Nacional a Inválidos) Escola de Ensino e Administração de Enfermagem (EEAE) Pavilhão de Rádio e de Serviço Domiciliário do IPO "Dr. Francisco Gentil" Escola Técnica de Enfermeiras Hospital Miguel Bombarda Escola São João de Deus (Telhal) D. Estefânia Centro de Diminuídos Cegos Nossa Senhora dos Anjos Banco, Bloco Operatório e um Serviço de Medicina do Hospital de S. Maria Hospital do Ultramar | Museu Malhoa (Caldas da Rainha) | Abril |
| Alunos do curso de auxiliares (100)[952] | Portugal dos Pequeninos (Creche) Centro de Assistência Materno-Infantil Dr. Bissaia Barreto Hospital Sobral Cid IPO de Coimbra Sanatório de Celas Asilo Dr. Elísio de Moura Sociedade Central de Cervejas (Loreto) Matadouro Municipal | Museu Machado de Castro Museu Etnográfico | Dezembro a Março |
| Alunos do 1.º ano do curso geral[953] | | Museu Etnográfico Museu Machado de Castro Museu de História Natural | Março |

*(cont.)*

---

951-A ????

[952] AESEAF, B-20,1,1, Correspondência Expedida, 1967, 11 de Dezembro de 1967; *idem*, 1968, 16 de Janeiro de 1968.

[953] AESEAF, B-20,1,1, Correspondência Expedida, 1968, 12 de Fevereiro de 1968.

| Destinatários | Locais a visitar | | Data |
|---|---|---|---|
| | De enfermagem e assistenciais | Culturais e lúdicos | |
| Alunos do 1.º ano do curso geral e do curso de auxiliares[954] | Central de Cervejas de Coimbra<br>Centro de Assistência Materno-Infantil Dr. Bissaia Barreto<br>Fábricas "Triunfo"<br>IPO de Coimbra<br>Matadouro Municipal<br>Delegação de Saúde de Coimbra<br>Dispensário Anti-Tuberculoso<br>Fábrica de Lacticínios de Verdemilho (Aveiro)<br>Fábrica de Conservas de Peixe (Aveiro)<br>Fábrica de Porcelanas "Vista Alegre" (Ílhavo)<br>Estância Sanatorial do Caramulo<br>Sanatório de Celas<br>Hospital Sanatório da Colónia Portuguesa do Brasil<br>Fábrica de Descasque de Arroz de Taveiro<br>Hospital Colónia Rovisco Pais | Museu Machado de Castro<br>Museu Regional de Aveiro | Maio e Junho |
| Alunos do 1.º e 2.º anos do curso geral[955] | Em Figueira-da-Foz:<br>Fábrica de Vidros da Fontela<br>Fábrica de Celulose da Leirosa<br>Casa da Mãe | | Junho |

| 1968/69 ||||
|---|---|---|---|
| Destinatários | Locais a visitar | | Data |
| | De enfermagem e assistenciais | Culturais e lúdicos | |
| | Centro de Assistência Psiquiátrica da Zona Centro (Coimbra)<br>Hospital Sobral Cid<br>Centro Psiquiátrico de Recuperação do Lorvão | | Novembro e Dezembro (3 dias) |
| Finalistas do curso geral[956] | Hospital Regional de Caldas da Rainha<br>Hospital Termal Rainha D. Leonor<br>Em Lisboa:<br>Serviços Médico-Sociais Universitários<br>EEAE | | Abril |

*(cont.)*

[954] AESEAF, B-20,1,1, Correspondência Expedida, 1968, 20 a 25 de Abril de 1968.
[955] AESEAF, B-20,1,1, Correspondência Expedida, 1968, 11 de Junho de 1968.
[956] AESEAF, B-20,1,1, Correspondência Expedida, 1968, 4 e 11 de Novembro de 1968; *idem*, 1969, 18, 19 e 26 de Março de 1969.

| | | | |
|---|---|---|---|
| | Escola Técnica de Enfermeiras Hospital de Santa Maria Escola de São João de Deus (Telhal) Centro de Medicina de Reabilitação do Alcoitão (Estoril) Escola Artur Ravara Escola de Enfermagem de Saúde Pública Centro Dr. Domingos Barreiros Hospital Júlio de Matos Recolhimento de Nossa Senhora da Encarnação do Instituto Nacional a Inválidos Hospital de São Roque da Santa Casa da Misericórdia de Lisboa Instituto de Assistência Nacional aos Tuberculosos (Serviço de Enfermagem dos projectos piloto de irradiação da Tuberculose) | | |
| Alunos do 1.º ano do curso geral[957] | Museu Anatómico da Faculdade de Medicina da Universidade de Coimbra | Biblioteca Geral da Universidade de Coimbra Exposição de Artesanato, no Parque Dr. Manuel Braga | Novembro |
| Alunos do curso de auxiliares[958] | | Museu Etnográfico (Torre de Almedina) Exposição Permanente de Artesanato das Beiras Museu de História Natural Museu de Zoologia | Janeiro a Fevereiro |
| | IPO de Coimbra Centro de Saúde e Assistência Materno-Infantil Dr. Bissaia Barreto Albergue Distrital de Coimbra Asilo Dr. Elísio de Moura | | Abril, Maio e Junho |
| Alunos do curso de auxiliares em estágio escolar[959] | Centro Psiquiátrico de Recuperação de Lorvão Hospital Sobral Cid | | Março |

*(cont.)*

---

[957] AESEAF, B-20,1,1, Correspondência Expedida, 1968, 21 de Novembro de 1968.

[958] AESEAF, B-20,1,1, Correspondência Expedida, 1969, 9 de Janeiro, 22 de Abril, 8 e 22 de Maio, 4 de Junho de 1969.

[959] AESEAF, B-20,1,1, Correspondência Expedida, 1969, 4 de Março de 1969.

| | | | |
|---|---|---|---|
| Alunos do 2.º ano do curso geral[960] | Centro de Neurocirurgia do Hospital Sobral Cid<br>Centro Professor Doutor Bissaya Barreto (Loreto)<br>Instituto Materno-Infantil Dr. Bissaia Barreto<br>Jardim-Escola João de Deus<br>No Porto:<br>Maternidade Júlio Dinis<br>Hospital de Crianças Maria Pia<br>Portugal dos Pequeninos<br>Museu da Criança<br>Em Lisboa:<br>Maternidade Alfredo da Costa<br>Centro de Medicina de Reabilitação de Alcoitão<br>Hospital da Estefânia<br>Hospital de São Roque da Santa Casa da Misericórdia de Lisboa | | Abril, Maio, Julho e Agosto |
| Alunos do 1.º ano do curso geral[961] | Fábrica de Lacticínios de Verdemilho (Aveiro)<br>Lar de São José (Ihavo)<br>Matadouro Municipal | Museu Machado de Castro<br>Exposição de Trabalhos Manuais da Fundação Calouste Gulbenkian<br>Museu e Laboratório Zoológico | Maio, Junho e Julho |

Quadro 29 – Visitas de estudo realizadas pelos alunos da Escola na década de 1960.

A grande maioria das visitas de estudo realizou-se na Primavera (Abril, Maio e Junho), só ocorrendo algumas visitas no início do ano escolar (Novembro e Dezembro) nos últimos anos lectivos considerados (1967/68 e 1968/69). A visita mais importante de cada ano, que implicava deslocações para fora de Coimbra por um período não inferior a uma semana, era a viagem dos alunos do 3.º ano do curso geral, isto é, dos finalistas. No ano lectivo de 1959/60 essa foi, de resto, a única visita de estudo realizada. Em oito dos dez casos analisados, a viagem de finalistas teve como destino Lisboa, onde se visitavam os principais estabelecimentos de assistência e as várias escolas de enfermagem. Na maior parte das vezes, aproveitava-se a ocasião para dar a conhecer também instituições localizadas nas cidades ao longo do itinerário (Caldas da Rainha, Leiria, entre outras). Em 1962, para além de Lisboa, os alunos visitaram igualmente alguns pontos do Alentejo, como Montemor-o-Novo e Évora. Nos anos em que a capital não foi o destino escolhido (1960, 1963 e 1965), os alunos deslocaram-se até ao Algarve, ao Norte do país e a Espanha.

---

[960] AESEAF, B-20,1,1, Correspondência Expedida, 1969, 18 de Abril, 13 e 20 de Maio, 25 de Junho, 24 de Julho, 12 de Agosto de 1969.
[961] AESEAF, B-20,1,1, Correspondência Expedida, 1969, 20 de Maio, 6 de Junho, 21 de Julho de 1969.

Como se disse, em 1959 a Escola propusera a realização de uma viagem de estudo a Espanha, mas não conseguira a aprovação superior. Quatro anos depois, foi possível levar os alunos finalistas a visitar os principais estabelecimentos assistenciais de Salamanca, Madrid e Cáceres. No entanto, quando em 1965 propôs uma viagem ao Norte do país que incluía uma visita à Galiza, para assistir às cerimónias religiosas do Encerramento do Ano Santo em Santiago de Compostela, a Escola foi obrigada a introduzir alterações no plano. A deslocação a Espanha foi recusada, provavelmente por razões financeiras[962], e a viagem teria apenas como destino instituições de assistência e escolas de enfermagem do Norte de Portugal (Francelos, Porto, Braga, Barcelos, Viseu e São Pedro do Sul).

A documentação regista também outras viagens de estudo, tendo como destinatários alunos dos primeiros anos do curso geral e do curso de auxiliares. De um modo geral, essas visitas destinavam-se a estabelecimentos localizados em Coimbra ou na área envolvente da cidade, podendo ir até Aveiro. Tratava-se de deslocações de curta duração, que raramente ultrapassavam uma tarde ou um dia. Apenas no ano lectivo de 1968/69 tiveram direito a viagens de longo curso, a Lisboa e ao Porto, outros alunos que não os finalistas do curso geral, a saber, os alunos do 2.º ano desse curso.

Fotos 71 a 73 – Capa da publicação *Hospital-Colónia Rovisco Pais. Última Leprosaria do Continente Português* (de M. Santos Silva, Inspector Clínico do Instituto de Assistência aos Leprosos, separata de *Revista Portuguesa da Doença de Hansen*, vol. 1, n.º 3, Setembro a Dezembro 1962), instituição frequentemente visitada pelos alunos da Escola, e dois dos edifícios que aquela integrava, o Hospital e a Casa de Educação e Trabalho – Preventório (Pavilhão Doutor Bissaia Barreto). O Hospital-Colónia incluía também dois asilos para doentes válidos e outros dois para inválidos

Em regra, as visitas de estudo eram propostas aos órgãos superiores da Escola pelos Monitores-Chefes, e por vezes também pelos alunos, sempre com a concordância daqueles. As viagens de finalistas, que implicavam despesas com o alojamento e a alimentação, para além do transporte, eram custeadas pela Escola em 50%, cabendo o remanescente aos alunos. Já as visitas de estudo na zona de Coimbra, cujo custo seria limitado às deslocações, eram inteiramente suportadas pela Escola. Como não dispunha de qualquer veículo automóvel ao seu serviço[963], a

---

[962] A viagem realizada ao país vizinho em 1963 custara mais de 27.000$00 e, com a deslocação a Santiago de Compostela, a viagem de 1965 teria custado 24.000$00, ao passo que as viagens a Lisboa custavam cerca de 12.000$00.

[963] Veja-se, por exemplo, AESEAF, B-20,1,1, Correspondência Expedida, 1961, 10 de Janeiro de 1961.

instituição tinha de contratar empresas de transporte[964], apesar de também haver registo do recurso às viaturas dos HUC, neste caso sem qualquer encargo para a Escola[965].

Tanto as viagens de finalistas como as visitas realizadas na área de Coimbra associavam sempre aos intuitos pedagógicos explícitos uma importante componente cultural e mesmo lúdica. A visita a vários museus em Coimbra e à Biblioteca Geral da Universidade, por exemplo, bem como a diversos monumentos espalhados pelo país, como o Palácio Real de Vila Viçosa ou o Castelo de Leiria, teriam certamente em vista a «formação artística, moral e social dos alunos», como previa o Regulamento de 1953 em relação às «actividades circum-escolares». De resto, parece sintomático que a maior parte das visitas de carácter cultural realizadas em Coimbra e arredores se destinasse aos alunos do 1.º ano do curso geral e aos do curso de auxiliares, que eram os mais novos e, logo, aqueles em relação aos quais a Escola sentiria uma maior responsabilidade em termos de formação pessoal.

As visitas a estabelecimentos de assistência ou a outros ligados ao aprendizado da enfermagem tinham objectivos práticos imediatos, procurando-se complementar o ensino teórico ministrado nas aulas. A título exemplificativo, refira-se que a visita dos alunos do 1.º ano do curso geral, em Abril de 1966, às Fábricas "Triunfo" (Coimbra), seria «de muita utilidade para a aprendizagem da disciplina de Dietética que faz parte do programa de estudo daquele curso»[966]. Da mesma forma, ainda nesse ano, a instituição propunha a visita dos seus alunos ao Centro de Medicina de Reabilitação de Alcoitão, no prosseguimento das aulas de Medicina de Reabilitação leccionadas por Alberto Faria e pela enfermeira Sales Luís, a convite da Escola[967]. Já a deslocação dos alunos do 2.º ano do curso geral, em Maio de 1967, ao Centro de Neurocirurgia do Hospital Sobral Cid, se integrava no período de Especialidades Médico-Cirúrgicas[968], tal como as visitas feitas pelos finalistas desse curso, em Novembro seguinte, ao Centro Psiquiátrico de Coimbra, à Clínica de Santa Isabel (Condeixa) e ao Hospital Sobral Cid, se integravam no período de Enfermagem Psiquiátrica[969]. Esta vertente propedêutica das visitas de estudo está particularmente explícita na documentação analisada a partir de 1968, no momento em que os objectivos das viagens passaram a ser claramente enunciados (Quadro 30).

---

[964] Entre outros casos que se poderiam citar, para a visita à Leprosaria Rovisco Pais (Tocha), Sanatório do Caramulo e Instalações de recuperação de doentes mentais do Convento do Lorvão, em 1961, o transporte, requisitado para dois Sábados, custaria à Escola 1.730$00. Ver AESEAF, 35,4,6, *Livro de Actas do Conselho Administrativo*, acta n.º 51, 23 de Maio de 1961, fls. 4v/5.

[965] AESEAF, 35,4,6, *Livro de Actas do Conselho Administrativo*, acta n.º 76, 27 de Maio de 1963, fls. 30v/30. As viaturas dos HUC seriam usadas num conjunto de visitas a realizar em Coimbra e arredores.

[966] AESEAF, B-20,1,1, Correspondência Expedida, 1966, 20 de Abril de 1966. Era também em ligação com a disciplina de Alimentação e Dietética que a Escola planeava a visita à Fábrica de Conservas de Peixe da "Empresa de Pesca de Aveiro", em Junho de 1967. Ver AESEAF, B-20,1,1, Correspondência Expedida, 1967, 7 de Junho de 1967.

[967] AESEAF, B-20,1,1, Correspondência Expedida, 1966, 4 de Agosto de 1966 e 5 de Dezembro de 1966.

[968] AESEAF, B-20,1,1, Correspondência Expedida, 1967, 2 de Maio de 1967.

[969] AESEAF, B-20,1,1, Correspondência Expedida, 1967, 14 e 22 de Novembro de 1967.

| Alunos | Visitas de estudo | Objectivos |
|---|---|---|
| Auxiliares | Fábrica de Descasque de Arroz de Taveiro | «integrar os alunos na preparação do arroz, como base de alimentação, e para melhor conhecimento da disciplina de Alimentação e Nutrição» |
| | Centro Psiquiátrico de Recuperação de Lorvão | «dar uma visão mais ampla do doente mental» e «ergoterapia dos doentes mentais» |
| 1.º ano do curso geral e auxiliares | Central de Cervejas de Coimbra | «integrar os alunos da forma como é fabricada a cerveja, sua composição e valor como propriedade nutritiva e terapêutica» |
| | Instituto Português de Oncologia | «observarem o funcionamento da sala de operações, consultas, sector de esterilização e lavandaria; visitarem as enfermarias e a sala de trabalho, como local de interesse técnico para os alunos» |
| | Fábrica de Lacticínios de Verdemilho, Aveiro | «integrar os alunos no método da recolha do leite, sua pasteurização, acondicionamento, preparação da manteiga e queijo, e o valor nutritivo que estes têm para a saúde do público» |
| | Fábrica de Conservas de Peixe, Barra de Aveiro | «dar a conhecer [...] a maneira como é preparado o peixe para a conserva, seu acondicionamento em caixas hermeticamente fechadas para protecção da saúde pública» |
| 1.º ano do curso geral | Fábricas "Triunfo" | «adquirir conhecimentos respeitantes ao fabrico de bolachas, chocolates e rebuçados, atribuindo-lhes o respectivo valor nutritivo; observarem o manejo das máquinas auxiliares do homem e o acondicionamento dos produtos» |
| | Matadouro Municipal | «levar os alunos a conhecerem os vários tipos de abate; preparação dos animais para essa operação e o valor da conservação e inspecção das carnes, como protecção da saúde do público» |
| | Delegação de Saúde de Coimbra | «integrar os alunos nos meios de protecção contra certas doenças contagiosas. Elucidá-los do valor da parte administrativa e da parte funcional» |
| | Dispensário Anti--Tuberculoso | «integrar os alunos no método de funcionamento do dispensário em relação ao doente com tuberculose pulmonar em regímen ambulatório. Observarem o laboratório anexo como auxiliar de diagnóstico» |
| | Fábrica de Porcelanas "Vista Alegre", Ílhavo | «dar conhecimento [...] das várias fases a que a louça é submetida, desde a preparação da pasta, até ao acabamento das peças e ainda a protecção dos operários fabris em relação à silicose» |
| | Estância Sanatorial do Caramulo | «integrar os alunos em todos os aspectos relacionados com a técnica asséptica médica em relação ao doente, pessoal e o público» |

*(cont.)*

| | | |
|---|---|---|
| 1.º e 2.º anos do curso geral | Hospital Colónia Rovisco Pais | «integração dos alunos nos métodos de terapêutica, prevenção de contágios, terapêutica ocupacional e a creche dos filhos dos doentes» |
| | Lar de São José, Ílhavo | «breve história da fundação, condições de admissão, tratamento de doenças crónicas das pessoas idosas, prevenção contra acidentes, ocupação dos internados, recreio e horas de descanso, número de internados dos dois sexos, serviços de enfermagem» |
| | Fábrica de Celulose da Leirosa | «integrar os alunos nos serviços de assistência aos operários e medicina preventiva» |
| 2.º ano do curso geral | Maternidade Júlio Dinis, Porto | «visita ao serviço de obstetrícia e prematuros, visando instalações, equipamento e preparação do pessoal de enfermagem» |
| | Portugal dos Pequeninos e Museu da Criança | «observação das instalações e equipamento, ocupação das crianças, preparação do pessoal» |
| | Jardim-Escola João de Deus | «observação das instalações, estabelecer contacto com o pessoal e conhecer as regras e regulamentos do funcionamento da Instituição» |
| Finalistas do curso geral | Escola de Enfermagem Ensino e Administração | «instalação, requisitos a que deve obedecer uma escola pós-básica, programação das actividades escolares e circum-escolares, funcionamento da biblioteca» |
| | Escola Técnica de Enfermeiras | «instalações escolares e residenciais, condições de admissão à Escola, programação do ensino (curriculum escolar), funcionamento do serviço de saúde escolar» |
| | Hospital Regional de Caldas da Rainha | «observação do Hospital sub-regional sob o ponto de vista de construção e funcionamento» |
| | Hospital de Santa Maria, Lisboa | «funcionamento do Instituto Nacional de Sangue (serviço de brigada, ficheiros, investigação científica), bloco operatório, organização de Serviço de Propedêutica Cirúrgica, sala de recuperação dos operados, funcionamento da cozinha de dietas especiais» |
| | Centro de Medicina de Reabilitação do Alcoitão, Estoril | «instalações do Centro e Lar, funcionamento e admissão dos doentes, salas de ergoterapia, controlo da recuperação do doente, ginásio, sala de actividades da vida diária, observação de uma enfermaria, tipos de camas e respectivo funcionamento» |
| | Hospital de São Roque, Lisboa | «organigrama da Santa Casa da Misericórdia de Lisboa, instalações, funcionamento, serviços de admissão e consulta externa, cozinha de leites, funções do pessoal de enfermagem, horários e condições de visitas às crianças» |

Quadro 30 – Objectivos pedagógicos e científicos das visitas de estudo (anos lectivos de 1967/68 e 1968/69).
Fonte: AESEAF, B-20,1,1, *Correspondência Expedida*, 1976 e 1968.

A partir de 1965, «em cumprimento do disposto nos novos planos do ensino da enfermagem», passaram a funcionar núcleos de estágio da Escola em muitos dos estabelecimentos de assistência da cidade de Coimbra visitados pelos alunos. Neste sentido, encontramos na correspondência registos de pedidos de estágio dirigidos pelo Administrador da Escola a várias instituições (Delegação de Saúde do Distrito de Coimbra, Obras Sociais dos C.T.T. – Centro de Assistência, Jardim Escola João de Deus, B.C.G., Centro de Recuperação de Surdos e Creche do Portugal dos Pequenitos, Delegação do IPO de Coimbra)[970]. Mais concretamente, e a título de exemplo, em Abril de 1967, solicitava-se autorização para que um grupo de alunas do 2.º ano do curso geral estagiasse no Centro de Saúde e Assistência Materno-Infantil Dr. Bissaia Barreto, nos dias 5 a 17 de Junho, das 8 às 12 horas, no âmbito do «período de Enfermagem Materno-Infantil», a que as alunas iam dar início[971].

Em regra, as visitas realizadas pelos alunos a outras escolas de enfermagem eram retribuídas. Entre 1961 e 1968 a Escola foi visitada por estudantes das escolas de enfermagem D. Ana José Guedes da Costa (Porto), do Hospital de Santa Maria, da Delegação do Norte do Instituto Maternal, de S. João de Deus (Évora) e Artur Ravara, bem como por monitoras da Escola de Enfermagem da Guarda[972]. A Administração da Escola manifestou sempre prazer em receber os visitantes, procurando assegurar-lhes alimentação e alojamento. Para tal, contava essencialmente com o Lar, no qual eram servidas as refeições e onde as alunas e as monitoras ficavam instaladas. Assim, por exemplo, às alunas da Escola de Enfermagem D. Ana José Guedes da Costa (Porto), que visitaram a Escola em Abril de 1961, foi oferecida uma merenda no Lar. Da mesma forma, onze das alunas da Escola S. João de Deus (Évora) que estiveram de visita à Escola de Coimbra em Fevereiro de 1968 ficaram instaladas no Lar Sede.

No entanto, a hospitalidade da Escola Ângelo da Fonseca estava condicionada às instalações disponíveis. Deste modo, em Junho de 1962, o Administrador informava a Direcção da Escola de Enfermagem do Hospital de Santa Maria de que, «dadas as insuficientes instalações», só seria possível alojar as alunas daquela Escola em beliches e distribuídas pelos três Lares. Para «as senhoras acompanhantes», isto é, as monitoras, a Escola visitante poderia tentar encontrar melhores instalações. Por outro lado, ao contrário da alimentação, que era fornecida a todos os visitantes no Lar, o alojamento só era garantido aos do sexo feminino, pelo que, para os alunos e os monitores, as escolas teriam de procurar alternativas.

## 8. A PROPAGANDA À ESCOLA

Ao longo de toda a década de 1960, é visível o investimento da Escola na publicidade aos cursos que ministrava. A chamada «propaganda de matrícula» era feita nos meses que antecediam a época de matrículas, nomeadamente Agosto e Setembro, para a maioria dos cursos, e Março, para o curso de «auxiliares de Abril». As duas

---

[970] AESEAF, B-20,1,1, Correspondência Expedida, 1965, 8 de Novembro de 1965.
[971] AESEAF, B-20,1,1, Correspondência Expedida, 1967, 25 de Abril de 1967.
[972] AESEAF, B-20,1,1, Correspondência Expedida, 1961, 12 de Abril de 1961; *idem*, 1962, 9 de Junho de 1962; *idem*, 1966, 14 de Junho de 1966; *idem*, 1968, 14 de Fevereiro, 19 de Março, 4 de Julho de 1968. AESEAF, B-21,1,1, Correspondência Recebida, 1966, 6 de Junho de 1966.

principais formas de publicidade eram os cartazes e os anúncios na imprensa, embora também haja notícia de panfletos ou livros informativos distribuídos às entidades que os solicitassem. Foi esse o caso do Comando Distrital de Defesa Civil do Território de Viana do Castelo e da Delegação de Saúde de Portalegre, os quais, em Agosto de 1960, receberam alguns opúsculos com informações sobre o funcionamento dos cursos de enfermagem ministrados na Escola e destinados à divulgação[973].

No que respeita aos cartazes, o Administrador da Escola solicitava anualmente ao Presidente da Comissão Municipal do Turismo de Coimbra e a uma série de estabelecimentos comerciais da cidade a afixação de cartazes de propaganda aos cursos ali ministrados. Tomando como exemplo o ano de 1960, o Quadro seguinte apresenta a lista desses estabelecimentos, situados essencialmente na Baixa de Coimbra.

| Estabelecimento | Localização |
|---|---|
| Farmácia Baptista | Praça da República |
| Farmácia Luciano e Matos | Rua da Sofia |
| Farmácia Machado | |
| Farmácia Rodrigues da Silva | Rua Ferreira Borges |
| Farmácia Vilaça | Rua Ferreira Borges |
| Livraria Almedina | Arco de Almedina |
| Livraria Atlântica | Rua Ferreira Borges |
| Livraria do Castelo | Arcos do Jardim |
| Livraria do Castelo | Rua da Sofia |
| Livraria Moura Marques | Largo da Portagem |
| Pastelaria A Briosa | Rua Ferreira Borges |
| Pastelaria Central | Rua Ferreira Borges |
| Salão de Chá Belisa | |
| Sapataria Elegante | Rua Visconde da Luz |
| Casa Dalan | |

Quadro 31 – Estabelecimentos comerciais de Coimbra aos quais foi solicitada a afixação de cartazes de propaganda da Escola (Agosto de 1960).
Fonte: AESEAF, B-20,1,1, Correspondência Expedida, 1960, 1 de Agosto de 1960.

Quanto aos anúncios na imprensa, distinguimos duas modalidades. Uma delas correspondia à distribuição de folhetos de informação e de propaganda juntamente com a revista *Hospitais Portugueses* (Lisboa). Em Agosto de 1960, por exemplo, a Escola enviou ao Director da revista 200 folhetos[974]. Cinco anos depois, seria a própria Direcção de *Hospitais Portugueses* a recordar que, como se aproximava a época das matrículas, era a altura indicada para a Escola remeter os prospectos de propaganda, esclarecendo que as condições de distribuição para 1.000 prospectos seriam idênticas às do ano anterior, pelo preço de 200$00[975].

---

[973] AESEAF, B-20,1,1, Correspondência Expedida, 1960, 12 de Agosto de 1960.
[974] AESEAF, B-20,1,1, Correspondência Expedida, 1960, 18 de Agosto de 1960.
[975] AESEAF, B-21,5,1, Correspondência Recebida e Expedida, 1965, 2 de Agosto de 1965.

A segunda modalidade de publicidade na imprensa consistia na publicação de notícias ou anúncios relativos às matrículas nos cursos de enfermagem. Assim, em Julho de 1961 e à semelhança do que acontecera em anos anteriores, a Escola remeteu ao Secretário Nacional de Informação uma notícia desse género, solicitando a sua distribuição pela imprensa nacional, incluindo os jornais da província, «cuja colaboração se pede dada a alta missão destes cursos»[976]. Idêntico argumento seria usado, no ano seguinte, para justificar o pedido de divulgação dirigido a vários jornais de Coimbra *(Diário de Coimbra, Correio de Coimbra, O Despertar* e *A Vida Regional)*[977].

Tomando como exemplo a notícia publicada no jornal *Diário da Manhã* de 26 de Julho de 1961, a Escola de Enfermagem Ângelo da Fonseca apresentava-se como «a mais antiga do País e que maior número de diplomados conta»[978]. Anunciando o período de matrículas para os cursos geral e de auxiliares (de 1 a 20 de Setembro), indicavam-se as habilitações mínimas exigidas e, sobretudo, publicitavam-se as vantagens dos cursos. Assim, o geral «assegura *colocação imediata* e oferece condições imensamente vantajosas no que respeita à situação económica dos alunos, que podem até tirá[-lo] em condições praticamente gratuitas, de lar e escola.» Especificava-se que, em ambos os cursos, as alunas dispunham de internamento em Lar próprio, com facilidades de pagamento (regime de prestações, findo o curso e por desconto nos vencimentos), e que, para além disso, os alunos do curso geral com dificuldades financeiras e com bom aproveitamento escolar podiam receber bolsas de estudo ou mesmo tirar o curso gratuitamente, de acordo com o Regulamento de Concessão de Benefícios.

Os anúncios seriam publicados preferentemente em revistas, como prova a gravura abaixo. Trata-se de um desenho enviado pela Escola, em Julho de 1961, à revista *Crónica Feminina*, para ser publicado em dois números, no mês de Agosto ou na primeira semana de Setembro, ocupando um quarto de página[979]. A imagem (Foto 74) retrata duas enfermeiras num cenário onde se podem identificar, ao longe, para

Foto 74 – Anúncio à Escola publicado na revista *Crónica Feminina*, n.º 248, 24/08/1961, p. 87.

---

[976] AESEAF, B-20,1,1, Correspondência Expedida, 1961, 21 de Julho de 1961.
[977] AESEAF, B-20,1,1, Correspondência Expedida, 1962, 20 de Agosto de 1962. O Administrador lembrava os responsáveis daqueles jornais que, entre os dias 1 e 20 de Setembro, estariam abertas as matrículas na Escola Ângelo da Fonseca, «cujo interesse social nos é grato esclarecer por todos os meios».
[978] «Prazo de matrícula na Escola de Enfermagem "Dr. Ângelo da Fonseca"», *Diário da Manhã*, n.º 10.802, 26 Julho 1961, p. 2.
[979] AESEAF, B-20,1,1, Correspondência Expedida, 1961, 21 de Julho de 1961.

além de uma ambulância, os contornos da Alta de Coimbra, com destaque para a Torre da Universidade. O facto de serem representados profissionais de enfermagem do sexo feminino está de acordo com a presença maioritária das mulheres entre os alunos da Escola e também, naturalmente, com o público-alvo da revista. O anúncio, publicado entre outros relativos a uma sapataria, um produto para coloração de cabelos e uma marca de torradeiras, destinava-se às jovens que liam a *Crónica Feminina* e que procuravam uma profissão. O slogan «A Enfermagem promove a Saúde e defende a Vida do Homem» colocava a ênfase na profissão para a qual a Escola preparava, remetendo esta instituição em concreto para segundo plano. O objectivo do anúncio seria, em primeiro lugar, chamar a atenção das leitoras para a enfermagem e, secundariamente, para a Escola Ângelo da Fonseca.

Já em 1967, a Escola preocupou-se também com a publicidade à matrícula no curso de auxiliares que teria início em Abril, remetendo a alguns jornais um aviso e solicitando a sua rápida publicação[980]. No *Diário de Coimbra* de 6 de Março desse ano, saiu a seguinte notícia: «Escola de Enfermagem Doutor Ângelo da Fonseca. Encontram-se abertas inscrições para frequência do Curso de Auxiliares de Enfermagem de 6 a 18 de Março corrente. Dão-se informações na Secretaria da Escola – HUC»[981].

Entretanto, a falta de enfermeiros que se fazia sentir a nível nacional motivou o interesse das autoridades superiores na propaganda às escolas de enfermagem, como forma de atrair novas vocações. De resto, ao apelar, desde o início da década, para a «alta missão» e o «interesse social» dos cursos que ministrava, a Escola Ângelo da Fonseca sugeria a importância do aumento das matrículas em enfermagem, não apenas para a instituição em si, mas para a sociedade em geral. Encontram-se alguns ecos da carência de enfermeiros na correspondência da Escola, nomeadamente nas respostas enviadas às direcções de certos hospitais, que solicitavam informações sobre o destino dos alunos recém diplomados. Por exemplo, em Fevereiro de 1962, o Administrador informava o Director do Hospital Rainha D. Leonor (Caldas da Rainha) de que, dada a escassez de enfermeiros, a Escola não tinha conhecimento de qualquer enfermeiro que na altura estivesse interessado em colocar-se fora dos HUC[982]. De idêntico teor era o esclarecimento prestado à Administração do Hospital de Santa Maria (Lisboa), em Abril daquele ano, de que em Julho se tinham diplomado na Escola 22 enfermeiras, das quais apenas 16 se encontravam ao serviço nos HUC, em regime de pagamento de débitos de alimentação; das 6 que tinham saído, só uma não estava colocada[983].

Apesar de tudo, nos Hospitais da Universidade e pelo menos no início dos anos sessenta, a escassez de pessoal circunscrever-se-ia aos enfermeiros, não afectando os auxiliares. Só assim se compreende o ofício remetido pelo Administrador da Escola ao Inspector-Chefe da Assistência Social, solicitando informações sobre as necessidades de pessoal auxiliar de enfermagem a nível nacional, de modo a encaminhar os cerca de 70 recém diplomados pela Escola que, todos os anos, ficavam a aguardar colo-

---

[980] AESEAF, B-20,1,1, Correspondência Expedida, 1967, 4 de Março de 1967. As inscrições começariam no dia 6 de Março. Foram contactados os seguintes jornais: *Diário de Coimbra*, *O Despertar*, *O Correio de Coimbra*, *Defesa da Beira* (Figueira da Foz), *Gazeta de Coimbra*.
[981] *Diário de Coimbra*, n.º 12.508, 6 Março 1967, p. 6.
[982] AESEAF, B-20,1,1, Correspondência Expedida, 1962, 22 de Fevereiro de 1962.
[983] AESEAF, B-20,1,1, Correspondência Expedida, 1962, 7 de Abril de 1962.

cação[984]. Segundo explicava, os HUC recebiam nos seus quadros (ou na qualidade de eventuais), diplomados em número adequado às suas possibilidades orçamentais, mas não podiam garantir a colocação a todos. Terminado o regime de pagamento de dívidas, muitas diplomadas insistiam em pedir a colocação, alegando que «ao serem tentadas para este curso criam a convicção de que findo este, têm colocação assegurada».

A «tentação» a que se referiam as auxiliares de enfermagem sem colocação seria em certa medida exercida através da propaganda. Terá sido, aliás, com base nesse pressuposto que, no final de 1965, a Direcção-Geral dos Hospitais determinou a constituição de um grupo de trabalho para estabelecer um programa de propaganda destinado a incentivar a inscrição nas escolas de enfermagem. A DGH considerava «conveniente» que esse grupo incluísse monitoras-chefes ou monitoras das escolas, tendo solicitado a participação da Monitora-Chefe da Escola, Dulce Pinto, na primeira reunião, que teria lugar na Direcção-Geral, em Janeiro de 1966[985].

A acção desse grupo ter-se-á consubstanciado no «plano de divulgação» da Escola para os meses de Julho e Agosto de 1966, proposto pela Monitora-Chefe. Este constava de quatro pontos, correspondendo o primeiro à elaboração e à divulgação de material de propaganda (cartazes, desdobráveis, cartas-circulares, anúncios e bonecas)[986]. Nesse contexto, foi solicitado à casa comercial "Mascotes – Maria Helena" (Lisboa) que informasse sobre a possibilidade de confeccionar 500 bonecas enfermeiras (300 com a farda do curso geral e 200 com a do curso de auxiliares), para o mês de Julho[987].

Fotos 75 a 78 – Bonecas de pano destinadas a publicitar a Escola nos anos sessenta. Da esquerda para a direita: Enfermeira-Chefe dos HUC; alunas do curso de auxiliares (1.ª e 2.ª fardas, esta com capa); aluna do curso geral. Pelo menos uma ainda conserva a marca «Mascotes Helena».

O segundo ponto consistia basicamente numa sessão de esclarecimento com enfermeiros dos HUC e de outros estabelecimentos de assistência, «para elucidação dos novos sistemas de propaganda, solicitando colaboração intensa em benefício da Escola». Já o terceiro ponto correspondia à realização da cerimónia de encerramento do ano lectivo (1965/66), para a qual seriam especialmente convidadas personalidades de algum modo interessadas na enfermagem. O quarto ponto consistia na visita inaugural das novas instalações do LAEC.

---

[984] AESEAF, B-20,1,1, Correspondência Expedida, 1960, 30 de Setembro de 1960.
[985] AESEAF, B-21,5,1, Correspondência Recebida e Expedida, 1965, 22 de Dezembro de 1965.
[986] AESEAF, B-20,1,1, Correspondência Expedida, 1966, 29 de Junho de 1966.
[987] AESEAF, B-20,1,1, Correspondência Expedida, 1966, 29 de Junho de 1966. O modelo seria idêntico a um já existente, apenas com alteração na manga, que se queria agora curta. Em 7 de Julho, a Chefe de Secretaria enviaria à referida casa um manequim de aluna do curso geral e o tecido para o respectivo uniforme, informando que a mascote do curso de auxiliares seria oportunamente enviada (*idem*, 7 de Julho de 1966).

Fotos 79 a 85 – *Manual Ilustrado de Técnica de Enfermagem*, Wava McCullough (Inspectora do Centro de Enfermagem da Cruz Vermelha de Santa Mónica, Califórnia), trad. Maria Teresa d'Avillez (Enfermeira-Monitora), s.l., Livraria Sampedro, s.d. (carimbo da BGUC de Janeiro de 1959). Livro «de leitura simples, com desenhos humorísticos que tornam mais fácil o estudo», «utilíssimo para a instrução de principiantes de enfermagem». Embora não haja registo de ter sido utilizado na Escola Ângelo da Fonseca, há uma certa proximidade entre as suas bonecas publicitárias e a personagem central do *Manual*, uma estilizada enfermeira, a meio caminho da banda desenhada.

Fotos 86 a 92 – Postais publicitários da Escola (fotografias da década de 1950). Editados pelo LAEC, os postais terão sido mais uma das formas de propaganda utilizada pela Escola. O verso inclui as seguintes legendas: em cima, da esquerda para a direita, «Bela profissão a de enfermagem»; «Na enfermaria escola dos HUC. No gabinete de trabalho enfermeiras e alunas assumem a responsabilidade dos serviços e direcção da enfermaria»; «As alunas sobem as escadas a caminho do estágio hospitalar»; «As alunas adornando o altar da capela para o mês de Maria»; «O serviço de saúde pública sai do Lar para o trabalho de todos os dias». Em baixo, «Serviço de reeducação. Uma criança com poliomielite reaprende a caminhar».
Fonte: AFESEAF.

Enfim, para além das formas tradicionais de propaganda (cartazes, anúncios), apostava-se na distribuição de brindes apelativos e alusivos aos cursos, as bonecas, bem como no contacto com profissionais de enfermagem e com pessoas influentes, cuja colaboração na divulgação da Escola poderia ser significativa.

Apesar do carácter multifacetado da "campanha", a Administração da Escola considerava que esta ficara aquém das possibilidades, «em virtude do mês de Julho estar tão sobrecarregado com exames». O empenhamento da instituição na publicidade não se quedou por este programa[988], o qual, inclusive, seria objecto de avaliação por parte dos alunos do 1.º ano do curso geral, no final de 1966[989].

## 9. O ENVOLVIMENTO SOCIAL E POLÍTICO DAS ALUNAS DA ESCOLA

A participação das alunas da Escola em iniciativas de solidariedade social, sobretudo peditórios, realizadas na cidade de Coimbra, foi bastante requisitada ao longo da década de 1960. O facto de as entidades organizadoras solicitarem a ajuda das alunas e não dos alunos estará relacionado com o papel tradicionalmente atribuído às mulheres no domínio da assistência social e no da caridade.

Anualmente se requeria o seu apoio para a "Venda do Capacete", peditório realizado em Abril. Nas palavras do Presidente da Comissão Administrativa da *Liga dos Combatentes da Grande Guerra*, aquele «consiste na venda de capacetes miniatura, iguais aos usados pelos nossos soldados na Grande Guerra de 1914/918, cujo produto se destina a auxiliar os veteranos da Guerra e as suas famílias pobres, que se encontram doentes e em precárias circunstâncias»[990]. No peditório de 1961 colaboraram as alunas do 1.º ano do curso geral, que para esse fim disponibilizaram a sua tarde livre de Sábado[991], tendo depois recebido um agradecimento por parte da Presidente da *Comissão Auxiliar Feminina de Assistência aos Combatentes* pelo auxílio prestado naquela «jornada de Benemerência»[992]. Em 1969 a Escola voltaria a colaborar no peditório, enviando cerca de meia centena de alunas do curso de auxiliares[993]. A participação das estudantes estava, porém, condicionada à sua disponibilidade escolar. Assim, tanto em 1966 como em 1967, o pedido de colaboração formalizado à Escola foi indeferido, por «estarem [...] marcados serviços escolares inadiáveis»[994] ou por as alunas se encontrarem «muito sobrecarregadas com estágios e aulas»[995].

A pedido do Governo Civil de Coimbra, também algumas alunas da Escola participariam nos peditórios a favor da *Liga Portuguesa Contra o Cancro*, que se reali-

---

[988] Para o ano de 1967, embora não disponhamos de um plano de divulgação tão completo e diversificado como o de 1966, o livro de actas do Conselho de Direcção dá conta de que, em Julho, este foi informado da publicação de anúncios de propaganda de matrículas em vários jornais e revistas e decidiu enviar cartazes para diversos estabelecimentos de ensino, estações de caminhos-de-ferro e casas comerciais e de turismo (AESEAF, 35,4,3, *Livro de Actas do Conselho de Direcção*, acta n.º 119, 28 de Julho de 1967, fls. 26v/27).

[989] AESEAF, B-20,1,1, Correspondência Expedida, 1966, 15 de Dezembro de 1966. Tratava-se de um projecto de «Avaliação do "Plano de Divulgação da Profissão de Enfermagem"», coordenado pela Direcção-Geral dos Hospitais, com o objectivo de saber qual fora o impacto daquele plano junto dos alunos, certamente de modo a poder aperfeiçoá-lo. Demonstra claramente o empenho da DGH na divulgação das escolas de enfermagem e o interesse em que esta fosse bem sucedida.

[990] AESEAF, B-21,1,1, Correspondência Recebida, 1961, 6 de Abril de 1961.

[991] O Administrador da Escola remeteu ao Presidente da *Liga dos Combatentes* uma lista com os nomes das alunas que poderiam tomar parte na "Venda do Capacete" (AESEAF, B-20,1,1, Correspondência Expedida, 1961, 14 de Abril de 1961).

[992] AESEAF, B-21,1,1, Correspondência Recebida, 1961, 3 de Maio de 1961.

[993] AESEAF, B-20,1,1, Correspondência Expedida, 1969, 9 de Abril de 1969.

[994] AESEAF, B-20,1,1, Correspondência Expedida, 1966, 19 de Abril de 1966.

[995] AESEAF, B-20,1,1, Correspondência Expedida, 1967, 25 de Abril de 1967.

zavam de três em três anos, no mês de Novembro[996]. Se no ano de 1964 foram nomeadas alunas do curso de auxiliares e do 1.º ano do curso geral, em 1967 a Escola dispensou um número bastante significativo de alunas, mais precisamente, sessenta para o primeiro e o último dias do peditório e cento e sessenta para o segundo dia.

As alunas da Escola estiveram ainda presentes noutros peditórios, alguns deles a favor de causas assistenciais de cunho religioso. É o caso, por exemplo, do apoio prestado à Obra da Construção da Casa para as "Criaditas dos Pobres", em Julho de 1962, no peditório a realizar durante as Festas da Rainha Santa, em Coimbra[997]. De igual modo, em 1966, Manuel Maria, Arcebispo de Cízico, da Obra da Propagação da Fé, por ofício remetido à Escola, agradecia à Direcção e ao pessoal a colaboração prestada no peditório feito nas ruas daquela cidade a favor das Missões do Ultramar Português[998]. Por fim, em Junho de 1968, vinte alunas da Escola participaram no peditório da Cruz Vermelha realizado em Coimbra[999].

O envolvimento em iniciativas de solidariedade social não se limitou, porém, à participação das alunas em peditórios. A documentação arquivada dá conta também da assistência prestada pelo pessoal de enfermagem da Escola no Posto de Tratamento ou de Socorros aos Peregrinos de Fátima. Resultante de uma acção conjunta da Escola e dos Hospitais da Universidade, «a ideia nasceu dum sentido humanitário de ajudar os que precisam, e ao mesmo tempo levar ao conhecimento dos alunos/as o espírito de fé da gente do nosso povo»[1000]. O Posto funcionou pela primeira vez em Outubro de 1964, entre os dias 10 e 13, localizando-se em Santa Clara, na Avenida João das Regras, num prédio cedido pela firma "Ciferro". No início do mês, a Escola solicitava aos Serviços Municipalizados de Coimbra a ligação provisória da água e da luz ao Posto, o mais rápido possível, tendo essas despesas sido pagas pelo LAEC[1001]. O material necessário foi fornecido pelos HUC e a assistência aos peregrinos ficou a cargo do médico escolar, José Lopes Cavalheiro, e de monitores e alunos da Escola. Os tratamentos consistiam em banhos aos pés, pensos e ligaduras e administração de medicamentos, para além de se oferecer uma bebida ou uma refeição ligeira em certos casos, tendo sido assistidos 63 peregrinos. Terminado o ciclo anual de peregrinações a Fátima, de 13 de Maio a 13 de Outubro, o Posto encerrou, cabendo à Administração da Escola enviar um ofício de agradecimento a todas as organizações ou estabelecimentos comerciais da zona que, de algum modo, colaboraram naquela acção humanitária (caso do Corpo de Escuteiros do Núcleo de Coimbra ou da "Mercearia Central" e do "Restaurante Pinto d'Ouro")[1002].

O Posto de Tratamento voltaria a funcionar em Maio de 1965[1011], entre os dias 6 e 10, embora desta vez instalado na Estrada do Porto, mais concretamente no Posto

---

[996] AESEAF, B-20,1,1, Correspondência Expedida, 1961, 24 de Outubro de 1961; *idem*, 1964, 28 de Outubro de 1964; *idem*, 1967, 23 de Outubro de 1967.
[997] AESEAF, B-21,1,1, Correspondência Recebida, 1962, 10 de Julho de 1962.
[998] AESEAF, B-21,1,1, Correspondência Recebida, 1966, 28 de Novembro de 1966.
[999] AESEAF, B-20,1,1, Correspondência Expedida, 1968, 4 de Junho de 1968.
[1000] AESEAF, 35,5,3, *Programas*, «Relatório. Posto de Socorros aos Peregrinos de Fátima».
[1001] AESEAF, B-20,1,1, Correspondência Expedida, 1964, 9 de Outubro de 1964. No dia 15 do mesmo mês, a Escola solicitaria que fosse feito o corte da água e da luz.
[1002] AESEAF, B-20,1,1, Correspondência Expedida, 1964, 23 e 28 de Outubro de 1964.
[1003] AESEAF, B-20,1,1, Correspondência Expedida, 1965, 3 de Maio de 1965.

de assistência médica da "Fábrica da Cerveja" (Coimbra)[1004], que não só disponibilizou as instalações, como ofereceu o consumo de água e electricidade, bem como cervejas e refrigerantes ao pessoal de serviço[1005]. Este era novamente constituído pelo médico escolar e pelo pessoal de enfermagem da Escola, com a colaboração do Corpo de Escuteiros referido. Cada equipa era composta por dois a três monitores e três a quatro alunos, fazendo turnos de cerca de 7 horas[1006]. No total, foram assistidos 427 peregrinos, 81% dos quais do sexo feminino, todos provenientes do Norte do País. O Quadro seguinte dá conta do tipo e do número de cuidados prestados.

| Tipo de cuidado | N.º |
|---|---|
| Banhos aos pés com saltratos Ródel | 427 |
| Pensos diversos | 845 |
| Massagens diversas | 850 |
| Injecções | 30 |
| Comprimidos | 20 |
| Leite, café com leite e chá | 40 litros |
| Água das pedras | 3 garrafas |

Quadro 32 – Tipo e número de cuidados prestados no Posto de Socorros aos Peregrinos de Fátima (Maio de 1965)
Fonte: AESEAF, 35,5,3, *Programas*, «Relatório. Posto de Socorros aos Peregrinos de Fátima».

A par da sua abertura à sociedade e da resposta positiva às solicitações que aquela lhe dirigia, a Direcção da Escola Ângelo da Fonseca e os seus alunos davam mostras de integração no regime político então vigente. A esse nível, merecem especial destaque duas mensagens dirigidas pelos alunos da Escola ao presidente do Conselho de Ministros, Oliveira Salazar, nos anos de 1961 e 1965. A primeira dizia respeito à "questão de Goa", motivada pela ocupação e reintegração em território indiano das colónias portuguesas de Goa, Damão e Diu, por parte da União Indiana, em 18 de Dezembro de 1961. O exército português rendeu-se face ao desequilíbrio de forças existente e a perda de Goa foi considerada pelo próprio Salazar como «um dos maiores desastres da nossa história». De qualquer forma, a superioridade indiana sobre os territórios que constituíam o Estado Português da Índia só seria reconhecida por Portugal após o 25 de Abril de 1974.

Em Janeiro de 1962, o Governador Civil de Coimbra comunicava à Escola o conteúdo de um ofício remetido pelo Gabinete do Presidente do Conselho, no qual Salazar agradecia «aos alunos da Escola de Enfermagem Doutor Ângelo da Fonseca [...] as patrióticas palavras que lhe dirigiram através da representação entregue ao Exmo. Governador Civil do Distrito de Coimbra, a propósito da agressão verificada contra os territórios portugueses de Goa, Damão e Diu»[1007]. Embora não tenhamos encon-

---

[1004] AESEAF, B-20,1,1, Correspondência Expedida, 1965, 6 de Maio de 1965.
[1005] AESEAF, 35,5,3, *Programas*, «Relatório. Posto de Socorros aos Peregrinos de Fátima».
[1006] Nos dois primeiros dias o Posto esteve aberto das 7h00 às 20h00, mas entre as 7h00 do dia 8 e as 24h00 do dia 9 funcionou ininterruptamente (ver nota anterior).
[1007] AESEAF, B-21,1,1, Correspondência Recebida, 1962, 8 de Janeiro de 1962.

trado essa mensagem[1008], trata-se inequivocamente de uma demonstração de apoio e de solidariedade por parte dos alunos da Escola em relação ao Governo português e a Salazar, num momento difícil para o regime. Na verdade, a "questão de Goa" «veio abalar a consciência nacional; afinal, nem tudo estava bem no império português»[1009]. As «patrióticas palavras» dirigidas ao Presidente do Conselho pelos alunos da Escola não seriam, por certo, muito diferentes das usadas em alguns artigos da revista *Menina e Moça*, órgão da *Mocidade Portuguesa Feminina*, a propósito do mesmo tema. Segundo Marta Fidalgo, a revista «defende a posição do Governo português e denigre o lado inimigo»[1010].

A segunda mensagem consistiu num telegrama de felicitações enviado pelas alunas do 2.º ano do curso geral a Oliveira Salazar, por ocasião do seu 76.º aniversário, a 28 de Abril de 1965. Um mês mais tarde, o Secretário do Presidente do Conselho comunicaria à Escola que aquele recebera a mensagem e que, na impossibilidade de agradecer individualmente, o encarregara de solicitar ao Director que fizesse chegar às responsáveis «o seu sensibilizado reconhecimento pelas felicitações que quiseram ter a gentileza de dirigir-lhe»[1011]. O envio de felicitações por parte de um grupo de alunas está de acordo com a imagem de Salazar que era veiculada, à época, na revista *Menina e Moça*[1012]. Esta apresentava o Presidente do Conselho «como alguém muito querido pela população feminina», como um «pai tutelar», que desistira dos seus interesses pessoais para se ocupar dos filhos, os portugueses, mas também «como alguém acessível e afável». Recebia frequentes visitas de filiadas da *Mocidade Portuguesa Feminina*, que o iam felicitar por ocasiões especiais ou datas de aniversário, e «tinha sempre uma palavra amiga, um gesto afável para cada uma de nós». Nas palavras de Marta Fidalgo, «Salazar encarna, pois, a figura de um pai, ou, com o passar dos anos, a de um avô, zeloso, dedicado e cristão, que quer o bem dos seus filhos».

Em Outubro de 1966 o Presidente da República, Américo Tomás, visitou Coimbra e a Escola foi convidada a fazer-se representar na recepção, entre outros órgãos corporativos, com o maior número de alunos, devidamente uniformizados[1013]. A integração da Escola entre os órgãos corporativos da cidade foi contestada pelo seu Administrador, considerando que, embora fosse um «estabelecimento oficial», aquela «não pode ser considerada organismo corporativo». No entanto, a Escola Ângelo da Fonseca far-se-ia representar na recepção com uma delegação de cem alunos.

---

[1008] Não encontrámos mais nenhuma referência àquela mensagem na documentação existente no AESEAF. Tentámos localizá-la na correspondência expedida pelo Governo Civil de Coimbra, através do qual terá sido enviada à Presidência do Conselho; porém, os livros de registo existentes no Arquivo da Universidade de Coimbra têm como data limite o ano de 1953.

[1009] Marta Fidalgo, *"Menina e Moça": um ideal de formação feminina. 1960-1970*, Coimbra, Faculdade de Letras da Universidade de Coimbra, 2002, Tese de Mestrado, pp. 168-171.

[1010] Marta Fidalgo, *idem, ibidem*.

[1011] AESEAF, B-21,1,1, Correspondência Recebida, 1965, 28 de Maio de 1965. De acordo com uma nota manuscrita acrescentada ao ofício recebido, na Escola «comunicou-se aos alunos por aviso afixado».

[1012] Marta Fidalgo, *op. cit.*, pp. 143-145.

[1013] AESEAF, B-21,1,1, Correspondência Recebida, 1966, 7 de Outubro de 1966. Pedia-se que o Sindicato fosse avisado com antecedência do número de alunos, para serem depois enviadas senhas de acesso aos respectivos locais.

# VI – A ESCOLA DURANTE A DÉCADA DE 1970

## 1. CONTEXTUALIZAÇÃO NACIONAL

### 1.1. Velhos problemas e tentativas de solução

No início da década de 1970 Portugal enfrentava ainda o problema da escassez de enfermeiros e esse assunto continuava a motivar discussões na Assembleia Nacional. O deputado Cancela de Abreu, por exemplo, alertava para o encerramento de serviços nos hospitais de Lisboa por falta de pessoal de enfermagem, apesar de se tentar resolver o problema, aumentando o número de diplomados e construindo novas escolas[1014]. De acordo com o deputado citado, no ano de 1970 terminariam o estágio 800 auxiliares de enfermagem e, nesse momento, estavam a cursar enfermagem mais de 3.500 alunos, que representavam 40% do total de enfermeiros existente no país. Esclarecia também que, «graças aos subsídios da *Fundação Gulbenkian*, estão em fase bastante adiantada duas escolas centrais de enfermagem e estão já os projectos prontos para se iniciarem as obras de três escolas regionais, em Bragança, Viseu e Portalegre». Por fim, as escolas existentes formavam cerca de 1.200 profissionais por ano. Não obstante, a falta de enfermeiros mantinha-se, devida, em seu entender, à imigração de muitos profissionais, ao casamento de algumas enfermeiras, que desistiam da profissão, e à concorrência dos serviços de saúde particulares, onde os enfermeiros eram melhor pagos.

Na linha dos argumentos aduzidos, o deputado Silva Mendes defendia que a construção de novas escolas de enfermagem não era suficiente para dotar o país dos diplomados necessários ao normal funcionamento dos hospitais, considerando essencial a definição de um programa para atrair novos candidatos à profissão. Silva Mendes pintava a negro a situação dos profissionais de enfermagem nos serviços estatais, qualificando-a de «demasiadamente dura e mal remunerada». Comparando as tabelas de vencimentos aprovadas pelo Governo e as que vigoravam nos serviços médico--sociais, verificava que as primeiras eram insuficientes. Tal era agravado pelo facto de o Estado exigir ao seu pessoal de enfermagem «o duro serviço vulgarmente denominado "vela"», obrigação que não constava dos serviços médico-sociais. Havia também significativas diferenças quanto à natureza do trabalho requerido aos profissionais dos dois sectores, salientando o deputado o esforço que se exigia às enfermeiras do Estado, «a falta de conforto no campo de trabalho, a dureza dos horários que se lhes impõe».

---

[1014] Sessão da Assembleia Nacional de 19 de Fevereiro de 1970, http://debates.parlamento.pt (11/02/06).

Reforçando o que já havia sido dito, o deputado Covas Lima dava conta de que o Centro de Saúde Mental de Portalegre não estava em funcionamento por falta de pessoal de enfermagem, temendo-se que o mesmo viesse a acontecer com o Hospital de Beja. Nas suas palavras, «surgem edifícios, mas, se escasseia o pessoal técnico, as populações não podem usufruir os benefícios a que têm incontestável direito». Em abono desta opinião, Silva Mendes acrescentava que o trabalho dos enfermeiros era ainda mais pesado pelo facto de terem de substituir os criados, então praticamente inexistentes. Apelava, por isso, ao Governo no sentido da resolução do problema, que não se circunscrevia apenas ao Ministério da tutela.

Em 1973, a propósito do IV Plano de Fomento, a questão da falta de enfermeiros voltaria a ser abordada na Assembleia Nacional[1015]. Nas palavras do deputado Valente Sanches, «a deficiência com o pessoal de enfermagem, relativamente aos valores mínimos aconselhados pela Organização Mundial de Saúde, é ainda mais marcada do que a do pessoal médico e [...] muito irregular de distrito para distrito». Na elaboração do referido Plano, o Governo não esquecera a formação e a fixação do pessoal de saúde, prevendo o aperfeiçoamento e a reciclagem de 1.720 enfermeiros e 480 auxiliares de enfermagem, bem como a fixação de 1.600 profissionais na periferia e 269 no sector hospitalar. Previa-se também a construção de 7 escolas de enfermagem com lares anexos, a beneficiação de algumas escolas e a actualização do equipamento didáctico de todas elas. Valente Sanches terminava o seu discurso aludindo à má gestão no domínio da saúde, que acarretava o desperdício dos escassos meios disponíveis. A situação afigurava-se-lhe particularmente difícil no caso dos centros de saúde, visto que, embora tivessem sido criados 116, «em muitos deles há equipamento e não há pessoal, noutros, há pessoal e não existe o necessário equipamento».

Também Alberto Mourão, à época exercendo as funções de enfermeiro superintendente dos Hospitais da Universidade de Coimbra, considerava, em 1972, a necessidade de se começar a encarar o hospital como uma empresa e enunciava os erros de gestão, que levavam ao mau aproveitamento do pessoal de enfermagem[1016]. A par da tendência para a rentabilidade, era, pois, necessário ter «os olhos postos na resolução dos problemas humanos dos empregados» e encarar «com carinho a matéria-prima que são os doentes».

Entretanto, de acordo com Lucília Nunes, em 1971 «foram realizados diversos estudos, em grupos *ad hoc*, relativamente ao exercício de enfermagem, à legislação e aos cursos de enfermagem»[1017]. No ano seguinte, sucederam-se acontecimentos de impacto positivo na enfermagem, nomeadamente, o alargamento do seu campo de acção, com a criação em larga escala de centros de saúde; a inauguração de novas escolas; o anúncio, por parte do Ministério da Educação Nacional, de um Curso Superior de Enfermagem; finalmente, a criação do Curso de Promoção de Auxiliares de Enfermagem à Categoria de Enfermeiros. Em relação a este último aspecto, a Escola Ângelo da Fonseca foi uma das designadas para o funcionamento do Curso Intensivo

---

[1015] Sessão da Assembleia Nacional de 6 de Dezembro de 1973, http://debates.parlamento.pt (11/02/06).
[1016] Lucília Rosa Mateus Nunes, *op. cit.*, pp. 317-318.
[1017] Lucília Rosa Mateus Nunes, *op. cit.*, pp. 316-320.

a partir de Outubro de 1972[1018], dando-se de imediato início à selecção dos candidatos a admitir (60 alunos)[1019].

Segundo Aliete Pedrosa, o Curso de Promoção de Auxiliares foi criado pelo Governo em resposta a um movimento de reivindicação por parte dos auxiliares de enfermagem, iniciado em 1969[1020]. Até 1974, formavam-se anualmente cerca de 1000 auxiliares de enfermagem e apenas cerca de 200 enfermeiros. Os auxiliares eram, pois, os profissionais que «se encontravam à cabeceira dos doentes, executando quase todas as tarefas assistenciais»; porém, em termos de salários e de regalias, estavam numa situação inferior à dos enfermeiros. O Curso de Promoção, que tinha a duração de vinte meses, não conseguiria resolver o problema. De acordo com a autora citada, poucos eram os que logravam completá-lo, «quer porque a lotação das respectivas escolas era limitada, quer porque os Serviços de Saúde não os dispensavam para esse fim». Assim, o descontentamento dos auxiliares manteve-se, atingindo o seu auge em pleno período revolucionário, após o 25 de Abril de 1974, sob o impulso das organizações sindicais.

Ainda antes da "Revolução dos Cravos", em 1973, foram inauguradas novas escolas de enfermagem em quase todas as capitais de distrito do país e criados os cursos de especializações de Enfermagem Médico Cirúrgica, de Saúde Pública, Pediátrica e Psiquiátrica. Logo após a publicação da respectiva Portaria, a Escola Ângelo da Fonseca pediria autorização para o funcionamento do primeiro daqueles cursos, manifestando ainda o desejo de poder ministrar todas as especializações, assim que existissem condições materiais e pessoais[1021].

### 1.2. O 25 de Abril de 1974 e a segunda metade da década

Referindo-se ao período que vai do 25 de Abril de 1974 ao final da década de 1980, Lucília Nunes salienta uma série de transformações importantes ocorridas no domínio da enfermagem portuguesa, nomeadamente, a criação de um nível único de formação básica para a prestação de cuidados gerais, o processo de autonomização das escolas anexas aos hospitais, passando a ser dirigidas por enfermeiros devidamente habilitados, a definição da carreira única e a integração do ensino de enfermagem no sistema educativo nacional a nível superior[1022].

Muitas das mudanças ocorridas foram consequência de um movimento de contestação e de participação activa por parte dos profissionais de enfermagem. Tal

---

[1018] AESEAF, 35,4,4, *Livro de Actas do Conselho de Direcção*, acta n.º 161, 24 de Abril de 1972, fl. 11.

[1019] AESEAF, 35,4,4, *Livro de Actas do Conselho de Direcção*, acta n.º 168, 10 de Outubro de 1972, fls. 19v/20.

[1020] Aliete Pedrosa, «A Enfermagem Portuguesa – Referências Históricas», art. cit., p. 75.

[1021] AESEAF, 35,4,9, *Livro de Actas da Direcção da Escola*, acta n.º 4, 26 de Abril de 1973, fls. 7/11. Os cursos de especialização foram criados pela Portaria n.º 260/73, de 11 de Abril.
Em 1973 realizou-se também o I Congresso Nacional de Enfermagem, organizado pela Federação dos Sindicatos Nacionais de Enfermagem, onde se concluiu pela importância da integração do ensino de enfermagem no sistema educativo nacional e da sua transformação em ensino superior, pela defesa do estatuto profissional e pela necessidade de haver uma Ordem dos Enfermeiros (ver Lucília Rosa Mateus Nunes, *op. cit.*, pp. 319-320).

[1022] Lucília Rosa Mateus Nunes, *op. cit.*, pp. 320-321.

movimento, naturalmente desencadeado pela Revolução de Abril, encontra paralelo na situação que se viveu em França após os acontecimentos de Maio de 1968. De acordo com Yvonne Knibiehler, no período subsequente e no que respeita à profissão de enfermagem, o fervilhar ideológico aumentou e a contestação endureceu, expressa na acção (sobretudo grevista) de várias associações profissionais e sindicais a propósito das más condições de trabalho e das baixas remunerações[1023].

Em Maio de 1974 foram abolidos os exames de estado de todos os cursos de enfermagemio[1024]. Em Julho determinou-se que os alunos reprovados no exame de estado em anos anteriores deviam ser admitidos ao estágio hospitalar intensivo de fim de curso, sem exigência de prestação de qualquer exame[1025]. Por outro lado, em Setembro, e em resposta ao descontentamento dos auxiliares de enfermagem, foi extinto o respectivo curso, sendo-lhes conferido o título de enfermeiros de 3.ª classe, desde que contassem já três anos de serviço e desempenhassem funções de enfermagem[1026]. Para poderem progredir na carreira, esses profissionais teriam de frequentar um novo Curso de Promoção de Auxiliares, essencialmente teórico, com a duração de oito meses, o qual começou a funcionar em 1975.

No entanto, a opção por um nível único de formação em enfermagem não foi consensual, suscitando a oposição do *Sindicato Nacional dos Enfermeiros Diplomados* (SNED), o qual defendia que os auxiliares deveriam frequentar as escolas para obterem formação, mesmo nas áreas em que já trabalhavam. Para compreender esse movimento de oposição, é necessário ter em conta que, na base da criação do curso de auxiliares de enfermagem, em 1947, esteve a cisão entre a prática dos cuidados, destinada aos novos profissionais, e o conhecimento técnico e teórico, reservado aos enfermeiros. Assim, eram estes que asseguravam as tarefas de administração e organização dos serviços, aproximando-se cada vez mais dos poderes institucionais (administrativo e médico). Todavia, por outro lado, a prática de cuidados desenvolvida pelos auxiliares aumentou os seus conhecimentos, ao mesmo tempo que a proximidade relativamente ao doente lhes garantiu acesso ao poder médico[1027]. A classe dos auxiliares de enfermagem tornou-se também claramente maioritária, sendo que em 1975 havia cerca de 15.000 auxiliares para apenas 3.000 enfermeiros. O papel que desempenhava e a força numérica que representava impuseram o nível único de formação, realizando-se Cursos de Promoção até 1982/84, de modo a permitir a ascensão na carreira aos antigos auxiliares.

No que respeita aos currículos dos cursos de enfermagem, Aliete Pedrosa afirma que a Revolução de Abril veio interromper o processo de revisão da Reforma de 1965, dando lugar a uma nova reforma, na qual participaram representantes das escolas, dos sindicatos de enfermagem e da *Associação Portuguesa de Enfermagem*[1028]. De facto, ainda em Janeiro de 1974, numa das sessões do Conselho de Direcção da Escola Ângelo da Fonseca, foi dado a conhecer que, por despacho da Direcção-Geral dos Hospitais, Nídia

---

[1023] Yvonne Knibiehler, (dir.), *Cornettes et blouses blanches...*, pp. 336-342.
[1024] AESEAF, 35,4,9, *Livro de Actas da Direcção da Escola*, acta n.º 17, 22 de Maio de 1974, fl. 36.
[1025] AESEAF, 35,4,9, *Livro de Actas da Direcção da Escola*, acta n.º 21, 25 de Julho de 1974, fls. 43/45.
[1026] Aliete Pedrosa, «A Enfermagem Portuguesa...», p. 75.
[1027] Maria Augusta Sousa, «A enfermagem nos últimos 20 anos», *Enfermagem em Foco*, Especial Dezembro 1995, p. 9, citado por Lucília Rosa Mateus Nunes, *op. cit.*, p. 322.
[1028] Aliete Pedrosa, «A Enfermagem Portuguesa...», p. 76.

Salgueiro tinha sido nomeada representante da Escola para tomar parte numa Comissão de Estado de revisão de programas de ensino de enfermagem[1029]. Mais tarde, após a Revolução, em Outubro de 1974, a Directora da Escola de Coimbra informaria o Conselho de Direcção de que fora superiormente designada para fazer parte do grupo de trabalho destinado a estudar os novos programas de enfermagem, tendo por isso de se deslocar a Lisboa[1030]. Iria também o enfermeiro Aníbal Custódio dos Santos, em representação do *Sindicato dos Profissionais de Enfermagem*[1031].

Esse trabalho conjunto de representantes das escolas e dos sindicatos de enfermagem culminou na Reforma de 9 de Agosto de 1976, pela qual foi criado um único Curso de Enfermagem, com a duração de três anos e os seguintes objectivos: fornecer uma formação básica polivalente; preparar os enfermeiros para se tornarem agentes de mudança e de renovação na comunidade, para participarem no diagnóstico e na solução dos problemas de saúde e para se enquadrarem na planificação global ao nível do Serviço Nacional de Saúde[1032]. As habilitações de ingresso no Curso seriam as mesmas estabelecidas para o Curso Geral em 1965 e estipulava-se que aquele fosse leccionado essencialmente por Enfermeiros-Docentes, sendo as escolas obrigadas a organizar Campos de Estágio, com a colaboração dos enfermeiros dos respectivos locais. Determinava-se ainda que, no plano de curso, fossem integrados os seguintes conceitos: Saúde, Pedagogia, Gestão e Investigação.

Entretanto, em Setembro de 1974, a orientação, a coordenação e a fiscalização do ensino de enfermagem, até então da competência da Direcção-Geral dos Hospitais e da Direcção-Geral de Saúde, passaram a ser da responsabilidade do *Instituto Nacional de Saúde* (INSA), em particular do Departamento de Ensino de Enfermagem (DEE), que estava em plena organização em Janeiro de 1975. Nessa altura, dada a urgência em equipar o DEE com pessoal qualificado, e aproveitando a possibilidade legal de serem para isso destacados funcionários de outros estabelecimentos, o INSA solicitava às escolas de enfermagem que indicassem enfermeiros com as condições necessárias para trabalhar naquele organismo[1033]. O DEE precisava de enfermeiros com formação especial nas seguintes áreas: planeamento de ensino, orientação pedagógica e programação, para trabalharem na "Secção de orientação educacional"; gestão administrativa e financeira de escolas, para a "Secção de administração escolar"; investigação, para a "Secção de estudos"; e acção social escolar e relações públicas, para a "Secção de acção social".

Em Fevereiro de 1975, o INSA considerava que o processo de democratização das escolas de enfermagem vinha sendo muito lento e verificava que, em certas escolas, as formas de gestão ainda não tinham sido renovadas após o 25 de Abril[1034]. A propósito dessa questão, realizou-se uma reunião entre a Comissão Instaladora do INSA, o seu

---

[1029] AESEAF, 35,4,9, *Livro de Actas da Direcção da Escola*, acta n.º 11, 11 de Janeiro de 1974, fls. 24/27. A Directora afirmou que se iria constituir na Escola uma comissão de apoio a esses trabalhos.

[1030] AESEAF, 35,4,9, *Livro de Actas da Direcção da Escola*, acta n.º 26, 2 de Outubro de 1974, fls. 50/52.

[1031] AESEAF, 35,4,9, *Livro de Actas da Direcção da Escola*, acta n.º 29, 30 de Outubro de 1974.

[1032] Aliete Pedrosa, art. cit., p. 76.

[1033] AESEAF, 36,2,5, *Comissão de Gestão*, ofício do INSA, de 28 de Janeiro de 1975.

[1034] AESEAF, 35,3,31, *Actas da Assembleia de Trabalhadores*, ofício do INSA, de 27 de Fevereiro de 1975, anexo à acta do Plenário de Trabalhadores da Escola (PTE) de 17 de Abril de 1975.

Departamento de Ensino de Enfermagem e a Comissão de Gestão da Escola de Enfermagem Calouste Gulbenkian de Lisboa, na qual se acordou ser urgente acelerar o processo de democratização das escolas de enfermagem e também do próprio DEE. Foi então decidido convocar representantes das escolas já democratizadas e dos quatro *Sindicatos dos Profissionais de Enfermagem*, para, juntamente com o INSA, estudarem métodos e processos de democratização das escolas, bem como a estrutura do DEE. Determinou-se ainda que, dos representantes das escolas convocadas, seriam excluídos elementos das direcções antigas. Esta decisão apoiava-se certamente na ideia de que tais elementos, dirigentes na altura do antigo regime, poderiam levantar obstáculos ao tão desejado processo de democratização.

Aquela questão continuaria a preocupar os organismos responsáveis pelo ensino da enfermagem um ano depois. Veja-se, por exemplo, a acta relativa ao Plenário de Trabalhadores da Escola Ângelo da Fonseca de 12 de Março de 1976, em que se dava conta dos assuntos tratados numa deslocação de representantes da instituição a Lisboa[1035]. O principal fora a democratização das escolas, assinalando-se que o processo era mais difícil nas escolas da periferia, «visto não haver uma politização para esse fim».

De qualquer forma, a democratização do ensino de enfermagem era um processo em curso, bem evidente na acção reivindicativa e no associativismo estudantis, que, pela primeira vez, pretendiam assumir uma dimensão nacional. Em Fevereiro de 1975, foi remetido à Escola Ângelo da Fonseca um comunicado sobre a realização de um Encontro de Estudantes de Enfermagem de Lisboa[1036]. De acordo com o documento, pretendia-se que o Encontro, da iniciativa da Comissão Pró-Associação da Escola Técnica de Enfermeiras, fosse «uma oportunidade de ampla discussão dos problemas dos estudantes de enfermagem, enquanto estudantes e futuros profissionais de Saúde». Procurava-se que também fosse «um estímulo ao espírito de trabalho colectivo e unidade [...], lançando bases para a criação de uma Associação de Estudantes». Do plano das intenções constava ainda a discussão e a apresentação de conclusões sobre o ensino e a profissão de enfermagem, de modo a que os estudantes pudessem participar no Congresso Nacional de Saúde seguinte.

No referido Encontro participaram organismos sindicais, tanto médicos como de enfermagem, a Associação dos Estudantes de Medicina e a Comissão de Gestão da Escola Calouste Gulbenkian, bem como docentes e outros técnicos de saúde. Era, no entanto, essencialmente o contributo dos estudantes de enfermagem que se pretendia obter, convidando-os a integrar grupos de trabalho para o levantamento dos principais problemas e possíveis soluções a apresentar no Encontro. Seriam debatidos três grandes temas, «Ensino», «Saúde e Sociedade» e «Gestão Democrática», havendo já uma série de sugestões de pontos a incluir em cada um deles. Debater-se-iam desde questões de fundo (a definição dos conceitos de enfermagem e de saúde, o nível de saúde do povo português ou o papel da enfermeira como trabalhadora de saúde), até aspectos mais práticos do ensino e da actividade laboral (as bolsas de estudo e outras regalias, as habilitações literárias, as carreiras profissionais ou o sindicalismo). De qualquer forma, sobressaía a vontade manifesta de uma discussão global, que não se limitasse aos

---

[1035] AESEAF, 35,3,31, *Actas da Assembleia de Trabalhadores*, acta do PTE de 12 de Março de 1976.
[1036] AESEAF, 36,2,5, *Comissão de Gestão*, «Encontro dos Estudantes de Enfermagem», de 13 de Fevereiro de 1975.

problemas da enfermagem, mas os enquadrasse na problemática mais ampla da saúde. A esse respeito, era claro o mote final: «Só unidos e organizados os estudantes de enfermagem poderão colaborar na transformação da saúde em Portugal».

Ainda acerca desse Encontro, a Escola Ângelo da Fonseca receberia dois comunicados da Comissão Pró-Encontro de Estudantes de Enfermagem, nos quais se afirmava que a iniciativa poderia trazer «um contributo à urgente Democratização do Ensino de Enfermagem»[1037]. Embora o âmbito do Encontro, a realizar no dia 5 de Março, na Aula Magna da Faculdade de Medicina de Lisboa, fosse restrito à capital, a Comissão convidava os estudantes de todo o país a estarem presentes (individualmente, em grupo ou através de delegados), qualificando-o como o primeiro passo com vista à realização de um grande Encontro Nacional de Estudantes de Enfermagem.

Na verdade, já em 1978, um comunicado à imprensa dá-nos conta da realização de um Encontro Nacional de Estudantes das Escolas de Enfermagem em Coimbra, no Lar da Escola Ângelo da Fonseca, no dia 3 de Junho[1038]. Estiveram representadas as escolas D. Ana Guedes (Porto), Ângelo da Fonseca, Bissaia Barreto (Coimbra), de Bragança, Calouste Gulbenkian de Braga, Calouste Gulbenkian de Lisboa, S. João (Porto), S. João de Deus (Évora), de Leiria, de Portalegre, de Santarém e de Saúde Pública (Lisboa). O Encontro foi motivado pela «situação aflitiva» em que se encontravam os alunos de enfermagem subsidiados pelo Ministério da Assistência Social, em virtude de não receberem as respectivas bolsas de estudo. A manter-se tal problema, muitos alunos não poderiam concluir o seu curso, «o que contribuirá para o agravamento da situação já desastrosa em que se encontra a saúde no nosso país». Os estudantes decidiram, então, eleger uma Comissão Nacional, formada por três delegações representativas das zonas Norte, Centro e Sul, ficando a Escola Calouste Gulbenkian de Lisboa como intermediária entre a referida Comissão e os Ministérios, para negociações acerca do pagamento das bolsas de estudo.

Por outro lado, no mesmo Encontro de Estudantes, «vieram a lume diversas anomalias no processo de democratização que se pretende para o ensino em Portugal, nomeadamente o caso flagrante da Escola de Enf. Dr. Bissaia Barreto, na qual os alunos foram impedidos SOB AMEAÇA DE EXPULSÃO, por parte da Comissão de Gestão, de efectuarem uma R.G.A. preparatória ao Encontro Nacional»[1039]. Os estudantes, que se assumiam como participantes activos no processo de democratização das escolas e, ao mesmo tempo, como seus observadores atentos, denunciando «qualquer hesitação ou retrocesso», aprovaram uma moção de repúdio à «actuação inadmissível» da Comissão de Gestão da Escola Bissaia Barreto.

Entre Maio e Julho de 1976, pelo menos, reuniu mensalmente no Instituto Nacional de Saúde, em Lisboa, uma Assembleia de Delegados de Escolas, entre as quais a Escola Ângelo da Fonseca, e dos *Sindicatos dos Profissionais de Enfermagem das Zonas Norte, Centro e Sul e do Funchal*[1040]. Os assuntos tratados diziam respeito a vários

---

[1037] AESEAF, 36,2,5, *Comissão de Gestão*, comunicados da Comissão Pró-Encontro de Estudantes de Enfermagem, de 26 de Fevereiro de 1975.

[1038] AESEAF, 36,2,6, *Comissão Instaladora*, «Comunicado à Imprensa. Encontro Nacional de Estudantes das Escolas de Enfermagem».

[1039] O destaque encontra-se no original.

[1040] AESEAF, 35,3,30, *Actas da Assembleia de Delegados*. Dispomos das actas das reuniões de 10 e 11 de Maio, de 21 e 22 de Junho, de 19 e 20 de Julho e da reunião extraordinária de 26 de Julho.

aspectos do ensino de enfermagem, desde os critérios de selecção de candidatos até aos órgãos de gestão das escolas, passando pelo pessoal docente e pelo regime de bolsas.

Assim, na primeira reunião, a Assembleia definiu os critérios de selecção para a admissão de candidatos ao curso de enfermagem, a aplicar no ano lectivo seguinte, nomeadamente, a experiência de trabalho em serviços de saúde e a residência na área de implantação da Escola, dando-se preferência aos candidatos que evidenciassem maior precariedade de recursos financeiros. Na reunião de Maio, a Assembleia discutiu ainda o Regulamento de bolsas de estudo para os cursos pós-básicos, o recrutamento de pessoal docente para as escolas de enfermagem das zonas periféricas e a admissão de ajudantes de enfermaria no Curso de Enfermagem. No mês seguinte, tratou-se da uniformização de critérios quanto a faltas e avaliação nos cursos de enfermagem, bem como da questão do pagamento aos professores eventuais. Em Julho, a Assembleia tratou os seguintes pontos: atribuição de gratificações às Comissões Instaladoras das escolas de enfermagem; equiparação de cursos de enfermagem estrangeiros aos portugueses; ensino gratuito para estudantes de enfermagem; autonomia pedagógica das escolas. Ainda nessa reunião, discutiu-se um documento preparatório para a elaboração de um diploma legal sobre os órgãos de gestão das escolas de enfermagem oficiais. De resto, a reunião extraordinária de 26 de Julho de 1976 teria como objectivo a discussão desse projecto de regulamento.

Em Novembro daquele ano, e certamente tendo em conta o trabalho realizado pela Assembleia dos Delegados de Escolas e Sindicatos, seria publicado, em Portaria, o Regulamento dos Órgãos de Gestão das Escolas de Enfermagem[1041]. Assumiu também a maior relevância nesse ano de 1976 a integração dos enfermeiros na Função Pública, a qual se traduziu numa subida nos escalões e na redução do horário de trabalho para as 36 horas semanais. Tal mudança implicou sobretudo uma valorização financeira e social da profissão.

Apesar de as primeiras Escolas Superiores de Enfermagem só terem sido criadas pelo Decreto-Lei n.º 480/88 de 23 de Dezembro, como será referido, no ano de 1978 foi aprovada uma lei que previa já a conversão das Escolas de Enfermagem em Escolas Superiores. Assim se compreende um comunicado da União dos Estudantes Comunistas remetido à Escola Ângelo da Fonseca em 1978, informando da realização de um Encontro Nacional Sobre a Reestruturação do Ensino Superior, em Coimbra, no Teatro Gil Vicente, nos dias 2 e 3 de Dezembro[1042]. O Encontro tinha como objectivos, entre outros, aprofundar o estudo da situação do Ensino Superior, quanto à estrutura e às finalidades, e dinamizar o movimento associativo e os órgãos de gestão democrática, «na luta por uma reestruturação democrática do Ensino Superior». O comunicado dava conta da realização de uma série de trabalhos preparatórios, de recolha de materiais que pudessem assumir a forma de propostas, solicitando-se, pois, aos Conselhos Directivos e Pedagógicos e às Associações de Estudantes a elaboração de pareceres para discussão posterior no Encontro.

Num documento apenso ao comunicado, mas de autoria desconhecida, dava-se conta de que «as Escolas de Enfermagem tinham também o seu contributo com um

---

[1041] Lucília Rosa Mateus Nunes, op. cit., pp. 322-323.
[1042] AESEAF, 36,2,6, Comissão Instaladora, «União dos Estudantes Comunistas. Encontro Nacional Sobre a Reestruturação do Ensino Superior».

documento que seria o fruto de produtivas reuniões realizadas na AAC com a participação de alunos, monitores e professores desta Escola». No entanto, por motivos «contrários à nossa vontade e inclusive o factor tempo», tal documento não chegou a ser elaborado. De qualquer forma, a Enfermagem marcaria presença no Encontro Nacional, designadamente no «Sector Saúde», ao lado da Medicina, da Farmácia e da área dos Paramédicos. Informava-se inclusivamente de que haveria «intervenções polémicas que abrirão caminho a benéficas discussões no campo Ensino/Saúde».

Curiosamente, na mesma altura em que recebia um comunicado da *União dos Estudantes Comunistas*, a Escola Ângelo da Fonseca era também destinatária de um convite da *Associação Católica dos Enfermeiros e Profissionais de Saúde*, Direcção Regional de Coimbra, para um «Fim de Semana de Espiritualidade», orientado pelo Padre Francisco Antunes, da Equipa de Pastoral da Diocese de Coimbra[1043]. Esse sacerdote era conhecido «pela sua acção revitalizadora na nova pastoral» e os organizadores da iniciativa estavam certos de que aquela poderia vir a «trazer um incremento muito grande dentro da nossa Associação». O fim-de-semana decorreria nos dias 24 e 25 de Junho de 1978, na Casa dos Retiros de Santo António, aos Lóios, em Coimbra, e do programa constavam cinco conferências, versando tanto temas ligados à espiritualidade religiosa em geral («Deus à procura de nós – Caminhos do Homem», «Sinais do nosso tempo», «Apelo à conversão interior»), como temáticas relacionadas directamente com a enfermagem, embora integrando-a num contexto espiritual e religioso («A nossa missão ao serviço da vida. Os grandes problemas da nossa profissão», «Uma educação do Amor, começando pelo respeito pela vida e pelo respeito pela mulher»).

Aquele convite testemunha a influência que a espiritualidade católica ainda exerce sobre a enfermagem no final da década de 1970, pelo menos em Coimbra, devido certamente à existência e à acção de uma associação católica de profissionais. Em países como a França, onde a enfermagem era ainda praticada por um significativo número de religiosas, as associações profissionais católicas desempenharam um papel importante na contestação laboral pós-Maio de 1968[1044]. De resto, pelo menos na década de 1960, a acção católica no domínio da enfermagem revestia uma dimensão europeia, como prova a realização de um Congresso Europeu da Enfermagem Católica, em Agosto de 1964. Nesse encontro terão estado presentes enfermeiros portugueses, entre os quais alguns funcionários da Escola Ângelo da Fonseca[1045].

No termo deste capítulo, resta acrescentar que, em 1979, aumentou o nível das habilitações necessárias para a matrícula no Curso de Enfermagem, mais propriamente, passou a exigir-se o Curso Complementar dos Liceus, correspondente ao actual 11.º ano de escolaridade. Essa alteração devia-se, na opinião de Lucília Nunes, ao grande número de candidatos ao Curso de Enfermagem e também à possibilidade de, a curto prazo, aquele Curso ser integrado no Ensino Superior[1046].

---

[1043] AESEAF, 36,2,6, *Comissão Instaladora*, «Associação Católica dos Enfermeiros e Profissionais de Saúde», 18 de Junho de 1978.

[1044] Yvonne Knibiehler (dir.), *Cornettes et blouses blanches...*, pp. 336-342.

[1045] AESEAF, B-20,1,1, Correspondência Expedida, 1964, 5 de Agosto de 1964. O Administrador da Escola solicitava ao Director-Geral dos Hospitais informação sobre se seriam concedidas facilidades quanto a dispensas do serviço aos enfermeiros inscritos no Congresso Europeu da Enfermagem Católica, entre os quais se contavam alguns funcionários da Escola.

[1046] Lucília Rosa Mateus Nunes, *op. cit.*, p. 324.

## 2. A PERSISTÊNCIA DO PROBLEMA DA FALTA DE INSTALAÇÕES

O velho problema da falta de instalações, que afectava a Escola desde a sua fundação, só seria resolvido no final da década de 1970, e, ainda assim, com algumas limitações. Na primeira metade dos anos setenta assiste-se novamente a uma série de tentativas por parte da Direcção da Escola no sentido de obter instalações próprias, mesmo que adaptadas. A construção de um edifício de raiz, especificamente destinado à Escola, foi durante muito tempo uma miragem e, para dar resposta ao crescimento da instituição, quer em número de alunos, quer em serviços, era necessário encontrar alternativas. Assim, procurou-se adquirir equipamento, de modo a melhorar as condições existentes, fizeram-se algumas obras de beneficiação e tentou-se arrendar edifícios que permitissem colmatar a falta de espaço, principalmente para salas de aula.

No que respeita ao equipamento, a Escola terá beneficiado de um subsídio concedido no âmbito do III Plano de Fomento, no valor de 65.000$00, elaborando para o efeito, em 1970, uma lista de materiais a adquirir, destinados a um gabinete de monitores e a uma sala de estar de alunos, com base na hipótese de se alugar uma casa para a instalação desses serviços[1047]. Porém, visto tal se ter mostrado «impraticável», a lista de equipamento a adquirir foi alterada, tendo sido proposta a compra de mobiliário de biblioteca, de vestiários, de aparelhos de ar condicionado e de aquecimentos[1048].

Em 1973, por determinação da Direcção-Geral dos Hospitais, a Escola recebeu um conjunto de material didáctico e de mobiliário que pertencera à extinta Escola de Enfermagem Rainha Santa Isabel[1049]. A maior parte dos bens estava em mau estado e desactualizada, pelo que pouco terá atenuado as carências da Escola Ângelo da Fonseca ao nível do equipamento. No Quadro seguinte está transcrita a lista desses bens, sendo que apenas os itens assinalados com a letra "a" estavam em bom estado.

A insuficiência das instalações e do respectivo equipamento, aliada à falta de pessoal, sobretudo monitorado, tinha implicações ao nível do número de alunos que a Escola admitia anualmente, bem como dos cursos que ministrava. O de auxiliares, que registava maior afluência, era o mais sacrificado, sendo frequente haver um número elevado de candidatos que, apesar de aprovados nos exames de aptidão, tinham de ficar a aguardar vaga para o curso de Abril. Assim, por exemplo, em Abril de 1971, era apresentada ao Conselho de Direcção uma lista de 85 candidatos ao curso de auxiliares que não tinham conseguido entrar em Setembro e que agora teriam prioridade[1050]. De qualquer forma, havia ainda mais 12 candidatos e, «dada a carência de salas de aula», a lotação do curso seria de apenas 80 alunos.

Em Julho de 1972, tendo em conta a capacidade da Escola e os seus escassos meios materiais e humanos, o Conselho deliberou que no ano lectivo seguinte apenas

---

[1047] AESEAF, 35,4,3, *Livro de Actas do Conselho de Direcção*, acta n.º 146, 24 de Novembro de 1970, fls. 78v/81.

[1048] Mais de dois anos depois, em Fevereiro de 1973, a Direcção voltaria a deliberar que se organizasse uma lista de equipamento necessário, a adquirir através de um subsídio concedido no quadro do III Plano de Fomento (AESEAF, 35,4,9, *Livro de Actas da Direcção da Escola*, acta n.º 2, 8 de Fevereiro de 1973, fls. 3/4).

[1049] AESEAF, 35,4,9, *Livro de Actas da Direcção da Escola*, acta n.º 10, 20 de Novembro de 1973, fls. 22/23. Nessa reunião dava-se conhecimento de que a Presidente da *União Noelista* entregava o material à Escola.

[1050] AESEAF, 35,4,3, *Livro de Actas do Conselho de Direcção*, acta n.º 151, 6 de Abril de 1971, fls. 90v/93.

| Material | N.º | Material | N.º |
|---|---|---|---|
| Aparelho V.S. (a) | 1 | Inalador | 1 |
| Aspirador de Patain (incompleto) | 1 | Lamparina de álcool (incompleta) | 1 |
| Balão de vidro grande (a) | 1 | Lençol | 1 |
| Balão de vidro pequeno | 1 | Mapas (a) | 21 |
| Bata de sala de operações | 1 | Martelo de madeira | 1 |
| Botija O2 (pequena) | 1 | Mesas de reuniões | 2 |
| Cadeiras | 12 | Pêra de borracha | 1 |
| Caixa de compressas pequena | 1 | Pêra insufladora | 1 |
| Caixa de instrumentos | 2 | Pinça coluna | 1 |
| Caixa de luvas | 1 | Pinça de colocar e retirar agrafos | 1 |
| Caixas de compressas médias | 2 | Pinça dissecção (a) | 7 |
| Caixas de seringas | 2 | Pinça Hocker com garras (a) | 2 |
| Cama articulada sem travão | 1 | Pinça Hocker sem garras (a) | 2 |
| Cânulas traqueais | 2 | Pipetas | 5 |
| Coluna | 1 | Pipetas de laboratório | 6 |
| Copos de medicamentos (grandes) | 25 | Provetas graduadas | 3 |
| Copos de medicamentos (pequenos) | 60 | Saco de gelo (a) | 1 |
| Copos graduados (a) | 3 | Seringa de cinco centímetros cúbicos (a) | 4 |
| Ebulidores (um médio e um pequeno) | 2 | Seringa de dez centímetros cúbicos (a) | 10 |
| Escovilhão (pequeno) | 1 | Sondas cânulas | 2 |
| Estetoscópio Pinard (a) | 1 | Suporte de pano para frasco de soro | 1 |
| Frascos de boca estreita | 3 | Termómetros (a) | 5 |
| Frascos de boca larga | 7 | Tesoura | 1 |
| Funis de vidro grandes | 1 | Tubos de ensaio | 18 |
| Funis de vidro pequenos | 3 | Ventosas | 3 |

Quadro 33 – Lista do material didáctico e do mobiliário pertencente à Escola de Enfermagem Rainha Santa Isabel e entregue à Escola Ângelo da Fonseca (1973).
Fonte: AESEAF, 35,4,9, *Livro de Actas da Direcção da Escola*, acta n.º 10, 20 de Novembro de 1973, fls. 22/23.

funcionariam duas turmas do Curso de Promoção ou uma turma desse Curso e outra do de auxiliares, nunca duas do primeiro e uma do segundo em simultâneo[1051]. É possível que a Escola fosse pressionada para ministrar o maior número possível de cursos e ao maior número de alunos, apesar das dificuldades. Tal implicaria um grande esforço em termos humanos e provavelmente uma perda de qualidade do ensino. Em Outubro de 1972, o Conselho de Direcção deliberou admitir 70 candidatos ao curso de auxiliares, embora considerasse que a lotação da Escola só permitia a admissão de 40, «atendendo a que aquela percentagem de admissões seria muito pequena para o elevado número de inscrições e ainda à grande necessidade de diplomar Auxiliares de Enfermagem».

---

[1051] AESEAF, 35,4,4, *Livro de Actas do Conselho de Direcção*, acta n.º 164, 12 de Julho de 1972, fls. 12v/14.

Contudo, o ingresso de um maior número de alunos representaria «um grande sacrifício pois são muito restritas as condições tanto físicas como pessoais da Escola»[1052].

Nestas circunstâncias, e dadas as demoras na aprovação superior do projecto de construção de um novo edifício para a Escola, em Fevereiro de 1973 diligenciava-se no sentido de arrendar um prédio sito na Rua Antero de Quental (40.000$00 mensais)[1053]. A morosidade do processo burocrático terá imposto uma outra solução, optando-se por uma casa situada na Avenida Sá da Bandeira, n.ºs 115 e 117[1054]. Para além de oferecer melhores condições de instalação e de adaptação, por ser uma moradia independente, implicava uma renda inferior à da hipótese anterior (30.000$00 mensais). Em Julho de 1973 aguardava-se autorização superior para proceder ao arrendamento.

Quanto à construção da nova Escola, naquela mesma data procedia-se a um estudo de adaptação da planta da Escola do Hospital de Santa Maria (Lisboa) ao terreno escolhido, prevendo-se a necessidade de uma área pertencente ao *Instituto Português de Oncologia* para a sua execução, assunto que estava em negociações. Aliás, o Presidente do Conselho Orientador da Escola, que era também o Director dos HUC, informava existir «promessa de serem iniciadas no corrente ano todas as burocracias legais de concursos etc. para esta construção». Crente na mudança de instalações, de uma forma ou de outra, aquele responsável lembrava ainda que, desse modo, a Escola se emanciparia dos Hospitais, havendo necessidade de lhe ser atribuído o dobro do subsídio, bem como de rever o quadro de pessoal. Considerava, pois, que se deveria fazer um estudo acerca do pessoal necessário para a nova casa.

Ainda em Julho de 1973, em reunião da Direcção da Escola, dar-se-ia conta do despacho que autorizara o arrendamento do edifício sito na Avenida Sá da Bandeira para novas instalações da Escola[1055]. No entanto, em Janeiro do ano seguinte, comunicar-se-ia que aquela hipótese fora posta de lado, visto que a proprietária deixara de estar interessada na venda ou no arrendamento do edifício[1056]. Em virtude disso, previa-se que o curso de auxiliares de Abril não viesse a funcionar.

Entretanto, algumas aulas decorriam no edifício do *Instituto Universitário de Justiça e Paz*. Numa das reuniões da Direcção da Escola deu-se conhecimento de que, por despacho superior, tinham sido autorizadas as despesas de utilização desse edifício e as respectivas obras de beneficiação, conforme proposta da Escola[1057]. Tratava-se de uma solução de recurso, que não resolvia os graves problemas da instituição. Tentando uma nova abordagem da questão e visando alargar as instalações da Escola, em Fevereiro

---

[1052] AESEAF, 35,4,4, *Livro de Actas do Conselho de Direcção*, acta n.º 167, 4 de Outubro de 1972, fls. 16v/19.

[1053] AESEAF, 35,4,8, *Livro de Actas do Conselho Orientador*, acta n.º 1, 22 de Fevereiro de 1973, fls. 2/3.

[1054] AESEAF, 35,4,8, *Livro de Actas do Conselho Orientador*, acta n.º 2, 2 de Julho de 1973, fls. 4/5.

[1055] AESEAF, 35,4,9, *Livro de Actas da Direcção da Escola*, acta n.º 6, 26 de Julho de 1973, fls. 13/14.

[1056] AESEAF, 35,4,9, *Livro de Actas da Direcção da Escola*, acta n.º 11, 11 de Janeiro de 1974, fls. 24/27. No mês seguinte, o Presidente do Conselho Orientador informaria que o arrendamento ficara sem efeito, visto a proprietária ter vendido o prédio a um particular (AESEAF, 35,4,8, *Livro de actas do Conselho Orientador*, acta n.º 3, 28 de Fevereiro de 1974, fls. 6/7).

[1057] AESEAF, 35,4,9, *Livro de Actas da Direcção da Escola*, acta n.º 10, 20 de Novembro de 1973, fls. 22/23.

de 1974 a Direcção deliberou solicitar ao Director dos HUC a cedência do espaço ocupado pelos serviços de Otorrinolaringologia, que constava irem ser transferidos para outras dependências dos Hospitais[1058]. A Direcção acordava também na necessidade de proceder a obras de beneficiação, pintura das paredes e revestimentos do chão nas instalações da secretaria e da sala de reuniões, visto que «sem melhoria das instalações actuais se torna impossível o funcionamento dos serviços escolares». Por outro lado, não tendo sido possível o arrendamento de novas instalações até à data, a Direcção via-se realmente forçada a cancelar a abertura do curso de auxiliares de Abril.

Em reunião do Conselho Orientador realizada poucos dias depois, a Directora da Escola comunicaria aquelas decisões, alertando também para a necessidade premente de vestiários para os alunos, de uma nova sala de técnica e de um gabinete de trabalho para os monitores[1059]. Entretanto, o Presidente do Conselho informava de que continuava a diligenciar-se no sentido de resolver o problema da falta de instalações, tanto visando a aquisição de uma casa nos Lóios para ocupação provisória, como acelerando o início da construção da nova Escola.

Em Abril de 1974 o impasse mantinha-se[1060], sendo que, pouco tempo depois, a Direcção do *Centro Académico Democrático Cristão* (CADC) comunicou que a Escola poderia continuar a utilizar as suas instalações (*Instituto Universitário de Justiça e Paz*) no ano lectivo seguinte, mas com um aumento de 100% na taxa mensal (passaria a 6.000$00)[1061]. A Direcção da Escola considerou a subida muito elevada, mas deliberou que, se não aparecesse outra solução, teria de a aceitar.

No mês de Julho de 1974, a Comissão Directiva dos HUC, em resposta ao pedido anteriormente formulado, cederia à Escola as dependências onde funcionava a Consulta Externa de Otorrinolaringologia[1062]. Decidiu-se utilizar o espaço para o serviço de Biblioteca, tendo os Hospitais autorizado as obras de adaptação propostas, a realizar a expensas da Escola[1063]. Em reunião da Direcção pediram-se sugestões quanto ao destino a dar aos três compartimentos do sótão das novas instalações[1064], vindo a Directora a sugerir que servissem para arquivo de processos[1065].

Depois de ter adiado a tomada de decisão acerca da utilização das instalações do CADC, fazendo-a depender do número de candidatos inscritos[1066], em Outubro de 1974 a Direcção concluiu que, nesse ano, a Escola não poderia prescindir

---

[1058] AESEAF, 35,4,9, *Livro de Actas da Direcção da Escola*, acta n.º 12, 12 de Fevereiro de 1974, fls. 28/29.

[1059] AESEAF, 35,4,8, *Livro de Actas do Conselho Orientador*, acta n.º 3, 28 de Fevereiro de 1974, fls. 6/7.

[1060] AESEAF, 35,4,9, *Livro de Actas da Direcção da Escola*, acta n.º 14, 22 de Abril de 1974, fls. 31/33.

[1061] AESEAF, 35,4,9, *Livro de Actas da Direcção da Escola*, acta n.º 18, 29 de Maio de 1974, fls. 37/38.

[1062] AESEAF, 35,4,9, *Livro de Actas da Direcção da Escola*, acta n.º 20, 5 de Julho de 1974, fls. 41/42.

[1063] AESEAF, 35,4,9, *Livro de Actas da Direcção da Escola*, acta n.º 22, 5 de Setembro de 1974, fl. 46.

[1064] AESEAF, 35,4,9, *Livro de Actas da Direcção da Escola*, acta n.º 25, 23 de Setembro de 1974, fl. 49.

[1065] AESEAF, 35,4,9, *Livro de Actas da Direcção da Escola*, acta n.º 26, 2 de Outubro de 1974, fls. 50/52.

[1066] AESEAF, 35,4,9, *Livro de Actas da Direcção da Escola*, acta n.º 23, 11 de Setembro de 1974, fls. 46v/47 e acta n.º 25, 23 de Setembro de 1974, fl. 49.

delas[1067]. A Directora assistira, a convite, a uma reunião da Direcção do *Instituto Justiça e Paz*, na qual se decidira, entre outros aspectos, baixar a taxa mensal de utilização de 6.000$00, como se havia proposto, para 5.000$00.

Entretanto, a Direcção tomou conhecimento de que tinha sido entregue na Secretaria da Escola a cópia de um ofício dos HUC dirigido ao Secretário de Estado da Saúde, propondo que as instalações da Escola nos Hospitais fossem desocupadas com urgência, transferindo-se para a Clínica de Santa Cruz[1068]. Causou «estranheza e pesar» à Direcção da Escola que o assunto tivesse sido tratado pelos HUC sem seu prévio conhecimento. Todos os presentes desconheciam as dependências da Clínica de Santa Cruz, não sabendo se ofereciam as condições necessárias. Por outro lado, causaria transtorno uma mudança antes do final do ano lectivo, que já começara e estava programado de acordo com as actuais instalações. Atendendo a esses factos e ainda ao que despendera com as obras de beneficiação e adaptação nas dependências da ex--consulta de Otorrinolaringologia e naquelas onde funcionavam a Secretaria e a Sala de Monitores[1069], a Direcção deliberou oficiar o Secretário de Estado da Saúde para expor a situação, frisando «o interesse e necessidade de a Escola ocupar instalações condignas e as diligências que já fez neste sentido sem qualquer êxito».

Fotos 93 e 94 – Sala de Monitores e Vestiário das Alunas, no corredor de um dos claustros dos HUC.
Fonte: AFESEAF.

### 3. A MUDANÇA PARA O NOVO EDIFÍCIO

Na verdade, segundo Nídia Salgueiro, «a EEAF estava a viver momentos muito difíceis, com os serviços hospitalares, também em expansão, a exigirem as parcas instalações e a empurrarem-na para fora do seu espaço»[1070]. A Escola «mendigava salas de aula à Faculdade de Medicina, havia aulas em salas da Clínica Daniel de Matos e calcorreava-se Coimbra à procura de edifício para alugar». Neste contexto, «foi bem vinda a proposta da Direcção-Geral das Construções Hospitalares para se aceitar um dos projectos já aprovados como o da Escola de Enfermagem Calouste Gulbenkian

---

[1067] AESEAF, 35,4,9, *Livro de Actas da Direcção da Escola*, acta n.º 26, 2 de Outubro de 1974, fls. 50/52.

[1068] AESEAF, 35,4,9, *Livro de Actas da Direcção da Escola*, acta n.º 28, 22 de Outubro de 1974, fls. 54v/55.

[1069] No início de Outubro, estavam quase concluídas as obras na Secretaria e na Sala de Monitores (aqui seriam colocadas quatro secretárias, indo os armários vestiários para o corredor), bem como as da futura Biblioteca. Ver AESEAF, 35,4,9, *Livro de Actas da Direcção da Escola*, acta n.º 26, 2 de Outubro de 1974, fls. 50/52.

[1070] Nídia Salgueiro, «Lares de Alunas(os) de Enfermagem e de Enfermeiras(os) de Coimbra – Enquadramento Histórico Social», *Referência*, n.º 12, Novembro 2004, pp. 90-91.

de Lisboa, o que permitia economizar muito tempo e dinheiro, com os ajustes necessários às condições dos terrenos do Manicómio Sena». Obrigada a deixar as salas alugadas no *Instituto Justiça e Paz* e sob a pressão da necessidade, a Escola mudou-se para o novo edifício, que é o actual, situado na Avenida Bissaia Barreto, em 1978, com as instalações ainda em fase de acabamento. Nídia Salgueiro afirma que, «talvez por razão das muitas deficiências verificadas [...] os edifícios nunca nos foram formalmente entregues nem as novas instalações formalmente inauguradas».

Os Relatórios de Actividades elaborados pela Escola para os anos de 1978 e 1979 documentam o período «muito difícil» da instalação no novo edifício[1071]. A mudança fez-se em Janeiro e Fevereiro, em duas fases. Inicialmente, transitaram para as novas instalações as duas turmas do 1.º ano e, posteriormente, os restantes alunos, bem como o equipamento escolar e da Secretaria, tendo a Escola começado a funcionar em pleno a 13 de Fevereiro. Porém, como se disse, o edifício ainda não estava pronto, faltando completar o Anfiteatro, as Salas de Técnica e os Laboratórios, bem como os arranjos exteriores. Apesar dos esforços feitos, as obras decorreriam ainda durante todo o ano[1072].

Em Junho de 1978, a Comissão Instaladora da Escola apresentava à entidade responsável pelas obras, a Direcção-Geral das Construções Hospitalares, uma extensa lista de deficiências e de faltas observadas no novo edifício[1073]. Parte dos problemas era de natureza estrutural e tinha a ver com a instalação eléctrica, os esgotos e as canalizações, verificando-se, por exemplo, infiltrações de água em vários locais. No entanto, muitas das reclamações tinham a ver com a deficiência e a falta de acabamentos, como vidros e pedras mármores partidos ou falta de persianas. Insistia-se, sobretudo, nos pedidos de equipamento, desde material didáctico (um manequim que permitisse fazer respiração boca a boca e massagem cardíaca, uma máquina de projectar filmes de 16 mm, etc.), até prateleiras e quadros com diversas finalidades, passando por máquinas destinadas ao bar e à cozinha (uma vitrina frigorífica, um «balcão de quentes – banho-maria», entre outros).

Concluindo o seu Relatório, a Comissão Instaladora considerava que o ano 1978 se caracterizara por «uma certa instabilidade, pois, a um processo de instalação, sempre com equipamento incompleto, seguia-se outro». Certas deficiências no edifício, como as infiltrações de água ou os arranjos exteriores por terminar, causavam mal-estar, sendo que, «consoante as condições climatéricas, tudo é poeira ou lama vermelha». À mudança de instalações associavam-se a falta de pessoal e as dificuldades orçamentais. A este nível, a Comissão esclarecia que «nunca tivemos experiência de gastos de nafta, gás, electricidade, telefones, água, detergentes, etc., a esta dimensão, pois vivíamos no edifício dos HUC a cargo de quem estavam algumas destas despesas». A autonomia implicava, pois, custos, tendo a Escola sido obrigada a conter as despesas desde o início do ano, o que lhe permitiu chegar ao final com um saldo positivo.

---

[1071] AESEAF, 36,2,3, *Relatório da EEAF*, «Relatório de Actividades da Escola de Enfermagem Dr. Ângelo da Fonseca (1978)» e «Escola de Enfermagem Dr. Ângelo da Fonseca. Relatório de Actividades do ano 1979».

[1072] Note-se, por exemplo, que só em Novembro foi possível desocupar os balneários e Claustros dos HUC dos armários que lá se encontravam. Entretanto, os HUC cederam à Escola três pequenas dependências para servir de vestiários aos alunos e docentes. Ver AESEAF, 36,2,3, *Relatório da EEAF*, «Relatório de Actividades da Escola de Enfermagem Dr. Ângelo da Fonseca (1978)», p. 5.

[1073] AESEAF, 36,2,6, *Comissão Instaladora*, «Escola de Enfermagem Dr. Ângelo da Fonseca. Folha Informativa. N.º 1, 01-06-78».

A transferência para o novo edifício exigiu ainda a adaptação dos funcionários a um novo meio físico, com consequências ao nível do relacionamento entre si. De acordo com o citado Relatório, «vínhamos dum local em que tudo se passava perante todos, sem gabinetes, salas de reunião ou convívio». Compreende-se que, no início, tenha havido «algumas dificuldades de comunicação, pois agora passava a haver zonas isoladas em que grupos passaram a não contactar com outros».

Um dos objectivos para o ano seguinte apresentado no Relatório de 1978 era «ter equipamento completo e as deficiências das instalações resolvidas», ponto que, conforme se admitiria em 1979, absorveu «grande parte da nossa energia». Na verdade, efectuaram-se múltiplas diligências (ofícios, contactos telefónicos e pessoais, reuniões *in loco*) junto da Direcção-Geral das Construções Hospitalares, no sentido de reparar os danos verificados, quer ao nível das canalizações e dos esgotos (diversas infiltrações de água e falta de esgotos nas salas de Técnica), quer ao dos acabamentos (a pintura das paredes estalara, os tacos e os estores tinham-se descolado, o mecanismo de segurança das caldeiras falhara). Chamava-se também a atenção da Direcção-Geral para o material que faltava adquirir e montar (equipamento dos laboratórios, da lavandaria, da cozinha e do campo de jogos e instalação de cabines telefónicas, entre outros).

Enfim, no ano de 1979, a Escola dedicou a maior atenção ao problema das instalações, assunto que transitaria ainda para o ano seguinte, pretendendo a Comissão Instaladora «continuar a pugnar pela resolução dos problemas das instalações e equipamento». De qualquer forma, a Escola já tomara consciência de que, em termos orçamentais, a manutenção do novo edifício era bastante pesada, quer pelos pontos vulneráveis da construção e do equipamento, quer pelos avultados gastos em limpeza.

### 4. O Regulamento de 1970 e a sua aplicação até ao 25 de Abril de 1974

Pela Portaria n.º 34/70 de 14 de Janeiro, foi publicado o «Regulamento Geral das Escolas de Enfermagem», aplicável às Escolas Artur Ravara, Ângelo da Fonseca, do Hospital de Santa Maria e do Hospital Escolar de S. João[1074]. Corresponderia, pois, a uma tentativa de uniformizar o funcionamento das mais importantes escolas de enfermagem oficiais do país. No que respeita à Escola de Coimbra, aquele Regulamento veio revogar o de 1953, que, portanto, esteve em vigor durante quase vinte anos. Como fica claro, desde logo, a partir da leitura do preâmbulo, o novo Regulamento é bastante inovador. Os seus autores estavam conscientes de que os documentos anteriores já não davam resposta às exigências do tempo presente e manifestavam vontade de que este estivesse na vanguarda. Na verdade, embora com alterações decorrentes sobretudo da Revolução de 25 de Abril, nomeadamente ao nível dos órgãos de gestão, o Regulamento de 1970 manter-se-ia até aos anos de 1990, o que demonstra o seu carácter avançado.

No preâmbulo constatava-se que «o ensino da enfermagem tem sido, entre nós, um sector dotado de notável capacidade evolutiva», não obstante o baixo nível geral

---

[1074] Portaria n.º 34/70, preâmbulo, ponto 7, 2.º, *Diário do Governo*, I Série, n.º 11, 14 de Janeiro de 1970. O Regulamento poderia ser mandado aplicar, com as necessárias adaptações, às outras escolas de enfermagem, oficiais ou particulares, mediante despacho do Ministro da Saúde e Assistência.

de instrução do país (durante muito tempo, a escolaridade obrigatória não ia além do nível primário) e a pressão decorrente das exigências dos serviços em termos de pessoal de enfermagem. Em 1965 já tinha sido possível subir o nível das habilitações mínimas exigidas aos futuros enfermeiros, ao mesmo tempo que as medidas tomadas na área do exercício profissional e o esforço feito pelas escolas de enfermagem tinham permitido «aumentar substancialmente os efectivos da profissão».

Considerava-se que «a modificação dos quadros de pessoal [de enfermagem] só atinge verdadeiro significado se for acompanhada de uma revisão paralela do próprio funcionamento das escolas». Assim, o momento que se vivia era encarado como uma oportunidade a não perder para «nos mantermos verdadeiramente actualizados e até em posição de vanguarda». Segundo se explicava, o Regulamento Geral começaria por ser aplicado somente às quatro escolas oficiais a funcionar junto dos hospitais centrais, quer porque o âmbito da reforma era limitado e seria mais fácil «colher os dados da experiência», quer porque o exemplo seria «mais impressivo». Alertava-se para as dificuldades que a sua aplicação certamente suscitaria, visto pôr «em causa princípios tradicionais, situações estabelecidas, ideias que se supunham imutáveis». Esta afirmação é altamente expressiva do espírito de mudança subjacente ao Regulamento de 1970.

No referido preâmbulo eram, assim, apresentados cinco pontos de inovação a consagrar no documento. O primeiro respeitava à «tendência incontestável das escolas para a sua plena autonomia técnica e administrativa», julgando-se igualmente inevitável que os enfermeiros assumissem a docência. O segundo consistia na «vocação nacional das escolas», conceito que se apoiava tanto no facto de, desde 1965, o ensino preparar profissionais aptos para o trabalho de base em qualquer dos campos de saúde, não se restringindo à enfermagem hospitalar, como nas responsabilidades de âmbito nacional que a necessidade de fornecer pessoal capaz a todos os serviços de saúde do país criara às escolas.

Um outro ponto tinha a ver com a garantia de intervenção no funcionamento e administração das escolas a todas as entidades nelas interessadas. Distinguia-se entre a direcção técnica do ensino, da competência exclusiva dos órgãos especializados das escolas, e a administração, em sentido amplo, na qual toda a comunidade deveria ter voz. Daí a constituição de um conselho orientador e de uma comissão de alunos, à qual se conferiria efectiva intervenção na administração e na direcção das escolas. Tratava-se de duas importantes novidades. Quanto à comissão de alunos, os autores do documento lembravam que «tem já cerca de vinte anos a primeira experiência feita em Coimbra de intervenção directa, organizada e permanente das alunas na vida da escola». Porém, essa experiência limitava-se a assuntos sobretudo ligados às residências, ao passo que agora se institucionalizava ao nível das próprias escolas.

Os dois últimos pontos estavam relacionados com a selecção dos alunos e com a sua integração escolar. Acabava-se com o exame de aptidão, que já não fazia sentido face ao nível elevado de habilitações exigidas, e apostava-se na «orientação profissional dos candidatos». A Escola de Ensino e Administração de Enfermagem já dispunha de estudos sobre as «características desejáveis para a profissão», o que possibilitaria a elaboração de um «profissiograma nacional», esperando-se que surgissem técnicos suficientes para ajudar as escolas na «melindrosa tarefa» de selecção de alunos. Por outro lado, eliminava-se dos regulamentos o tradicional capítulo disciplinar e criava-se uma comissão de integração escolar com funções de orientação educacional, à qual competiria não só «promover, facilitar e acompanhar a adaptação dos alunos às escolas, mas ainda aconselhar as escolas a adaptarem-se aos alunos». Há que reconhecer que se trata de uma perspectiva pedagógica fortemente inovadora, encarando-se a integração de alunos e instituições num sistema educativo comum como condição do bom funcionamento do ensino. Para além disso, em vez das penas disciplinares, previa-se a elaboração de normas relativas às exigências profissionais, «espécie de código deontológico», e procurar-se-ia desenvolver o sentido de auto-responsabilidade em cada aluno. Assim, a decisão sobre faltas a essas normas teria o significado de juízo sobre a faculdade de adaptação do aluno à escola e, consequentemente, à profissão.

No final do preâmbulo que antecede o Regulamento Geral, justificava-se o facto de ser mais reduzido do que os anteriores com o argumento de que competia às próprias escolas e ao Ministério resolver os problemas ou estabelecer normas capazes de regular certas situações. Quer dizer, e esta é mais uma expressão do espírito novo que perpassa o Regulamento de 1970, «confia-se mais nas escolas e nos serviços do que na pormenorização legislativa».

### 4.1. Objectivos e aspectos gerais

De acordo com o Regulamento Geral de 1970, as escolas de enfermagem tinham três objectivos fundamentais: o ensino de enfermagem, o aperfeiçoamento e a investigação na área e o trabalho coordenado com todos os estabelecimentos, serviços e instituições no interesse da saúde e assistência (art. 2.º). Portanto, não se limitavam ao ensino propriamente dito, mas tinham também responsabilidades ao nível da melhoria da profissão e do sistema de saúde e assistência em geral. Essa amplitude de objectivos testemunha o crescimento da enfermagem enquanto disciplina e enquanto profissão, bem como o envolvimento das escolas nesse processo.

O Regulamento consagrava a já referida «vocação nacional das escolas» ao estipular que estas «estão ao serviço de todo o País, no campo da Saúde e Assistência» (art. 2.º, 2). Para além disso, previa a possibilidade de as escolas colaborarem com as suas congéneres nacionais e estrangeiras. Quanto às relações com os hospitais e os demais serviços do Ministério da Saúde e Assistência, seriam reguladas por acordos de cooperação, nos quais se estabeleceriam as obrigações mútuas (art. 3.º, 2). Por despacho do Ministro poderia ser designado o hospital ao qual caberia facultar o campo de ensino a cada escola (art. 3.º, 3).

Assim como o Regulamento da Escola Ângelo da Fonseca de 1953, o Regulamento Geral de 1970 determinava que as escolas oficiais gozavam de autonomia técnica e administrativa, «sem prejuízo da função orientadora e inspectiva da Direcção-Geral dos Hospitais» (art. 4.º). Porém, o novo Regulamento já não referia os Hospitais da Universidade de Coimbra (ou outros, para as restantes escolas) como entidade fiscalizadora ou capaz de limitar, de algum modo, a autonomia da escola.

Também no domínio financeiro era visível a maior independência das escolas em relação aos hospitais aos quais estavam ligadas. Por um lado, enquanto em 1953 se estipulara que no orçamento dos HUC se consignariam como subsídio à Escola Ângelo da Fonseca as verbas necessárias à sua manutenção, na parte que não fosse coberta pelos subsídios do Tesouro, no Regulamento de 1970 as «compensações atribuídas pelos hospitais e outros serviços» eram o último elemento de uma lista de receitas que as escolas poderiam receber (art. 5.º). Essa lista era encabeçada pelas «comparticipações do Ministério da Saúde e Assistência» e dela faziam parte, também, os subsídios e donativos de quaisquer outras entidades, as taxas e os emolumentos cobrados e outras receitas próprias.

De qualquer forma, a Escola Ângelo da Fonseca continuava a recorrer a verbas concedidas pelos HUC, em caso de necessidade. Assim ocorreu, por exemplo, em Novembro de 1970, requerendo-se aos Hospitais um reforço de subsídio em virtude de as receitas normais serem insuficientes para cobrir as despesas de manutenção, bem como as gratificações ao pessoal de enfermagem destacado na Escola com funções de monitorado, e visto que a Direcção-Geral dos Hospitais já informara não ser possível conceder um subsídio extraordinário naquele ano económico[1075].

## 4.2. Os órgãos de administração e de direcção

O Regulamento de 1970 criava dois órgãos de administração escolar, o conselho orientador e o conselho de gerência, e dois órgãos de direcção, a direcção e o conselho escolar (art. 7.º). Desde logo, é evidente uma complexificação orgânica relativamente ao que fora estipulado no Regulamento de 1953, que previa apenas a existência de um conselho de direcção, de um conselho administrativo e de um conselho escolar. A alteração significativa pode contribuir para explicar a demora na transição para a nova orgânica por parte da Escola Ângelo da Fonseca, onde aqueles órgãos só se constituíram a partir de Janeiro de 1973[1076].

O mandato dos membros eleitos ou designados para qualquer dos órgãos em causa seria de dois anos (art. 20.º). O conselho orientador seria presidido pelo provedor ou administrador-geral do hospital a que a escola estava ligada e nele estariam representadas três entidades, nomeadamente, a escola, o hospital e os serviços de saúde e assistência (art. 8.º)[1077]. Por parte da escola, seriam vogais o director, dois representantes do corpo docente, um representante de cada curso escolhido pela comissão de alunos e um representante dos antigos alunos da escola, quando existisse uma sua associação. A grande novidade residia na participação dos alunos, incluindo dos ex-alunos, num órgão administrativo.

A composição tão diversa e abrangente do conselho orientador estava de acordo com a sua função, «definidora das linhas gerais da administração da escola e da sua integração no conjunto de necessidades da comunidade e em especial dos serviços de saúde e assistência» (art. 9.º). Assim, cabia àquele órgão pronunciar-se sobre uma série de assuntos (planos de actividades, orçamentos, cursos a professar, entre outros), apreciar o rendimento e a eficiência dos serviços e determinar inquéritos e inspecções, bem como emitir directrizes sobre as questões que lhe fossem postas pelos restantes órgãos de administração ou direcção.

O Conselho Orientador da Escola Ângelo da Fonseca reuniu pela primeira vez a 22 de Fevereiro de 1973, no Gabinete de Direcção dos HUC, sob a presidência do director dos Hospitais, João José Robalo Guimarães, e na presença dos seguintes vogais:

---

[1075] AESEAF, 35,4,3, *Livro de Actas do Conselho de Direcção*, acta n.º 146, 24 de Novembro de 1970, fls. 78v/81.

[1076] Tendo sido extintos após a Revolução de Abril, a maioria deles não chegou a reunir-se mais do que duas ou três vezes.

[1077] Poderiam ainda fazer parte do conselho orientador representantes da hierarquia católica, da câmara municipal respectiva e do *Sindicato Nacional dos Profissionais de Enfermagem* (art. 8.º, 3).

da parte da Escola, a Directora, Dulce Pinto, a enfermeira-professora Nídia Salgueiro e três representantes da Comissão de Alunos; da parte dos Hospitais, o provedor, Mário Miguel Gândara Norton, o enfermeiro superintendente Alberto da Silva Mourão, a assistente social Maria Sanches da Luz Martins e a enfermeira de Saúde Pública Josefa Portas Marques de Almeida; faltaram o director clínico dos HUC e os representantes das Direcções-Gerais da Saúde e Assistência Social[1078]. Do único livro de actas desse Conselho existente no Arquivo da Escola, constam apenas mais duas, uma relativa a uma reunião de 2 de Julho de 1973 e outra respeitante a uma reunião de 28 de Fevereiro de 1974.

Quanto ao conselho de gerência, seria presidido pelo director da escola e teria como vogais um administrador-geral ou administrador de hospital, um professor do quadro designado pelo conselho escolar e o chefe de secretaria (art. 10.º). O conselho era responsável pela «correcta e legal utilização dos meios postos ao dispor da escola», cabendo-lhe preparar os orçamentos e prestar contas da gerência, promover a cobrança das receitas e a efectivação das despesas e dar balanço mensal à tesouraria, conservar e defender o património da escola e propor a nomeação do pessoal administrativo (art. 11.º). Embora correspondesse ao antigo conselho administrativo quanto às tarefas do domínio financeiro, o conselho de gerência tinha competências um pouco mais vastas.

A primeira reunião do Conselho de Gerência da Escola Ângelo da Fonseca ocorreu em Janeiro de 1973, sob a presidência de Dulce Pinto, Directora da Escola, e na presença dos vogais Blandina Tavares Duarte, enfermeira-professora eleita para essa função em Conselho Escolar, e Naldi Maria Clara Castelo Branco, Chefe de Secretaria[1079]. Esteve também presente o subdirector da Escola, enfermeiro-professor Silvério Gomes Monteiro, que substituiria a Directora nas suas faltas ou impedimentos. Deliberou-se que, de harmonia com o Regulamento e com a transmissão de poderes feita pelo anterior Conselho Administrativo, o Conselho de Gerência iniciaria naquele mês o seu funcionamento. Estavam ali reunidos todos os membros, com excepção do vogal Administrador dos HUC, que aguardavam fosse indicado. Estabeleceu-se um esquema de reuniões (duas por mês), determinando-se ainda que no mês de Fevereiro se procederia à elaboração do Orçamento Ordinário e ao balanço de inventário.

Já no domínio dos órgãos de direcção, a direcção da escola seria constituída pelo director (que presidia), pelo subdirector, por um professor médico designado pelo conselho escolar e pelo presidente da comissão de alunos (art. 12.º). Este órgão era responsável pela «organização dos serviços de ensino e pelo seu funcionamento», contando-se entre as suas competências preparar anualmente o plano de actividades e o respectivo relatório; propor cursos a professar e respectivo número de alunos; propor a nomeação do pessoal docente e vigiar e zelar pela manutenção da disciplina (art. 13.º).

No que respeita em particular ao director, o Regulamento de 1970 mantinha, em geral, as funções que lhe eram atribuídas em 1953 (art. 13.º, 3). Tal responsável deixava de propor a nomeação de todo o pessoal da escola, uma vez que tal função estava agora repartida entre o conselho de gerência e a direcção, como vimos. Porém, em contrapartida,

---

[1078] AESEAF, 35,4,8, *Livro de Actas do Conselho Orientador*, acta n.º 1, 22 de Fevereiro de 1973, fls. 2/3.
[1079] AESEAF, 35,4,7, *Livro de Actas do Conselho de Gerência*, acta n.º 1, 20 de Janeiro de 1973, fl. 2.

passava a poder, em caso de urgência, tomar medidas que fossem da competência própria de algum dos órgãos de administração ou direcção, submetendo-as depois a ratificação. Uma figura importante em 1953 e que em 1970 desaparece é a do administrador, que coadjuvava e substituía o director na sua ausência. As suas várias atribuições foram distribuídas pelos novos órgãos entretanto criados e pelo subdirector, quanto à função de substituição do director nas suas faltas. O subdirector seria um enfermeiro professor, proposto anualmente pelo director (art. 40.º, 2). O facto de se tratar de um enfermeiro está de acordo com o que se afirmava no preâmbulo acerca da tendência «irreversível» para que a profissão assumisse a responsabilidade do ensino.

A nova Direcção da Escola Ângelo da Fonseca reuniu pela primeira vez em Janeiro de 1973, sob a presidência da directora, Dulce Pinto, e na presença dos seguintes vogais: o subdirector, enfermeiro-professor Silvério Gomes Monteiro, o professor António José Chorão de Aguiar, eleito em Conselho Escolar de 12 de Janeiro, e o presidente da Comissão de Alunos, Eduardo Rodrigues Ferreira, eleito entre os alunos da Escola em 25 de Novembro de 1972[1080]. Embora pendente de homologação superior, a Direcção da Escola assumiria de imediato funções.

Quanto ao conselho escolar, seria constituído por todos os professores e monitores e pelos membros da comissão de alunos (art. 14.º)[1081]. Mais uma vez, em relação ao Regulamento anterior, a novidade residia na participação dos alunos. O conselho era presidido pelo director ou pelo subdirector e podia funcionar em plenário ou por secções, correspondentes aos vários cursos professados na escola ou a cada um dos respectivos anos. Tratava-se do órgão responsável pela «orientação pedagógica da escola e pela avaliação dos alunos», cabendo-lhe, ao funcionar em plenário, a aprovação dos esquemas anuais de ensino propostos pela direcção e a avaliação da eficiência do ensino (art. 15.º, 2) e, ao funcionar por secções, a promoção da execução dos esquemas anuais e a classificação do aproveitamento dos alunos do respectivo curso (art. 15.º, 3).

Previa-se a criação de comissões permanentes ou eventuais para cooperar com os órgãos de direcção e conduzir determinados assuntos, sendo desde logo instituídas a comissão de alunos e a de integração escolar (art. 7.º, 3 e 4). Na Escola Ângelo da Fonseca, apesar de ainda em Junho de 1970 o Conselho de Direcção ter concordado com a proposta dos Monitores-Chefes no sentido de que ambas as comissões fossem de imediato constituídas[1082], a primeira só seria formalizada no final de 1972 e a segunda reuniria pela primeira vez em Fevereiro de 1973.

O Regulamento estipulava que a comissão de alunos fosse constituída por delegados eleitos pelos alunos, na proporção de um por cada ano em cada curso, sendo o presidente eleito entre eles (art. 16.º). A comissão cooperava na administração e na direcção da escola e na sua acção formativa, cabendo a cada delegado transmitir aos órgãos de que fazia parte os interesses do ano e curso que representava, bem como comunicar aos respectivos alunos as deliberações tomadas (art. 17.º).

Na Escola Ângelo da Fonseca, a Comissão de Alunos foi o primeiro órgão a ser formado de entre os vários previstos no novo Regulamento, tendo-se procedido à

---

[1080] AESEAF, 35,4,9, *Livro de Actas da Direcção da Escola*, acta n.º 1, 18 de Janeiro de 1973, fls. 2/3.

[1081] Com voto consultivo, assistiriam às reuniões do conselho escolar o médico e o enfermeiro de saúde escolar e o psicopedagogo em serviço na escola.

[1082] AESEAF, 35,4,3, *Livro de Actas do Conselho de Direcção*, acta n.º 142, 23 de Junho de 1970, fls. 71v/72.

eleição dos seus membros em Novembro de 1972[1083]. Na presença da Monitora-Chefe e dos respectivos monitores, foram eleitos os alunos delegados e os seus suplentes para cada curso (de promoção de auxiliares, de enfermagem geral – 1.º ano, de auxiliares de 1973, de enfermagem geral – 2.º ano, de auxiliares de 1974 e de enfermagem geral – 3.º ano). A escolha do presidente recaiu sobre Eduardo Rodrigues Ferreira (curso geral, 3.º ano), elegendo-se ainda José Carlos Dias Tavares (curso geral, 1.º ano) como presidente suplente[1084].

Embora indirectamente, é possível conhecer alguns dos assuntos tratados pela Comissão de Alunos nas suas reuniões. Por exemplo, em Abril de 1973, o Presidente da Comissão apresentou à Direcção da Escola o pedido de alguns colegas, no sentido de que fosse autorizada a sua inscrição no I Colóquio Nacional de Enfermagem, a realizar na Figueira-da-Foz, e de que a Escola participasse nas respectivas despesas[1085]. Na mesma ocasião, o Presidente leu a acta de uma reunião da Comissão de Alunos solicitando permissão para a realização de um encontro de convívio de todos os alunos e pessoal da Escola, a ter lugar em Vale de Canas ou no Choupal, na segunda semana de Maio. A Direcção concordou, ficando marcado para o dia 15 desse mês. Pedia-se também a criação de mais actividades circum-escolares (música, ginástica ou outros desportos), tendo a Direcção informado de que a Escola já estava diligenciar nesse sentido.

Em relação à comissão de integração escolar, o Regulamento determinava que seria presidida pelo director e que dela fariam parte um professor e um monitor designados pelo conselho escolar, o médico escolar, o enfermeiro do serviço de saúde escolar, o psicopedagogo em serviço na escola, o presidente da comissão de alunos e um representante da associação dos antigos alunos, se existisse (art. 18.º). A comissão tinha por objectivo «seleccionar os candidatos à profissão e promover a adaptação dos alunos à vida escolar», o que implicava uma série de competências (prestar orientação vocacional aos candidatos ou promover experiências pedagógicas, entre outras). Tarefas específicas como a preparação de programas de acolhimento e integração dos alunos ou o seu acompanhamento com vista a prevenir erros de apreciação e o insucesso escolar dão conta do alcance pedagógico e do carácter inovador das actividades da comissão.

Ainda que a primeira reunião da Comissão de Integração Escolar da Escola Ângelo da Fonseca tenha ocorrido apenas no início de 1973, os efeitos do Regulamento de 1970 ao nível da selecção e da integração escolar dos alunos fizeram-se sentir de imediato na instituição. No que respeita à selecção, em Outubro de 1971, o Conselho de Direcção dava conta de que, tendo aumentado o grau das habilitações exigidas para os cursos geral e de auxiliares (2.º e 1.º ciclos liceais, respectivamente), deixaram de

---

[1083] AESEAF, 35,3,32, *Livro de Actas da Comissão de Alunos*, acta n.º 1, 25 de Novembro de 1972, fls. 1/3.

[1084] Eduardo Rodrigues Ferreira desempenharia a função de presidente da Comissão de Alunos até concluir o seu curso, sendo então substituído por António Figueiredo Pinto, aluno do curso de promoção de 1973/75. Em Janeiro de 1974, a Direcção da Escola apresentou cumprimentos ao aluno que cessara funções. Ver AESEAF, 35,4,9, *Livro de Actas da Direcção da Escola*, acta n.º 11, 11 de Janeiro de 1974, fls. 24/27.

[1085] AESEAF, 35,4,9, *Livro de Actas da Direcção da Escola*, acta n.º 4, 26 de Abril de 1973, fls. 7/11. O pedido foi indeferido, mas certamente por questões relativas à organização do evento, visto a Directora da Escola ter comunicado à Direcção que, embora figurasse o seu nome como vogal da comissão organizadora, a Escola não tinha sido convidada a participar nesses trabalhos, o que todos os presentes estranharam.

ser feitos os exames de admissão[1086]. Assim, nos termos do novo Regulamento, foi feita uma prova de selecção a todos os candidatos, da qual ficaram encarregues os Monitores-Chefes da Escola, Dulce Pinto e Francisco Cândido da Silva.

Quanto à integração escolar dos alunos, em Outubro de 1972, o Conselho de Direcção autorizou a realização, a título experimental, de um «curso de sensibilização psicológica», iniciativa que visava intensificar a coesão entre os alunos, melhorar tanto quanto possível a relação aluno-monitor e evitar a desistência de grande percentagem de alunos, que se verificava sobretudo nos primeiros anos do curso[1087].

Na primeira reunião da Comissão de Integração, presidida pela Directora da Escola, estiveram presentes os vogais José Fernando Alves de Queirós, psicopedagogo, a enfermeira-professora Blandina Tavares Duarte, a auxiliar de monitora Esmeraldina Henriques Moreira, o Presidente da Comissão de Alunos, Eduardo Rodrigues Ferreira, e a Chefe de Secretaria, Naldi Maria Clara Castelo Branco; faltou o médico escolar, ausente em Lisboa[1088]. De entre as suas vastas competências, a Comissão começaria por abordar os problemas da admissão e selecção de candidatos e da integração escolar dos alunos, mostrando-se disposta a aceitar sugestões do corpo discente e a recorrer à colaboração de técnicos estranhos ao serviço. Nessa primeira reunião, deliberou-se oficiar outras escolas de enfermagem a fim de obter informações sobre a selecção, o acolhimento e a integração do aluno e concluiu-se pelas vantagens de a Escola dispor de um psicólogo. Foi ainda abordada a possibilidade de organizar um ficheiro com o registo individual das entrevistas feitas aos alunos, como forma de os conhecer melhor. O sistema das entrevistas individuais já em tempos fora adoptado pela Escola, mas não tivera continuidade por falta de tempo dos monitores e de instalações próprias.

Na segunda reunião da Comissão, realizada um mês depois, começou por se tratar da selecção de candidatos[1089]. Dada a falta de informação disponível, o Dr. Alves Queirós apresentou um estudo de sua autoria, sugerindo que a selecção fosse feita através de um exame médico; da observação dos hábitos higiénicos, da apresentação estética, do nível educacional e da sociabilidade do candidato; e de um exame psicológico que avaliasse capacidade intelectual, atenção, memória, emotividade, vontade, interesse predominante, temperamento e carácter. A Comissão concordou, acrescentando porém a realização de testes, que poderiam ficar a cargo de um psi-

---

[1086] AESEAF, 35,4,4, *Livro de Actas do Conselho de Direcção*, acta n.º 154, 1 de Outubro de 1971, fls. 1v/3.

[1087] AESEAF, 35,4,4, *Livro de Actas do Conselho de Direcção*, acta n.º 167, 4 de Outubro de 1972, fls. 16v/19. Para concretizar a iniciativa, seria necessário admitir temporariamente um psicólogo. Em Março de 1973, funcionou na Escola, para o 1.º ano do curso geral, um Curso Intensivo de Psicologia, orientado por dois psicólogos de Lisboa (AESEAF, 35,4,9, *Livro de Actas da Direcção da Escola*, acta n.º 3, 17 de Março de 1973, fls. 5/6). Do relatório elaborado pelos psicólogos que dirigiram o Curso de Psicologia Social (Dinâmica de Grupos), constariam propostas para o funcionamento de novos cursos para alunos e pessoal da Escola (*idem*, acta n.º 4, 26 de Abril de 1973, fls. 7/11). Porém, de acordo com a Direcção, tais cursos eram bastante dispendiosos e «originam uma mudança de atitudes nas pessoas», pelo que se deveria ponderar o assunto.

[1088] AESEAF, 35,3,37, *Livro de Actas da Comissão de Integração Escolar*, acta n.º 1, 13 de Fevereiro de 1973, fls. 2/3.

[1089] AESEAF, 35,3,37, *Livro de Actas da Comissão de Integração Escolar*, acta n.º 2, 13 de Março de 1973, fls. 3/4. Esta é a última acta registada no único livro existente no Arquivo referente a actas da Comissão de Integração Escolar.

quiatra. Uma vez que o assunto ainda estava em estudo, determinou-se que, para o curso de auxiliares a abrir em Abril, se mantivessem as provas de selecção habituais. No entanto, pôr-se-ia já em prática um pequeno plano de acolhimento dos alunos, incluindo um convívio em que tomariam parte a Comissão, os professores e monitores do curso, a Comissão de Alunos e os alunos do curso de auxiliares anterior.

Quanto à integração escolar, o Dr. Alves Queirós apresentou também algumas sugestões de actividades, que mereceram o apoio de todos os membros da Comissão: recepção aos alunos no início do ano; constituição de grupos de danças, recitativos, de exposições e de natação; festa da Escola com maior participação dos alunos; visitas de estudo (por anos e mistas); sessões de filmes culturais; palestras mensais participadas por todos os alunos. O médico propunha como temas a debater nestas palestras "A posição da mulher na sociedade", "A mulher na família", "A mulher na educação", os quais, à época, estavam em voga, acompanhando o crescimento dos movimentos de emancipação feminina europeus.

Na Escola Ângelo da Fonseca, para além das reuniões dos órgãos de direcção e administração e das comissões previstos na Portaria n.º 34/70, houve pelo menos uma dos Enfermeiros Docentes da Escola. Decorreu em Março de 1973 e contou com a presença da Directora da Escola[1090]. De acordo com a respectiva acta, esta prestou uma série de informações, relativas, por exemplo, à visita de alunas da Escola de Faro, às festas escolares ou à vinda de estagiárias da Escola da Guarda para trabalhar nos HUC, e comunicou uma sugestão curiosa apresentada pela Monitora-Chefe da Escola Bissaia Barreto, no sentido de se realizarem reuniões conjuntas de monitores das duas escolas quando fosse necessário estudar problemas semelhantes.

No citado encontro, um dos enfermeiros deu conhecimento do "Plano de Actualização da Escola de Ensino e Administração de Enfermagem", bem como do que se discutira na primeira reunião do Conselho Orientador. Para além disso, outros participantes apresentaram alguns problemas sentidos no exercício da função docente, sobretudo relativos ao funcionamento dos estágios, queixando-se do número elevado de alunos no mesmo campo de estágio e da falta de unidade e de convívio entre eles. Esta constatação vinha reforçar a necessidade de medidas como as sugeridas na reunião do Conselho de Integração Escolar, tendo ficado desde logo agendado um convívio.

### 4.3. Os serviços de apoio e o funcionamento das escolas

O Regulamento de 1970 estipulava que junto da escola funcionassem, como serviços de apoio, o lar de alunas e o serviço de saúde escolar e, como serviço administrativo, a secretaria (art. 21.º). As disposições relativas aos lares serão analisadas à frente em capítulo próprio. O serviço de saúde escolar teria como objectivo vigiar a saúde física e mental dos alunos, de modo a que esta se adequasse ao «esforço da aprendizagem» (art. 23.º). Se o Regulamento de 1953 estipulava que esse serviço fosse assegurado por apenas um médico escolar, o novo documento referia-se a «pessoal médico e de enfermagem, devidamente habilitado». De qualquer forma, em geral, as competências do serviço mantinham-se: examinar os candidatos à admissão e imunizá--los contra doenças transmissíveis; vigiar a saúde de alunos e professores e a higiene

---

[1090] AESEAF, 35,4,10, *Livro de Actas das Reuniões dos Enfermeiros Docentes da EEAF*, acta n.º 1, 22 de Março de 1973, fls. 10/11.

dos locais de ensino; seguir as doenças que não exigiam internamento ou a intervenção de médicos especialistas; examinar os alunos que tivessem dado parte de doente.

Quanto ao funcionamento das escolas, previa-se a leccionação de todos os cursos de enfermagem para os quais houvesse condições e que correspondessem a necessidades no campo da saúde e assistência (art. 25.º). Deste modo, anualmente, as escolas seriam obrigadas a apresentar às entidades superiores os planos dos cursos que pretendiam ministrar, acompanhados da respectiva justificação, do número máximo e mínimo de alunos a admitir, da lista dos professores e monitores e das matérias que pretendessem acrescentar aos planos oficiais de cada curso (art. 25.º, 2).

Como se disse, no próprio mês (Abril de 1973) em que se publicou a Portaria criando os cursos de especialização em enfermagem Médico-Cirúrgica, de Saúde Pública, Pediátrica e Psiquiátrica, a Direcção da Escola Ângelo da Fonseca deliberou pedir autorização superior para o funcionamento do primeiro no ano escolar seguinte[1091]. No plano de actividades para esse ano, previa-se a abertura de alguns dos novos cursos de especialização, os quais representariam «uma melhoria dos cuidados ao doente, valorização profissional e ainda vantagens materiais pois o profissional especializado terá um acréscimo de 20% do seu rendimento»[1092]. Em contrapartida, a Directora da Escola colocara já ao Conselho Orientador a hipótese de não abrir cursos de auxiliares no ano seguinte, certamente por falta de instalações e de pessoal, embora o Director e o Enfermeiro Superintendente dos HUC discordassem.

Segundo o Regulamento de 1970 e como foi referido, a selecção dos alunos a admitir seria feita, provisoriamente, pela comissão de integração escolar, e teria como objectivo a orientação dos candidatos, «tomando em atenção as qualidades e condições exigidas pela profissão de enfermagem, nas suas várias carreiras, e as aptidões e interesses revelados pelos candidatos» (art. 27.º). Passados, pelo menos, dois meses de curso, a selecção era revista, confirmando-se a matrícula dos alunos com indicação positiva. Este período de experimentação não era novidade, estando já previsto no Regulamento da Escola Ângelo da Fonseca de 1953; aí se estipulava que os alunos ficassem em observação na Escola durante três ou cinco meses, consoante o curso e, findo esse prazo, ou lhes era confirmada a matrícula, ou eram rejeitados. No entanto, o Regulamento de 1970 inova quanto ao tratamento a dar aos alunos considerados inadaptáveis à profissão, determinando que se lhes dariam «as explicações e conselhos que parecessem convenientes», prevendo-se ainda a possibilidade de lhes dar uma nova oportunidade, adiando a decisão final para decorridos mais trinta dias.

De resto, o novo Regulamento estipulava um conjunto de medidas destinadas a prevenir dificuldades de integração por parte dos alunos, as quais eram fortemente inovadoras do ponto de vista pedagógico. Previa-se a elaboração de processos com o perfil psicopedagógico dos alunos para uso de todo o corpo docente; o uso de técnicas de observação e ajuda psicológicas necessárias para melhorar as relações dos alunos com a escola; e a aplicação de terapêuticas pedagógicas que aumentassem o rendimento escolar (art. 30.º, 1). O valor conferido à integração dos alunos no ambiente escolar e profissional era evidente no facto de, para além das notas de aproveitamento, lhes ser atribuída uma classificação qualitativa do grau de adaptação à escola e à profissão, expressa por *Bom, Suficiente* e *Sem adaptação* (art. 30.º, 2 e 3).

---

[1091] AESEAF, 35,4,9, *Livro de Actas da Direcção da Escola*, acta n.º 4, 26 de Abril de 1973, fls. 7/11.
[1192] AESEAF, 35,4,8, *Livro de Actas do Conselho Orientador*, acta n.º 2, 2 de Julho de 1973, fls. 4/5.

Quanto às actividades circum-escolares, o Regulamento de 1970 determinava que deveriam constar de um plano anual elaborado pela direcção e pela comissão de alunos, com o parecer do conselho escolar (art. 32.º). Já nos anos sessenta, como foi referido, os alunos da Escola Ângelo da Fonseca intervinham no planeamento das principais actividades circum-escolares realizadas, as viagens de estudo dos finalistas do curso geral, apresentando ao conselho de direcção, juntamente com os monitores, propostas quanto aos locais a visitar[1093]. No entanto, a sua participação não era sistemática nem estava prevista no Regulamento de 1953, só passando a ter um carácter oficial e efectivo a partir de 1970, através da Comissão de Alunos.

As actividades circum-escolares de maior destaque continuavam a ser as visitas de estudo, sobretudo as realizadas pelos alunos finalistas. Nos primeiros anos da década de 1970 foram apresentadas propostas relativas a destinos internacionais. Assim, em Fevereiro de 1971, o Conselho de Direcção da Escola aceitou o plano elaborado pelos alunos do 3.º ano para uma deslocação a Espanha, integrada no programa da *Associação Católica dos Profissionais de Enfermagem e Saúde*[1094]. Meses mais tarde, os alunos do 2.º ano apresentaram uma petição para a realização de uma viagem ao Ultramar (províncias de Angola e Moçambique) no ano seguinte, tendo o Conselho determinado ser necessário elaborar um projecto para apreciação das entidades superiores[1095]. Aquele foi apresentado ao Conselho pela Comissão de Alunos somente em Outubro de 1972[1096], e, finalmente, em Abril de 1973, a DGH comunicou a aprovação do projecto e a concessão de um subsídio no valor de 137.500$00, no caso de se conseguirem outros[1097]. A comissão da viagem estaria já a trabalhar nesse sentido, contactando várias entidades e promovendo a realização de desafios de futebol, de venda de rifas, entre outros[1098].

No que respeita ao financiamento destas actividades, desde 1962 que, de acordo com um despacho ministerial, a Escola cobrava aos alunos uma cota anual para despesas de viagens de estudo, não podendo a respectiva contribuição ser inferior a 50% do custo total da viagem. No entanto, através de uma consulta feita pela Escola Bissaia Barreto à DGH, em 1973 a Direcção tomou conhecimento de que os alunos só deveriam contribuir quando as viagens fossem ao estrangeiro, tendo passado a adoptar esse critério[1099]. Assim, quando em Maio de 1974 se apresentou uma estimativa do

---

[1093] O mesmo aconteceu em Janeiro de 1970, ainda antes da publicação do Regulamento. Ver AESEAF, 35,4,3, *Livro de Actas do Conselho de Direcção*, acta n.º 139, 13 de Janeiro de 1970, fls. 64/65.

[1094] AESEAF, 35,4,3, *Livro de Actas do Conselho de Direcção*, acta n.º 149, 19 de Fevereiro de 1971, fls. 87/88.

[1095] AESEAF, 35,4,4, *Livro de Actas do Conselho de Direcção*, acta n.º 155, 18 de Novembro de 1971, fl. 3v/4.

[1096] AESEAF, 35,4,4, *Livro de Actas do Conselho de Direcção*, acta n.º 170, 23 de Outubro de 1972, fls. 22v/23.

[1097] AESEAF, 35,4,9, *Livro de Actas da Direcção da Escola*, acta n.º 4, 26 de Abril de 1973, fls. 7/11.

[1098] No ano seguinte, a proposta dos alunos do 3.º ano tinha como destino a Madeira, em particular a Escola de Enfermagem S. José de Cluny, o Hospital Distrital do Funchal e outros estabelecimentos assistenciais, tendo a Direcção aprovado o plano e decidido contactar aquelas instituições acerca do alojamento e da alimentação. Ver AESEAF, 35,4,9, *Livro de Actas da Direcção da Escola*, acta n.º 13, 15 de Março de 1974, fls. 29v/30.

[1099] AESEAF, 35,4,9, *Livro de Actas da Direcção da Escola*, acta n.º 3, 17 de Março de 1973, fls. 5/6.

custo total da viagem de estudo à Madeira, que seria de 60.000$00, a Escola disponibilizou-se a pagar 40.000$00, o que corresponde a cerca de 67% do total[1100].

O período subsequente à Revolução de Abril caracterizar-se-ia por algumas restrições financeiras, o que teve implicações ao nível das actividades circum-escolares realizadas pela Escola. Assim, em Setembro de 1974, face ao pedido de uma viagem de estudo ao Porto efectuado pelos alunos do curso de promoção, a Direcção informava que, «atendendo à actual situação económica do País e às restrições que superiormente foram impostas a todos os serviços públicos», não realizava visitas de estudo fora de Coimbra[1101]. Considerando que essa era a última oportunidade para os alunos do curso de promoção, a viagem ao Porto acabou por ser aceite, mas «dentro de um esquema mais económico possível».

Todavia, as actividades circum-escolares não se limitavam às viagens e visitas de estudo. Por exemplo, o Conselho de Direcção aprovou a proposta da Monitora-Chefe para que no ano lectivo de 1972/73 se incluísse entre aquelas actividades um programa de "Cultura Musical", a ser frequentado por alunos e pessoal da Escola, indicando como responsável o Padre Carlos Dinis Cosme, professor de Moral[1102].

O Regulamento de 1970 previa a possibilidade de as escolas concederem prémios, subsídios e bolsas de estudo, no país e no estrangeiro, bem como a de contribuírem para «todas as [actividades] que se proponham o aperfeiçoamento técnico, moral, social e físico dos alunos» (art. 33.º, 1). A preocupação com a formação dos alunos ia, inclusivamente, para além do período em que frequentavam a escola, determinando-se que esta, «no intuito de promover a formação permanente dos seus diplomados», devia manter contacto com os seus antigos alunos, dando-lhes apoio técnico e profissional (art. 34.º)[1103]. De resto, possibilitava-se a criação de associações de antigos alunos, cujos estatutos seriam aprovados pelo Ministro da tutela.

Dispomos de uma indicação relativa à criação de uma associação desse género na Escola Ângelo da Fonseca. De facto, ainda em 1967, o Administrador da Escola solicitava ao Presidente da *Associação dos Antigos Alunos da Universidade* que fornecesse um exemplar dos Estatutos da *Associação*, bem como outros elementos que pudessem interessar para a eventual fundação de uma Associação dos Antigos Alunos de Enfermagem, na qual os alunos da Escola tinham manifestado interesse[1104].

### 4.4. O pessoal

De acordo com o Regulamento de 1970, o pessoal permanente das escolas seria distribuído pelas seguintes categorias: dirigente, técnico (pessoal de ensino e de saúde

---

[1100] AESEAF, 35,4,9, *Livro de Actas da Direcção da Escola*, acta n.º 18, 29 de Maio de 1974, fls. 37 38. O Presidente da Comissão de Alunos ficou encarregue de saber se estes estariam disponíveis para contribuir com o restante.

[1101] AESEAF, 35,4,9, *Livro de Actas da Direcção da Escola*, acta n.º 24, 20 de Setembro de 1974, fls. 47v/48.

[1102] AESEAF, 35,4,4, *Livro de Actas do Conselho de Direcção*, acta n.º 164, 12 de Julho de 1972, fls. 12v/14. Já no plano de actividades para o ano lectivo de 1973/74, estabelecia-se que, para a educação musical dos alunos, uma hora semanal bastaria, contratando-se para tal um professor (AESEAF, 35,4,8, *Livro de Actas do Conselho Orientador*, acta n.º 2, 2 de Julho de 1973, fls. 4/5).

[1103] Tal obrigação tinha implicações na política arquivística da instituição, que deveria, para manter contacto com os seus antigos alunos, «organizar o respectivo ficheiro e mantê-lo actualizado» (art. 34.º, 2).

[1104] AESEAF, B-20,1,1, Correspondência Expedida, 1967, 25 de Abril de 1967.

escolar), administrativo e auxiliar (art. 36.º). Trata-se de categorias idênticas às previstas no Regulamento de 1953, embora com uma distribuição mais sistemática.

O documento previa ainda a contratação de pessoal eventual e de prelectores (art. 39.º). O primeiro destinava-se a efectuar serviços que excedessem as possibilidades do pessoal do quadro (os professores eventuais, por exemplo, eram admitidos por cada ano escolar e a sua remuneração tinha por base o número horas prestadas), enquanto os prelectores eram chamados a proferir uma ou várias lições sobre assuntos específicos.

Tal como o Regulamento anterior, o de 1970 estipulava a avaliação anual do serviço docente (de professores e monitores), com a diferença de que, a partir de então, a escola passaria a intervir no processo avaliativo: se o documento de 1953 o atribuía em exclusivo à Inspecção da Assistência Social, no novo Regulamento aquele competia a uma comissão presidida por um delegado da DGH e constituída pelo director e pelo subdirector da escola e por dois representantes do conselho escolar (art. 41.º).

Como foi referido, na Escola Ângelo da Fonseca, desde os anos sessenta que se reclamava a reforma do quadro de pessoal. Em Novembro de 1971, na sequência de uma circular normativa da DGH, estava finalmente elaborado o projecto para o novo quadro de pessoal[1105]. No entanto, somente cerca de um ano depois seria apresentado em reunião do Conselho de Direcção o mapa de distribuição do pessoal em exercício pelos lugares dos novos quadros (Quadro 34)[1106].

| Quadro de pessoal dirigente | |
|---|---|
| Director | Dulce Augusta de Magalhães Pinto |
| Quadro de pessoal não dirigente | |
| Pessoal Técnico | |
| Enfermeiros-professores | Silvério Gomes Monteiro |
| | Nídia Rodrigues Mendes Salgueiro |
| | João António Jesus Valente |
| | Germano Mendes Simões |
| | Aníbal Custódio dos Santos |
| Monitores | Maria Teresa Braga Maia Araújo |
| Auxiliares de monitor | (dez funcionários, sendo apenas um do sexo masculino) |
| Médico Escolar | José Lopes Cavalheiro |
| Pessoal Administrativo | |
| Primeiro oficial | Naldi Maria Clara Castelo Branco |
| Segundo oficial | Maria Primavera Sousa Martins Veríssimo |
| Terceiro oficial | Maria Odete de Freitas Carramanho Ribeiro Rodrigues |
| | Maria Gabriela Duarte Madeira da Silva |

Quadro 34 – Mapa de distribuição do pessoal pelos lugares dos novos quadros (1972).

---

[1105] AESEAF, 35,4,4, *Livro de Actas do Conselho de Direcção*, acta n.º 155, 18 de Novembro de 1971, fl. 3v/4.

[1106] AESEAF, 35,4,4, *Livro de Actas do Conselho de Direcção*, acta n.º 170, 23 de Outubro de 1972, fls. 22v/23.

Em Janeiro de 1974 a Direcção da Escola deliberou rever o quadro de pessoal, à data já desactualizado em relação às necessidades do ensino e aos de outras escolas[1107]. No projecto apresentado no mês seguinte, propor-se-ia um reforço do pessoal existente (mais três enfermeiros-professores e um segundo oficial) e a criação do lugar de chefe de secção[1108]. Para além disso, a Direcção preocupava-se também com o horário de trabalho dos funcionários da Escola, em particular, os monitores. Em Abril de 1974, a Directora informaria estar em estudo o horário de trabalho do pessoal monitorado, de modo a estabelecer uma prestação de serviço não superior a seis horas diárias[1109]. Já em Outubro desse ano, a Direcção deliberou enviar para apreciação superior um projecto de revisão do quadro de pessoal, com algumas diferenças em relação ao de Fevereiro[1110]. Propunha-se um aumento para quatro monitores, em substituição do mesmo número de auxiliares de monitor, «para uma maior eficiência do ensino dado que exige preparação pedagógica diferente, e para se conseguir uma maior estabilidade de pessoal, dando-lhes possibilidades de acesso»[1111].

Dando continuidade ao que se verificara nos anos sessenta, na primeira metade da década de 1970 a Escola Ângelo da Fonseca enfrentou o sério problema da falta de pessoal, sobretudo monitorado. Juntamente com a insuficiência das instalações, essa dificuldade condicionava o número de alunos a admitir anualmente, bem como o número e o tipo de cursos a funcionar, com prejuízo frequente dos cursos de auxiliares de enfermagem. Por exemplo, em Setembro de 1970, os Monitores-Chefes chamavam a atenção do Conselho de Direcção para a falta de pessoal monitorado (iriam sair sete unidades) e de salas de aula, problemas agravados pelo aumento de frequência registado em todos os cursos, e sugeriam que em Outubro apenas se admitissem à frequência do curso de auxiliares os candidatos dispensados do exame de aptidão; os aprovados nesse exame seriam admitidos em Abril, visto que em Março os alunos auxiliares de 1969/71 concluíam o curso, libertando pessoal e instalações[1112].

Da mesma forma, em Junho de 1971, o Conselho de Direcção deliberou remeter para apreciação superior a proposta dos Monitores-Chefes no sentido de que no ano lectivo seguinte não fossem abertas matrículas para o curso de auxiliares, visto que em Outubro iriam estar em estágio 40 auxiliares do curso anterior e em aulas 86 auxiliares que haviam começado em Abril[1113]. O pessoal monitorado em exercício não era suficiente para uma frequência que excedesse os 300 alunos, número que se atingiria se fosse aberto outro curso de auxiliares. A resposta das autoridades superiores não deve ter sido favorável à proposta dos Monitores-Chefes, pois, em Setembro, o Conselho

---

[1107] AESEAF, 35,4,9, *Livro de Actas da Direcção da Escola*, acta n.º 11, 11 de Janeiro de 1974, fls. 24/27.

[1108] AESEAF, 35,4,9, *Livro de Actas da Direcção da Escola*, acta n.º 12, 12 de Fevereiro de 1974, fls. 28/29.

[1109] AESEAF, 35,4,9, *Livro de Actas da Direcção da Escola*, acta n.º 14, 22 de Abril de 1974, fls. 31/33.

[1110] AESEAF, 35,4,9, *Livro de Actas da Direcção da Escola*, acta n.º 30, 31 de Outubro de 1974, fls. 60/61.

[1111] Sugeria-se também a substituição da categoria de contínua pela de empregado diferenciado e a de servente pela de empregado geral.

[1112] AESEAF, 35,4,3, *Livro de Actas do Conselho de Direcção*, acta n.º 144, 14 de Setembro de 1970, fl. 76.

[1113] AESEAF, 35,4,3, *Livro de Actas do Conselho de Direcção*, acta n.º 152, 15 de Junho de 1971, fls. 93v/94.

deliberou admitir 40 candidatos ao curso de auxiliares[1114]. De qualquer forma, aquele era um número restrito, determinando-se que os restantes candidatos seriam admitidos em Abril do ano seguinte, «se a Escola possuir na altura melhores condições de instalações e de pessoal que lhe permita abrir um curso naquela data».

De resto, ainda em Setembro de 1971, sob proposta dos Monitores-Chefes e dada a necessidade urgente de pessoal monitorado deliberou-se submeter a apreciação superior a admissão a título eventual de cinco auxiliares de monitor e dois monitores[1115].

A par da preocupação em contratar novos funcionários, a Escola manifestava um forte interesse na formação contínua do seu pessoal. Ao longo dos primeiros anos da década de 1970, monitores e professores participaram em vários programas de actualização. Assim, em Novembro de 1970, autorizou-se a inscrição de uma monitora num curso de actualização de Enfermagem de Saúde Pública, a realizar na Escola de Ensino e Administração de Enfermagem (EEAE)[1116]. Um ano depois, em resposta a um comunicado dessa Escola sobre um programa de reciclagem para diplomados do curso complementar, os Monitores-Chefes da Escola Ângelo da Fonseca informaram que dois dos seus monitores poderiam frequentá-lo[1117]. Em Julho de 1972, o Conselho de Direcção da Escola aprovou várias propostas para concessão de bolsas de estudo de aperfeiçoamento a monitores e auxiliares de monitor, nas áreas de Enfermagem de Reabilitação, Enfermagem de Saúde Pública, Obstetrícia e Pediatria[1118]. Mais tarde, foi autorizada a participação dos Monitores-Chefes no Encontro de Actualização em Administração de Escolas, realizado na EEAE[1119]. Em 1973 seriam também concedidas autorizações para a participação de três enfermeiros-professores, respectivamente, num programa de Actualização em Psicologia Social, a realizar na EEAE[1120], no III Encontro Nacional de Psiquiatria e num curso de actualização promovido pela *Associação Católica de Enfermeiros e Profissionais de Saúde*[1121].

Seria também por razões de valorização profissional do seu pessoal que a Escola se tornaria sócia da Secção de Psiquiatria Social, em 1971. A sugestão partira dos Monitores--Chefes, com base na relevância dos programas da Secção para o ensino da Psiquiatria[1122]. Já em 1973, a Direcção faria um primeiro balanço da inscrição, salientando não ter sido tão vantajosa como se esperava, visto que o grande número de trabalhos realizados,

---

[1114] AESEAF, 35,4,3, *Livro de Actas do Conselho de Direcção*, acta n.º 153, 20 de Setembro de 1971, fls. 94/95.

[1115] AESEAF, 35,4,3, *Livro de Actas do Conselho de Direcção*, acta n.º 153, 20 de Setembro de 1971, fls. 94/95.

[1116] AESEAF, 35,4,3, *Livro de Actas do Conselho de Direcção*, acta n.º 146, 24 de Novembro de 1970, fls. 78v/81.

[1117] AESEAF, 35,4,4, *Livro de Actas do Conselho de Direcção*, acta n.º 155, 18 de Novembro de 1971, fl. 3v/4.

[1118] AESEAF, 35,4,4, *Livro de Actas do Conselho de Direcção*, acta n.º 164, 12 de Julho de 1972, fls. 12v/14.

[1119] AESEAF, 35,4,4, *Livro de Actas do Conselho de Direcção*, acta n.º 170, 23 de Outubro de 1972, fls. 22v/23.

[1120] AESEAF, 35,4,9, *Livro de Actas da Direcção da Escola*, acta n.º 4, 26 de Abril de 1973, fls. 7/11.

[1121] AESEAF, 35,4,9, *Livro de Actas da Direcção da Escola*, acta n.º 7, 14 de Setembro de 1973, fls. 14v/16.

[1122] AESEAF, 35,4,3, *Livro de Actas do Conselho de Direcção*, acta n.º 146, 24 de Novembro de 1970, fls. 78v/81. A proposta iria à consulta da Direcção-Geral dos Hospitais.

sempre em Lisboa, era poucas vezes compatível com a disponibilidade do enfermeiro-professor enviado pela Escola, Silvério Gomes Monteiro[1123].

A própria Escola foi palco de, pelo menos, um programa de actualização durante a primeira metade dos anos de 1970. Tratou-se do «Programa de Actualização sobre processos de Avaliação de Alunos», para monitores e auxiliares de monitor, organizado pela EEAE, mas com sessões em três escolas de enfermagem do país, de modo a servir as zonas Norte, Centro e Sul[1124]. A Escola Ângelo da Fonseca foi a escolhida para a zona Centro, tendo as sessões decorrido de 20 a 22 de Maio de 1971[1125].

A Escola promovia ainda a presença de alguns dos seus funcionários em eventos nacionais e internacionais ligados à enfermagem. Assim, por exemplo, no final de 1973 a Direcção deliberou que a participação dos enfermeiros-professores no I Congresso Nacional de Enfermagem fosse considerada como serviço, pagando-se as respectivas ajudas de custo, dado o interesse para o ensino dos conhecimentos aí adquiridos e o trabalho realizado[1126]. Já em 1974, a Direcção proporia superiormente a deslocação da Directora a Roma, no mês de Maio, para participar no II Congresso Mundial de Enfermagem, embora, com a Revolução do 25 de Abril e as convulsões político-sociais que se lhe seguiram, tal não se tenha concretizado[1127].

Um último aspecto a salientar no que respeita ao pessoal é o facto de a função docente ser cada vez mais atribuída a enfermeiros, os citados enfermeiros-professores. Tal facto estava de acordo com o princípio da progressiva responsabilização dos enfermeiros quanto à sua própria formação, enunciado no Regulamento de 1970. Ainda assim, era visível alguma resistência no respeitante às cadeiras mais ligadas à medicina, tradicionalmente leccionadas por médicos. Deste modo, em Abril de 1973, a Direcção concordou com a substituição do médico José de Freitas Tavares pela enfermeira-professora Nídia Salgueiro na regência da disciplina de Medicina, visto aquele não poder continuar a ocupar o cargo e ser difícil, naquela altura, encontrar um professor substituto; no entanto, para o ano lectivo seguinte, procurar-se-ia um professor[1128]. Da mesma forma, em Janeiro de 1974, deliberou-se que Nídia Salgueiro continuasse a assegurar as aulas de Patologia Geral até ao final do período escolar, dado o impedimento do médico que leccionava a cadeira; todavia, no ano seguinte seria nomeado outro professor[1129].

---

[1123] AESEAF, 35,4,9, *Livro de actas da Direcção da Escola*, acta n.º 2, 8 de Fevereiro de 1973, fls. 3/4.

[1124] Na Biblioteca da Escola de Ensino e Administração de Enfermagem (Lisboa) existia uma considerável bibliografia sobre a avaliação de alunos, como demonstra uma lista de quinze artigos e monografias elaborada na altura do Programa de Actualização. Parte das obras era de carácter geral ou relativa ao ensino da medicina, mas a maioria dizia respeito concretamente ao ensino da enfermagem, como *Nursing evaluation: the problem and the process* ou *Enseñanza de enfermería: objectivos y métodos*. Ver AESEAF, 36,1,2, *Planos de Acção, 1971-1974*, «Alguma bibliografia sobre avaliação de alunos existente na Biblioteca da EEAE».

[1125] AESEAF, 35,4,3, *Livro de Actas do Conselho de Direcção*, acta n.º 149, 19 de Fevereiro de 1971, fls. 87/88.

[1126] AESEAF, 35,4,9, *Livro de Actas da Direcção da Escola*, acta n.º 10, 20 de Novembro de 1973, fls. 22/23.

[1127] AESEAF, 35,4,9, *Livro de Actas da Direcção da Escola*, acta n.º 11, 11 de Janeiro de 1974, fls. 24/27; acta n.º 12, 12 de Fevereiro de 1974, fls. 28/29 e acta n.º 18, 29 de Maio de 1974, fls. 37/38.

[1128] AESEAF, 35,4,9, *Livro de Actas da Direcção da Escola*, acta n.º 4, 26 de Abril de 1973, fls. 7/11.

[1129] AESEAF, 35,4,9, *Livro de Actas da Direcção da Escola*, acta n.º 11, 11 de Janeiro de 1974, fls. 24/27.

Curiosamente, havia médicos que, talvez por excesso de trabalho, encorajavam a docência pelos próprios enfermeiros. Assim, na reunião da Direcção da Escola de Abril de 1973, António José Chorão de Aguiar, representante dos professores, pedia mais uma vez para se ponderar no facto de as aulas de Alimentação e Dietética serem dadas por um enfermeiro-professor[1130]. Em Outubro de 1974, a Escola já entregara a cadeira de Anatomia a um enfermeiro, Aníbal Custódio dos Santos, que foi autorizado a frequentar, na Faculdade de Medicina, um curso intensivo naquela área[1131].

## 5. OUTROS ASPECTOS DA VIDA DA ESCOLA NO INÍCIO DA DÉCADA DE 1970

A vida da Escola continuava a ser marcada pelas cerimónias anuais em honra do santo patrono da enfermagem e pelas festas de encerramento de curso. Se aquelas eram realizadas sempre no dia 8 de Março, estas tinham datas variáveis, de acordo com o termo dos cursos. Em 1971, o Conselho de Direcção deliberou passar para o dia 25 de Março as cerimónias solenes de entrega de prémios, juramentos e entrega de insígnias, de modo a juntar numa única cerimónia todos os alunos da Escola, incluindo os auxiliares que terminariam o curso naquele dia[1132]. As cerimónias em honra de S. João de Deus decorreriam no dia respectivo, com celebração de Missa na Sé Nova e a Comunhão Pascal colectiva. Nesse ano, por proposta dos Monitores-Chefes, a festa de encerramento do curso geral realizar-se-ia pela primeira vez no mês de Setembro, «havendo vantagem nesta data dado que todos os diplomados ainda aqui se encontram e têm portanto oportunidade de assistir»[1133]. A cerimónia teria lugar no Mosteiro de Celas[1134], seguindo--se um almoço no Lar Sede, com a distribuição dos prémios escolares.

A julgar pelo da festa de encerramento do curso de auxiliares de 1971/73, os programas destas celebrações tinham nos anos setenta um carácter mais diversificado do que nas décadas anteriores, incluindo passeios e actividades desportivas, para além da componente espiritual e religiosa, mais ritual. Assim, constavam do programa acima referido as seguintes actividades: viagem ao Minho, Festival de Natação, retiro espiritual no Lar da Rua Alexandre Herculano, cerimónia religiosa na Freguesia de Nossa Senhora de Lurdes, com imposição das insígnias e entrega de prémios escolares[1135].

O facto de as festas de encerramento dos cursos ocorrerem em datas diversas levou a Directora da Escola a pôr à consideração do Conselho Orientador se aquelas se

---

[1130] AESEAF, 35,4,9, *Livro de Actas da Direcção da Escola*, acta n.º 4, 26 de Abril de 1973, fls. 7/11.

[1131] ASEEAF, 35,4,9, *Livro de Actas da Direcção da Escola*, acta n.º 27, 9 de Outubro de 1974, fls. 53/54.

[1132] AESEAF, 35,4,3, *Livro de Actas do Conselho de Direcção*, acta n.º 149, 19 de Fevereiro de 1971, fls. 87/88.

[1133] AESEAF, 35,4,3, *Livro de Actas do Conselho de Direcção*, acta n.º 153, 20 de Setembro de 1971, fls. 94/95.

[1134] Não era a primeira vez que a Escola recorria ao Mosteiro de Celas para a celebração de cerimónias. Já em Setembro de 1968, o Administrador solicitara ao Presidente da *Irmandade de Nossa Senhora da Piedade de Celas* autorização para realizar nesse Mosteiro a festa religiosa e de imposição de insígnias aos finalistas do curso auxiliar (AESEAF, B-20,1,1, 1968, 19 Setembro 1968).

[1135] AESEAF, 35,4,9, *Livro de Actas da Direcção da Escola*, acta n.º 2, 8 de Fevereiro de 1973, fls. 3/4.

deveriam realizar juntando todos os cursos ou na ordem de saída de cada um[1136]. Foi esta última a hipótese escolhida, pelo que no ano seguinte, 1973/74, se realizariam festas em Março, Maio e Setembro.

Como se disse, as festas realizadas na Escola eram também uma das formas de propaganda a que esta recorria, convocando a presença de pessoas influentes. Tal como na década anterior e apesar das restrições ao número de alunos a admitir, no início dos anos setenta a divulgação dos cursos ministrados mereceu à Escola um significativo empenho. Assim, em Janeiro de 1972, o Conselho de Direcção aprovou a proposta dos Monitores-Chefes no sentido de se fazer uma campanha de divulgação dos cursos de enfermagem, constituindo para isso um grupo de trabalho, do qual fariam parte os proponentes, três monitores (Nídia Salgueiro, João António de Jesus Valente, Blandina Tavares Duarte), a Chefe de Secretaria e três alunos[1137].

Já em Julho de 1973, o plano de divulgação aprovado pela Direcção da Escola contemplava novas formas de propaganda, como os anúncios no cinema, a par das mais tradicionais, como os cartazes[1138]. Tendo a publicidade sido entregue à "Empresa Publicitária Belarte", esta procederia à afixação de cartazes nos transportes colectivos (de Agosto de 1973 a Agosto de 1974), bem como à passagem de slides em vários cinemas da região Centro (Coimbra, Aveiro, Viseu, Leiria, Tomar, etc.), durante todo o Verão. Encarregar-se-ia também a firma "Bic" do fornecimento de 5.000 esferográficas com a inscrição da Escola e adjudicar-se-ia à Tipografia Comercial a composição de 1.000 cartazes de propaganda[1139]. Alguns desses cartazes seriam ainda usados no ano seguinte, como parte de um plano de divulgação já mais contido, elaborado pouco tempo depois da Revolução de 25 de Abril[1140]. Numa altura em que já se previa a extinção dos cursos de auxiliares e de promoção, a Direcção decidiu distribuir os cartazes existentes e publicar anúncios em jornais e revistas, pedindo a colaboração de toda a Escola na divulgação do curso geral.

A nova Direcção, que assumiu funções em Janeiro de 1973, tinha também a intenção de publicar um boletim informativo, destinado a dar conta das actividades da Escola e funcionando, em simultâneo, como um veículo de publicidade[1141]. Assim, o boletim dirigir-se-ia não só à comunidade escolar, mas também a outras escolas de enfermagem, à DGH e a todas as entidades interessadas. No início de 1973 previa-se a edição do primeiro número para breve, estando constituída para o efeito uma comissão formada por docentes, discentes e funcionários administrativos[1142].

---

[1136] AESEAF, 35,4,8, *Livro de Actas do Conselho Orientador*, acta n.º 2, 2 de Julho de 1973, fls. 4/5.

[1137] AESEAF, 35,4,4, *Livro de Actas do Conselho de Direcção*, acta n.º 157, 10 de Janeiro de 1972, fls. 4v/7.

[1138] AESEAF, 35,4,9, *Livro de Actas da Direcção da Escola*, acta n.º 6, 26 de Julho de 1973, fls. 13/14.

[1139] AESEAF, 35,4,7, *Livro de Actas do Conselho de Gerência*, acta n.º 15, 20 de Julho de 1973, fl. 13.

[1140] AESEAF, 35,4,9, *Livro de Actas da Direcção da Escola*, acta n.º 21, 25 de Julho de 1974, fls. 43/45.

[1141] AESEAF, 35,4,9, *Livro de Actas da Direcção da Escola*, acta n.º 1, 18 de Janeiro de 1973, fls. 2/3.

[1142] Embora haja referência a essa comissão na reunião da Direcção de 18 de Janeiro, na reunião de 26 de Abril seria nomeada, para além de uma comissão de divulgação dos cursos de enfermagem para o ano escolar seguinte, uma comissão de trabalho do órgão informativo (AESEAF, 35,4,9, *Livro de Actas da Direcção da Escola*, acta n.º 4, 26 de Abril de 1973, fls. 7/11).

## 6. O IMPACTO DA REVOLUÇÃO DE 25 DE ABRIL DE 1974

No dia 4 de Maio de 1974 a Direcção da Escola foi convocada para uma reunião extraordinária, «provocada pela situação política do País, criada pelo movimento do dia vinte e cinco de Abril e perante a qual esta Direcção não podia ficar indiferente»[1143]. De imediato, a Direcção «foi unânime em afirmar estar de acordo com o movimento das forças armadas e a verificar que a Escola desde há muito que vem a funcionar em moldes democráticos pois nos Conselhos Orientador, Direcção e Escolar, os alunos fazem-se representar por delegado ou delegados dos vários cursos sendo estes alunos delegados escolhidos por eleições realizadas entre todos os alunos da Escola e por cursos, o mesmo acontecendo com outros membros representantes dos vários órgãos da Escola». O presidente da Comissão de Alunos, presente na reunião, confirmou esses factos, esclarecendo que «na Escola os alunos não são espoliados dos seus direitos voluntariamente pois os direitos de melhores e condignas instalações escolares que lhes faltam não eram por culpa da Direcção nem do pessoal docente».

A Direcção constatou ainda a necessidade de se confirmar a «democratização do funcionamento da Escola e a posição da mesma perante as Forças Armadas», bem como a de detectar os problemas da instituição. Para tal, deveriam ser feitas reuniões sectoriais, seguidas de uma Assembleia Magna, cujas conclusões seriam apresentadas à Junta de Salvação Nacional, manifestando-se igualmente o apoio da Escola ao MFA.

A partir de então, chegariam à Escola determinações oficiais que introduziam alterações no ensino da enfermagem a nível nacional, a começar pela abolição dos exames de estado[1144]. Tal medida obrigou o corpo docente da Escola a estudar formas alternativas para a obtenção da nota final, tendo-se decidido, em Julho de 1974, propor um critério aritmético de média geral, mais precisamente: para o curso geral, média das médias dos seis períodos; para o curso de auxiliares, média das médias dos três períodos lectivos, obtida pelos exames, e dos seis meses de estágio; para o curso de promoção, média das cinco unidades didácticas[1145]. A proposta foi superiormente aceite[1146].

O horário escolar também seria alterado, tendo-se legislado no sentido de que não se processassem actividades escolares aos Sábados. Dado o pedido dos alunos para que essa regalia se estendesse à Escola, a Direcção contactou a DGH[1147] e deliberou a aplicação da nova lei até ao final do ano lectivo, embora continuassem a ser assegurados serviços administrativos, segundo um sistema de *roulement*.

As mudanças em curso afectaram também a tutela administrativa das escolas. Por reunião com o Secretário de Estado da Saúde, em Julho de 1974, a Directora da Escola tomou conhecimento de que o ensino da enfermagem passaria a depender do *Instituto Nacional de Saúde*, bem como da extinção do curso de auxiliares de enfermagem e do curso de promoção de auxiliares a enfermeiros e da alteração de designação do curso de enfermagem geral, que passaria a chamar-se curso básico[1148].

---

[1143] AESEAF, 35,4,9, *Livro de Actas da Direcção da Escola*, acta n.º 15, 4 de Maio de 1974, fl. 34.
[1144] AESEAF, 35,4,9, *Livro de Actas da Direcção da Escola*, acta n.º 17, 22 de Maio de 1974, fl. 36.
[1145] AESEAF, 35,4,9, *Livro de Actas da Direcção da Escola*, acta n.º 20, 5 de Julho de 1974, fls. 41/42.
[1146] AESEAF, 35,4,9, *Livro de Actas da Direcção da Escola*, acta n.º 21, 25 de Julho de 1974, fls. 43/45.
[1147] AESEAF, 35,4,9, *Livro de Actas da Direcção da Escola*, acta n.º 18, 29 de Maio de 1974, fls. 37/38.
[1148] AESEAF, 35,4,9, *Livro de Actas da Direcção da Escola*, acta n.º 20, 5 de Julho de 1974, fls. 4142.
Nessa reunião participaram também os enfermeiros-docentes Silvério Gomes Monteiro, Nídia Salgueiro e Aníbal Custódio dos Santos e o presidente da Comissão de Alunos, António Figueiredo Pinto.

As alterações introduzidas no ensino de enfermagem tinham ainda algumas implicações formais, desde logo, ao nível do texto dos diplomas de curso. Era preciso eliminar as referências a «exames finais» e substituir as designações «curso de Auxiliares de Enfermagem» e «curso de Promoção de Auxiliares». A Direcção da Escola decidiu adaptar os muitos impressos de que já dispunha[1149], mas o título a atribuir aos alunos que frequentaram o curso de promoção levantou problemas[1150]. Para os seus representantes, dois alunos dos cursos de 1972/74 e 1973/75, o título de enfermeiro não era suficiente, visto também ser atribuído aos auxiliares de enfermagem sem curso de promoção. A DGH resolveu o problema adoptando a redacção mais clara: «tendo frequentado o Curso de Promoção de Auxiliares de Enfermagem a Enfermeiros»[1151].

As várias alterações que se perspectivavam dificultaram a elaboração do plano de actividades da Escola para o ano lectivo de 1974/75. Em reunião da Direcção, foi sugerido pedir orientação ao *Sindicato de Enfermagem* e à Comissão Pró-Sindicato, o que dá conta da ligação próxima que se estabeleceu entre os sindicatos e as escolas de enfermagem no período do pós-revolução[1152].

### 6.1. A acção dos alunos e a Comissão Paritária de Gestão

As determinações oficiais eram recebidas numa Escola em que se fazia sentir a agitação característica do período revolucionário, quer através dos alunos, quer por intermédio dos trabalhadores. Logo no dia 8 de Junho, foram entregues à Direcção da Escola duas cópias das actas do plenário de alunos, no qual se haviam tomado as seguintes deliberações: dissolver a Mesa anterior e formar outra; eleger uma Comissão de Alunos; formar uma Comissão de Gestão, com três alunos de cada curso e ano e com representantes dos Corpos Docente, Administrativo e Auxiliar, a qual se propunha «remodelar totalmente a estrutura do Corpo Directivo da Escola»[1153]. Sobre o assunto, a Direcção consideraria ser a revisão do sistema directivo um dos problemas a estudar em conjunto, tendo sido, aliás, uma questão já apontada em Assembleia-Geral de Escola.

Na verdade, visando compreender a atitude algo hostil dos alunos, a Direcção, em reunião de 11 de Julho, procurou reconstituir tudo o que se passara na Escola desde a Revolução[1154]. Assim, no dia 8 de Maio realizou-se a primeira Assembleia-Geral e, até ao dia 3 de Junho, data em que aquela voltou a reunir, todos os trabalhos decorreram normalmente. Porém, a partir do dia 4 de Junho, «a situação subitamente complicou-se decorrendo a Assembleia-Geral do dia cinco, num ambiente de agitação». Segundo o Presidente da Comissão de Alunos, os seus colegas agiram então «boicotando todos os trabalhos escolares afixando cartazes convocando reuniões. Tendo-lhes sido chamada a atenção para o despacho governamental que proíbe reuniões durante as horas de trabalho, constituíram uma comissão de três alunos que se dirigiram ao Quartel General onde falaram com o Comandante sobre o que estavam a fazer, sabendo ali de viva voz, da realidade dessa proibição.»

---

[1149] AESEAF, 35,4,9, *Livro de Actas da Direcção da Escola*, acta n.º 20, 5 de Julho de 1974, fls. 41/42.
[1150] AESEAF, 35,4,9, *Livro de Actas da Direcção da Escola*, acta n.º 24, 20 de Setembro de 1974, fls. 47v/48.
[1151] AESEAF, 35,4,9, *Livro de Actas da Direcção da Escola*, acta n.º 27, 9 de Outubro de 1974, fls. 53/54.
[1152] AESEAF, 35,4,9, *Livro de Actas da Direcção da Escola*, acta n.º 20, 5 de Julho de 1974, fls. 41/42.
[1153] AESEAF, 35,4,9, *Livro de Actas da Direcção da Escola*, acta n.º 19, 11 de Junho de 1974, fls. 39/40.
[1154] AESEAF, 35,4,9, *Livro de Actas da Direcção da Escola*, acta n.º 19, 11 de Junho de 1974, fls. 39/40.

Para a Direcção da Escola, a agitação teria como causa próxima a intervenção da enfermeira Maria Teresa Basto Pereira Forjaz e do psicólogo José Gabriel Pereira Bastos, professores de um curso de psico-pedagogia para monitores a decorrer por conta da Escola de Ensino e Administração de Enfermagem desde Maio. Por convite da Directora e com o acordo dos alunos, o psicólogo dirigira uma reunião na Escola Ângelo da Fonseca no dia 4 de Junho, «com a intenção de ajudar os alunos e pessoal numa orientação política». Porém, sabia-se que aquele tivera, antes da hora marcada, uma conversa a sós com os alunos e conheciam-se comentários tanto dele como da enfermeira «que os colocaram em situação duvidosa».

Deliberou-se, então, que a Comissão de Monitores falasse com a Comissão de Alunos, a fim de saber o que realmente pretendiam, visto não serem muito claros na sua apresentação. Decidiu-se também que a Direcção continuasse a trabalhar como até então, só deixando de o fazer com ordens em contrário dadas pelo Ministério.

De facto, a Direcção da Escola continuaria a reunir-se, pelo menos, até ao final de Outubro de 1974[1155]. Há também indicação de que, pelo menos até Setembro desse ano, o Conselho Orientador se mantinha em funções[1156]. O mesmo acontecia com o Conselho de Gerência, de cuja actividade há registo até Maio de 1975[1157]. Todavia, a par destes órgãos, outros foram criados, nomeadamente, a Comissão Paritária de Gestão, que reuniu pela primeira vez a 10 de Julho de 1974, e a Comissão Pedagógica, eleita em Plenário de Trabalhadores da Escola em Dezembro daquele ano.

A Comissão Paritária de Gestão era constituída por representantes de todas as unidades trabalhadoras da escola, em concreto, dois enfermeiros, dois alunos, duas funcionárias administrativas e duas auxiliares[1158]. A sua primeira reunião foi provocada pela publicação, na imprensa diária, de uma notícia intitulada "Democratização do Ensino de Enfermagem", na qual teriam sido feitas «afirmações e acusações que não correspondem à verdade». A notícia estaria relacionada com a deslocação de um grupo de alunos da Escola de Enfermagem Calouste Gulbenkian de Lisboa à Escola Ângelo da Fonseca. Aquele, acompanhado por uma monitora, afirmara vir em «missão oficial», mas tal situação seria desmentida pelo Secretário de Estado da Saúde. Apesar de não ter sido possível apurar toda a verdade a esse respeito, a Comissão Paritária deliberou fazer um desmentido público da notícia. No fundo, este episódio dá conta da instabilidade política e social característica do período revolucionário e sugere a existência de movimentos de intervenção ideológica também ao nível do ensino de enfermagem.

Na segunda reunião da Comissão Paritária de Gestão, que ocorreu logo no dia imediato, definiu-se o seu objectivo, designadamente, «introduzir na Escola uma nova orgânica em moldes democráticos para uma participação mais real de todos os

---

[1155] A última acta registada no respectivo *Livro de Actas* data de 31 de Outubro de 1974 (AESEAF, 35,4,9, *Livro de Actas da Direcção da Escola*, acta n.º 30, 31 de Outubro de 1974, fls. 60/61).

[1156] AESEAF, 35,4,1, *Livro de Actas da Comissão Paritária de Gestão*, acta n.º 9, 6 de Setembro de 1974, fls. 8v/9.

[1157] A última acta do respectivo *Livro de Actas* data de 28 de Maio de 1975 (AESEAF, 35,4,7, *Livro de Actas do Conselho de Gerência*, 28 de Maio de 1975).

[1158] AESEAF, 35,4,1, *Livro de Actas da Comissão Paritária de Gestão*, acta n.º 1, 10 de Julho de 1974, fls. 2/3. Os alunos foram os últimos a indicar os seus representantes na Comissão. Em reunião da Direcção de 5 de Julho, continuava a aguardar-se que aqueles fossem indicados, de modo a poder constituir-se a Comissão. A Direcção pretendia estudar com este novo órgão o plano de actividades para o ano lectivo seguinte. Ver AESEAF, 35,4,9, *Livro de Actas da Direcção da Escola*, acta n.º 20, 5 de Julho de 1974, fls. 41/42.

trabalhadores da Escola»[1159]. Como forma de dar visibilidade à sua existência, deliberou--se promover um conjunto de medidas: afixação de avisos na Escola, envio de circulares aos professores eventuais e a alguns organismos oficiais (Secretariado da Saúde, DGH e Secretariado da Administração Pública) e publicação de uma notícia na imprensa local. Quanto a esta última medida, decidiu-se enviar uma cópia do texto aprovado às Escolas Bissaia Barreto, São João e Ana Guedes, o que demonstra a extensão da constituição de comissões paritárias a outras escolas de enfermagem, bem como o empenho da Escola Ângelo da Fonseca na colaboração com instituições congéneres[1160].

Para os alunos, a Comissão Paritária de Gestão representou uma oportunidade de expor alguns dos seus problemas, de maior ou menor relevância, como o facto de, em determinado dia, o refeitório dos HUC ter suspendido o fornecimento do almoço aos alunos sem os avisar com antecedência, levando-os a perder bastante tempo numa fila, ou a «repressão da parte de alguns monitores» em relação aos alunos inscritos em exames liceais, por terem de faltar a actividades escolares para os realizar[1161]. Os alunos manifestariam também insatisfação face ao regime de faltas em vigor, mas a Direcção responderia que os cursos de enfermagem eram de frequência obrigatória, «visto se tratarem de cursos práticos e existir marcação de faltas para responsabilizar o aluno»[1162].

Entretanto, em Setembro, face ao pedido de demissão apresentado por vários elementos da Comissão, decidiu-se alterar o sistema de trabalho para co-gestão com o Conselho de Gerência, o Conselho Orientador e a Direcção da Escola[1163]. Tendo esta última ponderado sobre a proposta[1164], em 20 de Setembro realizou-se a primeira reunião da Direcção em co-gestão com a Comissão Paritária de Gestão, que se fez representar por quatro alunos e pelo enfermeiro-professor Aníbal Custódio dos Santos[1165].

O novo sistema de trabalho não impediu que, dias depois, os alunos Maria da Conceição Mateus e António João dos Reis Rodrigues apresentassem os seus pedidos de demissão da Comissão Paritária, com o fundamento de falta de interesse e de apoio ao seu trabalho por parte dos colegas da Comissão[1166]. A Directora, que era de opinião de que nenhum membro deveria desistir, propôs que a Comissão reunisse com todas as turmas numa tentativa de descobrir o que os alunos pretendiam.

A instabilidade no seio da Comissão Paritária ter-se-á mantido e é provável que não tenha voltado a reunir todos os seus elementos a partir de Setembro de 1974,

---

[1159] AESEAF, 35,4,1, *Livro de Actas da Comissão Paritária de Gestão*, acta n.º 2, 11 de Julho de 1974, fls. 3v/4.

[1160] Somente a Escola Ana Guedes responderia e, como as outras escolas não se mostraram interessadas, a Escola Ângelo da Fonseca acabou por resolver publicar apenas em seu nome, nos jornais *Diário de Coimbra* e *Diário Popular*, a notícia sobre a existência da Comissão Paritária de Gestão.

[1161] AESEAF, 35,4,1, *Livro de Actas da Comissão Paritária de Gestão*, acta n.º 5, 17 de Julho de 1974, fls. 6v/7.

[1162] AESEAF, 35,4,9, *Livro de Actas da Direcção da Escola*, acta n.º 28, 22 de Outubro de 1974, fls. 54v/55.

[1163] AESEAF, 35,4,1, *Livro de Actas da Comissão Paritária de Gestão*, acta n.º 9, 6 de Setembro de 1974, fls. 8v/9.

[1164] AESEAF, 35,4,9, *Livro de Actas da Direcção da Escola*, acta n.º 23, 11 de Setembro de 1974, fls. 46v/47.

[1165] AESEAF, 35,4,9, *Livro de Actas da Direcção da Escola*, acta n.º 24, 20 de Setembro de 1974, fls. 47v/48.

[1166] AESEAF, 35,4,1, *Livro de Actas da Comissão Paritária de Gestão*, acta n.º 12, 26 de Setembro de 1974, fls. 10v/11.

tornando-se frequentes as faltas injustificadas e as desistências[1167]. Na opinião de António de Figueiredo Pinto, representante dos alunos, tal situação estaria relacionada com uma resolução do Conselho de Ministros, para a qual alertara já o Secretário de Estado da Saúde, que destacava a responsabilidade e a continuidade das hierarquias de então, independentemente das Comissões de Gestão que pudessem vir a ser criadas.

Na opinião da Directora da Escola, devia insistir-se em reunir com a Comissão no sistema de co-gestão. Em contrapartida, o professor António José Chorão de Aguiar afirmava existir um «ambiente de separação que desagrada», propondo que a Direcção dirigisse uma exposição ao *Instituto Nacional de Saúde*. Por sua vez, Dulce Pinto sugeria a alteração do Regulamento de 1970 quanto aos órgãos de Direcção e Administração, de modo a que «o seu funcionamento seja mais democratizado». Pôs-se a hipótese de que as propostas de alteração fossem pedidas em reuniões parcelares ou plenárias e ainda ouvida a comissão de alunos que cessara.

No entanto, o «ambiente de separação» que se viveria na Escola dificultaria a obtenção de consensos, ao mesmo tempo que prejudicava o ensino. Desta forma, em Novembro de 1974, José Queirós, professor de Psicologia, suspendeu funções até ter melhores condições, «considerando que o clima em que presentemente vive o 1.º Ano do Curso Geral de Enfermagem [...] não é compatível com o exercício da actividade docente e, consequentemente, com o normal aproveitamento por parte dos alunos»[1168].

Entretanto, «depois de uma árdua luta, em que sobretudo o grupo dos alunos desempenhou um importante papel de vanguarda», foi eleita «democraticamente», em Plenário dos Trabalhadores da Escola, uma nova Comissão de Gestão, à qual caberia *«gerir efectivamente* os destinos desta instituição, substituindo assim todo o sistema directivo nomeado pelo regime deposto em 25 de Abril»[1169]. Os seis membros da Comissão, representantes dos alunos, dos professores e dos funcionários, assumiam-
-se como «fiéis executores da vontade da maioria dos Trabalhadores da Escola». A Comissão seria responsável pela *«gestão total* da Escola, repudiando qualquer situação de co-gestão ou de gestão apenas de alguns sectores». É clara aqui a ruptura com o passado recente, sendo que a nova Comissão não aceitaria as limitações impostas à sua antecessora, ainda sob a influência da Direcção e, em particular, da Directora da Escola.

Os membros da Comissão afirmavam procurar reger-se pelos seguintes princípios: democratização efectiva da Escola; maior dinamização do processo de aprendizagem; justiça; imparcialidade. Apelavam à colaboração de todos, que se poderia materializar de várias maneiras: apresentação, por escrito, de propostas para solucionar os problemas detectados; participação em grupos de trabalho; emitindo opiniões quando for pedido; e «não dando ouvidos à reacção que entretanto já se vai formando, ou procurando mesmo desmascará-la se para isso tiveres elementos». Solicitavam também a cada «Amigo» compreensão em relação à orientação dos trabalhos, tendo em conta a falta de «experiência de gestão» e o «legado de problemas, alguns bastante graves, urgentes e de difícil solução, que poderão não ser solucionados a contento de todos». Quanto à inexperiência em termos de gestão, os membros da Comissão acusavam a «orgânica

---

[1167] AESEAF, 35,4,9, *Livro de Actas da Direcção da Escola*, acta n.º 29, 30 de Outubro de 1974, fls. 56/59.
[1168] AESEAF, 36,2,5, *Comissão de Gestão*, 18 de Novembro de 1974, carta dirigida à Directora da Escola.
[1169] AESEAF, 36,2,5, *Comissão de Gestão*, «Comunicado n.º 1», dirigido a cada «Amigo», não datado. Nesta e numa próxima citação, os destaques são feitos no original.

anterior» de não lhes ter permitido contactar com esses problemas; pelo contrário, «procurava que as massas permanecessem num obscurantismo que lhe era benéfico».

Paralelamente, a acção dos alunos da Escola tornava-se mais organizada, com a constituição de uma associação de estudantes. Em Fevereiro de 1975 já estava criada uma Comissão Pró-Associação dos Alunos da Escola, a qual solicitava à Comissão de Gerência autorização para fotocopiar um comunicado a distribuir pelos alunos[1170]. Dias depois, requeria-se um subsídio para cobrir dívidas já contraídas e para fomentar a obra que se pretendia levar a cabo[1171]. A Comissão afirmava-se como organismo representante da vontade dos alunos e defensor dos seus direitos; por outro lado, visava formar uma associação que, para além de ser indispensável na consolidação da democracia na Escola, faria chegar a democracia a outras escolas. Porém, a Comissão de Gerência só poderia satisfazer o pedido em causa se o requerente fosse um organismo oficial, o que exigia que a Pró-Associação se transformasse em Associação.

Nesse sentido, em Março, a Comissão Pró-Associação voltou a solicitar a utilização da fotocopiadora e do papel da Escola para um comunicado dirigido aos alunos, o qual «faz parte dum programa elaborado por esta comissão a fim de poder ser criada uma verdadeira "Associação"»[1172]. No mês seguinte, deu conhecimento à Comissão de Gerência dos Estatutos da Associação dos Alunos da Escola, aprovados em RGA no dia 3 de Maio[1173]. Formalizada a Associação, os alunos requereram de imediato um subsídio, para além de todo o material necessário à campanha eleitoral para a direcção da Associação, que estava a decorrer[1174].

### 6.2. Os Plenários de Trabalhadores da Escola

A primeira Assembleia ou Plenário de Trabalhadores da Escola (PTE) teve lugar a 17 de Setembro de 1974, no *Instituto Universitário Justiça e Paz*[1175]. Estiveram presentes todos os membros da Comissão Paritária de Gestão, excepto um, para além de alunos, docentes e quase todo o pessoal administrativo e auxiliar, num total de 95 a 100 pessoas. A reunião tinha como finalidades informar sobre a actividade da Comissão de Gestão e discutir o projecto de um novo organograma para a Escola.

Na segunda Assembleia, realizada dias depois, o número de participantes baixou para cerca de 40 e, por proposta de Nídia Salgueiro, fez-se uma mesa redonda para discussão[1176]. Aquela enfermeira sugeriu que cada grupo falasse abertamente sobre o que se passara nas reuniões parcelares para apreciação do novo organograma da Escola, apresentado na assembleia anterior. Comunicou então que o seu grupo de trabalho contratara um jurista, o qual recomendara a leitura atenta do Regulamento da Escola

---

[1170] AESEAF, 36,2,5, *Comissão de Gestão*, Fevereiro de 1975. A Comissão autorizou em 18 de Fevereiro.
[1171] AESEAF, 36,2,5, *Comissão de Gestão*, 24 de Fevereiro de 1975.
[1172] AESEAF, 36,2,5, *Comissão de Gestão*, Março de 1975. A Comissão autorizou em 3 de Março.
[1173] AESEAF, 36,2,5, *Comissão de Gestão*, 9 de Maio de 1975.
[1174] A Escola concedeu novamente autorização para utilizarem a fotocopiadora e, quando pudesse, daria aos alunos três resmas de papel. Quanto ao subsídio, o Conselho de Gerência respondia que os alunos teriam de entregar um ofício explicando o que pretendiam, de modo a que a Escola pudesse enviá-lo para Lisboa.
[1175] AESEAF, 35,3,31, *Actas da Assembleia de Trabalhadores*, acta n.º 1, 17 de Setembro de 1974.
[1176] AESEAF, 35,3,31, *Actas da Assembleia de Trabalhadores*, acta n.º 2, 26 de Setembro de 1974.

e chamara a atenção para a possibilidade de se adaptarem os órgãos colegiais criados nesse documento. Seria um sistema mais seguro, funcional e de execução rápida.

No terceiro PTE, em Dezembro de 1974, procedeu-se à eleição da Comissão Pedagógica e à definição das respectivas competências[1177]. Aquela ficou constituída por uma equipa de três alunos e dois professores e encarregar-se-ia dos seguintes assuntos: faltas (tanto de discentes como de docentes); métodos de avaliação; apoio à Biblioteca; estruturação e coordenação das disciplinas do curso; horários e actividades culturais[1178].

Uma das questões que, a partir de Fevereiro de 1975, mereceu maior destaque nos PTE foi o processo de saneamento da Directora da Escola, Dulce Pinto. Havendo notícia da sua presença em reuniões dos vários órgãos e comissões referidos até ao final de Outubro de 1974, em Dezembro era-lhe comunicado pela Comissão Disciplinar da Escola que, conforme deliberação das Residentes do LAEC, devia entregar as chaves do Lar, do seu quarto e do seu gabinete[1179]. De facto, no dia 19 de Novembro, Dulce Pinto afastou-se ou foi afastada da Direcção da Escola[1180]. No PTE de 17 de Fevereiro de 1975, dava-se conta de uma entrevista que a Comissão de Gerência tivera com o Chefe de Gabinete do Ministro dos Assuntos Sociais, exactamente para discutir a posição daquela Comissão em relação à enfermeira Dulce Pinto e a forma como se encarava o seu eventual regresso à Escola[1181].

A Comissão de Gerência ter-se-á referido à não aceitação da ex-Directora por parte dos alunos. No citado PTE e a propósito de Dulce Pinto, interveio uma aluna considerando que «no nosso país, os indivíduos a quem foi pedido o saneamento ou foram reformados, ou lhe deram o mesmo cargo ou foram promovidos». Por outro lado, um aluno propôs que se fizesse uma votação universal e secreta sobre o regresso da enfermeira, como directora e com funções docentes. Aceite a proposta, a votação decorreu no dia 19 na Escola, tendo sido apurados 185 votos no "não" e apenas 35 no "sim", para além de 14 abstenções.

Perante tais resultados, meses mais tarde decidir-se-ia em Plenário suspender o vencimento de Dulce Pinto. No final de Setembro, determinou-se enviar um ofício às entidades superiores (INSA, Ministério de Assuntos Sociais, Secretaria de Estado da Saúde) e à ex-Directora, marcando a data a partir da qual seria efectivada a suspensão, designadamente, o dia 19 de Novembro, quando fazia um ano que Dulce Pinto saíra da Escola[1182]. No entanto, a decisão de suspender o vencimento àquela enfermeira e mesmo o seu afastamento da Escola não suscitavam unanimidade, como ficara patente na votação dos alunos, em Fevereiro, e, sobretudo, como se verificaria no muito tenso e emotivo PTE de Novembro de 1975.

Nessa Assembleia, começou por se discutir acerca de uma moção de censura relativa ao caso de Dulce Pinto, a qual fora redigida por um grupo de cinco pessoas e aprovada no plenário anterior[1183]. Estava previsto que fosse assinada pela Comissão de Gerência, mas alguns dos seus elementos recusavam-se a fazê-lo, considerando que o documento devia ser firmado pelos seus autores.

---

[1177] AESEAF, 35,3,31, *Actas da Assembleia de Trabalhadores*, acta n.º 3, 17 de Dezembro de 1974.
[1178] Estas duas últimas áreas de intervenção aparecem interrogadas na acta respectiva.
[1179] AESEAF, 36,2,5, *Comissão de Gestão*, 6 de Dezembro de 1974.
[1180] AESEAF, 35,3,31, *Actas da Assembleia de Trabalhadores*, 29 de Setembro de 1975.
[1181] AESEAF, 35,3,31, *Actas da Assembleia de Trabalhadores*, 17 de Fevereiro de 1975.
[1182] AESEAF, 35,3,31, *Actas da Assembleia de Trabalhadores*, 29 de Setembro de 1975.
[1183] AESEAF, 35,3,31, *Actas da Assembleia de Trabalhadores*, 28 de Novembro de 1975.

Entretanto, foi lido um ofício vindo da Comissão Ministerial de Saneamento e Reclassificação, acerca de Dulce Pinto. A Comissão considerava que «deveria proceder--se de forma ao aproveitamento do desempenho das suas funções, pelo que se pôs à consideração superior a sua transferência [...] para outro serviço do Ministério dos Assuntos Sociais». Informava, então, que o Departamento do Ensino de Enfermagem estava a estudar a colocação da enfermeira Dulce Pinto na Escola de Enfermagem de Leiria. Reagindo à leitura do comunicado, um aluno afirmou que já tinha sido discutido esse assunto, falando-se em não permitir a ida de Dulce Pinto para Leiria com funções de chefia. Entre outras intervenções, uma aluna afirmou não ficar satisfeita enquanto não surgisse um ofício onde fossem identificados os responsáveis pelo saneamento de Dulce Pinto. Gerou-se, então, confusão na sala, com todos a falarem ao mesmo tempo.

Depois de momentos de burburinho, um aluno procurou acalmar os ânimos opinando que «num PTE deve tratar-se dos assuntos e não aproveitar para atacar as pessoas chamando-lhes reaccionários e fascistas». No entanto, a confusão foi de novo lançada quando outro aluno perguntou se o vencimento da ex-Directora fora suspenso a partir de 19 de Novembro, como tinha sido deliberado. Entretanto, alguém chamou a atenção para o facto de as pessoas estarem a abandonar a sala e votaram-se então algumas propostas. Aprovou-se mais uma vez a suspensão do vencimento e o envio da moção como estava, assinada pela Comissão de Gerência.

O saneamento da enfermeira Dulce Pinto foi, pois, um processo complicado e polémico, que provocou divisões no seio da Escola. Na Assembleia de Trabalhadores, ninguém deu um apoio declarado à ex-Directora, mas são vários os indícios de que nem todos os presentes concordavam com o seu afastamento, incluindo certos alunos. Tal compreende-se tendo em conta os longos anos de serviço que prestou à Escola, primeiro como Monitora-Chefe e depois como Directora. É também de assinalar o esforço que fez no período imediatamente a seguir à Revolução de Abril para garantir a presença e a participação de todos, sobretudo os alunos, que se afastavam, na Comissão Paritária de Gestão. Dulce Pinto terá assumido o processo de democratização da Escola, participando em reuniões de directores de escolas a nível nacional e propondo inclusivamente, como se disse, a alteração do Regulamento quanto aos órgãos de Direcção e Administração, para lhes garantir um funcionamento «mais democratizado».

No entanto, esse empenho terá sido interpretado, sobretudo por parte do corpo discente, como uma tentativa para se manter no poder. Tal seria particularmente evidente no caso da Comissão Paritária, que acabaria por funcionar em sistema de co-gestão com a Direcção e da qual os alunos se demitiram por considerar que o seu trabalho não era levado em conta. Para além disso, e talvez acima de tudo, a Directora exercera a maior parte da sua actividade durante a vigência do Estado Novo e, à luz do processo revolucionário, era identificada como uma representante do "antigo regime".

De resto, na Escola, o saneamento não incidiu apenas sobre Dulce Pinto. Logo em Setembro de 1974, a propósito da admissão de professores eventuais para o ano lectivo seguinte, a própria Direcção, de que ainda fazia parte aquela enfermeira, deliberou contactar apenas os professores antigos que fossem aceites, depois de obtidas informações sobre eles junto dos alunos e monitores[1184].

---

[1184] AESEAF, 35,4,9, *Livro de Actas da Direcção da Escola*, acta n.º 22, 5 de Setembro de 1974, fl. 46.

Nos PTE foi também abordada a questão da representação da Escola nos órgãos superiores ao nível do ensino de enfermagem. Na Assembleia de 17 de Abril de 1975 apresentou-se uma carta assinada por catorze docentes da Escola, visando «denunciar e contestar a forma anti-democrática e prepotente» como a Comissão de Gerência agira em relação a uma convocatória do INSA[1185]. Segundo os signatários, a Comissão «não só não informou o Corpo Docente como ainda procurou ocultar tal convocatória». Mesmo que a representação requerida pelo INSA fosse apenas extensiva aos membros da Comissão, era necessário ouvir todos os trabalhadores da Escola, «pois só assim [esta] se poderia representar legal e democraticamente». Assim, os enfermeiros docentes consideravam «ilegal e, consequentemente, não representativa a Comissão que se autonomeou, ultrajando assim os mais elementares princípios democráticos». Talvez à força desse protesto, em Setembro seriam eleitos em Plenário os delegados da Escola que a representariam no Departamento de Ensino de Enfermagem do INSA[1186].

Por outro lado, em Abril de 1975, quando começava a falar-se da constituição da Assembleia de Delegados das Escolas e dos Sindicatos de Enfermagem, discutiu-se em Plenário de Trabalhadores a relação entre os sindicatos e o ensino de enfermagem. A opinião dominante seria a de que não era desejável a interferência dos sindicatos no domínio do ensino, mas havia algumas dúvidas. Cerca de um ano depois, apresentar-se-iam em PTE alguns dos temas discutidos ou a discutir pela Assembleia de Delegados, (alterações às avaliações ou regime de faltas para os alunos dos cursos pós-básicos)[1187].

Outra das competências da Assembleia de Trabalhadores da Escola foi a eleição, em Dezembro de 1975, da nova Comissão de Gerência[1188]. Cada sector da Escola elegeria, respectivamente, quatro alunos, quatro docentes e quatro administrativos, sendo depois escolhidos em Assembleia dois de cada sector. Já em Março de 1976, discutir-se-ia o eventual afastamento entre a Comissão de Gerência e os restantes docentes, ou seja, a representatividade da Comissão[1189]. Alguém se referiu então à situação política do país, «dizendo que o saneamento ainda não foi completado e que algo está por detrás», isto é, sugerindo haver ainda na Escola intenções reaccionárias ocultas.

A Assembleia mais declaradamente politizada de que há registo decorreu em Junho, quando foi lida e votada uma moção de solidariedade a propósito da detenção de um «colega» e «camarada»[1190]. O documento referia-se ao «anacronismo das situações que o mantêm preso há mais de um mês», enquadrando-as «num nítido avanço da direita consubstanciado em inúmeras manifestações [...] que vão desde o regresso dos patrões até à libertação de fascistas notórios, pides e implicados na tentativa do golpe reaccionário do 11 de Março, passando pelo terrorismo legal e ilegal». Os trabalhadores da Escola, conscientes da suposta «actuação das forças fascizantes que intentam fazer retroceder o processo revolucionário», decidiram repudiar «o absurdo» da detenção do

---

[1185] AESEAF, 35,3,31, *Actas da Assembleia de Trabalhadores*, ofício do INSA, de 27 de Fevereiro de 1975, anexo à acta do Plenário de Trabalhadores da Escola (PTE) de 17 de Abril de 1975.

[1186] AESEAF, 35,3,31, *Actas da Assembleia de Trabalhadores*, 18 de Setembro de 1975.

[1187] AESEAF, 35,3,31, *Actas da Assembleia de Trabalhadores*, 5 de Maio de 1976.

[1188] AESEAF, 35,3,31, *Actas da Assembleia de Trabalhadores*, 28 de Novembro de 1976.

[1189] AESEAF, 35,3,31, *Actas da Assembleia de Trabalhadores*, 12 de Março de 1976.

[1190] AESEAF, 35,3,31, *Actas da Assembleia de Trabalhadores*, 8 de Junho de 1976. Esta é, de resto, a última Assembleia cuja acta se encontra conservada no dossier respectivo, no Arquivo da Escola.

colega e expressar «a sua mais calorosa solidariedade com este camarada»; apoiariam também a comissão de festa para a sua libertação. De qualquer forma, a moção só foi sustentada por 35 votantes, registando-se 14 votos contra e 45 abstenções. Esta votação demonstra que, no seio do PTE, a tendência moderada era já dominante.

Em Maio de 1976, coube ainda ao PTE eleger a Comissão Instaladora, bem como dez grupos de trabalho para o «Estudo da Estrutura Democrática da Escola», os quais discutiram sobre o funcionamento, entre outros, do Plenário dos Trabalhadores da Escola, do Plenário Pedagógico e da Comissão Instaladora[1191].

Para além do papel decisivo que teve ao nível das questões já assinaladas, como a eleição e a definição de funções de vários órgãos de direcção e administração, o processo de saneamento de Dulce Pinto e a escolha de representantes da Escola para reuniões a nível nacional, o PTE foi também um fórum de discussão de aspectos da vida económica e administrativa da Escola. Entre outras matérias, ali se apresentaram o orçamento geral ordinário para 1975 e depois a respectiva conta de gerência, o plano de actividades para o ano lectivo de 1974/75, bem como questões relativas às instalações da Escola, às actividades circum-escolares e aos quadros de pessoal[1192]. Ali se discutiram também aspectos respeitantes à selecção de candidatos e ao número de alunos a admitir em cada ano[1193] e se tratou de problemas específicos como o do mau serviço prestado por uma empresa fornecedora de refeições[1194].

## 7. A SEGUNDA METADE DA DÉCADA DE 1970

Na sequência da publicação do Regulamento dos Órgãos de Gestão das Escolas de Enfermagem, na Portaria n.º 674/76 de 13 de Novembro, a Escola Ângelo da Fonseca elaborou «Projectos de Funcionamento Interno» relativos à Assembleia Geral de Escola (AGE), às Assembleias de Sectores, à Comissão de Gestão e ao Conselho Pedagógico-Científico[1195]. A AGE seria sempre convocada pela Comissão de Gestão (por iniciativa deste órgão, por sugestão de outros órgãos ou por vontade de um número de membros não inferior a 15% da AGE) e reuniria ordinariamente em três ocasiões (Janeiro, Maio e Julho, para discutir o orçamento ordinário, a conta de gerência e o plano de ensino e actividades do ano seguinte, respectivamente).

A Comissão de Gestão seria constituída por cinco elementos, nomeadamente, dois docentes, dois alunos e um funcionário administrativo e reuniria ordinariamente duas vezes por semana. Estabeleceria relações com todos os órgãos da Escola, podendo constituir grupos de trabalho sempre que fosse oportuno.

---

[1191] AESEAF, 35,3,31, *Actas da Assembleia de Trabalhadores*, 17 de Maio de 1976.

[1192] AESEAF, 35,3,31, *Actas da Assembleia de Trabalhadores*, 17 de Fevereiro de 1975, 5 de Maio de 1975, 12 de Março de 1976, 5 de Maio de 1976.

[1193] AESEAF, 35,3,31, *Actas da Assembleia de Trabalhadores*, 5 de Maio e 1975, 18 de Setembro de 1975.

[1194] AESEAF, 35,3,31, *Actas da Assembleia de Trabalhadores*, 30 de Março de 1976. Neste caso, a par da falta de vegetais e da alegada má qualidade dos alimentos, que teria provocado alergias, alguns intervenientes na Assembleia queixaram-se de diferenças de tratamento por parte dos empregados da empresa, que atenderiam com maior deferência os membros da Comissão de Gerência.

[1195] AESEAF, 36,2,6, *Comissão Instaladora*, «Projectos de Funcionamento Interno», não datado.

Quanto ao Conselho Pedagógico-Científico, foi objecto de um Regulamento Interno, no qual, para além da constituição do órgão, se determinaram as suas funções essenciais. O Conselho deveria ser «paritário e representativo de todos os cursos professados na Escola», pelo que seria formado por três docentes e três discentes. Reuniria ordinariamente uma vez por semana e teria um grande número de atribuições, desde providenciar a formação dos órgãos de gestão de cursos até apresentar relatórios anuais das actividades pedagógicas, passando pela elaboração de propostas para Planos de Trabalho Anual dos docentes e pela emissão de pareceres sobre os cursos a abrir e o número de alunos a admitir. O Conselho era responsável pela definição dos critérios de selecção de candidatos e de avaliação, pelas faltas dos alunos e pela coordenação do serviço de Biblioteca. Cabia-lhe também pronunciar-se sobre a aquisição de material didáctico e uniformes, assim como estudar a admissão de pessoal docente e promover as actividades circum-escolares, as de aperfeiçoamento e investigação e o intercâmbio com outros estabelecimentos de ensino. Por fim, competia ao Conselho providenciar a elaboração de planos de integração de novos alunos e docentes.

Em Junho de 1978 a Comissão Instaladora criou uma «Folha Informativa», a fim de manter a população escolar informada do que se passava na Escola, chamando a atenção para documentos importantes recebidos pela Comissão, para a marcação de actividades, entre outros aspectos[1196]. Pretendia-se que a «Folha», em princípio semanal, fosse «um elo de ligação» entre a Comissão Instaladora e a restante comunidade escolar.

Entre os vários assuntos tratados no primeiro número desse órgão noticioso, destacamos as ofertas de colocação, destinadas aos finalistas, a realização de um dia de trabalho sobre o tema «Aborto – um Problema Moral», aberto a toda a população escolar, e a visita feita às novas instalações da Escola por um grupo de antigos alunos, do Curso de 1952, que então comemorava o seu 25.º Ano. Estes ter-se-ão regozijado por os alunos da altura disporem de melhores condições, «sendo até relembrada a sala "Chinesa" no Lar Venâncio, assim chamada, porque no início não tinha mesa nem carteiras». O Curso de 1952 teria inclusivamente incitado a Comissão Instaladora a dar à Escola «outra dimensão pedagógica, com Especialidades, Curso de E. Complementar e Reciclagem, que se mostraram desejosos de frequentar».

Apesar de serem os primeiros a beneficiar das novas instalações, os alunos dos finais dos anos setenta também se debatiam com problemas, em particular o atraso no pagamento de bolsas de estudo. Em Abril de 1978, chamavam a atenção da Comissão Instaladora para «o grande problema económico com que se debate uma grande parte dos estudantes da Escola», que não recebiam as suas bolsas há já três meses[1197].

Os alunos insurgiam-se também contra «as injustiças decorrentes do processo de selecção dos novos candidatos ao 1.º ano». Num comunicado emitido em Setembro de 1978, a Direcção da Associação de Estudantes da Escola considerava que «qualquer selecção deste tipo é necessariamente injusta», tendo em conta as necessidades do país em termos de pessoal de enfermagem e o grande número de candidatos apresentados à Escola nesse

---

[1196] AESEAF, 36,2,6, *Comissão Instaladora*, «Escola de Enfermagem Dr. Ângelo da Fonseca. Folha Informativa. N.º 1, 01-06-78». Constituído por três folhas, o documento era da responsabilidade da Comissão Instaladora e fora revisto por Nídia Salgueiro.
[1197] AESEAF, 36,2,6, *Comissão Instaladora*, ofício dirigido à Comissão Instaladora, de 13 de Abril de 1978.

ano. A Direcção defendia que a situação vigente advinha da insuficiência de pessoal docente e do «não aproveitamento de todas as potencialidades existentes para o ensino», o que, por sua vez, seria resultado de uma política de cortes orçamentais no sector da Educação.

Quanto à selecção de candidatos propriamente dita, constaria sobretudo de uma entrevista «que não tem quaisquer princípios definidos e cujo principal objectivo é encontrar contradições que levem os estudantes candidatos a darem motivos que "justifiquem" a sua exclusão». De acordo com a Direcção da Associação de Estudantes, a entrevista era feita «no segredo dos deuses», sem que a ela tivessem acesso os alunos pertencentes à Comissão de Selecção. Igualmente condenável seria o facto de se dar «prioridade quase absoluta» aos candidatos residentes no distrito de Coimbra, quando a falta de enfermeiros era mais grave nas zonas do interior do país. A Direcção sugeria que o objectivo da Escola não era «um maior enquadramento regional dos estudantes», como afirmava, mas, pelo contrário, gastar o menos possível em bolsas de estudo. De facto, os estudantes consideravam «aberrante» a proposta de bolsas já afixada na Escola, a qual não só «esquecia o trabalho desempenhado pelos estudantes de enfermagem nos estágios», que se considerava dever ser remunerado, como levava a uma «situação de discriminação económica», visto que «os estudantes que tivessem de recorrer à bolsa seriam obrigados a ir para onde interessasse aos senhores do governo».

Perante tal situação, a Direcção da Associação de Estudantes indicava algumas medidas a tomar, a começar pela rápida formação de docentes, pela abertura das escolas fechadas por falta de verbas e pela admissão do maior número possível de estudantes. Ao nível da Escola, e de momento, a Direcção exigia que os estudantes participassem na selecção de candidatos de forma «activa» e «não como figura decorativa».

## 8. RETRATO DA VIDA ESCOLAR NOS ANOS DE 1978 E 1979

Este capítulo apoia-se no Relatório de Actividades da Escola, fonte preciosa, visto abarcar praticamente todas as áreas de actividade da instituição[1198]. Nos anos de 1978 e 1979, grande parte dessa actividade foi absorvida pela mudança para as novas instalações, que implicou a resolução de uma série de problemas, entre os quais, para além dos relativos às deficiências do edifício, os respeitantes ao pessoal.

Sobre este assunto, em 1978 foi aprovado o novo mapa de pessoal da Escola. Abriram-se então concursos para seis lugares de monitor e seis de auxiliar de monitor, mas houve somente duas e três candidatas, respectivamente. Por outro lado, iniciaram-se contactos com o Serviço Central de Pessoal para a admissão de novos funcionários (telefonista, porteiros, lavadeiras, electricista, fogueiro, chefe de sector, encarregados gerais, empregadas auxiliares e técnica auxiliar de 2.ª classe para a Biblioteca), a qual se justifica pelo facto de a Escola não dispor de pessoal de apoio, por ter estado até aí instalada nos HUC e em salas alugadas. De qualquer forma, o processo de admissão foi moroso e, em Janeiro de 1979, só estavam em exercício um porteiro, um electricista e um encarregado geral.

---

[1198] AESEAF, 36,2,3, *Relatório da EEAF*, «Relatório de Actividades da Escola de Enfermagem Dr. Ângelo da Fonseca (1978)» e «Escola de Enfermagem Dr. Ângelo da Fonseca. Relatório de Actividades do ano 1979».

Um dos objectivos para o ano de 1979 foi, por conseguinte, a resolução do problema da admissão de pessoal, para que, nas novas instalações, se pudesse ter «um rendimento aceitável em 1980». Os dados sugerem que, em 1979, a situação melhorou, embora não tenha ficado totalmente resolvida. Assim, foram providos dois lugares de monitora e outros dois de auxiliar de monitora, abrindo-se mais dois concursos. Foi efectivado o concurso para escriturários-dactilógrafos e abrir-se-ia concurso para 2.ᵒˢ oficiais dos serviços administrativos. Por outro lado, foram admitidos três porteiros, um electricista e uma empregada auxiliar. Quanto à técnica auxiliar de 2.ª classe para a Biblioteca, o não preenchimento do lugar durante bastante tempo levou inclusivamente ao encerramento temporário do serviço.

A par da falta de pessoal, levantava-se o problema dos trabalhadores do LAEC, o qual tinha sido transferido para um edifício residencial, anexo ao da Escola. Segundo Nídia Salgueiro, «a residência e os serviços de apoio foram postos a funcionar com o pessoal do LAEC, sem no entanto o podermos integrar no quadro de pessoal da Escola»[1199], visto que esses funcionários não pertenciam ao quadro da função pública, para além de, em termos de contratação, terem prioridade os «deslocados do Ultramar (retornados) [...] por estarem no quadro de excedentes da função pública»[1200]. A situação apenas se resolveu com a intervenção pessoal de Nídia Salgueiro junto das autoridades responsáveis[1201]. De qualquer modo, os funcionários do LAEC só puderam ser integrados no quadro da Escola como pessoal auxiliar, nos serviços de telefone, controle de senhas de alimentação, limpezas e lavandaria.

No final da década, a formação de pessoal patrocinada pela Escola dirigiu-se quase exclusivamente ao corpo docente, embora os funcionários administrativos dela tenham beneficiado também. Em 1978 facultou-se o ingresso de dois professores nas Especializações em Enfermagem Psiquiátrica e Obstétrica, tendo outros completado o Curso de Enfermagem Complementar (em número de três) ou frequentado o Programa de Actualização para Docentes das Escolas de Enfermagem sobre o Novo Curso de Enfermagem (quatro). Promoveu-se também a deslocação de representantes da Escola ao Congresso Mundial de Psiquiatria e às Jornadas de Arteriosclerose, entre outros eventos. Para além disso, todo o pessoal administrativo e alguns docentes frequentaram os Cursos de Estatística dos HUC e o Curso de Orientação Contabilística e Jurídica, feito pela Direcção-Geral de Assistência Social.

No Relatório de 1979, a aposta na formação dos docentes era justificada pelo interesse em trazer para a Escola novas valências. Assim, a frequência do Curso de Aperfeiçoamento em Enfermagem de Saúde Pública por um docente da Escola visava a abertura de um curso desse género na própria instituição, «pois é uma necessidade dos enfermeiros da Zona Centro». Da mesma forma, a inscrição de uma docente na Especialização em Enfermagem Pediátrica da Escola de Enfermagem de Saúde Pública tinha como objectivo «não só melhorar o ensino no Curso de base, mas também permitir futuramente que essa especialidade funcione em Coimbra».

---

[1199] *Idem*, p. 91.
[1200] Nídia Salgueiro, «Lares de Alunas(os) de Enfermagem...», p. 90.
[1201] Ver Nídia Salgueiro, «Lares de Alunas(os) de Enfermagem...», p. 92.

Para além dos exemplos citados, no ano de 1979 a Escola apoiou a presença de elementos seus em várias jornadas, colóquios e cursos de aperfeiçoamento[1202]. Pelo seu carácter singular e pelo facto de revelar a abertura da Escola à comunidade e à cultura, destacamos a participação de uma docente num Encontro de Animadores de Museus e Bibliotecas, em Coimbra. Tratou-se de um programa intensivo, durante oito dias, que «versou as várias facetas da Animação Cultural», desde a expressão dramática até à sensibilização para a natureza e o ambiente, passando pela música, pelas artes plásticas e pelo conto infantil. A Escola consideraria esta actividade «muito importante», dado ter proporcionado o contacto com «organizações culturais da zona e até a nível nacional».

Quanto às actividades pedagógicas, os citados Relatórios apresentavam-nas por áreas de aprendizagem, destacando ambos, na 1.ª Área, a realização de estágios em centros de saúde de Coimbra e da periferia, alguns de carácter rural. Em 1978, nesse âmbito, os alunos colaboraram em despistes de hipertensão arterial e em levantamentos sanitários. Nesse ano continuou-se também uma experiência de actividade física no doente do foro psiquiátrico, iniciada no período de Enfermagem Psiquiátrica e realizada no Choupal e em Vale de Canas, com o apoio do Director de Clínica Psiquiátrica de Celas e de um clínico em estágio de Especialidade. Em 1979, após os estágios, decorreu uma semana de reflexão, centrada na apresentação, discussão e avaliação dos trabalhos dos alunos, tendo sido oferecidos exemplares às respectivas comunidades. Nesse ano salientou-se igualmente o estágio de Obstetrícia, feito em *roulement* na sala de partos, «para demonstrar todos os aspectos práticos dados na teoria e dando oportunidade aos alunos de executarem essas mesmas tarefas».

Quanto à 2.ª Área de Aprendizagem, nos dois anos, a tónica residia no facto de serem os enfermeiros docentes a leccionar a quase totalidade das matérias. Mesmo nos casos em que eram chamados prelectores, para matérias específicas como cirurgia cardíaca ou oftalmologia, estes limitavam-se muitas vezes a aspectos concretos, com um mínimo de horas de aula, assegurando os docentes a maior parte dos conteúdos. Assim, em 1979 a cadeira de Oftalmologia foi leccionada pelo enfermeiro-chefe desse serviço nos HUC, «pois alia uma boa base científica à prática e à possibilidade de demonstrar em visitas, com clínicos de cabeceira, os aspectos mais relevantes desta matéria». O Relatório desse ano atestava também a melhoria contínua da docência dos enfermeiros ao nível da Enfermagem Médico-Cirúrgica. No que respeita às 3.ª e 4.ª Áreas, no ano de 1979, igualmente se vinha reduzindo as horas leccionadas por prelectores e aumentando o número de enfermeiros responsáveis pelos aspectos científicos da matéria.

Ainda em 1979, funcionou pela primeira vez na Escola, sob a orientação da EEAE, o Curso de Aperfeiçoamento em Enfermagem de Saúde Pública, que contou com apenas treze alunos por dispor somente de um docente. Foi-lhe exigido um grande esforço, visto que teve de coordenar o Curso, leccionar e orientar os alunos em estágio, mas o resultado foi «muito positivo».

---

[1202] Especialização em Enfermagem de Saúde Pública, na EEAE (um docente); Curso de Actualização sobre Gestão de Escolas de Enfermagem, na EEAE (dois docentes); Actualização em Relação à 5.ª Área de Aprendizagem, na EEAE (dois docentes); Curso de Aperfeiçoamento em BCG (dois docentes); Projecto Dicove, no INSA-DEE (um docente); Avaliações de Áreas do Novo Plano do CGE, no INSA-DEE (vários docentes); Curso de Contabilidade do SCP (um 3.º oficial como observador).

Pela sua importância em termos pedagógicos, a Biblioteca da Escola mereceu um destaque especial no Relatório de 1978. A mudança para o novo edifício implicara alterações na estrutura física do serviço, que passara a dispor de um depósito, uma sala de leitura e uma sala de atendimento, com vantagens ao nível do funcionamento. No ano lectivo de 1977/78 a Biblioteca serviu a população da Escola, mas também utentes externos, como os enfermeiros dos HUC, tendo registado cerca de 3.000 requisitantes domiciliários e 2.000 consultas no serviço. Foram elaboradas listas bibliográficas para as diferentes áreas de aprendizagem, bem como fichas dos livros entrados nesse ano. A Biblioteca dispunha já de 2.240 livros e assinara 40 revistas.

Em relação às actividades circum-escolares, em 1978 planeou-se uma viagem de fim de curso a Espanha, mas, não tendo sido autorizada, foi substituída por uma visita de três dias a Lisboa, mais concretamente a hospitais, escolas de enfermagem pós--básicas, centros de saúde e fábricas, a qual foi «bastante proveitosa». Em 1979, a par de várias visitas de estudo na zona centro, realizaram-se duas a um laboratório em Lisboa, uma delas integrada na viagem dos finalistas, que percorreram também outros locais na capital e em Évora.

Por outro lado, em 1978 criou-se na Escola uma Secção Fotográfica, com a participação do núcleo de fotografia da *Associação de Estudantes* e a orientação de um enfermeiro docente. Esta iniciativa tinha objectivos formativos e de apoio didáctico às actividades escolares. Em 1979 a Secção apresentou uma exposição de fotografias, com trabalhos do enfermeiro António de Jesus Couto. Também nesse ano, por iniciativa da *Associação de Estudantes*, foi constituído o Grupo Folclórico da EEAF.

A Escola organizou ainda outras actividades, designadas «paralelas». Em 1978, em colaboração com a Direcção-Geral dos Desportos, promoveu sessões de discussão abertas a toda a comunidade sobre os temas «Desporto, Saúde e Movimento», «O Homem e o Ambiente», «Luta anti-cancerosa», «Aborto – Um problema moral». Todas as sessões, com excepção da primeira, decorreram no Anfiteatro da Escola, envolvendo projecção de filmes, debates e exposições bibliográficas. Na difusão e na cobertura dos eventos, a Escola contou com o apoio da Radiodifusão, Emissor Regional, sendo, aliás, a primeira sessão transmitida em directo, com participação telefónica dos ouvintes. No final, fizeram-se questionários aos participantes das sessões, na sua maioria enfermeiros, embora também estivessem presentes desde donas de casa até médicos e professores liceais, sendo os resultados muito positivos.

Naquele ano a Escola realizou e participou também noutras iniciativas viradas para a comunidade, como o «Desporto para Todos», nomeadamente as «actividades do circuito da natureza», no Choupal, aproveitando-se a Casa Abrigo para verificação da tensão arterial e do pulso e montando-se uma pequena farmácia para emergências. Por outro lado, alertou-se a população dos perigos da infecção tetânica e, em colaboração com o Centro de Saúde de Coimbra, procedeu-se a uma campanha de sensibilização e vacinação anti-tetânica na referida Casa Abrigo do Choupal.

Para além disso, em 1978 a Escola colaborou com uma série de instituições, da *Cruz Vermelha* à *Radiodifusão Portuguesa*, passando pelos Hospitais da Universidade, pelo Instituto de Assistência Psiquiátrica da Zona Centro, pela Direcção-Geral das Construções Hospitalares ou pelo Hospital Pediátrico, principalmente para cedência de instalações (salas de aula, Anfiteatro ou Refeitório). A cooperação com outras escolas de enfermagem consistiu no fornecimento de alojamento e/ou alimentação aos alunos em visita de estudo ou a estagiar na cidade de Coimbra. Em contrapartida, em várias circunstâncias, a Escola recebeu a colaboração de diferentes instituições, dos HUC à Escola Calouste Gulbenkian de Lisboa, passando por uma série de Centros de Saúde, Creches e Lares de Terceira Idade situados em Coimbra e na periferia.

Um dos objectivos que a Escola pretendia ter atingido no final de 1979 era «ter elaborado um plano de actividades paralelas em que se pudesse dar alguma coisa à comunidade e responder aos anseios de actualização dos Enfermeiros da zona». Neste âmbito, em 1979 realizaram-se diversos trabalhos abertos à comunidade, em particular, conferências e mesas redondas subordinadas aos temas «Problemática dos deficientes. Noção de adaptado nos vários sistemas sociais», «Para uma perspectiva de saúde através da Educação Física», «Luta anti-tuberculosa», «Psicobiofísica. Parapsicologia». Já quanto aos trabalhos destinados especialmente aos enfermeiros, tiveram lugar um Programa de esclarecimento sobre o novo Curso de Enfermagem, as Jornadas de Diabetologia para Enfermeiros e um Colóquio sobre Paralisia Cerebral.

Naquele ano a Escola colaborou também com um extenso rol de entidades, identificadas no Quadro seguinte, «na efectivação de programas que poderão de algum modo contribuir para melhorar o nível científico-cultural dos enfermeiros e da comunidade». A Escola cedia as suas instalações, sobretudo o Anfiteatro, sendo muitas vezes, quando o assunto o justificava, garantida a participação dos seus alunos e/ou dos seus docentes nas actividades realizadas.

| | |
|---|---|
| ACPES | Instituto Alemão |
| ADSS – Coimbra e Clínica Obstétrica dos HUC | Instituto Português de Oncologia |
| Associação de Deficientes das Forças Armadas | Laboratório 3 M – Portugal |
| Associação de Enfermeiros Portugueses | Laboratório ICI |
| Associação de Natação de Coimbra | Laboratório Roussel, Clínica Psiquiátrica de Celas e HUC |
| Associações de Pais | Laboratórios Abecassis |
| Centro de Saúde de Coimbra | Liga de Luta Anti-Cancerosa e IPO |
| Centro Hospitalar de Coimbra | LOC |
| Cruz Vermelha Portuguesa | Medicina Desportiva |
| Desporto Escolar | Médicos P2 – Serviço à Periferia |
| Direcção-Geral do Ensino Básico | Ordem dos Médicos |
| Direcção-Geral dos Desportos | Serviços Médicos Sociais |
| Encontro de Ovnilogia – CECOP | Sindicato dos Médicos |
| Encontro Nacional da Juventude e Ciência | Sindicato dos Profissionais de Enfermagem da Zona Centro |
| Escola do Magistério Infantil | Sociedade Portuguesa de Endocrinologia |
| Hospitais da Universidade de Coimbra | SUCH |
| I Encontro do Movimento de Saúde Comunitária | |

Quadro 35 – Lista de entidades com as quais a Escola colaborou (1978/79).

A intensa colaboração com outras entidades resultou em «alguma sobrecarga económica» para a Escola, visto não ter cobrado taxa de utilização do Anfiteatro e das salas de aula. Porém, de acordo com o Relatório de 1979, a instituição considerava que «as actividades científicas devem ser facilitadas», congratulando-se por as iniciativas nela realizadas serem «uma amostragem do movimento científico-cultural da zona centro». Para além disso e em contrapartida, como se disse, houve a possibilidade de professores e alunos da Escola participarem em grande número de actividades.

Em relação à situação financeira da instituição, já foi referido o impacto significativo que as despesas de manutenção associadas ao novo edifício tiveram no orçamento. Para o ano lectivo de 1978/79, a Escola propunha-se «fazer um orçamento que permita estabilidade económica» e, no final desse ano, considerava que a situação era propícia à conquista daquele objectivo, apesar do agravamento do custo de vida. Já durante o ano de 1979, a gestão financeira foi feita de modo a possibilitar, no final, a aquisição de uma fotocopiadora, de mais um projector de slides e de um pequeno stock de materiais de consumo, bem como a realização de pequenos arranjos no edifício. Procurando aumentar as receitas próprias e manter as despesas dentro dos parâmetros orçamentados, a Escola alcançou as metas que se tinha proposto.

Quanto aos órgãos de gestão, funcionavam na Escola nestes anos, de acordo com a Portaria n.º 674/76, a Comissão Instaladora, o Conselho Pedagógico-Científico e os Órgãos de Gestão de Curso, um por cada Área de Aprendizagem. A Comissão era composta por dois docentes, dois discentes e um administrativo-auxiliar, que reuniam ordinariamente duas vezes por semana. No ano lectivo de 1978/79, em que a Comissão teve como principais objectivos uma boa gestão económica e a preservação dos vários órgãos de gestão indicados na referida Portaria, os seus membros viveram «momentos difíceis», dado o grande volume de trabalho e a pouca disponibilidade dos funcionários.

Em relação ao Conselho Pedagógico-Científico, cuja principal função seria emitir pareceres de índole pedagógica, esteve pouco activo durante os anos de 1978 e 1979, por impedimento dos docentes que dele faziam parte. De qualquer forma, houve «bom entendimento» entre aqueles e os discentes que também formavam o Conselho.

Para terminar, há que referir os aspectos regulamentares. Apesar das mudanças introduzidas pela Portaria n.º 674/76 ao nível dos órgãos de gestão, o Regulamento de 1970 continuava a vigorar. Em muitos aspectos, estaria já desactualizado, pelo que um dos objectivos da Escola para o ano de 1979 era ter um novo regulamento discutido e aprovado. Na verdade, de acordo com o Relatório de 1979, aquela questão «preocupou bastante» a Comissão Instaladora, tendo sido solicitada a apresentação de propostas de regulamento por parte de quaisquer sectores, grupos ou pessoas individuais. Foram discutidos em Assembleia-Geral de Escola dois projectos, um da *Associação de Alunos* e outro de um grupo de alunos, com a colaboração de alguns docentes, mas não se alcançou o objectivo de aprovar um novo regulamento.

Paralelamente, em 1979 foram elaboradas algumas normas de funcionamento, relativas aos serviços de apoio (lavandaria, portarias, telefones e oficinas) e ao trabalho das regentes do bloco residencial. De resto, no ano anterior tinham sido produzidas algumas folhas informativas com normas de boa convivência entre a população escolar, abordando aspectos como a limpeza, a conservação do equipamento, a economia de electricidade e outros relativos às relações humanas.

Em conclusão, de acordo com o Relatório de 1978, nesse ano, apesar de todas as dificuldades associadas à mudança para as novas instalações, a Escola foi uma instituição «viva e aberta à Comunidade, que alguma coisa deu e muito recebeu dessa mesma Comunidade». A Comissão Instaladora agradecia por isso a todos os membros da Escola, incluindo os alunos, que compreenderam certas restrições e ajudaram dentro das suas possibilidades. Esse agradecimento renovava-se no final do ano seguinte, sobretudo em relação ao pessoal, que manifestara muito boa vontade e um forte espírito de inter-ajuda. De facto, em 1979, as dificuldades eram ainda muitas, havendo funcionários que se desdobravam para realizar diferentes tarefas, outros que estavam integrados em categorias profissionais abaixo das funções que desempenhavam e ainda outros que, em número igual, com a mudança, realizavam o dobro do trabalho. Assim, por exemplos, muitas eram as vezes que a contínua ou as regentes do Bloco Residencial faziam as funções de porteiro, procurando ao mesmo tempo executar as suas tarefas; as telefonistas tinham a categoria de empregadas auxiliares e as dactilógrafas, de empregadas diferenciadas; o pessoal administrativo era o mesmo da Escola antiga, apesar de o trabalho ter aumentado significativamente, e os professores tinham de se desdobrar por vários campos de estágio.

Portanto, apesar do esforço, muito ficava ainda por fazer no final da década de 1970. Para o ano de 1980, a Escola desejava continuar a trabalhar na resolução dos problemas do pessoal e das instalações e equipamento; discutir e aprovar o projecto de regulamento; melhorar o seu funcionamento e aumentar as actividades pedagógicas; e lançar as bases de um departamento de educação permanente.

## VII – A ENFERMAGEM E O ENSINO DE ENFERMAGEM EM PORTUGAL NAS DÉCADAS DE 1980 E 1990 E A ESCOLA SUPERIOR DE ENFERMAGEM DR. ÂNGELO DA FONSECA

### 1. Aspectos profissionais

Em 1981 foi publicado o diploma da Carreira de Enfermagem (Decreto-Lei n.º 305/81), que consagrou uma carreira única para todos os enfermeiros, com cinco categorias: enfermeiro (grau I), enfermeiro graduado e monitor (grau II), enfermeiro especialista, chefe e assistente (grau III), enfermeiro supervisor e professor (grau IV) e técnico de enfermagem (grau V)[1203]. O diploma definia as funções atribuídas a cada categoria e estipulava que a avaliação dos enfermeiros só poderia ser feita por enfermeiros. Todavia, a carreira surgia muito hierarquizada, sendo que a promoção exigia várias provas e formações complementares.

No mesmo ano de 1981 decorreu em Coimbra o II Congresso Nacional de Enfermagem, onde se destacou a intervenção do enfermeiro Romeu dos Santos Carmo. Segundo este, «a enfermagem ainda não foi capaz de criar um modelo próprio, [...] tem-se contentado em responder, de modo passivo, às funções "dependentes" em vez de enriquecer e aperfeiçoar as funções em que é independente»[1204]. Romeu dos Santos salientava ainda o facto de o sexo masculino ser indesejado na profissão, como demonstravam as diferenças de tratamento entre alunas e alunos e entre enfermeiras e enfermeiros.

A Carreira de Enfermagem foi alterada em 1985, 1987 e 1991, sendo esta última versão sujeita ainda a uma revisão em 1998. Segundo Lucília Nunes, o facto de as mudanças terem ocorrido com pouco tempo de intervalo fazia com que os enfermeiros se interrogassem sobre a sua apropriação e as suas consequências[1205]. De acordo com os diplomas de 1991 (Decreto-Lei n.º 437/91 de 8 de Novembro) e de 1998 (Decreto-Lei n.º 412/98 de 30 de Dezembro), a Carreira compreendia três níveis, sendo que o primeiro incluía as categorias de enfermeiro e enfermeiro graduado, o segundo, as de enfermeiro especialista e enfermeiro-chefe e o terceiro, a de enfermeiro supervisor[1206].

---

[1203] Lucília Rosa Mateus Nunes, *op. cit.*, pp. 326-327.
[1204] Citado por Lucília Rosa Mateus Nunes, *op. cit.*, p. 328.
[1205] Lucília Rosa Mateus Nunes, *op. cit.*, p. 331.
[1206] Aliete Pedrosa, «A enfermagem portuguesa – referências históricas», art. cit., p. 77.

Por outro lado, definiam-se três áreas de actuação do enfermeiro: a de prestação de cuidados, englobando as categorias de enfermeiro, enfermeiro graduado e enfermeiro especialista; a de gestão, que integrava as categorias de enfermeiro-chefe e enfermeiro supervisor e o cargo de enfermeiro director; e a de assessoria técnica, a que correspondia o cargo de assessor de enfermagem.

Teoricamente, seria positiva a distinção entre duas áreas principais de actuação dos enfermeiros, a prestação de cuidados e a gestão. Porém, na prática, tal revelou-se desvantajoso, visto que a categoria de enfermeiro especialista passou apenas a ser «um lugar de passagem, como um trampolim para a categoria de chefe, e foi escasseando a massa crítica de especialistas em exercício real das funções»[1207]. De resto, em geral, a carência de enfermeiros, que desde meados dos anos oitenta se voltara a fazer sentir, agravou-se a partir de 1994, quando politicamente se decidiu baixar o *numerus clausus* em enfermagem e medicina e se restringiram os apoios financeiros às Escolas Superiores de Enfermagem[1208].

Entretanto, em 1989, foi instituído finalmente o Registo dos Profissionais de Enfermagem (Despacho n.º 21/89 de 20 de Dezembro) e, em 1990, regulamentou-se o horário de trabalho dos enfermeiros do serviço público: 35 horas semanais, sendo opcional o regime de horário acrescido (42 horas semanais). Em 1996 foi publicado o *Regulamento do Exercício Profissional dos Enfermeiros* (Decreto-lei n.º 161/96 de 4 de Setembro), aspiração antiga e que fora intensamente discutida desde o final dos anos oitenta. Segundo Lucília Nunes, «o REPE veio regulamentar a profissão, clarificando conceitos, intervenções e funções, bem como as regras básicas relacionadas com os direitos e deveres dos enfermeiros»[1209]. Embora no debate que precedeu a publicação do documento tenham ainda sido referidas actividades de enfermagem dependentes, este já só definia para o enfermeiro intervenções autónomas e interdependentes. As primeiras eram prescritas e realizadas sob única responsabilidade do enfermeiro, decorrendo de um diagnóstico de enfermagem; as segundas eram desenvolvidas em colaboração com outros profissionais de saúde, através de planos de acção conjunta ou protocolos.

O REPE condicionava o exercício da profissão de enfermagem à obtenção de uma Cédula Profissional a emitir pela Ordem dos Enfermeiros, a qual seria criada em 1998. Para Lucília Nunes, a publicação do *Regulamento do Exercício Profissional dos Enfermeiros* e a criação da respectiva Ordem são momentos decisivos na profissão de enfermagem, permitindo situar na década de noventa «a consagração máxima da [sua] autonomia»[1210]. Segundo Maria Augusta Sousa, a criação da Ordem «é assumirmos nas nossas mãos o destino do que a Enfermagem deve ser como profissão [...], é sermos simultaneamente destinatários e detentores de um instrumento legal» fundamental no processo de construção da identidade profissional[1211].

---

[1207] Lucília Rosa Mateus Nunes, *op. cit.*, pp. 337-338.
[1208] *Idem*, p. 339.
[1209] *Idem*, p. 340.
[1210] *Idem*, p. 343.
[1211] Maria Augusta Sousa, «Ordem dos Enfermeiros. Mais um instrumento para a construção da nossa identidade profissional», *Enfermagem em Foco*, Fevereiro/Abril 1998, p. 18, citada por Lucília Rosa Mateus Nunes, *op. cit.*, p. 343.

De acordo com o Decreto-lei n.º 104/98 de 21 de Abril, que criou a Ordem e aprovou o seu Estatuto, «os enfermeiros constituem, actualmente, uma comunidade profissional e científica da maior relevância no funcionamento do sistema de saúde e na garantia do acesso da população a cuidados de saúde de qualidade»[1212]. Deste modo, era necessário «proceder à regulamentação e controlo do [seu] exercício profissional». A criação da Ordem era uma aspiração da classe, sucessivamente reiterada nos congressos nacionais realizados de 1973 a 1997, e suscitava «o consenso de todas as organizações profissionais representativas da enfermagem, preenchendo-se assim uma importante lacuna». O referido diploma responderia, portanto, «a um imperativo da sociedade portuguesa de ver instituída uma associação profissional de direito público, que [...] promova a regulamentação e disciplina da prática dos enfermeiros, em termos de assegurar o cumprimento das normas deontológicas que devem orientar a profissão»[1213].

Em 2001 a Ordem dos Enfermeiros iniciou os trabalhos com vista à definição de processos de acreditação da formação pré e pós-graduada e de certificação individual de competências, as quais, no futuro, estarão na base da atribuição dos títulos profissionais. A definição de um conjunto de competências do enfermeiro de cuidados gerais constitui um assunto central nesse debate, pelo que a Ordem realizou uma série de actividades que culminaram na publicação das *Competências*, pelo Conselho de Enfermagem, em Outubro de 2003[1214]. Este documento começa por definir os cuidados de enfermagem, fixando que o exercício da profissão se centra na relação interpessoal entre um enfermeiro e uma pessoa ou um grupo de pessoas. Aquele distingue-se pela formação e pela experiência que lhe permitem compreender e respeitar os outros, mas a relação terapêutica caracteriza-se pela parceria estabelecida com o cliente e, por vezes, alargada à família e à comunidade. A utilização do termo "cliente", significando a pessoa que é alvo dos cuidados de enfermagem, em vez de "doente" ou "utente", é justificada pelo facto de sugerir um papel activo na relação de cuidados. O "cliente" é aquele que troca algo com outro e não necessariamente aquele que paga. O conceito pode estar limitado à pessoa individual ou estender-se à família e à comunidade.

Desde pelo menos os anos vinte que vários autores defendiam a necessidade de os enfermeiros respeitarem os doentes, em especial quanto às suas crenças religiosas, a par da importância do ânimo, da vontade e da colaboração dos pacientes para a sua cura.

---

[1212] Decreto-lei n.º 104/98, *Diário da República*, I Série-A, n.º 93, 21 de Abril de 1998.

[1213] O Estatuto da Ordem dos Enfermeiros, incluído no Decreto-lei acima citado, contempla, entre outros, os seguintes aspectos: identificação, desígnio e atribuições da Ordem; títulos profissionais e competências associadas aos de enfermeiro e enfermeiro especialista; órgãos constituintes da Ordem; Código Deontológico, que é mais um elemento demonstrativo da autonomia da enfermagem enquanto profissão, sendo válido para todos os enfermeiros, independentemente da escola em que se formaram e do meio em que trabalham.

[1214] Conselho de Enfermagem da Ordem dos Enfermeiros, *Divulgar Competências do Enfermeiro de Cuidados Gerais*, s.l., Ordem dos Enfermeiros, 2004. Este documento está disponível no site da Ordem dos Enfermeiros, em www.ordenenfermeiros.pt/images/contents/documents/60_CompetenciasEnfCG.pdf (22/07/06). O Conselho de Enfermagem começou por analisar a literatura disponível sobre a matéria e, a partir daí, elaborou documentos de trabalho nos quais se basearam debates a nível regional. De seguida, com o objectivo de obter consensos, recorreu ao contributo de uma amostra de enfermeiros. O documento final baseia-se em grande medida num trabalho do *International Council of Nurses*, publicado em 2003 e intitulado *ICN Framework of Competencies for the Generalist Nurse*.

Porém, esta parece ser a primeira vez que se define o doente como um cliente, como um ser activo cujas capacidades devem ser plenamente respeitadas e valorizadas. O cuidado em enfermagem passa a ser assumidamente concebido como uma relação, na qual a pessoa assistida não é o elo mais fraco, mas um forte interveniente. Por outro lado, é de assinalar o alargamento do conceito de cliente à sua família e à sua comunidade, dando conta da importância atribuída ao meio social em que o doente se insere. A extensão da ideia de parceria entre o enfermeiro e o doente às pessoas que constituem esse meio é vista como uma forma de optimizar o exercício profissional.

No documento citado, o Conselho de Enfermagem distingue entre dois tipos de intervenções, as interdisciplinares, iniciadas por outros técnicos, e as autónomas, iniciadas pela prescrição do enfermeiro. Neste caso, a tomada de decisão implica uma abordagem sistémica e sistemática das necessidades da pessoa ou do grupo em causa, alertando-se para a diversidade de situações com que os enfermeiros se deparam e para a sensibilidade que estes devem ter perante tais diferenças. Acima de tudo, chama-se a atenção para os princípios humanistas de respeito pelos valores, pelos costumes, pelas religiões e para todos os outros previstos no Código Deontológico, os quais devem enformar a boa prática da enfermagem.

Também o *Regulamento do Exercício Profissional dos Enfermeiros* (REPE) distingue entre intervenções interdependentes e autónomas, as primeiras realizadas em conjunto com outros técnicos e as segundas, pelos enfermeiros, por sua iniciativa e sob sua exclusiva responsabilidade. Há uma clara evolução em relação ao conceito da enfermagem como uma actividade subsidiária e subalterna face à medicina. Assume--se que «os enfermeiros têm uma actuação de complementaridade funcional relativamente aos demais profissionais de saúde, mas dotada de idêntico nível de dignidade e autonomia de exercício profissional».

O REPE apresenta como objectivos fundamentais da profissão a promoção da saúde, a prevenção da doença, o tratamento, a reabilitação e a reinserção social, pelo que «os enfermeiros concebem, realizam e promovem e participam em trabalhos de investigação que visem o progresso da enfermagem, em particular, e da saúde, em geral». Os enfermeiros contribuem também, no exercício da sua profissão e de diversas formas, para a melhoria e evolução da prestação dos cuidados de enfermagem.

As competências aprovadas pelo Conselho de Enfermagem estão repartidas por três domínios, designadamente, «Prática profissional, ética e legal», «Prestação e gestão de cuidados» e «Desenvolvimento profissional». No primeiro estão incluídas a responsabilidade, a prática segundo a ética e a prática legal e, quanto ao segundo, são apresentados princípios chave como a aplicação dos conhecimentos e das técnicas mais adequados, tendo em conta os resultados da investigação; a participação nas discussões acerca da inovação e da mudança na enfermagem e nos cuidados de saúde; a aplicação do pensamento crítico e das técnicas de resolução de problemas e a tomada de decisões fundamentadas; a interpretação adequada dos dados objectivos e subjectivos, com vista a uma prestação de cuidados segura. Destaca-se a importância atribuída à capacidade analítica, crítica e de fundamentação do enfermeiro, por oposição às ideias de submissão ao médico e de quase anulação do pensamento e da iniciativa próprios defendidas para as enfermeiras em décadas anteriores.

No que respeita concretamente à «Prestação de cuidados», o documento define uma série de competências relativas à promoção da saúde, à colheita de dados, ao planeamento, à execução, à avaliação e à comunicação e relações interpessoais. Já quanto à «Gestão de cuidados», as competências são ao nível de um ambiente seguro, da prestação de cuidados de saúde interprofissionais e da delegação e supervisão. Por fim, o terceiro domínio de competências, «Desenvolvimento profissional», inclui os aspectos da valorização profissional, da melhoria da qualidade e da formação contínua.

As *Competências do Enfermeiro de Cuidados Gerais* marcam uma ruptura definitiva com o discurso predominante ao longo de todo o século XX acerca do papel da enfermeira. Desde logo, o facto de se usar a forma masculina, "enfermeiro", dá conta de que esta não era mais considerada uma profissão naturalmente feminina, marcada por uma relação maternal entre a mulher cuidadora e o doente. Este passa a estar, mais do que nunca, no centro da teoria e da prática da enfermagem, sendo encarado não como o "pobre doente", merecedor de caridade, mas como um elemento determinante da chamada relação terapêutica, como um "cliente", com características específicas que merecem ser respeitadas e valorizadas. Desde modo, a enfermeira devotada, abnegada, caridosa e submissa ao médico dá lugar ao profissional responsável e autónomo, com espírito crítico e capacidade de acção, com fortes preocupações éticas e legais e empenhado na prestação e gestão eficazes de cuidados e no desenvolvimento profissional.

De qualquer forma, reflexo do peso da tradição, a enfermagem continua a ser hoje em Portugal uma profissão essencialmente feminina. Segundo Aliete Pedrosa, em Maio de 2004 o número total de enfermeiros inscritos na Ordem era de 43.860, 81% dos quais mulheres[1215]. Em termos gerais, a autora considera que o número de profissionais inscritos «faz da enfermagem uma classe profissional particularmente visível e operante na sociedade, com uma especial responsabilidade política, social e cívica na prestação de cuidados e na respectiva concepção, planeamento e gestão». Na verdade, ao assumir--se como uma profissão autónoma, a enfermagem chamou para os seus profissionais a responsabilidade pelo desempenho de cuidados próprios. De acordo com a autora, «ao profissional de enfermagem dos dias de hoje já não assenta a imagem tradicional do *anjo misericordioso*»[1216]. Na sua opinião, embora os enfermeiros se sintam orgulhosos de a sua profissão ter estado sempre associada ao serviço do próximo, «este orgulho não deve obscurecer a capacidade de análise objectiva a respeito da sua própria conduta profissional nem da dos seus colegas».

Apesar da autonomia e da responsabilidade conquistadas pela enfermagem e da elaboração de documentos como o das *Competências do Enfermeiro de Cuidados Gerais*, Aliete Pedrosa considera que o conceito e o conteúdo da profissão ainda não foram «definidos de forma objectiva, consistente e pela positiva»[1217]. A autora refere-se concretamente à ambiguidade de fronteiras entre a prática médica e a de enfermagem, sendo que, na definição das funções que cabem ao médico e das que correspondem ao enfermeiro, «cada Estado legisla à sua maneira, alargando ou estreitando as faixas que delimitam ambas as profissões». De resto, continua, «a enfermagem vem estendendo [...] a sua prática a áreas anteriormente exclusivas mas não propriamente "nucleares" da prática médica», incluindo mesmo o diagnóstico.

---

[1215] Aliete Pedrosa, «Enfermagem: autonomia e responsabilidade profissional», *Referência*, n.º 12, Novembro 2004, p. 76.
[1216] *Idem*, pp. 81-82.
[1217] Aliete Pedrosa, «A enfermagem portuguesa – referências históricas», p. 77.

## 2. Aspectos formativos

Como se disse, com o diploma da Carreira de Enfermagem de 1981 (Decreto-lei n.º 305/81), a progressão passou a estar dependente da realização de várias provas e da obtenção de formação complementar. Tornava-se, pois, urgente desenvolver a formação pós-básica, que estava então dispersa por várias escolas em Lisboa, Porto e Coimbra, mas concentrada sobretudo na capital, nas Escolas de Enfermagem de Saúde Pública, de Enfermagem Psiquiátrica e de Ensino e Administração de Enfermagem. Já com a Revolução de Abril e o reconhecimento da necessidade de descentralização, a formação desenvolvida por esta última Escola se tinha alargado a outros centros geográficos, surgindo secções no Porto e em Coimbra. Em 1983 essas secções ganharam autonomia, criando-se as três Escolas de Enfermagem Pós-Básicas de Lisboa, Porto e Coimbra, que chamavam a si o ensino de cursos de especialização espalhados por diversas escolas, concentrando, assim, todos os cursos pós-básicos[1218].

No preâmbulo do Decreto-lei n.º 265/83 de 16 de Junho, recordava-se que «a crescente aplicação no campo da saúde de tecnologia cada vez mais avançada e a necessidade de preparar enfermeiros capazes de prestar cuidados mais complexos» tinham levado já à criação de vários cursos pós-básicos em enfermagem[1219]. Porém, como se disse, o ensino pós-básico estava disperso por várias escolas, «o que multiplica os recursos utilizados e compromete a sua rentabilidade», e centrado em Lisboa, «com todas as desvantagens inerentes para as populações do resto do País». Impunha-se, pois, «reunir e coordenar os meios existentes, diminuindo os custos e aumentando a capacidade de resposta, quer em quantidade quer em qualidade». Era o que se pretendia com a criação de escolas de enfermagem pós-básicas em Lisboa, Porto e Coimbra.

As novas escolas ficariam na dependência do Ministério dos Assuntos Sociais e seriam dotadas de autonomia técnica e administrativa (art. 1.º), embora subordinadas à orientação e à supervisão do Departamento do Ensino de Enfermagem do *Instituto Nacional de Saúde Dr. Ricardo Jorge* (art. 2.º). Teriam três finalidades essenciais, sendo a primeira preparar enfermeiros em áreas profissionais definidas, através de diversos cursos de especialização (enfermagem de saúde materna e obstétrica, de reabilitação, de saúde pública, de saúde mental e psiquiátrica, de saúde infantil e pediátrica e médico-cirúrgica), de cursos de pedagogia aplicada à enfermagem, de administração de serviços de enfermagem, entre outros, bem como de acções de formação para enfermeiros e, em particular, para os diplomados com os cursos de especialização referidos (art. 4.º, 1). A segunda finalidade das escolas consistiria em promover e realizar estudos e pesquisas visando o aperfeiçoamento da enfermagem, o que implicava criar centros ou núcleos de estudo e investigação em enfermagem, nas áreas de ensino, administração e prestação de cuidados, realizar e divulgar estudos e pesquisas de interesse (art. 4.º, 2). Por fim, caberia às escolas promover o intercâmbio nacional e internacional de informação e colaborar com outras instituições nacionais ou estrangeiras em actividades científicas visando a melhoria da prestação de cuidados e do exercício profissional (art. 4.º, 3).

---

[1218] *Histórias e Memórias da Escola Superior de Enfermagem Cidade do Porto*, Loures, Lusociência, 2003, p.10.
[1219] Decreto-lei n.º 265/83, *Diário da República*, I Série, n.º 136, 16 de Junho de 1983.

Todas as actividades das escolas seriam orientadas pelas necessidades do País e instituídas de acordo com os meios disponíveis (art. 6.º), consistindo as receitas das instituições nas comparticipações do Ministério dos Assuntos Sociais, nos subsídios e donativos de outras entidades oficiais e particulares, nos emolumentos por serviços, entre outras (art. 8.º). O pessoal empregado nas escolas preexistentes transitaria para as novas escolas, sem perda de quaisquer direitos e regalias (art. 9.º).

No que respeita concretamente à Escola Ângelo da Fonseca, que começara a leccionar cursos de formação pós-básica em 19 de Junho de 1882[1220], o Decreto-lei n.º 265/83 estipulou que passaria a integrar o curso de especialização em enfermagem obstétrica da Escola de Enfermagem de Bissaia Barreto, bem como o pessoal docente do quadro desta Escola afecto a esse curso (art. 1.º, 5 e art. 9.º, 4). De qualquer forma, a Escola de Coimbra só passaria a designar-se Escola de Enfermagem Pós-Básica do Dr. Ângelo da Fonseca em 1987, pelo Decreto do Governo n.º 28/87, de 31 de Julho[1221].

Segundo aquele diploma, a Escola vinha ministrando o curso de Enfermagem Geral e alguns cursos de nível pós-básico. Verificava-se que a instituição «tem já uma estrutura que lhe permite converter-se na Escola de Enfermagem Pós-Básica de Coimbra, criada pelo Decreto-lei n.º 265/83». Porém, devido à limitação de instalações da Escola de Enfermagem de Bissaia Barreto, era necessário que a Escola Ângelo da Fonseca continuasse a assegurar, até que aquela limitação cessasse, a formação de base, ou seja, o curso de Enfermagem Geral. Assim, determinava-se que, com uma nova designação, a Escola manteria a sua estrutura até à publicação do respectivo diploma regulamentar (art. 1.º); nela seriam ministrados os cursos de nível pós-básico previstos no Decreto-lei de 1983 (art. 2.º) e continuaria a funcionar, provisoriamente, o curso de Enfermagem Geral (art. 3.º, 1). Logo que terminasse a limitação de instalações que impedia a Escola Bissaia Barreto de fazer a totalidade da formação de base, o Ministro da Saúde determinaria a transferência do curso Geral para essa Escola (art. 3.º, 2).

O estatuto de "escola de enfermagem pós-básica" não tardaria, contudo, a ser substituído pelo de "escola superior de enfermagem". Já em 1971, quando se discutia a reforma do ensino proposta pelo ministro Veiga Simão, tinham surgido sugestões para se avançar para os níveis de bacharelato e licenciatura em enfermagem[1222]. Tal não se concretizou, mas o movimento nesse sentido tornara-se imparável, suscitando a reflexão e a investigação necessárias para um aprofundamento formativo e identitário; as escolas e as organizações profissionais criadas depois de 1974 funcionaram como plataformas de discussão do assunto, entregando-se à enfermagem a responsabilidade pela sua própria formação. Segundo Aliete Pedrosa, logo em 1978 foi aprovada uma lei que convertia as escolas de enfermagem em escolas superiores de enfermagem; porém, aquela só entraria em vigor onze anos depois[1223]. De acordo com Lucília Nunes, as bases do ensino superior em enfermagem foram lançadas em 1985, com subscrição dos Ministérios da Saúde e da Educação, que assumiram a dupla tutela. De qualquer forma, somente pelo Decreto-lei n.º 480/88 de 23 de Dezembro, o ensino

---

[1220] Informação colhida em www.eseaf.pt (05/08/06).
[1221] Decreto do Governo n.º 28/87, *Diário da República*, I Série, n.º 174, 31 de Julho de 1987.
[1222] *Histórias e Memórias da Escola Superior de Enfermagem Cidade do Porto*, p. 10.
[1223] Aliete Pedrosa, «A enfermagem portuguesa – referências históricas», p. 77.

de enfermagem foi integrado no sistema educativo nacional e ao nível do ensino superior politécnico[1224].

No preâmbulo daquele diploma considerava-se que «o desenvolvimento do ensino da enfermagem verificado entre nós [...] determinou a exigência, no que respeita às habilitações mínimas de acesso, de um nível paralelo ao requerido para o ensino superior». Porém, o ensino da enfermagem continuava à margem do sistema educativo nacional, «daí resultando prejuízos manifestos». Era, pois, urgente proceder à integração e garantir o reconhecimento académico dos vários níveis de formação em enfermagem.

Estabelecia-se que o ensino de enfermagem ficaria sob a tutela dos Ministérios da Educação e da Saúde e que seria ministrado em escolas superiores de enfermagem (art. 1.º), as quais seriam dotadas de personalidade jurídica e gozariam de autonomia administrativa, técnica, científica e pedagógica. Competir-lhes-ia organizar e ministrar o curso superior de enfermagem e cursos de estudos superiores especializados, sendo os respectivos planos aprovados por portaria conjunta dos ministros da tutela, sob proposta dos conselhos científicos das escolas. Estas teriam ainda as seguintes competências: desenvolver investigação científica e técnica; organizar cursos de aperfeiçoamento e de actualização; apoiar pedagogicamente os organismos de educação permanente; colaborar no desenvolvimento sanitário das regiões em que estão inseridas; e cooperar com entidades públicas ou privadas, nacionais ou estrangeiras, com vista à melhoria do nível científico da enfermagem (art. 2.º).

A aprovação no curso superior de enfermagem, com a duração de três anos, comprovaria a formação científica e técnica adequada para a prestação de cuidados de enfermagem geral e a capacidade necessária para participar na gestão dos serviços de enfermagem, na docência e em projectos de investigação na área (art. 3.º). O respectivo diploma conferiria o grau académico de bacharel e o título profissional de enfermeiro. Já a aprovação nos cursos de estudos superiores especializados comprovaria a competência científica e técnica em determinado domínio especializado da profissão, ao nível de cuidados de enfermagem mais complexos; conferiria também capacidade para a gestão dos serviços de enfermagem, a docência e a investigação nessa área (art. 5.º). O diploma de estudos superiores especializados seria equivalente ao grau de licenciado, para efeitos profissionais e académicos. Para se ser admitido à frequência destes cursos, era necessária a aprovação no curso superior de enfermagem ou equiparação ao grau de bacharel, bem como dois anos de experiência profissional comprovada por entidade idónea e obtida após a conclusão do curso superior (art. 7.º)[1225].

O pessoal das escolas de enfermagem reconvertidas seria integrado nos quadros das novas escolas superiores, em categoria idêntica ou correspondente às funções desempenhadas, remunerada pela mesma letra de vencimento ou pela letra imediatamente superior (art. 13.º). Em 1990 os enfermeiros docentes transitariam da carreira de enfermagem para a dos professores do ensino superior[1226].

---

[1224] *Estatuto da Ordem dos Enfermeiros. Carreira de Enfermagem e Ensino de Enfermagem*, Lisboa, Uislis Editores, 1996, pp. 207-214.

[1225] O Decreto-lei n.º 480/88 estabelecia uma série de condições de equivalência para os profissionais que tinham obtido formação no passado. De qualquer forma, estava previsto um regime de transição, sendo que, por um período não superior a cinco anos, poderiam continuar a ser ministrados o curso de Enfermagem Geral e o da Escola Técnica de Enfermagem, os cursos de especialização em enfermagem e o Curso de Pedagogia e Administração para enfermeiros especialistas (art. 12.º).

[1226] Lucília Rosa Mateus Nunes, *op. cit.*, p. 336.

A Portaria n.º 821/89 de 15 de Setembro fixou a rede das escolas superiores de enfermagem, entre as quais a Escola de Enfermagem do Dr. Ângelo da Fonseca, que passaria a designar-se Escola Superior de Enfermagem do Dr. Ângelo da Fonseca[1227]. No ano seguinte a Escola começou a leccionar os primeiros cursos superiores de enfermagem; a partir de 1995, passou a ministrar cursos de estudos superiores especializados em enfermagem; em 1998 iniciou cursos de pós-graduação[1228]. Finalmente, em 1999, começou a leccionar a licenciatura em enfermagem.

Foi pelo Decreto-lei n.º 353/99 de 3 de Setembro que se conferiu o grau de licenciatura à formação básica em enfermagem. De acordo com Lucília Nunes, foi a Lei n.º 115/97 de 19 de Setembro que abriu essa possibilidade, permitindo aos educadores de infância e aos professores dos ensinos básico e secundário, titulares de um diploma de bacharelato ou equivalente, adquirirem o grau académico de licenciatura[1229]. Tratou-se, depois, de aplicar tal regulamentação aos enfermeiros.

---

[1227] Portaria n.º 821/89, *Diário da República*, I Série, n.º 213, 15 de Setembro de 1989.
[1228] Informação colhida em www.eseaf.pt (05/08/06).
[1229] Lucília Rosa Mateus Nunes, *op. cit.*, p. 341.

# VIII – O LAR DAS ALUNAS-ENFERMEIRAS DE COIMBRA (LAEC)

## 1. Criação e instalações

O Decreto-lei n.º 36.219 de 10 de Abril de 1947 estipulava que os cursos de enfermagem funcionariam, «quando possível, em regime de internato, devendo para esse efeito ser construídos ou adaptados os alojamentos indispensáveis» (art. 1.º, § 2.º)[1230]. A Direcção da Escola Ângelo da Fonseca procurou então instalar uma residência obrigatória para as suas alunas, «convencida de que essa é [...] a única forma de preparar moral e socialmente as candidatas a enfermeiras»[1231]. Na opinião de Coriolano Ferreira, a enfermagem «exige conceitos particulares de vida, capacidade de adaptação ao meio, doação e generosidade, espírito de cooperação, disciplina e renúncia» e «só em regime de seminário é possível seleccionar as candidatas e preparar as escolhidas».

Foi assim criado, sob a forma de instituição particular de assistência, o Lar das Alunas-Enfermeiras de Coimbra (LAEC), destinado, como o próprio nome indica, não só às alunas dos cursos de enfermagem, mas também às enfermeiras recém-formadas, a trabalhar nos Hospitais da Universidade enquanto estagiárias-bolseiras. Os Estatutos do LAEC foram aprovados por despacho do Subsecretário de Estado da Assistência Social de 3 de Agosto de 1949 e o respectivo Regulamento Geral mereceu a aprovação da Comissão Instaladora do Lar e da Direcção da Escola em 28 de Outubro de 1949. As relações entre o LAEC, a Escola e os HUC seriam reguladas por um Acordo de Cooperação, superiormente aprovado e revisto anualmente[1232].

O LAEC funcionou em várias instalações e em diversas residências ao mesmo tempo, como documenta o Quadro seguinte.

---

[1230] Decreto-lei n.º 36.219, *Diário do Governo*, I Série, n.º 81, 10 de Abril de 1947.

[1231] Coriolano Ferreira, «Escola de Enfermagem do Doutor Ângelo da Fonseca» in *Dez anos de história dos HUC...*, pp. 145-146. A importância atribuída pelo autor aos lares de alunas de enfermagem e enfermeiras é patente na obra *Programa para a construção de um lar-escola e uma casa de enfermeiras, anexos a um hospital central, Relatórios e Estudos de Administração Hospitalar X*, separata de *Hospitais Portugueses*, n.º 139, 1964, na qual apresenta soluções modelares quanto à dimensão, à localização e às valências daqueles equipamentos.

[1232] Em Novembro de 1949 o Director-Geral da Assistência informou a Escola da aprovação do "Regulamento do Internato" e dos acordos de cooperação celebrados entre o LAEC, os HUC e a Escola. Ver AESEAF, B-21,1,1, Correspondência Recebida, 1949, 7 de Novembro de 1949.

| Designação / Localização | Período de funcionamento | Destinatárias |
|---|---|---|
| Rua Antero de Quental, n.º 123 | 1949-1950 | Alunas da Escola |
| "Lar Sede" (a partir de 1952), Rua Venâncio Rodrigues, n.º 7 e 7A | 1950 – Meados da década de 1960 | Alunas do curso geral e do curso de auxiliares (a partir de 1952, apenas alunas do curso geral) |
| Rua Castro Matoso, n.º 11 | 1951 | Enfermeiras dos HUC (a partir de 1952, alunas do curso de auxiliares) |
| "Residência Velha", um dos pavilhões do Bloco Hospitalar de Celas | 1952-1958 | Enfermeiras dos HUC |
| "Lar do Castelo", Hospital dos Lázaros ou do Castelo, junto aos HUC | Modelos da década de 1950 | Alunas do curso de auxiliares |
| Quartos no sótão dos HUC, no Colégio das Artes | 1958-1959 | Enfermeiras dos HUC |
| "Residência Nova", Avenida Bissaia Barreto, n.º 185 e 191 | 1959 | Enfermeiras dos HUC |
| "Lar CO", rés-do-chão da Clínica Obstétrica Daniel de Matos (Alameda Dr. Júlio Henriques) | Final da década de 1950 – Final da década de 1960 | Alunas do curso de auxiliares |
| "Lar Sede", Avenida Bissaia Barreto, n.º 52 | Meados da década de 1960 | Alunas do curso geral |
| Rua Alexandre Herculano, n.º 17 | Final da década de 1960 | Alunas do curso de auxiliares |

Quadro 36 – Residências do LAEC.

A primeira residência abriu em Setembro de 1949, instalando-se num edifício alugado, situado na Rua Antero de Quental, n.º 123[1233]. No mês de Julho, o Director da Escola tinha dirigido um ofício ao Director-Geral de Assistência pedindo autorização para outorgar o contrato de arrendamento de um outro edifício, situado no n.º 55 da mesma Rua[1234]. De modo a dar cumprimento ao disposto no Decreto-lei de 1947, e enquanto não fossem construídas nos Hospitais as instalações adequadas, a Escola decidira, com o consentimento do Subsecretário da Assistência Social, arrendar um edifício destinado ao internato das alunas. O prédio em causa, cuja renda seria de 3.000$00 mensais, adequava-se àquela função, apesar de a sua principal vantagem ser a zona em que se situava, considerada «das melhores da cidade, sossegada, sadia e servida com bons meios de transporte». Daí que, embora a escolha final acabasse por recair noutro edifício, se tivesse mantido a opção pela Rua Antero de Quental.

---

[1233] Ver Coriolano Ferreira, op. cit., p. 148; Nídia Salgueiro, «Lares de Alunas(os) de Enfermagem...»., p. 86 e «O vestuário do pessoal de enfermagem (II): o domínio do branco», Referência, n.º 5, Novembro de 2000, p. 80.
[1234] AESEAF, B-20,1,1, Correspondência Expedida, 1949-1950, 4 de Julho de 1949. A casa, de dois andares, estava «isolada no meio de um jardim onde se poderá fazer campo de jogos e de ginástica».

De qualquer forma, o LAEC ocupou o n.º 123 daquela Rua durante apenas um ano. Em Setembro de 1950, mudou-se para um outro edifício alugado, maior e mais próximo dos Hospitais, situado na Rua Venâncio Rodrigues, n.º 7 e 7A. Esta residência destinava-se às alunas do curso geral e do curso de auxiliares. Em Novembro de 1951, para dar apoio às enfermeiras que, acabado o curso, tinham de pagar com trabalho a alimentação recebida nos Hospitais, arrendou-se mais uma casa, situada na Rua Castro Matoso, n.º 11, 1.º e 2.º andares. No ano lectivo seguinte, de 1952/53, aquele prédio foi destinado às alunas do curso de auxiliares, uma vez que se transformou em residência de enfermeiras um dos pavilhões hospitalares de Celas[1235]. O edifício da Rua Venâncio Rodrigues passou a albergar exclusivamente as alunas do curso geral, assumindo também a função de Lar Sede. Ali residiam a Monitora-Chefe da Escola e o restante corpo docente feminino (monitoras e assistentes), com excepção de uma assistente de monitora, que acompanhava as alunas do curso de auxiliares, no "Lar Castro Matoso".

Fotos 95 e 96 – "Lar Castro Matoso" (à esquerda), destinado primeiro às enfermeiras dos HUC e depois às alunas do curso de auxiliares, e "Lar Venâncio" (à direita), o Lar Sede a partir de 1952, destinado às alunas do curso geral. Fonte: AFESEAF.

Entretanto, a promulgação do Decreto-lei n.º 38.884, de Agosto de 1952, viera reforçar o dever de o ensino de enfermagem ser feito em regime de internato. Num ofício dirigido ao Inspector-Chefe da Assistência Social em Dezembro desse ano, João Porto, director da Escola, afirmava ter sido esta a primeira e então ainda a única escola de enfermagem oficial a «estabelecer em bases firmes o regime de internato obrigatório» para as suas alunas[1236]. No entanto, a Escola Ângelo da Fonseca debatia-se com um sério problema de insuficiência de instalações, não só escolares mas também residenciais, o que, como se disse, condicionava o número de alunos a admitir. Os dois edifícios arrendados pelo LAEC eram «exíguos e inadaptáveis ao fim em vista. Não têm uma biblioteca, não têm um laboratório, não têm salas de estudo, não têm salas de convívio capazes. Em vez de quartos de 3 camas ou individuais, mantém-se o mau regime de camaratas de 6 camas. E, mesmo assim, a lotação mal chega para 60 alunas.» Como foi referido, o Director considerava «indispensável» construir de imediato um novo edifício para a Escola, incluindo uma parte residencial. Previa que, se tal não acontecesse dentro de dois anos, com o recentemente decretado prolongamento do curso geral para três anos, a Escola seria obrigada a encerrar o curso de auxiliares, pois a lotação ficaria totalmente esgotada com as candidatas a enfermeiras.

---

[1235] Segundo Alberto Mourão, esse pavilhão situava-se «imediatamente abaixo do Pavilhão de Infecciosas». Os profissionais de enfermagem do sexo masculino foram instalados no lado Sul do Bloco Hospitalar de Celas, no rés-do-chão do Pavilhão de Neurologia. Ver Alberto Mourão, *op. cit.*, pp. 69-71.
[1236] AESEAF, B-20,1,1, Correspondência Expedida, 1952-1953, 20 de Dezembro de 1952.

Não se construiu um novo edifício, mas criou-se o chamado "Lar do Castelo", instalado no Hospital dos Lázaros ou do Castelo, junto aos Hospitais da Universidade, e destinado às alunas do curso de auxiliares[1237]. Segundo Nídia Salgueiro, que foi co-responsável pelo governo desse Lar e pela orientação das alunas no ano lectivo de 1955/56, «no 2.º andar ficavam as camaratas com os beliches, uma bateria de casas de banho, as salas de estar e estudo e o quarto das duas responsáveis (enfermeiras assistentes da EEAF). No 1.º andar, os serviços de apoio.» Tratou-se de uma instalação provisória, durante o período entre a transferência dos doentes e serviços do Hospital dos Lázaros para os pavilhões de Celas e a demolição do edifício, integrada nas obras de construção da Cidade Universitária.

Fotos 97 e 98 – Duas perspectivas do "Lar do Castelo". No espaço ocupado pelo antigo Hospital dos Lázaros ou do Castelo encontram-se actualmente o Departamento de Matemática da Universidade de Coimbra e parte do Largo D. Dinis. Fonte: AFESEAF.

Nas vésperas daquela demolição, João Porto voltava a chamar a atenção para a urgência de atribuir novas instalações à Escola Ângelo da Fonseca, defendendo perante a Assembleia Nacional as vantagens da aquisição de um edifício que funcionasse como escola e como residência[1238]. Tais vantagens eram, desde logo, de ordem financeira, visto que a Escola já despendia anualmente 120.000$00 com a renda das duas casas usadas para residência de algumas alunas-enfermeiras e que, com a demolição do Hospital do Castelo, teria de gastar outro tanto ao arrendar uma casa para instalar as 110 alunas ali alojadas. O Director da Escola lamentava novamente que o número de admissões nos cursos tivesse de se cingir às possibilidades de alojamento, dando conta de que, de 1231 alunos candidatos nos sete anos anteriores, apenas 740 tinham sido admitidos, «aqueles que as casas de que dispúnhamos puderam alojar». A Escola via-se mesmo obrigada a condicionar as aprovações nos exames de aptidão ao *numerus clausus*. Tratava-se de uma situação perversa: «Se o número de concorrentes à enfermagem é mais elevado, corre-se o risco de ter de se reprovar quem não merece ou então de quebrar as esperanças [...] de quem possui o direito de as alimentar».

No mesmo sentido, em Julho de 1957, João Porto informava o Director-Geral de Assistência de que se vinha registando um aumento progressivo do movimento de alunos, embora uma grande percentagem dos concorrentes não fosse admitida, dada

---

[1237] Ver Nídia Salgueiro, «Lares de Alunas(os) de Enfermagem...», p. 86.
[1238] Sessão da Assembleia Nacional de 13 de Dezembro de 1956, http://debates.parlamento.pt (11/02/06).

a insuficiência dos edifícios residenciais[1239]. Para obviar a essa situação, a Direcção do Lar estaria a estudar a possibilidade de arrendar novas instalações.

No entanto, o novo arrendamento só se concretizaria em 1959. Em Janeiro desse ano, num ofício dirigido ao Inspector-Chefe da Assistência Social, o Director da Escola dava conta das necessidades mais urgentes da instituição, considerando «indispensável adquirir por compra ou arrendamento um imóvel para a instalação de um Lar que permita o alojamento de 80 alunas»[1240]. Reputava que a compra não seria possível por menos de 4.000.000$00 e o arrendamento, de 18.000$00 mensais. Para além disso, a Escola precisaria de cerca de 300.000$00 para a aquisição de equipamento, destinado aos quartos, às salas de jantar e salas de estar, à cozinha e à copa do imóvel.

Em Novembro de 1959, de acordo com um ofício remetido ao Director-Geral de Assistência, o LAEC já tinha «arrendados 3 edifícios situados nas imediações destes Hospitais destinados ao internato das nossas alunas», quer dizer, haveria um outro lar para além do Lar Sede e do "Lar Castro Matoso"[1241]. Na verdade, no mês seguinte, em reunião do Conselho Administrativo da Escola, seria aprovado o aumento do subsídio concedido ao LAEC, previsto no Acordo de Cooperação entre o Lar, a Escola e os HUC, de 40.000$00 para 70.000$00, de modo a que a instituição pudesse custear as despesas com o arrendamento de outro edifício para alojamento das alunas, contratado naquele ano[1242].

O novo edifício, situado na Avenida Bissaia Barreto, n.ºs 185 e 191, destinava-se essencialmente a residência de enfermeiras e ficou conhecido por "Residência Nova", por oposição à "Residência Velha", instalada, como se disse, num pavilhão do Bloco Hospitalar de Celas cedido pelos HUC (Foto 99). Segundo Nídia Salgueiro, em 1958 as enfermeiras foram desalojadas desse pavilhão, requerido para serviços hospitalares[1243]. Em alternativa, foram-lhes oferecidos quartos no sótão do Hospital, no Colégio das Artes, «sem o mínimo de condições, nem casas-de-banho» (Fotos 100 a

Foto 99 – "Residência Velha". Fonte: AFESEAF.

---

[1239] AESEAF, B-20,1,1, Correspondência Expedida, 1957, 29 de Julho de 1957. Somando os alunos dos 1.º e 2.º anos do curso geral, do curso de auxiliares e do curso complementar, o movimento fora o seguinte: no ano lectivo de 1955/56, 143 alunos; no ano lectivo de 1956/57, 164, ou seja, um acréscimo de 21 alunos.

[1240] AESEAF, B-21,5,1, Correspondência Recebida e Expedida, 1959, 8 de Janeiro de 1959.

[1241] AESEAF, B-21,5,1, Correspondência Recebida e Expedida, 1959, 21 de Novembro de 1959. Pela renda mensal desses edifícios, o Lar pagava o montante de 9.500$00.

[1242] AESEAF, 35,4,5, *Livro de Actas do Conselho Administrativo*, acta n.º 34, 30 de Dezembro de 1959, fl. 33. Ver também AESEAF, B-21,5,1, Correspondência Recebida e Expedida, 1960, 31 de Maio de 1960.

[1243] Nídia Salgueiro, «Lares de Alunas (os) de Enfermagem...», pp. 87-88.

102). A autora citada, que passou pela experiência, classifica-a de «revoltante», pelo que, depois de temporariamente alojadas no "Lar Castro Matoso", as enfermeiras foram transferidas para a "Residência Nova". Em 1961 o administrador dos HUC e da Escola, Mário Miguel Gândara Norton, congratulava-se por estar resolvido o «grave problema» do alojamento das enfermeiras, que «era causa perturbadora nos serviços e em nada estimulava a fixação das profissionais»[1244].

Fotos 100 a 102 – Quartos no sótão do Hospital. Fonte: AFESEAF.

Fotos 103 a 107 – "Residência Nova", situada na Avenida Bissaia Barreto e destinada a enfermeiras dos HUC: fachada, sala de visitas, sala de estar, sala de jantar e quarto. Fonte: AFESEAF.

Por outro lado, houve que procurar novo alojamento para as alunas do curso de auxiliares que se encontravam no "Lar do Castelo". Foram instaladas no rés-do-chão do edifício da Clínica Obstétrica Daniel de Matos (Foto 108), situado na Alameda Dr. Júlio Henriques e em cujo primeiro andar funcionava a Maternidade dos HUC. O "Lar CO", como ficou conhecido, era constituído por camaratas com beliches, ficando a cozinha e o refeitório num pequeno edifício anexo[1245].

Portanto, no início da década de 1960, o LAEC encontrava-se disperso «pela nova residência da Avenida Dr. Bissaia Barreto, e pelos antigos [Lares] de Celas, das Ruas Venâncio Rodrigues e Castro Matoso, e Maternidade»[1246]. Num ofício dirigido ao

---

[1244] AESEAF, B-21,1,1, Correspondência Expedida, 1961, 19 de Maio de 1961.
[1245] Nídia Salgueiro, «Lares de Alunas(os) de Enfermagem...», pp. 88-89.
[1246] AESEAF, B-20,1,1, Correspondência Expedida, 1961, 19 de Maio de 1961.

Foto 108 – "Lar C.O.". Fonte: AFESEAF.

Inspector-Chefe da Assistência Social, o Administrador da Escola dava conta de que os edifícios do LAEC não estavam «devidamente equipados com mobiliário e roupas», esclarecendo ainda que, mesmo na nova residência, «sem dúvida um bloco moderno, atraente e alegre», «choca o seu interior, onde tudo foi improvisado com camas velhas, roupas várias e antigas sem qualquer motivo decorativo ou ambiente acolhedor». Deste modo, e porque se procurava «promover no novo prédio arrendado uma instalação condigna», requeria-se um subsídio para mobiliário e roupas destinados à "Residência Nova", no valor total de 114.790$00 e cujo rol se reconstitui no Quadro seguinte.

| Mobiliário de quarto | | |
|---|---|---|
| Camas | 30 | 14.550$00 |
| Mesinhas de cabeceira | 30 | 8.700$00 |
| Guarda-fatos duplos | 13 | 22.360$00 |
| Guarda-fatos simples | 4 | 5.200$00 |
| Cadeirões | 14 | 5.600$00 |
| Bancos de toilete | 14 | 2.520$00 |
| Toiletes | 14 | 15.400$00 |
| | | 74.330$00 |
| Mobília de sala de estar | | |
| Mesinha | 1 | 720$00 |
| Maple | 1 | 1.500$00 |
| Cadeirões | 3 | 2.640$00 |
| Cadeiras | 2 | 720$00 |
| | | 5.580$00 |
| Roupas | | |
| Lençóis | 100 | 4.550$00 |
| Cobertores de lã | 60 | 6.000$00 |
| Cobertores de algodão | 30 | 2.100$00 |
| Cobertas de algodão | 40 | 2.400$00 |
| Cobertas de cretone | 30 | 2.100$00 |
| Fronhas para almofadas | 60 | 750$00 |
| Almofadas grandes | 30 | 300$00 |
| Toalhas turcas | 120 | 1.680$00 |
| Colchões "Molaflex" | 30 | 15.000$00 |
| | | 34.880$00 |
| | Total | 114.790$00 |

Quadro 37 – «Estimativa do mobiliário e roupas para a Nova Residência de Celas» (1959).
Fonte: AESEAF, B-21,1,1, Correspondência Expedida, 1961, 19 de Maio de 1961.

Para além da insuficiência de material, o LAEC enfrentava outros problemas, decorrentes sobretudo da multiplicidade e da dispersão dos seus edifícios. Já em 1959 o Administrador da Escola comunicava ao Director-Geral da Assistência que «seria de grande conveniência para os serviços poder concentrar num edifício único todos os Lares já porque a sua dispersão acarreta grande dispêndio de valores para o referido Lar e ainda por as instalações não conseguirem satisfazer as necessidades existentes»[1247]. O próprio Relatório de actividades da Escola (1965 e 1.º trimestre de 1966) dava conta, ao nível do internato, de «dificuldades de vigilância, unidade e uniformidade por existirem várias casas», o que conduzia a «duplicação de funções, sobrecarga de pessoal e maior despesa», sobretudo com transportes[1248].

De facto, a dispersão dos Lares e a distância a que se encontravam da Escola e dos Hospitais criava problemas às próprias alunas, tendo sido, por várias vezes, comunicada à Administração da Escola a necessidade de um meio de transporte para a deslocação entre os diversos pontos de estágio, aulas e Lares. Não havendo transportes colectivos directos nos trajectos em causa, as alunas eram obrigadas a percorrer diariamente grandes distâncias, o que levava a que a maior parte adoecesse, andasse cansada e baixasse de rendimento escolar, especialmente no Inverno[1249]. Em 1973 a questão estaria ainda por resolver, visto que a Direcção da Escola deliberava incluir uma carrinha para transporte de alunos na lista de equipamento necessário a ser subsidiado no âmbito do III Plano de Fomento, aquisição que vinha sendo cortada em listas anteriores pelas autoridades superiores[1250].

Foto 109 – As alunas sobem as Escadas Monumentais, vindas dos Lares e a caminho da Escola. Fonte: AFESEAF.

Agravando o problema da dispersão dos Lares, na segunda metade da década de sessenta o LAEC passou a incluir mais um edifício, sito na Avenida Bissaia Barreto, n.º 52, e «acabado de construir»[1251]. Ali foram instaladas, «em óptimas condições», as alunas do curso geral e as monitoras, sendo transferida para o novo edifício a sede do LAEC. Para além disso, o prédio passaria a albergar a Biblioteca e o refeitório da Escola Ângelo da Fonseca, os quais serviam toda a população escolar.

---

[1247] AESEAF, B-21,5,1, Correspondência Recebida e Expedida, 1959, 21 de Novembro de 1959.
[1248] Ver AESEAF, B-20,1,1, Correspondência Expedida, 1966, 3 de Junho de 1966, «Relatório de actividades da Escola (1967 e 1.º trimestre de 1968)»; idem, 1968, 30 de Maio de 1968.
[1249] AESEAF, 35,4,3, Livro de Actas do Conselho de Direcção, acta n.º 139, 13 de Janeiro de 1970, fls. 64/65.
[1250] AESEAF, 35,4,9, Livro de Actas da Direcção da Escola, acta n.º 2, 8 de Fevereiro de 1973, fls. 3/4. A lista tinha sido requerida pela Direcção-Geral dos Hospitais.
[1251] Nídia Salgueiro, «Lares de Alunas(os) de Enfermagem...», p. 88.

Fotos 110 a 112 – Novo Lar Sede, na Avenida Bissaia Barreto: quarto, sala de estar e sala de estudo. Fonte: AFESEAF.

Da «Justificação do agravamento da despesa» para o ano de 1965/66, incluída no respectivo Relatório de actividades da Escola, constava já o «aumento de subsídios ao Lar para encargos de arrendamentos de novas instalações»[1252]. No entanto, só no Relatório de 1967/68 se encontra a primeira indicação concreta da existência do novo Lar Sede, na Avenida Bissaia Barreto, com cujo equipamento se despendeu o montante de 215.000$00[1253]. Nesse ano, as alunas e as enfermeiras beneficiárias do LAEC distribuíam-se pelos vários edifícios da seguinte forma (ver Quadro).

| Edifícios | Número de beneficiárias |
| --- | --- |
| «Residência dos baixos da Maternidade Dr. Daniel de Matos» | 80 alunas |
| Lar Sede da Avenida Bissaia Barreto | 80 alunas |
| Lar da Rua Venâncio Rodrigues | 30 enfermeiras dos HUC |
| "Residência Velha" de Celas | 50 alunas |
| "Residência Nova" da Avenida Bissaia Barreto | 90 auxiliares de enfermagem dos HUC |

Quadro 38 – Distribuição das alunas e enfermeiras pelos edifícios do LAEC (1967/68).
Fonte: AESEAF, B-20,1,1, Correspondência Expedida, 1968, 30 de Maio de 1968.

No Plano de acção para o ano de 1969, como se disse, a Escola reafirmava a esperança na aquisição de um edifício próprio, que reunisse as condições necessárias para o ensino e o alojamento dos alunos. Todavia, enquanto tal não se concretizasse, era preciso «um edifício único com capacidade para 150 alunas para o curso de Auxiliares de Enfermagem». De facto, o LAEC alugaria ainda um outro edifício, situado na Rua Alexandre Herculano, n.º 17 (Foto 113), destinado às alunas do curso de auxiliares, uma vez que foi necessário deixar as instalações da Clínica Daniel de Matos, requisitadas pelos HUC[1254].

De qualquer modo, o novo edifício foi usado como internato durante pouco tempo, devido à abolição do curso de auxiliares em Setembro de 1974. Ainda em Julho, tendo já decidido que não abriria aquele curso no ano seguinte, a Direcção da Escola ponderava acerca da utilização a dar às instalações do "Lar Alexandre Herculano"[1255]. Deliberou--se oficiar ao senhorio pedindo que procedesse a obras de beneficiação e que autorizasse a realização de obras de adaptação, afim de as instalações serem usadas para serviços escolares, refeitório de alunos, salas de convívio e de aulas, etc.

---

[1252] AESEAF, B-20,1,1, Correspondência Expedida, 1966, 3 de Junho de 1966.
[1253] AESEAF, B-20,1,1, Correspondência Expedida, 1968, 30 de Maio de 1968.
[1254] Nídia Salgueiro, «Lares de Alunas(os) de Enfermagem...», p. 89.
[1255] AESEAF, 35,4,9, Livro de Actas da Direcção da Escola, acta n.º 21, 25 de Julho de 1974, fls. 43/45.

Foto 113 – "Lar Herculano". Fonte: AFESEAF.

O edifício ficou vago em 1975 e foi, entretanto, «ocupado, à guisa de assalto», pelos alunos da Escola, que estavam alojados em condições precárias[1256]. Na verdade, se para as alunas, incluindo as que residiam com as suas famílias em Coimbra, o internato era obrigatório, para os alunos não havia residência. Segundo Nídia Salgueiro, estes ficavam alojados em quartos da Alta da cidade, sem condições e muito dispendiosos. Na segunda metade da década de cinquenta foi instalada uma residência para rapazes nos andares superiores do edifício da Casa de Pessoal dos HUC, situado na Rua de Tomar, n.º 5, tendo como responsáveis dois enfermeiros assistentes da Escola. Porém, essa residência não teve uma vida longa e só em 1974 há notícia de uma nova tentativa de se corresponder aos interesses dos alunos do sexo masculino, mais precisamente, a Directora propunha que se considerasse a possibilidade de estender aos rapazes todas as regalias que estavam a ser concedidas às alunas através dos Lares[1257].

Quando a Comissão Instaladora da EEAF tomou posse, em Março de 1977, os alunos já se encontravam alojados no edifício da Rua Alexandre Herculano. Nessa altura, a Comissão recebeu um pedido da Directora do Centro de Saúde Mental Infantil, no sentido de o edifício ser cedido àquela instituição, dadas as más condições em que as crianças utentes se encontravam então instaladas. Segundo Nídia Salgueiro, «não foi fácil o processo negocial com os alunos» para que deixassem o edifício, mas acabaram por concordar com a transferência para o Lar Sede, que passava assim a ser misto[1258]. Tal medida também não terá sido pacífica, «com alguma resistência das alunas e críticas mordazes dos docentes mais puritanos».

No mesmo sentido, o Relatório de Actividades da Escola de 1978 dá conta de que no final de 1977 se iniciaram diligências no sentido de proceder à transferência dos alunos, tratando-se de um «processo moroso e [que] implicou um trabalho de discussão

---

[1256] Nídia Salgueiro, «Lares de Alunas(os) de Enfermagem...», p. 86-87.

[1257] AESEAF, 35,4,9, *Livro de Actas da Direcção da Escola*, acta n.º 13, 15 de Março de 1974, fls. 29v/30. Na altura, o assunto ficou para estudo. Em 1967 os alunos do curso de auxiliares em estágio escolar haviam requerido ao Conselho de Direcção um subsídio para alojamento, visto estarem prejudicados em relação aos alunos do sexo feminino quanto ao direito a alimentação e alojamento gratuitos, estabelecido no Regulamento, lutando com dificuldades económicas para fazer face às despesas. O Conselho deliberou fazer um estudo financeiro para resolver a situação (AESEAF, 35,4,3, *Livro de Actas do Conselho de Direcção*, acta n.º 123, 22 de Novembro de 1967, fls. 30v./32).

[1258] Nídia Salgueiro, «Lares de Alunas(os) de Enfermagem...», p. 89. Alunas e alunos ocuparam quartos em andares diferentes, sendo as instalações de apoio comuns. De resto, tal já acontecia, visto que no Lar Sede se encontravam a Biblioteca e o refeitório da Escola, utilizados por todos os alunos.

e mentalização, já que nem alunos, nem alunas aceitavam essa junção»[1259]. Foi necessário também estudar novas normas de funcionamento. De acordo com a Comissão Instaladora, para além da libertação de um edifício reclamado por uma instituição muito carenciada, a passagem dos alunos para o Lar Sede visava quer uma melhor gestão dos Lares, quer a concretização de «uma experiência de Lar misto», útil na preparação para a nova Residência da Escola, que seria destinada a alunos de ambos os sexos. O edifício do "Lar Alexandre Herculano" foi finalmente desocupado e entregue em Maio de 1978.

## 2. Os Estatutos do LAEC (1949)

Os Estatutos do LAEC foram aprovados por despacho governamental de 3 de Agosto de 1949[1260]. Era assim criada «uma instituição destinada a prestar auxílio material, profissional e moral às alunas de enfermagem, inscritas nos cursos técnicos da Escola de Enfermagem "Dr. Ângelo da Fonseca"» (art. 1.º). O LAEC podia também prestar assistência a enfermeiras dos Hospitais da Universidade, nos cinco anos seguintes à conclusão do curso, desde que tivessem sido admitidas como associadas enquanto estudantes, e às alunas de outras escolas de enfermagem que funcionassem em Coimbra (art. 2.º). A assistência às enfermeiras e às alunas de outras escolas estava dependente de uma «deliberação especial da Direcção», a qual, pelo menos no caso das alunas, seria condicionada pelas limitações do LAEC a nível de instalações[1261].

De acordo com os seus fins, o LAEC propunha-se manter uma habitação onde pudessem viver associadas solteiras que o requeressem; facultar-lhes refeições a preços económicos; concorrer para a sua formação profissional e moral; orientá-las e protegê-las no início da carreira profissional e no seu progressivo aperfeiçoamento; promover a criação de um fundo social para prestação de socorros; e, de modo geral, estudar e pôr em prática todas as medidas tendentes a proteger as associadas e a «elevar-lhes o nível cultural, moral e profissional» (art. 3.º).

O Lar funcionava em estreita ligação com a Escola Ângelo da Fonseca e com os HUC (art. 4.º). De uma maneira geral, tal implicava a possibilidade de estabelecer com aqueles organismos os entendimentos que pudessem facilitar e ampliar a sua acção. Mais concretamente, o Lar podia facilitar às alunas do curso de Pré-Enfermagem da Escola, que não eram suas associadas, «excursões, salas de estudo e trabalhos escolares, de modo a favorecer nelas o espírito e cultura indispensáveis às enfermeiras». Podia também contratar com os Hospitais a confecção e o transporte das refeições destinadas

---

[1259] AESEAF, 36,2,3, *Relatório da EEAF*, «Relatório de Actividades da Escola de Enfermagem Dr. Ângelo da Fonseca (1978)», p. 4.

[1260] *Diário do Governo*, II Série, n.º 209, 8 de Setembro de 1949. O documento que contém os Estatutos encontra-se na Secretaria da Escola Superior de Enfermagem Dr. Ângelo da Fonseca.

[1261] Veja-se, por exemplo, um ofício dirigido pelo Administrador da Escola ao Inspector-Chefe da Assistência Social, em 1962, acerca de um requerimento feito por uma aluna da Escola de Enfermagem Rainha Santa Isabel. Mário Norton informava de que a Escola Ângelo da Fonseca dispunha de escassas instalações para alojar outros alunos além dos seus. Por outro lado, considerava que, se essa petição fosse atendida, depressa surgiriam outras, «pois as alunas do curso de Auxiliares são na sua maioria pessoas economicamente necessitadas». AESEAF, B-20,1,1, Correspondência Expedida, 1962, 13 de Junho de 1962.

às suas beneficiárias. De facto, em 1962, o Administrador da Escola comunicava ao Inspector-Chefe da Assistência que as refeições dos alunos eram confeccionadas na cozinha dos Quartos Particulares dos HUC; as alunas internas recebiam-nas nos Lares, enquanto as alunas externas e os alunos as tomavam no refeitório dos HUC[1262]. A dependência do Lar, e consequentemente da Escola, em relação aos Hospitais ao nível da alimentação levou mesmo ao adiamento da abertura das aulas no ano lectivo de 1962/63, visto que o prolongamento de umas obras nas cozinhas dos HUC impediu o fornecimento das refeições ao LAEC logo desde o início de Outubro[1263].

A íntima ligação entre o Lar e os Hospitais era também evidente no facto de o pessoal doméstico do LAEC ser pago pelos HUC, a partir do ano lectivo de 1952/53, bem como no fornecimento gratuito de medicamentos às alunas do Lar, nos mesmos termos que ao pessoal hospitalar, até 1951/52[1264]. Trata-se de dois aspectos constantes do Acordo de Cooperação, sendo o primeiro justificado pelo Director da Escola com a necessidade de promover uma maior fixação do pessoal doméstico do Lar, constituído por seis criadas, as quais, perante um «trabalho extenuante» («levantam-se todos os dias às 6 da manhã para prepararem o pequeno-almoço das alunas») e notando que as suas colegas do Hospital, com serviço mais moderado, usufruíam de vantagens superiores, requeriam transferência para os HUC. Em relação aos medicamentos, gratuitos para os empregados hospitalares quando internados, foram-no também, em princípio, para as alunas do Lar, sujeitas a um regime de internamento obrigatório. Mesmo passando a cobrar-lhes os fármacos, a Direcção dos HUC fixou o pagamento em metade do custo, mantendo uma situação de privilégio, visto tratar-se de «estudantes que não recebem qualquer vencimento e que [...] dão aos Hospitais muitas horas de trabalho por dia».

Os sócios do LAEC distribuíam-se por quatro categorias, designadamente, honorários, benfeitores, subscritores e efectivos (art. 5.º a 9.º). Os primeiros eram os que tivessem prestado ao Lar serviços merecedores de tal distinção; os segundos eram os que, por uma ou mais vezes, lhe fizessem donativos de valor não inferior a 1.000$00; os subscritores eram os que pagassem uma cota mensal, de valor não inferior a 5$00. Os sócios efectivos eram as alunas dos cursos de auxiliares de enfermagem, geral e complementar da Escola Ângelo da Fonseca, as quais pagavam uma cota mensal a fixar pela Direcção[1265]. A admissão dos sócios competia à Direcção do Lar, excepto a dos honorários, da responsabilidade da Assembleia-geral. O mesmo era válido para a eliminação dos sócios, nos casos em que se provasse não terem idoneidade moral, serem prejudiciais à disciplina e ao bom nome do Lar ou terem em dívida mais de três meses da sua mensalidade (art. 10.º). A Direcção podia ainda suspender temporária ou definitivamente as regalias dos sócios, quando averiguasse que não eram merecedores delas (art. 11.º).

A direcção e a administração do Lar cabiam à Assembleia-geral e à Direcção (art. 12.º). A primeira era constituída por todos os sócios efectivos e tinha as seguintes competências: eleger anualmente os vogais da Direcção; conferir o título de sócio

---

[1262] AESEAF, B-21,5,1, Correspondência Recebida e Expedida, 1962, 19 de Julho de 1962.
[1263] AESEAF, B-20,1,1, Correspondência Expedida, 1962, 13 de Outubro de 1962. O Administrador da Escola informava o Inspector-Chefe do adiamento da abertura das aulas para o dia 22 de Outubro.
[1264] AESEAF, B-20,1,1, Correspondência Expedida, 1952, 22 de Setembro de 1952.
[1265] Em meados dos anos de 1960 essa cota anual tinha o valor de 50$00.

honorário; aprovar as contas de gerência; pronunciar-se sobre a aquisição ou alienação de bens móveis e imóveis e sobre a realização de empréstimos; aprovar as alterações dos Estatutos e deliberar sobre a dissolução do Lar (art. 13.º). A Assembleia-geral era convocada pelo Presidente da Mesa, que era também o Presidente da Direcção, todas as vezes que fosse necessário decidir sobre assuntos da sua competência (art. 14.º).

A Direcção era formada por cinco membros, nomeadamente, o Presidente, o Vice--Presidente, o Tesoureiro e dois Vogais (art. 15.º). O Secretário ou Administrador e a Monitora-Chefe da Escola Ângelo da Fonseca exerciam, respectivamente, as funções de Presidente e Vice-Presidente, enquanto o lugar de Tesoureiro era ocupado por uma representante da Direcção dos HUC, escolhida entre as enfermeiras ou assistentes sociais do respectivo quadro de pessoal. Os dois Vogais eram eleitos anualmente entre as sócias efectivas.

Reunindo ordinariamente duas vezes por mês e extraordinariamente mediante convocação do Presidente, a Direcção tinha a responsabilidade de «dirigir e administrar a instituição, manter nela a disciplina, ampliar a sua actividade e alcance e defender-lhe o bom nome e prestígio sociais» (art. 16.º, 1.º). Tal implicava funções concretas como organizar os orçamentos, cobrar as receitas, efectuar as despesas e prestar contas da gerência; manter sob a sua guarda e responsabilidade os bens e valores pertencentes à instituição; velar pela boa ordem, eficiência e perfeição dos serviços; elaborar o quadro de pessoal e efectuar as respectivas nomeações; admitir e eliminar os sócios; deliberar sobre a aceitação de heranças, doações, legados e outros donativos; providenciar no sentido da obtenção dos meios financeiros necessários ao Lar; elaborar os regulamentos indispensáveis à execução dos fins da instituição; e representá-la em juízo ou fora dele (art. 16.º)[1266].

Coriolano Ferreira, que foi Presidente da Direcção do Lar nos anos cinquenta, salientava o facto de a instituição ter direcção e administração independentes e, sobretudo, a participação das alunas na sua gestão[1267]. O órgão superior, a Assembleia--geral, era constituído por todas as associadas, como se disse, e tinha o poder de julgar a actuação da Direcção ao discutir e aprovar anualmente as contas de gerência. Quanto à Direcção, que orientava a vida da instituição, contava com a presença de alunas. Para além disso, «de tempos a tempos, reúne a comunidade para discussão de todos os problemas que interessam à vida do Lar. Aí as alunas emitem livremente o seu voto, concordando ou discordando da actuação da direcção». Por outro lado, também no quotidiano da instituição as alunas seriam chamadas a assumir «a maior parte das responsabilidades de vigilância e direcção», sendo que, por meio de escalas, cada uma se encarregava de dirigir os serviços de rouparia, higiene, saúde, estudo, orações, etc.

O Administrador da Escola considerava «ímpar» a experiência de internato realizada em Coimbra, dado que, «em vez dum internato rígido, governamental, com regulamentos inflexíveis [...], criou-se uma residência de tipo familiar, em que as alunas fazem parte da direcção, discutem, orientam e resolvem todos os problemas da casa, podendo,

---

[1266] A Direcção podia constituir comissões especiais compostas por sócios do Lar e destinadas a ajudá--la no desempenho das suas funções, bem como aceitar a colaboração de entidades singulares ou colectivas, estranhas à instituição (art. 17.º).
[1267] Coriolano Ferreira, «Escola de Enfermagem do Doutor Ângelo da Fonseca» *in Dez anos de história dos HUC...*, p. 146.

inclusivamente, expulsar qualquer das colegas que se torne indigna de pertencer à instituição». De acordo com esse espírito, o Lar fora constituído sob a forma de instituição particular de assistência, da qual todas as alunas dos cursos profissionais da Escola eram associadas.

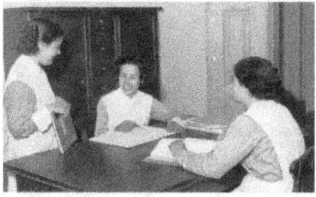

Foto 114 – «As alunas eleitas para a direcção discutem, compenetradas, os problemas administrativos do Lar.» Postal publicitário da Escola (década de cinquenta). Fonte: AFESEAF.

Em termos financeiros, os Estatutos identificavam como receitas do LAEC as cotizações dos sócios; as importâncias pagas pelos sócios beneficiários; os rendimentos de heranças, legados e doações; quaisquer donativos e o produto de festas e subscrições; os subsídios de qualquer natureza concedidos por hospitais, por escolas de enfermagem, por autarquias ou pelo Estado (art. 18.º). Os subsídios eram certamente a principal fonte de receitas do Lar. Nos termos do Acordo de Cooperação, a Escola devia conceder-lhe um subsídio de 100$00 mensais por cada aluna associada, bem como uma compensação anual no valor de 30.000$00 e depois de 70.000$00 para os gastos com o arrendamento de instalações, para além de apoio ao nível das despesas de manutenção. Assim, por exemplo, na reunião do Conselho Administrativo da Escola de Outubro de 1960, foram apresentados os números das alunas matriculadas e das que frequentavam a Escola em regime de internato, para efeito da concessão do subsídio respectivo ao Lar[1268]. Havia 115 alunas em internato, o que correspondia a um subsídio mensal de 11.500$00; a este acrescia um outro anual, no valor de 70.000$00.

Já em Junho de 1970, o Conselho de Direcção da Escola deliberou conceder ao Lar mais um subsídio de 100.000$00 para despesas de manutenção, visto que a sua situação financeira era então bastante precária (a receita ordinária era insuficiente para cobrir a despesa normal de manutenção)[1269]. A Escola apoiava o Lar de harmonia com o Acordo de Cooperação, mas também porque o subsídio ordinário de manutenção que lhe fora entregue para esse ano económico tinha aumentado. Tal sugeria a dependência financeira do LAEC em relação à Escola, bem como as dificuldades que a instituição enfrentaria se aquela não estivesse em condições de a auxiliar[1270].

Os Estatutos do Lar estipulavam ainda que, durante o período de instalação (nunca superior a dois anos), aquele seria dirigido por uma Comissão Instaladora (art. 22.º),

---

[1268] AESEAF, 35,4,5, *Livro de Actas do Conselho Administrativo*, acta n.º 41, 20 de Outubro de 1960, fl. 41.

[1269] AESEAF, 35,4,3, *Livro de Actas do Conselho de Direcção*, acta n.º 142, 23 de Junho de 1970, fls. 71v/72.

[1270] As próprias autoridades superiores assumiam essa dependência, concedendo subsídios ao LAEC através da Escola. Em 1957, o Director desta instituição sugeria ao Director Geral de Assistência que a concessão de subsídios ao LAEC fosse feita directamente e não através da Escola, como acontecera. Ver AESEAF, B-20,1,1, Correspondência Expedida, 1957, 4 de Abril de 1957.

a qual, efectivamente, foi constituída por Coriolano Ferreira, como presidente, pela Monitora-Chefe da Escola, Emiliana Cabrita e depois Maria da Cruz Repenicado Dias, como vice-presidente, e pela assistente social Maria da Luz Sanches Pinto, como tesoureira[1271]. Segundo Coriolano Ferreira, «em Janeiro de 1951, embora [...] ainda em regime de instalação, resolveu-se chamar, a título consultivo, alunas eleitas pelos vários cursos, a fim de assumirem gradualmente as responsabilidades da direcção [do Lar]»[1272]. Tal sistema manteve-se até ao final do período de instalação.

### 3. O REGULAMENTO GERAL DO LAEC E A SUA APLICAÇÃO

O Regulamento Geral do LAEC foi aprovado pela respectiva Comissão Instaladora em reunião de 28 de Outubro de 1949 e por despacho da Direcção da Escola Ângelo da Fonseca da mesma data, tendo sido alterado em 3 de Novembro de 1950[1273]. O exemplar de que dispomos, datado de 27 de Novembro de 1953, no momento em que Coriolano Ferreira presidia à instituição, dará corpo a uma nova revisão, feita de acordo com o Regulamento da Escola de 1953, publicado em Portaria de 3 de Agosto[1274].

O citado Regulamento da Escola definia o internato como um dos serviços auxiliares, uma vez que «em princípio o ensino das alunas dos cursos auxiliares e geral de enfermagem é feito em regime de internato obrigatório» (art. 33.º)[1275]. Este destinava-se a «completar a formação das alunas no aspecto moral e social, desenvolvendo nelas o espírito da profissão e os sentimentos de mútua cooperação e solidariedade» (art. 34.º). Era «rigorosamente proibido manter no mesmo internato [...] alunas dos cursos de enfermagem e enfermeiras já diplomadas» (art. 35.º). Por outro lado, ficavam excluídas de admissão as alunas casadas, viúvas, divorciadas ou judicialmente separadas; com idade superior a 30 anos à data da inscrição; e todas as que alegassem ou acerca das quais a Escola averiguasse «motivos ponderosos» que tornassem inconveniente a sua permanência no internato» (art. 36.º). Essas alunas ficariam sujeitas a um regime de semi-internato durante todo o dia de trabalhos escolares, devendo tomar no Lar a maior parte das refeições diárias, mediante preço a estabelecer, «de modo a poderem beneficiar, quanto possível, da formação que faculta a vida em comunidade» (art. 37.º).

De acordo com estes princípios, o Regulamento Geral do LAEC explicitava os fins da instituição, enunciados nos respectivos Estatutos, nomeadamente, prestar auxílio material, profissional e moral às associadas. O primeiro dizia respeito à habitação em comum, com encargos reduzidos para as alunas; o auxílio profissional executava-se por meio das facilidades concedidas na aprendizagem da profissão; e o auxílio moral efectivava-se pelo «ambiente acentuadamente familiar da habitação, pela vigilância e amparo a dispensar às alunas e pela prática de deveres religiosos» (I, 1 a 4).

---

[1271] Coriolano Ferreira, *op. cit.*, pp. 148-149.

[1272] *Idem, ibidem*. O autor nomeia as alunas chamadas à Direcção nos anos lectivos de 1950/51, 1951/52 e 1952/53 (três em cada ano, uma do curso de auxiliares e duas do geral, uma do 1.º ano e outra do 2.º).

[1273] Coriolano Ferreira, *op. cit.*, p. 150.

[1274] O Regulamento Geral do LAEC também se encontra na Secretaria da Escola Superior de Enfermagem Dr. Ângelo da Fonseca.

[1275] Portaria n.º 14.482, *Diário do Governo*, I Série, n.º 166, 3 de Agosto de 1953.

De facto, «nos termos da Constituição Política da República Portuguesa», o Lar tinha como objectivo «manter o ambiente de carácter religioso tradicional na família portuguesa» (II, 1). Neste sentido, seria «facilitada e promovida a prática dos deveres religiosos das alunas e a iniciação ou aperfeiçoamento de cultura religiosa» (II, 2). O Regulamento classificava como «essenciais» a assistência à missa nos domingos e dias santificados, as orações próprias para o início e o termo das refeições e outras práticas que a Igreja Católica declarasse obrigatórias (II, 3).

Foto 115 – «As alunas adornando o altar da capela para o mês de Maria.» Postal publicitário da Escola (década de cinquenta). Fonte: AFESEAF.

A importância da formação moral e religiosa reflectia-se no comportamento geral que o Regulamento impunha às alunas. À semelhança do que acontecia nas casas de família, aquelas deveriam «contribuir para que a casa esteja sempre em ordem, os serviços domésticos se executem regular e harmonicamente e os aposentos apareçam sempre arrumados» (III, 1). As alunas deveriam ser sempre «metódicas e pontuais» e, quanto às relações com os outros, «falarão aos superiores com respeito, às colegas com compostura e às criadas com delicadeza» (III, 2). Dada a importância do bom relacionamento entre os moradores de uma residência, nota-se a preocupação em concretizar as recomendações, estabelecendo-se que as alunas «não dificultarão o trabalho das criadas com ordens ou pedidos indevidos; não elevarão a voz ao falar; não incomodarão as colegas com palavras ou atitudes indesejáveis».

Entrando em aspectos mais específicos do comportamento, a saúde e a higiene eram eleitas áreas de cuidado prioritário por parte das alunas. Por um lado, a profissão de enfermagem exigia «escrupuloso asseio na pessoa, no vestuário e em todos os objectos de que se serve» (IV, 1). Por outro lado, o «dever de defender a saúde» obrigava a que as alunas se submetessem aos exames médicos impostos pela Direcção da Escola (IV, 2).

O Regulamento atribuía um valor significativo ao uniforme das alunas, o qual se compunha das peças e modelos aprovados pela Direcção da Escola (V, 1). Era proibido, sob pena de expulsão, que as alunas uniformizadas fossem acompanhadas por rapazes, mesmo de sua família, ou entrassem em locais públicos considerados de divertimento, como pastelarias, cafés, restaurantes ou teatros (V, 2). Como já foi referido, o uniforme era um dos símbolos da profissão, pelo que nunca deveria ser usado em contextos considerados impróprios do ponto de vista moral. A própria Direcção da Escola estava atenta a essa questão, como demonstra, por exemplo, a participação feita pela Monitora-Chefe ao Conselho de Direcção, em Maio de 1965, relativamente ao comportamento de uma aluna do 3.º ano do curso geral[1276]. A aluna teria desrespeitado o Regulamento do Lar ao fazer-

---

[1276] AESEAF, 35,4,2, *Livro de Actas do Conselho de Direcção*, acta n.º 102, 2 de Maio de 1965, fls. 95v/96.

-se acompanhar por um rapaz quando, em certo dia às 23h30, se dirigia para os Hospitais, uniformizada. O Conselho concordou com a pena proposta por Dulce Pinto, embora reduzindo-a para quatro dias de suspensão das aulas.

Exigia-se ainda que as alunas andassem correctamente uniformizadas, com a farda alinhada, limpa e em boas condições. O desrespeito de tal norma conduzia a repreensões como a que recebeu uma aluna do curso geral de 1960/63, por «andar mal fardada»[1277]. Da mesma forma, uma aluna do curso de auxiliares de 1963/64 recebeu uma nota de «comportamento regular» por usar «meias rotas»[1278].

O uniforme seria adquirido pelas alunas, mas por intermédio do Lar, que lhes poderia facilitar o pagamento (V, 3). De facto, 14,2% dos processos disponíveis de alunas do Lar matriculadas no curso geral entre 1956 e 1963 inclui um requerimento para pagar a dívida do uniforme em prestações ao longo de dois, três ou quatro meses; do mesmo modo, 3,5% daqueles integra um requerimento para adiar, de alguma forma, o respectivo pagamento[1279].

No que respeita às refeições, o Regulamento exigia que as alunas fossem pontuais e que se apresentassem à mesa «com aspecto decente e alinhado» (VI, 1 e 2). Somente em casos de doença, verificada clinicamente, poderiam ser servidas dietas terapêuticas e concedida autorização para tomar as refeições nos quartos (VI, 3 e 5). De acordo com as informações prestadas pela Escola ao Director da Escola Artur Ravara e ao Inspector-Chefe da Assistência Social no início dos anos sessenta, as alunas internas dos Lares recebiam diariamente quatro refeições, pequeno-almoço, almoço, lanche e jantar; as alunas externas e os alunos tinham direito a todas aquelas refeições, excepto o lanche[1280]. Apenas o pequeno-almoço e o lanche eram preparados no Lar, sendo o almoço e o jantar confeccionados nos HUC.

Fotos 116 e 117 – Sala de jantar do "Lar Venâncio" (Lar Sede), 1952. Ao centro, a mesa das "Senhoras", ocupada por Maria da Cruz Repenicado Dias (de frente) e Maria Fernanda Resende (de costas). Fonte: AFESEAF.

---

[1277] AESEAF, 25,1,1, Processos das Alunas do Lar. Na sequência dessa reprimenda, a aluna requereu passar a externa e ir viver com os pais, que residiam em Coimbra; porém, o pedido não foi aceite, tendo a Direcção do Lar considerado que a aluna precisava de «se corrigir».

[1278] AESEAF, 25,1,1, Processos das Alunas do Lar. Essa teria sido a justificação dada pela própria aluna ao irmão, que, no entanto, escrevia à Monitora-Chefe perguntando se não haveria outro motivo para a nota fraca que lhe fora atribuída.

[1279] AESEAF, 25,1,1, Processos das Alunas do Lar.

[1280] AESEAF, B-20,1,1, Correspondência Expedida, 1960, 30 de Novembro de 1960; AESEAF, B-21,5,1, Correspondência Recebida e Expedida, 1962, 19 de Julho de 1962.

| Refeição | Horário | Conteúdo |
|---|---|---|
| Pequeno-almoço | 7h30 | Uma chávena de café com leite (ou chá por indicação médica) e um pão tipo extra com manteiga[1281] |
| Almoço | 12h00 a 13h00 | Um prato de sopa, um prato de carne ou de peixe (servidos diariamente em refeições alternadas), um pão e fruta da época[1282] |
| Lanche | 16h00 | Ver pequeno-almoço |
| Jantar | 18h00 a 19h00 | Ver almoço |

Quadro 39 – Horário e conteúdo das refeições servidas no LAEC
Fonte: AESEAF, B-20,1,1, Correspondência Expedida, 1960, 30 de Novembro de 1960; AESEAF, B-21,5,1, Correspondência Recebida e Expedida, 1962, 19 de Julho de 1962.

O arranjo e a limpeza dos quartos eram da responsabilidade das alunas, que deviam evitar manchar ou estragar as paredes, as janelas, os móveis, os utensílios e as roupas (VII, 1 e 2). Assim, não poderiam colocar objectos nem estender roupas nas janelas, por exemplo, e competia-lhes chamar a atenção das responsáveis caso fosse necessário proceder a reparações nos equipamentos. O levantar seria anunciado pelo toque às 6h30 e, à noite, as luzes seriam apagadas às 22h30 (VII, 3 e 4). Em dias previamente fixados, as alunas deixariam os quartos em condições de se proceder à limpeza geral e todos os dias de manhã, antes de saírem, deixariam as camas já feitas, o pó limpo e as roupas e o calçado nos lugares devidos (VII, 5 e 6). Para além disso, estipulava-se que, fora dos andares dos quartos, as alunas não poderiam andar de roupão e sapatos de quarto (VII, 7).

Toda a roupa pessoal e de cama pertencia às alunas (VIII, 1). Tal não invalidava, porém, que o Lar emprestasse roupa a alunas economicamente desfavorecidas, que não dispusessem de um enxoval. Assim aconteceu com uma aluna do curso de auxiliares de 1963/64, órfã de pai e mãe, que requereu ao LAEC o empréstimo do enxoval por não ter meios para o comprar[1283]. Aquele constava de 2 cobertas brancas, 2 cobertores, 5 lençóis, 3 travesseiros e 3 travesseiras. De resto, a lavagem das roupas de cama competia ao Lar, enquanto a do uniforme corria por conta das alunas, excluindo os aventais de serviço (VIII, 2).

Foto 118 – Quarto de alunas no "Lar Venâncio". Fonte: AFESEAF.

---

[1281] Cada aluno tinha direito a um pão de 100 grs e a 10 grs de manteiga ao pequeno-almoço e ao lanche. Ao Domingo e nos dias santos a manteiga era substituída por queijo.

[1282] Mais uma vez, a cada aluno pertencia um pão de 100 grs. Quanto à fruta, servia-se, por pessoa e por refeição, uma peça de tamanho grande ou duas de tamanho pequeno. Cada aluna tinha direito a dois ovos por semana, empregues na sobremesa de Domingo e dos dias santos ou por ocasião de aniversários.

[1283] AESEAF, 25,1,1, Processos das Alunas do Lar.

De acordo com o Regulamento, as visitas das alunas seriam recebidas no Lar «com prazer», embora sujeitas a determinadas condições (IX, 1). Em primeiro lugar, o pedido de entrada era formulado às monitoras e só com a devida autorização se poderia entrar na sala respectiva (IX, 2). Naturalmente, a possibilidade de o visitante se deslocar a outros compartimentos também estava dependente da autorização das monitoras. Não eram autorizadas visitas nas horas de estudo e a sala teria de ficar em ordem no final de cada visita (IX, 3 e 4). O contacto epistolar ou telefónico com o exterior estava também sujeito a um controlo por parte do Lar. A recepção do correio era feita pelas dirigentes, que ordenavam a sua distribuição, e a utilização do telefone, tanto para pedir como para responder a chamadas, dependia da autorização das monitoras (X, 2 e 3).

 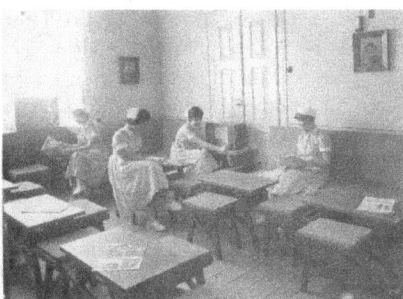

Fotos 119 e 120 – Sala de estar do "Lar Venâncio" em 1952 (à esquerda) e em 1958 (à direita). Em cerca de uma década, o pequeno rádio deu lugar a um outro aparelho de maiores dimensões e passou a existir um televisor. Na sala de estar as alunas dispunham também de diversas revistas e jornais.

Quanto às saídas, o Regulamento distinguia entre regulamentares e eventuais. As primeiras incluíam as saídas para aulas, estágios, conferências ou quaisquer trabalhos escolares e para a missa aos domingos e dias santos de guarda; as visitas ou passeios de estudo, realizados colectivamente; as saídas de recreio, apenas aos Domingos; e idas ao cinema, ao teatro ou divertimentos do género, somente duas vezes por mês, uma em cada quinzena (XII, 2). As saídas eventuais poderiam ser motivadas por «causa súbita e grave» ou corresponder a idas ao cinema, ao teatro ou a espectáculos semelhantes sempre que a sua natureza justificasse o alargamento das saídas regulamentares (XII, 3). Todas as saídas, fosse qual fosse a sua natureza, estavam dependentes da autorização das monitoras (XII, 4). Por sua vez, em princípio, essa autorização estava condicionada ao facto de a aluna ser acompanhada por uma pessoa encarregue da sua vigilância, excepto se o contrário fosse pedido pelo seu encarregado de educação ou se as próprias monitoras o determinassem (XII, 5). A par de todas estas restrições, existia ainda um instrumento de controlo fundamental, o livro onde as alunas tinham de registar todas as suas saídas, designando o local para onde iam, a hora de saída e a provável hora de regresso, que não poderia exceder as 22 horas, salvo em casos especiais devidamente justificados (XII, 6). O registo de declarações falsas no livro ou a saída sem o registo devido constituíam motivo de expulsão.

Quando uma nova associada entrava para o Lar, era enviada uma carta ao seu encarregado de educação, pedindo que indicasse por escrito as pessoas com quem se poderia deixar sair a aluna. No documento, assinado pela Monitora-Chefe, o LAEC manifestava o desejo de «velar pelo comportamento e formação de todas as Alunas», considerando as saídas das associadas um dos seus «maiores motivos de preocupação». Informava-se os encarregados de que, de acordo com o Regulamento, só eram permitidas saídas aos Domingos e numa tarde livre por semana; por outro lado, as alunas poderiam sair sozinhas ou acompanhadas por familiares ou pessoas amigas, dependendo das indicações dadas pelo responsável.

Ora, 80% dos processos das alunas do Lar matriculadas no curso geral entre 1956 e 1963 e 68% dos processos das matriculadas no curso de auxiliares em 1963 e 1965 incluem as respostas dos encarregados de educação à carta enviada pela Monitora--Chefe[1284]. Todos os encarregados das alunas do curso geral autorizavam as saídas, mas entre os das alunas do curso de auxiliares, 4,2% (4 casos) proibiam-nas e outros 4,2% deixavam-nas ao critério da superior[1285].

Quanto às proibições, o primeiro caso é o de uma aluna do curso de 1963/64, que só estava autorizada a sair quando a mãe a fosse buscar; esta descrevia a filha como uma rapariga «muito nervosa, sendo preciso falar-lhe com jeito, e descuidada, embora estudiosa». Outro caso é o de uma aluna do mesmo curso, que estava proibida pelo pai de sair do Lar, sem qualquer justificação; tratar-se-ia de uma moça «inteligente, decidida, educada, dócil, mas um pouco preguiçosa e nervosa». É possível que nestes dois casos a proibição de saída estivesse relacionada com a rigidez dos pais e com o pendor nervoso da personalidade das alunas. Já no caso de uma aluna do curso de 1965/66, cujo pai também não autorizava saídas, as excepções definidas atenuavam a proibição, podendo aquela sair se acompanhada dos pais ou das irmãs e para cumprir os deveres religiosos. Por fim, regista-se o caso de uma outra aluna do curso de 1965/66, que não estava autorizada a sair pelo padrinho e encarregado de educação. Tratava-se de uma rapariga «respeitadora e fiel, mas um pouco teimosa», que vivia então com os padrinhos porque o pai a expulsara de casa numa desavença a propósito do namorado. Nesta situação, a proibição de saída estaria relacionada com a responsabilidade sentida pelo padrinho da aluna, ao ficar encarregue da sua educação. Mais tarde, dado o bom comportamento da rapariga, aquele acabou por autorizar que saísse com colegas.

O Quadro seguinte reconstitui o elenco das pessoas com quem as alunas eram autorizadas a sair, sendo que, em muitos casos, houve respostas múltiplas[1286].

A percentagem de autorizações para sair sozinha é mais elevada entre as alunas do curso de auxiliares do que entre as do curso geral, com uma diferença de 23% para 17%[1287]. Tal deve-se certamente ao facto de algumas das alunas auxiliares já terem tido

---

[1284] Para as primeiras, num total de 113 processos, 23 não incluem a resposta do encarregado. Para as segundas, num total de 138 processos, 43 não incluem a resposta do encarregado.

[1285] Há 4 casos entre as alunas do curso geral e 2 entre as auxiliares em que os encarregados não especificavam se aquelas podiam sair; porém, uma vez que indicavam condições de saída, pressupõe-se que o autorizavam.

[1286] Por exemplo, o pai de uma aluna do curso geral de 1958/61 autorizava-a a sair com os pais, com uma família amiga e com colegas. Assim, embora as respostas dos responsáveis sejam apenas 90 para o curso geral e 87 para o de auxiliares, o Quadro 40 inclui 144 e 136 situações, respectivamente.

[1287] Na verdade, aquelas percentagens seriam mais elevadas, tendo em conta que grande parte dos casos em que não se especificava com quem é que a aluna podia sair (8% para o curso geral e 5% para o de auxiliares) corresponderia a uma autorização para sair sozinha. Por exemplo, o pai de uma aluna do curso geral de 1958/61, que afirmava ter «absoluta confiança» na filha, autorizava-a a sair para tomar o comboio e ir passar o fim--de-semana a casa (Reveles). Embora não especificasse, é muito provável que a filha fosse sozinha.

|  | Curso Geral | | Curso de Auxiliares | |
|---|---|---|---|---|
|  | N.º | % | N.º | % |
| Familiares | 26 | 18,1 | 33 | 24,3 |
| Sozinha | 25 | 17,4 | 31 | 22,8 |
| Colegas | 19 | 13,2 | 19 | 14,0 |
| Pessoas amigas | 17 | 11,8 | 22 | 16,2 |
| Não especificam | 12 | 8,3 | 7 | 5,1 |
| Pessoas autorizadas pela superior | 11 | 7,6 | 8 | 5,9 |
| Amigos | 10 | 6,9 | 7 | 5,1 |
| Pessoas de confiança | 7 | 4,9 | 2 | 1,5 |
| Namorado | 6 | 4,2 |  |  |
| Outras pessoas identificadas | 5 | 3,5 | 4 | 2,9 |
| Encarregada | 3 | 2,1 |  |  |
| Outros | 2 | 1,4 |  |  |
| Sem restrição/Com quem quiser | 1 | 0,7 | 3 | 2,2 |

Quadro 40 – Elenco de pessoas com quem as alunas do Lar podiam sair (Curso Geral, 1956-1963 e Curso de Auxiliares, 1963/64 e 1965/66).
Fonte: AESEAF, 25,1,1, Processos das Alunas do Lar.

outras experiências profissionais e serem eventualmente mais velhas e independentes do que as alunas do curso geral. De qualquer forma, para ambos os cursos, pelo menos metade dos encarregados que autorizavam as alunas a sair sem acompanhante impunha condições: durante a semana, só quando e onde precisassem, fosse para fazer compras ou ir à missa; ao Domingo ou dias de recreio, para visitar pessoas amigas ou familiares a residir em Coimbra; para apanhar o comboio e ir passar o fim-de-semana a casa; dependendo das suas notas e da decisão da monitora; apenas em casos urgentes ou especiais, proibindo-se os passeios (3 casos entre as auxiliares).

Em relação aos acompanhantes, a percentagem mais elevada das autorizações ia, naturalmente, para os familiares (18% para o curso geral e 24% para o de auxiliares). Dos 26 casos registados no curso geral e 33 no de auxiliares, 10 e 16, respectivamente, correspondiam a parentes não identificados; 2 e 6, a parentes em segundo grau (tios e primos), certamente residentes em Coimbra ou de passagem pela cidade; 7 e 1, aos pais; 7 e 10, a irmãos, de ambos os sexos[1288]. Alguns destes, sobretudo de alunas do curso de auxiliares, também se encontravam em Coimbra, quer a estudar, quer a trabalhar. Assim, por exemplo, uma aluna do curso geral de 1956/59, natural de Elvas, só tinha permissão para sair do Lar com o irmão, que vinha também para a cidade tirar o curso de auxiliares de enfermagem; da mesma forma, uma aluna do curso de 1962/65, natural de Fátima, só estava autorizada a sair sozinha para visitar o irmão no Seminário[1289]. Entre os que já trabalhavam estavam as irmãs de duas alunas do curso de auxiliares de 1963/64, uma das quais regente escolar e a outra empregada nos HUC.

---

[1288] Apenas num caso se regista uma autorização exclusiva de saída com um dos familiares mais próximos: o pai de uma aluna do curso geral de 1961/64 só autorizava que esta saísse aos Domingos e consigo.

[1289] Para o curso de auxiliares, registam-se os seguintes casos: a irmã de uma aluna do curso de 1965/66, que também residia no Lar; a irmã de uma outra aluna do mesmo curso, que estudava num colégio da cidade; o irmão de uma rapariga do curso de 1963/64, que igualmente fazia os seus estudos em Coimbra.

Por outro lado, 13% dos encarregados no curso geral e 14% no de auxiliares autorizava as alunas a sair com as colegas do Lar[1290], mas cerca de metade deles impunha condições quanto ao tipo de colegas. Havia casos em que se identificava apenas uma rapariga, já conhecida da aluna ou sua conterrânea, outros em que se exigia que fossem «colegas de inteira confiança», «colegas convenientes» ou «raparigas de boa formação, de respeito ou com boas referências» e outros ainda em que se encarregava a Monitora-Chefe de seleccionar as colegas adequadas para sair com a aluna. De resto, o pai de uma aluna do curso geral matriculada em 1956 só autorizava que esta saísse acompanhada de colegas e, simultaneamente, de uma monitora, tal como o encarregado de uma aluna do curso de auxiliares de 1963/64 só permitia saídas com colegas a par de familiares.

A preocupação dos encarregados com a boa formação das colegas com quem as alunas poderiam sair revela o receio de influências negativas, bem como alguma falta de confiança nas jovens. Tal sentimento é expresso com clareza pela mãe de uma aluna do curso de auxiliares de 1963/64, que só autorizava a filha a sair para visitar uma tia e senhoras amigas, acrescentando que proibia a saída com colegas para passear. Em certos casos, todavia, é provável que a confiança depositada pelos encarregados de educação nas colegas das alunas se devesse ao facto de não conhecerem ninguém em Coimbra que as pudesse ajudar. Por exemplo, a encarregada de uma aluna do curso geral de 1958/61, informando de que a irmã não tinha amigos nem família na cidade, autorizava-a a sair com as novas amigas, naturalmente, suas colegas.

Assim, é compreensível que 12% dos encarregados de educação no curso geral e 16% no de auxiliares autorizasse as alunas a sair com pessoas amigas, sobretudo famílias e senhoras residentes em Coimbra, nas quais aqueles confiavam para dar apoio às raparigas, a estudar longe de casa. Veja-se o caso exemplar de uma aluna do curso de auxiliares de 1963/64, natural de Peraboa (Covilhã), autorizada pelo pai a sair com as pessoas da sua terra residentes em Coimbra, visto todas elas serem consideradas de confiança. Entre as pessoas amigas estavam, por vezes, profissionais de enfermagem, como duas enfermeiras aposentadas que uma aluna do curso de auxiliares de 1965/66 estava autorizada a visitar ou a enfermeira Nídia, que uma outra aluna daquele curso tinha permissão para visitar.

Os futuros colegas de profissão também se incluíam entre os "Amigos" com os quais as alunas do curso de auxiliares podiam sair. Assim acontecia com uma aluna do curso de 1963/64, que só poderia sair na companhia de uma amiga enfermeira, e com outra aluna do curso de 1965/66, autorizada a sair sozinha ou com um enfermeiro e uma enfermeira amigos, devidamente identificados.

Parte dos casos em que os encarregados se referiam a "Amigos", rubrica que no total representava 7% das autorizações para o curso geral e 5% para o de auxiliares, seria também relativa a pessoas conhecidas, de passagem pela cidade. Noutros casos, os responsáveis reportavam-se a determinadas amigas, a «raparigas que vão da terra» ou a «meninas [suas] conhecidas», bem como a «amigos» referidos de modo geral. Entre estes, destaca-se o caso de uma aluna do curso de auxiliares de 1965/66, que só estava autorizada a sair sozinha «por motivos de força maior» e que poderia fazê-lo

---

[1290] Aquelas percentagens poderiam ser mais elevadas tendo em conta que algumas das amigas, incluídas noutro grupo, seriam também colegas.

acompanhada de familiares e amigos, «mas não rapazes novos». Apenas no caso de uma aluna do curso geral de 1956/59 se indicou «um rapaz amigo» na companhia de quem aquela poderia sair, para além de o poder fazer sozinha ou com senhoras amigas. Tal situação remete para outros casos (6, correspondendo a 4%) em que as alunas do curso geral eram autorizadas a sair com os namorados.

A primeira permissão de saída com o namorado detectada na documentação é relativa a uma aluna do curso de 1959/62 e as restantes dizem respeito a alunas dos cursos de 1961/64 e 1962/65. São, portanto, autorizações concedidas antes de 1963, ano em que deixou de ser proibido o casamento às enfermeiras. Tal sugere que, embora frequentando o curso, as alunas não deixavam de perspectivar um futuro ligado ao casamento e, logo, incompatível com a prática da profissão. Em certos casos, o namoro e a possibilidade de casamento terão levado ao abandono do curso. Por exemplo, uma aluna matriculada em 1958 terá deixado o Lar para morar em casa de uma amiga no Bombarral, tendo esta informado a Monitora-Chefe da existência de um namorado e do casamento em vista. Por outro lado, uma aluna do curso de 1959/62, cujo pai escrevera à Monitora-Chefe declarando não autorizar o seu namoro, entregou em Março de 1961 um requerimento para desistir do curso e abandonar o Lar. Porém, dois dias depois, chegou ao LAEC uma nova missiva do pai da aluna, comunicando que esta estava arrependida e pretendia voltar. Meses mais tarde, a aluna recebeu uma carta do namorado, mas recusou-se a abri-la, o que indicia ter optado pelo curso e pela profissão. De facto, concluiu o curso geral e, inclusivamente, requereu a permanência no Lar após a conclusão.

De qualquer forma, o final dos anos cinquenta e o início da década seguinte correspondiam a um período de transição em matéria de costumes, fazendo-se ouvir diversas vozes contra a proibição do casamento das enfermeiras. A mudança de mentalidades percepciona-se nas atitudes de alguns encarregados de educação, os quais informavam a Monitora-Chefe de que tinham conhecimento e consentiam no namoro das respectivas educandas, quer permitissem as saídas com os namorados, embora sob o controlo e o aconselhamento daquela responsável, quer não. Entre estes, destaca-se o caso da mãe de uma rapariga do curso de 1959/62, que assumia a responsabilidade pela relação da filha com o namorado, mesmo não sendo a sua encarregada e apesar de este, o pai, só a autorizar a sair na companhia de quem a Monitora entendesse[1291].

No que respeita ao curso de 1963/66, depois de abolida a referida proibição, havia pelo menos duas alunas casadas, que residiam com os sogros ou com o marido em Coimbra, usufruindo do Lar em regime de externato. Do mesmo modo, uma aluna do curso de 1964/67 passou a externa no início do 2.º ano por ter casado. Por outro lado, nessa altura e num gesto que sugeria maior liberdade na relação com o sexo masculino, uma encarregada de educação pedia autorização para que a sua educanda passasse um fim-de-semana em sua casa, na Figueira-da-Foz, de modo a poder despedir-se do namorado, que regressaria à Guiné, onde cumpria o serviço militar.

---

[1291] Outro caso é o dos pais de uma aluna do curso de 1960/63, natural de Figueira-da-Foz, que autorizavam a sair todos os fins-de-semana para visitar a família e informavam estar a par do namoro da filha e permiti-lo.

Foto 121 – Alunas do curso de auxiliares no exterior do "Lar Castro Matoso". Fonte: AFESEAF.

Entre as alunas auxiliares não se regista nenhum caso de autorização de saída com o namorado, embora os cursos em análise sejam posteriores ao final da proibição do casamento das enfermeiras. É possível que, pertencendo em geral a uma classe social inferior à das alunas do curso geral e, portanto, sentindo maior necessidade de garantir uma profissão e um rendimento, as alunas auxiliares colocassem o casamento e, consequentemente, o namoro, em segundo plano. De qualquer maneira, entre as dos cursos de 1963/64 e 1965/66, pelo menos uma era já casada, residindo com o marido, que era aliás o seu encarregado, e outra morava em Coimbra com os filhos.

Na verdade, segundo Marta Fidalgo, «a ideia da mulher como detentora de uma actividade profissional, fora do espaço doméstico, foi-se implantando ao longo da década de 60»[1292]. A enfermagem estava entre as «profissões essencialmente femininas», a par de outras como educadora de infância, assistente social ou modista e bordadeira; de resto, o curso de enfermagem era apresentado como vantajoso para a mulher, pelo seu nível médio, em oposição aos cursos superiores[1293]. No entanto, mesmo para as mulheres que trabalhavam, a família não era posta de parte, devendo procurar-se a harmonização dos mundos familiar/doméstico e profissional. Tal seria mais fácil se a mulher optasse por trabalhar a meio-tempo; de qualquer forma, em caso de conflito grave entre a «missão de esposa, mãe e dona de casa» e a profissão, deveria ser esta a sacrificada[1294].

Registou-se uma percentagem de 8% de encarregados para o curso geral e de 6% para o de auxiliares que delegava na superior do Lar a função de avaliar e escolher as pessoas com quem as alunas podiam sair. Alguns restringiam as saídas à companhia de pessoas autorizadas pela Monitora-Chefe ou da sua confiança; outros determinavam inclusivamente que as alunas fossem acompanhadas pela própria superior, por outras enfermeiras ou por alguém «competente do Lar». A confiança depositada pelos pais na Monitora-Chefe e, até certo ponto, a delegação de responsabilidades na superior

---

[1292] Marta Fidalgo, *op. cit.*, p. 125. No final da década de 1960, as colaboradoras da revista *Menina e Moça*, da responsabilidade da *Mocidade Portuguesa Feminina*, tinham já interiorizado essa ideia.

[1293] *Idem*, pp. 126-127. De acordo com um artigo publicado na revista *Menina e Moça* em 1970, «o curso superior exige um somatório de trabalho, força de vontade e espírito de sacrifício que nem todas conseguem alcançar». O curso médio, como o de enfermagem, podia então ser «uma solução de trabalho digna» para as raparigas.

[1294] *Idem*, p. 128. Segundo a autora de um dos artigos da revista citada, a mulher devia compenetrar-se de que «na hierarquia de valores o lar e a família estão em primeiro lugar».

devem entender-se tendo em conta a distância a que se encontravam e a ausência de familiares ou amigos na cidade de Coimbra que pudessem olhar pelas raparigas. Veja-se o caso de uma aluna matriculada no curso geral em 1956, cuja mãe, natural de Vila Real, colocava a liberdade da filha «na consciência da superior». Com mais razão ainda, o pai de uma aluna matriculada no mesmo ano e curso, residente em Luanda, deixava ao critério da Monitora-Chefe a escolha entre os diversos parentes e amigos angolanos que poderiam visitar a rapariga no Lar e sair com ela. Estas determinações reflectem igualmente um sentimento de respeito pela autoridade, neste caso encarnada por Dulce Pinto, ao qual seriam particularmente sensíveis os encarregados de educação naturais de zonas rurais, mais afastados da realidade urbana e escolar.

A confiança na instituição e nos seus superiores aplicava-se ainda nos casos (3) em que os responsáveis autorizavam as educandas, do curso geral de 1962/65 e do curso de auxiliares de 1965/66, a sair acompanhadas por pessoas de confiança do Lar ou por Delmina Moreira, monitora da Escola. Aliás, esta enfermeira fora nomeada encarregada de uma aluna do curso geral de 1960/63, por carta do respectivo pai.

As alunas estavam também autorizadas a sair com outras pessoas, quer os próprios encarregados de educação (2% para as do curso geral), quer indivíduos por eles devidamente identificados e autorizados, mesmo que fossem familiares ou amigos (3,5% no curso geral e 3% no de auxiliares), mais concretamente, portadores de um bilhete ou de um cartão assinado pelo responsável ou delegados encarregues de as levar de visita até casa da encarregada ou de uma pessoa amiga.

Registaram-se ainda, no curso geral, 2 casos em que as alunas podiam sair na companhia de dirigentes da *Acção Católica de Coimbra* e das «meninas da JOC [*Juventude Operária Católica*]». Curiosamente, ambas as alunas se matricularam no ano de 1956 e eram naturais de Marinha Grande, embora não tivessem aparente ligação de parentesco entre si. A *Acção Católica* consistia num organismo católico laico dedicado ao apostolado, que nasceu no século XIX e chegou a Portugal no início da década de 1930[1295]. A *Juventude Operária Católica* era um movimento integrado na *Acção Católica*, embora com certa autonomia, que tinha como objectivos a formação espiritual dos seus membros e a promoção humana, social e espiritual da classe operária[1296]. O facto de as alunas serem autorizadas a sair com dirigentes e membros desses dois organismos em Coimbra indicia que elas próprias seriam associadas. Por sua vez, tal aponta para a formação moral e religiosa das alunas, que o pai de uma delas classificava de «sólida», bem como para a participação de algumas raparigas do curso geral em organismos e actividades que não estariam ao alcance das jovens de todas as classes sociais.

---

[1295] «Acção Católica» in *Lexicoteca. Moderna Enciclopédia Universal*, s.l., Lexicultural, s.d., vol. I e «Acção Católica Portuguesa» in *Dicionário de História do Estado Novo*, dir. Fernando Rosas e J. M. Brandão de Brito, s.l., Círculo de Leitores, 1996, vol. I. Nos respectivos Estatutos, aprovados em 1934, a ACP é definida como «a união das organizações do estado católico português, que [...] se propõe a difusão, a actuação e a defesa dos princípios católicos na vida individual, familiar e social». Surge para integrar a acção dos católicos no terreno social e religioso, sendo constituída por quatro organizações básicas, que agrupavam os associados segundo a idade, o sexo e o estado civil, nomeadamente, *Liga Católica* e *Liga Católica Feminina*, *Juventude Católica* e *Juventude Católica Feminina*. Por sua vez, cada organização incluía cinco organismos especializados, segundo o meio social e a profissão dos associados (agrário ou rural, escolar, independente, operário e universitário). Existiam também organismos próprios para integrar as crianças na ACP, entre os quais os *Pré* (Pré-JAC, JEC, JIC, JOC, JUC), dos 10 aos 14 anos. Sobre a evolução do movimento, ver art. cit.

[1296] «JOC» in *Lexicoteca. Moderna Enciclopédia Universal*, s.l., Lexicultural, s.d., vol. XI.

Entre as alunas do curso geral, apenas num caso o encarregado considerava «desnecessária qualquer restrição nas [...] companhias». Em contrapartida, e certamente pelas mesmas razões que explicam uma percentagem mais elevada de autorizações para sair sozinha, 3 das alunas auxiliares tinham autorização para sair com quem quisessem[1297]. De resto, no que respeita à frequência das saídas e às condições em que as alunas o podiam fazer, enquanto no curso geral apenas três encarregados as autorizavam sempre que preciso (incluindo durante a semana para ir à missa), no curso de auxiliares aquele número subia para seis, havendo ainda uma aluna autorizada a sair sempre que lhe fosse permitido e outra, sempre que quisesse.

Uma das encarregadas de educação mais liberais do curso geral, mãe de uma aluna recém chegada, escreveu à Monitora-Chefe queixando-se das «esquisitices» do Lar, visto não terem deixado a filha ir à estação de comboios nem atender telefonemas. Tratava-se, no entanto, de uma situação excepcional, sendo que na maioria dos casos os responsáveis impunham condições estritas às saídas, chegando a considerar que estas não eram «muito convenientes». Mesmo no curso de auxiliares, um dos encarregados restringia as saídas da filha a casos de «absoluta necessidade», da mesma forma que outros dois davam indicações para que aquelas fossem limitadas ao mínimo possível.

Grande parte dos responsáveis pelas alunas do curso geral autorizava-as a sair ao fim-de-semana para ir a casa, embora algumas permanecessem no Lar por longos períodos de tempo[1298]. Esta seria uma situação mais frequente entre as alunas auxiliares, visto que apenas em 3 casos se registam autorizações para passar o final de semana em casa, provavelmente por dificuldades financeiras[1299]. Assim, a maioria dos encarregados das alunas auxiliares determinava que as saídas se destinariam a visitar pessoas amigas ou familiares residentes em Coimbra[1300], havendo também alguns que autorizavam, em geral, as saídas ao Domingo, com fins de «recreio». Por exemplo, uma aluna do curso de 1963/64 só poderia sair durante a semana para fazer «compras indispensáveis», mas ao Domingo tinha permissão de saída para «se distrair».

Algumas das alunas do curso geral tinham ainda permissão para passar fins-de-semana e férias com familiares ou pessoas amigas, bem como licenças pontuais para ir a festas de aniversário ou bailes de finalistas. Uma parte dessas autorizações foi expressa através de bilhetes remetidos ao Lar e anexados aos processos das alunas. Muitos ter-se-ão perdido, mas ainda se conservam alguns em cerca de metade dos processos em análise, com um número que varia entre 1 e 50 por aluna. A grande maioria dos bilhetes consistia em breves comunicações feitas pelos encarregados, dando conta de que a aluna em questão passara o fim-de-semana em casa. Em certos casos descia-se ao pormenor das horas de chegada e de partida da estação de caminho-de-

---

[1297] De qualquer forma, num desses casos (curso de 1965/66) a companhia escolhida pela aluna teria de merecer o acordo da Monitora.

[1298] Veja-se, por exemplo, o caso de uma aluna do curso de 1962/65, natural de Gafanha do Carmo, somente autorizada pelo pai a sair com pessoas «recomendáveis» e que entre o início das aulas, em Outubro, e as férias de Natal, em Dezembro, só poderia ir passar um fim-de-semana a casa.

[1299] Destaca-se o caso de uma aluna do curso de 1963/64, autorizada pela mãe, residente no Loreto (Coimbra), viúva e sem companhia, a passar os fins-de-semana e as férias com ela.

[1300] Veja-se, por exemplo, o caso de uma aluna do curso de 1963/64, órfã de pai e mãe, cuja encarregada só permitia uma saída ao Domingo, de 15 em 15 dias, para ir a casa de uma senhora amiga a morar em Coimbra.

-ferro da terra natal. Tratava-se de um sistema de vigilância apertado, o qual se completava com o livro de registo de saídas citado no Regulamento do LAEC.

Há testemunho de que pelo menos uma aluna, do curso geral, procurou "furar" esse sistema, com a aparente conivência da sua encarregada de educação, a mãe, que a autorizara a sair sempre que precisasse. Encontra-se no seu processo uma declaração assinada pela própria e datada já do último ano de curso, assumindo que escrevera um bilhete em nome da mãe autorizando-a a passar um fim-de-semana em casa, mas afirmando que aquela sabia onde ela estivera.

Como foi dito, após qualquer saída, o regresso ao Lar teria de ser feito até as 22 horas, salvo em casos especiais devidamente justificados. Entre os processos das alunas do curso geral, encontram-se 5 requerimentos para entrar no Lar fora de horas, todos eles da autoria de ex-alunas (cursos de 1956/59, 1959/62, 1960/63 e 1961/64), que já eram então enfermeiras mas continuavam a apostar na formação, frequentando aulas nocturnas ou, num caso, explicações para o exame do 2.º ciclo dos liceus. Estas eram situações excepcionais, certamente aceites pelo Lar. O mesmo não terá sucedido com uma enfermeira que se matriculara no curso geral em 1957 e que, por sugestão da vice-presidente do LAEC, Dulce Pinto, saiu da residência em 1962; para além do seu comportamento irregular enquanto aluna, já como enfermeira terá entrado várias vezes no Lar fora de horas, sem justificação. Também por ter chegado fora de horas por duas vezes, uma aluna do curso de auxiliares de 1963/64 foi repreendida e castigada; não foi expulsa por ser menor, mas deixou de poder sair, enquanto até então tinha autorização da mãe e da irmã para o fazer, sozinha ou acompanhada.

Se, por algum motivo, após um período de férias ou um fim-de-semana passados fora do Lar, as alunas não entrassem no dia devido e às horas certas, teriam de o justificar. Dos 6 casos de justificação de faltas encontrados nos processos das alunas do curso geral, 2 eram relativos a doença própria e 3, à necessidade de acompanhar familiares doentes. Há ainda 1 caso de uma aluna do curso de 1958/61, cujo local de residência não é identificado, que informava o Lar de que entraria uns dias mais tarde, aproveitando a boleia de familiares para fazer a viagem de regresso a Coimbra.

Passando agora para a questão da autoridade e disciplina no Lar, o respectivo Regulamento estipulava que a ligação entre o LAEC e a Escola Ângelo da Fonseca era realizada pelo Administrador da Escola, o qual, como se disse, desempenhava a função de Presidente da Direcção do Lar (XIV, 1). O Administrador encarregaria da orientação e da vigilância dos serviços de internato uma ou mais monitoras da Escola, que teriam de habitar nas residências em funcionamento (XIV, 2). O LAEC teria ao seu serviço uma secretária, com competências não só ao nível do expediente e da contabilidade, mas também ligadas à formação, vigilância e disciplina das alunas, cabendo-lhe ainda coordenar e vigiar a actuação das dirigentes e substituir as monitoras encarregadas nas suas faltas ou impedimentos (XIV, 3).

Em cada residência haveria uma dirigente, encarregue da vida doméstica e colaborando com a secretária e as monitoras na manutenção da disciplina interna (XIV, 4). A dirigente teria ainda de responder pelos bens e haveres confiados à sua guarda, bem como desempenhar funções designadas pela direcção do Lar, pelas monitoras ou pela secretária. Por fim, seriam escaladas alunas chefes de grupo para desempenharem as tarefas que as monitoras encarregadas lhes destinassem (XIV, 5).

Quatro anos depois da aprovação do Regulamento, Maria da Cruz Repenicado Dias, que entrara para a Escola como Monitora-Chefe em 1950, classificava o regime adoptado no Lar de «ideal»[1301]. Concebendo a enfermagem como o «resultado da aliança entre o trabalho intelectual e a habilidade de mãos» e considerando que as enfermeiras teriam de ser «"mulheres completas" e técnicas perfeitas», Repenicado Dias defendia que a sua formação só poderia ser feita em regime obrigatório de internato. No LAEC, tal significaria «regime de comunidade de vida, pois não há quebra de independência nem a menor opressão». A Monitora-Chefe salientava o facto de as alunas intervirem de modo directo no governo da instituição, bem como o de tomarem a cargo vários sectores da vida doméstica. Por outro lado, afirmava que aquelas tinham «liberdade de dispor de si», podendo, como se disse, sair sozinhas, fazer visitas, ir ao cinema, etc.; «apenas se lhes exige que tomem a responsabilidade inteira dos actos praticados».

De acordo com Repenicado Dias, o método educativo do Lar era «familiar e dirigido a "cada aluna" segundo as suas condições de vida anterior, temperamento e reacções especiais». Daí que fossem solicitadas aos encarregados «informações [...] acerca das qualidades e defeitos» das alunas, de modo a poder-se «orientar a actuação junto delas». O LAEC pretenderia «estabelecer o mais estreito entendimento com a família das alunas, de modo a colher-se o maior proveito para a sua formação pessoal».

Ainda segundo a Monitora-Chefe, no Lar usava-se «a sugestão de preferência à ordem, a amizade, simpatia e compreensão, de preferência ao medo ou à obediência cega e sem discussão», sendo que «muito raramente há necessidade de aplicar sanções disciplinares e nunca castigos colectivos». Numa alusão ao relacionamento entre alunas, Repenicado Dias elogiava o facto de as mais velhas «vigiarem o aprumo social e moral das companheiras mais novas, cheias de ternura familiar, que comove, pois são muitas vezes, mais crianças que elas». De resto, seria relevante o papel das alunas mais velhas na integração das recém-chegadas: «no arranjo da casa, das flores, trabalhos de mãos, festas de anos são também as mais antigas que "fazem escola" e ambientam as mais novas». O ambiente seria de tal modo familiar e acolhedor que, «ao fim de dois meses, as saudades de casa são ainda muitas, mas o Lar é já para todas verdadeiramente "lar" que se ama e se deseja nas horas de trabalho e estudo como o único lugar que convém ao repouso do corpo e do espírito».

Para além de tudo isso, segundo Coriolano Ferreira, «o Lar não abandona as associadas logo depois de formadas», mantendo uma «permanente ligação, através da qual se ampara, aconselha e ajuda a associada»[1302]. Tal ligação traduzir-se-ia numa troca de correspondência entre as antigas alunas e as responsáveis do Lar, a qual, na opinião do Administrador da Escola, dava conta da «integração total das candidatas e profissionais no espírito do Lar», do mesmo modo que a troca de informações entre a instituição e os encarregados das alunas testemunhava a «colaboração e intimidade existente em relação às próprias famílias das associadas». No entanto, nos processos de alunas do Lar conservados no Arquivo da ESEAF apenas se encontram duas cartas enviadas por antigas associadas à Monitora-Chefe, Dulce Pinto. Na primeira, datada

---

[1301] Maria da Cruz Repenicado Dias, «A Educação e o Ensino na Escola de Enfermagem dos Hospitais da Universidade de Coimbra» in *Dez anos de história dos HUC...*, pp. 157-159.

[1302] Coriolano Ferreira, *op. cit.*, pp. 147-148.

de 1965, aquela responsável era convidada a assistir à cerimónia de profissão perpétua, pelo Colégio Missionário Ultramarino (Barcelos), de uma aluna que, nos anos cinquenta, frequentara a Escola e que então trabalhava no Hospital Maria Pia (Porto). Na segunda carta, do mesmo ano, uma aluna do curso geral de 1961/64, na altura a exercer temporariamente num hospital da Ilha Terceira, exprimia as saudades do Lar que há pouco deixara, bem como a alegria de ter entretanto aprendido a instrumentar.

Coriolano Ferreira reconhecia que o trabalho realizado no Lar nem sempre era fácil, visto que «nem toda a gente entende tais processos, nem todas as candidatas a eles se adaptam», justificando, desta forma, os casos de indisciplina e de inadaptação. Para além dos já referidos, há registo de outros dois, relativos a alunas auxiliares. Uma delas (curso de 1963/64) foi punida por incumprimento do Regulamento, sendo a falta, não especificada, por certo grave, visto só não se ter suspendido o alojamento por a aluna ser menor. A outra rapariga (curso de 1965/66) foi convidada a sair temporariamente do Lar por mau comportamento, tendo escrito ao Director a desculpar-se, de modo a evitar o castigo, com o argumento de que seria uma humilhação perante as colegas e um grande desgosto para a sua mãe, doente do coração.

O «Regulamento Geral das Escolas de Enfermagem» de 1970, determinando a existência de um lar de alunas junto de cada instituição, como serviço de apoio, definia-o em moldes idênticos àqueles em que funcionaria o LAEC[1303]. Segundo o documento, os lares teriam «por objectivo facultar às alunas habitação em termos tanto quanto possível familiares, de modo a completar ou aperfeiçoar a sua formação social e moral» (art. 22.º, 1). O Regulamento possibilitava que os lares fossem instalados como dependências das escolas ou como instituições particulares que estabelecessem acordos com aquelas, à semelhança do que acontecia em Coimbra (art. 22.º, 2). Estipulava-se ainda que tais serviços funcionariam «por forma a dar às alunas intervenção activa na sua condução, com vista a fomentar nelas o sentido de iniciativa e de responsabilidade» (art. 22.º, 3).

Já nos anos setenta, a participação das alunas na gestão do LAEC era evidente, por exemplo, na eleição, em Assembleia-Geral do Lar, das vogais de cada curso para os assuntos do Lar[1303]. Cabia também a essas representantes estabelecer um intercâmbio com as delegadas do respectivo curso em assuntos escolares. É provável que, após o 25 de Abril de 1974, tendo em conta o processo de democratização das instituições em geral e da Escola em particular, a intervenção das alunas se tornasse ainda mais activa.

Os documentos dão conta da existência de uma Comissão Disciplinar do LAEC, que em Janeiro de 1975 chamava a atenção da Comissão de Gerência da Escola para questões como a falta de pessoal, nomeadamente de empregadas, a necessidade de melhorar as condições materiais, em especial do refeitório, e a importância de facultar refeições às pessoas alojadas no Lar enquanto visitas ou ao serviço da Escola[1305].

---

[1303] Portaria n.º 34/70, *Diário do Governo*, I Série, n.º 11, 14 de Janeiro de 1970.

[1304] AESEAF, 35,4,10, *Actas das Reuniões dos Enfermeiros Docentes da EEAF*, acta n.º 1, 22 de Março de 1973, fls. 10/11. A Directora da Escola informava os enfermeiros docentes da realização dessa eleição, em Assembleia-Geral do Lar de 15 de Março.

[1305] AESEAF, 36,2,5, *Comissão de Gestão*, ofício da Comissão Disciplinar do LAEC, de 15 de Janeiro de 1975.

## 4. O Regulamento da Biblioteca do LAEC

Em reunião da Direcção do LAEC de 19 de Novembro de 1953 foi aprovado o Regulamento da Biblioteca do Lar[1306]. Tratar-se-ia de uma «biblioteca de cultura geral e profissional, destinada ao uso das associadas e pessoal docente da Escola» (art. 1.º). A título excepcional, mediante autorização do Presidente do Lar e apenas em regime de empréstimo (art. 2.º), a Biblioteca também poderia ser utilizada pelos alunos do sexo masculino e pelo pessoal de enfermagem dos HUC não associado do LAEC.

O Regulamento estipulava as regras do empréstimo (tipos de livros, duração, responsabilidade do utilizador), bem como as atribuições da secretária do Lar quanto ao serviço de Biblioteca, em concreto, registar as obras entradas, velar pela conservação do mobiliário e do material, autorizar o prolongamento dos empréstimos e verificar o estado dos livros devolvidos (art. 8.º). Para auxiliar a secretária no cumprimento dessas funções, poderiam ser destacadas alunas residentes no Lar (art. 9.º).

O Regulamento determinava ainda que as associadas do Lar e os alunos da Escola utilizadores da Biblioteca pagassem uma taxa anual no valor de 20$00, enquanto o pessoal de enfermagem não associado pagaria 2$50 por cada volume emprestado, para além de uma caução de 100$00, a devolver quando se suspendesse a inscrição (art. 10.º). Previa-se que a Biblioteca estivesse aberta durante todo o ano, incluindo o Verão, embora com um tipo de horário diferente (art. 11.º).

É provável que a Biblioteca do LAEC funcionasse no Lar Sede, situado na Rua Venâncio Rodrigues. Depreende-se do Regulamento que aquela seria um órgão próprio do Lar e independente da Escola, embora servisse também os seus alunos e professores. Como se disse, nos finais dos anos cinquenta e durante a primeira metade da década seguinte, a Escola não possuía biblioteca própria ou, pelo menos, tal serviço não reunia as devidas condições. Quando, no final dos anos sessenta, essa instituição investiu num serviço de biblioteca devidamente equipado e com pessoal especializado, instalou-o nas dependências do Lar Sede, então já situado na Avenida Bissaia Barreto. Tal como o refeitório, localizado no mesmo edifício, a nova Biblioteca era uma zona de acesso comum a alunos de ambos os sexos. Provavelmente, a Biblioteca do LAEC terá sido integrada no serviço então remodelado, tendo os utilizadores do sexo feminino e, em particular, as associadas do Lar perdido os privilégios de que usufruíam em relação aos utilizadores do sexo masculino.

## 5. As alunas do Lar: esboço de uma caracterização social

Tendo em conta os processos conservados no Arquivo da ESEAF, no ano lectivo de 1950/51, ou seja, um ano depois de ser criado, o Lar teria 30 alunas internas, sendo 13 do curso geral e 16 do curso de auxiliares[1307]. Mesmo considerando que o número

---

[1306] O Regulamento da Biblioteca do LAEC está conservado na Secretaria da Escola Superior de Enfermagem Dr. Ângelo da Fonseca, juntamente com os Estatutos e com o Regulamento do LAEC.

[1307] Num caso não se especifica o curso.

de processos existentes pode ser inferior ao de alunas que frequentaram o Lar[1308], este registou um aumento bastante significativo nos primeiros dez anos. Na verdade, de acordo com os dados avançados nas reuniões do Conselho Administrativo da Escola, que calculava o valor de um dos subsídios a conceder ao LAEC com base no número de alunas internas, este era de 115 alunas em 1960, 120 em 1961 e 130 em 1962[1309]. O crescimento manteve-se ao longo da década de 1960, sendo que em 1966 o LAEC tinha capacidade para 140 alunas e em 1968, para 210[1310].

Apenas para o ano de 1960 os dados acima referidos foram apresentados por cursos e por anos, permitindo ainda estabelecer a relação entre o número de alunas matriculadas na Escola e o de alunas em internato no Lar.

|  | Matriculadas | Internas | Relação (%) |
|---|---|---|---|
| Curso de Auxiliares | 70 | 58 | 83 |
| Curso Geral, 1.º ano | 27 | 23 | 85 |
| Curso Geral, 2.º ano | 16 | 13 | 81 |
| Curso Geral, 3.º ano | 23 | 21 | 91 |
| Total | 136 | 115 | 85 |

Quadro 41 – Número de alunas internas no Lar em 1960.

São de destacar, por um lado, o facto de o número de alunas auxiliares (58) ser bem mais elevado do que o número total de alunas do curso geral (37); por outro lado, a reduzida percentagem de alunas que, estando matriculadas na Escola, não usufruíam do Lar em regime de internato (15%). Na verdade, no total de 113 processos de alunas do Lar matriculadas no curso geral entre 1956 e 1967 e no de 138 processos de alunas matriculadas no curso de auxiliares nos anos de 1963 e 1965, há apenas 14 e 7 casos, respectivamente, de alunas externas ou semi-internas.

Dispomos de muito pouca informação acerca das 7 alunas externas do curso geral[1311]. Quanto às 6 alunas do curso de auxiliares, todas residiam em Coimbra ou arredores, embora apenas uma fosse natural da cidade; daí que três delas morassem com tios ou primos. Uma das alunas (curso de 1963/64), natural de Mirandela, residia na cidade com os filhos, sendo eventualmente mãe solteira; incluir-se-ia entre as alunas que, de acordo com o Regulamento da Escola de 1953, não podiam ser recebidas no internato (art. 36.º).

---

[1308] Por exemplo, para o ano de 1960 só chegaram até nós 10 processos de alunas do Lar do curso geral, isto é, de acordo com os dados apresentados no Quadro 41, apenas cerca de 44% do total de alunas internas do 1.º ano do curso (23), registado nesse ano.

[1309] AESEAF, 35,4,2 e 35,4,3, *Livro de Actas do Conselho Administrativo*, acta n.º 41, 20 de Outubro de 1960, fl. 41; acta n.º 56, 11 de Novembro de 1961, fls. 9v/11; acta n.º 68, 6 de Dezembro de 1962, fls. 23/25.

[1310] AESEAF, B-20,1,1, Correspondência Expedida, 1966, 3 de Junho de 1966, «Relatório da acção desenvolvida no ano de 1965 e 1.º trimestre do ano de 1966»; *idem*, 1968, 30 de Maio de 1968, «Relatório da acção desenvolvida no ano de 1967 e 1.º trimestre do ano de 1968». Como já foi referido, no ano de 1968 o LAEC tinha ainda capacidade para 30 enfermeiras e 90 auxiliares de enfermagem dos HUC, instaladas no "Lar da Rua Venâncio Rodrigues" e na "Residência Nova" da Avenida Bissaia Barreto, respectivamente.

[1311] Em todos os casos, somente se indica o nome da aluna e o curso a que pertence. A única excepção é a de uma aluna do 2.º ano do curso de 1964/67, cujos pais, naturalidade, local de residência e encarregado são identificados. Apesar de no processo se indicar Barbacena (Elvas) como local de residência, tratando-se de uma aluna externa, teria de ter um sítio para, pelo menos, passar as noites, em Coimbra.

Acrescem 3 casos de alunas que transitaram do internato para o externato, 2 do curso geral (uma antiga aluna do curso de 1962/65, então já enfermeira, e uma aluna do curso de 1964/67), que casaram, e 1 antiga aluna do curso de auxiliares de 1965/66, que, já estagiária de enfermagem eventual, deixou o Lar para ir morar com a irmã.

Na situação inversa estavam 2 alunas dos cursos gerais de 1963/66 e 1965/68, que passaram de externas a internas ainda no decurso do 1.º ano ou no final do mesmo, bem como uma aluna do curso de 1958/61, que passou de externa a semi-interna no início do 2.º ano. Só se encontram mais 2 referências ao regime de semi-internato, que implicava tomar o almoço no Lar e dormir em casa. Uma delas respeita a uma aluna do curso de 1962/65, residente em Coimbra com a mãe e a irmã, que passou de interna a semi-interna e, mais tarde, devido à morte da mãe, voltou ao internato.

Registaram-se ainda alguns casos de alunas que deixaram o Lar para passar a residir noutro local, embora não se especificasse o tipo de regime adoptado, externato ou semi-internato. Entre as alunas matriculadas no curso geral de 1956 a 1963, houve 6 casos desses, sendo que, em pelo menos 4, aquelas já eram enfermeiras. Em 3 casos, as alunas/enfermeiras passariam a residir com os pais, em 2, com duas senhoras e num caso, com uma irmã. A documentação revela que, pelo menos para o curso geral, o Lar só deferia os pedidos de mudança de regime depois de se certificar das condições em que as alunas ou as enfermeiras passariam a habitar, em especial nos casos de casas de particulares. Entre as alunas dos cursos de auxiliares de 1963/64 e 1965/66, 10 deixaram de residir no Lar no final do seu primeiro ano na Escola. De facto, embora os dados sugiram que acabaram por concluir o curso, nesse primeiro ano 9 das alunas reprovaram e 1 desistiu. No mês de Junho de 1963 e de 1965 passariam a residir com os pais (5 casos), com familiares (primos, tios) ou com os padrinhos, havendo 2 casos em que a nova morada não foi especificada.

Um dos elementos que contribui para a caracterização social das alunas do Lar é a relação vincular que tinham com as pessoas com quem residiam. Os dados que foi possível recolher a esse respeito encontram-se sistematizados no Quadro seguinte[1312].

|  | Curso Geral | | Curso de Auxiliares | | Total | |
| --- | --- | --- | --- | --- | --- | --- |
|  | N.º | % | N.º | % | N.º | % |
| Pais | 32 | 57,1 | 55 | 51,9 | 87 | 53,7 |
| Mãe | 7 | 12,5 | 15 | 14,2 | 22 | 13,6 |
| Outros | 5 | 8,9 | 12 | 11,3 | 17 | 10,5 |
| Familiares | 8 | 14,3 | 8 | 7,6 | 16 | 9,9 |
| Pai | 2 | 3,6 | 5 | 4,7 | 7 | 4,3 |
| Encarregado | 2 | 3,6 | 4 | 3,8 | 6 | 3,7 |
| Padrinhos |  |  | 3 | 2,8 | 3 | 1,9 |
| Pessoas amigas |  |  | 2 | 1,9 | 2 | 1,2 |
| Filhos/Marido |  |  | 2 | 1,9 | 2 | 1,2 |

Quadro 42 – Pessoas com quem residiam as alunas do Lar (Curso Geral, 1950/51 e 1964/67 a 1966/69 e Curso de Auxiliares, 1950/51, 1963/64 e 1965/66).
Fonte: AESEAF, 25,1,1, Processos das Alunas do Lar.

---

[1312] Foi considerado apenas o universo de processos em que se indicou com quem a aluna residia, num total de 162 (56 para o curso geral e 106 para o de auxiliares). Dos 220 processos existentes para os anos em causa (66 para o curso geral e 154 para o de auxiliares), 58 (10 e 48, respectivamente), isto é, 26,4% (15,2% para o curso geral e 31,2% para o de auxiliares) não incluem essa indicação.

Em termos gerais, a grande maioria das alunas residia com pessoas de família, embora tal percentagem fosse mais elevada entre as do curso geral (87,5%) do que entre as do curso de auxiliares (80,2%, excluindo os padrinhos). Em princípio, esta diferença dá conta de uma situação familiar e social mais estável para as alunas do curso geral. De qualquer modo, em ambos os cursos, a maior parte das alunas residia com os pais (25 no curso geral e 47 no de auxiliares) ou com os pais e irmãos[1313] (7 e 8, respectivamente). Também para os dois cursos, era significativa a percentagem de alunas que morava apenas com a mãe (4 no curso geral e 9 no de auxiliares), com a mãe e irmãos (3 e 5) ou com a mãe e a avó (1 no de auxiliares). Em cerca de 23% desses casos, o pai da aluna já falecera e em cerca de 18%, não era indicado ou era declarado incógnito. Bem mais reduzida era a percentagem de alunas que moravam apenas com o pai ou com o pai, a madrasta e os irmãos, sendo que em 2 desses casos, ambos para o curso de auxiliares, a mãe da aluna já falecera.

Cerca de 10% das alunas morava com pessoas da família, incluindo tios (4 casos), primos (2), a irmã, o cunhado ou ambos (5), os avós ou os avós e outros familiares (4)[1314]. De entre os motivos que levariam as alunas a residir com familiares que não os seus pais, a documentação permite-nos captar a orfandade (2 casos de alunas órfãs de mãe, um em cada curso) e, sobretudo, o facto de esses familiares residirem em Coimbra, cidade onde as raparigas que não eram naturais dali procuravam uma oportunidade profissional (3 casos no curso geral e 4 no de auxiliares).

Os factores referidos explicam também a grande maioria das situações em que as alunas residiam com os encarregados, os padrinhos ou pessoas amigas: no total, 2 eram órfãs de mãe, 1 de pai e outra de pai e mãe (todas do curso de auxiliares) e 6 (2 do curso geral e 4 do de auxiliares) viviam com aquelas pessoas em Coimbra mas não eram naturais da cidade.

A rubrica "Outros" inclui essencialmente três tipos de situações, sendo a primeira a de pessoas cuja relação com a aluna não foi possível estabelecer (2 no curso geral e 3 no de auxiliares), por exemplo, um médico residente em Coimbra[1315], os pais do encarregado de educação e uma auxiliar de enfermagem dos HUC, também moradora naquela cidade mas não identificada. A segunda situação em causa é a das alunas que viviam como utentes em instituições de acolhimento de Coimbra, nomeadamente, o Refúgio da Rainha Santa, a Protecção às Raparigas, o Asilo da Infância Desvalida, o Colégio das Órfãs e a Casa da Sagrada família (no total, 2 casos no curso geral e 5 no de auxiliares). Em pelo menos três dessas instituições as alunas viviam com religiosas (Refúgio da Rainha Santa, Asilo da Infância Desvalida e Casa da Sagrada Família), registando-se ainda o caso de uma aluna auxiliar do curso de 1963/64 que residia em Coimbra com as Irmãs Franciscanas Hospitaleiras Portuguesas. Para mais de 70% das alunas referidas, ou se mencionava que eram órfãs de pai (1 caso) ou de pai e mãe (1) ou não era indicado o nome do pai (3).

---

[1313] Nos casos em que era especificado, o número de irmãos variava entre 1 e 9, com situações de 2, 5, 6 e 7.

[1314] Vejam-se, por exemplo, os casos de uma aluna do curso geral de 1964/67, que morava numa quinta com os avós, os tios, os padrinhos e as irmãs, e de uma outra, do curso de auxiliares de 1965/66, que residia com o avô e a tia. A todos os casos referidos, acrescem 2 (1 para cada curso) em que não foi possível identificar o grau de parentesco dos familiares com quem as alunas residiam.

[1315] Tratava-se do Dr. Bartolo Vale Pereira. A aluna em causa, do curso de auxiliares de 1965/66, era natural de Vilar de Besteiros (Tondela) e tinha como encarregado o pai, ali residente.

Na verdade, a orfandade era uma situação que atingia 8,7% de todas as alunas de ambos os cursos nos anos considerados[1316], havendo 9 órfãs de pai, 7 de mãe e 3 de pai e mãe. Para além disso, 6,4% das alunas era filha de pai (ou pais, num único caso) incógnito ou não identificado. Tais casos envolveriam certamente uma maior fragilidade social por parte das alunas e eventuais dificuldades económicas, levando-as a procurar aprender uma profissão que lhes desse algumas garantias.

A terceira situação incluída na rubrica "Outros" era a das alunas que residiam em instituições de saúde e assistência, certamente como empregadas. Regista-se apenas 1 caso no curso geral, o de uma aluna do curso de 1965/68 que residia nos HUC, e 3 no de auxiliares, de alunas que moravam na Casa de Saúde e Laboratório de Análises Clínicas de Barcelos (curso de 1950/51), no Hospital do Lorvão (curso de 1963/64) e no Hospital de Pinhel (curso de 1965/66)[1317]. Estes casos estão associados a outros dois em que as alunas, ambas auxiliares, também residiam em instituições do género, mas enquanto familiares ou amigas de empregados, nomeadamente, na cerca do Hospital do Sanatório de Celas, com os pais (curso de 1965/66), e no Instituto Maternal de Coimbra, com a encarregada (aluna órfã de pai, do curso de 1963/64).

Passando para a questão dos encarregados de educação das alunas do Lar, introduzida pelo Quadro 43, verifica-se que, para ambos os cursos, cerca de 71% era do

|  | Curso Geral | | Curso de Auxiliares | | Total | |
| --- | --- | --- | --- | --- | --- | --- |
|  | N.º | % | N.º | % | N.º | % |
| Pai | 81 | 52,6 | 84 | 56,8 | 165 | 54,6 |
| Mãe | 22 | 14,3 | 23 | 15,5 | 45 | 14,9 |
| Outros | 30 | 19,5 | 15 | 10,1 | 45 | 14,9 |
| Pais | 5 | 3,2 | 9 | 6,1 | 14 | 4,6 |
| Familiares | 4 | 2,6 | 5 | 3,4 | 9 | 3 |
| Instituições | 3 | 1,9 | 6 | 4,1 | 9 | 3 |
| Irmãos | 5 | 3,2 | 2 | 1,4 | 7 | 2,3 |
| Padrinhos | 1 | 0,6 | 3 | 2 | 4 | 1,3 |
| Amigos | 2 | 1,3 |  |  | 2 | 0,7 |
| Marido |  |  | 1 | 0,7 | 1 | 0,3 |
| A própria | 1 | 0,6 |  |  | 1 | 0,3 |

Quadro 43 – Encarregados de educação das alunas do Lar (Curso Geral, 1950/51 e 1956/59 a 1966/69[1318] e Curso de Auxiliares, 1950/51, 1963/64 e 1965/66).
Fonte: AESEAF, 25,1,1, Processos das Alunas do Lar.

---

[1316] Consideraram-se aqui todos os processos que incluíam os nomes dos pais das alunas, nos anos de 1950/51 e 1964/67 a 1966/69 para o curso geral e 1950/51, 1963/64 e 1965/66 para o de auxiliares, isto é, um total de 64 no primeiro caso e de 154 no segundo. Em particular, a percentagem de órfãs era de 7,8% no curso geral e de 9,1% no de auxiliares.

[1317] Apenas neste último caso, em que se indicava expressamente que a aluna morava no Hospital com «freiras e doentes», temos a indicação concreta de que aquela trabalhava na instituição, em particular, há dois ou três anos, conforme uma carta do irmão anexada ao processo.

[1318] Os processos das alunas do curso geral matriculadas entre 1956 e 1963 não incluem a identificação dos encarregados. Porém, para esses anos, assumimos que aqueles eram os autores das respostas à carta enviada pelo Lar a todos os responsáveis no início do ano lectivo, acerca das saídas das alunas e da sua personalidade. No Quadro 43 é considerado apenas o universo de processos em que foi possível determinar o encarregado, 302 num total de 333, restando 31 processos em que tal não se conseguiu (9,3% do total).

sexo masculino, contra apenas cerca de 29% do sexo feminino, o que se justifica pelo facto de mais de metade dos encarregados serem os pais das alunas. A autoridade do pai, como chefe de família, tornava-o responsável pela educação das alunas na maior parte dos casos, em especial no curso de auxiliares.

Com uma representatividade em geral bem menor, embora ligeiramente mais significativa no curso de auxiliares, as mães das alunas foram suas encarregadas em 45 casos. Pondo de parte os cursos gerais de 1956/59 a 1963/66, cujos processos não incluem a filiação das alunas, verifica-se que, dos 28 casos em que a mãe da aluna era a responsável pela sua educação, somente 7 correspondiam a uma situação familiar aparentemente normal. Em 10 casos a aluna morava só com a mãe ou com a mãe e outros familiares (irmãos, avó), mas sem o pai; em 5 casos, este já tinha falecido e noutros 5 não era identificado ou era declarado incógnito; no processo de uma aluna do curso de auxiliares de 1963/64, esclarecia-se inclusivamente que a mãe só assumia o papel de encarregada porque o pai estava ausente em França. Da mesma forma, os casos em que a educação das alunas ficava a cargo de ambos os pais, num aparente reconhecimento da igualdade de responsabilidade entre os cônjuges, representavam apenas 4,6% do total. As proporções mais elevadas, da ordem dos 6%, registaram-se na segunda metade da década de 1960, em ambos os cursos.

Entre os familiares que desempenhavam o papel de encarregados merecem algum destaque os irmãos das alunas (2%), 3 do sexo feminino e 4 do sexo masculino. Quanto às irmãs, veja-se, por exemplo, o caso de uma aluna do curso de auxiliares de 1965/66, residente em Alvalade (Lisboa), com a irmã, o cunhado e os sobrinhos, sendo aquela a sua encarregada. Também uma aluna do curso geral de 1966/69, residente em Vale de Barreiras (Batalha) com os pais e nove irmãos, tinha como responsável uma irmã, moradora em Mira de Aire e enfermeira, acabada de formar na Escola Ângelo da Fonseca (curso geral de 1963/66). Este não seria o único caso em que a profissão de enfermagem era já exercida por irmãos das alunas nem o primeiro em estas sucediam aqueles na frequência da Escola. Assim, o irmão de uma aluna do curso de auxiliares de 1963/64 tinha-se formado na Escola de Coimbra e era enfermeiro do arrastão "N. S. da Vitória". A bordo desse navio, em 1964, escreveu à Monitora-Chefe, preocupado com uma nota fraca obtida pela irmã. Embora o encarregado da aluna fosse o pai, era o enfermeiro que procurava esclarecer a situação, por conhecer os métodos praticados na Escola.

De resto, entre os irmãos encarregados de alunas, para além de um que tinha um escritório em Sacavém (aluna do curso geral de 1963/66), pelo menos dois eram padres. Um deles, residente em Agadão (Águeda), respondia às questões sobre as saídas da aluna Blandina Tavares Duarte, do curso geral de 1962/65, que viria a ser monitora da Escola. O outro, residente em Gouveia, era responsável por uma aluna do curso geral de 1966//69, de 33 anos, que morava em Casegas (Covilhã) com a mãe e 6 irmãos, visto o pai já ter falecido. Também era padre o irmão de uma aluna do curso de auxiliares de 1965//66, que tinha o pai como encarregado; aquele escreveu à Monitora-Chefe pedindo autorização para, com a família, levar a irmã a Fátima, cumprindo uma promessa feita pela mãe a propósito da sua ordenação.

Entre os restantes familiares que eram encarregados de alunas (3%), registam-se casos de tios (3), avô (1), nora (1), cunhado (1) e primos (2). Pelo menos 4 das alunas em causa moravam com os respectivos encarregados, tanto em Coimbra como noutras localidades. Vejam-se, por exemplo, os casos de duas alunas do curso de auxiliares de

1965/66, uma natural de Salvaterra do Extremo mas residente em Coimbra com a irmã e o cunhado, que era o seu encarregado, e outra natural de Rio de Moinhos mas a morar em Marco de Caneveses com os tios, sendo a tia a sua encarregada. Quanto aos primos, ambos relativos a alunas do curso geral de 1964/67, num caso tratava-se de um médico, residente no mesmo local que a aluna e o seu pai; no outro, da monitora Delmina Moreira, certamente natural da zona de Macedo de Cavaleiros, onde residia a aluna com os pais. De facto, uma outra aluna do mesmo curso e residente no mesmo local tinha também como encarregada Delmina Moreira, identificada como «amiga». O outro caso em que, no curso geral, o responsável era um «amigo» dizia respeito a mais uma aluna do curso de 1964/67, residente em Ortigosa (Mortágua) com os pais; trava-se novamente de um médico, morador em Coimbra.

Na verdade, registam-se mais 3 situações em que os encarregados de alunas do Lar são médicos, 2 deles de Coimbra. Pelo menos num desses casos, a aluna, do curso de auxiliares de 1963/64, vivia com dificuldades, visto ser órfã de pai e mãe. É possível que os médicos responsáveis pelas alunas fossem também os seus padrinhos, dado o costume de as pessoas com poder económico e influência social apadrinharem crianças pertencentes a famílias desfavorecidas. Um exemplo claro dessa situação e, sobretudo, da interferência de padrinhos poderosos na formação e na vida profissional dos seus afilhados encontra-se no processo de uma aluna do curso de auxiliares de 1965/66, residente com a mãe e a irmã. O processo inclui um bilhete dirigido à Monitora-Chefe pelo Sub-Secretário de Estado das Obras Públicas, padrinho da aluna, a solicitar que, devendo aquela começar em breve a prestar provas de frequência, «lhe fosse dispensada a atenção que o assunto merecer», visto precisar de começar a trabalhar o mais depressa possível, para auxiliar a família.

De resto, nos 3 casos em que os responsáveis eram identificados como padrinhos das alunas, estas residiam com eles, tanto em Coimbra, no caso de uma aluna do curso de auxiliares de 1965/66 e natural de Paredes, como noutros locais. Vejam-se os casos já citados de uma aluna expulsa de casa pelo pai devido a um desentendimento com o namorado, passando a residir com os padrinhos em Penela, e de uma outra aluna que vivia numa quinta perto da Guarda com vários familiares, incluindo o tio e padrinho.

3% das alunas tinha como encarregado o responsável ou um membro da instituição que a acolhera até então, como utente ou como funcionária. Em 2 casos, a encarregada era a Directora do Colégio das Órfãs; noutros 4, tal papel cabia a religiosas, em particular, do Refúgio da Rainha Santa (Superior), do Asilo da Infância Desvalida (Madre), do Preventório de Penacova (Irmã) e da Casa da Sagrada Família (Irmã); em 3 casos, o encarregado era, respectivamente, uma representante do Preventório Rovisco Pais (Tocha), o médico Elísio de Moura, responsável pelo Asilo da Infância Desvalida, e alguém não identificado do Centro Familiar e Social de N. S. de Marvila (Santarém).

Por fim, registou-se um caso de uma aluna que tinha como encarregado o marido e outro em que a aluna era a sua própria encarregada. Tratava-se de uma aluna do curso geral de 1966/69, acerca da qual é dada pouca informação. É possível que, em alguns dos casos em que não é indicado o nome do responsável, este correspondesse à própria aluna[1319]. No entanto, a esmagadora maioria das alunas, mesmo as mais velhas ou as

---

[1319] Assim aconteceria, por exemplo, com a aluna do curso de auxiliares de 1963/64 que residia em Coimbra com os filhos.

que já tinham trabalhado em vários locais, inclusivamente longe dos pais, continuava sob a tutela moral destes ou de outras pessoas investidas da autoridade paterna.

Só dispomos de informação relativa à profissão dos pais das alunas do Lar em cerca de 10% dos processos do curso geral e num único caso entre os do curso de auxiliares. Em relação à profissão das mães, a proporção desce para 5% entre as alunas do curso geral, não havendo registos entre as auxiliares. Todas as mães cuja profissão é indicada eram domésticas, excepto uma, que era cozinheira; nesse caso, não era identificado o pai da aluna, que residia na Casa da Sagrada Família. O Quadro seguinte apresenta a lista das profissões dos pais que foi possível rastrear.

| | |
|---|---|
| Agricultor | 2 |
| Agricultor e comerciante | 1 |
| Alfaiate | 1 |
| Comerciante | 3 |
| Enfermeiro | 1 |
| Engenheiro fabril | 1 |
| Funcionário de «O 1.º de Janeiro» | 1 |
| Operário | 1 |
| Professor do ensino particular | 1 |
| Proprietário | 2 |
| Sub-chefe do Corpo de P.S.P. da Província de Cabo Verde | 1 |
| Trabalhador do campo | 1 |

Quadro 44 – Profissões dos pais das alunas do Lar (Curso Geral, décadas de 1950/60).
Fonte: AESEAF, 25,1,1, Processos das Alunas do Lar.

As profissões agrícolas representam 40% do total, dando conta da origem rural de grande parte das alunas. Embora todas pertencessem a famílias numerosas, com cinco a nove irmãos, as alunas filhas de agricultores e de proprietários teriam um estatuto socio-económico bem mais elevado do que as filhas de trabalhadores rurais. Entre as profissões mais ligadas ao meio urbano, destacamos a de enfermeiro, relativa ao pai de uma aluna do curso de 1962/65, residente em Covilhã. A existência de familiares, amigos ou conterrâneos enfermeiros teria certamente influência na escolha da profissão por parte das alunas.

Provavelmente, as alunas filhas de comerciantes e de engenheiros e, em especial, a filha do Sub-Chefe do Corpo de P.S.P. de Cabo Verde não experimentariam quaisquer dificuldades financeiras. Na verdade, esta última aluna foi uma das 4 que, em 1962, requereu ao Lar autorização para usar um aparelho de rádio, pagando para isso a respectiva taxa[1332]. Pelo contrário, as alunas cujos pais tinham profissões como operário, funcionário de um jornal ou alfaiate viviam situações financeiras difíceis. Numa carta dirigida à Monitora-Chefe, o pai de uma aluna do curso de 1956/59 queixava-se de que o seu salário de operário era muito reduzido. Da mesma forma, a

---

[1320] Os quatro requerimentos foram feitos em Janeiro de 1962, quando as alunas, matriculadas em 1956 e 1957, eram já enfermeiras. Uma delas, natural de Atouguia, era filha de um proprietário.

filha do referido funcionário, do curso de 1961/64, alegaria dificuldades financeiras ao requerer ao Lar a possibilidade de trabalhar nos HUC durante as férias de Verão, a troco de alojamento e alimentação, bem como o pagamento faseado do uniforme, solicitação que também foi formulada pela aluna cujo pai era alfaiate (curso de 1958/61).

Entre as alunas do curso geral, há pelo menos mais 3 casos em que se torna evidente uma situação financeira precária. Dois deles dizem respeito a duas irmãs, do curso de 1958/61, pertencentes a uma família de sete filhas, que vivia com dificuldades económicas, tendo ambas requerido o pagamento do uniforme em quatro prestações. Também uma aluna do curso de 1961/64 solicitava o atraso no pagamento do pano da farda, bem como a possibilidade de pagar as mensalidades do Lar no final do curso.

Quanto às alunas do curso de auxiliares, encontram-se situações um pouco mais graves. Veja-se, por exemplo, o caso de uma aluna do curso de 1965/66, órfã de pai e mãe e educada no Colégio das Órfãs, cuja Directora seria a sua encarregada. A aluna requereu à Monitora-Chefe a frequência gratuita do curso e o fornecimento do uniforme, por falta de meios, comprometendo-se a pagar tudo quando começasse a trabalhar[1321]. Por outro lado, para além da aluna já citada que requeria o empréstimo do enxoval por não ter meios para o comprar[1322], uma outra, do curso de 1963/64, obrigada a sair do Lar em 1965 e sem condições monetárias para a compra de uma cama, solicitava à instituição que, até saldar a sua dívida, lhe fosse emprestada uma cama de beliche com colchão de arame, colchão de brim e travesseiro.

É ainda de referir o caso de uma outra aluna do curso de 1963/64, cuja mãe, numa carta dirigida à Monitora-Chefe justificando o atraso no pagamento do uniforme, mencionava as dificuldades de criar três filhas sozinha. O facto de o Administrador do Hospital Rovisco Pais se comprometer a pagar todas as despesas do curso de auxiliares a uma aluna que provavelmente trabalhava naquela instituição também encontraria justificação nas dificuldades financeiras da respectiva família.

Não se tratava do único caso em que a aluna já trabalhava antes de ingressar na Escola e no Lar. Provavelmente pressionadas pela necessidade de contribuir para o rendimento familiar, mas também, pelo menos em alguns casos, dando prova de uma certa ambição pessoal, várias alunas contavam com um percurso profissional mais ou menos longo ao chegar ao LAEC. Uma delas, atrás referida, do curso geral de 1963/66, residente em Vale de Barreiras (Batalha) com uma família de nove irmãos, sendo o pai agricultor, já trabalhara na Diocese de Leiria em diversos cargos de responsabilidade, fora operária numa fábrica por vários anos e inclusivamente chefe de secção. De acordo com informações prestadas por um pároco da sua localidade, a aluna fora sempre «exemplar» nas tarefas desempenhadas, embora um pouco nervosa. De resto, o único defeito que o pai lhe apontava era o facto de «não conseguir estudar com barulho», passando muito tempo no quarto e não junto da família.

---

[1321] O pedido foi deferido, certamente atendendo à informação da encarregada, que caracterizara a aluna como honesta e trabalhadora e a autorizara a sair do Lar sozinha ao Domingo para visitar o Colégio das Órfãs.

[1322] A aluna, do curso de 1963/64, órfã de pai e mãe e tendo como encarregado o Prof. Dr. Fernando de Oliveira, requeria também autorização para que o pagamento do internato fosse feito em prestações mensais de 150$00, apenas a partir do momento em que começasse a estagiar.

De outras duas alunas do curso geral, sabemos que uma já trabalhava, embora não se especifique em que área (curso de 1961/64), e que outra fora durante cinco anos empregada de escritório na Covilhã (curso de 1966/69). Esta aluna residia apenas com a mãe e duas irmãs, dado que o pai já falecera; certamente fora obrigada a ir trabalhar bastante cedo, tendo em conta que, ao entrar para o Lar em 1966, tinha apenas 17 anos. Uma das alunas matriculadas no curso geral em 1956, natural de Marinha Grande, já exercera durante oito anos o magistério primário em várias localidades e uma aluna do curso de auxiliares de 1963/64, natural de Cadafaz (Góis), viera para Coimbra, para casa de uma senhora, preparar-se para exame de Regente para os Postos Escolares. Entretanto, por não querer voltar para casa dos pais, onde seria obrigada a trabalhar na lavoura, empregou-se como telefonista na Casa de Saúde de Montes Claros, tornando-se mais tarde, antes de ingressar na Escola, empregada nos HUC.

Na verdade, para além da já referida influência de familiares ou amigos ligados à profissão, o facto de algumas alunas já trabalharem na área, por conta própria ou em instituições de saúde e assistência, teria sido determinante na escolha da formação em enfermagem. Veja-se, por exemplo, o caso de uma aluna do curso geral matriculada em 1956, que já trabalhava em casa dando injecções e cujo pai a considerava vocacionada para a profissão de enfermeira. Por outro lado, a par das alunas empregadas na Casa de Saúde de Barcelos, no Hospital do Lorvão, no Hospital de Pinhel, ou nos HUC, uma aluna do curso geral de 1959/62, natural de Braga, já trabalhara no Sanatório D. Manuel II (Porto) e uma outra, do curso de auxiliares de 1963/64, estivera empregada na Casa da Mãe (Figueira-da-Foz). Neste último caso, a aluna, órfã de pai, resolvera empregar-se para juntar algum dinheiro, pois, segundo a mãe, era uma rapariga com «vontade de ser alguém na vida».

É ainda de destacar o caso de uma aluna do curso geral de 1963/66, a qual, de acordo com o irmão mais velho, recebera uma educação religiosa e fora enviada como freira a trabalhar em vários hospitais da província; do convento saíra para o Hospital Comendador Monteiro Bastos (Vila Nova do Ceira), onde gozara de toda a liberdade de acção. De resto, logo em 1963, o seu «director espiritual» escreveu à Monitora-Chefe elogiando a rapariga e pedindo à responsável que a protegesse, a apoiasse e, inclusive, a encorajasse no sentido de professar[1323].

Outras alunas do curso geral teriam também recebido uma educação religiosa. Tal seria o caso de uma aluna matriculada em 1956, cujos pais se encontravam em Luanda (Angola), e que requeria ao Lar autorização para passar as férias da Páscoa no Colégio da Rainha Santa Isabel (Coimbra), onde certamente estivera até ingressar na Escola. Uma outra aluna do curso de 1961/64 foi educada num colégio religioso, embora não se especificasse qual. Uma outra ainda estivera internada durante quatro anos no Instituto de S. Pedro de Alcântara (Lisboa), onde se esclarecia ter adquirido uma «excelente formação religiosa».

Quanto à instrução das alunas, dispomos apenas de quatro indicações, três das quais relativas às do curso geral. Como se disse, de 1952 a 1965, a habilitação mínima exigida para a frequência daquele curso era o 1.º ciclo dos liceus, enquanto para a do curso de auxiliares era a instrução primária. Daí que, nos casos em que aluna possuía habi-

---

[1323] Certamente tal não aconteceria, visto que, em 1965, o irmão da aluna informava que esta já namorava.

litações superiores, tal fosse destacado pelos encarregados. Apesar das alegadas dificuldades financeiras, o operário já citado esforçara-se por dar uma boa educação à filha, que obtivera o 2.º ciclo dos liceus, curso de Letras. Também a aluna cujo pai era professor do ensino particular conseguira completar o 1.º e o 2.º ciclos liceais em apenas dois anos, embora já trabalhasse antes de entrar na Escola. Por outro lado, a mãe da aluna que decidira empregar-se na Casa da Mãe da Figueira-da-Foz informava o Lar de que a filha tinha a 4.ª classe «mais qualquer coisa de bordados e costura».

A partir de 1965, como foi referido, o nível das habilitações mínimas exigidas subiu para o 1.º ciclo dos liceus no curso de auxiliares e para o 2.º ciclo no curso geral; porém, estava previsto um período de transição de cinco anos. Assim, compreende-se que no processo de uma aluna do curso geral de 1966/69 fosse assinalado que possuía o 5.º ano. Tal nível de instrução não é negligenciável se tivermos em conta que os pais da aluna, de apenas 17 anos, tinham de sustentar uma família de oito filhos, com base no rendimento de um trabalhador rural.

Algumas alunas do curso geral davam continuidade à sua formação depois de obtido o diploma. Para além das referências a aulas ou explicações nocturnas, regista-se o caso de uma enfermeira que frequentava o curso complementar e o de uma outra que requeria autorização para permanecer no Lar durante a sua licença profissional, com vista à realização de provas para o 3.º ciclo liceal. Mencione-se também o caso de uma aluna do curso de 1959/62, que, ainda no 3.º ano, solicitava a permanência no Lar durante as férias da Páscoa, para frequentar as aulas do 8.º ano liceal.

No entanto, a frequência simultânea do curso e de aulas para a obtenção de habilitações literárias superiores era mais comum entre as alunas do curso de auxiliares, devido, por um lado, ao interesse que teriam em vir a tirar o curso geral e, por outro, à subida de nível das habilitações mínimas exigidas, a partir de 1965. Assim, entre os 138 processos de alunas dos cursos de 1963/64 e 1965/66, encontram-se 13 requerimentos para a frequência de aulas do 1.º ciclo liceal ao mesmo tempo que o estágio e 4 para a de aulas do 2.º ciclo, nas mesmas condições.

Por outro lado, pelo menos 13 alunas apostaram na frequência simultânea de dois cursos, o de auxiliares e o Curso de Partos da Faculdade de Medicina de Coimbra. Quase todas requereram autorização para frequentar as aulas do 1.º ano do Curso de Partos ao mesmo tempo que o estágio, tendo-se ocupado exclusivamente do curso de auxiliares durante o período curricular. Porém, uma delas, cujo encarregado era um médico de Coimbra, pretendia frequentar as aulas do 2.º ano do Curso de Partos durante o estágio de auxiliar, sendo possível que tenha acumulado a parte curricular de ambos os cursos. Estas alunas teriam como objectivo obter o máximo de qualificações no mínimo período de tempo, de modo a disporem de mais oportunidades de trabalho.

No conjunto dos processos das alunas do Lar, há registo de 4 que já tinham o diploma de auxiliares de enfermagem e frequentavam o curso geral. Duas delas, dos cursos de 1958/61 e 1959/62, requereram autorização para passar no Lar as férias de Natal e as de Carnaval, por estarem a trabalhar nos HUC como auxiliares externas. De resto, entre as alunas do curso geral matriculadas de 1956 a 1963, registam-se 27 requerimentos para passar os diferentes períodos de férias no Lar. Na maioria dos casos, as alunas não teriam possibilidade de passar as férias com a família, quer por razões de distância, sobretudo as que residiam nas províncias ultramarinas, quer porque não tinham capacidade financeira para custear as viagens. Por outro lado, algumas alunas aproveitavam as férias para trabalhar nos Hospitais, em certos casos apenas a troco de alojamento e alimentação no Lar, como se disse.

Cerca de 25% dos processos das alunas do curso geral matriculadas entre 1956 e 1963 incluía um requerimento para permanecer no Lar após a conclusão do curso ou, a partir de 1960, para transitar para a "Residência Nova", na Avenida Bissaia Barreto. Segundo Nídia Salgueiro, aquele novo edifício «destinava-se a residência temporária das enfermeiras, mas o que é certo é que muitas habitaram aqui durante muitos anos»[1324]. Na verdade, para além dos diversos casos de alunas que, já enfermeiras, permaneceram no Lar por quatro ou cinco anos, registam-se pelo menos 2 em que, somando o tempo de curso com o de exercício profissional, as alunas/enfermeiras ali viveram durante onze anos. Assim foi com uma aluna do curso de 1956/59, que em 1965 já era enfermeira de 1.ª classe, requerendo autorização para entrar no Lar fora da hora regulamentar, e em 1967 ascendera a enfermeira sub-chefe, solicitando a permanência no Lar durante um período de licença para tratamento.

De resto, aquela não era a única associada que recorria ao Lar em situações de doença, por certo tendo em conta os cuidados e o bom acolhimento da instituição, mas também o facto de não disporem de familiares em Coimbra. Assim, por exemplo, uma enfermeira formada em 1959 e que, em 1964, frequentava já o curso complementar requeria em Junho desse ano autorização para ficar no Lar por motivo de doença. Da mesma forma, uma aluna do curso de 1960/63 solicitava a permanência no Lar nos dias antecedentes e posteriores a uma intervenção cirúrgica a que iria submeter-se.

Como já foi dito, para além dos dados relativos às saídas, a Monitora-Chefe solicitava aos encarregados de educação das alunas do Lar informações acerca das suas qualidades e dos seus defeitos, de modo a que a instituição pudesse orientar a sua acção junto delas. Entre os responsáveis que terão respondido ao pedido do Lar, contam-se 90 para as alunas do curso geral matriculadas entre 1956 e 1963 e 95 para as dos cursos de auxiliares de 1963/64 e 1965/66. Em ambos os casos, a maioria das respostas provinha dos pais das alunas (56% e 58%, respectivamente), seguindo-se as mães (19 a 22%) e outras pessoas (17 e 16%). Registam-se ainda alguns casos em que os remetentes eram ambos os pais das alunas ou um irmão (de 2 a 4%).

Do total de características apontadas pelos encarregados, 74% no curso geral e 84% no de auxiliares eram qualidades e 21% e 16%, respectivamente, defeitos[1325]. Face à diversidade de qualidades indicadas, procedeu-se ao seu agrupamento, de acordo com o perfil a que correspondem, como se vê no Quadro seguinte.

O perfil maioritário em ambos os cursos, o de rapariga obediente, inclui, para além dessa qualidade, indicada por 25 encarregados de educação, as de humilde ou modesta (14), respeitadora (10), sossegada (9), dócil (2) e inclusivamente submissa (1)[1326]. Portanto, a maioria dos responsáveis valorizava sobretudo o sentido de respeito pela autoridade e a humildade das respectivas educandas.

---

[1324] Nídia Salgueiro, «Lares de Alunas(os) de Enfermagem...», p. 88.
[1325] Para 5% das características atribuídas às alunas do curso geral não foi possível determinar se tinham sentido positivo ou negativo.
[1326] Incluímos também neste grupo as qualidades de despretensiosa, fiel e com temperamento moderado, cada uma registada num caso, entre as alunas do curso de auxiliares.

|  | Curso Geral | | Curso de Auxiliares | |
| --- | --- | --- | --- | --- |
|  | N.º | % | N. | % |
| Obediente | 29 | 25,7 | 35 | 29,4 |
| Bem formada | 17 | 15,0 | 11 | 9,2 |
| Bondosa | 17 | 15,0 | 7 | 5,9 |
| Bem comportada | 15 | 13,3 | 19 | 16,0 |
| Trabalhadora | 11 | 9,7 | 9 | 7,6 |
| Exemplar | 10 | 8,8 | 9 | 7,6 |
| Vocacionada | 5 | 4,4 | | |
| Recatada/Reservada | 4 | 3,5 | 5 | 4,2 |
| Activa | 3 | 2,7 | 13 | 10,9 |
| Religiosa | 2 | 1,8 | 5 | 4,2 |
| Carinhosa | | | 6 | 5,0 |

Quadro 45 – Principais qualidades atribuídas pelos encarregados de educação às alunas do Lar (Curso Geral, 1956/59 a 1963/66 e Curso de Auxiliares, 1963/64 e 1965/66).
Fonte: AESEAF, 25,1,1, Processos das Alunas do Lar.

Em segundo lugar, destacavam-se, entre as alunas do curso geral, as qualidades ligadas à formação moral e as de carácter sentimental (15% cada, contra apenas 9% e 6%, respectivamente, entre as alunas do curso de auxiliares). As primeiras incluem, no conjunto dos dois cursos, para além de uma boa ou sólida formação moral, em geral (4 casos), a honestidade (10), a sinceridade (7), a seriedade ou decência (3), entre outras[1327]. Ao descrever as suas educandas como raparigas sérias ou, em certos casos, honestas, os encarregados referir-se-iam sobretudo ao seu comportamento em relação ao sexo oposto[1328]. Veja-se, por exemplo, o caso de uma aluna do curso de auxiliares de 1963/64, que, tendo recebido uma educação religiosa, era obediente, humilde, generosa e, nas palavras do pai, «tinha uma vida limpa e honesta». Noutro caso, a mãe de uma aluna do mesmo curso apresentava-a como uma rapariga obediente, respeitadora e séria, que nunca tivera namorado. Por fim, o avô de uma aluna do curso de 1965/66 escrevia acerca da neta que «não pode haver melhor», especificando tratar-se de uma jovem «muito séria e honesta», que «não é leviana».

Já o perfil de rapariga bondosa integra, a par dessa qualidade, registada em 6 casos, as de boa filha ou amiga da família e dos amigos (8), dona de um bom coração ou de bons sentimentos (7), sensível (2) e não rancorosa (1).

---

[1327] Deste grupo fazem também parte as qualidades de prudente, escrupulosa, correcta e consciensiosa, cada uma registada num caso, entre as alunas do curso geral.

[1328] Esse era um dos aspectos a que a revista *Menina e Moça*, da responsabilidade da *Mocidade Portuguesa Feminina* e destinada às jovens, dava maior importância, ao definir o ideal feminino. Segundo Marta Fidalgo, na década de 1960, devido ao aumento do número de alunas nas escolas, era maior a possibilidade de convívio entre os dois sexos e mais difícil a vigilância dos pais sobre as raparigas; por outro lado, o mundo do espectáculo fazia as adolescentes sonhar com romances cor-de-rosa. Assim, a revista «alerta as suas leitoras para os perigos do *flirt*, da liberalização dos costumes, e tenta desesperadamente demonstrar que os comportamentos permitidos aos rapazes não são aplicáveis às raparigas, pois, no fundo, eles continuam a preferir as "raparigas sérias"». Ver Marta Fidalgo, *"Menina e Moça": Um ideal de formação feminina (1960-1970)*, p. 95.

Uma parte significativa dos encarregados (13% para o curso geral e 16% para o de auxiliares) atribuía às alunas, em geral, um bom comportamento (14) ou uma boa educação (9), salientando também a sua sensatez (7) ou o facto de serem ajuizadas (3).

A grande diferença entre os dois cursos reside na representatividade do perfil de aluna activa, determinada ou confiante. Enquanto apenas 3% das alunas do curso geral se destacava pelo feitio alegre ou pela capacidade de adaptação e de orientação[1329], 11% das suas colegas do curso de auxiliares era descrita como activa (2), corajosa (2), senhora de uma personalidade forte (2), decidida, confiante, desejosa de ser alguém, esperta, alegre ou expansiva (1 caso cada). A maior determinação e o mais significativo voluntarismo de algumas alunas auxiliares deviam-se talvez às dificuldades económicas que se viam obrigadas a ultrapassar, por meio do trabalho.

Cerca de 10% dos encarregados no curso geral e de 8% no de auxiliares salientava as qualidades relacionadas com a capacidade de trabalho e o empenho nos estudos, descrevendo a respectiva educanda como trabalhadora ou aplicada (8 casos), cumpridora (3), estudiosa (3), habilidosa, competente, interessada ou concentrada (1 cada). A inteligência era destacada em apenas 2 casos, num deles a par da bondade, do carácter respeitador e da «excelente formação religiosa» da aluna. Este perfil de rapariga e aluna aplicada está de acordo com o ideal feminino difundido na mesma época pela revista juvenil *Menina e Moça*, a cargo da *Mocidade Portuguesa Feminina*[1330]. Segundo Marta Fidalgo, em alguns artigos daquela publicação, defendiam-se os valores da disciplina, do empenhamento e da austeridade, apresentando exemplos de seriedade, de capacidade de trabalho e de interesse pelos estudos. No que respeitava concretamente à vida escolar das leitoras, aqueles eram os princípios e as atitudes valorizados e «não outros, como o espírito crítico, a criatividade, a curiosidade científica, a experimentação»[1331].

Sensivelmente a mesma percentagem de encarregados de educação (9% para o curso geral e 8% para o de auxiliares), a maioria dos quais pais das alunas, considerava que estas tinham um comportamento excelente ou exemplar (11), isento de quaisquer defeitos (6) ou reunindo todas as qualidades (2).

Apesar de, na opinião da maioria dos autores, a vocação ser determinante para o exercício da enfermagem, era indicada como qualidade das alunas em apenas 3 casos, todos para o curso geral. O primeiro era o de uma aluna matriculada em 1956, que já trabalhava em casa dando injecções e era considerada pelo pai uma rapariga obediente, ajuizada e com vocação para enfermeira. Outro caso era o de uma aluna do curso de 1959/62, um pouco descuidada e distraída, segundo o encarregado, «mas com vontade de seguir a carreira». Também uma aluna do curso de 1960/63 teria, nas palavras do pai, «muita inclinação para estes serviços». Registam-se ainda dois casos em que os encarregados atribuíam às educandas um espírito caridoso, o qual também faria parte das características exigidas a uma boa enfermeira. Um deles era o da aluna autorizada a sair com «as meninas da JOC» *(Juventude Operária Católica)*, uma pessoa «caritativa», para além de obediente, respeitosa e bem comportada, de acordo com o pai. Igualmente bem comportada seria uma outra aluna, do curso de 1960/63, descrita ainda pelo pai como dona de um bom coração e «amiga dos pobres».

---

[1329] Mesmo que incluíssemos as características de brincalhona, determinada e com temperamento vivo, cuja conotação não é claramente positiva, entre as qualidades, aquela percentagem não iria além dos 4,4%.
[1330] Marta Fidalgo, *op. cit.*, p. 94.
[1331] *Idem*, p. 124.

Embora nenhum dos encarregados das alunas auxiliares tenha salientado a sua vocação para a prática da enfermagem, cinco deles indicavam qualidades necessárias a um bom desempenho profissional na área, como o ser carinhosa e preocupar-se com os outros, a generosidade, a paciência e o asseio. Por exemplo, uma aluna do curso de 1963/64, que já trabalhava nos HUC antes de entrar na Escola e no Lar, era descrita pela encarregada como «muito carinhosa para com os doentes». Uma outra aluna do mesmo curso preocupar-se-ia com «os males dos outros» ao ponto de, segundo o pai, deixar que eles afectassem a sua disposição de forma negativa.

O perfil de rapariga reservada ou recatada encontra-se em 9 situações, combinando-se com o de jovem obediente e respeitadora, que não está habituada a sair só, é muito caseira e não tem ou nunca teve namorado. O pai de uma dessas alunas, do curso geral e residente em Figueira-da-Foz, descrevia-a como uma rapariga sossegada, que gostava de estar em casa a ler, e salientava o facto de ela nunca ter usado «*maillon* de praia», como prova da sua decência. Ao mesmo tempo, autorizava a educanda a sair do Lar sozinha para fazer compras ou ir ao cabeleireiro, considerados «casos de primeira necessidade». O pensamento desse pai condizia também com o modelo proposto pela *Mocidade Portuguesa Feminina* e difundido através da revista *Menina e Moça*, neste caso quanto ao vestuário e, em geral, à postura das raparigas[1332]. O ideal da MPF correspondia «a uma rapariga simples, recatada, púdica, bem arranjada e graciosa, mas que evitasse a "pedanteria", a sofisticação, o exotismo e a masculinização». Segundo Marta Fidalgo, o exemplo que melhor serve para demonstrar a vigilância sobre o pudor feminino é exactamente «a cruzada do fato de banho», sendo que, sobretudo no período de férias, foram publicados vários artigos na *Menina e Moça*, lembrando as leitoras de que não deviam usar na praia os fatos de banho então na moda, apontados como indecorosos[1333].

Por fim, regista-se um total de 7 casos (2 no curso geral e 5 no de auxiliares) em que os encarregados destacavam a formação religiosa ou católica das educandas, bem como o facto de serem católicas praticantes ou cumprirem os deveres religiosos. Entre outros exemplos que poderíamos citar, veja-se o caso de uma aluna do curso de auxiliares de 1965/66, cujo pai salientava o facto de ser «muito crente».

Transitando agora para o plano dos defeitos atribuídos às alunas do Lar, o Quadro seguinte discrimina todos os que foram indicados em pelo menos dois casos.

No conjunto dos dois cursos, os defeitos mais frequentemente apontados tinham a ver com a introversão, por um lado, e com o nervosismo, por outro. O perfil de aluna introvertida, que estava de acordo com o de rapariga obediente e sossegada, dominante ao nível das qualidades, era muito mais representativo entre as alunas do curso geral do que entre as do curso de auxiliares: enquanto naquelas se registou em 9 casos, incluindo os defeitos de pouco comunicativa/expansiva (5 casos), envergonhada, pensativa, introvertida ou propícia a desânimos prejudiciais (1 cada)[1334], nestas registou-se

---

[1332] Marta Fidalgo, *op. cit.*, pp. 91-94.

[1333] Um artigo traduzido da revista francesa *Marie Claire* sugeria às raparigas que não usassem *shorts* nem *maillots* extravagantes. De acordo com outro artigo, o comportamento correcto numa jovem seria: «conservar na praia o roupão, antes e depois de sair do banho, praticar jogos ao ar livre com uma "saia ampla e leve, assim como a blusinha condizente", negar-se a comprar e a vestir tudo o que as degrade, impondo assim "modas sadias aos comerciantes"». Ver Marta Fidalgo, *op. cit.*, p. 93.

[1334] Há 3 casos em que não nos foi possível determinar se o facto de a aluna ser reservada ou introvertida era uma qualidade ou um defeito.

|  | Curso Geral | | Curso de Auxiliares | |
| --- | --- | --- | --- | --- |
|  | N.º | % | N.º | % |
| Preguiçosa | 5 | 15,6 | 1 | 4,5 |
| Pouco comunicativa/expansiva | 5 | 15,6 |  |  |
| Nervosa | 3 | 9,4 | 4 | 18,2 |
| Descuidada | 3 | 9,4 | 1 | 4,5 |
| Infantil | 2 | 6,3 |  |  |
| Ingénua | 2 | 6,3 | 1 | 4,5 |
| Distraída | 2 | 6,3 |  |  |
| Instável/inconstante |  |  | 2 | 9,1 |
| Muito reservada/tímida |  |  | 2 | 9,1 |
| Teimosa | 1 | 3,1 | 2 | 9,1 |
| Pouco experiente | 1 | 3,1 | 1 | 4,5 |
| Ríspida/agreste | 1 | 3,1 | 1 | 4,5 |
| Muito independente/senhora de si | 1 | 3,1 | 1 | 4,5 |
| Outros | 6 | 18,8 | 6 | 27,3 |

Quadro 46 – Defeitos atribuídos pelos encarregados de educação às alunas do Lar (Curso Geral, 1956/59 a 1963/66 e Curso de Auxiliares, 1963/64 e 1965/66).
Fonte: AESEAF, 25,1,1, Processos das Alunas do Lar.

em apenas 2, com o defeito de muito reservada/tímida. Esta diferença pode justificar-se pelo facto de o perfil de aluna activa, oposto ao de introvertida, ser mais significativo entre as alunas do curso de auxiliares, como se disse.

De qualquer forma, o oposto à excessiva introversão também era considerado negativo, sendo que um dos encarregados apontava como único defeito da sua filha, do curso geral, o ser brincalhona[1335]. Outros encarregados lamentavam o facto de as suas educandas serem teimosas (3 casos no total), ríspidas ou com um «génio um pouco agreste» (2), «senhoras de si» ou com um «excessivo espírito de independência» (2)[1336].

Quanto ao nervosismo, era o defeito mais apontado entre as alunas auxiliares (4 casos contra 3 para o curso geral), aliando-se à inconstância de humor (2 casos), com ânimos e desânimos sucessivos. O pai de uma aluna do curso de 1963/64, por exemplo, alertava a Monitora-Chefe para o facto de a filha ser muito reservada e nervosa, sendo que, se a comida não lhe agradasse, poderia passar dias sem comer. Da mesma forma, a mãe de uma aluna do mesmo curso, que não estava autorizada a sair do Lar, esclarecia ser a filha era muito nervosa, sendo preciso «falar-lhe com jeito».

Outros defeitos importantes seriam os opostos à capacidade de trabalho e à competência, qualidades socialmente valorizadas, nomeadamente, a preguiça (6 casos no total), o descuido (4) e a distracção (2). Tais características, muito mais frequentes nas alunas do curso geral do que nas auxiliares (10 casos contra 2), não deixavam de reflectir também a juventude de muitas raparigas, sendo que, em 7 casos, aquelas eram consideradas infantis, ingénuas ou pouco experientes. Apesar de, mais uma vez, a maior parte

---

[1335] Registam-se também 2 casos, para o curso geral, em que não fica claro se, para o encarregado, é positivo ou negativo o facto de a aluna ser brincalhona ou ter um temperamento vivo.

[1336] Há um outro caso, igualmente para o curso geral, em que a aluna é caracterizada como uma «pessoa determinada», embora não seja claro que tal é um defeito.

daqueles casos (5) respeitar ao curso geral, a pouca idade de duas alunas auxiliares, dos cursos 1963/64 e 1965/66, poderia explicar os defeitos que lhes foram atribuídos, em particular, o de ser orgulhosa e ciumenta, num caso, e a ingenuidade, noutro.

A preocupação de alguns pais com a integração no Lar e a mudança de ambiente é demonstrada com clareza numa carta enviada à Monitora-Chefe pelo pai de uma aluna do curso de auxiliares de 1963/64. Residente com a família em Vila Corça (Viseu), aquele salientava que a filha fora criada num meio humilde, «onde não era preciso guardá-la de perigos». Daí que só a autorizasse a sair acompanhada por uma senhora que indicava, pela superior ou por uma enfermeira.

A um outro nível, uma carta enviada à Monitora-Chefe pelos pais de uma aluna do curso de geral matriculada em 1957 testemunha o interesse e o envolvimento de certos pais na educação das alunas do Lar. Residindo na Cidade da Praia (Cabo Verde), aquele casal apresentava-se a Dulce Pinto e agradecia o bom acolhimento da filha no LAEC. A mesma sorte não teria, por exemplo, uma outra aluna, do curso de 1963/67, cujos pais residiam na Guiné, mas provavelmente separados, visto não ter contacto com a mãe há vários anos. A aluna vivia com uma encarregada na Figueira-da-Foz, desde os 12 anos, sendo que o pai pagava as despesas da sua educação.

Por fim, no que respeita ao percurso e ao sucesso escolares das alunas do Lar, há que referir alguns casos de desistências e reprovações. Registam-se 5 desistências no total, 2 para as alunas do curso geral matriculadas de 1956 a 1963 e 3 para as auxiliares dos cursos de 1963/64 e 1965/66. Embora não sejam esclarecidos os motivos, pelo menos duas estariam relacionadas com impedimentos de ordem familiar. Assim, uma aluna do curso geral de 1959/62 terá pensado em, pelo menos, adiar a sua formação, constando do seu processo cartas do pai e da mãe que sugerem desentendimentos entre os dois. Por outro lado, uma aluna do curso de auxiliares de 1963/64, residente em Coimbra com uns primos, teve de deixar o Lar por uns tempos para ir à terra natal e ficar com o pai, que estava a morrer. Numa carta dirigida à Monitora-Chefe a partir de Casal de Cinza, a aluna explicava a situação e perguntava se ainda tinha possibilidade de concluir o ano, como veio a acontecer. Na verdade, se as 2 desistências no curso geral não chegaram a ser efectivadas, tendo as alunas concluído o curso no tempo regular, as 3 desistentes do curso de auxiliares regressaram à Escola e concluíram a formação no ano seguinte.

Quanto às reprovações, registam-se somente 2 casos para as alunas do curso geral e 15 para as auxiliares. Os primeiros terão sido protagonizados por raparigas com personalidades problemáticas: uma delas, matriculada em 1960 e tendo reprovado no 1.º ano, era considerada pela mãe e pela tia «muito infantil e preguiçosa»; a outra, que reprovou no 2.º ano, tentou inclusivamente suicidar-se por duas vezes[1337].

Para o curso de auxiliares, em praticamente todos os casos de reprovação a primeira matrícula foi feita no ano anterior àquele em que a aluna concluiu o curso; há uma única excepção, a de uma aluna do curso de 1963/64, cuja primeira matrícula data de 1961. Em 9 das 15 situações, a aluna deixou o Lar no final do ano em que reprovou, indo residir com familiares ou pessoas amigas, como se disse, e passando provavelmente a externa ou semi-interna.

---

[1337] O processo da aluna inclui a comunicação de uma das tentativas de suicídio, dirigida pela Monitora-Chefe ao Presidente do LAEC (18/12/1962), bem como uma carta dos pais da aluna, pedindo conselho a Dulce Pinto sobre o acompanhamento médico da filha.

Os processos analisados até aqui são relativos a alunas do Lar que terminaram o curso. Para além deles, existe no Arquivo da Escola Ângelo da Fonseca um conjunto de processos agrupados sob a designação «Reprovações e Desistências», que supomos respeitarem a alunas do Lar que não concluíram o curso. O Quadro seguinte dá conta da número de processos disponíveis para cada um dos dois cursos e dos motivos na maioria deles invocados para a não conclusão da formação.

|  | Curso Geral |  | Curso de Auxiliares |  |
|---|---|---|---|---|
|  | N.º | % | N.º | % |
| Desistências | 16 | 47,1 | 41 | 34,8 |
| Reprovações | 2 | 5,9 | 25 | 21,2 |
| Reprovações e desistências | 2 | 5,9 | 1 | 0,9 |
| Não comparência às aulas | 2 | 5,9 |  |  |
| Não confirmação de matrícula | 1 | 2,9 |  |  |
| Exclusão |  |  | 1 | 0,9 |
| Transferência |  |  | 1 | 0,9 |
| Sem identificação | 11 | 32,4 | 49 | 41,5 |
| Total | 34 |  | 118 |  |

Quadro 47 – Processos de alunas do Lar que não concluíram o curso (Curso Geral, 1962 a 1964 e Curso de Auxiliares, 1953 a 1966).
Fonte: AESEAF, 25,1,1, Processos das Alunas do Lar.

Assumindo que a soma do número de alunas que reprovaram ou desistiram com o de alunas aprovadas corresponde ao total de alunas matriculadas e internas no Lar em dado ano, a taxa de reprovação ou desistência no curso geral seria de 36% em 1962 e de 56% em 1963[1338] e no curso de auxiliares, de 17% em 1960 e de 13% em 1963[1339]. É possível que, na verdade, os valores não fossem tão significativos, uma vez que podem não ter chegado até nós todos os processos de alunas aprovadas.

## 6. DO LAEC AO NOVO BLOCO RESIDENCIAL

Com a entrada de alunos do sexo masculino no Lar Sede, onde provavelmente já estariam concentrados os serviços de alojamento da Escola, e com a construção de uma residência para estudantes associada ao novo edifício escolar, a instituição LAEC, destinada a alunas e a enfermeiras, estava posta em causa.

O novo Bloco Residencial tinha uma lotação de 260 camas, em quartos triplos e individuais, e nele funcionariam também serviços de apoio, como a central telefónica,

---

[1338] Para 1962, dispomos de 14 processos de alunas aprovadas, contra 8 de alunas que reprovaram ou desistiram (total de 22 alunas). Para 1963, os números são, respectivamente, de 12 e 15 (total de 27 alunas).

[1339] Para 1960, de acordo com o Conselho Administrativo da Escola, como se disse, o número de alunas matriculadas e internas no Lar era de 58; dessas, 10 terão reprovado ou desistido. Para 1963, dispomos de 74 processos de alunas aprovadas, contra 11 de alunas que reprovaram ou desistiram (total de 85 alunas).

as oficinas, a lavandaria, o restaurante e respectiva cozinha[1340]. O processo de transferência dos alunos do Lar Sede para o novo edifício teve início em Maio de 1978, começando de imediato a funcionar a cozinha e o refeitório, ainda sem as obras estarem concluídas e faltando equipamento[1341]. Tal urgência devia-se ao facto de o espaço que aqueles serviços ocupavam no Lar Sede ter sido requisitado para o Gabinete de Planeamento do Novo Hospital. De qualquer modo, só em Dezembro de 1978 se completou a transferência, devendo-se o atraso à falta de material e de equipamento, sobretudo eléctrico. Procurou-se «pôr o 2.º e 3.º e parte do 1.º andar em condições de funcionar, ficando o 4.º andar por terminar». Durante algum tempo, a vida na nova residência decorreu com vários condicionalismos, sendo que, por exemplo, só em Janeiro de 1979 a lavandaria ofereceu as condições mínimas de funcionamento.

De acordo com Nídia Salgueiro, «havia interesse em que a instituição LAEC não se extinguisse» e acabou por se decidir mantê-la, embora a Escola Ângelo da Fonseca deixasse de ter quaisquer encargos com a sua manutenção[1342]. Uma vez que, na sua nova dimensão, o LAEC não podia manter todo o pessoal de que dispunha e tendo em conta a necessidade de funcionários com que a Escola se deparava, esta acabou por conseguir integrar nos seus quadros o pessoal do Lar, como se disse. O edifício do antigo Lar Sede, situado na Avenida Bissaia Barreto, foi adquirido pela Ordem dos Enfermeiros, que ali manteve uma área residencial. Segundo a autora citada, em 2004 essa residência ainda se regia pelos Estatutos do LAEC, aprovados em 1949, embora «com regulamentos internos mais ajustados ao presente»[1343].

Quanto ao novo Bloco Residencial, uma vez a funcionar em pleno, começou a ser «cobiçado por outras instituições», entre as quais o IPO, que ali pretendia instalar serviços, com o argumento de que o edifício da Escola ocupara um metro dos seus terrenos a todo o comprimento da extrema[1344]. O esclarecimento desta situação obrigaria a uma análise por um Técnico do INSA-DEE, no início dos anos oitenta. O parecer emitido foi favorável à Escola, pondo-se fim às pressões exercidas para a cedência das instalações residenciais.

A fim de rentabilizar a nova residência, a Escola cedeu alojamentos a várias instituições, pelo preço determinado para os alunos e segundo as mesmas regras que a estes se impunham. Nídia Salgueiro refere-se, por exemplo, a um acordo estabelecido entre o Ministério da Saúde e o da Educação, através do qual foram alojadas alunas da Escola de Educadoras de Infância de Coimbra[1345]. A EEAF tinha também acordos de cooperação com outras escolas de enfermagem, recebendo os seus alunos e docentes aquando de estágios[1346] ou visitas de estudo. De resto, esta prática não era nova, registando-se ainda no tempo do LAEC. Como se disse, era nos Lares que a Escola acolhia os alunos

---

[1340] Nídia Salgueiro, «Lares de Alunas(os) de Enfermagem…», p. 91.
[1341] AESEAF, 36,2,3, *Relatório da EEAF*, «Relatório de Actividades da Escola de Enfermagem Dr. Ângelo da Fonseca (1978)», pp. 4-5.
[1342] Nídia Salgueiro, art. cit., pp. 91-92.
[1343] Nídia Salgueiro, art. cit., p. 88.
[1344] *Idem*, p. 93.
[1345] *Idem, ibidem*.
[1346] Por exemplo, entre Agosto e Setembro de 1973, residiram num dos Lares da Escola algumas alunas da Escola de Enfermagem da Guarda, que vinham a Coimbra fazer os estágios de Enfermagem Obstétrica e Psiquiátrica. Ver AESEAF, 35,4,10, *Livro de Actas das Reuniões dos Enfermeiros Docentes da EEAF*, acta n.º 1, 22 de Março de 1973, fls. 10/11.

e monitores das instituições que a visitavam, alojando os elementos do sexo feminino e fornecendo alimentação a todos. A recepção aos visitantes envolvia por vezes actividades especiais, como um convívio com estudantes cabo-verdianos que frequentavam o Seminário, organizado em 1973, aquando a visita de alunas da Escola de Enfermagem de Faro, que ficaram alojadas no Lar Sede[1347].

A Escola cedia ainda alojamentos a várias outras instituições, de acordo com a já referida política de abertura e serviço à comunidade, adoptada no final da década de 1970. No Relatório de Actividades de 1979 dava-se conta de que «as receitas auferidas pela utilização do Bloco Residencial foram uma ajuda para a manutenção do mesmo, além de serem um serviço prestado à comunidade», tendo, nesse ano, sido cedidos alojamentos às Escolas de Enfermagem de Viseu, Castelo Branco e Leiria, aos Cursos de Aperfeiçoamento em Enfermagem de Saúde Pública (CAESP) e de Reciclagem em Obstetrícia e ao já citado Magistério Infantil, entre outras entidades[1348].

Entretanto, segundo Nídia Salgueiro, começou a manifestar-se a nível nacional uma corrente no sentido de extinguir as residências das escolas de enfermagem, à qual a Escola Ângelo da Fonseca não aderiu[1349]. O assunto foi discutido numa reunião do INSA-DEE, realizada em Janeiro de 1982, tendo a Escola de S. João do Porto expresso uma posição favorável à desactivação das residências, enquanto a Escola de Coimbra se lhe opôs. De acordo com a autora citada, nessa altura a Escola estava já envolvida num processo de recuperação da formação pós-básica e considerava «uma mais-valia poder oferecer aos enfermeiros de fora de Coimbra [...] a possibilidade de ali se alojarem». Aquela formação teve início em Julho de 1982 e, como se previra, muitos dos alunos dos novos cursos usufruíram da residência, «benefício tão precioso numa época em que as vias rodoviárias eram tão deficientes e as deslocações extremamente demoradas».

## 7. O Regulamento e as normas de funcionamento do Bloco Residencial (1978)

Em 1978, cerca de um ano depois de se ter iniciado a experiência de internato misto, a Comissão Instaladora da Escola dirigiu a toda a população escolar (residentes e não residentes no Lar, alunos e pessoal) um questionário acerca daquele regime[1350]. Dos dados colhidos e da própria observação, bem como do sentir da Comissão Disciplinar do Lar, surgiu um projecto de regulamento para o novo Bloco Residencial, que foi discutido em Assembleia-Geral de Escola e aprovado nas suas linhas essenciais.

De acordo com esse Regulamento[1351], o Bloco Residencial da Escola Ângelo da Fonseca tinha como finalidade o alojamento de alunos e pessoal da Escola, bem como

---

[1347] AESEAF, 35,4,10, *Livro de Actas das Reuniões dos Enfermeiros Docentes da EEAF*, acta n.º 1, 22 de Março de 1973, fls. 10/11.

[1348] AESEAF, 36,2,3, *Relatório da EEAF*, «Escola de Enfermagem Dr. Ângelo da Fonseca. Relatório de Actividades do ano 1979», p. 21.

[1349] Nídia Salgueiro, art. cit., p. 94.

[1350] AESEAF, 36,2,3, *Relatório da EEAF*, «Relatório de Actividades da Escola de Enfermagem Dr. Ângeloda Fonseca (1978)», p. 7.

[1351] AESEAF, 36,2,3, *Relatório da EEAF*, «Escola de Enfermagem Dr. Ângelo da Fonseca. Relatório de Actividades do ano 1979», Anexo 10.

de alunos e pessoal de outras escolas em visita ou em serviço e de pessoal de outras instituições, caso houvesse vagas e com prévia autorização da Escola. O Bloco integrava também o serviço de restaurante da Escola. Destinava-se ainda ao funcionamento dos serviços de apoio, não só do próprio Bloco Residencial, mas também do edifício escolar, como salas de estudo e de jogos, ginásio, lavandaria, oficinas e armazéns, telefones, instalações eléctricas.

Seriam admitidos no Bloco Residencial, em regime de internato, por um lado, os alunos bolseiros do INA-DEE e, por outro lado, os alunos não bolseiros, o pessoal da Escola e outros mediante o pagamento mensal de 1.000$00. Os utentes residentes ficariam distribuídos pelo edifício da seguinte forma: no 1.º andar, pessoal da Escola e visitas; no 2.º e no 3.º andares, alunas; no 4.º andar, alunos. Em cada andar só seriam permitidos residentes do mesmo sexo, sendo proibida a residência de casais vivendo maritalmente[1352]. As visitas e os utentes não internos, salvo raras excepções, não teriam acesso aos andares onde se situavam os quartos dos residentes.

O Regulamento estipulava várias condições para a utilização das áreas comuns. Em relação ao refeitório, por exemplo, onde os utentes só estavam autorizados a entrar nas horas regulamentares, todos se deviam esforçar para que ali houvesse «um ambiente agradável, sem grandes ruídos, com linguagem e trato correctos para com todo o pessoal e entre próprios». O mesmo «ambiente educativo» deveria estar presente nas salas de jogos e de convívio. As primeiras fechavam às 23h e esta última encerrava com a emissão televisiva; a partir das 23h, o silêncio nos andares seria obrigatório.

Para além do Regulamento, a Comissão Instaladora definiu uma série de normas de funcionamento do Bloco Residencial, de modo a que «se transforme num verdadeiro Lar para cada utente (limpo, acolhedor, com conforto) e seja um local que traga satisfação pessoal a quem nele trabalha»[1353]. Tal só seria possível com a colaboração de todos os utentes, essencialmente a dois níveis. Antes de mais, na arrumação, higiene e conservação do material, o que implicava um extenso rol de cuidados, desde não deitar lixo para o chão e limpar bem os pés antes de entrar no edifício, até fazer uso adequado da roupa e equipamento, passando por não deixar as banheiras nem as bacias sujas, deixar as louças da copa limpas e arrumadas, alinhar as almofadas, as cadeiras e as mesinhas ao sair das salas comuns ou manter os quartos em ordem[1354]. Na relação com os outros, os utentes teriam de respeitar os seus pertences e procurar não ser «elementos de intriga e má língua». Uma outra forma de colaboração consistiria em chamar a atenção, «em atitude formativa», sempre que algum colega incorresse nas faltas referidas, assim como comunicar às regentes deficiências na limpeza, no arranjo e na conservação do material.

Mais tarde, depois de verificar «algumas anomalias», a Comissão Instaladora considerou necessário «relembrar alguns princípios já estabelecidos», sobretudo no que

---

[1352] Mesmo em caso de doença, a visita de um indivíduo do sexo oposto teria de ser previamente autorizada.

[1353] AESEAF, 36,2,3, *Relatório da EEAF*, «Escola de Enfermagem Dr. Ângelo da Fonseca. Relatório de Actividades do ano 1979», Anexo, «Escola de Enfermagem Dr. Ângelo da Fonseca. Bloco Residencial. Aos utentes».

[1354] Em relação aos quartos, eram feitas especificamente recomendações como não fumar, retirar as colchas de fantasia antes de se deitar ou não se deitar em cima das colchas brancas com os sapatos.

respeitava à conservação do material[1355]. Estipulava que cada residente teria de responder individualmente pelo equipamento a que teria direito: uma cama, uma estante, uma escrivaninha, um roupeiro, um candeeiro de cabeceira, um tapete, duas almofadas, uma colcha e uma almofada de fantasia. Os utentes, ocupando quartos múltiplos, teriam ainda de responder colectivamente pelos objectos comuns (cortinados e cesto de papéis), bem como, em geral, pela limpeza e pelo arranjo dos quartos.

A Comissão Instaladora reiterava também a recomendação no sentido de não se fumar nos quartos, dado que «durante o dia o indivíduo vive permanentemente em ambientes poluídos» e «a fim duma boa recuperação durante o sono». Tratava-se apenas de um conselho e não de uma proibição efectiva, como de resto todas as outras normas de funcionamento e de boa convivência indicadas. Estas não tinham sido incluídas no Regulamento do Bloco Residencial porque se considerou em Assembleia-Geral de Escola, na discussão do projecto, que eram «normas cívicas que todos deviam respeitar, mas difíceis de controlar»[1356].

---

[1355] AESEAF, 36,2,3, *Relatório da EEAF*, «Escola de Enfermagem Dr. Ângelo da Fonseca. Relatório de Actividades do ano 1979», Anexo, «Bloco Residencial. Aos utentes».

[1356] AESEAF, 36,2,3, *Relatório da EEAF*, «Relatório de Actividades da Escola de Enfermagem Dr. Ângelo da Fonseca (1978)», p. 7.

# IX – OS ALUNOS DA ESCOLA AO LONGO DO TEMPO

## 1. Frequências e aproveitamento

A série de dados mais antiga de que dispomos acerca do número de alunos da Escola Ângelo da Fonseca tem início no ano lectivo de 1921/22, o terceiro em que a instituição funcionou, após um longo período de inactividade. O Gráfico 7 dá conta da evolução do número de diplomados no curso geral desde aquele ano até ao de 1946/47.

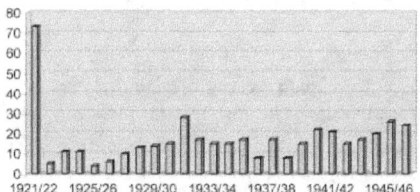

Gráfico 7 – Evolução do número de diplomados no Curso Geral (1922-1947).
Fonte: AESEAF, B-21,5,1, Correspondência Recebida e Expedida, 1948, 19 de Março de 1948.

A significativa desproporção entre o número de diplomados no primeiro ano da série e nos restantes pode justificar-se pelo facto de a Escola ter começado a funcionar, como se disse, apenas três anos antes, sendo que, pela novidade, exerceria então grande atracção sobre os potenciais candidatos. Depois de uma quebra bastante acentuada em 1922/23 (apenas 5 diplomados) e de uma nova redução em 1925/26, o número de diplomados registou uma subida progressiva até ao ano de 1931/32 (28). A partir daí, os valores continuaram a sofrer oscilações, evidenciando, no final do período em causa, uma tendência de estabilização em torno dos 20 diplomados por ano. De resto, no conjunto, excluindo o primeiro ano, a média anual é de 15 diplomados.

No total de 447 alunos diplomados ao longo daquele período, 59% (264) era do sexo masculino e 41% (183) do sexo feminino. O número de mulheres diplomadas apenas igualou o de homens em dois dos vinte e seis anos considerados (1936/37 e 1938//39) e só o superou em cinco (1922/23, 1931/32, 1939/40, 1944/45 e 1946/47), na maior parte dos casos com margens pequenas. O ano de 1944/45 foi aquele em que o sexo feminino mais se evidenciou, havendo 13 mulheres diplomadas, contra apenas 7 homens; porém, no ano seguinte, a relação voltou a inverter-se, com 8 diplomadas e 18 diplomados.

Para o ano de 1946/47, dispomos de dados mais completos, distinguindo-se entre o número total de alunos matriculados, o daqueles que foram aprovados ou diplomados e o dos que desistiram ou reprovaram[1357]. No 1.º ano do curso geral estavam matriculados 77 alunos (56% do sexo feminino); daqueles, 5 desistiram e 3 reprovaram, ficando aprovados 69. Portanto, cerca de 90% dos alunos matriculados transitou para o ano seguinte. Já no 2.º ano do curso, o panorama escolar foi diferente: dos 43 alunos matriculados (56% do sexo feminino), 3 desistiram, 16 reprovaram e somente 24 se diplomaram. Neste caso, o insucesso atingiu mais de metade dos alunos matriculados, com uma percentagem de reprovações de 42% para o sexo masculino e de 33% para o sexo feminino.

No que respeita ao curso complementar, para além do número de enfermeiros diplomados desde o ano em que começou a funcionar na Escola, 1926/27, até ao de 1946/47, dispomos, para o mesmo período, de várias outras informações, entre as quais o número de alunos que, indo a exame, estariam matriculados no curso.

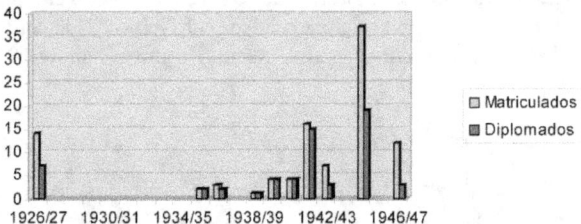

Gráfico 8 – Evolução conjunta do número de matriculados e de diplomados no Curso Complementar (1927-1947).
Fonte: AESEAF, B-21,5,1, Correspondência Recebida e Expedida, 1948, 19 de Março de 1948; Secretaria da ESEAF, *Hospitais da Universidade de Coimbra. Escola de Enfermagem. Exames de Curso Complementar* (1927-1947).

Como se constata, o curso complementar teve uma existência algo precária na Escola Ângelo da Fonseca. Após o primeiro ano, em que foi frequentado por 14 alunos, só voltou a funcionar em 1935/36. A partir de então e até ao final do período em causa, houve três anos em que não abriu (1937/38, 1943/44 e 1945/46) e outros em que teve muito poucos alunos, 4, 3, 2 ou mesmo 1 (1938/39). Apenas nos anos de 1941/42 e 1946/47 o curso retomou um número de alunos próximo do que tivera em 1926/27, sendo 1944/45 o ano em que se registou maior afluência, com 37 alunos.

Do total de alunos, 64% era do sexo masculino e 36% do sexo feminino, o que indicia um peso ainda mais significativo dos homens em relação ao curso geral para a mesma época[1358]. Em 100 alunos[1359], 61 foram aprovados no exame de final de curso,

---

[1357] AESEAF, B-21,5,1, Correspondência Recebida e Expedida, 1948, 19 de Março de 1948.

[1358] Se tivermos em conta apenas os alunos diplomados no curso complementar, aqueles valores sobem para 67% e 33%, respectivamente.

[1359] Na verdade, os 100 casos registados correspondem apenas a 85 alunos, visto que 13 realizaram o exame duas vezes e 1, três vezes. 8 dos repetentes eram do sexo masculino e os outros 6, do sexo feminino.

com uma maior taxa de sucesso entre o sexo masculino (64% de aprovados, contra 56% entre as mulheres). Dos restantes, 32% faltou ao exame, 5% reprovou e 2% foi excluído. A maioria dos exames realizou-se no mês de Novembro, sendo o respectivo júri presidido primeiro por Ângelo da Fonseca (até Março de 1942) e, posteriormente, por João Porto (desde Novembro de 1942 até ao mesmo mês de 1945)[1360]. O Gráfico 9 dá conta das classificações obtidas pelos alunos aprovados.

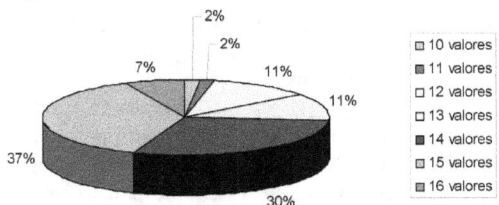

Gráfico 9 – Classificações obtidas no exame final do Curso Complementar (1927-1947).
Fonte: Secretaria da ESEAF, *Hospitais da Universidade de Coimbra. Escola de Enfermagem. Exames de Curso Complementar* (1927-1947).

Em geral, os resultados conseguidos foram bastante positivos. De acordo com a correspondência estabelecida no Regulamento de 1920[1361], em termos qualitativos, apenas 25% dos alunos teve um desempenho «sofrível» (10, 11 e 12 valores). A grande maioria, 78%, obteve a classificação de «bom» (13, 14 e 15 valores), sendo 15 a nota mais representativa; 7% dos alunos, todos do sexo masculino, teve inclusivamente um desempenho «muito bom» (16 valores). De resto, analisando aqueles dados segundo o sexo dos alunos, verifica-se que 85% das mulheres obteve a classificação de «bom», enquanto cerca de 86% dos homens conquistou essa nota ou a de «muito bom». Por outro lado, cerca de 70% de todos os alunos que obtiveram as notas mais elevadas, 15 ou 16 valores, desempenhava funções de enfermeiro(a) chefe ou sub-chefe[1362].

De facto, todos os alunos que, no período considerado, realizaram o exame do curso complementar da Escola Ângelo da Fonseca estavam a trabalhar nos Hospitais da Universidade de Coimbra, pertencendo a diferentes categorias profissionais. A maior parte, 45%, era enfermeiro(a) de 2.ª classe, mas 23% era enfermeiro(a) de 1.ª classe e 28% era já enfermeiro(a) sub-chefe. Registaram-se apenas dois casos em que as alunas desempenhavam as funções de enfermeira-chefe, apesar de ainda não terem o curso complementar. Como se disse, no ano de 1919 esta formação passara a ser exigida para a ocupação daquele lugar; porém, na Escola, o primeiro curso complementar só começou a funcionar em 1926/27, pelo que apenas nesse ano aquelas duas enfermeiras realizaram o exame que oficializava a sua situação.

---

[1360] Para os exames realizados em 1947, há 3 casos em que não foi possível ler a assinatura do Presidente do Júri e 12 em que o espaço para a assinatura não foi preenchido.
[1361] Decreto n.º 6.943, Diário do Governo, I Série, n.º 183, 16 de Setembro de 1920.
[1362] Dos restantes, 19% era enfermeiro(a) de 1.ª classe e 11%, de 2.ª classe.

Entre todos os alunos do curso complementar, somente um concluíra o curso geral menos de 6 anos antes de realizar o exame. 81% dos alunos terminara a formação geral há 10 anos ou mais, sendo que 19% o fizera há 20 anos ou mais[1363]. Tal significa que 34% dos alunos frequentara o primeiro curso geral a funcionar na Escola depois da sua reabertura, o curso de 1919/21; desses, mais de um terço realizou o exame da formação complementar logo em 1927, na primeira oportunidade, o que sugere o seu interesse em progredir na carreira hospitalar[1364].

Verifica-se que, ao longo das décadas de vinte, trinta e quarenta, os cursos gerais dos anos de 1923 a 1931 foram aqueles que forneceram maiores percentagens de alunos ao curso complementar. Com excepção do curso geral de 1923/25, em todos os daquele período, 40% dos diplomados, no mínimo, faria mais tarde o exame do curso complementar, cabendo a proporção mais elevada ao curso de 1927/29 (85%). Pelo contrário, a partir do curso geral de 1930/32, aquela percentagem não ultrapassou os 27%, fixando-se em apenas 6% nos cursos de 1934/36 e 1936/38.

No total, a taxa de não aprovados no exame do curso complementar é de 39%, incluindo os alunos reprovados, os excluídos e os que faltaram. Porém, aquele valor baixa para 29% se tivermos em conta que 10 desses alunos voltaram a fazer o exame e receberam aprovação. À segunda tentativa, obtiveram inclusivamente boas classificações, registando-se 6 casos de «bom» e 1 de «muito bom»[1365].

Se até 1947, para o curso geral, dispomos apenas de informações relativas ao número de alunos diplomados, a partir desse ano temos dados relativos à frequência. Nesse ano começaria também a funcionar o curso de auxiliares de enfermagem, com características específicas àquele nível. O Gráfico 10 apresenta a evolução do número de alunos admitidos à frequência desses dois cursos de 1947 a 1957.

É evidente a superioridade numérica do curso de auxiliares, que, no conjunto dos dez anos, reúne cerca de 77% dos alunos contabilizados. Em nosso entender, tal justifica-se pelas baixas habilitações literárias exigidas para a frequência do novo curso, bem como pela sua menor duração. Apenas no ano de 1952/53 o número de alunos do curso geral igualou o do curso de auxiliares, que se destacou cada vez mais a partir

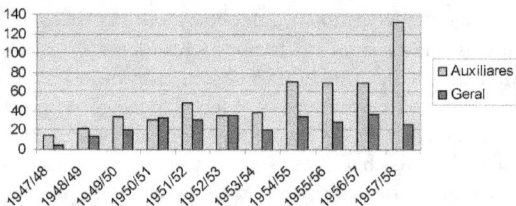

Gráfico 10 – Evolução do número de alunos admitidos à frequência por cursos (1947-1957).

---

[1363] O intervalo mais longo registado foi de 26 anos.

[1364] 11% dos alunos concluíra a formação geral em 1928/29 e os restantes distribuíam-se pelos cursos gerais dos anos de 1920 e 1930, com maior incidência nos dos finais da década de 1920 e inícios da década de 1930.

[1365] Para além daqueles 10 alunos, outros 4 repetiram o exame, por terem faltado na primeira vez; porém, faltaram de novo, acabando por não obter aprovação.

de meados da década de 1950, até atingir a soma de 132 alunos, contra 26 do curso geral, em 1957/58. Enquanto a frequência do curso de auxiliares somente registou duas quebras, ligeiras, e conheceu duas subidas para cerca do dobro de alunos, a do curso geral aumentou progressivamente até ao início dos anos cinquenta, mas sofreu daí em diante várias oscilações, nunca ultrapassando os 36 alunos. No período em causa, a média anual foi de 52 alunos para o curso de auxiliares e de 26 para o geral.

Para a década seguinte, dispomos de dados relativos ao *numerus clausus* fixado anualmente pela Escola, de acordo com as suas condições materiais e humanas. O limite estabelecido podia não coincidir com o número de alunos admitidos, como aconteceu no ano de 1957/58. Nesse caso, o número de alunos admitidos no curso de auxiliares superou em 32 elementos o limite previamente fixado pela Escola, certamente devido ao grande afluxo de candidatos. No curso geral, pelo contrário, não se preencheram todas as vagas, o que parece confirmar a menor procura deste curso. De qualquer modo, na ausência de dados concretos sobre o número de alunos admitidos em cada ano, o *numerus clausus* fixado pela Escola serve de indicador relativamente à frequência dos cursos de auxiliares e geral.

No geral, verifica-se um aumento do número de alunos de ambos os cursos em relação à década anterior, passando o número médio anual de 52 para 108 alunos no curso de auxiliares e de 26 para 56 no curso geral[1366]. Quer dizer, nos anos de 1960, a Escola admitiu, ou pelo menos considerou ter capacidade para admitir, cerca do dobro dos alunos que a frequentaram nos anos de 1950. Analisando os dados por cursos, é ainda mais clara a superioridade numérica dos alunos do curso de auxiliares. Até 1963//64, os dois cursos manifestaram a mesma tendência ascendente; porém, a partir de então, enquanto no curso de auxiliares se verificou uma descida até 1967/68 (de 150 para 90 alunos), no curso geral registou-se uma subida progressiva até um máximo de 70 alunos. Daí que seja precisamente no ano de 1967/68 que o número de alunos nos dois cursos mais se aproximou. Seja como for, o facto de em três anos a Escola não ter fixado limite de alunos para o curso geral parece demonstrar que a procura era muito reduzida em relação à do curso de auxiliares e, sobretudo, face às necessidades do país em termos de pessoal de enfermagem.

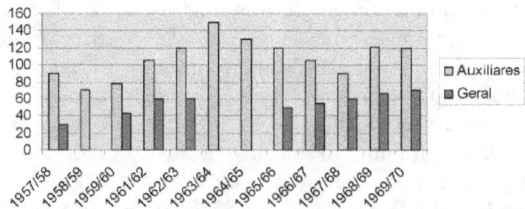

Gráfico 11 – Evolução do *numerus clausus* por cursos (1957-1969).

Os Gráficos 12 e 13 dão conta da evolução da percentagem de alunos de cada sexo nos cursos geral e de auxiliares, ao longo dos dois períodos já analisados. Na sequência do que se verificara entre os diplomados no curso geral entre 1921/22 e 1946/47, nos

---

[1366] Para o cálculo da média anual do número de alunos do curso geral não contabilizámos os anos em que não foi indicado limite.

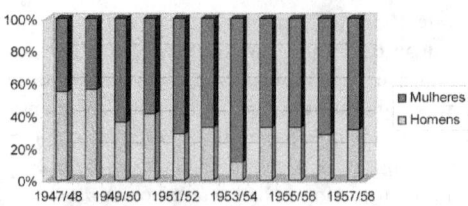

Gráfico 12 – Evolução da proporção de alunos de cada sexo (1947-1957).

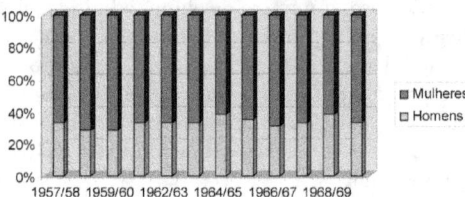

Gráfico 13 – Evolução da proporção de alunos de cada sexo (1957-1968).

anos de 1947/48 e 1948/49, em ambos os cursos, a percentagem de alunos do sexo masculino era superior à de alunos do sexo feminino. No entanto, a partir de 1949//50, a relação inverteu-se, passando as alunas a representar mais de 60% do total de alunos. O ano de 1953/54 foi aquele em que o sexo feminino atingiu maior representatividade (89%), por não terem sido admitidos à frequência do curso de auxiliares alunos do sexo masculino. De resto, se a média dos dois cursos, no período de 1947 a 1957, é de 67% de alunas e 33% de alunos, as alunas têm um maior peso no curso de auxiliares. Neste caso, os valores são de 68% e 32%, respectivamente, ao passo que para o curso geral são de 64% e 36%. O mesmo é válido para o período de 1957 a 1966, que regista uma estabilização da tendência para o maior número de alunas, com a proporção média de 66%[1367].

Há que distinguir entre o número de alunos admitidos à frequência da Escola e o de alunos inscritos e aprovados no exame de aptidão. Os documentos demonstram que, de uma maneira geral, o número de alunos inscritos nesse exame era superior ao de alunos que tinham aprovação no mesmo e este, por sua vez, era superior ao de alunos admitidos à frequência (Gráficos 14 e 15). Porém, a diferença entre os três indicadores era mais significativa no caso do curso de auxiliares, devido à maior afluência de candidatos. Veja-se, por exemplo, o ano de 1950/51, em que se inscreveram no exame de aptidão 110 alunos, dos quais só 52 foram aprovados; destes, apenas 31 foram admitidos à frequência do curso. No caso do curso geral, para além de se registar

---

[1367] Para este período, a distribuição por sexos consoante os cursos é a seguinte: no curso de auxiliares, 67% de alunas e 33% de alunos; no geral, 64% de alunas e 36% de alunos. No Gráfico 13, os dados de 1958/59, 1963/64 e 1964/65 reportam-se apenas ao curso de auxiliares, visto que nesses anos a Escola não fixou limite para admissão de alunos no curso geral. O mesmo acontece com os dados de 1967/68 e 1969/70, uma vez que para esses anos as fontes apenas fornecem o número total de alunos, sem distinção entre sexos.

uma taxa de sucesso mais elevada no exame de aptidão[1368], certamente relacionada com o nível superior de habilitações exigido, poucos eram os alunos que, uma vez aprovados no exame, ficavam excluídos da frequência. Nos anos de 1951/52, 1952/53 e 1954/55, inclusivamente, todos os alunos aprovados no exame foram admitidos à frequência. Parece poder inferir-se que a justificação reside, mais uma vez, no facto de haver poucos candidatos ao curso.

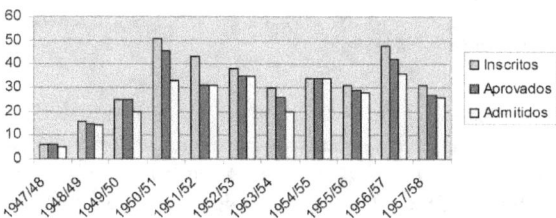

Gráfico 14 – Relação entre o número de alunos inscritos no exame de aptidão, aprovados e admitidos na Escola (Curso Geral).

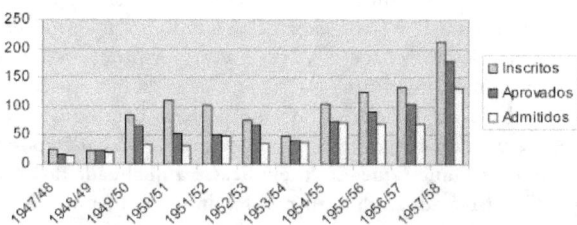

Gráfico 15 – Relação entre o número de alunos inscritos no exame de aptidão, aprovados e admitidos na Escola (C. Auxiliares).

Em geral, de 1947 a 1957, cerca de 70% dos alunos inscritos no exame de aptidão para um dos dois cursos era admitido na Escola. Contudo, se entre os candidatos ao curso de auxiliares aquela percentagem descia para apenas 58%, entre os candidatos ao curso geral subia para 81%. Casos extremos registaram-se nos anos de 1950/51, quando só 28% dos concorrentes foi admitido no curso de auxiliares, e 1954/55, em que foram aceites no curso geral todos os candidatos.

Para os anos de 1961/62 a 1965/66, é possível ainda confrontar o *numerus clausus* fixado anualmente pela Escola com o número de alunos admitidos no exame de aptidão (Gráfico 16). Verifica-se que, enquanto no curso geral o número de inscrições no exame de aptidão era inferior ao *numerus clausus* em três dos cinco anos, não tendo sido imposto qualquer limite nos outros dois, no curso de auxiliares o número de alunos inscritos no exame de aptidão era bastante superior ao máximo de admissões fixado. Certamente todos os candidatos ao curso geral que obtivessem aprovação no

---

[1368] Nos anos de 1947/48, 1949/50 e 1954/55 todos os alunos inscritos no exame foram aprovados; em três outros anos, apenas 1, 2 ou 3 alunos de entre todos os inscritos reprovaram no exame.

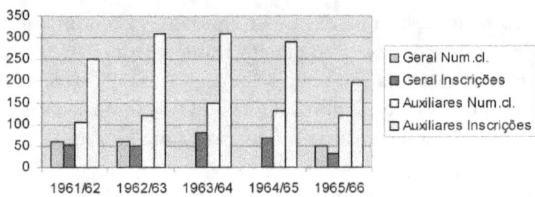

Gráfico 16 – Relação entre o *numerus clausus* e o número de inscrições no exame de aptidão por curso (1961-1965).

exame seriam admitidos à frequência. Pelo contrário, em média, somente 47% dos que realizavam o exame de aptidão para o curso de auxiliares poderiam ser admitidos, sendo que no ano de 1962/63 tal proporção atingiu o seu valor mínimo, de apenas 39%.

Nos anos de 1957, 1958 e 1959 o número de alunos efectivamente admitidos no curso de auxiliares superou o limite estabelecido pela Escola, o que denota o esforço da instituição em aceitar o maior número de candidatos possível, apesar das dificuldades sentidas ao nível das instalações e do pessoal[1369]. Por exemplo, segundo os dados apresentados numa reunião do Conselho de Direcção de Novembro de 1959, para além do limite fixado, admitiram-se à frequência desse ano mais 18 alunos para o curso de auxiliares e mais 3 para o curso geral[1370]. Nesse ano, por proposta dos monitores, foi inclusivamente criada mais uma turma no 1.º ano de cada um dos cursos, «por se ter verificado a impossibilidade de fazer um ensino perfeito com duas únicas turmas no curso de auxiliares e uma no curso geral». A Escola procurava dar resposta ao aumento do número de alunos, evitando que este prejudicasse a qualidade do ensino, pelo que passaria a haver, no curso auxiliar, duas turmas femininas e uma masculina e, no geral, duas turmas mistas.

Mesmo admitindo alunos para além do limite, nos anos de 1957, 1958 e 1959 ficaram de fora 173 concorrentes que tinham sido aprovados no exame de aptidão[1371]. A Escola só conseguia admitir todos os alunos aprovados quando estes excediam por pouco o número limite, como aconteceu em 1962[1372], ou quando a taxa de insucesso no exame era tão elevada que, apesar do grande número de concorrentes, não se chegava a atingir o *numerus clausus*, como ocorreu em 1963 e 1964[1373]. Caso contrário,

---

[1369] Para o ano de 1957/58, o limite era de 90 alunos, mas foram admitidos 136; para o de 1958/59, aquele era de apenas 70 alunos, mas admitiram-se 95; para 1959/60, os valores foram de 78 e 98, respectivamente.

[1370] AESEAF, 35,4,2, *Livro de Actas do Conselho de Direcção*, acta n.º 63, 13 de Novembro de 1959, fl. 35v.

[1371] Em 1957 foram excluídos 41 alunos aprovados; em 1958, 60 e em 1959, 72 alunos.

[1372] Nesse ano o número limite de alunos era de 120; contudo, foram admitidos 132 candidatos, isto é, todos os que receberam aprovação no exame de aptidão.

[1373] Nesses anos ficaram por ocupar, respectivamente, 23 e 45 vagas, dado que 57% e 67% dos candidatos reprovou no exame de aptidão. Para o ano de 1963/64, o número limite era de 150 alunos, mas só foram admitidos 127, os aprovados de entre os 295 candidatos presentes ao exame de aptidão. Para 1964/65, o limite era de 130 alunos, mas somente se admitiram 85, os únicos aprovados de entre 260 concorrentes.

os candidatos aprovados no exame de Setembro mas excedentários teriam de voltar a inscrever-se[1374].

Ao estabelecer o número máximo de alunos a admitir anualmente, a Escola tinha em conta os alunos que renovavam a matrícula, por reprovação ou desistência. Nos anos de 1961/62 a 1966/67, para os cursos geral e de auxiliares, o número de renovações de matrícula preencheu, em média, 14,5% do *numerus clausus*. A percentagem de renovações era, contudo, bem mais elevada para o curso de auxiliares, fixando-se em 17,4%, contra 11,5% do curso geral. Registavam-se também diferenças de género entre os alunos. Se no curso geral as renovações eram mais significativas entre as mulheres (13,1% contra 10%), no de auxiliares, eram-no entre os homens (18,6% contra 16,3%).

Somente para alguns anos foi possível determinar uma taxa de reprovações ou desistências[1375]. Cerca de 16% dos alunos admitidos à frequência dos cursos geral e de auxiliares nos anos lectivos de 1958/59, 1959/60 e 1962/63 a 1964/65 repetiu o ano, sendo a taxa de reprovações ou desistências mais elevada para os alunos do curso de auxiliares (18,4%) do que para os do curso geral (13,9%).

Para obtermos uma ideia mais clara do aproveitamento escolar dos alunos de ambos os cursos, tomemos como exemplo o ano lectivo de 1962/63. No 1.º ano do curso geral foram admitidos à frequência 46 alunos; no 2.º ano, 27 e no 3.º, 22. Entre os do 1.º ano, 44 compareceram às aulas, recebendo todos a confirmação da matrícula. Cerca de 16% desses alunos desistiu do curso e 6,8% não obteve aproveitamento. Deste modo, somente 74% dos alunos admitidos à frequência do 1.º ano realizou o exame de passagem de ano e não mais do que 67% transitou para o 2.º ano. Entre os que foram a exame, a taxa de aprovação foi de 91%. Para os 2.º e 3.º anos, essa taxa foi de 84% e 100%, respectivamente, sendo que, no 2.º ano, se registaram 2 desistências e 4 reprovações no exame de passagem de ano e, no 3.º, todos os alunos admitidos realizaram o exame final e foram aprovados, obtendo o diploma.

Quanto ao curso de auxiliares, foram admitidos à frequência 155 alunos, mas só 143 compareceram às aulas. Destes, 2 desistiram do curso antes de lhes ser confirmada a matrícula e outros 7 não obtiveram a confirmação. Dos 134 alunos restantes, 4,5% desistiu e 13,4% não teve aproveitamento. Portanto, apenas 71% dos alunos admitidos à frequência realizou o exame final e 68% foi aprovado para estágio. Registou-se uma taxa de aprovação de 96% entre os alunos que fizeram o exame.

## 2. TRAÇOS SOCIAIS

A análise dos processos de alunos da Escola Ângelo da Fonseca, feita com base num método de amostragem, vem confirmar as conclusões já esboçadas acerca da evolução das frequências, desde a década de 1930 até à de 1970[1376].

---

[1374] Por exemplo, entre os 79 candidatos inscritos nos exames de aptidão para o curso de auxiliares de Abril de 1967 estavam 8 que já tinham sido aprovados nos exames de Setembro, mas não admitidos. Ver AESEAF, 35,4,3, *Livro de Actas do Conselho de Direcção*, acta n.º 115, 23 de Março de 1967, fls. 17v/21.

[1375] Esta taxa foi obtida comparando o total de alunos admitidos em dado ano com o número de alunos que renovaram a matrícula no ano seguinte e que, portanto, teriam reprovado ou desistido.

[1376] Foram analisados os anos de 1933, o primeiro para o qual existem processos de alunos, 1943, 1953, 1963 e 1973.

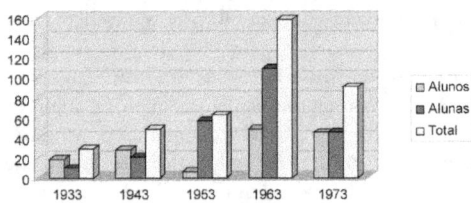

Gráfico 17 – Evolução do número de alunos da Escola (1933-1973).

O número total de alunos aumentou progressivamente, registando uma subida vertiginosa na década de sessenta. Após esse *boom*, verificou-se uma quebra, embora o número de alunos em 1973 fosse claramente superior ao de 1953. Quanto à distribuição por sexos, no conjunto dos anos analisados, os alunos do sexo feminino somam 62% do total, contra 38% para o sexo masculino. Porém, como foi dito, a proporção sofreu uma evolução, uma vez que até aos anos cinquenta o número de alunos foi superior ao de alunas. No ano de 1953 as alunas representaram mais de 90% do total, mantendo valores percentuais elevados na década de 1960 (69%), mas, no início dos anos setenta, a proporção entre os sexos estava já equilibrada (45 alunos e 46 alunas).

Cerca de 51% do total de alunos frequentou o curso de auxiliares. Apesar de só ter surgido no final da década de 1940, aquele registou desde o início uma afluência muito superior à do curso geral, o qual reuniu 42% dos alunos. Com percentagens reduzidas, de 3,6% e 2,8% respectivamente, estavam ainda representados os cursos complementar (anos de 1953 e 1963) e de promoção a enfermeiros (ano de 1973). A proporção de alunos é superior à de alunas no curso geral (54,5% contra 45,5%) e, sobretudo, no de promoção (64% contra 36%). Em contrapartida, nos cursos de auxiliares e complementar, o sexo feminino reunia, respectivamente, 77% e 71,4% do total de alunos.

Os processos de alunos permitem analisar a idade no momento da admissão. O Regulamento de 1920 estipulava como limites de idade para os candidatos à frequência da Escola 17 e 25 anos[1377]. Na década de quarenta, esses limites subiram para 18 e 30 anos[1378], estipulação mantida pelo Regulamento de 1953, embora permitindo a admissão ao curso geral de candidatos com mais de 15 anos e menos de 18 e com mais de 30 e menos de 35, «mediante autorização especial do Ministro do Interior, ouvida a direcção da Escola e ponderadas as circunstâncias de cada caso»[1379]. Para os cursos complementares e de monitores era dispensado o limite máximo de idade. De resto, a partir de 1965, passar-se-ia apenas a exigir, para qualquer curso, o limite mínimo, de 18 anos, podendo ser admitidos os candidatos que os completassem nos primeiros seis meses do curso «mediante autorização da Direcção-Geral dos Hospitais»[1380].

---

[1377] Decreto n.º 6.943, art. 17.º, 1.º, Diário do Governo, I Série, n.º 183, 16 de Setembro de 1920.

[1378] Decreto n.º 32.612, art. 4.º, a), Diário do Governo, I Série, n.º 302, 31 de Dezembro de 1942 e Decreto-lei n.º 36.219, art. 17.º a) e § 1.º, Diário do Governo, I Série, n.º 81, 10 de Abril de 1947. Ainda podiam ser admitidos com apenas 17 anos os candidatos aprovados no exame final do curso de pré-enfermagem.

[1379] Portaria n.º 14.482, art. 54.º a) e § 1.º, Diário do Governo, I Série, n.º 166, 3 de Agosto de 1953.

[1380] Decreto n.º 46.448, art. 10.º a) e § único, Diário do Governo, I Série, n.º 160, 20 de Julho de 1965.

Ora, a classe etária dominante entre os alunos matriculados era a dos 19-23 anos (35% do total), logo seguida pela dos 14-18 anos (33%). A maioria dos alunos (16%) tinha 18 anos, destacando-se também os que tinham 19 anos (14%), 17 (11%) ou 20 (10%). À medida que se avançava na idade, diminuía o número de alunos, embora a classe dos 24-28 ainda reunisse 15% do total. Nas duas classes seguintes, 29-33 e 34-38, estavam incluídos, respectivamente, 5,4% e 2,6% dos alunos. Com idades entre os 39 e os 43 anos, registavam-se apenas 6 alunos e com 49 e 59 anos, 2[1381].

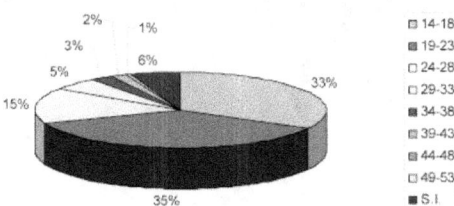

Gráfico 18 – Distribuição dos alunos por classes etárias (1933-1973).

A análise da distribuição por classes etárias segundo o sexo dos alunos não revelou diferenças significativas. Destaca-se apenas o facto de a idade mais frequente ser de 19 anos entre os homens (20%) e 18 entre as mulheres (17%). Em contrapartida, comparando as idades dos alunos ao longo dos vários anos, é visível uma evolução.

O primeiro ano da nossa análise, 1933, foi aquele em que a classe etária mais jovem teve maior representatividade (cerca de 70%). Embora a admissão de candidatos com menos de 18 anos e mais de 15 só tenha sido permitida pelo Regulamento da Escola de 1953, em 1933 foram admitidos 3 alunos com 15 anos, 5 com 16 e 8 com 17, registando-se, inclusivamente, um caso em que o aluno tinha apenas 14 anos. Seja como for, o peso da classe etária dos 14-18 esbateu-se progressivamente, ao mesmo tempo que as classes dos 19-23, sobretudo, e dos 24-28 obtiveram crescente relevância. A partir de 1953 ganharam também expressão as classes de idade superior a 29 anos, não registadas até então. Este aparente "envelhecimento" da população escolar não pode, contudo, deixar de se relacionar com o facto de nos anos de 1933/34 e 1943/44 não ter funcionado o curso complementar, frequentado por alunos mais velhos. Convém, pois, observar a distribuição por classes etárias segundo os cursos.

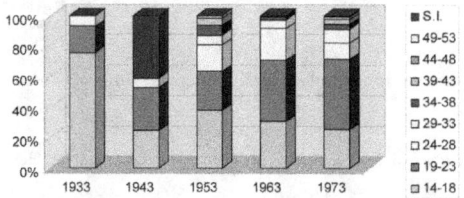

Gráfico 19 – Evolução da distribuição dos alunos por classes etárias (1933-1973).

---

[1381] A rubrica "S.I.", "Sem Identificação", representa os 22 casos (20 dos quais relativos ao ano de 1953) em que o processo não inclui a data de nascimento do aluno e para os quais não foi possível calcular a idade.

O curso geral parece ser aquele cujos alunos são admitidos mais novos, visto que mais de 60% tem até 23 anos. Esta percentagem seria idêntica para o curso de auxiliares, apesar de, neste caso, o peso dos mais jovens ser ligeiramente inferior. Por outro lado, entre os alunos auxiliares, as classes dos 24-28, sobretudo, 29-33 e 34-38 tinham

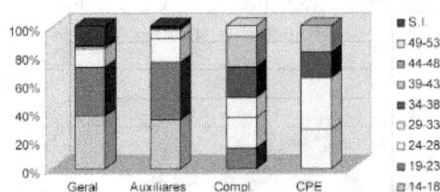

Gráfico 20 – Distribuição dos alunos por classes etárias segundo os cursos (1933--1973).

maior representatividade. Quando ao curso complementar, era frequentado por alunos de idade mais avançada, que já tinham concluído a formação geral, em certos casos há algum tempo. Cerca de 70% dos alunos tinha idades superiores a 29 anos. Por fim, os alunos mais velhos eram os inscritos no curso de promoção a enfermeiros: a classe dominante era a dos 29-33, mas cerca de 40% dos alunos tinha idade igual ou superior a 39 anos.

No que respeita à naturalidade, os alunos eram provenientes de quase todo o país, incluindo os arquipélagos da Madeira e dos Açores[1382]. O Gráfico seguinte apresenta a sua distribuição por regiões[1383].

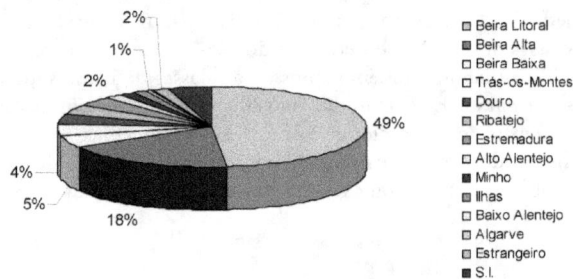

Gráfico 21 – Regiões de naturalidade dos alunos de ambos os sexos (1933-1973).

---

[1382] Os únicos distritos não representados são os de Évora, Angra do Heroísmo e Ponta Delgada, nos Açores.

[1383] A região da Beira Litoral inclui os distritos de Coimbra, Leiria e Aveiro; a Beira Alta, os de Viseu e Guarda; a Beira Baixa, o de Castelo Branco. A região de Trás-os-Montes e Alto Douro inclui os distritos de Bragança e Vila Real; o Douro, o do Porto; o Ribatejo, o de Santarém; a Estremadura, os de Lisboa e Setúbal; o Alto Alentejo, o de Portalegre; o Minho, os de Braga e Viana do Castelo; o Baixo Alentejo, o de Beja; e o Algarve, o de Faro. As "Ilhas" incluem os distritos do Funchal, na Madeira, e da Horta, nos Açores. Para 4% dos alunos, incluídos na rubrica "S.I." ("Sem Identificação"), não foi indicada a naturalidade.

Dos anos trinta aos anos setenta, 72% dos alunos que frequentaram a Escola era natural das Beiras, com destaque para a Beira Litoral e, com menor número, a Beira Alta. Os restantes provinham sobretudo do Norte (10%, somando Trás-os-Montes, Douro e Minho) e do Centro-Sul do país (8%, juntando Ribatejo e Estremadura), sendo que apenas 3% era natural do Sul (Alentejo e Algarve). Somente 5 alunos provinham das Ilhas (4 do distrito do Funchal, 1 do da Horta) e outros 7 tinham nacionalidade estrangeira, não sendo especificada a sua naturalidade. Destes, 4 eram oriundos das antigas colónias africanas (Angola e Moçambique) e os restantes tinham nacionalidade espanhola, americana e congolesa.

Em termos de distritos, os seis de maior representatividade eram, por ordem decrescente, Coimbra, Guarda, Viseu, Leiria, Aveiro e Castelo Branco, todos da região das Beiras. O distrito de Coimbra destacava-se dos restantes, reunindo mais de um terço do total dos alunos (34,4%, contra apenas 9,7% para o de Guarda, em segundo lugar). Analisando a distribuição por concelhos, verifica-se que também o de Coimbra era o mais representativo (cerca de 15% do total dos alunos), seguindo-se, a grande distância, os de Condeixa-a-Nova e Montemor-o-Velho (cerca de 4% cada). Portanto, em termos gerais e ao longo de todo o período considerado, a grande maioria dos alunos da Escola era natural da região das Beiras, dos distritos envolventes de Coimbra e sobretudo deste mesmo distrito e concelho. Embora a Escola também atraísse alunos naturais de outras zonas do país, mais próximas de outras escolas de enfermagem, servia essencialmente os candidatos à enfermagem do Centro-Norte de Portugal.

No entanto, aquela tendência geral sofreu alterações ao longo dos anos, como se pode ver no Gráfico seguinte, sendo de registar três momentos diferentes.

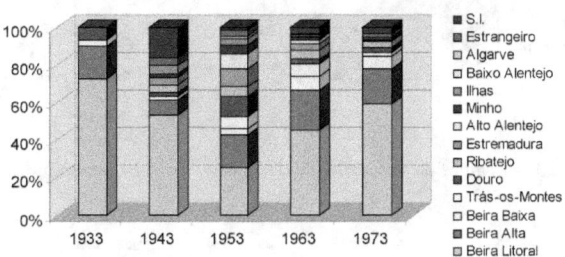

Gráfico 22 – Evolução da distribuição dos alunos por regiões de naturalidade.

Num primeiro momento, correspondente às décadas de 1930 e 1940, a Escola tinha uma dimensão vincadamente regional, sendo que 72% dos alunos de 1933 e 53% dos de 1943 era natural da Beira Litoral e que 62% e 43% daqueles, respectivamente, provinha do distrito de Coimbra. Na década de 1940, porém, era já visível a presença de alunos naturais de outras regiões do país, como o Ribatejo, a Estremadura, o Minho ou as Ilhas.

Abria-se caminho para um segundo momento, correspondente aos anos de 1950, em que apenas 25% dos alunos era natural da região da Beira Litoral e somente 20%, do distrito de Coimbra. No ano de 1953, provavelmente na sequência das melhorias introduzidas no ensino durante a direcção de João Porto e do prestígio de que então gozava, a

Escola atraiu uma forte percentagem de alunos naturais de outras regiões que não as Beiras. Cerca de 60% dos alunos matriculados nesse ano provinha de Trás-os-Montes, do Douro, do Ribatejo, da Estremadura, do Alentejo, do Minho, das Ilhas e do estrangeiro.

Porém, nos anos sessenta e setenta, os alunos naturais das Beiras e, em particular, da Beira Litoral, voltaram a ser claramente maioritários: em 1963, 75% dos alunos era natural das Beiras, 46% da Beira Litoral e 29% do distrito de Coimbra; em 1973 esses valores subiram para 85%, 59% e 41%, respectivamente. Neste terceiro momento, a Escola terá recuperado o carácter regional que apresentara na década de 1930, embora continuasse a atrair alunos de outras zonas do país.

Resta-nos analisar a naturalidade dos alunos segundo o sexo. Os Gráficos 23 e 24 evidenciam uma significativa diferença entre os alunos e as alunas que frequentaram a Escola ao longo de todo o período analisado: enquanto 67% dos alunos era natural da região da Beira Litoral e 54%, em particular, do distrito de Coimbra, somente 36% das alunas provinha dessa região e 22%, desse distrito. No total, 84% dos alunos do sexo masculino vinha das Beiras, sendo os restantes provenientes do Ribatejo, do Douro ou da Estremadura. Entre os alunos do sexo feminino, aquela percentagem baixava para 64%, correspondendo os restantes 44% a naturais de praticamente todas as regiões do país, incluindo os arquipélagos da Madeira e dos Açores. Aliás, todos os alunos naturais das Ilhas e quase todos os de nacionalidade estrangeira (6 em 7) eram do sexo feminino.

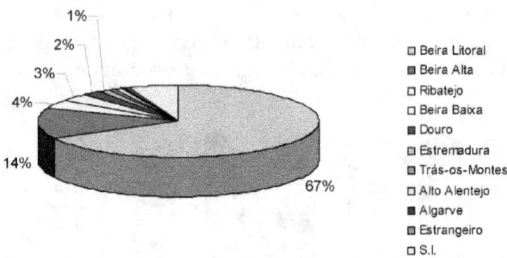

Gráfico 23 – Regiões de naturalidade dos alunos do sexo masculino.

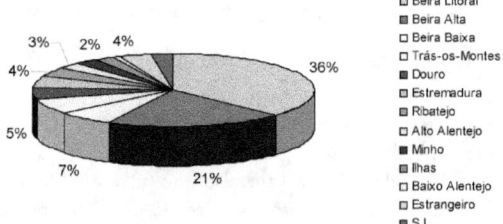

Gráfico 24 – Regiões de naturalidade dos alunos do sexo feminino.

Em suma e de um modo geral, as alunas provinham de zonas mais longínquas do que os alunos. Tal poderá explicar-se pelo facto de, sendo a enfermagem considerada uma profissão vocacional e naturalmente feminina, se justificar mais o investimento no ensino de futuras enfermeiras, mesmo que naturais de terras distantes de Coimbra, do que no de futuros enfermeiros. Seria mais natural para um pai ou uma mãe residentes nas Ilhas ou no Ultramar, por exemplo, enviar para uma escola de enfermagem em Coimbra a filha, cuja condição feminina a predisporia para a profissão, do que o filho, que estaria mais apto à aprendizagem e ao desempenho de outras tarefas. Os alunos do sexo masculino, em muito menor número, como se viu, até à década de 1970, eram sobretudo naturais do próprio concelho de Coimbra (22,5%, contra apenas 9,8% de alunas) ou dos concelhos limítrofes, como Condeixa-a-Nova (7,5%), Figueira-da-Foz e Montemor-o-Velho (6,1% cada). Mais próximos da Escola e eventualmente dotados de vocação, veriam também na formação em enfermagem uma oportunidade de emprego.

Maria Isabel Soares analisou, a partir da profissão dos pais, a origem social dos alunos de quatro escolas de enfermagem, entre as quais a Escola Ângelo da Fonseca, de 1918 a 1950[1384]. O grupo profissional com maior representatividade no conjunto de todas as escolas era o de "Artesãos/operários/trabalhadores qualificados e semi-qualificados" (28,6%). Com percentagens inferiores mas não muito distintas entre si, seguiam-se os grupos "Pequena burguesia rural" (11,5%), "Comerciantes" (10,8%), "Empregados públicos/serviços" (9,3%), "Profissões liberais e actividades similares" (9%). Os grupos "Assalariados agrícolas" e "Trabalhadores urbanos não qualificados" reuniam, respectivamente, 8,2% e 6% do total. Por fim, os alunos cujos pais pertenciam à "Burguesia urbana" ou à "Burguesia rural" somavam 5,1% do total e aqueles cujos pais eram professores representavam 2,3%.

Com excepção da Escola Técnica de Enfermeiras, que recrutava alunas entre as classes sociais mais elevadas, em todas as escolas os grupos predominantes eram os de "Artesãos/operários" e "Pequena burguesia rural". Na Escola Ângelo da Fonseca[1385], o primeiro daqueles somava 40,2% do total, incluindo grande diversidade de ofícios, desde alfaiate a torneiro, passando por cocheiro, encadernador, marítimo, relojoeiro ou tipógrafo[1386]. O grupo da "Pequena burguesia rural" representava 15,5%, e incluía, entre outras, as profissões de agricultor e lavrador. Esse grupo era, contudo, suplantado pela junção de "Assalariados agrícolas", jornaleiros, pastores ou trabalhadores agrícolas (11,8%), com "Trabalhadores urbanos não qualificados" (6,1%), criados, estivadores, guardas ou militares não graduados. Os pais "Comerciantes", desde os taberneiros aos negociantes, e os "Empregados públicos/serviços", entre os quais agentes da Polícia Judiciária, empregados de farmácia e enfermeiros[1387], reuniam, respectivamente, 8,8% e 7,4% do total. Os representantes dos grupos socio-económicos mais favorecidos não iam além dos 5,1%, incluindo a "Burguesia urbana" (3,4%), formada por proprietários urbanos, e as "Profissões liberais" (2,7%), como engenheiro, farmacêutico, médico ou oficial do exército.

Os dados referidos são relativos aos alunos do curso geral, mas, de acordo com Maria Isabel Soares, a origem social dos alunos do curso de auxiliares e do de pré-

---

[1384] Maria Isabel Soares, *Da Blusa de Brim à Touca Branca...*, pp. 91-95. O estudo inclui dados relativos à Escola de Enfermagem do Hospital Geral de Santo António (1918-1949), à Escola Ângelo da Fonseca (1934-1950), à Escola Artur Ravara (1948-1950) e à Escola Técnica de Enfermeiras (1940-1950).

[1385] A autora consultou 369 processos de 1934 a 1950, dos quais 73 não referiam a profissão dos pais.

[1386] Ver lista das profissões incluídas em cada grupo em Maria Isabel Soares, *op. cit.*, Anexo II, pp. 158-160.

[1387] Entre os 22 casos constantes deste grupo, 6 são relativos a pais enfermeiros.

-enfermagem não diferia da daqueles. A autora afirma que, nestes cursos e em todas as escolas, o grupo sócio-profissional maioritário era o de "Artesãos/operários", excepto no curso de auxiliares da Escola Ângelo da Fonseca, em que a maioria dos alunos pertenceria à "Pequena burguesia rural". A importância das profissões ligadas à terra, registadas para os pais de 22,3% dos alunos do curso geral, estaria relacionada com o facto de a região das Beiras, de onde 72% dos alunos era natural, ser sobretudo rural.

No entanto, os dados sugerem que a maioria dos alunos proviria de um meio urbano: para além de 15% dos alunos ser natural do próprio concelho de Coimbra, a maior parte dos seus pais artesãos/operários trabalharia numa cidade, tal como os comerciantes, os empregados públicos, os trabalhadores urbanos não qualificados, a burguesia urbana e os profissionais liberais. Seja como for, oriundos do campo ou da cidade, pelo menos 18% dos alunos, filhos de assalariados agrícolas e de trabalhadores urbanos, pertenceria a grupos sociais desfavorecidos. Para tais alunos, apesar das más condições de trabalho e da baixa remuneração dos enfermeiros, o acesso à profissão representaria uma melhoria de vida ou até a possibilidade de ascensão social. Para os filhos de trabalhadores qualificados ou semi-qualificados, situados um pouco acima na escala social, mas sem recursos para suportar o prosseguimento de estudos mais longos, a enfermagem seria, na expressão de Maria Isabel Soares, «um mal menor e, em todo o caso, uma porta aberta para uma vida independente»[1388].

A autora citada verificou também que um número significativo dos alunos das quatro escolas de enfermagem analisadas já tinha tido experiência de trabalho antes de ingressar no curso geral[1389]. No total, para o período de 1918 a 1950, 55,6% dos alunos já exercera actividades remuneradas, sendo que 38,4% trabalhara em enfermagem ou noutra actividade ligada a serviços de saúde e assistência. Entre os que tinham tido outras profissões, destacava-se o grupo dos "Artesãos/operários" (10%).

Quanto à Escola Ângelo da Fonseca[1390], apenas 35,3% dos alunos do curso geral já exercera uma actividade remunerada. Cerca de 6% trabalhara em enfermagem e 5%, noutras actividades ligadas à saúde, como ajudante de farmácia, auxiliar de análises ou servente de hospital. Das restantes profissões, sobressaíam as de "Artesãos/operários" (12,1%), que iam desde barbeiro a telefonista, passando por electricista e sapateiro, e de agricultor ou proprietário-agricultor, incluídos na "Pequena burguesia rural" (8,8%).

Maria Isabel Soares relaciona a mudança de profissão por parte de alguns alunos com a crise económica da década de 1930 e do segundo pós-guerra[1391]. Procurar-se-ia, sobretudo, a segurança de emprego que, em princípio, ofereciam as instituições do Estado. Para os que já exerciam a enfermagem ou trabalhavam em serviços de saúde e assistência, o curso representaria a possibilidade de manter o emprego ou de obter uma promoção.

---

[1388] Maria Isabel Soares, *op. cit.*, p. 95.

[1389] *Idem*, pp. 95-100. Maria Isabel Soares estudou processos de alunos e livros de registo de matrícula da Escola de Enfermagem do Hospital Geral de Santo António (1918-1949), da Escola Ângelo da Fonseca (1934-1949), da Escola Artur Ravara (1923-1945) e da Escola Técnica de Enfermeiras (1940-1950). Embora analise apenas as profissões anteriores dos alunos do curso geral, a autora refere que as dos alunos do curso de auxiliares não diferiam daquelas.

[1390] A autora consultou 369 processos de 1934 a 1949, dos quais 62 não referiam profissão anterior.

[1391] Maria Isabel Soares, *op. cit.*, p. 100.

Entre os processos das alunas do LAEC, encontra-se um exemplar de um questionário feito pela Escola Ângelo da Fonseca aos novos alunos, para ter deles «uma primeira ideia». O exemplar foi preenchido em Novembro de 1964, mas é possível que o questionário também tenha sido apresentado noutros anos. Pedia-se aos alunos que respondessem de uma forma «verdadeira e clara» às vinte e oito perguntas. As primeiras incidiam sobre dados pessoais (nome, idade, morada, ocupação antes de ingressar na Escola, naturalidade e data de nascimento), mas também sobre a religião professada e o cumprimento dos respectivos preceitos.

As perguntas seguintes contemplavam características físicas do aluno (peso e altura), o seu estado civil (caso fosse casado, pedia-se que indicasse o nome, a morada e a profissão do cônjuge, se tinha filhos, quantos e de que idades), bem como a sua filiação. Acerca do pai, perguntava-se o nome, a data de nascimento, a morada, a naturalidade, a firma ou instituição para a qual trabalhava, a sua profissão e o seu nível de instrução; quanto à mãe, apenas se perguntava o nome, a data de nascimento, a «preparação» que tinha e a sua ocupação. Caso o aluno não vivesse com os pais, deveria identificar o seu encarregado de educação, incluindo nome, morada, grau de parentesco e profissão. Se tivesse irmãos, deveria também identificá-los (nome, data de nascimento, escola frequentada ou profissão), cabendo-lhe ainda esclarecer se tinha alguém a seu cargo ou quaisquer responsabilidades que pudessem interferir na frequência do curso.

O questionário integrava igualmente uma série de perguntas sobre o percurso escolar do aluno (escolas e cursos frequentados, qualquer outro tipo de preparação). Perguntava-se se já tinha frequentado alguma escola de enfermagem, devendo, em caso afirmativo, identificá-la e indicar o motivo da saída, bem como se já tinha requerido a entrada na Escola Ângelo da Fonseca. Questionava-se ainda o aluno sobre se estava preparado para satisfazer as despesas do curso nessa Escola e sobre a sua saúde (se a julgava excelente, boa, razoável ou má) e pedia-se que identificasse eventuais pessoas amigas a viver em Coimbra ou nas proximidades.

A última parte do questionário incidia sobre os interesses, as expectativas e as motivações do aluno e sobre o seu passado e os seus hábitos sociais. A Escola pretendia saber a que actividade o aluno gostaria de se dedicar se não tivesse sido ali admitido; que tencionava fazer quando terminasse o curso; porque escolhera a enfermagem. Perguntava-se também quais as terras portuguesas que o aluno conhecia, aquelas em que tinha vivido, durante quanto tempo e com que idade. O aluno deveria indicar quais as suas diversões predilectas, se costumava sair e com que frequência, e em que empregava os seus tempos livres. Era ainda interrogado sobre as actividades domésticas que sabia executar e quais preferia. Esta questão foi certamente elaborada a pensar apenas nas estudantes, permitindo às monitoras avaliar do nível de preparação das alunas em tarefas consideradas próprias das mulheres. Da mesma forma, as questões relativas aos divertimentos e às saídas, pelo seu pormenor, remetem para as preocupações com as saídas das alunas do Lar.

Na verdade, embora o questionário se destinasse a todos os alunos da Escola, algumas perguntas estavam mais orientadas para o sexo feminino. A última questão dirigia-se claramente às alunas, solicitando a elaboração de «uma pequena autobiografia que ficará secreta referindo-se ao que mais *a* tenha emocionado durante a sua vida». Por fim, reservava-se um espaço para as «conclusões da Monitora», que teria de avaliar os dados fornecidos e, em função deles, dar orientações sobre o procedimento a adoptar pela Escola relativamente aos seus alunos.

Aliás, a finalidade do questionário seria obter informações sobre os alunos, desde a sua proveniência familiar e social até às suas características pessoais e às suas emoções, passando pelo seu percurso de vida e pelos seus costumes. O exemplar de que dispomos foi preenchido por uma aluna de 28 anos (nasceu em 1936), natural de Aldeia das Dez, distrito de Coimbra. Solteira, exercia já a profissão de auxiliar de enfermagem, residindo no Lar Sede, na Avenida Bissaia Barreto. A aluna declarava professar a religião católica e cumprir os seus preceitos, «assistindo à missa todos os Domingos e Dias Santos, rezando todas as orações diárias». Tinha duas irmãs e três irmãos e era órfã de mãe, tendo o pai a seu cargo; no entanto, considerava não ter responsabilidades que interferissem com o decorrer do seu curso. Já frequentara e completara os cursos de auxiliar de enfermagem e de partos e dizia-se preparada para satisfazer as despesas do curso geral. Não tinha pessoas amigas a residir em Coimbra ou nas proximidades. A aluna conhecia o Norte do país e a zona das Beiras, tendo vivido em Lisboa e na aldeia de onde era natural. As suas diversões preferidas eram o cinema e o teatro; costumava sair duas ou três vezes na semana e ir ao cinema cerca de dez vezes por ano; empregava os tempos livres a ler «bons livros» e a ouvir música. Sabia «pouca coisa de culinária e alguns serviços domésticos».

A aluna referida tencionava exercer enfermagem após terminar o curso, que dizia ter escolhido «por gostar de ajudar aqueles que de mim precisam». Esta resposta ia ainda de encontro a uma imagem idealizada da enfermeira, cuja grande motivação era o serviço abnegado do outro. De qualquer forma, a aluna terá sido levada para o mundo do trabalho por razões mais práticas, visto provir de uma família economicamente desfavorecida, constituída por cinco irmãos e pelo pai, a seu cargo. Oriunda de uma aldeia situada no concelho de Oliveira do Hospital, terá sido uma das muitas raparigas que procuraram em Coimbra e na enfermagem uma oportunidade de sustento, bem como de realização pessoal. O seu investimento na profissão era evidente no facto de, após ter tirado os cursos de auxiliar e de partos e estando já a trabalhar, decidir tirar também o curso geral. Era alguém que se tornara mais forte à custa dos problemas, em particular a morte mãe, «o que na vida mais me emocionou». Desde então, escrevia a aluna, «todos os desgostos são para mim de somenos importância, e sinto-me mais bem preparada para receber todas as emoções que Deus se digne enviar-me»[1392].

Tendo começado por frequentar o curso de auxiliares, essa aluna dava corpo à ideia de que a situação socio-económica dos alunos daquele curso era, em geral, mais desfavorecida do que a dos alunos do curso geral. De acordo com a Superintendente de Enfermagem da Inspecção da Assistência Social, «quase todas as candidatas ao curso de Auxiliares de Enfermagem são raparigas necessitadas de ganharem para o seu sustento e, por vezes, mesmo para o sustento de pessoas de família»[1393]. Em 1957, a responsável sugeria modificações no regime lectivo de férias e estágios daquele curso, considerando que «às alunas pobres, a maioria, as férias apenas lhes causam transtorno, porque acarretam encargos e representam um atraso na obtenção do diploma».

---

[1392] Na resposta à questão final, a aluna referiu-se à maior emoção da sua vida, mas não escreveu uma «pequena autobiografia», como era pedido. Tal facto foi assinalado pela Monitora, bem como a ausência de resposta no que respeitava à idade dos irmãos da aluna e à identificação de alguém a contactar em caso de urgência.

[1393] AESEAF, B-21,1,1, Correspondência Recebida, 1957, 7 de Março de 1957.

Pelo contrário, em Abril de 1959, duas alunas do 2.º ano do curso geral, naturais de Angola e de Cabo Verde, requereram à Escola a possibilidade de gozar dois meses de férias de Verão, para as poderem passar com as respectivas famílias em África[1394]. As alunas fariam o estágio de férias desse ano escolar no final do curso. O Director da Escola solicitou ao Inspector-Chefe autorização para atender a petição, explicando que o Regulamento da Escola não tinha em conta o caso especial das férias dos alunos naturais do Ultramar: ao estipular que, no período de férias grandes (Agosto e Setembro), os alunos deveriam prestar um mês de estágio, impossibilitava-os, pela distância a que estavam das suas casas, de gozarem as férias com os familiares.

As alunas beneficiárias de instituições de apoio social, como a Casa dos Pescadores de Olhão, encaixavam certamente no perfil traçado pela Superintendente para as alunas do curso de auxiliares. Em Outubro de 1961, aquele organismo solicitava ao Director do LAEC informações sobre as condições de frequência dos cursos de auxiliares e geral, as despesas de matrícula e as propinas, visto haver beneficiárias da Casa interessadas em matricular-se no curso de auxiliares[1395]. Em particular, a instituição pretendia também saber se a mensalidade de hospedagem no Lar era a mesma que fora estipulada para uma sua beneficiária, então já diplomada.

Um outro exemplo da difícil situação económica de muitas das alunas do curso de auxiliares é oferecido por uma candidata ao curso de 1957/58, entrevistada pela Monitora-Chefe da Escola, por ordem do Inspector-Chefe da Assistência Social. A crer no seu depoimento, tratava-se de uma «pessoa casada mas separada do marido. Tem dificuldades económicas porque tem a seu cargo a mãe. Exerceu até há 3 meses o serviço de empregada de consultório clínico pelo que lhe surgiu a ideia de fazer o curso de Auxiliares de Enfermagem. Além de que, com a afluência de candidatas aos cursos de Auxiliares de Enfermagem, receia que dentro de poucos anos não possa exercer a profissão sem diploma»[1396]. O Director da Escola informava favoravelmente, até porque a candidata estava dentro do limite de idade. Fora provavelmente o facto de se tratar de uma mulher separada do marido que levara o Inspector-Chefe a solicitar uma entrevista com a candidata, de modo a poder avaliar da sua idoneidade moral.

A baixa proveniência social dos alunos do curso de auxiliares reflectia-se no seu reduzido nível de instrução, o qual, mesmo em 1968, após a reforma de 1965, não superava, na maioria dos casos, a instrução primária. A má preparação dos alunos na disciplina de Português, com impacto no elevado número de erros ortográficos nos exercícios escolares, levou inclusivamente o Conselho Escolar do Curso de Auxiliares da Escola a colocar a hipótese, em Dezembro de 1967, de ensino da língua materna[1397]. Embora o Conselho de Direcção tenha concordado com a proposta a esse respeito apresentada pelos Monitores-Chefes[1398], a sua concretização veio a revelar-se difícil.

Tendo em conta as dificuldades financeiras sentidas por muitos dos auxiliares de enfermagem e a falta de enfermeiros registada no país, os hospitais e as escolas de

---

[1394] AESEAF, B-21,5,1, Correspondência Recebida e Expedida, 1959, 27 de Abril de 1959.
[1395] AESEAF, B-21,1,1, Correspondência Recebida, 1961, 31 de Outubro de 1961.
[1396] AESEAF, B-20,1,1, Correspondência Expedida, 1957, 2 de Outubro de 1957.
[1397] AESEAF, B-20,1,1, Correspondência Expedida, 1968, 29 de Abril de 1968.
[1398] AESEAF, 35,4,3, *Livro de Actas do Conselho de Direcção*, acta n.º 124, 3 de Janeiro de 1968, fls. 32v/35.

enfermagem apoiavam aqueles que continuavam os estudos para obter o diploma do curso geral. Em Fevereiro de 1963, reportando-se ao «Regulamento de concessão de bolsas de estudo aos Auxiliares de Enfermagem dos Hospitais Centrais para frequência do Curso Geral de Enfermagem», o Conselho de Direcção da Escola fixava em quatro, dois de cada sexo, o número de bolseiros a admitir no curso de Abril desse ano[1399]. Entre os alunos que tinham apresentado requerimentos, porém, nenhum reunia as condições necessárias, visto receberem um ordenado e terem direito a alimentação. Para além de não ser possível acumular benefícios, nenhum apresentava uma situação económica declaradamente precária[1400].

A partir de 1967, de acordo com um boletim interno de 7 de Setembro, as bolsas de estudo destinadas aos alunos do curso geral que já trabalhavam nos HUC como auxiliares passaram a ser concedidas pelos Hospitais, tendo sido beneficiados duas alunas e cinco alunos no ano lectivo de 1967/68[1401]. Entretanto, a Escola começou a ter algumas dúvidas quanto aos benefícios a conceder aos alunos do curso de auxiliares, nomeadamente no período do estágio, procurando esclarecê-las junto da Direcção--Geral dos Hospitais, em 1967, e de outras escolas de enfermagem, em 1969. Em Novembro de 1970, o Conselho de Direcção determinou consultar novamente a DGH para se assentar num critério definitivo acerca da cobrança ou não das despesas de alimentação e alojamento àqueles alunos[1402]. O «Regulamento de Concessão de Benefícios aos Alunos», dos anos cinquenta, estipulava a sua gratuitidade, mas, uma vez que, com a reforma do ensino em 1965, os seis meses de estágio tinham passado a ser considerados tempos lectivos, os Monitores-Chefes da Escola entendiam que aquelas despesas deveriam ser cobradas. No mês seguinte, a Direcção-Geral dos Hospitais esclareceria que os benefícios previstos no citado «Regulamento» deveriam ser oferecidos durante a totalidade do curso de auxiliares (onze meses lectivos mais seis meses de estágio)[1403].

Nestas circunstâncias, a Escola manteve a isenção de pagamento e, em 1974, a sua Direcção seria informada de que era a única instituição do país onde a alimentação e o alojamento dos alunos do curso de auxiliares em estágio eram gratuitos[1404]. A situação seria, então, alterada, de acordo com o novo «Regulamento de Benefícios aos Alunos», aprovado por despacho de 2 de Agosto de 1973, determinando-se que, a partir de Outubro de 1973, aqueles alunos passassem a pagar os serviços de que usufruíam.

---

[1399] AESEAF, 35,4,1, *Livro de Actas do Conselho de Direcção*, acta n.º 83, 13 de Fevereiro de 1963, fls. 62v/63.

[1400] O Conselho esclarecia também que os alunos com média suficiente para a bolsa de mérito (14 valores) só a poderiam receber se suportassem os respectivos encargos com a alimentação.

[1401] AESEAF, 35,4,2, *Livro de Actas do Conselho de Direcção*, acta n.º 123, 22 de Novembro de 1967, fls. 30v/32. O boletim dos HUC que regulava a concessão das bolsas era o n.º 602, de 7 de Setembro de 1967.

[1402] AESEAF, 35,4,2, *Livro de Actas do Conselho de Direcção*, acta n.º 146, 24 de Novembro de 1970, fls. 78v/81.

[1403] AESEAF, 35,4,2, *Livro de Actas do Conselho de Direcção*, acta n.º 147, 30 de Dezembro de 1970.

[1404] AESEAF, 35,4,9, *Livro de Actas da Direcção da Escola*, acta n.º 11, 11 de Janeiro de 1974, fls. 24/27.

## 3. OS ALUNOS DA *LEGIÃO PORTUGUESA* E EM CUMPRIMENTO DO SERVIÇO MILITAR

Na Assembleia Nacional, em Dezembro de 1956, o deputado Pereira da Conceição chamava a atenção para a «angustiosa situação» que o país enfrentaria ao nível da enfermagem, em caso de guerra[1405]. Defendia que «determinadas organizações deveriam ser incentivadas à preparação de enfermeiros e auxiliares de enfermagem, ainda que inspeccionadas superiormente pelos órgãos competentes». Por outro lado, perguntava «porque é que, havendo uma tão pronunciada crise de enfermeiros, não admitimos que os indivíduos habilitados com os cursos de enfermeiros militares, ainda que sujeitos a um exame qualquer, possam exercer os seus serviços civilmente?»

Face ao repto lançado por Pereira da Conceição, João Porto esclarecia que o assunto estava a ser tratado pelo Ministério do Interior e pela *Legião Portuguesa*, encontrando--se, nesse momento, a prestar provas na Escola Ângelo da Fonseca 61 candidatos a enfermeiros vindos daquela organização. De facto, em Novembro desse ano de 1965, o Director da Escola solicitara à Inspecção da Assistência Social a alteração das datas de exame para os candidatos propostos pela *Legião Portuguesa*, visto coincidirem com as férias de Natal, sugerindo a sua antecipação[1406].

A *Legião Portuguesa* foi uma organização miliciana criada em 1936 e existente até ao 25 de Abril de 1974. A sua criação deveu-se a uma série de factores internos e externos, em particular a pressão exercida pela direita radical portuguesa sobre o regime salazarista. Entre outras medidas visando disciplinar o radicalismo da milícia, durante a II Guerra Mundial, foram-lhe atribuídas funções na *Organização Nacional da Defesa Civil do Território*, da qual passou a estar encarregue em 1958[1407]. Em Janeiro de 1957 já existia um Curso de Auxiliares da *Defesa Civil do Território*, da *Legião Portuguesa*, que funcionaria em ligação com a Escola Ângelo da Fonseca. Em concreto, esta asseguraria às alunas auxiliares de enfermagem da *Legião Portuguesa* a prestação de um estágio, de um a dois meses, nos HUC[1408].

A questão do estágio pós-escolar não foi, no entanto, inteiramente pacífica e alguns documentos dão a entender que a *Legião Portuguesa* pretendia uma situação de privilégio para as suas alunas, sendo que, pelo menos três delas requereram autorização para prestar o estágio fora da época normal[1409]. Tal não seria aceite pelo Inspector-Chefe da Assistência Social, que afirmava ter sido o curso da *Legião* «autorizado a funcionar em moldes especiais que poderiam mesmo ser considerados anti-legais, se não tivesse havido o cuidado prévio de estudar as condições que permitem reduzir ao mínimo o risco de tal curso se tornar completamente inútil»[1410]. Portanto, na sua opinião,

---

[1405] Sessão da Assembleia Nacional de 13 de Dezembro de 1956, http://debates.parlamento.pt (11/02/06).

[1406] AESEAF, B-20,1,1, Correspondência Expedida, 1956, 29 de Novembro de 1956.

[1407] Após a II Guerra Mundial, operou-se finalmente uma certa despolitização da milícia, que foi transformada num serviço auxiliar das forças da ordem (Exército, GNR, PSP e PIDE). Ver «Legião Portuguesa» in *Dicionário de História do Estado Novo*, dir. Fernando Rosas e J.M. Brandão de Brito, Lisboa, Círculo de Leitores, 1996, vol. I e «Legião Portuguesa» in *Lexicoteca. Moderna Enciclopédia Universal*, s.l., Lexicultural, s.d., vol. XI.

[1408] AESEAF, B-20,1,1, Correspondência Expedida, 1957, 30 de Janeiro de 1957.

[1409] AESEAF, B-20,1,1, Correspondência Expedida, 1957, 29 e 30 de Janeiro de 1957.

[1410] AESEAF, B-21,1,1, Correspondência Recebida, 1957, 9 de Fevereiro de 1957.

qualquer excepção ao estabelecido seria prejudicial à legalidade do curso e à formação das alunas, que não deviam ser privilegiadas em relação às dos outros cursos de auxiliares.

Também não seria favorável a resposta ao requerimento de uma outra aluna do curso de auxiliares da *Legião Portuguesa*, que pretendia frequentar simultaneamente o estágio e o curso de dietistas. Solicitando-se um parecer sobre o pedido formulado à Superintendente de Enfermagem da Inspecção da Assistência Social, esta afirmaria a impossibilidade de conciliar as duas formações, dado o curso de dietistas ser a tempo inteiro[1411].

Outra situação particular era a dos rapazes chamados a prestar serviço militar enquanto frequentavam a Escola. Em 1958 o Inspector-Chefe da Assistência Social comunicou que, por despacho do Subsecretário de Estado, a situação desses alunos deveria ser decidida caso a caso quanto à relevação de faltas[1412].

Em Junho de 1961 o Director da Escola apresentava ao Inspector-Chefe o requerimento de um aluno que, mobilizado para o serviço militar em Angola, não podia efectuar os exames finais em Julho[1413]. O Director propunha que, no interesse individual deste e de outros alunos nas mesmas condições, mas também no interesse público, fossem antecipados os exames para esses indivíduos. Dias depois, o Inspector-Chefe comunicaria que, por despacho ministerial de 16 de Junho, se deferira o requerimento daquele aluno e estendera a autorização de antecipação dos exames finais a todos os alunos mobilizados para o serviço no Ultramar[1414].

Em 1965 a Escola daria também parecer favorável ao requerimento de um outro aluno, do 3.º ano do curso geral, que pedia autorização para ser admitido aos exames finais após ter interrompido a frequência das aulas em virtude de ter sido mobilizado[1415]. Os professores da Escola não viam qualquer inconveniente na admissão, considerando inclusivamente que, se o aluno não obtivesse classificação no 3.º período, poderia ir a exame apenas com a média dos dois primeiros.

### 4. A IDENTIFICAÇÃO DOS ALUNOS E EXEMPLOS DA SUA ACTIVIDADE

Foi só no final da década de 1960 que se deu resposta à necessidade desde há muito sentida de um cartão identificativo dos alunos da Escola. Em Julho de 1969, após o estudo atento dos Monitores-Chefes, foi apresentado ao Conselho de Direcção o modelo de cartão a adoptar[1416]. Decidiu-se pela sua emissão, tendo sido aprovadas as normas regulamentadoras do seu uso. Era obrigatória a apresentação do Cartão de Identidade sempre que exigido por qualquer funcionário da Escola ou dos HUC no exercício das suas funções, prevendo-se também a obrigatoriedade da sua apresentação, mesmo em situação extra-escolar, caso fosse solicitado por monitores ou professores.

---

[1411] AESEAF, B-21,1,1, Correspondência Recebida, 1957, 12 de Fevereiro de 1957.
[1412] AESEAF, B-21,1,1, Correspondência Recebida, 1958, 13 de Fevereiro de 1958.
[1413] AESEAF, B-20,1,1, Correspondência Expedida, 1961, 13 de Junho de 1961.
[1414] AESEAF, B-21,5,1, Correspondência Recebida e Expedida, 1961, 22 de Junho de 1961.
[1415] AESEAF, B-20,1,1, Correspondência Expedida, 1965, 14 de Junho de 1965.
[1416] AESEAF, 35,4,3, *Livro de Actas do Conselho de Direcção*, acta n.º 136, 1 de Julho de 1969, fls. 55v/58.

Portanto, o aluno tinha de se fazer sempre acompanhar do seu cartão, devendo renová--lo anualmente. O documento poderia dar direito a várias regalias estudantis, ligadas à cultura ou ao desporto, por exemplo.

No que respeita ao desporto, em 1969, o Conselho de Direcção da Escola aceitou uma proposta da Comissão destinada a organizar as actividades desportivas dos alunos, no sentido de que fosse facilitada a frequência das aulas de Judo na *Associação Académica de Coimbra* a sete alunos interessados[1417]. Em concreto, a Escola custeava as inscrições e a indumentária (quimono) necessária àquela prática desportiva, tendo as despesas orçado em 1.340$00. No ano seguinte, face a uma nova petição da Comissão das Actividades Desportivas da Escola, o número de alunos beneficiados aumentou para dez, despendendo-se mais 950$00 com as aulas de Judo[1418].

Foi também no início da década de setenta que os alunos começaram a participar na gestão da Escola. Como se disse, em Junho de 1970 o Conselho de Direcção concordou com a constituição imediata da comissão de alunos prevista no novo Regulamento das Escolas de Enfermagem (14 de Janeiro de 1970). Na mesma reunião, a Monitora-Chefe pediu licença para ser ouvida uma comissão de alunos do 1.º ano do curso geral, que tinha elaborado um jornal, intitulado *Conta Gotas*, pretendendo apresentá-lo e obter a devida autorização[1419]. O Presidente da Direcção ficou com um exemplar para apreciação, informando os alunos da necessidade de se constituir uma comissão que estudaria as condições, os objectivos e as normas a que deveria obedecer a publicação. Nomeou para isso os monitores Nídia Rodrigues Mendes Salgueiro, Aníbal Custódio dos Santos e Alípio Ferreira Martins, coadjuvados pelos alunos João Raul de Almeida Lopes e Purificação Monteiro da Silva Bagagem. Desde logo, o Conselho discordou do título e sugeriu a sua substituição.

Uma vez constituída, no final de 1972, a comissão de alunos passou a estar representada nas reuniões da Direcção da Escola, intervindo em diversos assuntos, entre os quais, por certo, os planos dos horários escolares. Na reunião de Fevereiro de 1973, chamava-se a atenção para a necessidade de os professores entrarem à hora certa nas aulas, de modo a poderem realizar-se os dois intervalos previstos de 20 minutos (um de manhã e outro de tarde)[1420].

## 5. O UNIFORME

A enfermeira Nídia Salgueiro tratou detalhadamente o tema do vestuário usado pelo pessoal de enfermagem dos HUC e pelos alunos da Escola Ângelo da Fonseca ao longo do século XX[1421]. De acordo com a autora, baseada em documentos fotográficos

---

[1417] AESEAF, 35,4,3, *Livro de Actas do Conselho de Direcção*, acta n.º 138, 27 de Dezembro de 1969, fls. 61/63.
[1418] AESEAF, 35,4,3, *Livro de Actas do Conselho de Direcção*, acta n.º 146, 24 de Novembro de 1970, fls. 78v/81.
[1419] AESEAF, 35,4,3, *Livro de Actas do Conselho de Direcção*, acta n.º 142, 23 de Junho de 1970, fls. 71v/72.
[1420] AESEAF, 35,4,9, *Livro de Actas da Direcção da Escola*, acta n.º 2, 8 de Fevereiro de 1973, fls. 3/4.
[1421] Nídia Salgueiro, «O vestuário do pessoal de enfermagem (I): do negro ao branco imaculado», *Referência*, n.º 4, Maio 2000, pp. 79-87 e «O vestuário do pessoal de enfermagem (II): o domínio do branco», *Referência*, n.º 5, Novembro 2000, pp. 79-86.

relativos ao pessoal dos Hospitais da Universidade na década de 1930, enfermeiros e enfermeiras usavam uma bata de sarja branca, acrescida de umas calças no caso dos homens, e um avental de peito de pano branco. A bata era direita e larga, aberta à frente e com botões; as mangas eram compridas, sem punho, podendo ser arregaçadas para a prestação de cuidados. O avental, tão ou mais comprido do que a bata, terminava em bico no caso das mulheres, sendo preso com um alfinete ou um broche junto ao peito; no caso dos homens, era seguro por uma fita a passar no pescoço. Os enfermeiros cobriam a cabeça com um barrete redondo e as mulheres, com um lenço fino de algodão, a apanhar os cabelos. Calçavam meias brancas, de algodão, e sapatos de várias cores e formas. A identificação dos graus e funções fazia-se por meio de insígnias, aplicadas em braçadeiras (Fotos 122 e 123)[1422].

Fotos 122 e 123 – À esquerda, todo o pessoal de enfermagem dos HUC em 1933. À direita, enfermeiros dos HUC, década de 1930/1940. Fonte: AFESEAF.

A partir do final dos anos quarenta, o uniforme dos enfermeiros passou a distinguir-se do de outros técnicos de saúde e do vestuário dos alunos de enfermagem, tornando-se também mais significativa a distinção entre o traje de ambos os sexos. Por outro lado, com a criação do curso de auxiliares, em 1947, o uniforme de alunos e de diplomados passou a evidenciar a diferença entre a formação geral e a de auxiliares.

As fotos 124 e 125 ilustram o uniforme feminino da Escola no ano de 1950. A par do vestido, cuja gola fechava com um laço de seda preta, do avental, dos sapatos e meias brancas e da touca (Foto 124), as alunas usavam uma capa comprida de lã preta (Foto 125). Tratava-se de um uniforme de rua, em que a capa surgia como peça de agasalho para as deslocações entre a Escola, o Hospital e o Lar.

Sob a influência da Monitora-Chefe Maria da Cruz Repenicado Dias, a qual entrou para a Escola em 1950, e obedecendo a modelos americanos, o uniforme das alunas foi modificado, introduzindo-se elementos de diferenciação entre as do curso de auxiliares e as do curso geral. De qualquer modo, independentemente do curso, o uniforme feminino constava de vestido, avental-bibe, véu (a partir de 1952), sapatos,

---

[1422] Os enfermeiros-chefes usavam uma braçadeira de lã de cor azul-marinho, com três estrelas douradas; os enfermeiros sub-chefes, os de 1.ª e os de 2.ª classe usavam braçadeiras azuis com três, duas ou uma barra dourada, respectivamente; os enfermeiros estagiários em período pós-escolar usavam braçadeira branca com barras vermelhas. Ver Nídia Salgueiro, art. cit., p. 86.

Fotos 124 e 125 – Uniforme das alunas da Escola (1950). Fonte: AFESEAF.

meias e capa. Todas as peças eram de algodão e brancas, com excepção da capa, feita de lã e de cor preta. Nídia Salgueiro insere o vestuário profissional da década de 1950 no «período do branco imaculado, da higiene perfeita, do reino do algodão».

Foto 126 – Curso de auxiliares de enfermagem de 1954/55. Fonte: AFESEAF.

O vestido era cortado na cintura e aberto à frente, fechando com botões. Tinha decote redondo, rente ao pescoço, com um colarinho de pontas arredondadas, de tirar e pôr. As mangas podiam ser curtas ou compridas, as primeiras adornadas com uma virola e as segundas, com punhos altos, também de tirar e pôr. A cor marcava a diferença entre os dois níveis de formação: vestido às risquinhas brancas e cor de vinho para as alunas do curso geral e liso cinzento para as do curso de auxiliares; golas, virolas e punhos altos brancos para as primeiras e aos quadradinhos cinzentos e brancos para as segundas.

O avental-bibe seguia o modelo do vestido, cortado na cintura mas aberto atrás, com botões exteriores. Incluía dois bolsos de algibeira chapados e acompanhava o vestido em comprimento, ficando a 20 cm do chão, «medidos à régua», segundo Nídia Salgueiro. Era aberto dos lados, deixando de fora as mangas do vestido, e o decote era chegado ao pescoço, ficando o colarinho de fora. Quanto ao véu, de organza branca, era pouco funcional, pelo que foi contestado, sugerindo-se a sua substituição pela touca ou *cup*. A capa era outro elemento distintivo dos cursos. As alunas do curso geral usavam-na curta (a três quartos), forrada a tecido acetinado vermelho, nos anos de 1950-1952, ou a tecido fino de lã amarelo, a partir de 1952. As alunas do curso de auxiliares usavam a capa comprida (à altura do vestido) e sem forro.

No uniforme das diplomadas (Foto 127), o vestido seguia o modelo vestido-bata, sem corte na cintura, e era totalmente branco. O modelo do avental mantinha-se, assim como o das meias e o dos sapatos. Já o véu era substituído pela touca engomada, *cup* ou *Kico*, na gíria. A distinção entre as profissionais dos dois níveis de formação fazia-se pela cor do *cup*, da gola e dos punhos: branca para as enfermeiras e aos quadradinhos cor de vinho e brancos para as auxiliares de enfermagem.

Foto 127 – Finalistas do curso geral de 1950/53 (17 enfermeiras e 4 enfermeiros). Fotografia tirada em 31 de Julho de 1955. À frente, da direita para a esquerda, Maria Fernanda Gouveia Pinto, Coriolano Ferreira, Maria Fernanda Resende, João Porto, Madalena Taveira, um senhor não identificado e José Pinto Teles. Fonte: AFESEAF.

No que respeita ao sexo masculino, o uniforme dos alunos do curso geral e dos enfermeiros era constituído por uma bata e umas calças de sarja, ambas de cor branca, e por sapatos pretos, eliminando-se o avental e o barrete (Foto acima). Os alunos do curso de auxiliares usavam bata creme, primeiro, ou azul, mais tarde, e calças de ganga azul (Foto 128); a partir de dada altura, passaram também a usar sapatilhas brancas. Uma vez diplomados, usavam bata branca, mantendo as calças de ganga.

Foto 128 – Alunos do curso de auxiliares nas Escadas Monumentais da Universidade de Coimbra (08/03/1956). Atente-se no uniforme do aluno do sexo masculino, em cima, à direita. Fonte: AFESEAF.

Ao longo dos anos, os uniformes foram sendo actualizados, no sentido da sua funcionalidade e maior comodidade. O véu deu lugar à touca, as mangas compridas às mangas curtas, as meias brancas, às de cor de carne, as quais foram autorizadas pelo Conselho de Direcção da Escola em Janeiro de 1969[1423]. A partir desta data, modificou-se também o modelo da capa e eliminou-se o uso do *cup* na rua. Esta peça come-

---

[1423] AESEAF, 35,4,3, *Livro de Actas do Conselho de Direcção*, acta n.º 132, 10 de Janeiro de 1969, fls. 45/48.

çou a ser contestada por ser apenas simbólica e de enfeite; por outro lado, o seu uso generalizou-se a outras profissões, pelo que não era mais distintiva das enfermeiras. Assim, a touca acabaria por deixar de ser utilizada de todo.

Os tempos eram de mudança. Os anos sessenta correspondem ao emergir da minissaia, criada pela inglesa Mary Quant, à divulgação do bikini, alterações profundas do vestuário feminino que se repercutiriam no uniforme profissional das enfermeiras. Como se verifica em fotografias do início da década de 1970, as saias começavam a encurtar e o próprio uniforme se tornava mais moderno, sendo constituído apenas por uma bata branca, abotoada à frente, no caso das enfermeiras (Foto 129), ou um vestido de cor e uma bata branca, aberta de lado, no caso das auxiliares de enfermagem.

Fotos 129 e 130 – À esquerda, finalistas do curso geral (31/09/1972). As saias já começaram a encurtar... À direita, alunas do curso geral na missa na Sé Nova (31/09/1972). Fonte: AFESEAF.

Em Novembro de 1970, por iniciativa dos Monitores-Chefes, foi apresentada ao Conselho de Direcção da Escola uma proposta de alteração dos uniformes das alunas e dos alunos de ambos os cursos, considerando-se que, tendo sido adoptados em 1950, estavam «muito desactualizados quanto a aspecto e com alguns inconvenientes»[1424]. A proposta incluía já um modelo de uniforme, que desagradou ao Conselho. No entanto, deliberou-se consultar casas especializadas em uniformes para que a escolha fosse feita mais criteriosamente.

No ano seguinte, em Outubro de 1971, foi constituída e aprovada uma comissão para estudo da alteração dos uniformes, da qual faziam parte monitores da Escola, enfermeiros dos HUC, ex-alunos da Escola e alunos de todos os anos dos dois cursos, embora sem resultados nos tempos mais próximos[1425]. Somente dois anos depois, em Outubro de 1973, a Direcção deliberou introduzir finalmente modificações nos uniformes, a partir daquele ano escolar[1426]. Para as alunas do curso de auxiliares, o uniforme constaria de um vestido cor beringela, uma bata branca, um chapéu branco com uma fita da cor do vestido, um par de sapatos pretos e outro de tamancos ortopédicos

---

[1424] AESEAF, 35,4,3, *Livro de Actas do Conselho de Direcção*, acta n.º 146, 24 de Novembro de 1970, fls. 78v/81.
[1425] AESEAF, 35,4,4, *Livro de Actas do Conselho de Direcção*, acta n.º 154, 1 de Outubro de 1971, fls. 1v/3.
[1426] AESEAF, 35,4,9, *Livro de Actas da Direcção da Escola*, acta n.º 9, 16 de Outubro de 1973, fls. 20/21.

brancos. O uniforme das alunas do curso geral e do curso de promoção de auxiliares quase não sofreria alterações, distinguindo-se pela cor azul do vestido.

Entretanto, em certos hospitais estrangeiros começou a adoptar-se a túnica e a calça unisexo para o pessoal de enfermagem e, particularmente em pediatria, a cor do uniforme passou a depender do gosto pessoal. Na década de 1970, as alunas da Escola Ângelo da Fonseca passaram a efectuar estágios nos sectores masculinos dos serviços dos HUC, ao mesmo tempo que os alunos foram introduzidos em áreas consideradas estritamente femininas, como a sala de partos. Tal levou à introdução do uniforme unisexo, constituído por uma bata, direita, de decote rente ao pescoço e aberta atrás, e por calças. Provocando a geometrização do corpo, o novo uniforme permitia uma visão assexuada do aluno de enfermagem em estágio. O uniforme unisexo foi objecto de uma escolha criteriosa, tendo sido apresentadas várias alternativas em passagem de modelos, realizada já no novo edifício da Escola.

Foto 131 – Passagem de modelos para o uniforme unisexo. Fonte: AFESEAF.

Segundo Nídia Salgueiro, os hospitais ofereceram ainda alguma resistência à inovação trazida pela Escola Ângelo da Fonseca ao nível do vestuário. Apesar de as equipas de enfermeiros se terem tornado mistas, foi necessário um novo discurso na higiene hospitalar, devido à subida das taxas de infecção nos hospitais, para que estes adoptassem o uniforme unisexo. Percebeu-se que as batas deviam passar a ser tratadas no hospital e, em nome da economia, da ergonomia, da funcionalidade e da higiene, o vestuário unisexo para o pessoal de enfermagem generalizou-se.

# X – OS CURRÍCULOS DOS CURSOS MINISTRADOS NA ESCOLA DA DÉCADA DE 1920 À DE 1960

## 1. Os currículos do Curso Geral

Analisando cronologicamente a evolução curricular do Curso Geral ministrado na Escola Ângelo da Fonseca, de acordo com a documentação disponível, verifica-se que, entre o início da década de 1920 e o de 1940, não houve mudanças significativas. Mantém-se o número total de seis cursos ou disciplinas, na sua maioria com a mesma designação ou designações semelhantes, mesmo que leccionadas segundo uma ordem diferente. Como se verifica nos Quadros 48 e 49, tanto nos anos vinte como nos quarenta, o Curso principiava pela docência de noções gerais de Anatomia e Fisiologia e incluía a Enfermagem Médica, a Enfermagem Cirúrgica (contemplando os Socorros Urgentes) e noções de Farmácia e de Higiene. No que respeita aos estágios, discriminados em 1941, ainda não são referidos como tal em 1920. Porém, o Decreto n.º 6.943 é claro ao estipular que «o ensino prático [...] será feito nos serviços clínicos dos Hospitais da Universidade» (art. 15.º), devendo os alunos ser considerados, para fins de aprendizagem, na organização das escalas de serviço dos HUC.

De qualquer forma, é visível um maior grau de especialização no currículo de 1941, acrescentando-se às matérias referidas noções de Histologia, de Análises Clínicas e de Microbiologia e Doenças Infecciosas e Parasitárias e, sobretudo, distinguindo-se entre a Enfermagem Médica Geral, aprendida no 1.º ano do Curso, e a Especial, do 2.º ano. Esta última cadeira vem substituir a de natureza administrativa (Organização dos Serviços Hospitalares), que passa a ser leccionada apenas ao Curso Complementar.

| | |
|---|---|
| 1.º | Anatomia e Fisiologia (noções gerais) |
| 2.º | Higiene (noções gerais) |
| 3.º | Enfermagem Médica e seus Socorros Urgentes |
| 4.º | Enfermagem Cirúrgica e seus Socorros Urgentes |
| 5.º | Farmácia (noções gerais) |
| 7.º | Organização dos Serviços Hospitalares; Legislação |

Quadro 48 – Currículo do «Curso Geral» em 1920.
Fonte: Decreto n.º 6.943, art. 13.º, *Diário do Governo*, I Série, n.º 183, 16 de Setembro de 1920.

|  | 1.ª | Noções Gerais de Anatomia e Fisiologia Humanas e de Histologia |
| --- | --- | --- |
| 1.º ano | 2.ª | Enfermagem Médica Geral |
|  | 3.ª | Noções Gerais de Farmacologia e Análises Clínicas |
|  | 4.ª | Enfermagem Cirúrgica Geral; Socorros Urgentes e Traumatologia |
| 2.º ano | 5.ª | Enfermagem Médica Especial |
|  | 6.ª | Noções Gerais de Higiene, Microbiologia, Doenças Infecciosas e Parasitárias |
|  | Estágios em serviços de Medicina, Cirurgia, Maternidade, Especialidades Médicas e Cirúrgicas | |

Quadro 49 – Currículo do «Curso Geral» em 1941.
Fonte: Ordem de Serviço n.º 185, de 1 de Julho de 1941, art. 4.º, *Boletim dos HUC*, vol. IX, 1940, pp. CXXXVII/VIII.

O Quadro 50 inclui os pontos essenciais do «Programa do Curso Geral» aplicado na Escola provavelmente entre a segunda metade dos anos trinta e a primeira metade dos anos quarenta. O documento a que nos reportamos não está datado, mas terá de ser posterior a 1931, visto que nele a Escola já é designada do «Dr. Ângelo da Fonseca», e anterior a 1949, dado que o novo currículo do Curso Geral então proposto não tem correspondência com os conteúdos ali explicitados. Na verdade, embora não se verifique uma adequação total entre o «Programa» e os currículos de 1920 e 1941, há entre estes pontos de contacto. As quatro secções em que o «Programa» se divide e a respectiva parte prática incluem matérias constantes dos currículos, em particular, noções gerais de Anatomia e Fisiologia e Socorros Urgentes de Medicina e Cirurgia, na 1.ª Secção, Enfermagem Médica (geral e aplicada), na 2.ª, Enfermagem Cirúrgica (geral e aplicada), na 3.ª, Higiene, na 4.ª, e noções de Farmácia e Administração Hospitalar, na parte prática. Os restantes dois itens que compõem esta parte correspondem ao «ensino prático» e ao «estágio» considerados em 1920 e 1941, respectivamente[1427].

Para além da Dietética, que é analisada quase somente na sua relação com a Higiene, a única matéria incluída no «Programa», a título introdutório, e não constante dos currículos citados é a Deontologia, remetida naqueles para o Curso Complementar. De qualquer forma, seria leccionada em ligação com a legislação sobre a profissão, que já era contemplada no currículo de 1920, e com a «disciplina hospitalar», tendo como função essencial ensinar ao futuro enfermeiro o lugar que devia ocupar na hierarquia do hospital. Era particularmente importante esclarecer a sua posição em relação ao médico, determinando-se, por exemplo, as suas funções durante a visita médica ou a conduta a adoptar na ausência do clínico.

É ainda interessante notar que, quer no «Programa», quer nos currículos acima referidos, não são contempladas matérias de especialidade como Obstetrícia (embora em 1941 já se estipulem estágios em serviços de Maternidade), Pediatria ou Psiquiatria. No ponto do «Programa» sobre a Enfermagem Médica Aplicada, os «cuidados especiais

---

[1427] O ponto b), relativo às demonstrações práticas feitas pelos enfermeiros-chefes, vai claramente de encontro ao estipulado no Regulamento de 1920: «O pessoal de enfermagem dos serviços clínicos coadjuvará os professores no seu ensino, competindo especialmente aos enfermeiros-chefes [...] auxiliar o professor na educação prática, técnica e profissional dos alunos [...] que frequentam os respectivos serviços» (art. 14.º).

| | | |
|---|---|---|
| 1.ª Secção | 1.ª Parte | Deveres e moral profissional do enfermeiro; segredo profissional; disciplina hospitalar; legislação sobre o exercício da enfermagem. Noções gerais de Anatomia e Fisiologia humanas. |
| | 2.ª Parte | Socorros urgentes de ordem médica e cirúrgica:<br>a) Asfixia, síncope, lipotimia, ataque epiléptico, ataque histérico, etc.<br>b) Envenenamentos e intoxicações agudas.<br>c) Mordeduras venenosas.<br>d) Sangria, transfusão e injecções de soro.<br>e) Hemorragias.<br>f) Socorros urgentes aos feridos.<br>g) Respiração artificial.<br>h) Operações de urgência. |
| 2.ª Secção | 1.ª Parte | Enfermagem Médica:<br>a) Noções gerais sobre doença e suas causas.<br>b) O quarto, a enfermaria e o leito do doente.<br>c) Funções do enfermeiro durante a visita médica.<br>d) Noções gerais sobre o pulso, a temperatura e a respiração.<br>e) Noções gerais sobre a colheita e a análise da urina.<br>f) Noções sobre a colheita de secreções e de tecidos para análise.<br>g) Modos de administração dos medicamentos.<br>h) Processo de revulsão.<br>i) Punções e injecções.<br>j) Lavagem e catecterismo das cavidades naturais.<br>k) Balneoterapia.<br>l) Fisioterapia-electroterapia, mecanoterapia; noções de radiologia. |
| | 2.ª Parte | Enfermagem Médica aplicada:<br>Conduta do enfermeiro em presença dos diversos doentes e doenças; cuidados especiais com as crianças, os velhos e os psicopatas; doenças dos aparelhos respiratório, digestivo, urinário e nervoso; intoxicações crónicas; doenças infecto-contagiosas, eruptivas e parasitárias; alienação mental; sinais de morte real; rondas e vigílias aos doentes. Conduta do enfermeiro na ausência do médico, registo das ocorrências clínicas. |
| 3.ª Secção | 1.ª Parte | Enfermagem Cirúrgica:<br>a) Noções de pequena cirurgia.<br>b) Noções gerais sobre infecção.<br>c) Material de pequena cirurgia (esterilização e aplicação).<br>d) Noções gerais sobre lesões traumáticas.<br>e) Pensos.<br>f) Queimaduras.<br>g) Corpos estranhos nas cavidades naturais.<br>h) Conduta do enfermeiro em presença de um ferido. |
| | 2.ª Parte | Enfermagem Cirúrgica aplicada:<br>a) Serviço operatório.<br>b) Preparação do material e da sala de operações.<br>c) Anestesia geral, local e processos de anestesia.<br>d) Assistência aos operados.<br>e) Conduta do enfermeiro na ausência do cirurgião e durante a visita deste. |
| 4.ª Secção | 1.ª Parte | Higiene e Dietética Hospitalares:<br>a) Noções gerais sobre higiene.<br>b) Noções sobre o contágio das doenças.<br>c) Profilaxia nas doenças contagiosas. |

*(cont.)*

|  |  |
|---|---|
| 2.ª Parte | a) Higiene alimentar.<br>b) Dietas.<br>c) Desinfecção e esterilização de material hospitalar, salas e alojamentos. |
| Prática | a) Prática Prática nas enfermarias e nos laboratórios hospitalares.<br>b) Demonstrações práticas pelos enfermeiros-chefes dos vários serviços sobre a técnica profissional do enfermeiro.<br>c) Noções de farmácia indispensáveis ao enfermeiro.<br>d) Administração hospitalar (requisições de medicamentos, dietas e material aos Serviços Administrativos; receituário geral e urgente; responsabilidade do enfermeiro perante os serviços centrais). |

Quadro 50 – «Programa do Curso Geral» da Escola (décadas de 1930/40).
Fonte: AESEAF, 35,5,3, *Planos de Estudo e Programas 1953/54*, «Hospitais da Universidade de Coimbra. Escola de Enfermagem "Dr. Ângelo da Fonseca". I. Programa do Curso Geral», pp. 1-3.

com as crianças, os velhos e os psicopatas» são apenas uma das vertentes da «conduta do enfermeiro em presença dos diversos doentes e doenças». Quer dizer, trata-se de aplicações da Enfermagem Médica, que ainda não merecem tratamento autónomo.

Em 1949 estava finalmente elaborada a proposta de alteração dos planos de estudo dos cursos de enfermagem, da responsabilidade da comissão criada em 1942, pelo Decreto n.º 32.612, para «estudar, propor e dar execução» às transformações então consideradas indispensáveis nas escolas de enfermagem oficiais. Coriolano Ferreira, à época Secretário da Escola Ângelo da Fonseca, referia-se àquela como «Comissão de Médicos de Lisboa». Na verdade, sendo constituída pelo director-geral de saúde, pelo enfermeiro-mor dos Hospitais Civis de Lisboa e pelo director da escola Artur Ravara, e contando eventualmente com representantes das outras escolas ou com especialistas na matéria, na comissão prevalecia «o ponto de vista da autoridade médica». Como atrás se referiu, aquele continuava a influenciar fortemente o ensino de enfermagem.

A primeira grande diferença entre este currículo e o seguido na Escola Ângelo da Fonseca em 1941 reside no facto de o Curso passar a ter três anos em vez de dois, o que era uma possibilidade prevista nos Decretos de 1942 e de 1947. Por outro lado, o número de disciplinas ministradas aumentou significativamente de seis para vinte e seis (nove no 1.º ano, dez no 2.º e sete no 3.º), incluindo algumas de formação geral, como Português, Francês e Ciências Naturais, em particular no 1.º ano, para além de Moral e Religião e de Educação Física, às quais nos referiremos em capítulo próprio. Embora não tenhamos informação acerca da carga horária dos alunos para períodos anteriores, é natural que também tenha aumentado bastante na sequência da proposta, que previa uma média de 17 horas de aulas por semana, para além das 6 horas diárias de estágio.

Em geral, o núcleo central de disciplinas previstas nos currículos anteriores mantém-se: Anatomia e Fisiologia, Higiene, Doenças Infecto-contagiosas, Noções de Farmacologia, Enfermagem Médica e Cirúrgica e Administração Hospitalar, sendo esta última enriquecida com uma cadeira preparatória a leccionar no 1.º ano, Contabilidade, Escrituração Comercial e Dactilografia. A novidade reside quer no surgimento de uma disciplina exclusivamente ligada à enfermagem, Técnica de Enfermagem, ministrada em todos os anos do Curso, evidenciando uma certa autonomização em relação à medicina, quer na criação de cadeiras ligadas às especialidades de Obstetrícia e Puericultura, bem como à vertente social do trabalho de enfermagem.

| Ano | Disciplinas | Horas semanais |
|---|---|---|
| 1.º | Português | 2 |
| | Francês | 2 |
| | Ciências Naturais (Zoologia, Bacteriologia e Físico-químicas) | 2 |
| | Contabilidade, Escrituração Comercial e Dactilografia | 2 |
| | Anatomia e Fisiologia | 3 |
| | Higiene Geral | 2 |
| | Técnica de Enfermagem | 3 |
| | Moral e Religião | 1 |
| | Educação Física | 2 |
| | Estágio (Medicina e Cirurgia) | 6 diárias (das 8 às 14h) |
| 2.º | Francês | 2 |
| | Doenças Infecto-contagiosas | 2 |
| | Noções Gerais de Farmacologia | 2 |
| | Noções Gerais de Patologia | 2 |
| | Noções Gerais e Enfermagem de Obstetrícia e de Puericultura | 2 |
| | Assistência e Serviço Social | 1 |
| | Técnica de Enfermagem | 3 |
| | Prática de Agentes Físicos | 1 |
| | Moral e Religião | 1 |
| | Educação Física | 2 |
| | Estágio (Medicina e Cirurgia) | 6 diárias (das 8 às 14h) |
| 3.º | Enfermagem e Terapêutica Médicas | 3 |
| | Enfermagem e Terapêutica Cirúrgicas | 3 |
| | Administração Hospitalar | 1 |
| | Técnica de Enfermagem | 3 |
| | Prática Laboratorial | 1 |
| | Moral e Religião | 1 |
| | Educação Física | 2 |
| | Estágio (Medicina, Cirurgia e Serviços de Especialidade) | 6 diárias (das 8 às 14h) |

Quadro 51 – Proposta de alteração do currículo do Curso Geral (1949).
Fonte: AESEAF, Cx. 36,2,2, *Projectos dos Programas de Enfermagem*, «Plano do curso de Enfermagem Geral».

Quanto à parte experimental do Curso, para além das disciplinas de Prática de Agentes Físicos e Prática Laboratorial, previam-se estágios diários, desde o 1.ª ano, em serviços de Medicina, Cirurgia e Especialidades (estes apenas no último ano), de modo idêntico ao estipulado nos currículos anteriores.

A proposta de alteração dos planos de estudo elaborada pela referida comissão foi enviada pela Inspecção da Assistência Social à Escola Ângelo da Fonseca para obter um parecer. Na resposta remetida em Outubro de 1949, Coriolano Ferreira comunicava a «opinião média» resultante da consulta de vários professores, bem como a posição oficial da Escola, a qual, em geral, era de «aprovação», reconhecendo-se uma «notável melhoria dos planos [...] sobre os que até aqui vigoravam»[1428]. Tal não impedia,

---

[1428] AESEAF, Cx. 36,2,2, *Proposta de alteração dos Planos de Estudo*, 3 de Outubro de 1949.

porém, que se discordasse de algumas opções tomadas, tanto essenciais como secundárias. No que respeita concretamente ao Curso Geral, a Escola considerava não terem justificação cadeiras de preparação geral, nomeadamente Português e Francês, visto que aquela «se presume arrumada e verificada no exame de aptidão». De qualquer forma, a manterem-se essas disciplinas, defendia-se que fossem reduzidas para 1 hora semanal, destinada a «exercícios práticos ou a leituras de natureza cultural». A Escola discordava também da duração dos estágios diários (das 8 às 14h00), que não deveriam prolongar-se para além das 12h00 «para não alterar a hora normal do almoço nas famílias e para permitir um intervalo regular entre os estágios e as aulas teóricas».

No mesmo sentido ia o comentário de um dos professores consultados, padre Eugénio Martins, responsável pela cadeira de Religião e Moral, que julgava «violento e inadmissível prolongar os estágios até às 14 horas», pois tal implicava «seis horas de trabalho esgotante que roubam toda a disposição necessária para o trabalho escolar da tarde e prejudica a economia e vida familiares»[1429].

Por sua vez, o professor José Lopes Monteiro do Espírito Santo mostrava-se preocupado não só com a duração dos estágios, mas igualmente com o elevado número de horas de aulas semanais (no 1.º ano chegava às 19), conjugado com a obrigação de os alunos realizarem, por vezes, piquetes nocturnos, perguntando-se se tudo isso «não sobrecarregará bastante a capacidade de trabalho» dos estudantes[1430]. Outros docentes criticavam a falta de precedências em certas disciplinas, como Evaristo de Meneses Pascoal, que considerava necessária uma cadeira de Noções de Comércio, introdutória à de Contabilidade e Escrituração[1431], ou defendiam alterações nos programas, quer para acrescentar matérias, como os monitores de Técnica de Enfermagem[1432], quer para as reduzir, como o encarregado da Prática Laboratorial, cujo objectivo não era «fazer dos enfermeiros analistas»[1433]. Os monitores da Escola alertavam ainda para a «extraordinária vantagem» que haveria em permitir às diplomadas com o Curso Geral o exercício da profissão de enfermeira-parteira, para o que bastaria acrescentar alguns capítulos ao «já muito completo» programa de Obstetrícia e Puericultura.

De qualquer forma, a questão mais importante para os docentes consultados parece ter sido a da duração do Curso. A maioria optava por dois anos e não três, como era proposto, considerando que o longo esforço exigido não seria compensado pela remuneração dos enfermeiros e desincentivaria os jovens de escolher a profissão[1434].

---

[1429] AESEAF, Cx. 36,2,2, *Proposta de alteração dos Planos de Estudo*, Setembro de 1949.

[1430] AESEAF, Cx. 36,2,2, *Proposta de alteração dos Planos de Estudo*, Setembro de 1949.

[1431] AESEAF, Cx. 36,2,2, *Proposta de alteração dos Planos de Estudo*, 15 de Setembro de 1949. O professor defendia que o ensino da Contabilidade e Escrituração estava «estreitamente ligado» ao da Administração Hospitalar, do qual era o complemento e a aplicação didáctica e prática.

[1432] AESEAF, Cx. 36,2,2, *Proposta de alteração dos Planos de Estudo*, 20 de Setembro de 1949.

[1433] AESEAF, Cx. 36,2,2, *Proposta de alteração dos Planos de Estudo*, 20 de Setembro de 1949. O encarregado não via vantagem, por exemplo, em ministrar ao aluno noções avançadas sobre microscópio e considerava que o ensino da prática laboratorial a enfermeiros se devia reduzir ao material de laboratório, às análises simples que poderiam fazer-se na enfermaria e à colheita de produtos para enviar ao laboratório.

[1434] O monitor José Pinto Teles e os seus ajudantes Francisco Cândido da Silva e Alberto da Silva Mourão, por exemplo, não tinham dúvidas de que «a preparação em 3 anos é superior o que só traz benefícios à classe e a todos os serviços onde os enfermeiros venham a desempenhar funções». Defendiam, contudo, que para isso seria «necessário modificar a escala dos vencimentos da enfermagem, especialmente [...] nos serviços de Assistência do Estado». Já o padre Eugénio Martins sugeria que se mantivessem os dois anos de Curso, mas adiando a entrega do diploma para depois de um ano de prática nos hospitais, sendo o aluno já remunerado. AESEAF, Cx. 36,2,2, *Proposta de alteração dos Planos de Estudo*, 20 de Setembro de 1949.

A Escola comunicava ainda à Inspecção da Assistência Social a sua posição em relação aos exames, considerando que os programas em vigor para os de aptidão deveriam ser revistos, uma vez que «se afiguram demasiadamente simples», e que os exames finais não deveriam ser aplicados da mesma forma a todas as disciplinas. Neste sentido, propunha que, anualmente, se classificassem as cadeiras em «nucleares», cujo exame incluiria provas escritas e orais, e «não nucleares», cujo exame somente incluiria provas orais para os alunos com nota inferior a 12 valores nas escritas. De resto, tal sugestão estava de acordo com as instruções para o serviço de exames do ano lectivo de 1947/48 apresentadas pela Escola à Direcção-Geral da Assistência, para aprovação, em Junho de 1948[1435]. Estipulava-se então que «só haverá exame final das disciplinas que constituem o núcleo dos vários cursos», nomeadamente, para o Curso Geral, Patologia geral e semiologia, Noções de terapêutica e farmacologia, Técnica de enfermagem (geral e especial) e Noções de obstetrícia e puericultura.

Na sequência do novo Regulamento, de 3 de Agosto de 1953, no ano lectivo de 1953/54 entraria em vigor um novo plano de estudos para o Curso Geral ministrado na Escola. Tratar-se-ia de uma nova versão do plano proposto em 1949, eventualmente tendo em conta o parecer emitido pela Escola, mas emanada do poder central, dando cumprimento à estipulação regulamentar de que «as disciplinas a ensinar nos [...] cursos da Escola e os tempos lectivos semanais serão fixados pelo Ministério do Interior, através da Inspecção da Assistência Social» (art. 88.º).

Apesar da posição contrária expressa pela Escola em 1949, e de acordo com o novo Regulamento, o Curso passa a ter a duração de três anos, aumentando-se ainda o número total de disciplinas de vinte e seis para trinta e uma (oito no 1.º ano, dez no 2.º e treze no 3.º), bem como a respectiva carga horária, de 17 para 20 horas semanais em média (23 horas no 3.º ano), sem contar com o estágio (pelo menos 18 horas semanais) e com as disciplinas facultativas (mais 5 horas por semana). Não foram tidas em conta as observações da Escola em relação à duração dos estágios diários, que se mantiveram das 8h00 às 14h00, mas terão sido parcialmente aceites as críticas face à existência de cadeiras de formação geral, em particular, o Português e uma língua estrangeira, as quais foram tornadas facultativas.

Quanto às disciplinas obrigatórias, mantêm-se as propostas em 1949, embora com a complexificação da Enfermagem Médica e Cirúrgica, que passa a ser dada não só no 3.º ano, mas também no 2.º, e acrescentam-se diversas novidades, desde logo, no 1.º ano, Psicologia e, no 2.º, Sociologia, Adaptação Profissional e Nutrição e Dietética. Se as duas primeiras evidenciam a preocupação crescente da enfermagem com a dimensão humana e social do doente[1436], a disciplina de Adaptação Profissional vem de encontro ao objectivo de formar bons profissionais, quer sob o ponto de vista técnico, quer a nível moral, expresso no Decreto de 1947. Já a cadeira de Nutrição e Dietética era a primeira das várias especialidades contempladas e a leccionar sobretudo no 3.º ano: Obstetrícia, que se separa da Puericultura, e Ginecologia, para as alunas,

---

[1435] AESEAF, B-20,1,1, Correspondência Expedida, 1947-1948, 23 de Junho de 1948.

[1436] Em 1953, na sequência de um lapso registado no plano de estudos recebido da Inspecção da Assistência Social, que incluía Sociologia no 1.º ano e Psicologia no 2.º, o Director da Escola, por proposta do professor respectivo, pedia licença para inverter a ordem pela qual as disciplinas seriam leccionadas, visto que «primeiro estuda-se o homem e só depois a sociedade». AESEAF, B-20,1,1, Correspondência Expedida, 1952-1953, 9 de Novembro de 1953.

| Ano | Disciplinas (número e designação) | Horas semanais |
|---|---|---|
| 1.º | Facultativas | |
| | 1) Português | 2 |
| | 2) Francês ou Inglês | 3 |
| | Obrigatórias | |
| | 1) Ciências Físico-químicas | 3 |
| | 2) Anatomia e Fisiologia | 3 |
| | 3) Bacteriologia e Higiene | 3 |
| | 4) Psicologia | 1 |
| | 5) Técnica de Enfermagem | 5 |
| | 6) Religião e Moral | 1 |
| | 7) Prática de Dactilografia | 1 |
| | 8) Educação Física | 2 |
| | Estágio | 18 no mínimo (das 8 às 14h) |
| 2.º | Facultativas | |
| | 1) Português | 2 |
| | 2) Francês ou Inglês | 3 |
| | Obrigatórias | |
| | 1) Patologia Geral e Enfermagem Médica (1.ª parte) | 3 |
| | 2) Farmacologia, Terapêutica e Agentes Físicos | 2 |
| | 3) Enfermagem Cirúrgica (1.ª parte) | 2 |
| | 4) Nutrição e Dietética | 1 |
| | 5) Técnica de Enfermagem | 3 |
| | 6) Sociologia | 2 |
| | 7) Organização da Assistência | 1 |
| | 8) Adaptação Profissional | 1 |
| | 9) Religião e Moral | 1 |
| | 10) Educação Física | 2 |
| | Estágio | 18 no mínimo (das 8 às 14h) |
| 3.º | Facultativas | |
| | 1) Português | 2 |
| | 2) Francês ou Inglês | 3 |
| | Obrigatórias | |
| | 1) Enfermagem Médica (2.ª parte) | 2 |
| | 2) Enfermagem Cirúrgica (2.ª parte) | 2 |
| | 3) Técnica de Enfermagem | 3 |
| | 4) Doenças Infecto-contagiosas | 1 |
| | 5) Obstetrícia e Ginecologia ou Urologia | 2 |
| | 6) Psiquiatria | 2 |
| | 7) Dermato-sifiligrafia | 2 |
| | 8) Puericultura e Pediatria | 2 |
| | 9) Saúde Pública | 1 |
| | 10) Adaptação Profissional | 1 |
| | 11) Administração Hospitalar | 2 |
| | 12) Religião e Moral | 1 |
| | 13) Educação Física | 2 |
| | Estágio | 18 no mínimo (das 8 às 14h) |

Quadro 52 – Currículo do «Curso de Enfermagem Geral» em 1953.
Fonte: AESEAF, 35,5,3, *Planos de Estudo e Programas 1953/54*, «Curso de Enfermagem Geral», pp. 3, 28 e 67.

e Urologia, para os alunos; Psiquiatria; Dermato-sifiligrafia, a juntar a Doenças Infecto-contagiosas, constante dos currículos desde 1941; Puericultura e Pediatria; e Saúde Pública. É a primeira vez que o Curso integra tal número de especialidades, tratadas individualmente, o que indicia não só o seu crescente aprofundamento teórico e científico, mas também o movimento de progressiva especialização dos cuidados em enfermagem.

De resto, a importância atribuída às especialidades era visível no facto de três delas (Doenças Infecto-contagiosas, Obstetrícia e Ginecologia, Puericultura e Pediatria) serem incluídas no plano de exames para 1953/54 e, portanto, consideradas cadeiras nucleares. Para além dessas, seria também avaliada em prova escrita a de Administração Hospitalar, bem como, em prova prática, a de Técnica de Enfermagem e, em prova oral, as Enfermagens Médica e Cirúrgica, todas cadeiras do 3.º ano do Curso.

Menos de dez anos depois, em 1961, o plano de estudos do Curso Geral em vigor na Escola já apresentava algumas alterações. O número total de disciplinas baixou para vinte e sete (oito no 1.º ano, dez no 2.º e nove no 3.º), com a consequente redução da carga horária semanal, em aulas, de 20 para 15 horas (17 horas no 1.º e no 2.º anos e apenas 10 no 3.º). Porém, o estágio, cumprido a partir do 2.º período lectivo do 1.º ano, passou de 18 para 24 horas semanais nos dois primeiros anos e para 30 horas no 3.º (à excepção do último período, em que os alunos estão menos sobrecarregados), pelo que, no total, a carga horária dos alunos aumentou cerca de 4 horas.

Entre as cadeiras suprimidas estão, desde logo, as facultativas, assumindo-se que, ao ingressar no Curso, os alunos já têm a formação geral necessária. Desaparecem também as disciplinas Prática de Dactilografia, Sociologia, Doenças Infecto-contagiosas e Dermato-sifiligrafia, ao mesmo tempo que Enfermagem Médica e Cirúrgica dá lugar a Técnica de Enfermagem Médica e Cirúrgica, no 2.º ano, e a Técnica de Especialidades Médicas e Cirúrgicas, no 3.º. Contrabalançando este maior investimento nas cadeiras de técnica, vêm juntar-se à disciplina de Patologia Geral, agora do 1.º ano, as de Patologia Médica e Cirúrgica, dos 2.º e 3.º anos. Assiste-se ainda à individualização da Urologia, ligada à Venereologia, e da Obstetrícia; à substituição da Saúde Pública pela Educação Sanitária; e à introdução da Medicina Preventiva, associada à Higiene. Em certos casos, assiste-se a uma alteração na distribuição das cadeiras pelos três anos lectivos, passando a de Adaptação Profissional, por exemplo, dos 2.º e 3.º anos para o 1.º, acompanhada pela História da Enfermagem.

Para o ano lectivo de 1961/62, a Escola definiu como disciplinas «nucleares» as seguintes: Técnica de Enfermagem (prova prática e oral), Patologia Médica, Patologia Cirúrgica, Farmacologia e Terapêutica, Higiene e Medicina Preventiva (provas escritas e orais). A importância atribuída a estas cadeiras, em particular as três primeiras, está de acordo com o facto de acompanharem os alunos ao longo de todo o Curso e com o maior peso relativo das respectivas cargas horárias (no 1.º ano, por exemplo, a disciplina de Técnica absorve 4 a 5 horas semanais).

Em Outubro de 1962, a Inspecção da Assistência Social proporia alterações ao número de horas semanais de aulas de certas disciplinas. Consultados os professores regentes das cadeiras em questão, o Administrador da Escola Ângelo da Fonseca comunicou à entidade responsável os seus pareceres, quer a favor do maior número de aulas (Obstetrícia ou Puericultura e Pediatria), quer contra (Urologia[1437]).

---

[1437] AESEAF, B-20,1,1, Correspondência Expedida, 1963, 11 de Março de 1963. O respectivo professor desaconselhava a alteração, pois «tornará este ensino mais difícil para se obter o interesse dos alunos».

| Ano | Disciplinas (número e designação) | Horas semanais (períodos) | | |
|---|---|---|---|---|
| | | 1.º | 2.º | 3.º |
| 1.º | 1. Ciências | 4 | 2 | 2 |
| | 2. Anatomia e Fisiologia | 4 | 3 | 2 |
| | 3. Patologia Geral | 2 | 2 | 2 |
| | 4. Nutrição e Dietética | 1 | 2 | 2 |
| | 5. Adaptação Profissional e História da Enfermagem | 1 | 1 | 1 |
| | 6. Psicologia | 2 | 1 | 1 |
| | 7. Moral e Religião | 1 | 1 | 1 |
| | 8. Técnica de Enfermagem | 5 | 4 | 4 |
| | 9. Estágios | – | 24 | 24 |
| 2.º | 1. Patologia Médica | 3 | 3 | 3 |
| | 2. Patologia Cirúrgica | 3 | 3 | 3 |
| | 3. Farmacologia e Terapêutica | 2 | 2 | 2 |
| | 4. Psiquiatria | 1 | 1 | 1 |
| | 5. Urologia e Venereologia | 1 | 1 | 1 |
| | 6. Obstetrícia | 1 | 1 | 1 |
| | 7. Puericultura e Pediatria | 1 | 1 | 1 |
| | 8. Moral e Religião | 1 | 1 | 1 |
| | 9. Técnica de Enfermagem Médica | 2 | 2 | 2 |
| | 10. Técnica de Enfermagem Cirúrgica | 2 | 2 | 2 |
| | 11. Estágios | 24 | 24 | 24 |
| 3.º | 1. Patologia Médica | 1 | 1 | 1 |
| | 2. Patologia Cirúrgica | 1 | 1 | 1 |
| | 3. Higiene e Medicina Preventiva | 2 | 2 | 1 |
| | 4. Educação Sanitária | 1 | 1 | – |
| | 5. Noções de Vida Social e de Organização da Assistência | 2 | 2 | – |
| | 6. Noções Gerais de Administração de Organismos da Assistência | 1 | 1 | – |
| | 7. Moral e Religião | 1 | 1 | – |
| | 8. Técnica de Especialidades Médicas | 2 | 2 | 1 |
| | 9. Técnica de Especialidades Cirúrgicas | 2 | 2 | 1 |
| | 10. Estágios | 30 | 30 | 24 |

Quadro 53 – Currículo do «Curso Geral de Enfermagem» em 1961.
Fonte: AESEAF, B-20,1,1, Correspondência Expedida, 1961, 30 de Novembro de 1961.

Uma das sugestões deixadas pelos professores da Escola em 1963 era a de que o ensino da prática referente à cadeira de Puericultura e Pediatria transitasse do 3.º para o 2.º ano, quando a teoria era leccionada. Tal aspecto seria retomado no ano seguinte, inserido numa proposta de alteração aos programas oficiais de Técnica de Enfermagem, da autoria dos Monitores-Chefes da Escola[1438]. Estes defendiam uma redistribuição das matérias, tendo em conta que se «o 1.º ano tem tempo suficiente para obter maior soma de conhecimentos técnicos», «o 2.º ano está muito sobrecarregado». Para além

---

[1438] AESEAF, B-20,1,1, Correspondência Expedida, 1964, 12 de Novembro de 1964.

disso, era conveniente que, para efeitos de estágio, no início do 2.º ano as alunas tivessem já uma preparação técnica mais alargada. Assim, os Monitores-Chefes indicavam as técnicas de Enfermagem Médica e Cirúrgica cujo ensino deveria ser antecipado do 2.º ano para o 1.º, bem como as de Enfermagem Pediátrica, que deveriam transitar do 3.º ano para o 2.º (ver Quadro seguinte).

| |
|---|
| a) Objectivo da moderna pediatria e o papel da enfermeira. |
| b) O recém-nascido normal. Cuidados de enfermagem. |
| c) A criança prematura. Cuidados de enfermagem. |
| d) Higiene física. Cuidados de enfermagem. |
| e) Desenvolvimento normal da criança. |
| f) Disciplina e recreio infantil. Papel da enfermagem. |
| g) Alimentação materna e artificial. Ensino da enfermeira à mãe. |
| h) A criança doente. A admissão no hospital. |
| i) Cuidados de enfermagem em pediatria. |
| j) Demonstração do banho ao bebé (óleo e água). |

Quadro 54 – Matéria do Programa de Técnica de Enfermagem Pediátrica, que se propunha transitasse do 3.º ano para o 2.º do Curso Geral (1964).
AESEAF, B-20,1,1, Correspondência Expedida, 1964, 12 de Novembro de 1964.

Em Junho de 1965, um mês antes da publicação do Decreto n.º 46.448, que promoveria a actualização do ensino de enfermagem, a Direcção-Geral dos Hospitais emitiu as «Directrizes para o funcionamento do Curso de Enfermagem Geral», as quais davam corpo a uma revisão dos planos de estudo e das normas de funcionamento desse Curso, praticamente inalterados desde 1953/54[1439]. De acordo com aquele documento, a revisão teve em conta quer as tendências internacionais, quer as consequências sociais e profissionais da evolução da medicina e da enfermagem em Portugal, baseando-se nas sugestões e na apreciação de diversos colaboradores, nomeadamente, as escolas de enfermagem (sujeitas a um inquérito em 1964), os directores clínicos e superintendentes de enfermagem dos hospitais centrais e institutos, uma consultora da OMS, professores e enfermeiros monitores responsáveis pela elaboração dos novos programas teóricos e pela nova orientação a imprimir aos estágios.

Estabelecia-se que o Curso remodelado deveria «proporcionar ao aluno [...] uma formação como pessoa e como técnico, que lhe permita ser considerado [...] um profissional apto e eficiente em qualquer campo de enfermagem, de base», o que estava de acordo com o estipulado mais tarde no Decreto n.º 46.448. Assim, o Curso teria os seguintes objectivos: «dar aos alunos a noção do valor da saúde, da forma como poderá ser mantida e da importância não só do tratamento das doenças, mas especialmente da sua prevenção»; ensinar-lhes «como cuidar de doentes de todas as idades [...] quer em serviços ou instituições de saúde, quer nas próprias casas»; e ensinar-lhes «como prestar cuidados de enfermagem a doentes agudos ou crónicos em qualquer situação». Para isto, o Curso Geral deveria não só proporcionar conhecimentos teóricos e práticos, mas também promover o desenvolvimento de uma série de competências

---

[1439] AESEAF, 35,5,3, *Programas*, «Direcção Geral dos Hospitais. Curso de Enfermagem Geral. 1.ª Parte: Directrizes para o funcionamento do Curso», Junho de 1965.

nos alunos, como o sentido de responsabilidade, o espírito de organização e a capacidade de trabalhar em grupo ou o espírito de iniciativa.

Um dos princípios orientadores do novo plano de estudos era o de conferir uma preparação equilibrada, de modo a que o aluno ficasse apto a trabalhar em serviços hospitalares e de saúde pública. A enfermagem de saúde pública deveria, pois, «merecer real interesse». Na verdade, o ensino da enfermagem seria enriquecido em relação aos programas anteriores e, em contrapartida, o da patologia seria limitado aos aspectos fundamentais, com reflexos nos exames finais, centrados a partir de agora nas matérias de enfermagem. Passaria também a ser dada maior importância aos estágios, que se pretendiam mais próximos do ensino teórico, sendo orientados pelos monitores que assegurassem a correspondente teoria, e incluiriam aulas de demonstração, conferências e discussões de planos de cuidados de enfermagem. De resto, em geral, previam-se «métodos de ensino mais activos».

O Curso estava dividido em seis períodos escolares, dois por cada ano lectivo, «relativos às matérias básicas de enfermagem», para além do período final, de Estágio Hospitalar Intensivo. A duração dos períodos variava entre as onze e as vinte e sete semanas,

| Ano | Período Escolar | Disciplinas | Duração total (horas) |
|---|---|---|---|
| 1.º | Período Preliminar | Anatomia | 45 |
| | | Fisiologia | 60 |
| | | Bioquímica | 20 |
| | | Microbiologia e Parasitologia | 30 |
| | | Higiene | 20 |
| | | Patologia Geral | 20 |
| | | Farmacologia | 30 |
| | | Alimentação | 20 |
| | | Psicologia | 20 |
| | | Deontologia Profissional | 15 |
| | | História da Enfermagem | 20 |
| | | Enfermagem Geral | 120 |
| | | Enfermagem de Saúde Pública (Introdução) | 10 |
| | | Moral | |
| | | Orientação dos alunos nos aspectos da vida escolar | 20 |
| | | Estágio preliminar | 8 semanas |
| | Período de Enfermagem Médica (incluindo doenças infecto-contagiosas) | Medicina | 80 |
| | | Enfermagem Médica | 80 |
| | | Doenças Infecto-contagiosas | 20 |
| | | Enfermagem de Doenças Infecto-contagiosas | 20 |
| | | Técnica de Ensino Audiovisual | 10 |
| | | Alimentação e Dietética | 30 |
| | | Psicologia | 20 |
| | | Deontologia Profissional | 10 |
| | | Moral | |
| | | Estágio | 13 semanas |

*(cont.)*

| | | | |
|---|---|---|---|
| 2.º | Período de Enfermagem cirúrgica e de especialidades médico-cirúrgicas | Cirurgia | 80 |
| | | Enfermagem Cirúrgica | 80 |
| | | Especialidades Médico-cirúrgicas | 20 |
| | | Enfermagem de Especialidades Médico-cirúrgicas | 30 |
| | | Medicina de Reabilitação | 10 |
| | | Enfermagem de Reabilitação | 15 |
| | | Dietética | 15 |
| | | Deontologia Profissional | 10 |
| | | Moral | |
| | | Estágio | 19 semanas |
| | Período de Enfermagem Materno-infantil | Obstetrícia | 20 |
| | | Enfermagem Obstétrica | 40 |
| | | Pediatria | 30 |
| | | Enfermagem Pediátrica | 50 |
| | | Iniciação aos Problemas Sociais | 10 |
| | | Deontologia Profissional | 10 |
| | | Moral | |
| | | Estágio | 13 semanas |
| 3.º | Período de Enfermagem Psiquiátrica | Psiquiatria e Saúde Mental | 40 |
| | | Enfermagem Psiquiátrica | 50 |
| | | Iniciação aos Problemas Sociais | 10 |
| | | Deontologia Profissional | 10 |
| | | Moral | |
| | | Estágio | 7 semanas |
| | Período de Enfermagem de Saúde Pública, Ensino de Enfermagem e Administração | Saúde Pública | 35 |
| | | Enfermagem de Saúde Pública | 40 |
| | | Ensino de Enfermagem | 20 |
| | | Organização Geral e Administração dos Serviços de Saúde e Assistência | 30 |
| | | Administração dos Serviços de Enfermagem | 30 |
| | | Deontologia Profissional | 15 |
| | | Moral | |
| | | Orientação dos alunos nos aspectos da vida profissional | 15 |
| | | Estágio | 18 semanas |
| | | Período de Estágio Hospitalar Intensivo | 4 semanas |

Quadro 55 – Currículo do «Curso de Enfermagem Geral» em 1965.
Fonte: AESEAE, 35,5,3, *Programas*, «Direcção-Geral dos Hospitais. Curso de Enfermagem Geral. 1.ª Parte. Directrizes para o funcionamento do Curso», Junho de 1965, pp. 7-11.

distinguindo-se as de aulas e as de estágio, estas sempre em maior número (por vezes, o dobro ou o triplo das de aulas), excepto no Período Preliminar. Portanto, para além de uma estruturação completamente nova do Curso, com o agrupamento das disciplinas em cinco grandes áreas de formação, segundo um critério que privilegia a enfermagem e não mais a medicina, opta-se por ensinar a teoria e a prática em fases distintas (em Enfermagem Psiquiátrica, por exemplo, quatro semanas de aulas e depois sete de estágio), em vez de as alternar diariamente (estágio de manhã e aulas à tarde), como acontecia até então.

O número total de disciplinas leccionadas aumenta exponencialmente de vinte e sete, em 1961, para quarenta e sete, a maioria das quais (vinte e três) no 1.º ano, o que corresponde a uma média de 478 horas de aulas por ano, variando entre 720, no 1.º ano, e 295, no último. O 1.º ano do Curso era realmente o mais sobrecarregado, em particular o Período Preliminar, que visava não só iniciar os alunos no curso, prevendo-se inclusivamente a utilização de 20 horas em «orientação nos aspectos da vida escolar», mas também pôr à prova as suas qualidades e capacidade de adaptação, dependendo das quais, no final do Período, as matrículas seriam confirmadas ou canceladas.

As treze disciplinas leccionadas no Período Preliminar têm, assim, um carácter introdutório. Algumas delas, como a Anatomia e a Fisiologia, sempre foram ministradas no início do Curso, mas outras, como a Farmacologia ou a Higiene, integram-se, em 1961, em anos mais avançados, havendo ainda aquelas que constituem uma novidade, como a Enfermagem Geral, com a maior carga horária, ou a Introdução à Enfermagem de Saúde Pública, esta última uma área em que, de acordo com os citados princípios orientadores, se aposta fortemente. A cadeira de Deontologia Profissional surge pela primeira vez no currículo do Curso, o que não impede que os seus conteúdos fossem já ministrados noutras disciplinas, como a de Adaptação Profissional. De qualquer forma, o facto de ser leccionada em todos os períodos escolares sugere a sua valorização.

No Período de Enfermagem Médica inaugura-se uma lógica que consiste em ministrar primeiro uma disciplina de carácter geral, sobre determinada matéria, neste caso, Medicina e Doenças Infecto-contagiosas, e, seguidamente, a aplicação da teoria à enfermagem, por exemplo, Enfermagem Médica e de Doenças Infecto-contagiosas. O segundo período inclui ainda uma outra novidade no Curso, a cadeira de Técnica de Ensino Audiovisual, a qual, tal como a de Ensino de Enfermagem, do 3.º ano, até então só era leccionada no Curso Complementar.

Nos restantes períodos, são novidade as cadeiras de Medicina e Enfermagem de Reabilitação (Período de Enfermagem Cirúrgica) e Iniciação aos Problemas Sociais (Períodos de Enfermagem Materno-infantil e Psiquiátrica). Se as Enfermagens Médica e Cirúrgica sempre constaram do currículo do Curso como matérias nucleares, lugar que mantém agora (os respectivos períodos reúnem as maiores cargas horárias logo a seguir ao Preliminar), a Materno-infantil e a Psiquiátrica, que começaram a constar dos planos apenas no início dos anos cinquenta, assumem agora um lugar de destaque, ao mesmo tempo que a Enfermagem de Saúde Pública, associada à preocupação crescente com a comunidade. Inserem-se neste último período a cadeira de Ensino de Enfermagem e as de carácter administrativo, cujos conteúdos permitiriam ao aluno assimilar diferentes formas de intervenção na sociedade por parte do enfermeiro.

## 2. OS CURRÍCULOS DO CURSO COMPLEMENTAR

Os dois primeiros currículos disponíveis para o Curso Complementar, de 1920 e 1941, são idênticos. Resumem-se a duas ou três disciplinas, embora o Regulamento de 1920 previsse a possibilidade de nele se incluírem também outras três cadeiras que eram leccionadas no Curso Geral, provavelmente visando um aperfeiçoamento. Se a cadeira de Serviços Operatórios pode, grosso modo, corresponder à de Enfermagem

Cirúrgica Especial, as de Organização dos Serviços Hospitalares e Deontologia Profissional são certamente equivalentes. A única diferença entre os dois currículos reside no facto de o de 1941 acrescentar a matéria de Medicina Social, a qual, como se diria no Decreto n.º 32.612 de 31 de Dezembro de 1942, era uma «moderna tendência», reconhecendo o «valor dos dados recolhidos no ambiente familiar para maior facilidade de diagnóstico e decisão terapêutica».

|  | 1920 |
| --- | --- |
| 6.º | Serviços Operatórios |
| 7.º | Organização dos Serviços Hospitalares; Legislação |
| 8.º | Deontologia Profissional |
| + 3.º | Enfermagem Médica e seus Socorros Urgentes |
| + 4.º | Enfermagem Cirúrgica e seus Socorros Urgentes |
| + 5.º | Farmácia (noções gerais) |

Quadros 56 – Currículo do «Curso Complementar» em 1920.
Fonte: Decreto n.º 6.943, art. 13.º, *Diário do Governo*, I Série, n.º 183, 16 de Setembro de 1920.

|  | 1941 |
| --- | --- |
| 7.ª | Enfermagem Cirúrgica Especial |
| 8.ª | Medicina Social, Organização Hospitalar, Deontologia e Moral Profissional |

Quadros 57 – Currículo do «Curso Complementar» em 1941.
Fonte: Ordem de Serviço n.º 185, de 1 de Julho de 1941, art. 4.º, *Boletim dos HUC*, vol. IX, 1940, p. CXXXVIII.

O «Programa do Curso Complementar» que terá vigorado na Escola entre os finais da década de trinta e os inícios da de quarenta, publicado no mesmo documento que o acima referido «Programa do Curso Geral», dá-nos uma ideia mais concreta das matérias leccionadas no Curso. Divide-se em quatro partes, parecendo corresponder as duas primeiras, de um modo geral, à cadeira de Serviços Operatórios ou Enfermagem Cirúrgica Especial. Da 1.ª Parte, para além de questões ligadas à cirurgia em geral e em bloco operatório, constam três pontos introdutórios, com noções sobre as instituições de saúde e assistenciais, a enfermagem rural e a particular, um assunto em voga na imprensa profissional da época, e o vocabulário clínico. Na 2.ª Parte trata-se de socorros urgentes, sendo de destacar a assistência aos «doentes que sofreram a acção dos gases de combate», tema certamente introduzido na sequência dos efeitos da I Guerra Mundial.

A 3.ª Parte do «Programa» está relacionada com a Medicina Social, integrando a cadeira de Higiene Social, designação ainda fortemente sugestiva do higienismo do século XIX, bem como temas específicos sobre doenças de carácter social (tuberculose, sífilis, etc.), doenças epidémicas e, inclusivamente, numa aproximação à enfermagem tropical, «doenças peculiares nos países quentes». Por fim, a 4.ª Parte inclui, para além da prática hospitalar, que corresponderia ao estágio, as questões da administração e

|  |  |
|---|---|
| 1.ª Parte | a) Noções gerais sobre Hospitais, Sanatórios, Dispensários e Preventórios. |
|  | b) Enfermagem rural e enfermagem particular. |
|  | c) Vocabulário clínico. |
|  | d) Instrumental médico-cirúrgico e noções gerais sobre a sua aplicação. |
|  | e) Funções e conduta do enfermeiro num serviço cirúrgico. |
|  | f) Noções sobre o funcionamento de uma central de esterilização. |
|  | g) Arsenal cirúrgico. |
|  | h) Bloco operatório – sua organização e funcionamento. |
| 2.ª Parte | a) Organização e funções de uma ambulância. |
|  | b) Levantamento e transporte de feridos. |
|  | c) Socorros aos doentes que sofreram a acção dos gases de combate. |
| 3.ª Parte | a) Higiene social. |
|  | b) Doenças de carácter social. |
|  | c) Noções gerais sobre a profilaxia da tuberculose, da sífilis e de outras doenças venéreas. |
|  | d) Doenças epidémicas, suas causas e noções gerais sobre o combate. |
|  | e) Noções gerais sobre as doenças peculiares nos países quentes. |
| 4.ª Parte | a) Prática hospitalar segundo a orientação do curso geral. |
|  | b) Administração e legislação hospitalares; boletins e ordens de serviço hospitalares; requisições internas de medicamentos, dietas e material; responsabilidade do enfermeiro perante os Serviços Administrativos; noções sobre o funcionamento e a coordenação dos diversos serviços e secções hospitalares. |

Quadro 58 – «Programa do Curso Complementar» da Escola (décadas de 1930/40).
Fonte: AESEAF, 35,5,3, *Planos de Estudo e Programas 1953/54*, «Hospitais da Universidade de Coimbra. Escola de Enfermagem "Dr. Ângelo da Fonseca". II. Programa do Curso Complementar», p. 4.

da legislação hospitalares, com diversos detalhes sobre aspectos burocráticos da profissão e o funcionamento dos serviços hospitalares.

De todas aquelas matérias, no ano lectivo de 1947/48, a Escola determinou estarem sujeitas a exame final e, portanto, serem nucleares, as de Patologia e Higiene Social, Bacteriologia e Epidemiologia e Enfermagem Especial[1440]. Assim, nesta altura, o Curso Complementar seria principalmente uma extensão do Geral, nele se procedendo ao aprofundamento de temas já conhecidos dos enfermeiros e não ao tratamento de matérias novas e distintivas. Até mesmo as questões administrativas eram afloradas com antecedência, pelo menos em certos períodos, no Curso Geral.

Ainda assim, aquelas interessariam mormente ao futuro enfermeiro-chefe, a única categoria profissional para a qual o Curso Complementar habilitava, oficialmente, até 1947. Já antes disso, desde 1920, se estipulara que os enfermeiros-chefes deveriam auxiliar os professores da Escola no ensino prático dos alunos de enfermagem. Porém, foi o Decreto n.º 36.219 que determinou, pela primeira vez, serem os Cursos de Aperfeiçoamento ministrados nas escolas de enfermagem «destinados à formação de enfermeiros-

---

[1440] AESEAF, B-20,1,1, Correspondência Expedida, 1947-1948, 23 de Junho de 1948.

-chefes e de monitores» (art. 14.º). Deste modo, o novo currículo proposto pela Escola às entidades superiores em 1953 incluía, além das disciplinas de formação geral, as de formação pedagógica, para os alunos que seguissem a via do monitorado.

| Tipo de disciplinas | Disciplinas (número e designação) | Horas semanais |
|---|---|---|
| Disciplinas de Formação Geral | 1. Orientação e Direcção de Enfermagem | 2 |
| | 2. Técnica de Enfermagem | 2 |
| | 3. Organização de Serviços Hospitalares | 1 |
| | 4. Saúde Pública | 1 |
| | 5. Higiene Mental | 1 |
| Disciplinas de Formação Pedagógica | 6. Pedagogia e Didáctica | 2 |
| | 7. Organização e Administração de Escolas | 1 |
| Estágios | 1. Revisão de Processos Técnicos | – |
| | 2. Exercícios de Funções de Chefia em: a) enfermarias-escola; b) serviços de tirocínio de enfermagem; c) aulas teóricas e práticas. | – |

Quadro 59 – Currículo do «Curso de Enfermagem Complementar» proposto em 1953.
Fonte: AESEAF, 35,5,3, *Planos de Estudo e Programas 1953/54*, «Curso de Enfermagem Complementar».

Este currículo era bastante diferente dos anteriores, não só por distinguir entre as duas vias de formação citadas, mas sobretudo por conferir ao Curso Complementar maior autonomia em relação ao Geral. Embora as cadeiras de Técnica de Enfermagem, Saúde Pública e Higiene Mental também fizessem parte do currículo do Curso Geral (a última enquanto Psiquiatria), tratando-se, no Complementar, de uma especialização ou aperfeiçoamento, as disciplinas de Orientação e Direcção de Enfermagem, na formação geral, e Pedagogia e Didáctica, na pedagógica, dão um cunho próprio a este Curso, que permite distingui-lo claramente daquele. Para além disso, mantém-se a já anteriormente característica matéria administrativa, em Organização de Serviços Hospitalares, cadeira agora acrescida da de Organização e Administração de Escolas, no ramo educacional. É ainda de referir a atenção prestada aos estágios, os quais consistiriam no exercício de funções de chefia em enfermarias-escola, para os alunos da formação geral, e serviços de tirocínio de enfermagem, para os da pedagógica.

O novo plano proposto pela Escola, bem como o funcionamento do Curso Complementar a título experimental no ano lectivo de 1953/54, foram aprovados pelo Subsecretário de Estado da Assistência Social[1441], que considerou vantajoso fazer preceder a organização definitiva do Curso, que se deveria adaptar às alterações no currículo do Curso Geral, «dum período experimental que permita pôr à prova os métodos a seguir». Tal experiência seria confiada à Escola de Coimbra por a sua lotação ser inferior à da Escola Artur Ravara, por ter enfermarias-escola em funcionamento, e, sobretudo, pelo «espírito de iniciativa que tem demonstrado».

---

[1441] AESEAF, B-21,1,1, Correspondência Recebida, 1953, 15 de Outubro de 1953.

No entanto, o Inspector-Chefe da Assistência Social sugeria certas alterações no plano de estudos proposto pela Escola, em particular, a substituição da disciplina de Orientação e Direcção de Enfermagem pelo estudo do «funcionamento dos serviços de enfermagem, nos aspectos de orientação técnica», e a integração nesta disciplina da de Técnica de Enfermagem, com o aumento correspondente da carga horária e a passagem da revisão das técnicas de enfermagem para a parte prática dos estágios. Propunha-se também a substituição da cadeira de Organização de Serviços Hospitalares pelo estudo das «formas de organização relativas à parte administrativa das enfermarias», bem como a da disciplina de Saúde Pública por uma outra de «serviço social hospitalar», tratada «no seu aspecto de técnica especial [...] de ligação entre o doente e família».

Já em 1956, provavelmente sem ter aceite aquelas sugestões, a Escola proporia à Inspecção a alteração do currículo e dos programas do Curso, «dada a experiência colhida nos anos anteriores e tendo em vista a constante revisão e actualização das matérias»[1442]. Propunha a eliminação da cadeira de Técnica de Enfermagem, visto que os alunos estavam inteirados dessa matéria, e a criação da de Actualização e Valorização Profissionais, relativa aos problemas da enfermagem do seu tempo, como o «efeito das radiações das bombas A. e H., que tanto interesse suscitam na defesa civil do território; [...] o parto natural; a reeducação e readaptação dos diminuídos».

Como se depreende do currículo enviado pela Escola para aprovação superior em 1961 (Quadro 60), aquela proposta de alteração terá sido aceite. Não só a cadeira de Técnica de Enfermagem foi substituída pela de Actualização Profissional, como às sete já existentes foram acrescentadas três, Sociologia e Psicologia Aplicada à Enfermagem, na formação geral, e Métodos de Ensino em Enfermagem, na pedagógica. As primeiras revelam a tomada de consciência de que o bom exercício de funções de chefia exige o

| Tipo de disciplinas | Disciplinas (número e designação) | Duração total (horas) |
|---|---|---|
| Disciplinas de Formação Geral | 1. Organização e Administração Hospitalar | 30 |
| | 2. Direcção de Enfermagem | 30 |
| | 3. Enfermagem de Saúde Pública | 30 |
| | 4. Higiene Mental | 20 |
| | 5. Sociologia | 30 |
| | 6. Actualização Profissional | 30 |
| | 7. Psicologia Aplicada à Enfermagem | 20 |
| Disciplinas de Formação Pedagógica | 8. Pedagogia Geral | 15 |
| | 9. Métodos de Ensino em Enfermagem | 35 |
| | 10. Organização e Administração de Escolas de Enfermagem | 20 |
| Estágios Hospitalares e Escolares | | – |
| Conferências e visitas de estudo | | – |

Quadro 60 – Currículo do «Curso Complementar» em 1961.
Fonte: AESEAF, B-20,1,1, Correspondência Expedida, 1961, 30 de Novembro de 1961.

---

[1442] AESEAF, B-20,1,1, Correspondência Expedida, 1956, 29 de Novembro de 1956.

domínio de conhecimentos sociológicos e psicológicos específicos e a de Métodos dá conta da nova capacidade para adaptar os princípios da Pedagogia Geral, até então os únicos ministrados, ao ensino concreto da enfermagem.

Apesar da existência deste currículo, em Janeiro de 1962, no próprio mês em que começariam as aulas do Curso Complementar, a Escola solicitaria à Inspecção da Assistência Social uma cópia do programa oficial do Curso[1443], ao que lhe foi respondido não existir um programa tipo, bem como sugerido que se utilizasse o seguido na Escola Artur Ravara[1444]. Na verdade, a Escola de Coimbra já contactara a de Lisboa, pelo menos a propósito dos exames de aptidão ao Curso Complementar, tendo esta remetido cópia dos pontos ali realizados em Dezembro de 1961. Estes constavam de duas provas, uma de cultura geral (em que se pedia ao candidato que descrevesse e analisasse criticamente um dos seus dias de trabalho) e outra de enfermagem geral, que seria reproduzida pela Escola Ângelo da Fonseca, em Janeiro de 1962, servindo, neste caso particular, não só para apreciar os conhecimento técnicos, como também a cultura geral do candidato[1445].

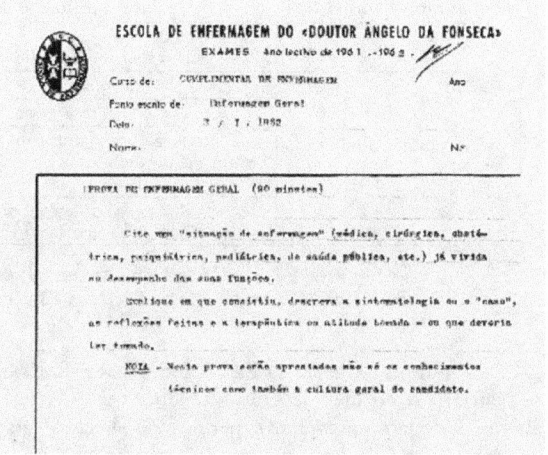

Foto 132 – Enunciado de prova de Enfermagem Geral, exame de aptidão para o Curso Complementar (3 de Janeiro de 1962). «Cite uma "situação de enfermagem" (médica, cirúrgica, obstétrica, pediátrica, de saúde pública, etc.) já vivida no desempenho das suas funções. Explique em que consistiu, descreva a sintomatologia ou o "caso", as reflexões feitas e a terapêutica ou atitude tomada – ou que deveria ter tomado». Fonte: AESEAF, B-21,5,1, Correspondência Recebida e Expedida, 1961.

No entanto, de acordo com um parecer dos Monitores-Chefes da Escola, para o ano de 1962 considerou-se «preferível» aplicar o plano de estudos e as normas de funcionamento do Curso que tinham vigorado no ano anterior na Escola do Hospital de S. João, visto serem «os mais actualizados» e melhor coincidentes com as conclusões aprovadas pela Inspecção em reunião com as várias escolas de enfermagem[1446]. Afinal, o currículo adoptado seria igual ao apresentado pela Escola em 1961, como se demons-

---

[1443] AESEAF, B-21,5,1, Correspondência Recebida e Expedida, 1962, 10 de Janeiro de 1962.
[1444] AESEAF, B-21,5,1, Correspondência Recebida e Expedida, 1962, 17 de Janeiro de 1962.
[1445] AESEAF, B-21,5,1, Correspondência Recebida e Expedida, 1961, 29 de Dezembro de 1961.
[1446] AESEAF, B-21,5,1, Correspondência Recebida e Expedida, 1962, 7 de Fevereiro de 1962.

tra na comunicação às entidades superiores dos professores indicados para a regência das respectivas cadeiras[1447].

De acordo com a informação prestada pelos Monitores-Chefes da Escola, em 1962 os estágios dos alunos distribuir-se-iam por diversos serviços, consoante o ramo de formação escolhido (Quadro 61), implicando, em todos os casos, a apresentação de um relatório final, que contaria para efeitos de classificação. Para além disso, o Curso incluía ainda um estágio em tempo integral, com a duração de um mês, a efectuar após o exame final e contribuindo para a nota de fim de curso.

Como já se indicara no currículo proposto em 1961, o Curso era enriquecido com a realização de visitas de estudo e de conferências, palestras e apresentações de trabalhos. Quanto às visitas, «úteis às demonstrações e complemento das aulas», seriam «fundamentais» as destinadas aos Hospitais Sobral Cid, de Recuperação do Lorvão, Sanatório de Celas, Sanatório dos Covões e Rovisco Pais e à Casa da Mãe da Figueira da Foz. Já os trabalhos eram obrigatórios nas disciplinas de Valorização Profissional e Métodos de Ensino, exigindo-se, neste caso, a planificação de aulas.

| Ramo de formação | Local ou função | Duração |
|---|---|---|
| Secção de Chefia | Unidades de tratamento de medicina, cirurgia ou especialidade | 2 meses (1 em cada unidade) |
| Secção de Monitorado | Idem | Idem |
| | Serviços de Secretaria da Escola | 15 dias |
| | Orientação e vigilância do estágio de um grupo de alunos do Curso Geral ou Auxiliar | 30 dias |
| | Lar de alunas (só aplicável aos alunos do sexo feminino) | 15 dias |

Quadro 61 – Estágios do «Curso Complementar» em 1962.
AESEAF, B-21,5,1, Correspondência Recebida e Expedida, 1962, 7 de Fevereiro de 1962.

Os Monitores-Chefes da Escola esclareciam ainda que, em 1962, os exames finais se realizariam no mês de Outubro, uma vez que, terminadas as aulas em Julho, os alunos poderiam aproveitar o período de «licenças graciosas» dos meses de Agosto e Setembro para estudar e preparar o trabalho de dissertação a apresentar para exame. Na verdade, embora o Regulamento mais próximo, o de 1953, nada especifique quanto à avaliação final dos alunos do Curso, partindo-se do princípio de seria feita, como de resto até então, com base em exames teóricos e práticos[1448], aquela implicava tam-

---

[1447] AESEAF, B-20,1,1, Correspondência Expedida, 1962, 12 de Janeiro de 1962. A maioria dos docentes estava encarregue de disciplinas afins do Curso Geral. Por exemplo, o professor de Higiene Mental era o mesmo de Anatomia, Higiene e Educação Sanitária. As disciplinas de Actualização Profissional, Métodos de Ensino de Enfermagem e Direcção de Enfermagem eram asseguradas pelos Monitores-Chefes; a de Enfermagem de Saúde Pública, pela enfermeira Rosélia Ribeiro Ramos; e a de Sociologia, por António Rebelo Frutuoso de Melo, delegado do Instituto Nacional de Trabalho, mais tarde substituído por João Evangelista Ribeiro Jorge (*idem*, 19 de Maio de 1962).

[1448] No Regulamento de 1920 estipulava-se que «o aproveitamento dos alunos far-se-á tanto no curso elementar como no complementar, por meio de exames finais teóricos e práticos» (art. 4.º). Por outro lado, pelo menos até Agosto de 1947, há registo da realização de exames finais, incluindo uma prova escrita e outra prática ou oral, por alunos do curso complementar. Ver Secretaria da ESEAF, *Hospitais da Universidade de Coimbra. Escola de Enfermagem. Exames de Curso Complementar* (1927-1947).

bém a elaboração de uma tese. Esta teria de obedecer a um dos vários temas propostos para cada uma das disciplinas leccionadas no Curso, como os abaixo reproduzidos, enviados pela Escola para aprovação superior em Maio de 1954 e Janeiro de 1956[1449].

| | |
|---|---|
| Pedagogia e Didáctica | 1.º Métodos de ensino usados nas Escolas de Enfermagem |
| | 2.º Plano, organização e direcção de ensino em Escolas Enfermagem |
| | 3.º O ensino nas Escolas de Enfermagem (princípios gerais). |
| Saúde Pública[1450] | 1.º Integração da Saúde Pública nos vários serviços de Enfermagem. |
| | 2.º Serviço Social Hospitalar. |
| | 3.º Programa de Saúde Pública em Infecto-Contagiosas. |
| Orientação e Direcção de Enfermagem | 1.º O Hospital. |
| | 2.º Unidade de Tratamento. |
| | 3.º Princípios fundamentais da Direcção de Enfermagem. |
| | 4.º Problemas económicos e domésticos da "unidade de tratamento". |
| Técnica de Enfermagem[1451] | 1.º Enfermagem em Medicina (geral). |
| | 2.º Enfermagem em Gerontologia. |
| | 3.º Cuidados de Enfermagem no Pré e no Pós-Operatório. |
| | 4.º Cuidados de Enfermagem nos estados de choque. |
| Organização de Serviços Hospitalares[1452] | 1.º A organização hospitalar portuguesa. Apreciação crítica. |
| | 2.º A anatomia e a fisiologia de uma unidade hospitalar (geral ou especializada, à escolha). |
| | 3.º A intervenção da(o) enfermeira(o)-chefe na administração. |
| Organização e Administração de Escolas[1453] | 1.º História, conceito e fins das Escolas de Enfermagem. |
| | 2.º A organização portuguesa do ensino de enfermagem. Descrição e apreciação crítica. |
| | 3.º A escola, o hospital e a residência de alunas. |
| Higiene Mental[1454] | 1.º Dispensário de Higiene Mental: sua instalação, organização e funcionamento. |
| | 2.º Causas e factores que determinam o aumento das doenças mentais. |
| | 3.º Conselhos a dar para evitar as doenças mentais. |

Quadro 62 – «Pontos Base para Trabalhos de Dissertação» (1954).
Fonte: AESEAF, B-21,5,1, Correspondência Recebida e Expedida, 1954, 24 de Maio de 1954.

---

[1449] AESEAF, B-21,5,1, Correspondência Recebida e Expedida, 1954, 24 de Maio de 1954; idem, 1956, 6 de Janeiro de 1956. Neste último caso, estipulava-se que os trabalhos de dissertação teriam de ser entregues até 15 de Junho desse ano, portanto, sem conceder aos alunos os meses de Verão para trabalhar.

[1450] Em 1956, o 2.º ponto seria substituído pelo seguinte: «Programa de Saúde Pública em Higiene da Maternidade». Ver nota anterior.

[1451] Em 1956 seria acrescentado um 5.º ponto base: «Bloco Operatório». *Idem.*

[1452] Acrescentar-se-ia em 1956 o ponto base «Apresentação e justificação do organigrama ideal para um estabelecimento hospitalar (geral ou especial)». *Idem.*

[1453] Em 1956, o 3.º ponto seria «A escola: situação, plano e organigrama», acrescentando-se ainda um 4.º ponto: «A escola e o hospital: ligação, relações e influências recíprocas». *Idem.*

[1454] Acrescentar-se-ia em 1956 um 4.º ponto base: «Organização e funcionamento do arsenal contra a loucura». *Idem.*

Como exemplo de «Tese do Curso Complementar de Enfermagem», veja-se a obra de Maria da Conceição Marques dos Santos, *Cuidados de Enfermagem no tratamento aos cardíacos*, relativa ao ano lectivo de 1958/59, isto é, já depois da proposta de alteração do currículo ainda reproduzido no Quadro acima, e realizada provavelmente no âmbito da cadeira de Enfermagem de Saúde Pública[1455]. Chamamos a atenção para os três últimos capítulos da tese, intitulados «O doente no domicílio», «Tratamento ambulatório» e «Problema social de protecção ao cardíaco», em que a autora alude, respectivamente, ao trabalho das Brigadas de Serviços Médicos e de Enfermagem, que prestam cuidados ao domicílio e ensinam o doente e a família a lidar com os tratamentos; aos serviços de Consulta Externa Hospitalar, gratuitos, para os que precisam de vigilância clínica periódica e já se podem deslocar ao Hospital; e às causas sociais do agravamento das cardiopatias (por exemplo, uma criança doente obrigada a percorrer diariamente a pé longos percursos para frequentar a escola ou residente em habitação imprópria, húmida ou fria)[1456]. Neste caso particular, a autora, que por várias vezes revela preocupação com a situação económica do doente (à qual se deve adaptar, por exemplo, o regime dietético ensinado às famílias pelas Brigadas), faz a ponte entre a enfermagem e a assistência social, afirmando que a actuação de assistentes sociais nos hospitais, junto de médicos e enfermeiros, contribui para a resolução dos problemas de saúde cardíaca.

## 3. OS CURRÍCULOS DO CURSO DE AUXILIARES DE ENFERMAGEM

Criado pelo Decreto-lei n.º 36.219 de Abril de 1947, sobretudo para enfrentar o problema da falta de enfermeiros, o Curso de Auxiliares de Enfermagem funcionou pela primeira vez na Escola no ano lectivo de 1947/48. Nesse ano e no seguinte, foram seleccionadas como cadeiras nucleares, isto é, objecto de exame final, as de Higiene (no ano de 1947/48, com a indicação específica do tema «Doenças contagiosas – Técnicas de esterilização»), Noções Gerais de anatomia e fisiologia, Noções de patologia geral e Técnica de enfermagem[1457].

Todas aquelas disciplinas, com excepção de Patologia Geral, certamente por lapso, constam do currículo proposto pela «Comissão de Médicos de Lisboa» em 1949 (Quadro 63). No total, aquele inclui nove disciplinas, quase todas integradas também, mesmo que com outras designações, no plano de estudos do Curso Geral, à excepção de Aritmética, que pode considerar-se uma versão mais básica de Contabilidade, e Dietética, ainda assim associada à Higiene e à Epidemiologia. A carga horária semanal de ambos os cursos também pouco diferia, sendo, em média, de 18 horas no de Auxiliares e de 17 horas no Geral, acrescidas, respectivamente, de 5 e 6 horas diárias de estágio. A grande diferença entre os dois cursos residia, pois, na sua duração, três vezes superior

---

[1455] Biblioteca Central da Faculdade de Medicina da Universidade de Coimbra, 7-2-128-1-53. A referência à obra foi encontrada no *Catálogo das teses de licenciatura e doutoramento existentes na Biblioteca Central da Faculdade de Medicina da Universidade de Coimbra*, Coimbra, B.C.F.M., 1991.

[1456] Maria da Conceição Marques dos Santos, *Cuidados de Enfermagem no tratamento aos cardíacos*, pp. 63-66.

[1457] AESEAF, B-21,5,1, Correspondência Recebida e Expedida, 1947-1948, 23 de Junho de 1948; *idem*, 1949-1950, 11 de Junho de 1949.

no caso do Geral, e, logo, na profundidade e especificidade com que os diversos temas eram tratados. Tal estava de acordo com o exemplo das «enfermeiras práticas» de países estrangeiros, citado no preâmbulo do Decreto-lei n.º 36.219, «dispensadas de longa formação teórica e utilizadas como auxiliares de enfermagem».

| Disciplinas (ordem e designação) | Horas semanais |
|---|---|
| a) Português | 2 |
| b) Aritmética | 1 |
| c) Ciências Geográfico-Naturais (com rudimentos de Física e Química) | 2 |
| d) Anatomia e Fisiologia | 2 |
| e) Higiene, Epidemiologia e Dietética | 2 |
| f) Enfermagem Geral (Médica e Cirúrgica) | 3 |
| g) Técnica Geral de Enfermagem | 3 |
| h) Religião e Ética | 1 |
| i) Educação Física | 2 |
| Estágio Hospitalar (um semestre em Medicina e outro em Cirurgia) | 5 diárias (das 8 às 13h) |

Quadro 63 – Currículo do «Curso Auxiliar de Enfermagem» proposto em 1949.
Fonte: AESEAF, Cx. 36,2,2, *Projectos dos Programas de Enfermagem*, «Curso Auxiliar de Enfermagem».

O plano de estudos e os respectivos programas propostos mereciam à Escola «inteira aprovação», fazendo-se apenas «leves reparos»[1458]. O primeiro respeitava à cadeira de Patologia, que deve ser adicionada ao Quadro acima, discordando-se da atribuição de 3 horas semanais a uma disciplina teórica, quando, de acordo com o citado Decreto-lei, o Curso se destina a «ministrar conhecimentos elementares essencialmente práticos» (art. 13.º). Em compensação e pela mesma razão, defendia-se o aumento do número de horas semanais da cadeira de Técnica de Enfermagem. À semelhança do que apontara para o Curso Geral, a Escola considerava ainda que os estágios diários não deveriam ir além das 12h00, «para dar tempo aos alunos de tomarem o almoço à hora habitual».

Quanto à apreciação dos professores da Escola, se o padre Eugénio Martins apenas chamava a atenção para a designação da cadeira de Religião e Ética, sugerindo a alteração para Religião e Moral[1459], os monitores defendiam uma mudança na estrutura do programa de Técnica, em particular que o tema das «Ligaduras» deixasse de ser dado no início do Curso, pois os alunos ainda não possuíam as noções necessárias de anatomia e fisiologia[1460]. Da parte do corpo docente, há ainda a registar a opinião de que, em geral, os programas seriam «demasiadamente profundos e minuciosos, se se atentar na categoria profissional a que se destinam».

Pelo menos dois dos «reparos» feitos pela Escola ao currículo de 1949 foram aceites, como demonstra o novo plano de estudos, de 1953. Referimo-nos em concreto à diminuição do número de horas destinadas à cadeira de Patologia, então integrada noutra,

---

[1458] AESEAF, Cx. 36,2,2, *Proposta de alteração dos Planos de Estudo*, 3 de Outubro de 1949.
[1459] AESEAF, Cx. 36,2,2, *Projectos dos Programas de Enfermagem*, Setembro de 1949.
[1460] AESEAF, Cx. 36,2,2, *Projectos dos Programas de Enfermagem*, 20 de Setembro de 1949.

O Corpo Humano, que reunia todas as disciplinas teóricas, e, em contrapartida, ao acréscimo do tempo semanal relativo a Técnica de Enfermagem. Estas duas últimas seriam consideradas as disciplinas nucleares do Curso no ano lectivo de 1953/54, sendo avaliadas em exame final, nomeadamente, prova prática de Técnica e provas escrita e oral de O Corpo Humano.

Para além daquelas alterações, à semelhança do que aconteceu no Curso Geral, passou a distinguir-se entre cadeiras de carácter facultativo e obrigatório, sendo aquelas as de Português e Aritmética e surgindo entre estas a de Adaptação Profissional. A carga horária semanal para os alunos que só frequentassem as disciplinas obrigatórias baixava, assim, de 19 para 14 horas. Quanto aos estágios, o problema de coincidirem diariamente com a hora de almoço terá deixado de fazer sentido, visto estipular-se que os alunos praticassem «em todos os períodos do dia e da noite», de modo que o tempo de serviço prestado somasse, com o das aulas, 8 horas diárias ou 46 semanais. De resto, se no currículo de 1949 apenas eram referidos estágios em Medicina e Cirurgia, no de 1953 acrescentaram-se o Banco, as Consultas Externas e outros «Serviços de interesse».

| Carácter das disciplinas | Disciplinas | Horas semanais |
|---|---|---|
| Facultativas | Português | 2 |
| | Aritmética | 1 |
| Obrigatórias | O Corpo Humano: Noções Sumárias de Anatomia, Fisiologia, Química Fisiológica, Bacteriologia, Higiene, Nutrição, Dietética e Patologia Geral | 5 |
| | Técnica de Enfermagem | 5 |
| | Adaptação Profissional | 1 |
| | Religião e Moral | 1 |
| | Educação Física | 2 |
| Estágios em Medicina, Cirurgia, Banco, Consultas Externas e Serviços de interesse, de modo que os alunos pratiquem em todos os períodos do dia e da noite. | | Com as aulas, 8h diárias ou 46h semanais |

Quadro 64 – Currículo do «Curso de Auxiliares de Enfermagem» em 1953.
Fonte: AESEAF, 35,5,3, *Planos de Estudo e Programas 1953/54*, «Curso de Auxiliares de Enfermagem».

### 4. OS CURRÍCULOS DO CURSO DE PRÉ-ENFERMAGEM

Criado, tal como o de Auxiliares, pelo Decreto n.º 36.219 de 1947, o Curso de Pré-Enfermagem teve uma duração efémera, de apenas cinco anos, essencialmente por se ter percebido que, face ao ensino liceal, não tinha razão de ser. Os problemas já eram evidentes no parecer adjacente à proposta curricular e programática de 1949, elaborado pela «Comissão de Médicos de Lisboa»[1461]. Os autores discordavam de que o novo Curso, de carácter preparatório e destinado a promover o ingresso no Geral,

---

[1461] Fonte: AESEAF, Cx. 36,2,2, *Projectos dos Programas de Enfermagem*, «Curso de Pré-Enfermagem», pp. 1-3.

oferecesse apenas uma preparação idêntica à dos dois primeiros anos do Liceu, defendendo que aquele tinha por fim «elevar o nível mental e a cultura geral dos alunos que fizeram já uma escolha profissional», «com base em conhecimentos e disciplinas que sirvam a formação técnica ulterior». No entanto, logo de seguida admitiam que a orgânica do Curso devia ser alterada no sentido de uma «mais completa formação geral» e que a «parte técnica [...] deve manter-se num plano modesto e de pura iniciação», dada a «heterogeneidade mental e cultural bastante acentuada, mas de nível inferior muitíssimo baixo» revelada pelos alunos. Tendo em conta essas carências, e verificando que o número de tempos lectivos semanais do Curso era bastante inferior ao do primeiro ciclo liceal, defendiam o alargamento dos tempos destinados às cadeiras de Português e Aritmética, bem como a introdução das de Zoologia, Botânica e Físico-Química. Em conclusão, os autores da proposta assumiam que o objectivo do Curso deveria ser «a obtenção de uma regular cultura geral», à custa de «conhecimentos de ulterior aplicação», propondo o currículo representado no Quadro seguinte.

| Ano | Disciplinas | Horas semanais |
|---|---|---|
| 1.º | Língua e História Pátria | 4 |
| | Francês | 3 |
| | Aritmética | 4 |
| | Ciências Geográfico-Naturais | 4 |
| | Noções de Bacteriologia e de Parasitologia | 2 |
| | Moral e Religião | 1 |
| | Educação Física | 2 |
| 2.º | Língua e História Pátria | 3 |
| | Francês | 3 |
| | Zoologia e Botânica | 2 |
| | Física e Química | 2 |
| | Noções Elementares de Anatomia e Fisiologia | 2 |
| | Noções Elementares de Higiene | 2 |
| | Dactilografia e Noções de Contabilidade | 2 |
| | Técnica Elementar de Enfermagem | 1 |
| | Moral e Religião | 1 |
| | Educação Física | 2 |

Quadro 65 – Currículo do «Curso de Pré-Enfermagem» proposto em 1949.
Fonte: AESEAF, Cx. 36,2,2, *Projectos dos Programas de Enfermagem*, «Curso de Pré-Enfermagem», p. 3.

No entanto, na perspectiva da Escola Ângelo da Fonseca, onde o Curso era ministrado desde o ano lectivo de 1947/48[1462], aquele plano de estudos estaria orientado para uma formação específica e não geral, facto que lhe mereceu fortes críticas[1463]. No

---

[1462] Nesse ano, matricularam-se no Curso 18 alunos, 11 do sexo masculino e 7 do feminino. AESEAF, B-21,5,1, Correspondência Recebida e Expedida, 1947-1948, 19 de Março de 1948.

[1463] Embora o currículo proposto incluísse as disciplinas que a Escola considerou essenciais e, portanto, sujeitou a exame final, no ano lectivo de 1948/49 (Português, Francês, Noções Elementares de Anatomia e Fisiologia e de Higiene). AESEAF, B-21,5,1, Correspondência Recebida e Expedida, 1949-1950, 11 de Junho de 1949.

parecer acerca da proposta, a Escola apontava várias razões para que o Curso fosse de «simples cultura geral e não de cultura técnica», começando pelo facto de o ensino de disciplinas de carácter técnico apenas num dos dois cursos preparatórios para o Geral (o de Pré-Enfermagem e o dos Liceus) vir a criar, no Curso Geral, um grupo de alunos heterogéneo, com níveis de preparação diferentes[1464]. Por outro lado, defendia-se que, se «a cultura geral é [...] alicerce de cultura especializada», era ilógico ensinar Anatomia, Fisiologia, Bacteriologia, Parasitologia e Higiene em Pré-Enfermagem e deixar Ciências Naturais para o Curso Geral. Da mesma forma, não sendo a cultura uma mera «soma de noções especializadas», mas implicando uma «visão de conjunto», não fazia sentido dar ao aluno «graves noções» em Pré-Enfermagem e desprezar a «ginástica intelectual» a que obrigariam disciplinas como a geometria ou o desenho.

A Escola sustentava também que a intenção de promover «um nível superior de cultura» com as cadeiras técnicas do Curso de Pré-Enfermagem «falha totalmente», considerando que apenas duas das catorze escolas com o Curso Geral ministravam o Curso preparatório e que a maioria dos alunos do Geral era recrutada nos liceus e não na Pré-Enfermagem. Assim, partindo do princípio de que não se repetiriam no Curso Geral as noções técnicas já dadas no preparatório, os alunos vindos do Liceu seriam prejudicados. Mas, de outra forma, também o seriam os vindos da Pré-Enfermagem, dado que os alunos do Liceu, tendo mais tempo de aulas de Português e de Francês, os ultrapassariam nos exames de aptidão, que avaliavam a cultura geral.

Em suma, a Escola defendia que deveriam ser banidas do Curso as disciplinas de carácter especializado, no que era secundada pelos professores consultados acerca da proposta de currículo[1465]. Tal alteração, sustentavam alguns, deveria ser compensada pelo aumento do número de horas semanais de aulas de Português e Francês. A manter--se a disciplina de Técnica Elementar de Enfermagem, o Monitor-Chefe e os seus ajudantes eram de opinião de que se lhe retirasse a rubrica «Injecções e Noções de Pensos», «por se tratar de técnicas delicadas impróprias deste curso»[1466]. É ainda de registar um parecer no sentido de que a cadeira de Dactilografia e Noções de Contabilidade fosse reduzida ao primeiro elemento, ficando o segundo para o Curso Geral, dadas as diferenças entre as duas matérias[1467].

---

[1464] AESEAF, Cx. 36,2,2, *Proposta de alteração dos Planos de Estudo*, 3 de Outubro de 1949.

[1465] O Padre Eugénio Martins era de opinião de que «neste curso deve procurar-se apenas ministrar aos alunos a melhor cultura geral possível», tendo em conta o facto de os alunos serem «rapazes destreinados do estudo a quem importa readaptar e desenvolver o espírito para melhor se integrarem na especialidade». Já José Lopes Monteiro do Espírito Santo, preocupado com a formação heterogénea dos alunos do Curso Geral vindos dos liceus e do Curso preparatório, considerava que teria «amplas vantagens» a inclusão em Pré-Enfermagem de disciplinas idênticas às do 1.º ciclo liceal. AESEAF, Cx. 36,2,2, *Projectos dos Programas de Enfermagem*, Setembro de 1949.

[1466] Para além disso, os monitores previam a possibilidade de alguns alunos, uma vez terminado o Curso e não prosseguindo os estudos, utilizarem as técnicas aprendidas para o exercício ilegal da enfermagem: «daí nascerá mais um curandeiro a dar injecções e a fazer pensos». Ver AESEAF, Cx. 36,2,2, *Projectos dos Programas de Enfermagem*, Setembro de 1949.

[1467] AESEAF, Cx. 36,2,2, *Projectos dos Programas de Enfermagem*, 15 de Setembro de 1949. Evaristo de Meneses Pascoal justificava a importância atribuída à Dactilografia com «a necessidade cada vez mais premente de recorrer à máquina de escrever, em todos os ramos de actividade», impulsionada, no caso dos enfermeiros, pelas «suas relações e colaboração cada vez mais extensas, quer com a administração hospitalar, quer com os serviços técnicos».

Mesmo que as alterações sugeridas pela Escola tenham sido aceites, vigoraram por pouco tempo, uma vez que o Curso foi extinto em 1952. Na verdade, ao tornar-se consensual que a Pré-Enfermagem não deveria fornecer uma preparação específica mas sim geral, idêntica à oferecida pelo ensino liceal, o Curso deixou de fazer sentido, não havendo porque manter duas vias de acesso ao Curso Geral.

## 5. A DISCIPLINA DE EDUCAÇÃO FÍSICA

Nos currículos que tivemos oportunidade de analisar, a disciplina de Educação Física apareceu pela primeira vez em 1949, nas propostas da Comissão lisboeta, com 2 horas semanais de aulas, nos três anos do Curso Geral, nos dois anos do Curso de Pré-Enfermagem e no de Auxiliares. Porém, já no ano anterior, em Dezembro de 1948, o Director da Escola Ângelo da Fonseca propusera Maria Joana Duarte Rosendo Dias para o lugar de professora de Educação Física, em particular para a secção feminina[1468]. A existência de duas secções de ensino da disciplina, uma para cada sexo, é confirmada pela lista de «Pessoal em serviço na Escola», enviada em Agosto de 1949 à Direcção-Geral da Saúde e Assistência, da qual constam dois professores de Ginástica[1469].

A disciplina manteve-se nos currículos de 1953, mas depois terá deixado de constar dos planos de estudo oficiais. Deste modo, em Outubro de 1960, o Director da Escola requeria às entidades superiores autorização para acrescentar ao programa oficial do Curso Geral a disciplina de Educação Física, que aquela «há muito considera matéria de valor na preparação das alunas»[1470]. Obtido o aval do Ministro da tutela[1471], contactaram-se a *Associação Cristã da Mocidade* e o *Centro Académico de Democracia Cristã*, no sentido de conhecer as condições em que a Escola poderia usar os respectivos ginásios para as aulas de Educação Física das alunas[1472], vindo a ser-lhe alugado o do CADC[1473].

No entanto, as aulas terão decorrido apenas durante o ano lectivo de 1960/61, visto que a referida cadeira não consta do currículo do Curso Geral apresentado pela Escola às entidades superiores em 1961. De resto, em Fevereiro de 1965, em resposta a uma circular da Inspecção da Assistência Social sobre os docentes de Educação Física das escolas, o Administrador da Ângelo da Fonseca informaria que «desde há muito que nesta Escola não é leccionada [ess]a disciplina»[1474].

---

[1468] AESEAF, B-20,1,1, Correspondência Expedida, 1947-1948, 7 de Dezembro de 1948. Aquela profissional era professora de ginástica no Liceu Infanta D. Maria, facto que, nas palavras do Director, «constitui suficiente garantia da sua idoneidade moral e profissional».

[1469] AESEAF, B-20,1,1, Correspondência Expedida, 1949, 15 de Agosto de 1949. Esses professores receberiam uma gratificação de 20$00 por cada hora de aula, tal como os docentes dos Cursos de Pré--Enfermagem e de Auxiliares e os monitores (os docentes dos Cursos Geral e Complementar receberiam 30$00).

[1470] AESEAF, B-21,5,1, Correspondência Recebida e Expedida, 1960, 8 de Outubro de 1960.

[1471] AESEAF, B-21,5,1, Correspondência Recebida e Expedida, 1960, 25 de Outubro de 1960.

[1472] AESEAF, B-20,1,1, Correspondência Expedida, 1960, 4 e 9 de Novembro de 1960. As aulas seriam em número de seis por semana, duas para cada um dos três anos do Curso Geral.

[1473] AESEAF, B-21,1,1, Correspondência Recebida, 1961, 5 de Janeiro de 1961. O aluguer do ginásio custaria 800$00 por mês.

[1474] AESEAF, B-21,5,1, Correspondência Recebida e Expedida, 1965, 22 de Fevereiro e 9 de Março de 1965.

Não tendo sido contemplada na reforma curricular do Curso Geral de 1965, só voltaremos a encontrar referência à prática da Educação Física na Escola na década de setenta, em particular, em Julho de 1973, por ocasião da apresentação do plano de actividades para o ano escolar seguinte[1475]. Quanto ao «aspecto educativo e formativo do aluno», previa-se a introdução da ginástica, a juntar à natação, já em funcionamento. De facto, em Outubro, a Direcção deliberaria submeter a aprovação superior a abertura das disciplinas de Educação Física – ginástica e natação nesse ano lectivo, tendo recebido, no mês seguinte, a pretendida autorização e a confirmação dos professores respectivos, Maria Graciete Quintas de Barros e Joaquim José Fidalgo de Freitas[1476]. Na verdade, se para a prática da natação a Escola dispunha já de duas monitoras habilitadas, bem como de autorização para utilização das Piscinas Municipais e de transporte grátis das alunas até lá, para o ensino da ginástica foi necessário procurar um professor e instalações próprias, tendo-se, para o efeito, contactado a *Associação Cristã da Mocidade*, a qual se prontificou a ceder instalações mediante o pagamento de 250$00 por sessão.

A integração da disciplina de Educação Física nos currículos oficiais, no final da década de quarenta, e a insistência da Escola em ministrá-la às suas alunas, na década seguinte, devem integrar-se no contexto da importância atribuída pelo Estado Novo ao exercício físico, em ligação com as questões da saúde, da higiene, da moral, da disciplina e do fortalecimento da raça[1477]. No que respeita concretamente à educação feminina, a prática de desporto seria um meio privilegiado de cultivar a saúde física e mental, tão necessária às futuras esposas e mães, bem como de ocupar os tempos livres de forma benéfica, fugindo a certos divertimentos tidos como prejudiciais. De qualquer forma, o exercício físico deveria ser orientado de modo a evitar excessos que resultassem na masculinização do corpo feminino[1478], o que poderá justificar a existência, na Escola, de duas secções de ensino de Educação Física, uma feminina e outra masculina.

## 6. A DISCIPLINA DE MORAL E RELIGIÃO

Em Outubro de 1947, o Director da Escola Ângelo da Fonseca sugeria à Direcção-Geral da Assistência a inclusão nos currículos das escolas de enfermagem de uma cadeira de «Religião e Moral (Ética Profissional)», a professar no Curso de Pré-enfermagem com uma aula semanal e nos de Auxiliares e Geral com duas[1479]. Tal sugestão estava

---

[1475] AESEAF, 35,4,8, *Livro de Actas do Conselho Orientador,* acta n.º 2, 2 de Julho de 1973, fls. 4/5.

[1476] AESEAF, 35,4,9, *Livro de Actas da Direcção da Escola,* acta n.º 9, 16 de Outubro de 1973, fls. 20/21; acta n.º 10, 20 de Novembro de 1973, fls. 22/23.

[1477] Marta Fidalgo, *"Menina e Moça": Um ideal de formação feminina (1960-1970),* pp. 34 e 120-124. A preocupação do regime com a disciplinação dos corpos leva-o a entregar, a partir da Reforma do Ensino Liceal de 1947, a direcção e a inspecção da disciplina de Educação Física à *Mocidade Portuguesa*. A autora citada analisa, em particular, a forma como era encarada a prática desportiva pela *Mocidade Portuguesa Feminina*. Ver também, a este respeito, José Manuel Coelho, *A Educação Física e o Desporto na Mocidade Portuguesa Feminina,* Coimbra, Faculdade de Letras da Universidade de Coimbra, 1996, Trabalho de Seminário, pp. 30-31.

[1478] Isabel Alves Ferreira, *Mocidade Portuguesa Feminina: um ideal educativo,* separata da *Revista de História das Ideias,* vol. 16, Coimbra, Faculdade de Letras da Universidade de Coimbra, 1994, pp. 210-213.

[1479] AESEAF, B-20,1,1, Correspondência Expedida, 1947-1948, 9 de Outubro de 1947.

de acordo com o conteúdo de dois ofícios do Bispo-Conde de Coimbra, que se apoiava na Concordata com a Santa Sé e na Reforma do Ensino Liceal para defender a necessidade daquela cadeira. Pelo menos para o caso concreto da Escola, a proposta terá sido aceite de imediato, visto que, dias depois, o Director propunha para ocupar o lugar de professor da nova disciplina o padre Eugénio Martins, Capelão dos HUC, por recomendação do referido Bispo-Conde[1480].

Em 1949, a disciplina de Moral e Religião constava já dos currículos propostos pela Comissão lisboeta para todos os cursos de enfermagem ministrados no país, sendo leccionada em todos os anos, durante 1 hora por semana. De entre os professores da Escola consultados acerca dessa proposta, José Lopes Monteiro do Espírito Santo era de opinião de que o ensino da disciplina de Moral e Religião, feito «em obediência à sã e elevada doutrina católica», era «garantia [...] da boa formação moral e social que há que ter sempre presente no Profissional de Enfermagem»[1481]. Já o responsável pela disciplina, padre Eugénio Martins, notava que nada se dizia na proposta acerca dos respectivos exames, considerando que deveriam existir provas escritas e orais de Moral e Religião[1482].

A referida cadeira faria parte dos currículos dos vários cursos de enfermagem leccionados na Escola durante as décadas seguintes, sempre com a duração de 1 hora de aula semanal. No plano de estudos previsto pela Reforma do Curso Geral de 1965, especificava-se, inclusivamente, que «em todos os períodos devem ser incluídas as aulas de moral, conforme a legislação em vigor»[1483]. De resto, já em 1968, houve necessidade de repartir a docência da disciplina de Moral e Religião por dois professores, um para o Curso Geral e outro para o de Auxiliares, tendo o Cónego Manuel Póvoa dos Reis, na altura o único responsável pela cadeira, sido questionado sobre qual preferiria ter a seu cargo[1484].

---

[1480] AESEAF, B-20,1,1, *Correspondência Expedida*, 1947-1948, 30 de Outubro de 1947.
[1481] AESEAF, Cx. 36,2,2, *Projectos dos Programas de Enfermagem*, Setembro de 1949.
[1482] AESEAF, Cx. 36,2,2, *Projectos dos Programas de Enfermagem*, Setembro de 1949.
[1483] AESEAF, 35,5,3, *Programas*, «Direcção-Geral dos Hospitais. Curso de Enfermagem Geral. 1.ª Parte. Directrizes para o funcionamento do Curso», Junho de 1965, p. 11.
[1484] AESEAF, B-20,1,1, *Correspondência Expedida*, 1968, 6 de Setembro de 1968.

# CONCLUSÃO

A Escola Ângelo da Fonseca teve origem na primeira escola de enfermeiros criada em Portugal, em 1881, por iniciativa de Costa Simões, então administrador dos Hospitais da Universidade de Coimbra. O objectivo do fundador não era substituir as religiosas na assistência hospitalar, como acontecia em França, uma vez que no nosso país a enfermagem era praticada por pessoal laico e de ambos os sexos, mas sim «dar melhor instrução aos enfermeiros e enfermeiras e habilitar as criadas [...] a concorrer ás vagas [...] no quadro das enfermeiras». Tratou-se de uma instituição «de proporções limitadíssimas», sendo leccionadas apenas quatro cadeiras, três de carácter preparatório e uma de serviços de enfermaria, baseada nos manuais das recentes escolas municipais de Paris, embora mais prática do que teórica. Esta cadeira estava a cargo do cirurgião Costa Duarte, autor do manual *O Guia do Enfermeiro*, então litografado. Fruto exclusivo da iniciativa privada de Costa Simões, com a colaboração do citado professor mas sem apoios oficiais, a escola funcionou apenas durante alguns meses, até aos inícios de 1882. Seguiu-se um longo período em que não houve ensino de enfermagem organizado nos HUC, somente algumas aulas dadas por médicos a título individual.

Em 1919, por ocasião da reestruturação dos HUC, foi neles organizada uma Escola de Enfermagem, cujo Regulamento sairia em 1920, destinada à habilitação do pessoal dos Hospitais. A obtenção do respectivo diploma era condição para integrar o quadro de pessoal temporário e aceder ao de pessoal definitivo. Ministravam-se dois cursos, o geral (dois anos), que habilitava para o lugar de enfermeiro, e o complementar (um ano), para o de enfermeiro-chefe, com um currículo de oito cadeiras no total, que representava uma significativa evolução em relação ao plano de estudos adoptado por Costa Simões. A Escola destinava-se a indivíduos de ambos os sexos, dos 17 aos 25 anos de idade, habilitados com o exame de instrução primária do 2.º grau, ou seja, melhor preparados do que os destinatários do curso de 1881. O ensino, sobretudo na vertente prática, estaria condicionado às exigências do serviço hospitalar, registando-se um aproveitamento do trabalho dos alunos («praticantes do período escolar») por parte dos Hospitais. De resto, a Escola dependia fortemente dos HUC, não tendo instalações ou director próprios, integrando-se no quadro de serviços prestados pelos Hospitais.

Em 1931, a Escola de Enfermagem dos HUC passou a designar-se Escola de Enfermagem do Dr. Ângelo da Fonseca, então director substituto e depois efectivo dos Hospitais. A alteração do nome atendia à petição de uma comissão de funcionários dos HUC, que reconheciam o empenho de Ângelo da Fonseca na preparação profissional do que chamava a «sua enfermagem». Porém, a razão principal da homenagem que o governo prestou ao médico não terá sido o seu eventual contributo para a história da Escola (alguns autores sugerem a sua intervenção na oficialização da instituição, em 1919), mas sim os serviços por ele prestados aos Hospitais.

Até ao final da década de 1940, a Escola continuou a ter como finalidade a preparação de pessoal destinado aos quadros dos HUC, em cujos serviços era feita uma longa aprendizagem prática após a conclusão do curso. No entanto, a necessidade cada vez maior de enfermeiros a nível nacional e o novo enquadramento legal trazido pelo Decreto-lei n.º 36.219 (1947) induziram uma evolução funcional, passando a Escola a formar profissionais destinados a instituições de todo o país. Em paralelo, registou-se uma evolução orgânica, com a conquista da autonomia técnica e administrativa, embora mantendo como órgãos superiores de direcção e administração os dos HUC.

O período durante o qual João Porto dirigiu os HUC e a Escola (1942-1961) foi, para esta, de reforma e de grande desenvolvimento. As enfermarias-escola, a cargo exclusivo de alunos e pessoal docente, e as Brigadas de Educação Sanitária da Família, também entregues ao corpo discente, foram dois dos aspectos em que se manifestou o carácter modelar da Escola em relação às suas congéneres, no início década de 1950. Todavia, o problema da insuficiência e das más condições das instalações de internato e escolares era uma preocupação constante, sem solução à vista. O Regulamento de 1947 (experimental) e, sobretudo, o de 1953 trouxeram alterações importantes a vários níveis, desde a direcção e administração (criação de novos órgãos), ao pessoal (alargamento do quadro, com especial impacto nas categorias de monitores), passando pelas condições de admissão (subida das habilitações mínimas e introdução do exame de aptidão), pelos cursos (para além do geral e do complementar, o de auxiliares de enfermagem) e pelas chamadas «actividades circum-escolares», em cujo âmbito a Escola realizou as primeiras visitas de estudo. Em termos financeiros, registou-se um equilíbrio das contas, sendo os subsídios a principal fonte de receita e concentrando-se a despesa no pagamento ao pessoal e, no final da década, na aquisição de diverso material escolar. Na Escola, os anos cinquenta ficaram ainda marcados pela fixação de duas ocasiões festivas anuais, a do dia de S. João de Deus (8 de Março) e a de encerramento do ano escolar, bem como pelo estabelecimento de contactos com profissionais e instituições estrangeiros.

Durante os anos sessenta, o normal funcionamento da Escola e a sua adesão ao combate nacional à falta de enfermeiros foram comprometidos pela insuficiência e precariedade do espaço ocupado nos HUC e pela escassez de pessoal, em particular de monitores. Apesar disso, sem esquecer uma situação financeira pouco folgada, investiu-se na actualização profissional do monitorado e, sobretudo, na melhoria das condições pedagógicas, com a aquisição de material didáctico, de livros e publicações, a montagem de uma biblioteca devidamente equipada, a adopção de métodos complementares de ensino, como a projecção de filmes, e a realização de diversas visitas de estudo anuais. A Escola apostou também sua publicidade, ou na «propaganda de matrícula», feita nos meses de Verão, através de cartazes, notícias ou anúncios na imprensa, postais ou mesmo brindes apelativos. Destacou-se ainda o seu envolvimento na comunidade, por intermédio da participação de alunas em iniciativas de solidariedade social em Coimbra.

A década de 1970 continuou a ser marcada pela falta de pessoal monitorado e pelo velho problema da falta de instalações, com implicações no número de alunos a admitir e nos cursos ministrados. O Regulamento de 1970 trouxe, contudo, importantes novidades, consagrando a plena autonomia técnica e administrativa das escolas (com a progressiva entrega da função docente aos enfermeiros) e a sua vocação nacional, bem como a participação de toda a comunidade escolar na respectiva administração (com a criação de novos órgãos e da Comissão de Alunos) e a preocupação com a selecção e a integração escolar dos alunos. Os anos de 1974 a 1976 foram de agitação, característica do período revolucionário e protagonizada quer por alunos quer por funcionários, em cujos PTE (Plenário de Trabalhadores da Escola) foram eleitos novos órgãos directivos e discutidos processos de saneamento. Finalmente, em 1978, foi atribuído à Escola um novo edifício, mas a mudança decorreu ainda em fase de acabamento, tratando-se de um período difícil, com restrições orçamentais e escassez de pessoal. Apesar de tudo, no final da década, a Escola revelou-se «viva e aberta à comunidade», apostando na diversificação das actividades pedagógicas e em iniciativas públicas como sessões de discussão sobre vários temas.

O Lar das Alunas-Enfermeiras de Coimbra (LAEC) foi criado na sequência do Decreto-lei n.º 36.219 (1947) e destinava-se às alunas da Escola e às enfermeiras recém diplomadas a trabalhar nos HUC. Pretendia prestar-lhes auxílio material (alojamento e refeições), profissional (concessão de facilidades na aprendizagem) e moral (ambiente familiar, orientação, protecção e prática de deveres religiosos). Embora financeiramente dependente da Escola e dirigido pelo seu Administrador e pela Monitora-Chefe, o Lar era gerido de forma autónoma, contando com a participação das alunas. Funcionou em várias instalações e em diversas residências ao mesmo tempo, sedeado primeiro na Rua Venâncio Rodrigues e depois na Avenida Bissaia Barreto. O Regulamento (1949) exigia que as utentes fossem obedientes e disciplinadas, o que estava de acordo com o perfil que a maioria dos encarregados de educação atribuía às alunas, e impunha condições ao contacto das internas (em 1960, 85% das alunas da Escola) com o exterior, em especial às saídas, de resto também limitadas de diversas formas pelos encarregados. Parte das alunas do Lar tinha uma situação familiar ou financeira precária, sendo que algumas já trabalhavam antes de ingressar na Escola. Embora não tenha sido extinto, em 1978 o LAEC foi substituído pelo novo Bloco Residencial, destinado já a alunos de ambos os sexos e ao pessoal da Escola.

A frequência da Escola aumentou progressivamente desde a década de 1920 à de 1960, registando então uma subida vertiginosa para cerca do dobro de alunos; nos anos setenta houve uma quebra, embora com níveis claramente superiores aos dos anos cinquenta. Os alunos do sexo masculino foram maioritários até 1950, mas a partir de então e até ao final dos anos sessenta, as alunas representaram em média 67% do total, com uma tendência para o equilíbrio na década de 1970. Desde a sua criação (1947), o curso de auxiliares atraiu muito mais alunos do que o geral, sendo o número de alunos inscritos no respectivo exame de aptidão em norma muito superior ao de admitidos à frequência (na década de 1950, só 58% dos inscritos eram admitidos), dadas as limitações da Escola em termos de instalações e pessoal. Dos anos trinta aos setenta, a maioria dos alunos tinha entre 19 e 23 anos de idade e era natural das Beiras, em especial do distrito de Coimbra e envolventes, embora na década de 1950 a Escola tenha exercido maior atracção sobre candidatos de outras zonas do país. Em geral, os alunos do curso de auxiliares apresentavam uma situação socio-económica mais desfavorecida do que os do curso geral, recebendo apoios da Escola e dos HUC para prosseguirem os estudos.

No que respeita à enfermagem enquanto profissão, os anos oitenta e noventa ficaram marcados por vários de momentos decisivos, com destaque para a publicação do REPE (*Regulamento do Exercício Profissional dos Enfermeiros*, 1996) e a criação da Ordem dos Enfermeiros (1998), responsável pela elaboração do documento sobre as *Competências do Enfermeiro de Cuidados Gerais* (2003), o qual marca uma ruptura com o discurso predominante ao longo de todo século XX sobre o papel da enfermeira. Deixa de se considerar a enfermagem uma profissão naturalmente feminina, marcada por uma relação maternal entre a mulher cuidadora e o doente, agora encarado como cliente, e a enfermeira devotada, abnegada, caridosa e submissa ao médico dá lugar ao profissional responsável e autónomo, com espírito crítico e capacidade de acção. Neste contexto, também o ensino da enfermagem sofre alterações, primeiro com a criação de três Escolas Pós-Básicas (1983), entre as quais a de Coimbra (1987), e mais tarde com a integração no sistema educativo nacional ao nível do ensino superior politécnico (1988). Em 1989 surge, assim, a Escola Superior de Enfermagem do Dr. Ângelo da Fonseca, que em 1999 começou a leccionar a licenciatura em enfermagem.

Em 21 de Julho de 2004, por força do Decreto-lei n.º 175/2004, a história da Escola Ângelo da Fonseca cruzou-se com a da Escola Bissaia Barreto, numa fusão que deu origem à Escola Superior de Enfermagem de Coimbra, uma instituição pública de ensino superior politécnico, cujos Estatutos foram publicados em Março de 2006[1485].

---

[1485] *Diário da República*, I Série-B, n.º 55, 17 de Março de 2006, Despacho Normativo n.º 20/2006.

# ANEXO 1

Relação das monografias publicadas por Costa Simões, organizadas por ordem cronológica. Estão disponíveis na quase totalidade na Biblioteca da Faculdade de Medicina da Universidade de Coimbra[1].

- *Theses ex Universa Medica*, Coimbra, s.n., 1848.
- *Historia do mosteiro da Vacariça e da cerca do Buçaco. Oferecida ao Instituto de Coimbra*, Coimbra, Imprensa da Universidade, 1855.
- *Relatório da direcção do hospital de coléricos de N. S. da Conceição em Coimbra. Aprovado em Conselho da Faculdade de Medicina*, Coimbra, Imprensa da Universidade, 1856[2].
- *Relatório da gerência municipal de Coimbra nos dois anos decorridos desde o 1.º de Janeiro de 1856 até o último de Dezembro de 1857*, Coimbra, Imprensa da Universidade, 1858. *
- *Noticia dos banhos de Luso. Apontamentos sobre a historia, melhoramentos e administração d'estes banhos, com duas estampas do edifício*, Coimbra, Imprensa da Universidade, 1859.
- *Regulamentos dos banhos de Luso*, Coimbra, Imprensa da Universidade, 1859.
- *Topografia médica das Cinco-Vilas e Arega, ou dos concelhos de Chão do Couce e Maçãs de D. Maria em 1848. Com o respectivo mapa topográfico e carta geológica*, Coimbra, Imprensa da Universidade, 1860[3]. *
- *Elementos de Fisiologia Humana, com a histologia correspondente. Primeira parte. Fisiologia Geral. Tomo I com 103 gravuras no texto*, Coimbra, Imprensa da Universidade, 1861[4].
- *Idem – Segunda parte. Fisiologia Especial. Tomo II com 124 gravuras no texto*, 1863.
- *Idem – Terceira parte. Fisiologia Especial. Tomo III com 89 gravuras no texto*, 1864.
- *Relatórios de uma viagem científica*, Coimbra, Imprensa da Universidade, 1866[5].

---

[1] Apenas as obras assinaladas com o símbolo * não se encontram nesta instituição.

[2] Publicado em colaboração com o médico José Ferreira de Macedo Pinto, que fora nomeado director dos Hospitais de Coléricos de Coimbra mas que, tendo de se ausentar da cidade, fora substituído no cargo por Costa Simões.

[3] Embora a sua publicação date apenas de 1860, esta foi provavelmente a primeira obra escrita por Costa Simões. Vem na sequência do desempenho da função de médico municipal em Cinco-Vilas, entre 1843 e 1847. Trata-se de uma «erudita memoria» que dá testemunho «do cuidado, zelo e inteligência com que desempenhou os deveres do cargo espinhoso de facultativo rural» (Augusto Rocha, «O Dr. António Augusto da Costa Simões», *Coimbra Médica*, n.º 12, 15 Junho 1882, p. 193).

[4] Este livro «foi planeado para satisfazer as necessidades do ensino, e n'este particular teve para o tempo o grande mérito de condensar o que andava disperso por muitas partes» (Augusto Rocha, «O Dr. António Augusto da Costa Simões», *Coimbra Médica*, n.º 14, 15 Julho 1882, p. 224).

[5] Este folheto reúne os relatórios que foram sendo publicados no *Diário de Lisboa* nos números 165, 166 e 168, de 25, 26 e 28 de Julho de 1866 (Augusto Rocha, «O Dr. António Augusto da Costa Simões» in *Coimbra Médica*, n.º 14, 15 Julho 1882, p. 225).

- *Parecer de António Augusto da Costa Simões sobre as reformas na Faculdade de Medicina da Universidade de Coimbra*, Coimbra, s.n., 1866.
- *Hospitais da Universidade de Coimbra – Projecto de reconstrução do Hospital do Colégio das Artes*, Lisboa, Imprensa Nacional, 1869[6]. *
- *Contrato e projecto dos estatutos das Companhias das Águas de Coimbra*, s.l., s.n., 1872[7]. *
- *Programa da cadeira de Histologia e de Fisiologia geral da Universidade de Coimbra para o ano lectivo de 1872-1873*, Coimbra, Universidade de Coimbra, 1873.
- *Projecto dos regulamentos internos dos Hospitais da Universidade de Coimbra*, Coimbra, Universidade de Coimbra, 1877.
- *Histologia e fisiologia geral dos músculos. Secção I. Histologia dos músculos*, Coimbra, Imprensa da Universidade, 1878.
- *O ensino pratico na Faculdade de Medicina da Universidade de Coimbra*, Coimbra, Imprensa da Universidade, 1880.
- *Dietas e rações com aplicação aos Hospitais da Universidade de Coimbra*, Coimbra, Imprensa da Universidade, 1882.
- *Noticia histórica dos Hospitais da Universidade de Coimbra*, Coimbra, Imprensa da Universidade, 1882[8].
- *Regulamentos internos dos Hospitais da Universidade de Coimbra (anotações)*, s.l., s.n., 1882. *
- *Compromisso da Misericórdia do Porto, com licença da mesa do desembargo do Paço*, Porto, Tipografia do Jornal do Porto, 1883.
- *O Hospital de Santo António da Misericórdia do Porto: Relatório*, Porto, s.n., 1883[9].
- *Regulamentos internos do Hospital de Santo António da Misericórdia do Porto*, Porto, Tipografia do Jornal do Porto, 1883.
- *A grande penúria dos Hospitais da Universidade de Coimbra*, Coimbra, Imprensa da Universidade, 1884.
- *A justa defesa de uma agressão injusta*, s.l., s.n., 1884. *
- *A refutação de um voto em separado do Sr. Dr. Lourenço de Almeida Azevedo*, Coimbra, Imprensa da Universidade, 1884.
- *Um dos projectos dos hospitais distritais com aplicação no novo hospital da Misericórdia do Porto*, Porto, s.n., 1884.
- *Gravidez extra-uterina de quarenta e três anos: história e apreciação*, Coimbra, Imprensa da Universidade, 1885[10].
- *Noticia biográfica de Augusto Lopes da Costa Rego*, Coimbra, Imprensa da Universidade, 1885.

---

[6] Esta publicação trata da alteração dos edifícios dos Hospitais proposta por Costa Simões em 1866 e aceite pela Faculdade de Medicina.

[7] Esta e algumas outras referências foram retiradas da lista de publicações incluída em *Dr. Costa Simões*, separata do jornal *Bairrada Elegante*, n.º 597, 17/10/1944, director e proprietário Adelino de Melo, edição fac-similada da Câmara Municipal da Mealhada, 2004, pp. 14-15.

[8] Na revista *Coimbra Médica* de 1 de Novembro de 1882 (n.º 21, p. 339), na rubrica «Publicações», noticiava-se a recepção desta obra e da anterior.

[9] A data de edição que aqui registamos, 1883, foi retirada da ficha do livro em causa existente no ficheiro manual da Biblioteca da Faculdade de Medicina da Universidade de Coimbra. Todavia, não é condizente com a informação dada em Janeiro de 1884 pela revista *Coimbra Médica*, designadamente: «Começamos hoje a publicar excertos do interessante relatório que o Sr. Costa Simões está elaborando sobre a comissão de que foi encarregado pela Comissão Administrativa da Misericórdia do Porto. Á extrema obsequiosidade do nosso ilustre amigo devem os leitores as primícias d'este trabalho, que anda no prelo e levará ainda algum tempo a vir a lume.» («A missão de Costa Simões junto dos estabelecimentos hospitalares da Misericórdia do Porto», *Coimbra Médica*, n.º 1, 1 Janeiro 1884, p. 10). A estas palavras seguia-se a transcrição do texto de Costa Simões, que continuou nos números seguintes: n.º 2, 15 Janeiro (pp. 25-26); n.º 3, 1 Fevereiro (pp. 40-42); n.º 5, 1 Março (pp. 73-74); n.º 6, 15 Março (pp. 87-90); n.º 7, 1 Abril (pp. 103-107).

[10] Esta monografia deve corresponder ao trabalho de Costa Simões sobre a gravidez extra-uterina a que a revista *Coimbra Médica* de 15 de Novembro de 1884 (n.º 22, pp. 362-363) se referia. Na rubrica «Miscelânea» e sob o título de «Boa noticia», aquele periódico anunciava que num dos próximos números começaria a publicar aquele trabalho.

- *As obras dos Hospitais da Universidade de Coimbra*, Coimbra, Imprensa Literária, 1885.
- *A penúria progressiva dos Hospitais da Universidade de Coimbra*, Coimbra, Imprensa Literária, 1885.
- *As prepotências de Coimbra no conflito da carne de Aveiro*, Coimbra, Imprensa Literária, 1885[11]. *
- *A refutação da carta do Sr. Dr. Lourenço de Almeida Azevedo. A carne de Aveiro*, 1.º apenso ao folheto *As prepotências de Coimbra no conflito da carne de Aveiro*, Coimbra, Imprensa Literária, 1885.
- *A interpelação na Câmara dos Pares. A carne de Aveiro*, 2.º apenso ao folheto *As prepotências de Coimbra no conflito da carne de Aveiro*, Coimbra, Imprensa Literária, 1885.
- *O Registrador Chauveau do Laboratório de Fisiologia Experimental em Coimbra*, Coimbra, Imprensa da Universidade, 1885.
- *A minha administração dos Hospitais da Universidade. Uma gerência de 15 anos sob a reforma de 1870*, Coimbra, Imprensa da Universidade, 1888.
- *Abastecimento d'aguas em Coimbra (Resumida historia deste melhoramento) com aplicação aos Hospitais da Universidade*, Coimbra, Imprensa da Universidade, 1889.
- *Esgotos nas cidades e nos hospitais*, Coimbra, Imprensa da Universidade, 1889.
- *Construções hospitalares (noções gerais e projectos com referência aos Hospitais da Universidade)*, s.l., s.n., 1890. *
- *Colecção de desenhos para o meu relatório de viagem ao estrangeiro em 1891*, Coimbra, s.n., 1891.
- *Projecto da Real Confraria do Bom Jesus de Matosinhos*, s.l., s.n., 1894. *
- *Alocução do Reitor da Universidade António Augusto da Costa Simões na Solenidade Académica de 16 de Outubro de 1895*, Coimbra, Imprensa da Universidade, 1895.
- *O novo Hospital da Universidade: projecto em esboço*, Coimbra, Imprensa da Universidade, 1895.
- *Projecto do regulamento da Imprensa da Universidade*, Coimbra, Universidade de Coimbra, 1895.
- *Alocução do Reitor da Universidade António Augusto da Costa Simões na Solenidade Académica de 16 de Outubro de 1896*, Coimbra, Imprensa da Universidade, 1896.
- *Imprensa da Universidade: quadro do pessoal das oficinas fixado em 17 de Agosto de 1896*, Coimbra, Imprensa da Universidade, 1896.
- *Reconstruções e novas construções dos Hospitais da Universidade de Coimbra*, Coimbra, Universidade de Coimbra, 1896.
- *Novo Hospital de Matosinhos: noticia do projecto em começo de execução*, Coimbra, Imprensa da Universidade, 1897.
- *Hospitais portugueses de construção moderna*, s.l., s.n., 1898[12]. *
- *A justa apreciação d'uma demissão injusta*, Lisboa, Tipografia de *Matos* Moreira & Pinheiro, 1899.

---

[11] A revista *Coimbra Médica* de 1 de Janeiro de 1886 (n.º 1, p. 15) noticiava a publicação deste livro. O "conflito da carne de Aveiro" ocorreu em 1882, quando Costa Simões ainda desempenhava as funções de administrador dos Hospitais da Universidade de Coimbra. No início de Julho daquele ano, para fazer frente à carestia da carne em Coimbra, Costa Simões passou a importar aquele produto de Aveiro, assinando um contrato de fornecimento de carnes para os Hospitais. Pretendia que não lhe fosse exigido o imposto de barreira. No entanto, a Câmara Municipal de Coimbra não prescindiu de cobrar o respectivo imposto, nem da avaliação do estado sanitário da carne, acabando por mandar enterrar logo a primeira remessa. Em meados de Setembro, o conflito entre a administração dos Hospitais e a Câmara Municipal agravou-se, dando lugar à publicação de folhetos e inflamados artigos nos jornais (*Anais do Município de Coimbra, 1870--1889*, Coimbra, Edição da Biblioteca Municipal, 1937, p. XXXVI).

[12] As únicas informações de que dispomos acerca desta obra são o título e a data de publicação, uma vez que apenas a encontrámos referida de modo indirecto. No artigo «Higiene Publica. O revestimento das paredes das enfermarias», publicado na revista *Coimbra Médica* de 20 de Março de 1899 (n.º 9, p. 139), Lopes Vieira reportava-se àquele (então) recente livro de Costa Simões.

- *Terceira viagem de estudo em 1891: Hospital Boucicaut em Paris*, separata de *Hospitais estrangeiros de construção moderna*, Coimbra, Imprensa da Universidade, 1900.
- *Terceira viagem de estudo em 1891: Hospital Wallace em Paris*, separata de *Hospitais estrangeiros de construção moderna*, Coimbra, Imprensa da Universidade, 1900.
- *Elaboração do projecto do novo Hospital da Universidade de Coimbra: relatório apresentado á comissão encarregada do seu estudo*, Coimbra, Imprensa da Universidade, 1901.
- *Hospitais estrangeiros de construção moderna – Franceses, Ingleses, e d'outros países*, Coimbra, Imprensa da Universidade, 1901. *
- *Os meus estudos (as minhas publicações, em livros e folhetos, desde 1848 a 1901)*, s.l., s.n., 1901. *
- *Trinta lições de Clínica e onze lições de Patologia Geral*, s.l., s.n., s.d.[13]

**Relação dos artigos publicados por Costa Simões na revista *O Instituto*.**

- Vários sobre os banhos do Luso, desde o 1.º vol., depois reunidos e publicados em monografia.
- «Cemitério de Coimbra» e «Grutas de Condeixa» (2.º vol., 1854).
- Dois sobre o Mosteiro da Vacariça, nos volumes 3.º e 4.º, depois compilados em monografia.
- «Gravidez extra-uterina de dezasseis anos» (3.º vol., 1855); «Gravidez extra-uterina de dezasseis anos» (3.º vol., 1855).
- «Química legal (colecção de relatórios sobre análises toxicológicas)» (4.º vol., 1856).
- «Experiências de Fisiologia» (8.º e 9.º vols., 1960 e 1961).
- Relatório dirigido à Faculdade de Medicina da Universidade de Coimbra, durante a primeira viagem científica ao estrangeiro. Datado de 31 de Março de 1865, inclui informação relativa à histologia e à fisiologia experimental, bem como à medicina operatória (13.º e 14.º vols., 1866 e 1871).
- Discurso enquanto Reitor, referindo-se à sua participação na revista (43.º vol., 1896).

**Relação dos artigos sobre Costa Simões publicados na revista *Movimento Médico*.**

- De D. M. e A.P., «Professor Costa Simões e assuntos hospitalares» (2, 1-IX-1902, p. 161).
- De A.P., «Professor Costa Simões», (3, 15-V-1903, pp. 30-31).
- De Sousa Refoios, «Prof. Costa Simões», incluindo os discursos proferidos no funeral pelo Reitor da Universidade, por Costa Alemão, por Daniel de Matos, pelo Governador Civil de Aveiro, por Bernardino Machado e por Eduardo Abreu, bem como os telegramas recebidos aquando a morte do médico (3, 1-XII-1903, pp. 226-229).
- De Eurico Lisboa, «Prof. António Augusto da Costa Simões» e de S.R., «Busto do Prof. Costa Simões» (3, 15-XII-1903, pp. 253-254).

## ANEXO 2

Relação dos artigos e das obras publicadas por Costa Duarte, organizados por ordem cronológica. Fonte: «Duarte (Inácio Rodrigues da Costa)» in *Grande Enciclopédia Luso-Brasileira*, Lisboa e Rio de Janeiro, Editorial Enciclopédia, s.d., vol. IX.

- «Ferimento por arma de fogo com perda de dois terços do osso maxilar inferior», *O Instituto*, Coimbra, 4.º vol., 1856.

---

[13] Na ficha respectiva do ficheiro manual da Biblioteca da Faculdade de Medicina da Universidade de Coimbra, encontra-se a indicação de que esta obra consiste num «manuscrito».

- «Extracção de uma moeda de 40 réis (pataco) retida por três dias no esófago; processo de aplicação da pinça esofagiana, promovendo ao mesmo tempo o vómito», *O Instituto*, Coimbra, 5.º vol., 1857.
- «Eclampsia epileptiforme durante e depois do trabalho de parto», *O Instituto*, Coimbra, 7.º vol., 1959.
- «Anestesia hipnótica», *O Instituto*, Coimbra, 8.º vol., 1860.
- «Ischurea, tratada por meio da punctura da bexiga urinária», *O Instituto*, Coimbra, 9.º vol., 1861.
- «Fístula resino-vaginal: obliteração da uretra e sua separação da bexiga; processo indirecto para combater estas lesões», *O Instituto*, Coimbra, 10.º vol., 1862.
- «Patologia cirúrgica; fístula resino-uterina», *O Instituto*, Coimbra, 12.º vol., 1864.
- *Des fistules genito-urinaires chez la femme*, Paris, s.n., 1865.
- *História do óvulo nos mamíferos*, Coimbra, s.n., 1868.
- *Guia do enfermeiro* (litografado), Coimbra, s.n., 1882.
- «Casos notáveis de alopecia geral», *Estudos Médicos*, n.º 4, s.d.
- «Contribuição para o estudo da produção dos cálculos vesicais na infância», de colaboração com José Pereira de Lemos, *Coimbra Médica*, 1882.
- «Resposta ao questionário proposto pela comissão nomeada pelo ministro das obras públicas de 16 de Setembro de 1882, sobre a influência perniciosa dos arrozais na saúde pública», *Coimbra Médica*, 1883.
- «Procédé pour la conservation, en sec, du coeur, et de l'origine des gros vaisseaux pour l'étude de l'anatomie normale, anormale, pathologique et comparée», *Coimbra Médica*, 1884.
- Algumas cartas, de polémica com Joaquim Teodoro da Silva, professor da Escola Médico-Cirúrgica, sobre as ressecções ósseas, *Correio Médico*, 1875.

## ANEXO 3

Relação dos principais artigos e obras publicados por Ângelo da Fonseca, organizados por ordem cronológica. Fonte: «Fonseca (Ângelo Rodrigues da)» in *Grande Enciclopédia Luso-Brasileira*, Lisboa e Rio de Janeiro, Editorial Enciclopédia, s.d., vol. XI.

- *O gonococo. Sua inoculabilidade, formas e noções corantes*, 1894.
- *Tuberculose óssea. Estudo histológico*, 1897.
- *As inoculações cerebrais no tétano e o tétano cerebral*, 1898.
- *A confirmação clínica das minhas experiências sobre o tétano*, 1899.
- *O poder antisséptico do iodofórmio*, 1899.
- *O bacilo da peste e o aparelho de Trillat* (em colaboração), 1899.
- *Bacillus testicularis* (em colaboração), 1899.
- *O debate higiénico. Embargos a uma notícia do Prof. Miguel Bombarda*, 1900.
- *Bacterioscopia aérea e poeiras hospitalares*, 1900.
- *Análise crítica da «Seroterapia do tétano» de Bruno Domingues*, 1900.
- *Um caso de cancro vesical seguido de morte*, 1900.
- *Un cas de fièvre infectieuse simulant la peste pneumonique, produite par un bacille fluorescent nouveau* (em colaboração), 1900.
- *Estudo clínico e anátomo-patológico dum quisto do ovário*, 1901.
- *Função cromogénea do bacilo da peste* (em colaboração), 1901.
- *A peste. Ensaios de patologia exótica* (dissertação inaugural para o acto de conclusões magnas na Faculdade de Medicina da Universidade de Coimbra), 1902.
- *A prostituição em Portugal* (dissertação de concurso para professor catedrático de Patologia Externa), 1902.

- *O choque nos prostatectomizados*, 1925.
- *Sobre a anestesia epidural* (em colaboração com Luís Zamith), 1927.
- *Síndroma gastro-intestinal de causa urológica*, 1928.
- *Nefrostomia nas pionefroses*, 1928.
- *Dois casos de lábio leporino complicado de fenda palatina*, 1931.
- *A osteo-síntese nas fracturas da clavícula*, 1931.
- *Patologia do colo vesical*, 1932.
- *Chirurgie du col de la véssie*, 1933.
- *Terapêutica pelas injecções intra-arteriais*, 1936.
- *Um caso de rinoplastia*, 1936.
- *Ventre agudo*, 1938.
- *Algumas reflexões sobre as indicações operatórias em cirurgia gástrica*, 1940.
- *Alguns casos de fractura da coluna vertebral* (colaboração com João de Alarcão), 1941.
- Colaborou em várias revistas, especialmente *Arquivos das Clínicas Cirúrgicas* (6 vols.), que fundou em 1928 com Bissaia Barreto, para dar conta dos trabalhos realizados naquelas clínicas dos Hospitais da Universidade de Coimbra.

## ANEXO 4

Relação das obras e dos artigos publicados por João Porto, organizados por ordem cronológica. Fonte: «Porto (João Maria)» *in Grande Enciclopédia Portuguesa e Brasileira*, Lisboa e Rio de Janeiro, Editorial Enciclopédia, s.d., vol. XXII.

- *Exploração das funções renais* (tese de licenciatura), 1920.
- «Um caso de pionefrose fechada», *Medicina Contemporânea*, 1921.
- «Novos aspectos da azotemia», *O Instituto*, 1922.
- *Fibrilação auricular* (dissertação de concurso para professor da Faculdade de Medicina da Universidade de Coimbra), 1923.
- «Profilaxia actual da difteria», *Biblos*, 1928.
- «Do valor diagnóstico da cuti-reacção à tuberculina em clínica infantil», *O Instituto*, 1930.
- «A Igreja e a Medicina» (conferência proferida no *Centro Académico de Democracia Cristã*), *Estudos*, 1934.
- «Alguns aspectos do ensino e cultivo da medicina no Canadá e nos Estados Unidos», *Coimbra Médica*, 1934.
- «Que confiança nos devem merecer os preparados galénicos da dedaleira?», *Coimbra Médica*, Junho 1935.
- «Sobre um caso de dissociação A V seguida de bloqueio do ramo e de arborização», *Coimbra Médica*, 1935.
- «Exploração das vias respiratórias pelo óleo iodado» (colaboração com F. da Costa e Guedes Pinto), *Coimbra Médica*, Fevereiro 1936.
- «Sobre insuficiência circulatória», *Coimbra Médica*, Março 1936.
- «Breves considerações sobre a sistematização das nefropatias», *Coimbra Médica*, Outubro 1936.
- «Sobre administração digitálica», *Coimbra Médica*, Novembro 1936.
- «Resultados da cuti-reacção à tuberculina nas diversas idades» (colaboração com S. Bessa e A. Dionísio), *Coimbra Médica*, Novembro 1936.
- «A missão dos estudantes na reconstrução da Ordem Social (conferência proferida no *Centro Académico de Democracia Cristã*), *Estudos*, 1936.
- «Um caso de cancro primitivo do pulmão com propagação granúlica secundária», *Coimbra Médica*, Fevereiro 1937.

- «Mocidade, futura elite da Nação» (conferência proferida no Liceu de Castelo Branco), Fevereiro 1937.
- «Crossa aórtica em situação direita (*Situs inversus, arcus aortae*)» (colaboração com G. Pinto), *Coimbra Médica*, Outubro 1937.
- «A silicose pulmonar nos mineiros da Urgeiriça» (colaboração com A. Azevedo. S. Andrade e L. Previdência), *Coimbra Médica*, Fevereiro 1938.
- «Lésion de la gauche du faisceau de His et image electrocardiographique du bloc de branche droite (conception classique)», *Archives des Maladies du Cœur*, Março 1938.
- «Ritmo nodal passivo, sindroma de Adams-Stockes, fibrilo-flutter e claudicação intermitente de um dos ramos do feixe de His», *Coimbra Médica*, Março 1938.
- «*Situs inversus* total com cardiopatia congénita e bradiarituria sinusal», *Coimbra Médica*, Abril 1938.
- «Fibrilação e *flutter* auriculares com descontínuo bloqueio do ramo», *Coimbra Médica*, Junho 1938.
- «Troubles du rythme sinusal», *Archives des Maladies du Cœur*, Setembro 1938.
- «Perturbações da condução cardíaca de origem reumatismal», *Coimbra Médica*, Janeiro 1939.
- «Duas medicinas» (conferência proferida na *Associação dos Médicos Católicos de Lisboa*), *Acção Médica*, Abril 1939.
- «Deux cas d'oblitération ostiale des artères coronaires dans l'aortite syphilitique», *Presse Médicale*, Novembro 1939.
- «O Serviço Social e o Hospital» (conferência proferida nos HUC), *Coimbra Médica*, Janeiro 1940.
- «Ptose palpebral, isolada, bilateral, congénita e de hereditariedade mendeliana», *Coimbra Médica*, Março 1940.
- «Frequência das lesões das válvulas cardíacas», *Coimbra Médica*, Abril 1940.
- «As actuais concepções da hereditariedade humana», *Acção Médica*, Julho 1940.
- «A Medicina no Brasil», *Coimbra Médica*, Outubro 1940.
- *Alguns problemas da Universidade de hoje* (oração De Sapientia pronunciada na Universidade de Coimbra), Outubro 1940.
- *Assistência médico-social aos cardíacos em Portugal – Linhas gerais de um programa*, 1940.
- «A broncografia lipiodolada nas bronquiectasias e precisões sobre a técnica» (comunicação apresentada ao I Congresso Médico de Lourenço Marques), 1940.
- «Eugenismo e Hereditariedade» (lição proferida no 1.º Curso das Semanas Sociais Portuguesas), 1940.
- «O Instituto de Cardiologia de Coimbra», *Coimbra Médica*, Outubro 1941.
- «Doença ou síndroma de Besnier-Boeck-Shaumann», *Coimbra Médica*, 1941.
- «O Prof. Miguel Couto» (conferência proferida no Instituto de Estudos Brasileiros da Universidade de Coimbra), *Brasília*, 1941.
- «Fibrilação e flutter auricular com bradisistolia ventricular permanente», *Coimbra Médica*, Janeiro 1942.
- «Laicismo e Catolicismo da Acção Social» (conferência proferida na *Associação dos Estudantes Católicos de Lisboa*), *Acção Médica*, Abril a Junho 1942.
- «Sobre associação aurículo-ventricular», *Coimbra Médica*, Junho 1942.
- «Os doentes de coração perante o Trabalho e a Previdência Social», *Clínica, Higiene e Hidrologia*, Junho 1942.
- «Mecanismo das ligações aurículo-ventriculares», *Coimbra Médica*, Outubro 1942.
- «Bradisistolia ventricular permanente por complexa dissociação aurículo-ventricular», *Portugal Médico*, 1942.
- «Hospitais da Universidade de Coimbra – o Dispensário de Cardiologia», *Coimbra Médica*, Outubro 1943.

- «Supressão das crises de taquicardia paroxística por injecções indovenosas de sulfato de quinidina», *Coimbra Médica*, Outubro 1943.
- «A Acção Católica e actividades temporais», *Estudos*, 1944.
- «O Homem e a Ordem Social Cristã» (lição proferida no 2.º Curso das Semanas Sociais Portuguesas), 1944.
- «Sobre cardíacos negros de Ayerza», *Coimbra Médica*, 1945.
- «Desvios anormais do eixo eléctrico no coração e suas causas», *Coimbra Médica*, 1945.
- «Acção conjunta dos Centros de Cardiologia e da Organização Corporativa Portuguesa», *Coimbra Médica*, 1945.
- «Associação de anemia aplísica e leucemia subleucémica linfóide», *Revista Clínica Española*, Janeiro 1946.
- «Civilização, cultura e sentido de vida humana», *Acção Médica*, Abril 1946.
- «A descoberta de Roentgen e sua projecção em patologia cardio-arterial», *Coimbra Médica*, 1946.
- «Fundação Biscaia Pró-Cardíacos», *Coimbra Médica*, 1946.
- «Silicose pulmonar e sua repercussão funcional cardio-circulatória», *Jornal do Médico*, Abril 1947.
- «Processus d'oblitération de l'artère pulmonaire et ses répercussions cardiaques» (conferência proferida nas Jornadas Luso-Suíças da Universidade de Genebra), *Revue Médical de la Suisse Romande*, Novembro 1947.
- «Sobre um caso de doença de Kussmaul-Maier (Periarterite nodosa)» (colaboração com Mosinger, Azevedo, Providência e Ramos Lopes), *Coimbra Médica*, 1947.
- «Movimento cardiológico em Espanha», *Coimbra Médica*, 1947.
- «Instituto Internacional de Cardiologia do México», *Coimbra Médica*, 1947.
- «Movimento cardiológico internacional», *Coimbra Médica*, 1947.
- «Embolia pulmonar experimental e sua expressão electrocardiográfica» (colaboração com Azevedo, Providência e R. Lopes), *Coimbra Médica*, 1947.
- «Mistura de complexos normais e anormais num caso de síndroma de WPW (colaboração com R. Lopes), *Coimbra Médica*, 1947.
- «Diagnóstico electrocardiográfico do enfarte do miocárdio (desvio torácico e componente anormal de gradiente ventricular)» (colaboração com R. Lopes), *Medicina Clínica*, Barcelona, Março 1948.
- «Les pneumopathies», *La Semaine des Hôpitaux*, Paris, Dezembro 1948.
- «Medicina individual e medicina colectiva» (tese apresentada ao III Congresso Internacional dos Médicos Católicos), 1948.
- «Ciência e Cultura» (conferência proferida no Liceu D. Filipa de Lencastre), 1948.
- «Analyse pathogenique de la cardiopathie noire (maladie d'Ayerza)» (conferência proferida na 1.ª reunião constituinte da *Sociedade Internacional de Medicina Interna, Journées Medicales Suisses)*, 1948.
- *Enfarte do miocárdio – Lições de angiocardiografia*, 1949.

# FONTES E BIBLIOGRAFIA

## 1. Fontes Manuscritas

Arquivo da Escola Superior de Enfermagem Ângelo da Fonseca[1]

Documentos utilizados:

– AESEAF, 25,1,1 a 25,3,1, Processos das Alunas do Lar, 1950-1967.
– AESEAF, 25,4,1, Sumários, 1957.
– AESEAF, 35,3,30, *Actas da Assembleia de Delegados*, 1976.
– AESEAF, 35,3,31, *Actas da Assembleia de Trabalhadores*, 1974-1976.
– AESEAF, 35,3,32, *Livro de Actas da Comissão de Alunos*, 1972.
– AESEAF, 35,3,37, *Livro de Actas da Comissão de Integração Escolar*, 1973.
– AESEAF, 35,4,1, *Livro de Actas da Comissão Paritária de Gestão*, 1974.
– AESEAF, 35,4,2 a 35,4,4, *Livros de Actas do Conselho de Direcção*, 1957-1972.
– AESEAF, 35,4,5 e 35,4,6, *Livros de Actas do Conselho Administrativo*, 1953-1963.
– AESEAF, 35,4,7, *Livro de Actas do Conselho de Gerência*, 1973-1975.
– AESEAF, 35,4,8, *Livro de Actas do Conselho Orientador*, 1973-1974.
– AESEAF, 35,4,9, *Livro de Actas da Direcção da Escola*, 1973-1974.
– AESEAF, 35,4,10, *Livro de Actas das Reuniões dos Enfermeiros Docentes da EEAF*, 1973.
– AESEAF, 35,5,3 a 36,1,1, *Programas e Planos de Estudo e Programas 1953/54*.
– AESEAF, 36,1,2, *Planos de Acção, 1971-1974*.
– AESEAF, B-10,1,1 a B-15,3,5, Contas de Gerência, 1953-1969.
– AESEAF, B-20,1,1 a B-20,5,15, Correspondência Expedida, 1947-1969.
– AESEAF, B-21,1,1 a B-21,3,5, Correspondência Recebida, 1947-1967.
– AESEAF, B-21,5,1 a B-33,3,8, Correspondência Recebida e Expedida, 1947-1965.
– AESEAF, Cx. 36,2,2, *Projectos dos Programas de Enfermagem* e *Proposta de alteração dos Planos de Estudo*.
– AESEAF, 36,2,3, *Relatório da EEAF*, 1979.
– AESEAF, 36,2,5, *Comissão de Gestão*, 1974-1975.
– AESEAF, 36,2,6, *Comissão Instaladora*, 1978.

---

[1] Na altura em que consultámos o Arquivo, embora as séries arquivísticas já estivessem organizadas e a cada uma já tivesse sido atribuída uma cota topográfica ou cotas limite, os documentos ainda não se encontravam etiquetados com as cotas correspondentes, pelo que, no trabalho, optámos por identificar cada um apenas pela primeira cota da série respectiva (por exemplo, todos os documentos da série Correspondência Expedida são identificados pela cota B-20,1,1).

Documentos consultados mas não utilizados:

– AESEAF, 30,5,1 a 32,1,3, Cursos, 1971-2001.
– AESEAF, 35,3,1, *Livro de registo de pedidos de alojamentos*, 1986-1987.
– AESEAF, 35,3,2, a 35,3,17, *Livros de registo de correspondência recebida*, 1977-1992.
– AESEAF, [sem cota], *Livros de boletins de matrícula*, 1947-1955.
– AESEAF, 35,3,23 a 35,3,25, *Livros de registo de correspondência expedida*, 1975-1987.
– AESEAF, 35,3,36, *Livro de Actas do Curso de Promoção*, 1975-1977.
– AESEAF, 35,4,11 a 35,4,12, Actas de exames, 1963-1980.
– AESEAF, 35,4,13 a 35,4,14, Quadros de honra, 1968-1974.
– AESEAF, 35,4,15 a 35,4,14, Visitas de estudo, 1968-1992.
– AESEAF, 35,4,21, Pedidos de informações confidenciais, 1946.
– AESEAF, 35,4,22 a 35,5,2, Selecção de alunos, 1971-1993.
– AESEAF, 36,1,18, Programas de actualização, 1970-1974.
– AESEAF, B-18,3,1, *Livro de registo de emolumentos*, 1947-1953.
– AESEAF, B-18,3,2 a B-18,3,4, *Livros de registo de receita e despesa*, 1965-1968.
– AESEAF, 36,2,7, Processo de exame de Juliana Pires dos Santos, 1964.

### Secretaria da Escola Superior de Enfermagem Ângelo da Fonseca

– *Hospitais da Universidade de Coimbra. Escola de Enfermagem. Exames de Curso Complementar*, 1927-1947;
– Estatutos do Lar das Alunas-Enfermeiras de Coimbra, 1949;
– Regulamento Geral do Lar das Alunas-Enfermeiras de Coimbra, 1953;
– Regulamento da Biblioteca do Lar das Alunas-Enfermeiras de Coimbra, 1953.

### Arquivo da Universidade de Coimbra

– [sem cota], *Hospitais da Universidade de Coimbra. Apontamentos históricos 1* (miscelânea);
– [sem cota], *Hospitais da Universidade de Coimbra. Apontamentos históricos 2*, «Registro dos apontamentos extrahidos das actas da Faculdade de Medicina, relativos á historia da administração dos hospitaes da Universidade desde 1844 até 1878»;
– AUC/GCC/ASP/E17/T1/19, 1. cx., Documentos diversos relativos aos Hospitais da Universidade de Coimbra, 1854-1919;
– [sem cota], *Administração dos Hospitais da Universidade de Coimbra. Livro do Cofre*, 1878--1879;
– AUC-IV-1.ªD-3-1-91 a 93, *Actas da Faculdade de Medicina*, vol. 10 (1878-1886), vol. 11 (1886-1896) e vol. 12 (1897-1910);
– AUC-IV-1.ªD-5-2-48, *Universidade de Coimbra, Certidões de Idade*, vol. 48, 1834-1900 (António A. – António Curado);
– AUC/GCC/TA/EA/T1/143 a 149, 1836-1877 a 1906-1918, Correspondência recebida pelo Governo Civil de Coimbra de diversas entidades relativamente a instrução pública;
– AUC/GCC/COR/E15/T1/35, *Livro de registo de alvarás e diplomas expedidos pelo Governo Civil de Coimbra, 1.ª Repartição, 1923-1926* (vimos os anos de 1924 e 1925);
– AUC/GCC/COR/E15/T1/52, *Livro de registo de alvarás e diplomas expedidos pelo Governo Civil de Coimbra, 2.ª Repartição, 1922-1927* (vimos os anos de 1924 e 1925);
– AUC/GCC/GID/E1/T4/331, *Livro de Registo de Correspondência Expedida pelo Governo Civil de Coimbra para os Ministérios e Repartições Centrais, 1.ª Repartição, 1930*.

### Serviço de Documentação dos Hospitais da Universidade de Coimbra

– Fotocópias de algumas páginas de *Noticia Histórica dos Hospitais da Universidade de Coimbra*, de Costa Simões.

## 2. Fontes impressas e Bibliografia

– «Acção Católica» *in Lexicoteca. Moderna Enciclopédia Universal*, s.l., Lexicultural, s.d., vol. I.
– «Acção Católica Portuguesa» *in Dicionário de História do Estado Novo*, dir. Fernando Rosas e J. M. Brandão de Brito, s.l., Círculo de Leitores, 1996, vol. I.
– *Aditamento à memoria histórica e comemorativa da Faculdade de Medicina nos cem anos decorridos desde a Reforma da Universidade em 1772 até ao presente: 1872 a 1892*, Coimbra, Imprensa da Universidade, 1892.
– *Anais do Município de Coimbra, 1879-1889*, Coimbra, Biblioteca Municipal, 1937.
– *Anais do Município de Coimbra, 1890-1903*, Coimbra, Biblioteca Municipal, 1939.
– *Anais do Município de Coimbra, 1904-1919*, Coimbra, Biblioteca Municipal, 1952.
– *Anais do Município de Coimbra, 1920-1939*, Coimbra, Biblioteca Municipal, 1971.
– «Antissepsia» *in Grande Enciclopédia Portuguesa e Brasileira*, Lisboa e Rio de Janeiro, Editorial Enciclopédia, s.d., vol. II.
– ARAÚJO, Helena Costa, *Pioneiras na educação: as professoras primárias na viragem do século. Contextos, percursos e experiências. 1870-1933*, Lisboa, Instituto da Inovação Educacional, 2000.
– «Assepsia» *in Grande Enciclopédia Portuguesa e Brasileira*, Lisboa e Rio de Janeiro, Editorial Enciclopédia, s.d., vol. III.
– «Câmara Corportativa» *in Dicionário de História do Estado Novo*, dir. Fernando Rosas e J. M. Brandão de Brito, s.l., Círculo de Leitores, 1996, vol. I.
– CARLET, Gaston, *Du role des sciences accessoires et en particulier des sciences exactes en medicine*, 1871, Tese de Doutoramento (Biblioteca Central da Faculdade de Medicina da Universidade de Coimbra.
– *Catálogo da Colecção de Miscelâneas*, org. José Maria dos Santos, Coimbra, Publicações da Biblioteca Geral da Universidade de Coimbra, vol. 1 (1967) a vol. 9 (1988).
– *Catálogo das teses de licenciatura e doutoramento existentes na Biblioteca Central da Faculdade de Medicina da Universidade de Coimbra*, Coimbra, Faculdade de Medicina da Universidade de Coimbra, 1991.
– «Cesina Borges Adães Bermudes» *in Dicionário no Feminino (séculos XIX-XX)*, dir. Zélia Osório de Castro e João Esteves, Lisboa, Livros Horizonte, 2005, p. 218.
– COELHO, José Manuel de Oliveira Dias, *A Educação Física e o Desporto na Mocidade Portuguesa Feminina*, Coimbra, Faculdade de Letras da Universidade de Coimbra, 1996, Trabalho de Seminário.
– *Colecção Oficial de Legislação Portuguesa, ano de 1911, primeiro semestre*, Lisboa, Imprensa Nacional, 1915.
– CONSELHO DE ENFERMAGEM da Ordem dos Enfermeiros, *Divulgar Competências do Enfermeiro de Cuidados Gerais*, s.l., Ordem dos Enfermeiros, 2004.
– *Conselhos às Mães*, Lisboa, Sociedade de Produtos Lácteos, S.A.R.L. – Nestlé, s.d.
– COSTA, Alberto, *Enfermagem: auxiliar do médico prático, guia do enfermeiro profissional e da enfermeira doméstica*, 3.ª ed., Coimbra, Livraria Moura Marques & Filho, s.d.
– COSTA, Alberto, *Enfermagem: guia da enfermeira profissional e auxiliar do médico prático*, 5.ª ed., Coimbra, Livraria Moura Marques & Filho, 1956.
– COSTA, Alberto, *Enfermagem: guia da enfermeira profissional e auxiliar do médico prático*, 6.ª ed., Coimbra, Livraria Moura Marques, 1964 (imp.).
– COSTA, Ilídio Elias da, *Algumas palavras sobre o papel social do médico*, 1919, Tese de Doutoramento (Biblioteca Central da Faculdade de Medicina da Universidade de Coimbra).
– «Cruzada das Mulheres Portuguesas» *in Grande Enciclopédia Portuguesa e Brasileira*, Lisboa e Rio de Janeiro, Editorial Enciclopédia, s.d., vol. VIII.
– DAJEZ, Frédéric, *Les origines de l'école maternelle*, Paris, Presses Universitaires de France, 1994.

- *Dez anos de História dos Hospitais da Universidade de Coimbra sob a direcção do Prof. João Porto. 1942-1952*, Coimbra, Casa de Pessoal dos Hospitais da Universidade de Coimbra, 1953.
- *Dr. Costa Simões*, separata do jornal *Bairrada Elegante*, n.º 597, 17/10/1944, dir. Adelino de Melo, Mealhada, edição fac-similada da Câmara Municipal da Mealhada, 2004.
- «Duarte, Inácio» *in Lexicoteca. Moderna Enciclopédia Universal*, s.l., Lexicultural, s.d., vol. VII.
- «Duarte (Inácio Rodrigues da Costa)» *in Grande Enciclopédia Portuguesa e Brasileira*, Lisboa e Rio de Janeiro, Editorial Enciclopédia, s.d., vol. IX.
- «Duarte, Inácio Rodrigues da Costa» *in Grande Enciclopédia Universal*, s.l., Durclub, S.A., s.d. vol. 7.
- *Estatuto da Ordem dos Enfermeiros. Carreira de Enfermagem e Ensino de Enfermagem*, Lisboa, Uislis Editores, 1996.
- FERREIRA, Coriolano, *Programa para a construção de um lar-escola e uma casa de enfermeiras, anexos a um hospital central, Relatórios e Estudos de Administração Hospitalar X*, separata de *Hospitais Portugueses*, n.º 139, 1964.
- FERREIRA, Isabel Alves, *Mocidade Portuguesa Feminina: um ideal educativo*, separata da *Revista de História das Ideias*, vol. 16, Coimbra, Faculdade de Letras da Universidade de Coimbra, 1994.
- FIDALGO, Marta, *"Menina e Moça": um ideal de formação feminina. 1960-1970*, Coimbra, Faculdade de Letras da Universidade de Coimbra, 2002, Tese de Mestrado.
- FONSECA, Ângelo da, *Clínica cirúrgica: Hospitais da Universidade de Coimbra*, Coimbra, Imprensa da Universidade, 1921.
- FONSECA, Ângelo da, *Edifícios e serviços industriais: Hospitais da Universidade de Coimbra*, Coimbra, Imprensa da Universidade, 1933.
- FONSECA, Ângelo da, *Hospitais da Universidade de Coimbra: plano geral da distribuição dos seus edifícios: 1933-1934*, Coimbra, Hospitais da Universidade de Coimbra, 1934.
- «Fonseca (Ângelo Rodrigues da)» *in Grande Enciclopédia Portuguesa e Brasileira*, Lisboa e Rio de Janeiro, Editorial Enciclopédia, s.d., vol.
- FONSECA, Ramiro da, *A Higiene da Mulher. Solteira, casada e mãe*, Lisboa, Livros do Brasil, s.d.
- «Galegos em Portugal» *in Dicionário de História de Portugal*, dir. Joel Serrão, s.l., Iniciativas Editoriais, 1965, vol. II, pp. 320-321.
- FREITAS, Vicente Urbino, *A theoria e a pratica em medicina*, 1877, Tese de Doutoramento (Biblioteca Central da Faculdade de Medicina da Universidade de Coimbra).
- GARNEL, Rita, «Rosa Maria Calmon da Gama» *in Dicionário no Feminino (séculos XIX--XX)*, dir. Zélia Osório de Castro e João Esteves, Lisboa, Livros Horizonte, pp. 838-842. «Rosa Maria Calmon da Gama» *in Dicionário no Feminino (séculos XIX-XX)*, dir. Zélia Osório de Castro e João Esteves, Lisboa, Livros Horizonte, pp. 838-842.
- GODINHO, José António Matos, *"Movimento Médico: Revista Quinzenal de Medicina e Cirurgia". História, catálogo e índice*, Coimbra, Biblioteca Central da Faculdade de Medicina de Coimbra, 1991.
- *História documental do conflito académico de 1921 com o Professor Dr. Ângelo da Fonseca*, Coimbra, Artur Augusto d'Oliveira, 1921.
- *Histórias e Memórias da Escola Superior de Enfermagem Cidade do Porto*, Loures, Lusociência, 2003.
- *Hospitais da Universidade de Coimbra, Escola de Enfermagem Doutor Ângelo da Fonseca, Comemorações do dia de S. João de Deus, Março de 1958*, s.n., s.l., s.d.
- *Hospitais da Universidade de Coimbra – Regulamento da Escola de Enfermagem. Aprovado pelo decreto n.º 6.943 de 16 de Setembro de 1920*, Coimbra, Tipografia Alberto Vianna e Dias, Lda., 1920.
- *Hospital Geral de Santo António. Regulamento do Curso de Enfermagem*, Porto, Santa Casa da Misericórdia do Porto, 1918.

- «Irmãs da Caridade» in *Lexicoteca. Moderna Enciclopédia Universal*, s.l., Lexicoteca, s.d., vol. X.
- «João de Deus, S.» *in Lexicoteca, Moderna Enciclopédia Universal*, Lexicultural, s.l., s.d., vol. XI.
- «JOC» in *Lexicoteca. Moderna Enciclopédia Universal*, s.l., Lexicultural, s.d., vol. XI.
- KNIBIEHLER, Yvonne (dir.), *Cornettes et blouses blanches: les infirmières dans la société française 1880-1980*, s.l., Hachette, 1984.
- KNIBIEHLER, Yvonne e FOUQUET, Catherine, *La femme et les médecins*, s.l., Hachette, 1983.
- LEAL, Ernesto Castro, «Mocidade Portuguesa» *in História de Portugal. Dos tempos pré-históricos aos nossos dias*, dir. João Medina, s.l., Ediclube, 2004, vol. XVI, pp. 77-104.
- «Legião Portuguesa» *in Dicionário de História do Estado Novo*, dir. Fernando Rosas e J. M. Brandão de Brito, Lisboa, Círculo de Leitores, 1996, vol. I.
- «Legião Portuguesa» in *Lexicoteca. Moderna Enciclopédia Universal*, s.l., Lexicultural, s.d., vol. XI.
- LÉONARD, Jacques, *La médecine entre les savoirs et les pouvoirs: histoire intellectuelle et politique de la médecine française au XIX$^e$ siècle*, Paris, Aubier Montaigne, 1981.
- LÉONARD, Jacques, *Médecins, malades et société dans la France du XIX$^e$ siècle*, Paris, Sciences en Situation, 1992.
- LEROUX-HUGON, Véronique, *Des saintes laïques : les infirmières à l'aube de la troisième republique*, Paris, Sciences en Situation, 1992.
- *Lexicoteca. Moderno Dicionário da Língua Portuguesa*, s.l., Lexicultural, s.d., vol. I.
- LOPES, Maria Antónia, «Os pobres e a assistência pública» *in História de Portugal*, dir. José Mattoso, s.l., Círculo de Leitores, 1993, vol. 5, pp. 500-515.
- «Maria Luísa Saldanha da Gama Van Zeller» *in Dicionário no Feminino (séculos XIX-XX)*, dir. Zélia Osório de Castro e João Esteves, Lisboa, Livros Horizonte, 2005, pp. 724-727.
- MARTINHO, António Manuel Pelicano Matoso, *A Escola Avelar Brotero (1884-1974). Contributo para a História do Ensino Técnico-Profissional*, Guarda, Faculdade de Psicologia e Ciências da Educação da Universidade de Coimbra., 1993, Tese de Doutoramento.
- MATOS JUNIOR, Daniel Ferreira de, *Theses de medicina theorica e pratica*, 1876, Tese de Doutoramento (Biblioteca Central da Faculdade de Medicina da Universidade de Coimbra).
- MCCULLOUGH, Wava, *Manual Ilustrado de Técnica de Enfermagem*, trad. Maria Teresa d'Avillez, s.l., Livraria Sampedro, s.d.
- MIRABEAU, Bernardo António Serra de, *Memoria histórica e comemorativa da Faculdade de Medicina nos cem anos decorridos desde a Reforma da Universidade em 1772 até ao presente*, Coimbra, Imprensa da Universidade, 1872.
- *Moção aprovada, por aclamação, pela Assembleia Geral da Universidade de Coimbra, em sessão de 13 de Outubro de 1919*, Coimbra, Tipografia França Amado, 1919.
- MONTEIRO, Manuela e SANTOS, Milice Ribeiro dos, *Psicologia 12.º ano*, 1.ª parte, Porto, Porto Editora, 2002.
- MOURÃO, Alberto, *Crónica dos Hospitais da Universidade de Coimbra*, Coimbra, Hospitais da Universidade de Coimbra, 1994.
- MOURÃO, Alberto, *Os Hospitais da Universidade de Coimbra: 1988-1991*, Coimbra, Hospitais da Universidade de Coimbra, 1992.
- NETO, Vítor, *O Estado, a Igreja e a Sociedade em Portugal (1832-1911)*, s.l., Imprensa Nacional – Casa da Moeda, 1995 (imp.).
- NUNES, Lucília Rosa Mateus, *Um olhar sobre o ombro: enfermagem em Portugal (1881-1998)*, Loures, Lusociência, 2003.
- «Oliveira Feijão (Francisco Augusto de)» *in Grande Enciclopédia Portuguesa e Brasileira*, Lisboa e Rio de Janeiro, Editorial Enciclopédia, s.d., vol. XIX.

– OPA, Francisco Manuel Cordeiro, *A mão-de-obra feminina em medicina social*, 1967, Tese de Licenciatura (Biblioteca Central da Faculdade de Medicina da Universidade de Coimbra).
– *Orações de Sapiência da Faculdade de Medicina: 1845-2000*, Coimbra, Imprensa da Universidade de Coimbra, 2001.
– PAULA, Beatriz Mendes e GOUVEIA, Maria Alice, *Meu Portugal, minha terra. Selecta de Língua e História Pátria. 2.º ano dos Liceus*, Lisboa, Empresa Literária Fluminense, s.d., 2.ª ed.
– «Pasteur (Luís)» in *Grande Enciclopédia Portuguesa e Brasileira*, Lisboa e Rio de Janeiro, Editorial Enciclopédia, s.d., vol. XX.
– PEREIRA, Ana Leonor e PITA, João Rui, *Ciência e Medicina: a revolução pasteuriana*, separata de *Actas do Congresso Comemorativo do V Centenário da Fundação do Hospital do Espírito Santo de Évora*, Évora, s.n., 1996.
– PEREIRA, Ana Leonor e PITA, João Rui, *Liturgia higienista no século XIX. Pistas para um estudo*, separata de *Revista de História das Ideias*, vol. 15, Coimbra, Faculdade de Letras da Universidade de Coimbra, 1993.
– PETER, Jean-Pierre, «Les médecins et les femmes» *in Misérable et Glorieuse. La femme du XIXe siècle*, apres. Jean-Paul Aron, Bruxelas, Éditions Complexe, 1984.
– PIMENTA, Madalena Maria Brandão Alves, *Serviços de enfermagem de saúde pública*, 1964, Tese de Licenciatura (Biblioteca Central da Faculdade de Medicina da Universidade de Coimbra).
– PIMENTEL, Irene Flunser, *História das organizações femininas do Estado Novo*, Lisboa, Temas e Debates, 2001.
– PORTO, João, *Alguns problemas da Universidade de hoje*, separata de *Biblos*, vol. 17, n.º 1, Coimbra, Oficinas Gráficas, 1941.
– «Porto, João» *in Lexicoteca. Moderna Enciclopédia Universal*, s.l., Lexicultural, s.d., vol. XV.
– «Porto, João Maria» *in Verbo – Enciclopédia Luso-Brasileira de Cultura*, Lisboa, Editorial Verbo, 1973, vol. 15.
– QUOIST, Michel, *Construir. Réussir*, Lisboa, Livraria Morais Editora, 1966, 2.ª ed.
– QUOIST, Michel, *Poemas para rezar*, Lisboa, Livraria Morais Editora, 1964, 1.ª ed.
– «Rocha, António Augusto» *in Grande Enciclopédia Portuguesa e Brasileira*, Lisboa e Rio de Janeiro, Editorial Enciclopédia, s.d., vol.
– «Rocha, António Augusto da» *in Memoria Professorum Universitatis Conimbrigensis 1772--1937*, Coimbra, Arquivo da Universidade de Coimbra, 1992, vol. II, pp. 228-229.
– SACADURA, S. C. da Costa, *O papel social da parteira, palestra realizada na Maternidade Dr. Alfredo da Costa em Novembro de 1933*, Lisboa, s.n., 1935.
– SACADURA, S. C. da Costa, *Subsídios para a bibliografia portuguesa sobre enfermagem. Algumas efemérides*, Lisboa, s.n., 1950.
– SACADURA, S. C. da Costa, *Subsídios para a história da enfermagem em Portugal (Conferência realizada na Faculdade de Medicina de Lisboa, na noite de 29 de Julho de 1950)*, separata de *Acção Médica*, n.º 57, Julho/Setembro 1950.
– SALGADO, Nuno, *O Prof. Doutor Costa Simões: o passado como exemplo no futuro*, Coimbra, Imprensa da Universidade, 2003.
– SALOMON-BAYET, Claire, *Pasteur et la Révolution Pastorienne*, Paris, Payot, 1986.
– SANTOS, Maria da Conceição Marques dos, *Cuidados de Enfermagem no tratamento dos cardíacos*, Coimbra, s.n., 1959, Tese do Curso Complementar de Enfermagem, ano de 1958/59.
– «S. Camilo de Lelis» *in Verbo. Enciclopédia Luso-Brasileira de Cultura*, Lisboa, Editorial Verbo, s.d., vol. 4.
– *Saúde Pública: disposições legais*, Régua, edição de J. Alcino Cordeiro, 1963.
– SCHWEITZER, Sylvie, *Les femmes ont toujours travaillé. Une histoire du travail des femmes aux XIXe et XXe siècles*, Paris, Éditions Odile Jacob, 2002.

- SILVA, Fernando Correia da, *Portugal Sanitário (subsídios para o seu estudo)*, s.l., Ministério do Interior, Direcção Geral de Saúde Pública, 1938.
- SILVA, Inocêncio Francisco da, *Diccionario bibliographico portuguez*, Lisboa, Imprensa Nacional, 1972-2002, edição facsimilada.
- SILVA, M. Santos, *Hospital-Colónia Rovisco Pais. Última Leprosaria do Continente Português*, separata de *Revista Portuguesa da Doença de Hansen*, vol. 1, n.º 3, Setembro a Dezembro 1962.
- SILVA, Maria Lucinda Tavares da e BUESCU, Maria Leonor, *Manual de Higiene. De acordo com os programas oficiais. Para os cursos: Comercial, Formação Feminina*, Porto, Porto Editora; Coimbra, Livraria Arnado; Lisboa, Empresa Literária Fluminense, s.d.
- SIMÕES, António Augusto da Costa, *A minha administração dos Hospitais da Universidade. Uma gerência de 15 anos sob a reforma de 1870*, Coimbra, Imprensa da Universidade, 1888.
- «Simões (António Augusto da Costa)» in *Grande Enciclopédia Portuguesa e Brasileira*, Lisboa e Rio de Janeiro, Editorial Enciclopédia, s.d., vol. XXIX.
- SOARES, Maria Isabel, *Da blusa de brim à touca branca. Contributo para a história do ensino da enfermagem em Portugal 1880-1950*, Lisboa, Faculdade de Psicologia e Ciências da Educação da Universidade de Lisboa, 1993, Tese de Mestrado.
- SUMMERS, Anne, *Angels and Citizens. British women as military nurses 1854-1914*, Londres e Nova York, Routledge & Kogan Paul, 1988.
- TAVARES, Jorge Campos, *Dicionário de Santos*, Porto, Lello e Irmão Editores, 1990.
- VAQUINHAS, Irene, «As mulheres na sociedade portuguesa oitocentista. Algumas questões económicas e sociais (1850-1900)» in *Nem gatas borralheiras, nem bonecas de luxo. As mulheres portuguesas sob o olhar da história (séculos XIX-XX)*, Lisboa, Livros Horizonte, 2005.
- VAQUINHAS, Irene, «Os caminhos da instrução feminina nos séculos XIX e XX. Breve relance» in *Nem gatas borralheiras, nem bonecas de luxo. As mulheres portuguesas sob o olhar da história (séculos XIX-XX)*, Lisboa, Livros Horizonte, 2005.
- VIGARELLO, Georges, *História das práticas de saúde. A saúde e a doença desde a Idade Média*, Lisboa, Editorial Notícias, 2001.

## 3. Publicações periódicas

Publicações na íntegra:

- *A Enfermeira*, Lisboa, fasc. 1, 1937 – fasc. 7, 1943.
- *A Medicina Contemporânea*, Lisboa, 1883-1922, Novembro 1930 – Fevereiro 1931, Julho 1942.
- *A Medicina Moderna*, Porto, 1896-1901.
- *A Voz do Enfermeiro*, Lisboa, n.º 1, Agosto 1931 – n.º 28, Dezembro 1933.
- *Arquivo do Enfermeiro*, Lisboa, n.º 2, 1925 – n.º 10, 1926 (1.ª série); n.º 1, 1943 – n.º 11, 1944 (2.ª série).
- *Arquivos Clínicos: Estância Termal da Curia*, dir. Ângelo da Fonseca, Coimbra, 1940-1946.
- *Arquivos das Clínicas Cirúrgicas*, dir. Ângelo da Fonseca e Bissaia Barreto, Coimbra, 1938--1942.
- *Boletim da Associação dos Médicos Portugueses (Associação de Classe)*, Lisboa, 1907-1919.
- *Boletim dos Hospitais da Universidade de Coimbra*, Coimbra, vol. III, 1934 – vol. XI, 1940.
- *Coimbra Médica*, Coimbra, 1881-1900, 1942.
- *Diário de Coimbra*, Dezembro 1930 – Janeiro 1931.
- *Enfermagem, Revista do Sindicato Nacional do Distrito do Funchal*, n.º 1, Dezembro 1961.
- *Enfermagem Portuguesa, Revista Técnica e Cultural*, Lisboa, n.º 1, Janeiro/Fevereiro 1958 – n.º 12, Novembro/Dezembro 1959.

- *Estudos Médicos (Órgão da Sociedade dos Estudos Médicos de Coimbra)*, Coimbra, 1877--1881.
- *Gazeta dos Hospitais do Porto*, Porto, vol. I, 1907 – vol. VII, 1913.
- *Gazeta Médica de Lisboa*, Lisboa, 1875-1880.
- *Gazeta Médica do Porto (Boletim da Sociedade de Medicina e Cirurgia)*, Porto, vol. I, 1897//98 – vol. V, 1901/02.
- *Jornal dos Médicos e Farmacêuticos Portugueses*, Porto, 1916-1919.
- *Médicos Portugueses, Revista Bio-bibliográfica*, n.º 1, Julho 1925 – n.º 5, Agosto 1928.
- *O Enfermeiro Português*, Porto, n.º 1, Outubro 1929 – n.º 6, Novembro 1930.
- *O Instituto. Jornal Científico e Literário*, Coimbra, vol. 1, 1853 – vol. 72, 1925 (à excepção dos anos 1867-1870 e 1889).
- *O Médico Ilustrado*, Lisboa, n.º 2,3,4 e 5, 1880.

Artigos:

- «A Caixa de Aposentações da Misericórdia do Porto. Para que serve?», *O Enfermeiro Português*, n.º 6, 15 Novembro 1930, pp. 1-2.
- «A enfermeira», *Arquivo do Enfermeiro*, n.º 3, Maio 1943, pp. 41, 42 e 48.
- «A Misericórdia do Porto», *A Medicina Contemporânea*, n.º 34, 26 Agosto 1900, p. 276.
- «A necessidade de organização profissional», *O Enfermeiro Português*, n.º 2, 15 Novembro 1929, pp. 1 e 13.
- «A necessidade de união profissional na classe de enfermagem», *O Enfermeiro Português*, n.º 5, 15 Setembro 1930, pp. 3-4.
- «A regulamentação da profissão e o decreto 32.612», *Arquivo do Enfermeiro*, n.º 6, Agosto 1943, pp. 82-84.
- «A representação dos enfermeiros de Coimbra nas comemorações do centenário de S. João de Deus», *Diário de Coimbra*, n.º 6624, 2 Outubro 1950, pp. 1 e 5.
- «A todas», *A Enfermeira*, n.º 1, 1937, p. 1.
- *A Voz do Enfermeiro*, n.º 6, Junho 1932.
- *A Voz do Enfermeiro*, n.º 9, Setembro 1932.
- *A Voz do Enfermeiro*, n.º 11, Novembro 1932.
- *A Voz do Enfermeiro*, n.º 14, Fevereiro 1933.
- *A Voz do Enfermeiro*, n.º 15, Fevereiro 1933.
- *A Voz do Enfermeiro*, n.º 18, Junho 1933.
- *A Voz do Enfermeiro*, n.º 25, Novembro 1933.
- *A Voz do Enfermeiro*, n.º 28, Dezembro 1933.
- «*A Voz* em Coimbra. Festa de encerramento do ano escolar da Escola de Enfermagem "Dr. Ângelo da Fonseca"», *A Voz*, n.º 12.287, 31 Julho 1961, p. 4.
- «Abrindo», *A Voz do Enfermeiro*, n.º 1, 23 Agosto 1931, pp. 1-2.
- «Actualidades», *A Medicina Contemporânea*, n.º 13, 31 Março 1901, p. 101.
- «Actualidades», *A Medicina Contemporânea*, n.º 33, 18 Agosto 1901, p. 76.
- «Actualidades», *A Medicina Contemporânea*, n.º 45, 9 Novembro 1902, pp. 363-366.
- «Actualidades», *A Medicina Contemporânea*, n.º 36, 5 Setembro 1909, pp. 293-294.
- «Actualidades», *A Medicina Contemporânea*, n.º 44, 31 Outubro 1909, pp. 355-356.
- «Actualidades», *A Medicina Contemporânea*, n.º 31, 31 Julho 1910, pp. 241-244.
- «Actualidades», *A Medicina Contemporânea*, n.º 35, 28 Agosto 1910, p. 279.
- «Actualidades profissionais e interesses públicos», *A Medicina Contemporânea*, n.º 6, 11 Fevereiro 1900, p. 42.
- «Adesões», *O Enfermeiro Português*, n.º 2, 15 Novembro 1929, p. 9.
- «Admissão nas escolas de enfermagem», *Revista de Enfermagem*, n.º 7, Janeiro/Fevereiro 1959, p. 44.

- AFONSO, Mário, «A missão do enfermeiro», *O Enfermeiro Português*, n.º 4, 31 Dezembro 1929, pp. 1-2.
- AFONSO, Mário, «Prosa rude. Os "parasitas" da nossa profissão"», *O Enfermeiro Português*, n.º 5, 15 Setembro 1930, pp. 6-7.
- ALVES, Augusto Lobo, «O ensino de enfermagem nos Hospitais de Lisboa», *A Medicina Contemporânea*, n.º 9, 2 Março 1919, pp. 65-68.
- «Anúncios. N.º 26», *O Conimbricense*, n.º 3.566, 15 Outubro 1881.
- «Apresentando», *O Enfermeiro Português*, n.º 1, 31 Outubro 1929, p. 1.
- *Arquivo do Enfermeiro*, n.º 1, Agosto 1925, p. 1.
- ARRUDA FURTADO, «Hospitais», *A Medicina Contemporânea*, n.º 2, 12 Janeiro 1913, pp. 15-16.
- ARRUDA FURTADO, «Hospitais Civis de Lisboa», *A Medicina Contemporânea*, n.º 25, 21 Junho 1914, p. 199.
- «As Misericórdias de Lisboa e Porto e assistência domiciliária», *A Medicina Contemporânea*, n.º 39, 29 Setembro 1907, pp. 311-312.
- «As reformas da Faculdade de Medicina», *Coimbra Médica*, n.º 20, 15 Outubro 1883, pp. 301-304; n.º 23, 1 Dezembro 1883, pp. 353-354.
- «Associação dos Enfermeiros. A questão dos curandeiros. O 2.º Congresso Nacional dos Serviços de Saúde a realizar no Porto», *Arquivo do Enfermeiro*, n.º 9, Agosto 1926, pp. 135-136.
- «Autorizando a Cruzada das Mulheres Portuguesas a criar um curso preparatório de enfermeiras para os hospitais militares do país e dos corpos expedicionários», *Boletim da Associação de Médicos Portugueses*, n.º 1, 1.º e 2.º trimestre 1917, pp. 115-116.
- «Autorizando o Ministério da Guerra a recrutar as enfermeiras que forem necessárias para o serviço de saúde do Exército», *Boletim da Associação de Médicos Portugueses*, n.º 1, 1.º e 2.º trimestre 1917, pp. 122-123.
- AZEVEDO, António de, «A protecção à pequena infância nos grandes centros», *A Medicina Contemporânea*, nº 31, 31 Julho 1921, pp. 242-245.
- BARATA, Aires, «Carta de Coimbra», *O Enfermeiro Português*, n.º 5, 15 Setembro 1930, p. 5.
- «Batas Brancas», *Arquivo do Enfermeiro*, n.º 1, Janeiro 1943, p. 12.
- BEIRÃO, Caetano, «Bibliografia», *A Medicina Contemporânea*, n.º 46, 17 Novembro 1907, p. 369.
- BERMUDES, Cesina, «Formação profissional das enfermeiras», *A Enfermeira*, n.º 3, 1939, pp. 17-33.
- «Bibliografia», *A Medicina Contemporânea*, n.º 44, 4 Novembro 1906, pp. 350-351.
- BOMBARDA, Miguel, «Editorial», *A Medicina Contemporânea*, n.º 5, 30 Janeiro 1898, p. 34.
- BOMBARDA, Miguel, «Editorial», *A Medicina Contemporânea*, n.º 23, 9 Junho 1901, pp. 189-190.
- BOMBARDA, Miguel, «Enfermeiras religiosas I», II e III, *A Medicina Contemporânea*, n.º 21, 27 Maio 1900, pp. 169-170; n.º 22, 3 Junho 1900, pp. 177-178; n.º 24, 17 Junho 1900, pp. 193-195.
- BOMBARDA, Miguel, «Escolas de enfermeiros», *A Medicina Contemporânea*, n.º 9, 4 Março 1900, pp. 69-70.
- BOMBARDA, Miguel, «Progressos», *A Medicina Contemporânea*, n.º 38, 22 Setembro 1901, p. 309.
- BOMBARDA, Miguel, «Questões de enfermagem», *A Medicina Contemporânea*, n.º 24, 16 Junho 1901, p. 198.
- BOMBARDA, Miguel, «Religiosos – Enfermeiros», *A Medicina Contemporânea*, n.º 16, 21 Abril 1895, p. 127.

– BRAVO, José Maria Pereira, «A união...», *O Enfermeiro Português*, n.º 3, 30 Novembro 1929, p. 6.
– BRAVO, José Maria Pereira, «Justiçando caluniadores», *O Enfermeiro Português*, n.º 6, 15 Novembro 1930, pp. 2-3.
– BRAZ NOGUEIRA, «Qualidades necessárias para ser uma boa enfermeira e em especial uma boa enfermeira parteira», *Arquivo do Enfermeiro*, n.º 1, Janeiro 1943, pp. 10-12.
– C., «De Coimbra», *A Voz do Enfermeiro*, n.º 16, 1 Abril 1933, p. 8.
– C., «De Coimbra. Curso de enfermagem», *A Voz do Enfermeiro*, n.º 26, 16 Novembro 1933, p. 7.
– CALDEIRA, J. M., «O seu a seu dono», *Arquivo do Enfermeiro*, n.º 7, Setembro 1943, p. 1.
– CALDEIRA, J.M., «Enfermagem rural», *Arquivo do Enfermeiro*, n.º 10, Janeiro 1944, pp. 2-3.
– CARDOSO, Júlio, «Enfermeiras Militares», *Jornal dos Médicos e Farmacêuticos Portugueses*, vol. XXI, n.º 3, Março 1916, pp. 33-38.
– «Carta aberta à classe médica», *A Voz do Enfermeiro*, n.º 27, 1 Dezembro 1933, p. 4.
– CARVALHO, F. F., «Carta de Lisboa», *O Enfermeiro Português*, n.º 2, 15 Novembro 1929, pp. 8-9.
– COELHO, Sabino, «Hospital Clínico de Barcelona. Relatório de 1917», *A Medicina Contemporânea*, n.º 23, 9 Junho 1918, pp. 261-262.
– *Coimbra Médica*, n.º 20, 15 Outubro 1882, p. 324.
– *Coimbra Médica*, n.º 5, 1 Março 1883, pp. 77-79.
– *Coimbra Médica*, n.º 9, 1 Maio 1883, pp. 133-134.
– *Coimbra Médica*, n.º 15, 1 Agosto 1883, p. 233.
– *Coimbra Médica*, n.º 24, 15 Dezembro 1885, pp. 387-388.
– *Coimbra Médica*, n.º 10, 15 Maio 1886, pp. 158-159.
– *Coimbra Médica*, n.º 18, 15 Setembro 1891, p. 284.
– «Comemoração do dia de S. João de Deus e festa dos alunos do Curso de Auxiliares de Enfermagem de 1957-59», *Enfermagem Portuguesa*, n.º 7, Janeiro/Fevereiro 1959, p. 44.
– CONDINHO, Álvaro, «A enfermagem portuguesa», *Arquivo do Enfermeiro*, n.º 10, Setembro/Outubro 1926, p. 158.
– CONDINHO, Álvaro, «Hospitalização», *Arquivo do Enfermeiro*, n.º 9, Agosto 1926, p. 136.
– *Correspondência de Coimbra*, n.º 87, 8 Novembro 1881.
– COSTA, Isabel Mello, «O que vale um sorriso?», *A Enfermeira*, n.º 6, 1942, pp. 13-17.
– *Crónica Feminina*, n.º 248, 24 Agosto 1961, p. 87.
– «Curandeirismo», *A Voz do Enfermeiro*, n.º 5, 1 Abril 1932, p. 2.
– «Curandeirismo. 1.ª investida – A ignorância produz sempre maus efeitos», *O Enfermeiro Português*, n.º 3, 30 Novembro 1929, p. 8.
– «Curandeirismo? Refutando afirmações», *O Enfermeiro Português*, n.º 5, 15 Setembro 1930, pp. 1-2.
– «Curandeiros? Apreciação às entrevistas publicadas em "A Republica"», *O Enfermeiro Português*, n.º 6, 15 Novembro 1930, pp. 3-4.
– «Curiosidades Médicas. A inferioridade da mulher», *A Medicina Contemporânea*, n.º 30, 29 Julho 1900, pp. 247-248.
– DALLONI, «Enfermeiras e médicos», *Arquivo do Enfermeiro*, n.º 11, Março 1944, pp. 21-24.
– DELMONTE, Flávio, «Coimbra, terra de encantos. Impressões de uma rápida digressão», *A Voz do Enfermeiro*, n.º 24, 16 Outubro 1933, p. 5.
– «Diário de Coimbra», *Diário da Manhã*, n.º 10.802, 26 Julho 1961, p. 6.
– *Diário de Coimbra*, n.º 12.508, 6 Março 1967, p. 6.
– «D.ª Maria Fernanda Fragoso Gouveia Pinto», *Enfermagem Portuguesa*, n.º 8, Março/Abril 1959, p. 48.

- «D.ª Maria Madalena Lopes Taveira», *Enfermagem Portuguesa*, n.º 5, Setembro/Outubro 1958, pp. 47-48.
- «Doenças Profissionais. Tumor maligno», *Arquivo do Enfermeiro*, n.º 4, Janeiro 1926, pp. 55-56.
- «Dr. Ângelo da Fonseca», *Diário de Coimbra*, n.º 180, 23 Novembro 1930.
- «Dr. Ângelo da Fonseca», *Diário de Coimbra*, n.º 196, 10 Dezembro 1930, p. 4.
- «Dr. Costa Simões», *O Conimbricense*, n.º 5.844, 28 Novembro 1903.
- DUMAILAND, Ariette, «Diploma de enfermeiro», *Arquivo do Enfermeiro*, n.º 2, Abril 1943, pp. 20-21.
- «É bom lembrar...», *A Enfermeira*, n.º 5, 1941, p. 15.
- «Educação moral da enfermeira», *Arquivo do Enfermeiro*, n.º 7, Junho 1926, pp. 97-98.
- «Em benefício da Enfermagem», *Enfermagem Portuguesa*, n.º 5, Setembro/Outubro 1958, pp. 30-32.
- «Em benefício da Enfermagem», *Enfermagem Portuguesa*, n.º 6, Novembro/Dezembro 1958, pp. 40-42.
- «Em Coimbra», *Arquivo do Enfermeiro*, n.º 4, Janeiro 1926, p. 56.
- «Em Coimbra», *Enfermagem Portuguesa*, n.º 2, Março/Abril 1958, pp. 37-39.
- «Encerramento do ano escolar da Escola de Enfermagem Dr. Ângelo da Fonseca», *Diário de Coimbra*, n.º 10.496, 24 Julho 1961, p. 4.
- «Encerramento do ano escolar na Escola de Enfermagem do Dr. Ângelo da Fonseca», *Diário de Coimbra*, n.º 10.502, 30 Julho 1961, pp. 1 e 3.
- «Enfermagem laica», *Arquivo do Enfermeiro*, n.º 4, Janeiro 1926, pp. 49-50.
- «Enfermagem laica e enfermagem religiosa», *O Enfermeiro Português*, n.º 4, 31 Dezembro 1929, pp. 11-12.
- *Enfermagem Portuguesa*, n.º 4, Julho/Agosto 1958, p. 40.
- «Enfermeiras inglesas em Coimbra», *Enfermagem Portuguesa*, n.º 11, Setembro/Outubro 1959, pp. 33-34 e 41.
- «Escola de Enfermagem Dr. Ângelo da Fonseca», *Enfermagem Portuguesa*, n.º 1, Janeiro//Fevereiro 1958, p. 46.
- «Escola de Enfermagem "Dr. Ângelo da Fonseca" – Coimbra», *Enfermagem Portuguesa*, n.º 7, Janeiro/Fevereiro 1959, pp. 43-44.
- «Escola de Enfermagem "Dr. Ângelo da Fonseca" – Coimbra», *Enfermagem Portuguesa*, n.º 8, Março/Abril 1959, pp. 45-47.
- «Escola de Enfermagem "Dr. Ângelo da Fonseca" – Coimbra», *Enfermagem Portuguesa*, n.º 10, Julho/Agosto 1959, pp. 46-49.
- «Escola de enfermeiros», *Coimbra Médica*, n.º 22, 15 Novembro 1881, pp. 350-351.
- «Escola "Dr. Ângelo da Fonseca" – Coimbra», *Enfermagem Portuguesa*, n.º 8, Março/Abril 1959, p. 43.
- «Escola "Dr. Ângelo da Fonseca" – Coimbra», *Enfermagem Portuguesa*, n.º 9, Maio/Junho 1959, p. 48.
- «Escola "Dr. Ângelo da Fonseca" – Coimbra. Visitas de estudo» e «Passeio dos auxiliares de Enfermagem», *Enfermagem Portuguesa*, n.º 3, Maio/Junho 1958, pp. 46-47.
- F.N.R., «Uma circular da Ordem dos Médicos de acordo com o Sindicato Nacional dos Farmacêuticos», *Arquivo do Enfermeiro*, n.º 8, Novembro 1943, p. 1.
- FERRAZ DE MACEDO, «Hospital de S. José», *A Medicina Contemporânea*, n.º 2, 13 Janeiro 1889, pp. 13-15.
- «Fundação Rockefeller», *A Medicina Contemporânea*, n.º 36, 4 Novembro 1921, pp. 287-288.
- FURTADO, Mário, «A missão do enfermeiro», *O Enfermeiro Português*, n.º 4, 31 Dezembro 1929, pp. 1-2.
- FURTADO, Mário, «O ensino profissional», *O Enfermeiro Português*, n.º 3, 30 Novembro 1929, pp. 1-2.

– GENTIL, Francisco, «Hospitais Civis de Lisboa. IV», *A Medicina Contemporânea*, n.º 23, 6 Junho 1915, pp. 182-183.
– GENTIL, Francisco, «Palavras dos Mestres. Hospitais e Enfermagem», *Arquivo do Enfermeiro*, n.º 8, Julho 1926, pp. 113-116.
– GONÇALVES, Adriano, «No primeiro aniversário», *Arquivo do Enfermeiro*, n.º 9, Agosto 1926, p. 134.
– «Guia do Enfermeiro», *Coimbra Médica*, n.º 1, 1 Janeiro 1882, p. 8.
– HEHO-HANAN, «Fogos Fátuos. Não somos médicos!...», *A Voz do Enfermeiro*, n.º 19, 1 Julho 1933, p. 8.
– «Higiene Pública», *A Medicina Contemporânea*, n.º 17, 23 Abril 1922, pp. 135-136.
– «Infiltração religiosa», *A Voz do Enfermeiro*, n.º 5, 1 Abril 1932, p. 2.
– INSTITUTO DE SERVIÇO SOCIAL, «A atitude moral de enfermeira em face de certas teorias modernas», *A Enfermeira*, n.º 2, 1938, pp. 6-10.
– J.C., «Bibliografia. La enfermera», *Jornal dos Médicos e Farmacêuticos Portugueses*, vol. XXII, n.º 6, Junho 1917, p. 96.
– J.C., «Bibliografia. Lições de enfermagem», *Jornal dos Médicos e Farmacêuticos Portugueses*, vol. XXIV, n.º 9, Abril 1919, p. 160.
– J.C., «Enfermagem nos Trópicos», *Arquivo do Enfermeiro*, n.º 8, Novembro 1943, p. 116.
– JANEIRO, Augusto, «Faça-se justiça», *A Voz do Enfermeiro*, n.º 26, 16 Novembro 1933, p. 1.
– JÚNIOR, Manuel Luís de Fraga, «Posso ser enfermeiro? Considerações sobre a orientação na escolha da profissão», *Arquivo do Enfermeiro*, n.º 11, Março 1944, pp. 19-20.
– LEAL, Maria Joana Mendes, «A enfermeira ideal», *A Enfermeira*, n.º 7, 1943, pp. 1-4.
– LEROUX-HUGON, Véronique, «L'infirmière au début du XX$^e$ siècle: nouveau métier et tâches traditionnelles», *Le Movement social*, Paris, Les Éditions ouvrières, n.º 140, juillet-septembre 1897, pp. 49-62.
– «Liga das Sociedades da Cruz Vermelha», *A Medicina Contemporânea*, n.º 5, 30 Janeiro 1921, pp. 37-39.
– LOPES, Maria da Conceição, «A classe de enfermagem e a sociedade», *A Voz do Enfermeiro*, n.º 3, Fevereiro 1932.
– LOPES, Maria da Conceição, «A necessidade de união profissional na classe de enfermagem», *O Enfermeiro Português*, n.º 5, 15 Setembro 1930, pp. 3-4.
– LOPES, Maria da Conceição, «Soou a hora do triunfo», *Arquivo do Enfermeiro*, n.º 9, Agosto 1926, p. 133.
– LOPES VIEIRA, «As irmãs da caridade como enfermeiras», *Coimbra Médica*, n.º 12, 15 Junho 1891, pp. 180-183.
– LOPES VIEIRA, «Os enfermeiros seculares nos hospitais portugueses e as irmãs hospitaleiras», *Coimbra Médica*, n.º 10, 15 Maio 1891, pp. 167-169.
– «Luto na Universidade», *Diário de Coimbra*, 8 Julho 1942, pp. 1 e 4.
– MACHADO, Bernardino, «Alocução fúnebre», *O Instituto. Jornal Científico e Literário*, vol. 50.º, 1903.
– MAGALHÃES, José de, «Bibliografia», *A Medicina Contemporânea*, n.º 9, 26 Fevereiro 1911, pp. 67-68.
– MANAÇAS, João H., «Pela vida! A tuberculose e o pessoal de enfermagem», *Arquivo do Enfermeiro*, n.º 9, Agosto 1926, pp. 137-138.
– MARTA, Manuel, «Carta de Coimbra», *O Enfermeiro Português*, n.º 5, 15 Setembro 1930, p. 7.
– MARTINHO, Júlio A., «Má fama», *A Voz do Enfermeiro*, n.º 16, 1 Abril 1933, p. 2.
– MARTINS, Conceição Andrade, «Trabalho e condições de vida em Portugal (1850--1913)», *Análise Social*, vol. XXXII, n.º 42, 1997, pp. 483-535.
– «Médicos Portugueses em França», *Coimbra Médica*, n.º 19, 1 Outubro 1882, p. 302.

– «Melhoramentos no Hospital da Marinha», *A Medicina Contemporânea*, n.º 25, 17 Junho 1888, pp. 197-198.
– «Miscelânea», *Coimbra Médica*, n.º 30, 20 Outubro 1895, p. 491.
– «Miscelânea», *Coimbra Médica*, n.º 2, 15 Janeiro 1892, pp. 31-32.
– «Misericórdia do Porto», *A Medicina Contemporânea*, n.º 37, 15 Setembro 1907, pp. 293--294.
– «Misericórdia do Porto», *A Medicina Contemporânea*, n.º 38, 20 Setembro 1908, p. 298.
– MOTA CABRAL, «A missão espiritual da enfermagem», *A Medicina Contemporânea*, n.º 51, 18 Dezembro 1921, pp. 403-407.
– «Noticiário. Actividades sindicais», *Enfermagem Portuguesa*, n.º 5, Setembro/Outubro 1958, p. 47.
– «Números dos estudantes (2.ª parte). As outras profissões médicas», *A Medicina Contemporânea*, n.º 40, 7 Outubro 1900, pp. 338-339.
– *O Enfermeiro Português*, n.º 6, 15 Novembro 1930, p. 3.
– «O exercício ilegal da medicina», *O Enfermeiro Português*, n.º 1, 31 Outubro 1929, p. 6.
– «O Dr. Costa Simões e a salubridade de Coimbra. I Águas», *O Conimbricense*, n.º 5.671, 1 Abril 1902.
– «O Dr. Costa Simões e a salubridade de Coimbra. II Esgotos», *O Conimbricense*, n.º 5.672, 5 Abril 1902.
– «O funeral do Sr. Dr. Ângelo da Fonseca», *Diário de Coimbra*, 9 Julho 1942, pp. 1-2.
– «O Hospital de Santo António e a assistência infantil em Lisboa», *A Medicina Contemporânea*, n.º 6, 7 Fevereiro 1909, pp. 42-43.
– «O 2.º Congresso de Enfermagem», *O Enfermeiro Português*, n.º 2, 15 Novembro 1929, p. 2.
– *O Tribuno Popular*, n.º 2.687, 9 Novembro 1881, p. 2.
– «Onde se afirma o sacrifício profissional», *A Voz do Enfermeiro*, n.º 1, Agosto 1931.
– «Os trabalhos da Escola de Enfermagem Dr. Ângelo da Fonseca foram encerrados com uma brilhante sessão solene», *Boletim da Assistência Social*, Subsecretariado da Assistência Social, n.º 65 a 70, Julho a Dezembro 1948, pp. 167-177.
– «Palavras dos Mestres», *Arquivo do Enfermeiro*, n.º 4, Janeiro 1926, p. 51.
– «Palavras dos Mestres. Os nossos deveres», *Arquivo do Enfermeiro*, n.º 6, Abril/Maio 1926, pp. 81-82.
– «Parecer elaborado pela Comissão de Interesses Gerais sobre o exercício profissional dos massagistas», *Boletim da Associação dos Médicos Portugueses (Associação de Classe)*, n.º 2, 3.º e 4.º trimestre 1911, pp. 443-448.
– PAULA, José, «Enfermagem», *A Voz do Enfermeiro*, n.º 1, 23 Agosto 1931, p. 2.
– PEDROSA, Aliete, «A Enfermagem Portuguesa – Referências Históricas», *Referência*, n.º 11, Março 2004, pp. 69-78.
– PEDROSA, Aliete, «Enfermagem: autonomia e responsabilidade profissional», *Referência*, n.º 12, Novembro 2004, pp. 73-83.
– «Pela moral. Ao Sr. Ministro do Interior», *Arquivo do Enfermeiro*, n.º 4, Janeiro 1926, p. 50.
– «Pela classe de enfermagem. A questão dos diplomas», *O Enfermeiro Português*, n.º 1, 31 Outubro 1929, p. 11.
– PEREIRA BENTO, «Decreto n.º 32.612», *Arquivo do Enfermeiro*, n.º 2, Abril 1943, p. 17.
– PEREIRA BENTO, «Duas datas: 1925-1942», *Arquivo do Enfermeiro*, n.º 1, Janeiro 1943, p. 1.
– PEREIRA BENTO, «Haja "ordem"», *Arquivo do Enfermeiro*, n.º 6, Agosto 1943, p. 81.
– PEREIRA BENTO, «O ensino e o exercício profissional. A sua reforma e regulamentação», *Arquivo do Enfermeiro*, n.º 1, Janeiro 1943, pp. 2-5.

- PEREIRA BENTO, «Organização sindical», *Arquivo do Enfermeiro*, n.º 2, Abril 1943, pp. 18-19.
- «Prazo de matrícula na Escola de Enfermagem "Dr. Ângelo da Fonseca"», *Diário da Manhã*, n.º 10.802, 26 Julho 1961, p. 2.
- «Prof. Doutor Ângelo da Fonseca», *Coimbra Médica*, vol. IX, n.º 7, Julho 1942, pp. 387-394.
- «Programa dos cursos de enfermagem da Cruzada das Mulheres Portuguesas», *Boletim da Associação de Médicos Portugueses*, n.º 1, 1.º e 2.º trimestre 1917, pp. 116-120.
- «40 anos de actividade profissional», *Enfermagem Portuguesa*, n.º 9, Maio/Junho 1959, pp. 36-37.
- R.B.M., «Os amigos da enfermagem portuguesa», *Arquivo do Enfermeiro*, n.º 9, Agosto 1926, p. 133.
- «Reformas hospitalares», *A Medicina Contemporânea*, n.º 37, 15 Setembro 1901, p. 302.
- «Regulamentação e exercício da profissão», *Arquivo do Enfermeiro*, n.º 1, Janeiro 1943, pp. 8-9.
- «Regulamento de estágio das enfermeiras habilitadas com o curso de enfermagem da Cruzada das Mulheres Portuguesas», *Boletim da Associação de Médicos Portugueses*, n.º 1, 1.º e 2.º trimestre 1917, pp. 120-121.
- «Regulamento do 1.º Congresso Nacional dos Serviços de Saúde», *Arquivo do Enfermeiro*, n.º 2, Setembro 1925, pp. 22-23.
- «Reunião importante», *Arquivo do Enfermeiro*, n.º 5, Fevereiro/Março 1926, pp. 69-70.
- REGO, Martins do, «Deontologia profissional. Elementos de biocultura na educação profissional do enfermeiro», *Arquivo do Enfermeiro*, n.º 9, Agosto 1926, pp. 129-130.
- «Resumo do Relatório de 1936», *A Enfermeira*, n.º 1, 1937, pp. 3-4.
- ROCHA, Augusto, «Bibliografia», *Coimbra Médica*, n.º 19, 1 Outubro 1884, pp. 310-314; n.º 20, 15 Outubro 1884, pp. 324-329.
- ROCHA, Augusto, «Miscelânea», *Coimbra Médica*, n.º 19, 1 Outubro 1884, pp. 310--314; n.º 20, 15 Outubro 1884, pp. 330-331; n.º 21, 1 Novembro 1884, pp. 344-347.
- ROCHA, Augusto, «O Dr. António Augusto da Costa Simões», *Coimbra Médica*, n.º 12, 15 Junho 1882, pp. 192-194; n.º 13, 1 Julho 1882, pp. 208-210; n.º 14, 15 Julho 1882, pp. 224-225; n.º 18, 15 Setembro 1882, pp. 285-287.
- ROCHA, Augusto, «Crónica», *Coimbra Médica*, n.º 16, 1 Junho 1896, pp. 242-244.
- ROCHA, Augusto, «Crónica», *Coimbra Médica*, n.º 7, 1 Março 1898, pp. 97-99.
- ROCHA, Augusto, «Esclarecimento», *Coimbra Médica*, n.º 23, 10 Agosto 1897.
- ROCHA, Augusto, «Miscelânea», *Coimbra Médica*, n.º 19, 1 Outubro 1884, pp. 310--314; n.º 20, 15 Outubro 1884, pp. 330-331; n.º 21, 1 Novembro 1884, pp. 344-347.
- ROCHA, Augusto, «O Novo Reitor», *Coimbra Médica*, n.º 19, 1 Outubro 1892, pp. 289--292.
- [ROCHA, Augusto], «Os hospitais da Universidade e a demissão do Sr. Dr. Costa Simões», *Coimbra Médica*, n.º 18, 15 Setembro 1884, pp. 296-298.
- [ROCHA, Augusto], «Perspectivas», *Coimbra Médica*, n.º 29, 10 Outubro 1897, pp. 463--464.
- [ROCHA, Augusto], «Penúria hospitalar», *Coimbra Médica*, n.º 11, 20 Abril 1897, pp. 191-192.
- [ROCHA, Augusto], «Publicação curiosa», *Coimbra Médica*, n.º 18, 20 de Junho de 1899, p. 287.
- [ROCHA, Augusto], «Uma notícia de sensação», *Coimbra Médica*, n.º 24, 20 Agosto 1895, p. 396.
- ROXO, Francisco M., «Os cartazes do Sindicato Nacional dos Farmacêuticos e as Farmácias», *Arquivo do Enfermeiro*, n.º 11, Março 1944, p. 18.
- ROXO, Francisco M., «Profissões antagónicas...», *Arquivo do Enfermeiro*, n.º 4, Junho 1943, pp. 49-50.

- SALGUEIRO, Nídia, «A Enfermagem e os seus Ritos Iniciáticos», *Referência*, n.º 10, Maio 2003, pp. 91-96.
- SALGUEIRO, Nídia, «As Enfermarias-Escola: Laboratórios de Enfermagem e Serviços Piloto», *Referência*, n.º 2, Março 1999, pp. 81-86.
- SALGUEIRO, Nídia, «Enfermagem de Bloco Operatório – Arquivos de Memória», *Referência*, n.º 7, Novembro 2001, pp. 77-86.
- SALGUEIRO, Nídia, «Lares de Alunas(os) de Enfermagem e de Enfermeiras(os) de Coimbra – Enquadramento Histórico Social», *Referência*, n.º 12, Novembro 2004, pp. 86-95.
- SALGUEIRO, Nídia, «No tempo em que se afiavam agulhas», *Referência*, n.º 11, Março 2004, pp. 79-86.
- SALGUEIRO, Nídia, «O Vestuário do Pessoal de Enfermagem (I): do Negro ao Branco Imaculado», *Referência*, n.º 4, Maio 2000, pp. 79-87.
- SALGUEIRO, Nídia, «O vestuário do pessoal de enfermagem (II): o domínio do branco», *Referência*, n.º 5, Novembro 2000, pp. 80-86.
- SALGUEIRO, Nídia, «Serviço Domiciliário Hospitalar – das "Brigadas de Educação Sanitária da Família" ao Serviço Domiciliário dos HUC», *Referência*, n.º 1, Setembro 1998, pp. 85-87.
- SANTOS, Reinaldo dos, «A reforma dos Hospitais Civis», *A Medicina Contemporânea*, n.º 2, 9 Janeiro 1916, pp. 10-11.
- SANTOS, Carlos, «A enfermagem do espírito e o espírito da enfermagem», *A Enfermeira*, n.º 1, 1937, pp. 5-7.
- «São reconhecidas como sociedades de socorros voluntários [...] as comissões de hospitalização e enfermagem da Cruzada das Mulheres Portuguesas», *Boletim da Associação de Médicos Portugueses*, n.º 2, 3.º e 4.º trimestre 1916, pp. 187-188.
- «Serviços sanitários de Angola», *A Medicina Contemporânea*, n.º 2, 8 Janeiro 1922, pp. 12-14.
- «Significativa homenagem póstuma ao enfermeiro Manuel Roque dos Reis em Coimbra», *Enfermagem Portuguesa*, n.º 4, Julho/Agosto 1958, pp. 39-41.
- SILVA, António Augusto da, «Caminhando», *Arquivo do Enfermeiro*, n.º 9, Agosto 1926, p. 138.
- SILVA, Custódio Rodrigues da, «Saudação», *Arquivo do Enfermeiro*, n.º 9, Agosto 1926, p. 132.
- SIMÕES, António Augusto da Costa, «Breve notícia de alguns hospitais estrangeiros de recente construção», *Movimento Médico*, fascículos 12, 15-X-1901, pp. 217-223; 13, 1-XI-1901, pp. 237-240; e 14, 15-XI-1901, pp. 257-261.
- SIMÕES, António Augusto da Costa, *Coimbra Médica*, n.º 12, 15 Junho 1888, pp. 193--197; n.º 14, 1 Julho 1888, pp. 224-228; n.º 15, 1 Agosto 1888, pp. 245-249.
- «Sobre a última campanha de Moçambique», *A Medicina Contemporânea*, n.º 9, 29 Fevereiro 1920, pp. 68-70.
- «Sociedades científicas portuguesas», *A Medicina Contemporânea*, n.º 51, 22 Dezembro 1918, p. 406.
- TAVARES, Manuel dos Santos, «Enfermeiros de Portugal», *O Enfermeiro Português*, n.º 3, 30 Novembro 1929, p. 5.
- TAVARES, Manuel dos Santos, «Um aniversário», *Arquivo do Enfermeiro*, n.º 9, Agosto 1926, p. 131.
- TELES, José Pinto, «Carta de Coimbra», *O Enfermeiro Português*, n.º 4, 31 Dezembro 1929, pp. 6-7.
- «Tocando a reunir. O 2.º Congresso dos Enfermeiros Portugueses», *O Enfermeiro Português*, n.º 4, 31 Dezembro 1929, p. 5.
- «Uma transcrição. Como exterminar os curandeiros e charlatães», *A Voz do Enfermeiro*, n.º 25, 1 Novembro 1933, p. 2.

– «Uma transcrição. Serviços de enfermagem», *A Voz do Enfermeiro*, n.º 24, 16 Outubro 1933, p. 2.
– «Um novo sindicato de enfermagem», *Enfermagem Portuguesa*, n.º 9, Maio/Junho 1959, p. 46.
– «Um pedido», *A Medicina Contemporânea*, n.º 39, 22 Setembro 1887, p. 309.
– VAN ZELLER, Maria Luísa, «A formação moral da enfermeira», *A Enfermeira*, n.º 3, 1939, pp. 3-16.
– VAN ZELLER, Maria Luísa, «É bom lembrar...», *A Enfermeira*, n.º 5, 1941.
– «Variedades», *A Medicina Contemporânea*, n.º 9, 2 Março 1884, p. 72.
– «Variedades», *A Medicina Contemporânea*, n.º 36, 7 Setembro 1884, pp. 363-364.
– «Variedades», *A Medicina Contemporânea*, n.º 7, 15 Fevereiro 1885, p. 56.
– «Variedades», *A Medicina Contemporânea*, n.º 3, 27 Janeiro 1886, p. 24.
– «Variedades», *A Medicina Contemporânea*, n.º 5, 30 Janeiro 1887, p. 40.
– «Variedades», *A Medicina Contemporânea*, n.º 6, 6 Fevereiro 1887, p. 48.
– «Variedades», *A Medicina Contemporânea*, n.º 16, 15 Abril 1888, p. 132.
– «Variedades», *A Medicina Contemporânea*, n.º 35, 28 Agosto 1898, p. 288.
– «Variedades», *A Medicina Contemporânea*, n.º 6, 11 Fevereiro 1900, p. 52.
– «Variedades», *A Medicina Contemporânea*, n.º 44, 3 Novembro 1901, p. 365.
– «Variedades», *A Medicina Contemporânea*, n.º 51, 22 Dezembro 1901, pp. 416-417.
– «Variedades», *A Medicina Contemporânea*, n.º 5, 1 Fevereiro 1903, p. 44.
– «Variedades», *A Medicina Contemporânea*, n.º 43, 22 Outubro 1905, p. 338.
– «Variedades», *A Medicina Contemporânea*, n.º 53, 31 Dezembro 1905, p. 424.
– «Variedades», *A Medicina Contemporânea*, n.º 4, 28 Janeiro 1906, p. 32.
– «Variedades», *A Medicina Contemporânea*, n.º 5, 4 Fevereiro 1906, p. 40.
– «Variedades», *A Medicina Contemporânea*, n.º 42, 21 Outubro 1906, p. 335.
– «Variedades», *A Medicina Contemporânea*, n.º 42, 20 Outubro 1907, p. 340.
– «Variedades», *A Medicina Contemporânea*, n.º 48, 29 Novembro 1908, p. 384.
– «Variedades», *A Medicina Contemporânea*, n.º 4, 24 Janeiro 1909, p. 29.
– «Variedades», *A Medicina Contemporânea*, n.º 5, 31 Janeiro 1909, p. 40.
– «Variedades», *A Medicina Contemporânea*, n.º 35, 29 Agosto 1909, p. 20.
– «Variedades», *A Medicina Contemporânea*, n.º 21, 22 Maio 1910, p. 168.
– «Vida Nova», *Arquivo do Enfermeiro*, n.º 10, Janeiro 1944, p. 1.

## 4. Legislação

– Decreto com força de lei, Reforma dos Hospitais da Universidade, *Diário do Governo*, n.º 100, 1 de Maio de 1911.
– Decreto n.º 4.563, *Diário do Governo*, I Série, n.º 155, 12 de Julho de 1918.
– Decreto n.º 5.736, *Diário do Governo*, I Série, n.º 98, 10 de Maio de 1919 (11.º suplemento).
– Decreto n.º 6.943, *Diário do Governo*, I série, n.º 183, 16 de Setembro de 1920.
– Decreto n.º 8.505, de 25 de Novembro, *Diário do Governo*, I Série, n.º 245, 27 de Novembro de 1922.
– Decreto n.º 13.166, *Diário do Governo*, I Série, n.º 34, 18 de Fevereiro de 1927.
– Decreto n.º 19.060, *Diário do Governo*, I série, n.º 274, 24 de Novembro de 1930.
– Portaria 7.001, *Diário do Governo*, I Série, n.º 2, 14 Janeiro 1931.
– Decreto n.º 28.794, *Diário do Governo*, I série, n.º 150, 1 de Julho de 1938.
– Decreto n.º 30.447, *Diário do Governo*, I série, n.º 115, 18 de Maio de 1940.
– Decreto-lei n.º 31.913, *Diário do Governo*, I série, n.º 58, 12 de Março de 1942.
– Decreto n.º 32.612, *Diário do Governo*, I série, n.º 302, 31 de Dezembro de 1942.
– Decreto-lei n.º 36.219, *Diário do Governo*, I série, n.º 81, 10 de Abril de 1947.

– Decreto-lei n.º 37.418, *Diário do Governo*, I Série, n.º 105, 18 de Maio de 1949.
– Declaração de 1 de Setembro de 1949, *Diário do Governo*, II Série, n.º 209, 8 de Setembro de 1949.
– Decreto-lei n.º 38.884, *Diário do Governo*, I série, n.º 190, 28 de Agosto de 1952.
– Decreto n.º 38.885, *Diário do Governo*, I série, n.º 190, 28 de Agosto de 1952.
– Portaria n.º 14.376, *Diário do Governo*, I Série, n.º 98, 12 de Maio de 1953.
– Portaria n.º 14.482, *Diário do Governo*, I Série, n.º 166, 3 de Agosto de 1953.
– Decreto n.º 46.448, *Diário do Governo*, I Série, n.º 160, 20 de Julho de 1965.
– Decreto-lei n.º 48.166, *Diário do Governo*, I Série, n.º 299, 27 de Dezembro de 1967.
– Portaria n.º 34/70, *Diário do Governo*, I Série, n.º 11, 14 de Janeiro de 1970.
– Decreto-lei n.º 265/83, *Diário da República*, I Série, n.º 136, 16 de Junho de 1983.
– Decreto do Governo n.º 28/87, *Diário da República*, I Série, n.º 174, 31 de Julho de 1987.
– Portaria n.º 821/89, *Diário da República*, I Série, n.º 213, 15 de Setembro de 1989.
– Decreto-lei n.º 104/98, *Diário da República*, I Série-A, n.º 93, 21 de Abril de 1998.
– *Diário do Governo*, I Série, 1949-1952 inclusive.
– *Diário do Governo*, II Série, 29 Julho a 1 Setembro 1950.
– *Diário do Governo*, II Série, 11 Outubro a 13 Novembro 1950.

## 5. Documentos electrónicos

– http://debates.parlamento.pt. Pesquisa por palavra-chave nas seguintes bases:

 - Câmara dos Senhores Deputados (1822-1910);
 - Câmara dos Pares do Reino (1842-1910);
 - Câmara dos Deputados (1911-1926);
 - Senado da República (1911-1926);
 - Congresso da República (1911-1926);
 - Assembleia Nacional (1935-1974);
 - Câmara Corporativa (1953-1974).

– http://www.cruzvermelha.pt/ess/historia.asp.
– http://www.pbase.com/image/23461908.
– http://www.noticias.ucdb.br/index.php?menu=noticia&c.
– http://www.chcsa.org/hoyes/index.asp?Intirim=14/07/2006.
– http://www.ordenenfermeiros.pt/images/contents/documents/60_Competencias EnfCG.pdf.
– http://www.eseaf.pt.

# LISTA DE SIGLAS

AESEAF   – Arquivo da Escola Superior de Enfermagem Ângelo da Fonseca
AFESEAF – Arquivo Fotográfico da Escola Superior de Enfermagem Ângelo da Fonseca
AGE        – Assembleia Geral de Escola
AUC        – Arquivo da Universidade de Coimbra
BGUC      – Biblioteca Geral da Universidade de Coimbra
CADC      – *Centro Académico Democrático Cristão*
CEP         – *Corpo Expedicionário Português*
DEE         – Departamento de Ensino de Enfermagem do INSA
DGH        – Direcção-Geral dos Hospitais
EEAE       – Escola de Ensino e Administração de Enfermagem
ESEAF     – Escola Superior de Enfermagem Ângelo da Fonseca
FNAT       – *Federação Nacional para a Alegria no Trabalho*
HUC        – Hospitais da Universidade de Coimbra
IAF          – *Instituto de Assistência à Família*
INSA       – *Instituto Nacional de Saúde*
IPO         – *Instituto Português de Oncologia*
LAEC       – Lar das Alunas-Enfermeiras de Coimbra
OMS        – *Organização Mundial de Saúde*
PTE         – Plenário de Trabalhadores da Escola
REPE       – *Regulamento do Exercício Profissional dos Enfermeiros*
RGA        – Reunião Geral de Alunos
SNPE       – *Sindicato Nacional dos Profissionais de Enfermagem*

www.ingramcontent.com/pod-product-compliance
Lightning Source LLC
Chambersburg PA
CBHW071220290426
44108CB00013B/1238